제4판

전사적 자원관리

ERP

공 명 달 저

pnc
publishing and culture
피앤씨미디어

머리말

글로벌 경쟁시대를 맞이하여 급변하는 국내외 기업환경과 정보기술의 급속한 발전에 능동적으로 대처하기 위하여 오늘날 기업은 자원과 조직을 최적화시킴으로써 경쟁력을 제고하기 위하여 많은 노력을 기울이고 있다. 최근 기업을 둘러싸고 있는 경영환경은 급변하고 있으며 기업이 지속적으로 발전하기 위해서는 무엇보다도 비용우위와 제품 및 서비스의 차별화를 통한 경쟁우위 확보가 급선무이다. 또한 고객이 만족할 수 있는 우수한 품질과 서비스를 제공하는 것이 중요한데, 이를 위해서는 기업 자원의 효율적 관리와 함께 지속적인 개선활동과 경영혁신이 필요하다.

요즘과 같은 지식정보화 사회에서는 기업에 있어서 인적자원과 물적자원 못지않게 중요한 자산이 정보이다. 정보를 비롯한 인적·물적 자원의 효율적 관리와 경영혁신을 위한 정보시스템 구축과 운영을 통하여 업무처리능력 향상은 물론 정보개선, 관리통제, 능률증대, 서비스향상 및 원가절감을 기하기 위하여 많은 투자도 하고 있는 실정이다.

이러한 노력에 힘입어 수많은 기업들이 전사적 자원관리(ERP)를 운영 중에 있거나 도입을 추진 중에 있다. 기업과 기업 간의 자원, 정보 및 자금 등을 통합관리하여 거래처 등 이해관계에 있는 모든 기업들의 자원의 최적화를 도모하는 SCM을 도입하였고, ERP 공급업체(Vendor)에서는 SCM, CRM 등의 기능이 추가된 확장형 ERP에 클라우드, 모바일, AI, RPA 등 솔루션까지 접목하여 제공하고 있는 실정이다. 또한 정부에서 2015년부터 제조 기업을 대상으로 추진 중인 「스마트팩토리(공장) 지원사업」에 'ERP 구축'이 포함되어 있어 ERP의 수요가 많이 늘어날 것으로 예상된다.

그리고 근래에는 경영의 범위도 더욱 확대되어 글로벌화가 촉진되고 있다. EU의 단일시장 형성, WTO 체제의 출범에 의한 경제구조의 글로벌화, 인터넷을 비롯한 다양한 정보기술을 바탕으로 급격하게 확대되는 전자상거래 등으로 인하여 경영의 글로벌화는 더욱 가속화되고 있다. 전자상거래는 기업들의 제품 및 서비스의 설계, 생산, 유통 방식을 바뀌게 하였다.

경영의 글로벌화는 경영관리의 기본 영역인 마케팅, 회계, 재무, 생산, 인적자원관리, 정보시스템 등 각 부문에 상당한 변화를 요구하고 있으며, 각 영역의 효율적인 변화는 정보통신기술의 효율적인 활용을 요구하고 있다. 뿐만 아니라 유비쿼터스 컴퓨팅으로 인하여 U-비즈니스라는 새로운 비즈니스 환경이 도래되었다.

그리고, 클라우드 컴퓨팅의 출현, 스마트 폰에 기반을 둔 모바일 디지털 비즈니스 플랫폼의 성장, 기업 관리자들의 소셜 네트워크 사용 등의 환경변화로 인하여 기업들은 새로운 제품과 서비스를 창조하고, 새로운 비즈니스 모델을 만들고, 사업 수행방식을 변환시켰다. 스마트 폰, 초고속 와이파이 네트워크, 무선 랩탑 컴퓨터의 등장으로 종업원들 간의 커뮤니케이션 및 근무 방식도 바뀌게 되었다.

최근의 ERP 트렌드는 4차 산업혁명 시대를 맞이하여, 국내외의 선도적인 ERP 개발회사를 중심으로 수년전부터 기존 ERP 소프트웨어에 4차 산업혁명의 핵심기술을 접목하여 더욱 기능과 기술이 향상된 소프트웨어 제품들을 선보이고 있다. 즉, AI(인공지능)를 비롯하여 IoT(사물인터넷), 3D 프린팅, 클라우드 및 RPA(로봇 프로세스 자동화) 등의 기술을 적용하고 있다. 이에 따라 국내외의 제조 기업을 비롯한 많은 기업들은 과거에 기업 자체적으로 구축하여 운영해 오던 '자체보유 ERP'(On-premise ERP)에서 탈피하여 비용절감, 유연성 등의 이유로 '클라우드 ERP'(Cloud ERP)의 도입·운영이 가속화되고 있는 추세이다. 또한 스마트 폰 등 이동기기의 사용이 보편화됨에 따라 '모바일 ERP'(Mobile ERP)의 사용도 점차적으로 증가되고 있다.

따라서 이와 같은 기업의 경영환경 변화에 따른 인적·물적 자원의 중요성과 활용, 그리고 무엇보다도 기업의 경쟁력 향상을 위한 강력한 무기가 되는 ERP(전사적 자원관리) 시스템을 도입하고 운영할 수 있는 실질적인 지침이 필요하다 하겠다.

ERP 시스템은 기업의 통합정보시스템이며, 이를 구축하기 위해 정보기술을 기반으로 하여 최상의 선진 업무 프로세스(best practice)가 구현된 소프트웨어(S/W) 패키지이다. 정보기술도 끊임없이 발전하고 있어 지침서도 이러한 경향과 추세에 맞추어 제시되어야 할 것이다.

저자는 이러한 요구와 중요성을 인식하고 시대에 맞는 ERP 시스템의 도입과 운영을 위한 지침서의 필요성을 느꼈다. 오랜 기간 동안 기업체 현장에서의 시스템개발 실무경험과, 또한 약 20여년 동안 관련 교과목을 대학에서 강의를 해 오면서 그 동안 강의용으로 준비하였던 자료들을 체계적으로 정리하여 공부하는 학생들이나 기업체 실무자들에게 실질적인 도움을 주기 위하여 이번에도 증보판 출간을 결심하게 되었다.

이 책은 ERP 시스템에 대한 기본개념의 이해로부터 실제로 기업 현장에서 ERP 시스템을 도입하고, 개발 프로젝트를 수행하며 운영할 경우에 필요한 접근방법과 구체적인 내용을 큰 틀에서 단계별로 순차적이고 구체적으로 제시하고 있다. 즉 ERP 시스템의 기본개념을 비롯하여 ERP 시스템의 도입 및 구축 방법과 ERP 시스템의 실습을 위한 장을 별도로 마련하였으며, ERP 시스템의 운영과 확장형 ERP에 대하여 설명하였다. 또한 ERP가 기업의 업무 프로세스(business process)를 정보기술(IT)을 이용하여 구현한 컴퓨터 프로그램 패키지이므로 산업유형별 업무모형의 샘플을 제시하여 현장감을 높이고자 하였다. 즉, 견고하고 풍부한 이론적 토대와 현장실무를 통합하여 생동감 있는 내용으로 구성하였다. 그리고 최신 ERP의 적용기술과 추세 및 전망도 소개하였다.

따라서 학부 및 대학원에서 경영학, 경영정보학, 산업경영공학, 산업공학, 컴퓨터공학, 소프트웨어공학 등을 전공하는 학생들에게 교재로 사용될 수 있을 뿐만 아니라, 일반 기업체에서 전산실에 근무하면서 시스템 개발이나 운영업무를 담당하는 전산요원, 정보시스템개발 용역회사 및 SI업체의 개발요원 및 컨설턴트들, 그리고 ERP를 비롯한 소프트웨어 공급업체 종사자들에게 쉽고 유익한 지침서가 될 것으로 기대한다.

이 책은 2009년에 출간되고 2차례에 걸쳐 증보된 저서 '전사적 자원관리 ERP'(제3판)의 내용을 보완하여 이번에 제4판을 출간하게 되었다. 본 작업을 위하여 수고해 주신 피앤씨미디어의 박노일 사장님을 비롯한 관계자 여러분들께도 진심으로 감사를 드린다.

2020년 여름, 천성산 기슭의 연구실에서

저자 공명달

목 차

제 I 부 ERP의 기본개념 _ 1

제 IV 부 ERP의 확장 _ 319

제 I 부
ERP의 기본개념

제1장 ERP의 개요

제2장 ERP시스템의 구성

제 1 장

ERP의 개요

1.1 조직과 업무영역

1.1.1 기업조직

기업은 외부환경으로부터 원재료를 비롯한 자원을 투입받아 변환(처리)과정을 거쳐 제품이나 서비스를 생산하고 이를 다시 외부환경인 시장(고객)으로 공급한다. 이때 외부환경으로부터 투입을 적절히 받아들이지 못하거나 산출이 외부환경에서 수용되지 않으면 그 존속이 어렵게 된다.

최근 기업을 둘러싼 외부환경은 보다 복잡해질 뿐만 아니라 점차 동적으로 변해가고 있다.

이러한 기업의 경영환경의 급격한 변화로 기업 내부의 효율성 못지않게 외부적응력을 중시하게 되었으며 기업은 생존을 위하여 외부환경의 변화에 적절히 적응하여야만 하는 것이다.

기업의 조직체계도 기업 경영환경의 변화와 더불어 크게 변화하고 있다. 따라서 과거의 전통적인 조직형태인 라인조직, 라인·스탭 조직, 직능식 조직, 위원회식 조직에서 탈피하여 오늘날은 사업부제 조직형태, 프로세스 조직형태, 네트워크 조직형태, 매트릭스 조직형태 및 팀 조직형태 등 다양한 형태가 도입되고 있다. 이것은 기업 경영환경의 변화가 조직설계에 가장 많은 영향을 미치고 있다는 것을 보여주는 것이다. 즉 기업 경영환경은 조직의 전략수립, 조직설계 및 조직관리에 중요한 영향을 미치므로 환경이 변화함으로써 조직은 불확실성에 직면하게 되고, 불확실성의 정도에 따라 이를 해소할 수 있는 새로운 조직형태가 탄생하곤 하였다

오늘날 기업들이 경영혁신을 한다든가, 구조조정을 한다고 하는 경우 가장 먼저 거론되고 변화하는 것이 조직형태이다. 이것은 그 만큼 조직형태가 기업 경영환경과 직결되어 있다는 것을 나타낸다.

이러한 조직의 기본적인 형태를 보면 다음과 같다.

1. 라인조직

라인조직(line organization)은 일명 직계조직 또는 군대식 조직이라고도 하며 과업의 분화라든가 부문화가 진전되지 않은 매우 단순하고 초보적인 조직형태이다.

이러한 조직은 산업화의 초기시대에 많이 볼 수 있었던 조직형태인데, 오늘날에도 창업단계에 있는 매우 작은 규모의 기업이나 중소기업에서 많이 찾아볼 수 있다.

라인조직은 위계질서 및 분업의 원리에 따라 부서가 분화되며 동일하거나 유사한 기능들을 한데 모아 통합관리하는 부문화가 이루어진 형태이다. 보통 라인조직은 비용절감과 같은 효율성과 생산성의 제고에 그 목표를 두게 된다. 라인조직은 특히 명령통일의 원칙, 전문화의 원칙, 통제 폭의 원칙, 권한위양의 원칙, 권한과 책임 대응의 원칙 등과 같은 전통적인 조직원칙이 충실히 지켜지는 조직이다.

〈그림 1-1〉 라인조직

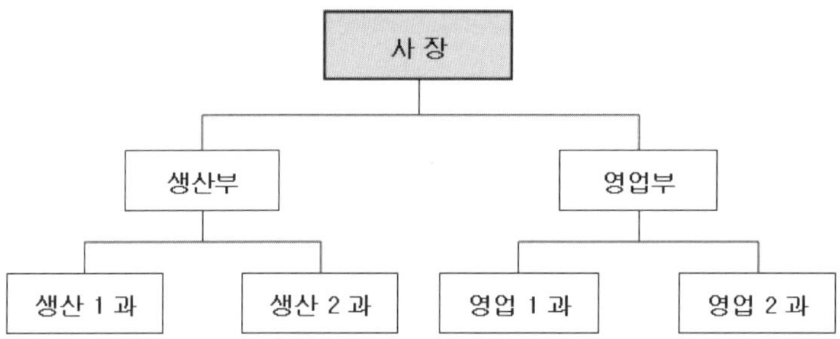

2. 라인·스탭조직

라인·스탭조직은 조직의 규모가 커지고 제품계열의 수가 많아지면 기존의 라인기능만으로는 모든 업무수행이 불가능하기 때문에 라인업무를 지원할 수 있도록 스탭기능이 분화되어 발달하게 된 형태이다.

규모가 비교적 작은 기업에서는 흔히 최고경영자가 개인 스탭을 두지만 규모가 큰 기업의 경우에는 최고경영자가 경영정책을 수립하고 주요 의사결정을 내리는데 도움이 되도록 하기 위해 종합조정실, 경영기획실, 비서실 등과 같은 스탭부서를 두기도 하고 경영연구소 등과 같은 조직을 두기도 한다.

〈그림 1-2〉 라인·스탭조직

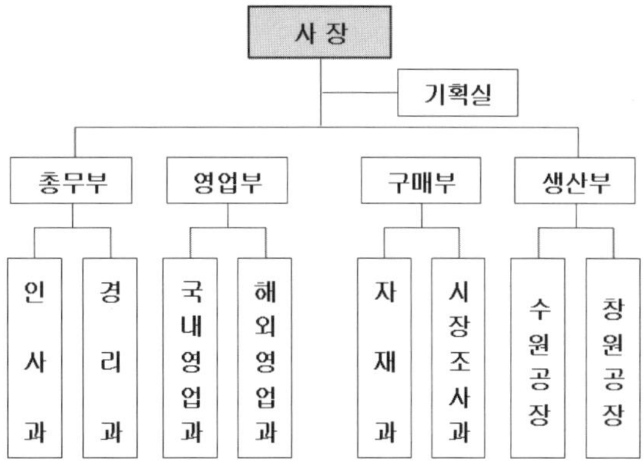

3. 사업부제 조직

사업부제 조직(divisional organization)은 분권조직의 형태로서 사업의 규모가 커짐에 따라 사업단위를 분화하고 권한을 분산시키는 조직형태이다. 즉 권한을 사업부별로 하부에 이양해 줌으로써 권한의 이양과 독자적인 재량권에 의하여 능률적으로 조직목표를 달성할 수 있도록 하며 사업부별 독립채산제를 채택한다. 오늘날 세계의 대형기업들이 가장 보편적으로 채택하고 있는 조직형태라고 할 수 있다. 이러한 조직에는 보통 제품별 사업부제, 지역별 사업부제, 고객별 사업부제 등 3가지의 형태가 있다.

〈그림 1-3〉 사업부제 조직

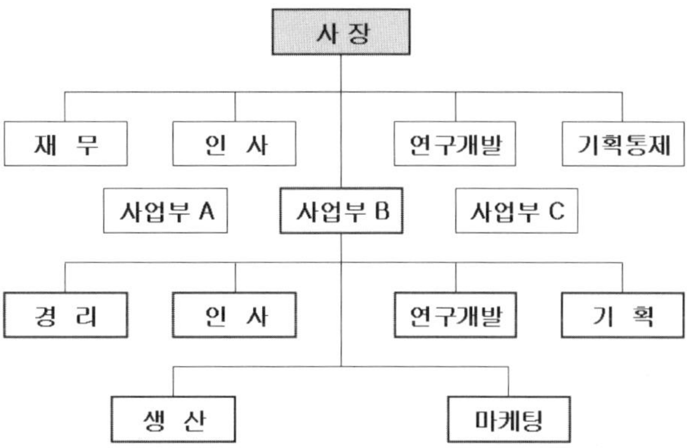

4. 프로세스 조직

기업 경영활동은 프로세스(process) 하에서 움직인다고 볼 수 있다. 즉 구매활동, 생산활동, 물류활동, 판매활동 및 고객 서비스로 이어지는 프로세스는 어느 기업이건 유사하다.

프로세스 조직(process organization)은 경영혁신 개념에 의해 재설계된 기업조직을 바탕으로 획기적인 경영성과를 도모할 수 있도록 하기 위하여 기능중심이 아니라 프로세스를 기본으로 하여 기업조직이 편성된 형태이다. 고객만족을 최종목표로 하여 프로세스 선상에 있는 모든 세부조직은 전체로서 하나처럼 움직이고 작동하게 된다. 이러한 조직형태를 설계할 경우에는 리엔지니어링(Reengineering) 작업을 선행하게 된다. 따라서 업무 프로세스는 단순화되며 분업 및 단순 작업에서 다기능 및 복합작업으로 전환된다. 이것은 수평적 조직과 프로세스 팀을 기본단위로 하는 조직이며 조직의 스탭은 확인하고 통제하기 보다는 종업원이 협력하면서 업무를 추진할 수 있도록 지원하게 된다.

5. 네트워크 조직

네트워크 조직(network organization)은 급변하는 기업 경영환경 속에서 기업의 경쟁력을 확보하기 위하여 수직적 통합뿐만 아니라 수평적 통합, 시간과 공간을 초월한 통합, 기업 내부 및 기업 간 통합, 인터넷 등 정보기반의 조직간 통합을 구현한 조직이다. 이러한 조직은 수평적 통합화와 슬림화가 이루어지며 조직 구성원 간의 의사소통이 활성화되고 상호 신뢰관계가 형성된다. 또한 경쟁력이 있는 핵심역량의 사업부문만을 직접 수행하고 부수적인 기능 또는 경쟁력이 없는 기능은 적극적으로 아웃소싱(outsourcing)함으로써 경영자원을 효율적으로 활용하게 된다.

6. 프로젝트 조직

프로젝트 조직(project organization)은 특정 프로젝트를 해결하기 위해 일시적으로 구성되는 조직형태로서 특정 사업계획을 달성하기 위하여 필요한 인력과 자원을 편성하고 사업목표를 달성하면 인력과 자원을 해체하여 원대 복귀시켰다가 또 다른 사업계획이 있을 때 다른 형태로 조직을 편성하게 된다.

예를 들면, 신제품개발 프로젝트, 신공항건설 프로젝트, 신시장개척 프로젝트 등의 조직형태가 있다.

7. 매트릭스 조직

매트릭스 조직(matrix organization)은 행렬조직이라고도 하며, 이것은 기업의 기능적 조직과 프로젝트 조직의 장점을 수평적, 수직적으로 유기적인 연관을 지어 편성한 조직형태이다.

즉, A, B, C 3개의 프로젝트가 있을 때 기업의 생산, 구매, 인사, 회계 등과 같은 기능조직을 행렬식으로 조직한 형태이다. 즉 한편으로는 생산, 재무, 마케팅, 인사 등과 같은 전통적 기능부문이 있고 한편으로는 최고경영자에 직접 속해 있는 프로젝트 팀이 있다. 프로젝트 팀의 구성원들은 대부분 원래의 기능부문으로부터 파견된다. 매트릭스 조직은 프로젝트 조직과 같이 각 기능을 최대한도로 이용하여 효과를 극대화할 수 있는 장점도 있지만, 명령계통 간의 권력다툼의 증가, 의사결정의 지연, 책임한계의 애매함 등과 같은 단점도 있다.

〈그림 1-4〉 매트릭스 조직

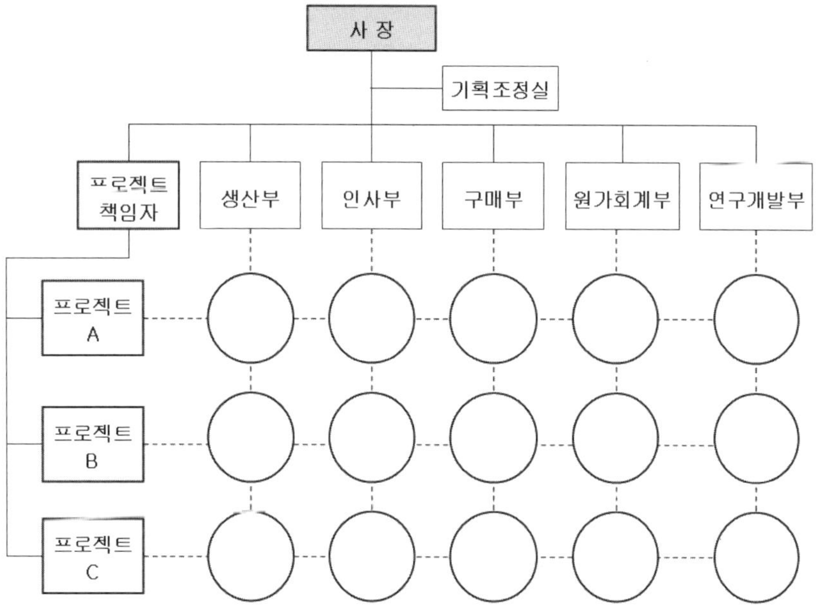

8. 팀 조직

팀 조직(team organization)은 급격한 기업환경의 변화에 적응하기 위하여 전통적인 조직형태인 피라미드식 수직조직의 문제점을 해결하고 중간조직을 제거하여 수평조직 형태로 만들어 팀장제도를 도입한 조직형태이다. 우리나라는 IMF 이후 구조조정의 일환으로 조직의 중간계층을 없애고 과장, 차장, 부장 등 직제를 폐지하여 팀장조직을 도입하였다. 팀 조직을 성공적으로 도입하기 위해서는 조직의 분권화 및 기업의 특성파악이 선행되어야 하며 선진 기업에서의 도입 상 문제점과 성패요인을 분석하여 활용해야 하고 최고경영자의 강력한 의지가 중요한 관건이 된다.

1.1.2 업무영역

기업은 이윤을 추구하기 위해 모인 영리조직이므로 이윤을 극대화하여 기업의 가치를 높여야 한다. 기업의 조직과 업무영역은 기업의 규모, 산업별 유형, 업종 및 생산형태 등에 따라 각각 다르며, 경영환경의 변화에 따라 조직형태가 달라지기도 한다. 일반적인 기업의 업무영역과 관련부서를 나타내면 <표 1-1>과 같다.

〈표 1-1〉 기업의 업무영역과 조직

업무영역	단위 업무	관련부서	업무영역	단위 업무	관련부서
인사·급여	• 인사관리 • 근태관리 • 급여관리 • 연말정산 • 퇴직관리 • 복리후생 • 예비군, 민방위 • 노사관계 업무	인사부	품질관리	• 품질보증 • 품질관리 • T.Q.M • 통계분석	품질 관리부
재무·회계 관리	• 회계관리 • 자금관리 • 세무관리 • 고정자산관리 • 주식관리 • 예산관리	경리부	설비관리	• 설비관리 • 장비관리 • 공구관리	공무부 생산부
영업관리	• 판매관리 • 수주관리 • 제품수불관리 • 채권관리 • 매출관리 • 고객관리 • 수출관리 • 출하관리	영업부	기술관리	• 기술개발 • 생산기술	기술부
자재관리	• 자재수급 • 구매관리(발수, 수입) • 수불관리(입고, 출고, 재고관리) • 거래처관리	자재부	원가관리	• 표준원가관리 • 실제원가관리	기획관리실 경리부
생산관리	• 생산계획/실적 • 공정관리 • 작업관리 • 전력관리 • 기타제작	생산관리부 생산부	기획관리	• 경영분석 • 사업계획 • 예산관리 • 통계자료	기획관리실

1.2 조직과 정보시스템

조직은 공동의 목적을 달성하기 위하여 정립한 체계화된 구조에 따라 조직구성원이 상호작용을 하며, 경계를 가지고 외부환경에 적응하는 인간의 사회적 집단을 의미한다. 조직을 시스템 관점에서 보면 공통의 목적, 체계화된 구조, 조직구성원, 그리고 환경과 경계로 구성된 시스템이라 할 수 있다.

1.2.1 조직에서 정보시스템의 역할

시스템 관점에서의 조직은 환경으로부터 여러 가지 자원이 투입되면 다양한 조직의 처리과정을 거쳐 제품과 서비스를 만들고 이를 다시 환경으로 제공하는 기능을 수행한다. 그리고 이러한 조직 내에서 정보시스템의 역할은 입력-처리-출력으로 이어지는 정보처리 기능을 통해 조직활동(프로세스)을 지원하고 조직구성원에게 정보를 제공하며, 경영환경의 신속한 변화를 감지하여 환경변화에 적절히 대응할 수 있는 적응력을 갖추게 하는 기능을 수행한다.

이러한 정보시스템의 역할은 다음과 같은 다섯 가지의 기능으로 세분화된다.

① 업무처리

정보시스템의 가장 기본적인 기능으로 업무의 효율적인 처리가 있다. 정보시스템을 도입하여 많은 업무를 자동화함으로써 생산성을 높이고 업무의 질을 향상시킬 수 있다.

② 기획, 실행, 통제의 연계

기업은 목표달성을 위해 계획을 수립하고 이를 실행에 옮기며 실행과정이 계획대로 수행되도록 통제한다. 이러한 경영관리의 기획, 실행, 통제 과정이 유기적으로 연계될 수 있는 수단으로 정보시스템이 활용될 수 있다.

③ 하위시스템 간 조정

조정이란 조직의 목적을 달성하기 위해서 사람이나 하위시스템들의 갈등과 상충관계를 해소하고 이들 간의 바람직한 관계를 설정하는 것을 의미한다. 즉, 정보시스템은 서로 다른 부서나 업무 간의 데이터 교환, 업무연계, 원활한 의사소통을 가능하게 함으로써 하위시스템 간의 조정역할을 수행할 수 있다.

④ **하위시스템의 통합**

시스템은 목적 달성에 필요한 기능을 수행하기 위해 여러 개의 하위시스템으로 구성된다. 정보시스템은 시스템을 구성하는 하위시스템들이 공통의 목적을 달성하는데 필요한 기능을 일관성 있고 효율적으로 수행하도록 하위시스템들을 통합하는 역할을 제공한다.

⑤ **환경변화의 감지**

조직은 경제적, 정치적, 사회적, 기술적, 생태학적 환경 내에서 존재한다. 조직은 환경으로부터 조직활동에 필요한 자원을 입력받고 이를 처리하여 다시 환경에 제공하게 된다. 정보시스템은 외부 정보원천으로부터 수집되는 각종 데이터를 가공하고 분석하여 경영계획과 전략, 그리고 환경변화에 대한 대응방안을 수립하는 업무를 지원한다.

1.2.2 정보시스템과 조직의 변화

정보시스템이 조직에 도입되면 조직에서는 과업구조, 인력구조, 조직구조, 그리고 궁극적으로 조직문화에 이르기까지 상당한 변화가 일어난다. 즉, 일상적인 작업들이 자동화되어 인력이 절감된다든지, 조직계층의 수가 줄어들어 조직구조가 수평적으로 된다든지, 권한이 하위계층으로 이양된다든지 하는 변화가 일어난다.

1. 조직변화의 주요 요소

조직의 구성요소는 사람(people), 과업(task), 조직구조(structure), 문화(culture), 기술(technology)이라고 할 수 있다. 이 다섯 가지의 요소가 지속적으로 상호작용을 하면서 일정한 특성을 가진 조직을 형성한다. 하나의 요소가 변화하면 이에 따라 다른 요소도 영향을 받게 되며, 궁극적으로 조직의 특성에 변화를 가져오게 된다.

정보시스템은 다섯 가지 요소 중 기술의 하나로 간주할 수 있으며, 정보시스템이란 새로운 기술이 조직에 도입되면 과업, 사람, 조직구조, 그리고 조직문화에 영향을 미침으로써 조직의 변화를 야기하게 된다. 그러나 정보시스템이 다른 네 가지 요소와 적절한 변화과정을 공유하지 못하고 일방적으로 도입된다면 정보시스템은 성공적으로 구축되지 못할 가능성이 높게 된다.

2. 정보시스템으로 인한 조직의 변화

(1) 과업구조

정보시스템의 도입은 과업구조와 경영관리 과정에 상당한 영향을 미치게 되는데, 복잡한 과정을 거쳐 수행되던 업무는 보다 단순화되고, 표준화되며, 통합화된다.

① 단순화

정보시스템이 도입됨으로써 과거 복잡한 과정을 거쳐 수작업으로 처리했던 업무방식이 단순화된다. 예를 들어, 병원에 정보시스템이 도입되기 전에는 모든 업무처리가 장부에 수기하는 방식으로 이루어졌다. 입금과 출금, 진료비 수납 등은 모두 담당자에 의해서 수작업으로 이루어졌으나, 정보시스템을 도입한 이후에는 간단한 컴퓨터 조작으로 입출금전표 처리는 물론, 진료비 수납 및 퇴원정산 등이 자동으로 처리된다. 이와 같이 정보시스템을 도입하여 활용함으로써 업무가 보다 단순화되어 비전문가들도 일상적인 업무처리가 가능하게 된다.

② 표준화

정보시스템이 도입되기 위해서는 사전에 업무처리절차 및 양식 등이 표준화되어 있어야 한다. 업무의 표준화는 정보시스템을 개발하기 위한 전제조건이며, 업무의 표준화가 미흡한 경우에는 업무처리의 정보시스템화가 매우 어려울 뿐만 아니라, 정보시스템의 도입효과도 떨어지게 된다. 그러므로, 기업에서 정보시스템 도입을 추진하는 과정에서 우선적으로 업무처리 및 자료의 표준화를 추진하게 된다.

③ 통합화

정보시스템이 구축되면 표준화된 과업들은 정보시스템을 중심으로 통합이 가능하게 된다. 예를 들어, 포드자동차의 구매부서에서는 구매주문서, 물품수취서류와 송장이 일치하는지를 대조하느라 상당한 인원과 시간이 소요되었다. 그러나 주문결재시스템을 도입한 후 주문내용, 제품의 수취내역을 바로 데이터베이스에 입력하고 조회하여 대금결재가 이루어지도록 함으로써 중복되고 유사한 업무를 통합할 수 있었다.

정보시스템은 조직구성원이 담당하는 과업의 처리방식에 변화를 가져옴으로써 궁극적으로 조직의 과업구조를 변화시킨다. 정보시스템이 도입됨에 따라 단순반복적인 과업이 감소되며, 대인접촉보다는 컴퓨터접촉을 주로 하는 업무가 증가한다. 즉, 자료수집이나 단순집계 같은 업무는 감소하는데, 경영관리자의 경우 정보의 수집, 정리, 보관 등의 단순 사무업무는 감소하고 정보활용을 위한 분석력, 판단력, 창의력을 요구하는 업무는 증가한다. 또한, 업무의 많은 부분이 컴퓨터에 의해 처리되고, 의사결정 과정과 커뮤니케이션이 전자우편, 전자결재, 화상회의 등과 같은 통신기술에 의해 지원됨으로써 대인 간 업무보다는 컴퓨터를 통한 업무가 증가하게 된다.

(2) 인력구조

정보시스템의 도입은 조직구성원의 과업구조를 변화시킴으로써 조직 내 인력구조에도 영향을 미치게 된다. 단순반복적인 업무의 감소는 이러한 과업에 종사하던 조직구성원의 수를 줄이는 효과로 나타나는데, 일반적으로 정보시스템 구축의 기대효과로 인력절감이 많이 제시되는 이유가 여기에 기인한다고 볼 수 있다.

정보시스템의 도입은 특히 중간관리층의 인력구조에 많은 영향을 미친다. 일선업무의 감독과 경영층에 대한 정보제공 등과 같은 기능이 정보시스템에 의해 대체되거나 훨씬 효율적으로 지원되면서 점차 중간관리자의 역할과 기능이 줄어들게 된다. 이런 경우 중간관리자의 수가 줄어들거나 전문화되어 라인으로부터 이탈하는 인력구조의 변화가 발생한다.

(3) 조직구조

정보시스템의 도입은 과업구조와 인력구조에 영향을 미치고 이는 다시 조직구조에 영향을 미친다. 조직구조에 대한 영향으로는 크게, 조직계층의 수평화, 전문화, 집권화와 분권화로 나누어 볼 수 있다.

① 조직계층의 수평화

정보시스템이 조직에 도입되면 정보처리의 상당부분은 컴퓨터에 의해 처리되기 때문에 각 부서의 수는 감소하고 계층수도 줄어들게 된다. 또한 정보시스템을 이용하여 하위층에서 경영층으로 혹은 경영층에서 하위층으로 직접적인 의사소통이 가능해짐에 따라 중간관리계층의 역할은 보다 축소되고 조직계층은 보다 수평적으로 된다. 특히 중간관리층이 담당했던 구조적이고 일상적인 업무는 자동처리되고, 비구조적인 의사결정은 점차 최고경영층으로 이관됨으로써 조직계층이 보다 수평적으로 될 가능성이 높다.

② 전문화

정보시스템이 도입되면 조직구성원의 단순반복 업무는 시스템으로 대체되고 조직구성원은 보다 창의적이고 전문적인 업무에 치중하게 된다. 따라서 조직구조도 전통적인 기능 중심의 라인조직보다는 전문적인 스텝조직이 강화되는 형태로 변하게 된다.

③ 집권화와 분권화

정보시스템의 도입은 경영관리에 있어서 조정과 통제기능에 영향을 미치게 되고, 이는 권한과 책임의 분권화 정도에 따라 조직구조에 영향을 미친다. 정보시스템의 도입으로 인한 분권화의 정도는 서로 상반된 견해가 존재하는데, 분권화가 촉진된다는 견해와 집권화가 강화된다는 견해가 있다. 정보시스템의 도입이 단순히 조직의 집권화를 강화시키느냐, 분권화를 강화시키느냐에 대한 일률적인 결론을 내리기는 어렵고, 기업이 처한 환경, 전략, 업무특성 등에 따라 조직이 집권화될 수도 있고 분권화될 수도 있다고 보아야 할 것이다. 즉, 안정적인 환경에 처한 기업에서는 집권화의 경향이 강화될 것이고, 극심한 환경변화를 겪는 기업에서는 환경변화에 능동적으로 대처해야 하기 때문에 분권화의 경향이 강화될 것이다.

또한, 기업의 업무특성이 비교적 일상적이고 구조적인 경우에는 집권화의 경향이 강화될 수 있으나, 업무특성이 다양성이 높고 많은 정보를 필요로 하는 경우에는 분권화의 경향이 강화될 것이다.

(4) 조직문화

기업문화 혹은 조직문화는 조직의 구성원들이 공유하고 있는 가치관, 신념, 관습, 규범, 그리고 전통 등의 집합체로서 공유가치, 경영전략, 조직구조, 관리시스템, 구성원, 리더십 스타일, 그리고 지식과 기술로 구성된다. 이들 일곱 가지 요소들은 공유가치를 중심으로 서로 밀접하게 연결되어 조직문화를 형성하고 있다. 요즘 우리나라 기업의 종업원들은 과거와는 달리 소득보다는 여가를 선호하고 조직을 위한 희생보다는 개인의 발전을 추구하는 경향이 강하다고 할 수 있다. 이러한 가치관의 변화는 새로운 정보시스템을 요구하게 된다. 소위 3D 업종의 일은 자동화하고, 사람에게는 보다 창의적인 업무를 부여하고, 생산성 향상을 통해 더 많은 여가를 조직구성원에게 제공할 수 있는 정보시스템을 선호하게 된다. 이와 같이, 정보시스템은 조직문화의 각 요소들과 상호작용의 관계에 있다. 즉, 조직문화가 어떠한 특성을 가지고 있고, 또한 어떻게 변화하느냐에 따라 정보시스템에 대한 요구가 달라지며, 정보시스템의 구축 역시 조직문화에 변화를 야기하게 된다.

1.3 계층별 경영관리와 정보시스템

1.3.1 MIS의 개념

MIS(Management Information System)는 1970년대 초반에 개념이 등장하였는데, 1980년대 초반에 붐을 일으켜 당시 경영자들은 문제발생시 만능에 가까운 시스템의 등장을 열망하였다. 그 이전에는 급여, 재고, 판매, 회계 등의 기본적인 업무에 자료처리전산(Electronic Data Processing)이 이루어지고 있었다.

MIS란 컴퓨터를 거래처리에서 뿐만 아니라 조직의 운영 및 관리, 그리고 전략수립에까지도 활용하는 것으로 볼 수 있다. 따라서 EDP는 MIS의 하부구조를 이루는 것으로 MIS를 떠받치는 주춧돌의 역할을 한다. MIS는 EDP를 포함하며 EDP를 도외시한 MIS는 존재할 수 없다. EDP가 거래처리 내지 일상 업무와 관련한 자료의 기록, 보관, 정리 및 보고에 역점을 둔다면, MIS는 이러한 자료를 활용한 분석, 기획 및 의사결정지원 등에 중점을 둔다.

MIS, 즉 경영정보시스템이란 조직의 운영, 관리 및 전략수립에 필요한 정보를 제공해 주는 인간과 컴퓨터의 결합체(man-machine system)로 정의할 수 있다. 이것은 경영층을 위한 보고 자료나 하부업무의 운영, 통제 및 평가를 종합적이고도 요약된 정보를 손쉽게 제공해 주는 시스템인 것이다.

조직의 운영이란 거래처리(transaction processing)를 뜻하는 것으로 판매, 생산, 재고, 인사, 회계 등의 각 분야에서 매일매일 발생하는 거래의 기록·계산·조회 및 보고를 뜻한다. 일반 사무직근로자들이 이 업무를 담당한다.

조직의 관리는 운영통제(operation control)와 관리통제(management control)로 나누어 볼 수 있다.

운영통제란 최일선의 관리자가 거래들이 과연 능률적으로, 그리고 효과적으로 처리되고 있는가를 감독하고 필요한 조치를 취하는 것을 말한다. 능률적 운영이란 주어진 시설과 자재, 노동력 등의 자원을 활용하여 최대한의 산물을 어떻게 생산해 내느냐 하는 효율성(efficiency)의 극대화를 뜻하며, 효과적 운영이란 조직목표에의 기여도, 예컨대 고객에 대한 서비스의 개선을 통한 매출액 증대 등 효과성(effectiveness)의 제고를 뜻한다. 대리나 과장이 운영통제기능을 수행한다.

관리통제란 조직의 장기목표를 달성하기 위한 전략의 구체적 실천방안 마련, 집행결과분석 및 사후조치 강구를 뜻한다. 구체적으로는 장기경영목표를 중·단기계획으로 세분화시키고 이의 실행에 필요한 자원의 획득과 배분, 계획과 실적간의 비교, 차질원인의 분석 및 자원재배치 등을 뜻한다. 주로 부장들이 하는 일이 여기에 해당한다.

전략기획(strategic planning)이란 조직의 경영환경과 능력을 감안, 장기적인 성장목표를 정하고 이를 달성하기 위한 기본전략을 수립하는 것으로 신규사업에의 참여, 방향설정, 기업이념, 재정립 등이 여기에 속한다. 최고경영층의 주 임무가 이것이다.

1.3.2 MIS 피라밋

MIS를 이와 같이 거래처리 뿐만 아니라 운영통제, 관리통제, 및 전략기획에 필요한 정보를 제공해 주는 인간과 기계의 결합체로 볼 때, 「MIS 피라밋」의 지식근로자(knowledge worker)적 측면이 등장한다. MIS 피라밋은 경영활동을 전략기획, 경영관리 및 전술기획 그리고 운영기획 및 통제의 셋으로 분류한 Anthony 교수의 저서에서 유래한다.

MIS가 네 계층의 지식근로자를 모두 지원한다는 것은 중요한 의미를 갖는다. 즉, 정보시스템 개발시 시스템 분석가는 이 네 계층의 지식근로자를 판별해내어 이들이 각각 하는 일과 필요한 정보, 의사결정과정 등을 연구하고 여기에 맞게 MIS를 설계해야 한다는 것이다.

〈그림 1-5〉 MIS 피라밋

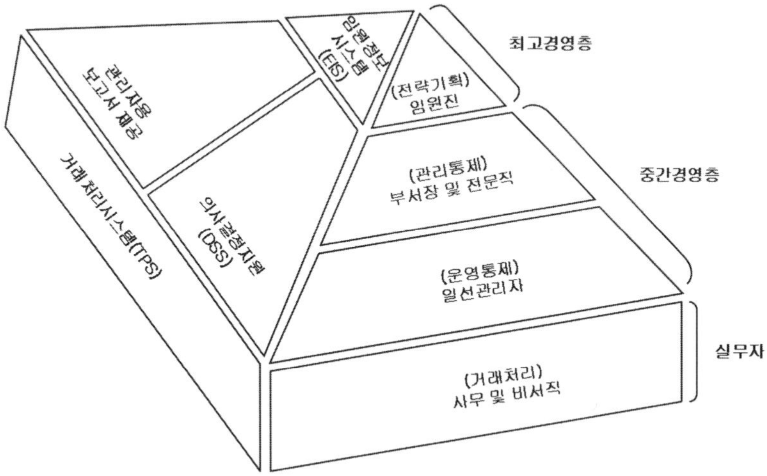

기능면에서 볼 때에 경영정보시스템은 거래처리, 관리자용 보고서제공, 의사결정지원, 임원용 정보제공의 네 가지 기능을 수행해야 한다. 그렇다면 MIS의 사용자적 측면과 결부시킬 때 어떠한 의미가 있는가?

MIS는 제공기능과 이용자측면의 결합을 나타낸 것으로 사무 및 비서직근로자에게는 거래처리 기능을, 기타의 지식근로자에게는 보고서 제공과 의사결정지원 기능을 제공해 주어야 한다. 즉 MIS를 하나의 피라밋으로 이해할 때에 사용자적 측면과 기능적 측면은 MIS각기 다른 모습으로, MIS란 사무직 구로자에게는 거래처리기능을 그리고 일선관리자, 중간관리자 및 임원진에게는 보고서와 의사결정지원기능을 제공해야 한다는 것이다. 가령 MIS가 거래처리 및 보고서 제공기능에만 그친다면 그것은 참다운 MIS가 되지 못한다. 또한 거래처리 기능은 MIS라는 피라밋을 형성하는데 있어 주춧돌의 역할을 하는 것으로서, 이를 소홀히 한 MIS는 사상누각과 같다고 할 수 있다.

1. 거래처리

거래(transaction)란 고객으로부터의 주문, 상품 발송, 구매 및 전표처리 등의 업무적인 사건(business event)을 뜻한다.

거래처리(transaction processing)는 영업, 자재, 생산, 인사, 회계 등의 각 분야에서 매일매일 발생하는 거래의 기록, 계산, 조회 및 보고를 의미한다.

거래처리시스템(transaction processing system)이란 거래를 통해 발생되는 데이터를 획득하고 저장하며 갱신한 뒤 필요한 문서나 보고서 등을 컴퓨터로 출력시키는 시스템이라 할 수 있다.

거래처리시스템은 기업운영과 직결되어 고도의 정확성과 신속성, 무고장성, 보안성 등이 요구되는 반면, 경영관리용 보고서 작성이나 의사결정지원은 시간적으로 여유가 있고, 재계산이나 재작성이 가능하다. 거래처리시스템은 데이터가 일상적이고 반복적으로 발생하기 때문에 운영절차나 처리방법이 정형화되어 있고 표준화되어 있다.

2. 관리자용 보고서 제공

이것은 거래처리 과정에서 축적된 데이터를 토대로 조직의 운영 내지는 업무처리(operation)상황을 감독, 통제하고 계획을 세우는 데 필요한 보고서의 출력을 뜻한다. 앞에서 언급한 세 가지 계층의 경영관리자들의 업무수행에 필요한 각종 보고서를 만들어 내는 것이 MIS의 주요 임무인 것이다.

3. 의사결정지원시스템(DSS)

의사결정지원시스템(Decision Support System)은 각종 정보의 과학적인 분석을 통하여 합리적이고 객관적인 의사결정이 가능하도록 지원해 주는 시스템이다. 광고계획 수립이나 신규시장 진출 등과 같이 주로 비구조적인 업무에 활용되어 문제의 해결에 도움을 주는 시스템이다. 스프레드시트 패키지를 이용한 만약(what-if)분석, 제4세대언어(4th Generation Language), 관계형 데이터베이스 관리시스템(Relational DBMS)을 이용한 수시조회(ad hoc query) 등이 의사결정지원시스템(DSS : Decision Support System)의 구체적인 모습이다.

만약(what-if)분석이란 가정(입력 데이터)에서 제의된 해답에 대한 변화의 영향을 체크하는 것이다. 예를 들면, 처음에 가정된 재고품의 수송비용이 10%가 아니고 12%라면 재고품의 총비용은 얼마나 추가로 발생하겠는가? 또는 처음에 가정된 예산에서 추가적으로 5%이상까지 사용하였다면 시장점유율은 얼마나 되겠는가? 등이다.

물론 시뮬레이션과 모델링 도구를 활용한 복잡한 DSS가 없는 것은 아니다. 또한 인공지능의 한 분야인 전문가시스템(expert system)이 DSS의 일환으로 등장하기도 한다. 전문가시스템은 비전문가에게 전문가의 축적된 지식을 제공함으로써 어려운 문제를 해결하도록 도와주는 일종의 자문시스템이다. 예를 들면, 은행대출 책임자의 지식을 획득하고 보존하여 경험이 부족한 직원이 이를 참고로 복잡한 대출 의사결정을 내릴 수 있도록 하는 것이다.

의사결정지원시스템(DSS)은 의사결정자에게 여러 대안을 제공할 뿐 해답을 제시할 수 없으며, 문제해결 과정에서 의사결정자의 통찰력과 판단력에 의존하면서 서로(의사결정자와 DSS) 간의 대화를 통하여 최적의 해결책을 강구하는 것이다.

이를 위하여 의사결정지원시스템은 액셀(Excel)과 같은 스프레드시트 패키지를 활용한 추정 재무제표작성, 현금흐름예측, 만약분석, 선형계획모델, 민감도 분석(sensitivity analysis) 등의 수식모델을 토대로 한 분석에 치중한다. 민감도 분석은 모델의 하나 또는 그 이상의 변화가 그 모델의 다른 부분에 영향을 미치는 것을 분석하는 것이다. 실제로 입력변수의 변화가 출력변수에 미치는 영향을 체크한다.

일반적으로 의사결정지원시스템은 다음과 같은 요소로 구성된다.

① **데이터관리** : 의사결정 상황관련 데이터, 데이터베이스, 데이터베이스 관리 시스템(DBMS)

② **사용자인터페이스(인간-기계 커뮤니케이션)** : GUI의 하위 시스템은 사용자가 DSS에 명령 및 커뮤니케이션

③ **모델관리** : 재무, 통계, 경영과학, 정량적 모델 등의 소프트웨어(프로그램)

④ **지식관리** : 지식관리 하위시스템은 문제의 해결에 대한 지식 제공 및 다른 하위 시스템 지원

4. 임원정보시스템(EIS)

임원정보시스템은 중역정보시스템, 경영자정보시스템이라고도 하며, 기업의 성과에 절대적인 기업 내외부의 정보를 중역(임원)이 쉽게 접근하여 의사결정에 활용할 수 있도록 설계한 정보시스템이다. 이것은 분석결과나 요약정보를 그래프의 형태로 최고경영진에게 제공한다든가 상황발생 가능성을 예지할 수 있는 경고

성 정보, 핵심성과지표, 생산성 및 불량률 등 주요 지표, 경영자의 관심을 요하는 상황정보, 추세분석, 예외보고, 경쟁사 정보나 산업동향 등 외부정보를 제공함으로써 문제의 발생을 제때에 인식하여 적절한 조치를 취하도록 하는데 그 목적이 있다. 그리고 많은 소프트웨어 벤더들은 EIS/DSS 통합 툴을 제공한다. EIS의 기본 의도는 임원들이 PC나 단말기의 직접조작을 통하여 필요한 정보를 얻는데 있다.

EIS는 기업전체의 관리적인 정보보다는 경영자가 당면하는 문제 중심의 정보를 제공해야 한다. 단편적인 내용보다는 문제점과 원인을 분석할 수 있는 정보제공 체계가 필요하다.

1.4 ERP의 도입배경

지금까지 제조업체의 정보시스템 구축시 주요 관심사는 정형화된 물류 및 정보의 자동화를 구현하기 위한 자재 및 생산관리시스템의 도입이었다. 최근에는 여기에 기업의 비즈니스 프로세스를 최적화하고 이에 따른 새로운 기업정보시스템 구축이라는 측면이 강조되고 있다.

시장 환경이 세계화함에 따라 생산 및 물류의 거점이 국내외 여러 곳에 산재하게 되고 새로운 개념의 프로세스인 글로벌 전략 자원관리 및 최적 공급사슬(supply chain)구축이 더욱 중요하게 부각되고 있다. 또한 질 높은 정보를 신속히 제공하여 최적의 제품공급 및 자재 수급이 이루어짐과 동시에 생산, 자재, 협력업체, 고객, 수배송, A/S, 회계, 원가 등 기업의 전 프로세스를 일관되게 통합할 수 있어야 한다. 이러한 기업의 요구변화에 따라 개발된 정보시스템이 바로 ERP시스템이다. 즉 ERP시스템은 기업용 소프트웨어로서 조직의 전체적인 운영을 관리하는 프로그램들로 구성되어 있다.

새로운 정보시스템 구축동기에는 회사의 성장에 따른 요구의 변화, 시장환경의 급격한 변화, 경영진의 의지 등 많은 요인들이 복합적으로 작용한다.

일반적으로 ERP시스템을 도입하는 동기는 다음과 같다.

- 경영 환경의 악화와 기업 경쟁력의 약화
- 제품 라이프사이클의 단축과 다양한 소비자의 요구에 대응
- 회사의 성장으로 필요한 정보의 양과 질의 급격한 변화

- 정보기술의 발전으로 기존 시스템의 보완이 무의미
- 리엔지니어링의 가시적인 실천수단으로 활용될 수 있다는 기대감
- 경영진의 정보시스템에 대한 인식 변화
- 정보시스템 개발 및 유지보수 비용 절감에 대한 기대
- 전사적 표준의 정보시스템 구축 미비로 정보의 공유 및 통합관리가 어려움
- 기존 시스템이 부분적인 현업 업무 중심으로 개발되어 데이터의 중복과 오류가 발생
- 부서 간 필요정보의 필요 시점 공유가 어려움
- 영업에서 자재, 생산, 원가, 회계에 이르는 정보의 흐름이 원활하지 못함
- 생산 자원의 효율적 이용

〈그림 1-6〉 ERP의 도입배경

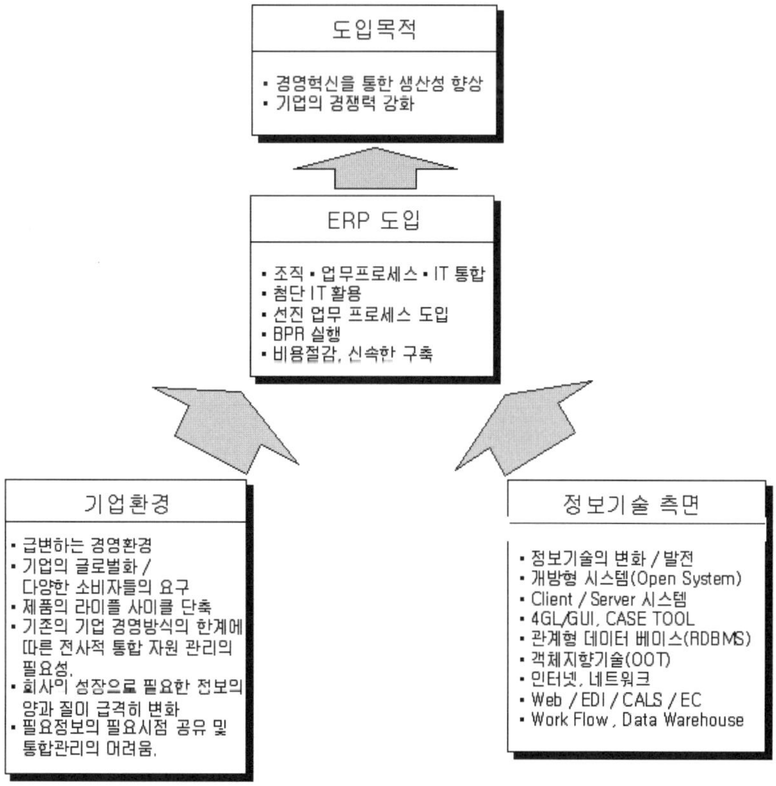

ERP시스템을 도입하면 영업, 생산, 구매, 자재, 회계, 인사 등 회사 내 모든 업무를 정보기술 자원을 활용하여 동시에 통합 처리되고 정보를 실시간으로 주고받을 수 있으며, 비즈니스 프로세스측면에서 ERP가 선진 업무프로세스(best practice)를 내장하고 있기 때문에 별도의 첨단 경영기법 적용이나 BPR(Business Process Reengineering)을 하지 않고도 자동적으로 경영혁신이 되는 효과가 있는 것이다.

1.5 ERP의 개념

1.5.1 ERP의 발전과정

1961년에 올리키(J. A. Orlicky)는 케이스사의 농업용 기계 제작에서 MPS(Master Production Schedule)를 이용한 MRP(Material Requirements Planning)를 최초로 적용하여 큰 효과를 얻었고, 그후 1967년 올리키와 플로슬(G. W. Plossl)은 저서인 「Production and Inventory Control : Principle and Techniques」에서 MRP를 소개하여 1970년대부터 제조기업 정보시스템의 핵심으로 사용되고 있다.

〈그림 1-7〉 ERP의 진화과정

1970년대	1980년대 전반	1980년대 중반	1990년대 중반	2000년대
MRP-I	MRP-II	CIM	ERP	확장형 ERP
◎ 자재소요량 계획 · 자재수급관리 시스템 (재고의 최소화) · 자재관리, CRP, 구매오더관리, 작업관리 등 · Copics	◎ 제조자원 관리 · MRP-I에 영업, 재무, 기술등 제조업의 총체적인 자원의 계획 및 통제 기능 추가 · SAP R/2, · Mapics, · HP M, · SSA BPCS	◎ 컴퓨터 통합생산 · 기술, 생산, 판매, 회계 등 제조업체 경영전반의 모든 업무분야를 정보기술을 이용하여 통합지원 · MRP-II와 판매, 구매등과의 연결	◎ 전사적 자원관리 · 기업의 모든 업무를 지원하기 위한 통합 정보시스템 · 첨단 IT를 기반으로 선진비즈니스 프로세스가 구현된 패키지 소프트웨어 · 활동원가 회계개념, 수요예측, 실시간 스케쥴링, 시뮬레이션 기능 등 강조 · 기업외부의 조직과도 정보 교환 · SAP R/3, 오라클 어플리케이션, QAD, MFGPRO, BAAN, TRITON, 데이터 로직스 GEMMS	◎ 전사적 자원관리 · 기존 ERP에 SCM, CRM, PDM 기능 추가 · 기업내부뿐만 아니라 공급업체와 고객 등 기업외부환경과의 업무공유 및 통합, 자원, 정보의 흐름을 일원화하는데 초점 · AI, 빅데이터, IOT, 클라우드, RPA, 블록체인 기술 적용

자재소요량 계획으로 탄생한 MRP(MRP-Ⅰ)는 발전하여 제조자원 관리시스템인 MRP-Ⅱ가 되었고, 다시 컴퓨터 통합생산시스템인 CIM 그리고 전사적 자원관리시스템인 ERP로 진화하게 된 것이다. 즉 MRP는 ERP의 모체가 되는 것이라 할 수 있다.

1.5.2 ERP의 정의

ERP(Enterprise Resource Planning)는 전사적 자원관리라고 불리어지는데, 기업활동을 위해 사용되는 기업내의 모든 인적, 물적 자원을 효율적으로 관리하여 궁극적으로 기업의 경쟁력을 강화시켜주는 역할을 하게 되는 통합정보시스템이다. 즉 기업업무의 표준화를 기본으로 기업업무의 모든 영역을 통합, 최적화할 수 있도록 BPR(Business Process Reengineering)과 정보기술을 이용하여 시스템을 구축한 기업 통합관리용 정보시스템이다.

다시 말해서 이것은 기업의 통합정보시스템 구축을 위하여 정보기술을 기반으로 하여 선진 비즈니스 프로세스가 구현된 패키지 소프트웨어이다. 가트너 그룹에서 MRP-Ⅱ에서 확장된 개념으로 ERP라는 이름을 처음으로 명명하였다.

ERP는 기업이나 조직의 인사, 회계, 물류, 제조, 서비스 등 기업 업무의 전 분야에서 필요로 하는 전체 기능들에 대하여 효과적인 관리와 통제를 위한 통합정보시스템으로, 관계형 또는 객체지향형 DBMS, GUI, 개방형시스템, 클라이언트 서버시스템, 4세대 언어, 웹지원, EDI, 워크플로우(work flow) 및 데이터웨어하우스 등의 최신 정보기술을 이용한 비즈니스 구조를 가진 시스템이다. 이것은 최신 정보기술을 기반으로 하고 있어 시스템을 구축한 기업내부의 정보교환은 물론 전자문서교환(EDI)나 전자상거래(EC)에 대비한 연계성도 확보할 수 있도록 지원한다.

ERP를 도입하면 기업은 첨단의 정보기술 및 경영기법을 동시에 얻을 수 있으며, 이것은 단순한 전산시스템을 구축하는 것이 아니라 기존의 시스템과는 전혀 다른 혁신적인 개념으로 ERP를 도입, 활용함으로써 업무처리 방식이나 구조를 본질적으로 개혁시켜 업무의 생산성을 극대화시킨다.

ERP는 강력한 솔루션으로서 기업의 업무 프로세스를 최적화하게 되고, 국제적인 재무시스템에 모든 관련 자원이 연계되어 기업의 주요한 과제에 대한 실시간 분석이 가능하게 된다. 여기서 기업의 과제는 품질, 관리통제, 고객만족, 효율향상, 수익성을 말하며 중역정보시스템(EIS)의 범위를 넘어 계획 담당자는 생산 스케줄링과 제품생산 이전에 다양한 시뮬레이션과 의사결정지원기능을 활용하여 일 또는 시간단위의 조건 입력에 의한 시뮬레이션을 할 수 있게 된다.

그리고 기업이나 조직의 업무 다각화 전략에 따른 분야별 기능의 지역적 분리 상황에 맞추어 지리적으로 멀리 떨어져 있는 조직 간의 업무기능도 지역적인 한계를 초월하여 기능간의 연계뿐만 아니라 통합적 관리까지도 지원할 수 있는 종합 자원관리시스템이 된다.

ERP는 업무재설계(BPR) 기법을 적용하여 기업의 업무를 개선해 줌과 동시에 새로운 정보시스템을 구축할 수 있는 개념을 도입한 것으로, 기업의 국제화, 세계화 추세에 부응할 수 있는 네트워크 기술의 발전과 이기종 간의 통합 용이성에 의하여 기업내부 뿐만 아니라 기업외부의 모든 자원과 연계하여 관리할 수 있는 시스템이다.

ERP의 정의는 다양한 데, 그 중 대표적인 것은 다음과 같다.

- ERP란 기업내의 업무 기능들이 조화롭게 제대로 발휘 될 수 있도록 지원하는 응용시스템들의 집합으로 차세대의 업무시스템이다(가트너 그룹).
- ERP란 최신 정보기술을 이용하여 수주에서 출하까지의 일련의 공급체인과 관리회계, 재무회계, 인사관리를 포함한 기업의 기본 업무를 지원하는 정보시스템이다(미국 생산재고관리협회).
- ERP란 생산, 자재, 영업, 인사, 회계 등 기업의 전 부문에 걸친 인력, 자금 등 각종 경영자원을 하나의 체계로 통합적으로 재구축함으로써 생산성을 극대화한 기업 리엔지니어링이다(The Weekly Economist).
- ERP란 기업의 인력, 자금, 자재, 기계 등을 통합적으로 관리하여 시너지 효과를 창출하기 위한 전사적 통합 솔루션이다(Keller. E. Aprial).

ERP시스템은 기본적으로 전사적 통합시스템이 구성되어야 하며 기업의 전체 업무기능을 지원해야 하는데, 이러한 지원기능은 업무적 분산·통합지원, 조직적 분산·통합지원 및 지역적 분산·통합 지원이 가능해야 한다.

1.5.3 ERP의 특징

1. 기능적 특징

1) 범용 시스템

ERP 패키지는 특정회사나 특정업종을 대상으로 한 것이 아니라 모든 기업의 업무에 적용이 가능하도록 개발된 범용시스템이다. 이것은 기본적으로 제조업의 생산형태가 단순, 반복적인 생산으로부터 연속생산 및 프로젝트형 개별 생산에 이르기까지 모두 지원한다. 그리고 ERP시스템은 제조업종 만을 지향하지 않고 회계, 인사, 물류와 유통, 분야별 특화기능, 최신 정보기술 등을 종합하여 소매업, 유통업, 서비스업, 금융 및 공공 업무에 이르기까지 관련 기능을 추가하여 그 구축범위를 확대해 나가고 있다.

2) 통합 업무시스템

ERP는 영업, 생산, 구매, 재고, 회계, 인사 등 회사내의 모든 단위 업무를 통합하여 상호 긴밀한 관계를 가지면서 업무를 처리하며, 업무통합을 통하여 전체 최적화가 실현되고 태스크 중심적인 업무처리 방식이 고객지향적인 관점에서 프로세스 중심으로의 전환이 가능하게 된다. 즉 첨단의 정보기술을 활용하여 회사내의 전체 업무를 마치 하나의 업무처럼 통합시킬 뿐만 아니라 모든 업무를 거의 동시에 처리할 수 있다(<그림 1-8>). 모든 업무시스템이 통합되어 있기 때문에 어떠한 자료라도 한 번의 입력으로 끝나게 되며 자료의 중복 및 불일치를 제거한다. 이것은 관계형 데이터베이스를 통하여 회사 내 인적, 물적 모든 자료가 각각의 거래에 영향을 주고받으면서 업무처리 효율을 극대화시킨다.

3) 실시간 처리(real-time processing)

대부분의 ERP패키지는 입력 자료를 실시간으로 처리하여 적시에 유용한 정보를 제공하고, 모든 업무를 실시간에 통합적으로 동시에 처리할 수 있도록 설계되어 있어 영업, 설계, 생산, 관리가 거의 동시에 이루어지는 소위 동시공학(concurrent engineering)도 가능해지게 된다. 동시공학은 하나의 제품이 만들어지기까지 순차적으로 거치는 여러 단계의 각 과정을 정보통신망과 전산시스템으로 묶어 동기화함으로써 개발기관과 비용을 줄이는 기법이다.

〈그림 1-8〉 회사 전체의 업무흐름

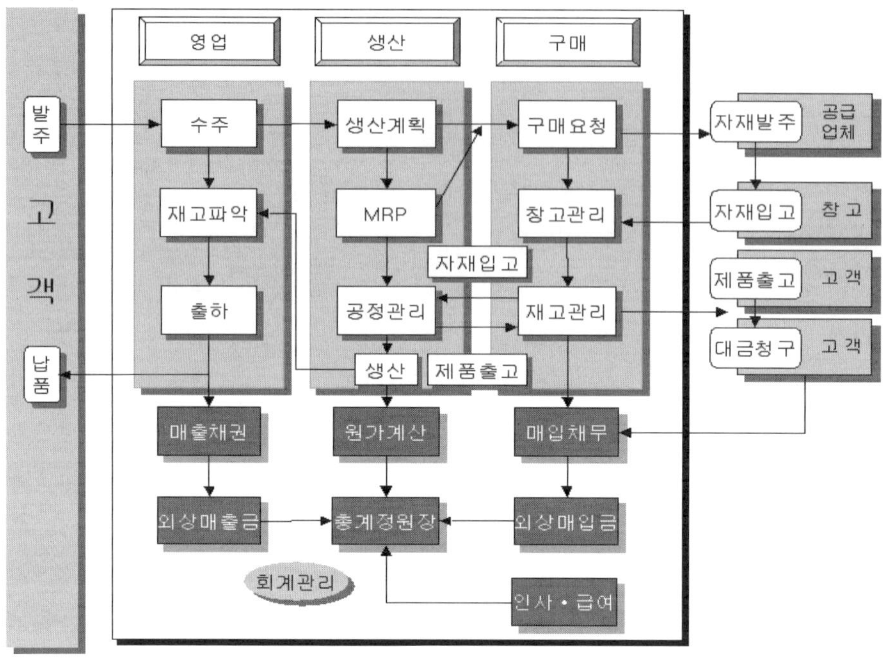

<그림 1-8>은 영업사원이 판촉활동→견적→주문을 통해 수주를 하게 되면 생산이 되어 출하되기까지의 일련의 과정을 ERP시스템의 업무기능과 관련시켜 흐름도로 나타낸 것이다.

그림에서 매출채권이란 기업이 상품을 판매하는 과정에서 발생한 채권으로 외상매출금과 받을어음 등과 같은 외상판매 대금을 가리킨다. 매입채무는 기업의 주된 영업활동 과정 중 원재료 구입과 같은 일반적 상거래에서 발생한 외상매입금과 지급어음을 말한다. 그리고 총계정원장은 각 계정과목의 거래금액을 일정기간 단위로 합계하여 기재한 장부이고, 보조원장은 총계정원장의 내용보다 구체적으로 기재한 장부이다.

기업에서의 모든 금전적 거래처리는 전표를 통해 거래내역이 경리부에 통보되고 경리부는 이를 원장에 기재한 뒤 일정기간마다 대차대조표와 손익계산서를 통해 경영성과를 경영진에게 보고한다. 원장(ledger)은 회계상 거래발생의 내용을 계정과목별로 정리해 놓은 장부를 말한다.

우선 영업 사원이 고객으로부터 주문요청을 받았다고 가정해 보자.

ERP시스템에서는 주문 요청 사항에 대한 제품의 재고 여부를 시스템상에서 파악하여 즉각 납기일을 알려주면서 오더(order)를 받을 수 있다. 영업시스템에서 오더가 확정됨에 따라 생산시스템에서는 생산계획을 확정하고, 자재관리시스템에서 재고 사항을 파악한 후 부족한 자재는 구매시스템을 통하여 자동 발주하게 되어 창고에 입고처리 된다. 작업지시에 의해 생산완료된 제품은 창고에 입고되어 영업시스템에서 발행된 주문서에 따라 출하 및 납품을 하게 된다. 아울러 자재구매시 매입채무가, 제품 납품시에는 매출채권이 자동적으로 회계시스템에 기록되게 되며, 전표발행과 동시에 총계정원장에 자동으로 전기되어 수시로 회계정보를 알 수 있게 된다. 이러한 일련의 업무 프로세스가 거의 동시에 처리된다는 것이 ERP시스템의 특징이라고 볼 수 있다.

다시 말해서, ERP시스템은 영업시스템을 생산시스템이나 자재관리시스템 및 회계시스템 등에 연결(연동)시켜 관련 내용들을 자동으로 수정되고 반영되도록 하는 분야별 단위시스템 간의 수평적 연결이 구축되어 있다.

ERP시스템 도입을 통한 이러한 통합 정보 처리과정에서 살펴보면 몇 가지 중요한 사항을 알 수 있다. 기존의 시스템으로는 우선 영업사원이 주문요청을 받아 그 자리에서 확정짓지 못하고 주문을 확정하기 위해서 적게는 수일에서 수십 일이 소요되었다. 이는 생산, 재고, 구매, 자재 등 모든 관계 부서의 의사결정이 있을 때까지 기다려야 했기 때문이다. 이와 같이 ERP시스템을 활용하게 되면 소비자의 요구에 신속히 대응할 수 있으며, 영업사원은 주문요청을 받게 되면서 해당 품목에 대한 재고, 생산에 대한 정보를 즉각적으로 알 수 있기 때문에 주문 요청과 거의 동시에 오더를 확정시킬 수가 있다. 또 한 가지 특징은 업무처리가 대단히 합리적이 된다는 것이다. 예컨대, 자재 파악을 통해 구매를 하는 경우에도 기존에는 구매담당자의 자의적인 의사결정으로 불합리한 요소가 많았으나 ERP시스템에서는 부품구성표(BOM)에 의거한 MRP계산에 따라 필요한 자재내역이 산출되면서 자동발주 처리가 시스템적으로 가능하도록 설계되어 있다. ERP시스템에서는 사전에 고객에 대한 정보, 자재 및 부품 공급사에 대한 정보뿐만 아니라 모든 업무시스템에 대한 기준정보, 회사내 인적·물적 자원에 대한 정보 등이 데이터베이스에 저장되어 있다.

4) 통합 데이터베이스

ERP는 회사의 모든 업무시스템을 통합 관리하기 위하여 통합 데이터베이스를 필요로 하며, 원시 데이터가 중복되지 않게 저장 관리함과 동시에 기업내 각 부문에서 필요한 정보를 통합 관리하여 전 업무에서 공유하므로 작업의 간소화 및 정보의 재사용 등 업무처리의 효율을 높인다.

5) 표준 업무 프로세스(business process)

ERP시스템은 많은 업무프로세스 전문가 및 BPR 전문가들이 첨단 경영기법을 연수하고 세계 초일류 기업의 선진 업무 프로세스를 벤치마킹하여 공동으로 개발하였기 때문에, ERP 패키지에서 구현된 프로세스 자체가 세계적인 표준 업무 프로세스(best practice)라고 할 수 있다. 이러한 표준 프로세스의 도입을 통하여 기업체들은 별도의 투자 없이도 자동적으로 BPR을 하는 효과를 얻게 된다. BRP을 실천적으로 실현하는 수단으로서 ERP는 대단히 효과적이다.

ERP에는 비즈니스 템플릿(business template)이라는 사고방식이 있어서 다양한 업종으로 ERP를 적용하는 중에 각각의 선진 업무 프로세스를 받아 들여 업종별 표준 프로세스를 유형화하는 기능을 가지고 있다. ERP시스템은 전산화 측면보다는 업무개선 측면이 훨씬 강하다. 선진 업무 프로세스에 대한 심도 있는 분석이 선행되지 않고 첨단의 정보기술 자원만을 활용해서는 ERP시스템을 구현시킬 수 없다는 것이다. ERP시스템 내에는 업종별 특성에 맞는 선진 업무 프로세스(업무처리 절차)가 구현되어 있어야 함은 필수 불가결한 요소라고 볼 수 있다.

6) 그룹웨어 연동

그룹웨어는 기업이나 기관, 단체의 구성원들이 공동 업무의 효율적인 처리를 위하여 네트워크, 전자우편, 공유된 토론 DB 등을 통해 필요한 정보처리와 그룹간 커뮤니케이션 인프라 기능을 제공하는 소프트웨어이다. 그룹멤버는 근거리 또는 원격지의 멤버들 간에 언제 어디서든지 통신하고 데이터를 검색하며 교환할 수 있다.

대부분의 그룹웨어(groupware) 제품들은 전자메일이나 전자게시판 기능은 기본으로 하면서 전자회의, 전자결재 기능을 통하여 워크플로우(workflow)의 자동화를 실현시켜 주고 있다. 전자메일은 컴퓨터 네트워크를 이용하여 컴퓨터 단말기끼리 메시지를 교환하는 방식으로서 중앙의 컴퓨터에는 메일박스(우편함)라는 저장장소가 있는데 발신자가 여기에 메시지를 저장하면 수신자는 자신에게 보내진 메시지를 꺼내 읽게 된다.

워크플로우(work flow)는 업무의 절차 또는 활동을 플로우차트(flowchart)처럼 시스템화한 것이다. 업무에 관련된 정보를 부문별로 공유하고 정보의 흐름을 관리한다. 업무처리과정은 정형화된 규칙에 따라 사람에서 사람, 부문에서 부문으로 흘러가는데, 이것을 컴퓨터로 관리함으로써 처리과정상의 오류나 착오를 방지하고 전체적인 업무효율을 향상시키기 위한 것이다. 업무재설계(BPR)의 일환으로 도입되며 그룹웨어, 진도관리 등의 소프트웨어 모듈을 결합하여 관리한다.

전자결재시스템의 구현은 사무능률을 획기적으로 향상시킬 수가 있으며, 그룹웨어시스템은 종이 없는 사무실을 실현시키는 데 주도적인 역할을 하게 될 것이다. 이러한 그룹웨어의 기능과 영업, 생산, 구매, 자재, 회계 등 기간업무시스템과의 연동은 필수적이라고 할 수 있다. ERP시스템들의 경우 패키지 자체 내에서 이러한 그룹웨어 기능들을 내장하고 있으나 자체 내에 그룹웨어 기능이 없는 경우에도 별도의 그룹웨어 전용 제품과의 연계를 통하여 그룹웨어 기능을 제공하고 있다.

7) 파라미터 설정에 의한 개발

ERP시스템은 기존의 시스템에 비하여 빠른 기간 내에 구축이 가능하고 유지보수 부담을 크게 줄일 수 있는데, 이것은 파라미터 설정이라는 기능이 있기 때문이다. 즉 시스템 구축시 해당 업무 프로세스와 관련하여 상정할 수 있는 대부분의 거래 유형을 갖추고 있다. 그렇기 때문에 업종별, 기업 규모별로 다양한 기업들에도 적용이 가능한 것이다.

ERP 패키지는 회사전체의 업무기능을 내장하고 있으므로, 미리 내장된 업무기능을 파라미터 설정으로 자사에 맞게 선택하고 설정한다.

예를 들면, 처리를 실행할 때 화면에서 시징 입력/마스터 항목의 사용여부, 내부처리 논리지정, 장표출력 레이아웃 지정 등 파라미터 지정에 따라 선택하여 이용할 수 있다.

또한 자재나 계정 등의 기준정보에 대한 코드설정을 위하여 산업별, 업무별로 표준 템플릿을 가지고 있어서 기업의 기준정보 설정시 건별로 모든 정보를 입력하지 않고 단순히 표준화된 템플릿 정보 또는 유사 정보의 설정 정보를 복사하여 사용할 수 있도록 하고 있다.

프로토타이핑(prototyping)개발 방법이 적용가능하고, 버전 업(version-up)이 용이하며 적응보수, 완전화 보수, 수정보수 등에 의한 유지보수 작업을 감소시킬 수 있다.

외국산 ERP 패키지를 도입하는 경우, 우리나라와 기업문화, 풍토가 다르고 상거래 관행이나 업무처리 방식이 맞지 않아 혼란이 발생될 수 있다. 그러나 별도의 개발과정을 거치지 않고 파라미터 지정을 통하여 해당 기업에 맞도록 ERP시스템을 최적화 시켜 줄 수 있는데 이러한 작업을 커스터마이징(customizing)이라 하며, 이때 이를 담당하는 ERP 컨설턴트의 역할이 중요하다

ERP시스템을 구축할 때는 물론이고 시스템을 이용한 업무 수행 중에도 파라미터 지정은 유용하게 쓰여 질 수 있다. 조직과 업무가 변화되더라도 새로운 시스템을 개발할 필요 없이 기본적으로는 파라미터 변경을 통하여 대응이 가능하도록 설계가 되어 있다.

8) EIS 기능

경영자들은 ERP시스템에서 제공되는 중역 정보인 EIS(Executive Information System)를 통하여 수시로 경영상황을 점검하고 분석할 수 있다. 단순한 마우스 클릭으로 경영자가 원하는 다양한 정보를 그래픽으로 화면에서 검색, 분석해 볼 수 있다. 또한 회사 내에서 뿐만 아니라 출장 중인 경우에도 인터넷을 통하여 EIS를 이용할 수 있다. 가장 큰 특징은 경영자들이 부하직원들에게 요청할 필요 없이 EIS를 이용하여 순식간에 원하는 정보를 다양한 측면에서 분석할 수 있다는 것이다.

9) EDI 연계

EDI는 기업간 수주, 발주, 수송, 결제 등 상거래를 위한 자료를 데이터 통신회선(VAN, 인터넷 등)을 통해 표준화된 포맷과 규약에 따라 컴퓨터 간에 전달하는 것이다.

EDI는 주문서, 송장 등 반복적이고 표준화된 형태의 업무 문서를 전자적으로 전송하는데 사용되며, 반면에 전자우편은 비표준적 통신문과 공고문을 전송하는데 사용된다.

ERP시스템은 기업의 통합정보시스템으로서 기업업무의 근간이 된다. 기업의 업무는 기업내부의 업무, 내부의 조직뿐만 아니라 기업 외부의 조직(업체, 기관, 관공서)과의 연계도 필수적인 사항이라 할 수 있다.

외부조직과의 연계업무중 대표적인 것이 EDI(Electronic Data Interchange)라고 할 수 있다. ERP시스템에 EDI를 연계시킨다면 거래처와 주고받는 모든 문서가 EDI를 통하여 접수됨과 동시에 자동적으로 ERP시스템으로 연계되기 때문에 업무처리의 신속성과 정확성, 표준화를 기할 수 있게 된다.

10) 웹 지원 기능

요즘은 인터넷을 통하여 지구촌의 어떤 지역과도 즉시 문자, 음성, 그림 등 정보의 교환이 가능하다. 최신의 ERP시스템은 웹을 통하여 기업의 ERP시스템을 사용할 수 있다. ERP 패키지의 모든 모듈을 웹에서 접속할 수 있으며, 해외 출장 중에도 웹 브라우저를 이용하여 자기 회사의 ERP시스템과 접속하여 업무를 수행할 수 있다.

11) 사용자 편의성

ERP시스템은 대부분 유닉스나 윈도우 환경을 기반으로 개발되어 기본적으로 GUI(Graphic User Interface)환경에서 마우스로 아이콘이나 각종 버튼을 선택하여 작업을 수행시키므로 사용이 편리하고 풀다운(pull-down) 메뉴방식에 의하여 시스템에 쉽게 접근할 수 있다. 풀다운 방식은 메뉴를 선택했을 때 하위 메뉴가 선택한 메뉴의 아래쪽으로 펼쳐지는 메뉴구성 방식이다. 또한 멀티미디어 정보를 활용할 수 있어 시스템의 활용가치가 높아 졌고 커뮤니케이션이 용이하도록 한다.

12) 개방형시스템(open system)

개방형시스템이란 컴퓨터의 각종 장치들 간에 용량이나 운영체제 또는 애플리케이션(application)과 상관없이 호환이 가능하도록 하는 시스템을 말한다.

ERP시스템은 기본적으로 개방된 시스템 구조로 설계되어 있어서, 어떠한 운영체제나 어떠한 데이터베이스에서도 무리 없이 잘 작동되며 시스템의 확장이나 다른 시스템과의 인터페이스가 쉽게 되어 있다. ERP패키지 개발회사의 제품이 아닌, 제 3자 회사의 제품인 데이터웨어하우스(Data Warehouse), 중역정보시스템(EIS), PDM(Product Data Management), CALS(Commerce At Light Speed), EC(Electronics Commerce) 및 공장 자동화용 소프트웨어 등과도 연계가 가능하다.

CALS는 조달에서 설계, 개발, 생산, 운용, 유지보수에 이르는 제품의 수명주기를 통해 서류, 도면, 거래 등 모든 기술정보를 통합 데이터베이스로 관리하고 지원하는 시스템을 말한다.

〈그림 1-9〉 ERP시스템의 연계

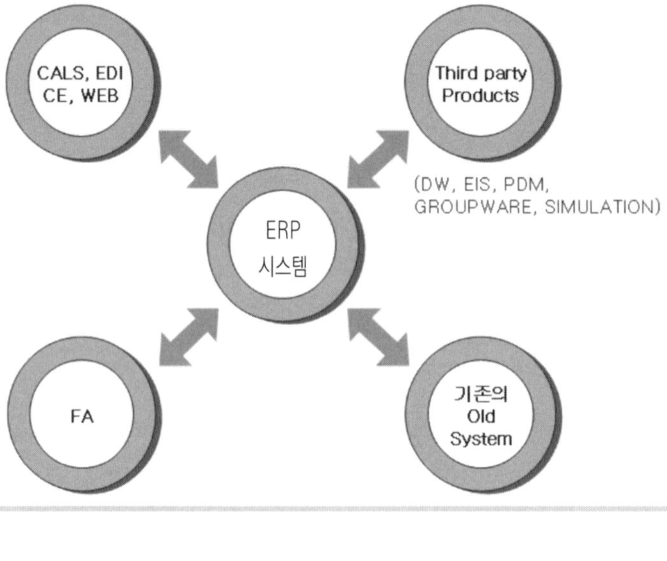

13) 글로벌화(globalization) 대응

ERP시스템은 어떤 특정 국가, 특정 기업의 표준 프로세스를 구현시켜 놓은 것이 아니라 각 산업별 유형에 따라 가장 모범적인 업무 프로세스를 내장하고 있기 때문에 글로벌화 대응이 가능하다고 할 수 있다. SAP의 R/3 등 대부분의 외국산 패키지들은 다국적(multinational), 다통화(multicurrency), 다언어(multilanguage)를 기본으로 하고 있다. 각 나라의 상거래 습관, 생산 방식이 미리 시스템에 입력되어 있어서 사용자는 이 중에서 선택하여 설정할 수 있다.

2. 기술적 특징

1) 클라이언트/서버(Client/Server)시스템

90년대에 들어 하드웨어 가격의 하락과 첨단 정보기술의 출현으로 컴퓨팅 자원이 저비용, 고효율구조로 바뀌면서 분산처리 구조인 클라이언트/서버시스템이 등장하였는데, 이것은 클라이언트(주로 PC)에도 프로그램을 저장시켜 주 컴퓨터인 서버의 부하를 줄여주는 방식이다. 클라리언트/서버 시스템은 클라이언트를 서비스 요구자로, 서버를 서비스 제공자의 형태로 네트워킹하여 자원을 분산 처리하는 기법이다. 개별 컴퓨터로서의 역할을 충실히 하면서 동시에 다른 컴퓨터와 연계하여 개별 컴퓨터로는 할 수 없는 훨씬 큰 컴퓨팅 능력을 제공할 수 있도록 개별 컴퓨터를 상호 연계한다.

ERP시스템 역시 웬만한 거래는 대부분 클라이언트 수준에서 처리하게 되어 클라이언트/서버 방식에 기반을 둔 분산처리 형태의 패키지라고 할 수 있다. 대표적인 ERP 패키지인 SAP사의 R/2는 80년대 후반에 설계된 시스템이어서 그 당시 메인프레임 환경에서 운영되었으나, 90년대 초에 개발된 R/3 버전부터는 클라이언트/서비구조를 채택하고 있으며 현재 거의 대부분의 ERP 패키지가 클라이언트/서버구조를 택하고 있다.

2) 4세대 언어, CASE TOOL

고기능화되어 가고 있는 산업용 소프트웨어를 개발하는데 있어서 기존의 프로그램 개발방식으로는 한계에 부딪치면서 4세대 언어(4GL)라고 불리는 프로그램 언어들이 등장하게 되었는데, 대표적인 언어가 Visual Basic, Visual C++, Power Builder, Delphi, Java 등이다. 4세대 언어는 주로 비주얼 프로그래밍(visual programming) 방식을 구현하는 도구로 이용되는데, 비주얼 프로그래밍 방식이란 라인별로 프로그램을 실제로 코딩하던 3세대 언어(COBOL, FORTRAN) 프로그래밍 방식과는 달리, 다이어그램과 아이콘으로 객체를 표현하고 연결, 클릭함으로써 프로그램을 완성하는 기법을 말한다. 이와 아울러 소프트웨어 개발의 생산성을 높이기 위한 방법론으로 등장한 것이 CASE(Computer Aided Software Engineering) 도구이다.

소프트웨어 개발뿐만 아니라 유지보수 측면에서도 유연성 있게 활용하기 위하여 사용된 것이 4GL이나 CASE 도구이라고 할 수 있으며, ERP시스템 역시 이러한 개념에서 4GL이나 CASE 도구를 기본으로 채택하고 있다.

국내의 ERP공급사 가운데는 범용적으로 사용될 수 있는 CASE 도구를 사용하지 않고 자체적으로 ERP패키지 개발을 위한 별도의 도구를 개발하여 활용하고 있으며, 이것은 사용자들이 프로그램의 코딩을 최소한으로 줄이면서 쉽게 사용하고 유지보수할 수 있도록 설계되어 있는 것이 특징이다.

3) 관계형 데이터베이스(RDBMS : Relational DataBase Management System)

거의 대부분의 ERP시스템은 원장형 데이터베이스 구조를 채택하고 있다.

ERP시스템에서 요구하고 있는 대단히 복잡하고 엄청난 거래를 수용하기 위해서는 반드시 자료의 종합 저장창고인 데이터베이스가 고기능화 되어야 한다.

관계형 데이터베이스는 테이블(표, 행렬)로 표현되어 이해하기 쉽고 입출력 및 처리가 용이하며 경영정보를 저장, 관리하는 데이터베이스로 가장 많이 이용되고 있다.

현재 ERP시스템에서 채택하고 있는 데이터베이스는 주로 Oracle, Informix, Sybase, SQL 서버, DB2, 아다바스 등인데, 데이터베이스의 채택은 주로 윈도우 NT, 유닉스, OS/400 등 운용체제(OS)와 하드웨어 등 전체의 플랫폼에 의해 결정되고 있다.

국내의 경우 주로 대기업은 Oracle DB, 중소기업은 SQL 서버를 채택하고 있으며, OS는 윈도우 NT가 대부분이다.

4) 객체지향기술(OOT : Object Oriented Technology)

객체(object)란 연산기능을 수행하는 함수와 연산에 필요한 데이터들을 함께 가지고 있는 소프트웨어 모듈이다. 객체는 고객, 은행계좌, 학생, 과목 등과 같이 눈에 보이는 개체로서 정의되며, 다양한 속성을 가지고 있다. 예를 들어, 고객이라는 객체는 주민등록번호, 이름, 주소, 계좌번호와 같은 속성(attribute)의 데이터를 가지며, 동시에 이 속성을 기초로 연산할 수 있는 연산기능도 가지고 있다. 즉, 고객객체는 잔액확인, 개좌개설, 현금인출과 같은 연산기능을 하게 된다.

객체지향 프로그래밍은 데이터와 연산(작업명령문)을 객체라는 단위로 통합하여 프로그래밍하며, 객체는 그 자체가 특정기능을 수행할 수 있고 다른 프로그램에서도 사용가능하다.

ERP시스템은 패키지를 구성하고 있는 각 모듈(프로세스)들의 집합이라고 할 수 있으며, 각 모듈들은 고유의 기능을 가지면서 다른 모듈들과의 인터페이스를 통하여 전체적으로 시스템의 효율을 향상시킨다. 즉 ERP 패키지 내의 각 모듈은 제각각 독립된 개체로서의 역할을 하게 된다. 시스템이 업그레이드되거나 기능이 추가 또는 삭제되는 경우에 기존의 시스템이라면 전체적으로 새로운 시스템의 도입 개념으로 작업을 해야 하나, 객체지향적으로 설계된 ERP시스템은 전체를 고려할 필요 없이 해당 모듈에 대한 교체만으로도 시스템의 변경이 가능하다. 각 업무 기능별 모듈들을 서로 짜 맞추는 식으로 전체를 최적화시켜 나가면 되고, ERP시스템이 구축된 이후에도 언제라도 단위모듈의 변경이 가능하다. 즉, 객체지향 기술은 소프트웨어의 재사용성을 충분히 보장해 주는 기반기술이라고 할 수 있다.

1.5.4 ERP의 효과

기업활동에 있어서는 인적자원 및 물적자원 등 각종 자원들이 필요한데 기업들이 보유하고 있는 자원은 한정적이어서 체계적인 방법에 의하여 효율적으로 운영할 때 기업의 이윤은 극대화되고 경영의 합리화를 도모할 수 있게 된다. 경영의 효율화로 조직혁신을 달성하고자 하는 기업들은 최근 ERP에 많은 관심을 기울이고 있다.

기업들이 ERP 도입으로 인하여 얻을 수 있는 효과는 크게 보면 대외 경쟁우위 확보와 기업의 가치 극대화라고 할 수 있는데, 이를 부문별로 나누어 보면 다음과 같다.

(1) 경영관리 측면

① 업무의 효율성 향상
② 관리수준의 향상
③ 기업 자원 활용의 최적화를 통한 원가절감
④ 기준에 의한 신속한 의사결정 및 위임 경영체제 확보

⑤ 예측 가능한 장기 경영계획 수립을 위한 기반 마련
⑥ 신속 정확한 경영지표 및 정보의 획득
⑦ 고객 만족도 향상

(2) 업무 프로세스 측면

① 업무혁신(reengineering)의 실현
② 발주에서 납품까지의 소요기간(lead time) 단축
③ 생산관련 업무흐름의 실시간(real time) 관리

(3) 정보시스템 측면

① 기업자원에 대한 전사적 정보 공유
② 정보의 체계적 관리를 통한 대외 신뢰도 제고
③ 실시간 정보에 의한 효율적 업무활동 관리
④ 환경변화에 대응할 수 있는 유연한 기술구조 확보
⑤ 전략적 의사결정지원시스템(decision support system) 기반 구축

1.6 ERP와 BPR

1.6.1 BPR의 개념

1990년대 초, 미국 MIT 마이클 해머 교수에 의하여 주장된 리엔지니어링(Reengineering, Business Process Reengineering, Business Reengineering, BPR)은 경영혁신 기법이다.

리엔지니어링(reengineering)이 등장한 배경에는 정보기술의 발달과 정보화 사회 도래로 조직에 혁신적인 변화가 요구되었고, 고객의 다양한 요구와 보다 신속한 서비스 요구로 더욱 치열해지는 경쟁환경과 파격적인 혁신 요구가 있었다.

리엔지니어링 또는 업무과정 재설계(BPR)란 정보기술(IT, Information Technology)을 활용하여 업무처리과정을 재구축하는 것을 뜻한다. 따라서 리엔지니어링의 핵심 중의 하나는 정보기술의 활용이다. 즉 하드웨어, 데이터베이스, 통신네트워크,

자동화 및 이미지처리 기술 등 여러 가지 정보기술이 필수적인 도구가 되는 것이다.

마이클 해머의 정의에 의하면, "리엔지니어링이란 비용, 품질, 서비스, 속도 등의 기업핵심요소를 극적으로 향상시키기 위하여 업무 프로세스를 근본적으로 재고하여 완전히 새롭게 재설계 하는 것이다."라고 한다. 이것은 기업의 핵심적인 성과, 즉 고객의 가치를 창출하는

기업의 업무처리 방식을 혁신하고자 하는 일련의 활동인 것이다. 이를 위해서 기업은 자체 조직의 관리를 위한 기능(function)중심이 아닌 고객의 가치를 창출하는 업무 프로세스(process) 중심의 사고에서 출발하여야 한다. 따라서 BPR은 종래의 업무처리 방식이 아닌

새로운, 즉 무(無)에서 시작하는 근본적인 재고를 통한 업무처리절차의 급진적인 변화를 시도하는 것을 의미한다.

일반적으로 리엔지니어링은 치열해지는 경영환경 하에서 경쟁적 우위를 확보하기 위해 업무처리 방식의 재설계(BPR)와 정보기술(IT)을 결합해 획기적인 경영성과를 이루고자하는 경영혁신기법이라고 정의할 수 있다.

리엔지니어링 추신시 본질적인 저해 요소가 되는 것이 타성(inertia)이다. 왜 꼭 그런 식으로 처리해야 되는가를 따져보지 않은 채 단지 옛날부터 그렇게 해왔으니까 그렇게 한다는 식의 답습이 우리 주변에 만연되어 있는 것이다. 이는 우리가 대부분 가지고 있는 위험회피(risk aversion) 성향 때문인데, 이로 인하여 옛날 방식을 고집하고 변화에 대하여 두려움을 느끼게 되는 것이다.

BPR의 결과, 입무혁신이 이루어져 아예 없어지는 부서도 발생하게 되는데, 이때 부서간의 권력이동도 발생하기 때문에 관련 조직 구성원들의 조직적인 반발도 생기게 되어 이에 대한 적절한 대책이 필요하다. 유휴인력 흡수 방안 등 최고경영진의 확고한 변화관리 대책이 서 있어야 하며, 그렇지 않은 경우 리엔지니어링은 오히려 혼란만 가져오고 실패로 끝날 가능성이 크다. 우선 필요한 것이 업무재설계의 필요성에 대한 공감대 형성이고 이를 위하여 최고경영진은 변화수용을 위한 분위기 쇄신 조치를 취할 필요가 있다.

리엔시니어링의 성공비결은 업무재설계의 이론적 바탕, 근본원리 등을 잘 이해한 뒤 최고경영진의 확고한 의지와 추진력, 그리고 리더십을 견인차로 하여 이끌어가는 것이다. 리더십에는 변화를 수용하는 기업문화의 형성 내지 분위기 조성

이 포함된다.

기업에서 실제로 리엔지니어링을 추진할 경우의 성공요건은 다음과 같다.

① 최고경영층(top)의 강력한 의지와 적극적인 참여

② 우수한 BPR 프로젝트팀의 리더와 실무팀 인력
실무추진팀은 BPR전문가, IT전문가 및 현업 실무전문가로 구성하는 것이 바람직하다.

③ 전 임직원의 의식개혁과 전사적인 운동으로 확산
전 임직원의 단합된 힘을 바탕으로 의식개혁과 전사적 운동으로 확산시킬 필요가 있다.

④ 고정관념과 과거의 통념 타파

⑤ 저항에의 적절한 대응

⑥ IT 활용 및 새로운 정보시스템 구축

1.6.2 BPR의 원칙

마이클 해머가 주장한 BPR의 원칙은 다음과 같다.

① 업무를 과업중심이 아닌 결과 중심으로 구성

한 사람이 특정업무의 한 과업에만 종사하기 보다는 그 과업의 결과가 만들어질 때까지의 모든 처리과정과 과업을 책임지고 수행하게 한다는 것이다. 특정 업무 처리과정과 단위업무 자체의 효율성이 아닌 업무 프로세스 전체의 결과(고객만족)와 프로세스 전체의 효율성에 의하여 관리되어야 한다는 원칙이다. 이 원칙에 따라 업무를 재구성하면 하나의 업무가 일관성있게 처리되고 업무의 전체 완료시간(cycle time)이 단축된다. 또한 업무와 관련된 제반 서류가 여러 부서를 이동함에 따라 발생할 수 있는 오류나 문제점이 제거될 수 있다.

② 처리결과를 활용하는 사람이 처리업무를 수행

과거에는 업무가 개인과 조직단위로 분업화되어 있었고 업무처리와 결과의 활용이 서로 다른 사람에 의해 이루어졌었다. 어떤 업무에 의뢰자(부서)가 있고 그 의뢰를 접수하여 처리하고 그 결과물(output)을 의뢰자에게 되돌려 주는 경우 세 단계를 거치는 과정에서 문서가 발생하고 시간이 지연되는 등의 낭비가 발생할 수 있으므로 해당 산출물(output)을 받는 의뢰자가 직접 처리한다는 것이다. 물품 구매를 예로 들어보면, 구입과 주문처리가 정보시스템을 통해 직접 연결될 수 있으므로 사용하는 부서가 직접 주문처리를 수행할 수 있다.

③ 정보는 발생되는 곳에서 한번만 처리

기존에는 타부서에 자료를 전달하기가 어려웠기 때문에, 동일한 자료를 필요로 하는 부서들은 각기 반복적으로 자료를 수집했었다. 그러나 바코드, 전자문서교환(EDI), 데이터베이스 등을 통해 정보가 발생되는 곳에서 한번만 처리할 경우 자료의 수집, 전달 및 공유가 용이해 진다.

④ 정보를 생성하는 부서가 정보를 직접 처리

기존에는 정보생산 부서와 정보처리 부서가 서로 달랐으나 정보기술의 발달로 이를 통합하여 처리하도록 한다. 이를 통하여 자료의 일관성 유지 및 자료의 중복처리를 최소화할 수 있다.

⑤ 지리적으로 분산된 자원에 대해 관리를 집중

사람, 장비, 재고 등 자원이 중앙에 집중되던 것을 정보기술에 의하여 분산 처리함으로써 자원 이용자에게 보다 나은 서비스를 제공하게 되며, 다양한 정보 기술의 발달로 인해 분산된 자원을 집중적으로 관리할 수 있다.

⑥ 순차적인 업무들은 가능한 한 병렬로 처리하고 진행과정에서 연결·조정

통신기술, 데이터베이스, 원격회의 등 정보기술을 최대한 활용하여 순차적인 업무 기능들 간의 연결을 강화하고 업무 처리절차를 간소화하며, 업무 완료시간을 단축한다.

⑦ 의사결정이나 통제기능은 처리과정내 존재

대부분의 조직에서는 실제로 업무를 수행하는 사람과 이를 감독하는 사람, 의사결정을 내리는 사람이 각각 다른데, 그 근본적인 이유는 현장 담당자가 의사결정에 필요한 지식이나 정보가 부족하고 시간도 없으며 일을 통제하는 의욕 역시 부족하다고 생각했기 때문이다.

업무처리의 유연성과 신속한 의사결정을 위해서는 업무를 수행하는 사람이 의사결정을 내릴 수 있도록 의사결정 권한을 이양한다.

1.6.3 BPR의 추진방법

리엔지니어링을 도입한 미국기업들을 대상으로 행해진 설문조사에 의하면 절반이상의 기업이 실패로 끝났거나 성과가 보잘 것 없는 것으로 나타났다. 이것은 리엔지니어링의 필요성에 대한 이해가 불충분한 중간관리자들이 자신의 일자리가 날아갈지도 모른다는 불안감에 휩싸여 협조거부로 나왔기 때문이다. 또한 리엔지니어링 실시에 정보기술의 뒷받침이 없었기 때문이다. 따라서 조직구성원들의 리엔지니어링에 대한 공감대 형성에 의한 공통의 합의와 의욕이 형성되고 난 이후에 추진되어야 한다. 이를 위한 방법론으로 벤치마킹을 활용할 수도 있다. 벤치마킹은 모범이 되는 다른 사람의 모습을 보고 내 모습을 바꾸자는 방법론이다.

최고경영자의 지휘 하에 톱다운(top-down)식으로 일방적으로 진행되어서는 중간관리층 이하는 겉으로는 따르는 척하면서도 내심으로는 불만을 가져 변혁에 실패할 수 있다. 따라서 권한위양(empowerment)을 통해 중간관리층과 현장사원들이 주체성을 가지고 추진해 나가도록 유도할 필요가 있다.

1.6.4 ERP와 BPR의 관계

1980년대 후반 미국을 중심으로 전개된 경영혁신운동인 BPR(Business Process Reengineering)의 추진성과가 저조한 경우가 많이 발생하였는데, 정작 BPR에 의하여 경영혁신을 해 놓으면 회사가 제대로 돌아가지 않는 엉뚱한 결과를 낳았던 것이다. 이것은 경영혁신의 결과를 정보기술이 뒷받침하지 않았기 때문으로 지적되고 있다.

이와 같은 BPR 사상을 토대로 첨단 정보기술을 활용하여 패키지로 구현한 것이 ERP이다. ERP는 BPR을 실천적으로 실현하는 수단으로서 대단히 효과적이다. 또한 ERP는 표준화를 추구하며 기업 내의 통합을 통하여 경영효율화를 촉진하는 수단이다. 즉 기업 또는 그룹(자회사 포함) 내에서 고밀도의 업무를 제휴하여 실시간 처리를 실현한다. 거대한 데이터베이스에 기본 업무의 모든 데이터가 통합되어 실시간으로 연동될 수 있도록 되어 있다. 예를 들면, 어떤 매입처리를 하면 구매, 재고, 회계 데이터가 순식간에 갱신되면서 손익계산서, 대차대조표까지 반영된다.

ERP의 도입목적은 회사 내의 모든 업무를 정보기술(IT)을 활용하여 동시에 통합처리하고 정보를 실시간으로 주고받으며 경영혁신을 이루기 위한 것이다. ERP 시스템은 산업별로 업계 최고 기업의 업무처리과정(business process)을 모델로 하여 프로그램 패키지를 개발하였기 때문에 ERP가 자체적으로 선진 업무 프로세스(best practice)를 내장하고 있으며, 별도의 첨단 경영기법 도입이나 업무재설계(BPR, Reengineering)를 하지 않고도 ERP 도입을 통해 자동적으로 경영혁신의 효과가 있다. ERP 패키지에 맞추어 자사의 업무처리과정을 변경시키면 그것이 곧 리엔지니어링(reengineering)이 되기 때문이다.

일반적으로 ERP시스템이 구축되기 전에 업무재설계(BPR, Reengineering)가 선행되는 것이 바람직하다. 이렇게 될 때 ERP의 구축성과가 커지게 된다. 다시 말해서, 기존의 업무처리절차에서 변화가 없는 현행 업무 프로세스를 단순히 그대로 전산화하여 옮긴 ERP 시스템은 그 구축성과가 크게 떨어지게 된다는 것이다.

ERP를 구축할 경우 먼저 상위 프로세스 수준의 BPR이 이루어지고 난 후, ERP 도입과정 중에 이루어지는 매핑(mapping) 단계에서 하위 프로세스 수준의 BPR이 실시된다. ERP가 도입되는 과정 중의 BPR과정은 새로 도입되는 ERP 프로세스가 기업의 조직, 제도, 업무와 잘 조화될 수 있도록 업무의 효율성 측면에서 업무를 재설계하는 것이다.

1.7 MIS 매트릭스와 ERP

1.7.1 MIS 매트릭스의 개념

대부분의 기업은 영업, 생산, 구매, 회계, 인사, MIS 등의 직능별(functional)하위조직을 설치, 해당기능을 전담토록 하고 있다. 산업혁명 이후 등장한 분업화의 원리가 업무처리에도 적용된 것이다.

이들 각 부서는 거래처리, 운영통제, 관리통제 및 전략기획의 경영활동을 수행하고 있고 이를 지원하는 전산시스템은 부서별로, 단독적으로 개발된 경우가 많았다. 그러나 정보시스템이 성숙해감에 따라 통합(integration)의 필요성이 커지게 되었고 MIS를 통합화 된 시스템으로 이해하는 것이 <그림 1-10>과 같은 MIS매트릭스(matrix)개념이다.

〈그림 1-10〉 MIS매트릭스

① 기존 전산시스템의 상향적 발전

판매, 생산, 경리, 인사 등의 업무 영역별로 이미 개발되어 있는 거래처리 및 운영통제위주의 EDPS(Electronic Data Processing System)에 경영관리 및 전략기획 지원기능을 추가시키면 MIS가 되는 것이다. 각 분야별로 경영관리 및 전략기획상의 문제가 발생하는 바, 그 원인을 분석하고 의사결정을 내리는데 필요한 정보를 제공해 줄 수 있는 기능을 단위 시스템별로 추가해야 한다는 점이다.

② 분야별 단위 시스템의 수평적 연결

이를테면 판매관리 시스템을 생산이나 물자·재무관리 등에 연결시켜 매출액의 변동이 생산계획이나 원자재 조달, 자금순환계획 등에 자동 반영되도록 하는 것이 EDPS를 MIS화하는 길인 것이다. 주문처리에서 제품생산까지를 일관화시키는 통합생산시스템(CIM : Computer Integrated Manufacturing)의 등장이 이를 뜻한다.

그리고 판매, 생산, 물자관리 시스템들과 회계관리 시스템과의 연결도 여기에 속한다. 모든 거래처리는 전표를 통해 거래내역이 경리부에 통보되고 경리부는 이를 원장에 기재한 뒤 일정기간마다 대차대조표와 손익계산서를 통해 경영성과를 경영진에게 보고한다.

또한 MIS를 토털시스템이 아닌 서브시스템들의 연합(federation of subsystem)으로 보는 것도 수평적 연결에 해당한다. 모든 분야를 망라한 종합시스템(total system)의 구축을 단일 프로젝트로 추진하는 대신 기능별 단위 시스템을 기본계획아래 순차적으로 개발하여 통합(integrate)시켜 나가면 MIS가 되는 것이다.

③ 데이터베이스화

단위 시스템별로 별도의 파일에 산재되어 있는 자료를 한데 모아 자료의 중복성을 없애고 데이터베이스화하는 일이다.

데이터베이스화의 가장 큰 목적은 자료의 중복성을 배제하고 정보의 불일치성(inconsistency)을 제거하는데 있다. 데이터베이스의 구축은 분야별 단위 시스템의 수평적 연결을 촉진시킬 뿐만 아니라 수직적 기능 확장, 즉 경영관리와 전략기획 기능의 추가에도 도움을 준다. 그 이유는 MIS를 통한 전략기획 지원의 경우에 다양한 자료의 수시검색이 주종을 이루기 때문이다.

1.7.2 MIS 매트릭스와 ERP의 관계

우리나라의 많은 기업들이 도입하여 운영 중에 있는 전사적 자원관리(ERP, enterprise resource planning) 시스템은 이와 같은 MIS 매트릭스 개념을 소프트웨어 패키지화시킨 것이다. 즉 MRP Ⅰ(MRP) → MRP Ⅱ → CIM → ERP로 발전되어 온 것이다. MRP Ⅰ이 자재소요계획(material requirement planning) 수립의 자동화에 역점을 두었다면 MRP Ⅱ는 생산, 자재뿐만 아니라 영업, 기술, 재무 분야의 통합 또는 상호연계를 도모하는 제조자원계획(manufacturing resource planning) 수립에, 그리고 CIM은 경영전략을 바탕으로 기술(연구개발, 공정설계), 판매(판매, 물류관리), 생산(생산관리, 공장운영)을 컴퓨터 네트워크로 통합하는데 역점을 둔 것이다. ERP는 인사, 회계, 물류, 제조, 서비스 등 기업업무의 전 분야에 필요한 전체 기능들에 대한 관리와 통제를 통합한 시스템으로 활동원가회계(activity based costing) 개념의 도입과 수요예측, 실시간 스케쥴링(real-time scheduling) 및 시뮬레이션(simulation) 기능을 강조한 개념인 것이다.

ERP는 기업활동을 위해 사용되는 기업내의 모든 인적, 물적 자원을 효율적으로 관리하여 궁극적으로 기업의 경쟁력을 강화시켜 주는 역할을 하는 통합정보시스템을 의미한다.

ERP의 도입목적은 영업, 생산, 자재, 회계, 인사 등 회사내의 모든 업무를 IT(정보기술)을 활용하여 동시에 통합처리하고 정보를 실시간으로 주고받을 수 있으며 경영혁신을 이루기 위한 것이다.

ERP 시스템은 산업별로 업계최고의 업무처리 과정을 모델로 컴퓨터 프로그램 패키지를 개발하였기 때문에 ERP가 자체적으로 선진 업무 프로세스(best practice)를 내장하고 있으며 별도의 첨단 경영기법 도입이나 업무과정 재설계(BPR)를 하지 않고도 ERP 도입을 통해 자동적으로 경영혁신의 효과가 있다. ERP 패키지에 맞추어 자사의 업무처리과정을 변경시키면 그것이 곧 리엔지니어링(reengineering, BPR) 이 되기 때문이다.

제 2 장

ERP시스템의 구성

2.1 ERP시스템의 기본 요구사항
2.2 ERP시스템의 구조
2.3 ERP시스템의 구축환경
2.4 ERP시스템의 업무기능

2.1 ERP시스템의 기본 요구사항

ERP시스템을 구축하기 위해서는 기본적으로 기업내부 및 외부의 정보가 통합되고 공유되어야 하는데 이를 위해서 기업 정보시스템은 앞서 서술한 ERP의 기능적 특징, 기술적 특징을 충족시킬 수 있어야 한다. 이를 요약하면 다음과 같다.

(1) 기능적 요구사항

- 설계, 생산, 관리시스템의 기능통합
- 외부시스템과의 연계(EDI, Web등)
- 생산형태 및 기업규모에 따른 지원

(2) 기술적 요구사항

- 개방형시스템, 관계형 DBMS, GUI, 클라이언트/서버환경, 멀티미디어지원, 객체지향설계 및 개발 등

(3) 시스템적 요구사항

- 완전한 인터페이스와 통합성
- 풍부한 기능성
- 글로벌화 대응
- 설치 및 응용의 용이

2.2 ERP시스템의 구조

2.2.1 ERP의 기본 구조

ERP는 제품별, 공급업체별로 각기 다른 기술을 적용하여 최적화 솔루션을 제공하고 있다. 그리고 사용자의 편의를 제공하기 위해 그래픽과 메뉴방식을 활용한 GUI(Graphic User Interface)기반 시스템을 개발하고 있다. 최근에는 다양한 하드웨어 및 소프트웨어를 지원하도록 개발하여 시스템의 유연성과 개방성을 확보

하고 있다. 특히 인터넷 기술의 적용, 다른 기존의 응용 프로그램(application)의 재사용, 통합에 대한 대응을 위한 객체지향기술의 채용은 ERP의 구조적 유연성을 더욱 확대시키고 있다.

ERP의 기술적인 구조는 제품에 따라 차이가 있지만 일반적인 구조는 <그림 2-1>과 같다(김영렬 외, 2008).

〈그림 2-1〉 ERP의 기본구조

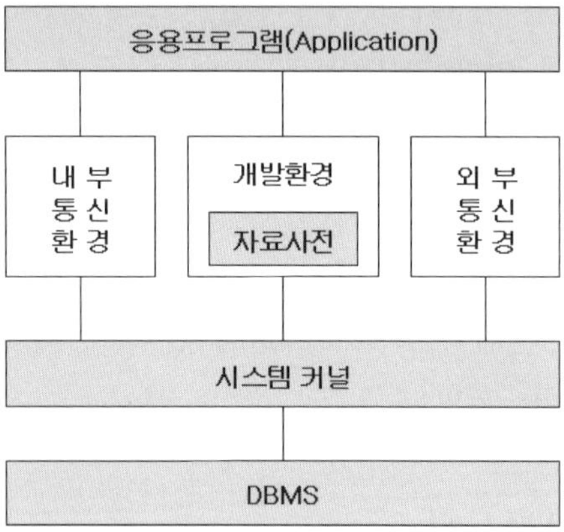

(1) DBMS

대부분의 ERP패키지는 DBMS(DataBase Management System)를 사용하는데, 이것은 데이터베이스의 목적인 데이터의 중복성을 배제하고 공유하며 데이터의 일관성과 보안성을 확보하기 위한 것이다.

일반적으로 DBMS는 데이터베이스(DB)를 효율적으로 관리하고 응용 프로그램이나 사용자가 쉽고 간편하게 데이터베이스를 이용(데이터의 추가, 수정, 삭제, 조회)하도록 도와주는 소프트웨어를 말한다. 데이터베이스(DB)가 자료의 '종합창고'라면 DBMS는 이 종합 창고의 '관리자동화 시스템'이라 할 수 있다. 대표적인 상용 DBMS 제품으로는 Oracle, Informix, Sybase, MS-SQL 등의 관계형 DBMS(Relational DBMS)가 있으며, ERP 패키지와는 별개로 구입해야 한다.

사용자가 ERP 시스템을 사용하면서 발생하는 거래처리(transaction processing) 데이터 및 기초 데이터 등 모든 데이터는 데이터베이스에 저장되고 관리되며 사용자의 요구에 따라 응용프로그램(application)에 의하여 조회, 추가, 수정, 삭제 등 처리가 이루어진다.

(2) 시스템 커널

커널(kernel)은 컴퓨터 운영체제(operating system, OS)의 핵심부분으로서 운영체제의 다른 요소 및 응용 프로그램의 수행에 필요한 여러 가지 서비스를 제공한다.

일반적으로 시스템 커널(system kernel)은 응용 프로그램이 구동할 수 있는 환경을 제공하여 크게 시스템 인터페이스와 플로우 컨트롤(flow control), 하드웨어와 프로세스의 보안 등의 기능을 제공한다.

(3) 자료 사전

일반적으로 자료 사전(data dictionary)은 특정한 소프트웨어 시스템에서 사용하는 모든 자료항목을 일목요연하게 집합시켜 놓은 것이다. 여기서는 DBMS의 자료 사전과는 별도로 ERP 애플리케이션 객체(application object)를 타입별로 관리하기 위한 저장소로서, 테이블은 물론 서브 모듈별 기능, 프로그램, 트랜잭션(transaction), 스크린, 메뉴 등 모든 객체를 자료 사전이라는 단일 저장 장소에 저장, 관리한다. 객체(object)란 연산기능을 수행하는 함수와 연산에 필요한 데이터들을 함께 가지고 있는 소프트웨어 모듈을 말한다.

(4) 개발환경

일반적으로 SQL(Structured Query Language) 형태의 4세대 언어를 제공하며 추가 개발이 용이하도록 통합된 CASE(Computer Aided Software Engineering) 도구(Tool)의 개발환경을 제공한다. 이것은 상위(upper) CASE 도구인 모델링 도구와 하위(lower) CASE 도구인 개발 도구로 구성되어 있다. 모델링 도구는 ERP 응용프로그램이 제공하는 기능을 데이터 모델(data model) 또는 프로세스 모델(process model)로 나타내어 필요한 기능을 쉽게 분석, 사용할 수 있도록 한다. 또한 일부 추가 기능을 위해 제공된 표준 기능이 쉽게 통합 구현이 가능하도록 되어 있다.

개발 도구는 ERP가 상당히 다양한 업종별, 업무별 기능을 제공하고 있지만 실제 적용시 회사의 특정업무에 적용되지 않는 부분이 있기 때문에 일부 추가 개발이 용이하도록 통합 개발환경을 제공한다.

(5) 내부 통신환경

내부 통신환경은 사용자 인터페이스(user interface) 환경과 프로세스(process) 간 통신으로 분류할 수 있다. ERP시스템의 기본 구조(architecture)인 클라이언트/서버 환경은 프로그램이 서버와 클라이언트로 분리되어 수행되기 때문에 프로세스 간의 통신이 필수적이다. 일반적으로 RFC/RPC(Request For Comments/ Remote Procedure Call)를 사용하여 다른 시스템에 있는 프로그램을 실행시키고 실행결과를 받아 오는 방식을 취한다. 또한 실사용자에게 동일한 사용 환경을 제공하기 위한 사용자의 입출력 프로그램과 통신기능을 제공한다.

(6) 외부 통신환경

ERP 패키지 간 또는 ERP 외의 다른 프로그램과 통신하기 위한 환경으로서 기업의 정보시스템 구축 시 모든 업무를 한 번에 개발 및 적용하기가 어려우므로 기존의 타 시스템과의 인터페이스(interface)가 불가피하다. 이때 외부 통신환경은 없어서는 안 될 중요한 요소이다. 또한 최근의 ERP 패키지는 EDI(Electronic Data Interchange) 시스템과 연동(interface)될 수 있도록 I-DOC파일을 생성하여 외부 MHS(Message Handling System)로 연결하는 기능을 제공하고 있다.

(7) 응용 프로그램

각 업무별로 모듈화 되어 실제 파라미터(parameter)를 설정하고 환경설정 작업을 수행하면 업무분야별로 사용할 수 있는 현업부서용 업무처리 프로그램이다. 모듈(module)은 산업분야별로 다르나 크게 영업, 자재구매, 생산, 재무회계, 인사관리 등의 업무처리 프로그램으로 구분되어 있으며, 각 모듈별 프로그램은 연계(interface) 구현되어 모든 데이터가 하나로 통합되어 있다.

2.2.2 ERP의 컴퓨팅환경 및 구조

ERP시스템은 기본적으로 클라이언트/서버 구조를 채택하고 있는데, ERP시스템의 구축환경 및 구조는 클라이언트와 서버간의 분산처리 방식, 클라이언트와 서버시스템의 구조유형 및 사용자 인터페이스(GUI)의 구현 방식 등의 측면에서 구분해 볼 수 있다.

일반적으로 클라이언트/서버시스템의 구조유형은 다음과 같은 클라이언트/서버시스템의 구성요소인 프리젠테이션, 비즈니스 및 데이터관리 요소가 어떻게 분산되어 있는가에 따라서 분류된다.

① **프리젠테이션 요소(presentation component)** : 사용자 인터페이스로 표현하기도 하며, ERP시스템의 응용프로그램과 현업 사용자간의 인터페이스(dialogue)를 관리하게 된다.

② **비즈니스 요소(business component)** : 응용프로그램 처리 로직 요소(application processing logic component)라고도 하며, 코볼(COBOL)코드, C코드, C++코드, Java코드 또는 4GL코드 등으로 만들어 ERP프로그램을 수행함으로써 실제 데이터를 변형시키는 작업을 수행하게 된다. 즉, 업무처리 기능을 수행하기 위해 만들어진 소프트웨어 프로그램이다.

③ **데이터관리 요소(data access component)** : 데이터의 처리와 변경을 관리하게 되며 데이터베이스 관리 소프트웨어를 사용하여 처리하기도 한다.

1. 클라이언트/서버 분산형태에 따른 분류

가트너 그룹에서는 어플리케이션(application)이나 프리젠테이션(presentation)의 구성형태에 따라 클라이언트/서버 구조를 5가지로 분류하고 있는데, ERP시스템의 구조도 일반적으로 여기에 따른다. <그림 2-2>에 나타난 바와 같이 5가지 유형은 다음과 같다.

(1) 분산 프리젠테이션형(distributed presentation)

이 모델은 <그림 2-2>에서 보는 바와 같이, 3개의 구성요소가 모두 서버에 존재하며 프리젠테이션 요소는 클라이언트에도 존재한다.

대개의 경우 분산 프리젠테이션 모델은 메인프레임 환경에서 클라이언트/서버 환경을 구축하고자 할 경우 사용되며, 현재 많은 적용사례가 있을 뿐만 아니라 클라이언트/서버 환경의 성공적인 구현을 안전하게 수행할 수 있는 방법이다. 또한

〈그림 2-2〉 ERP시스템의 클라이언트 / 서버구조 유형

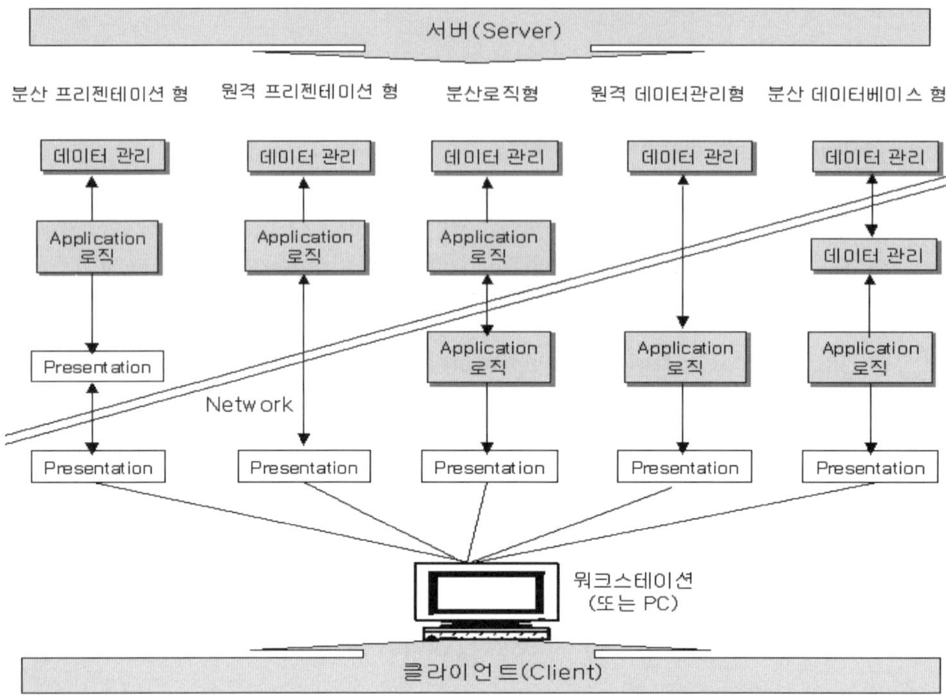

이는 기존의 메인프레임 어플리케이션에 GUI를 제공함으로써 기존 시스템의 사용자 편리성을 높일 수 있고, 클라이언트/서버 환경 구현의 중요한 첫 걸음이 될 수 있다.

① 장 점

- 서버가 갖고 있는 기존의 데이터 체계와 기술구조에 변화를 주지 않으므로 기존 데이터를 활용하기 쉽고 상대적으로 새로운 기술적용의 어려움도 줄어든다.
- 어플리케이션 전체를 수정할 필요가 없이 클라이언트와 서버의 표현에 관계된 부분만 재작업을 하면 되기 때문에 개발범위와 기간이 줄어든다.

② 단 점

- 화면제어에 필요한 데이터를 클라이언트와 서버간에 주고 받아야 하므로 1

층 구조에 비하여 업무 기능과 상관없는 데이터의 통신량이 늘어난다.

• 표현층의 일부를 서버에 분산시키므로 기능과 데이터서비스에 치중해야 할 서버의 역할이 어플리케이션의 주요 기능과 무관한 표현층의 로직까지 처리하게 되어 서버 효율성이 떨어질 수 있다.
• 어플리케이션 개발에 있어서 프리젠테이션의 분리로 클라이언트와 서버에서 정해진 화면 및 데이터 이외의 메시지 전송이 불가능하다.

(2) 원격 프리젠테이션형(remote presentation)

이 형태의 시스템은 표현층의 모든 기능은 클라이언트에 두고 기능층과 데이터 관리층은 서버쪽에 두는 협동처리 방식이다. 프리젠테이션을 위한 프로그램 로직, 프리젠테이션 관리를 위한 소프트웨어 등 사용자 인터페이스와 관련한 전체 로직은 클라이언트측에 있다. 대개의 ERP 제품이 서버상에 코드를 보관하는 분산형, 원격형 프리젠테이션 타입으로 되어 있다.

① 장 점

• 분산 표현형에 비해 서버의 효율성이 높다.
• 어플리케이션의 기능을 수정하고자 할 경우 서버쪽만 작업을 하면 되기 때문에 소프트웨어 버전 관리가 쉽다.
• 기능층을 데이터 관리층과 함께 배치함으로써 기능층과 데이터 관리층 사이의 인터페이스가 쉽고 네트워크 트래픽을 줄일 수 있다.

② 단 점

• 모든 기능을 서버에서 처리해야하므로 상대적으로 서버자원의 과부하가 발생할 수 있다.
• 표현층이 클라이언트에 독립되어 있어서 정보시스템에 의한 중앙 통제가 어려우므로 클라이언트의 사용자 인터페이스에 대한 체계적인 관리가 필요하다.

(3) 분산 로직형(distributed logic)

분산 기능형(distributed function)으로도 부르며, 패키지의 응용프로그램 로직이 네트워크를 중심으로 클라이언트와 서버로 분리되어 운영되는 형태이다. 서버측의 응용프로그램 코드는 보통 데이터의 입출력과 관련되어 있으며, 이 코드는 응용프로그램에서 사용되는 저장된 프로시저(application specific stored procedure)나 트랜잭션 처리로직(transaction processing logic)이 될 수도 있다. 사용자의 입출력과 관련된 응용프로그램 코드는 클라이언트측에 있으며, 현업 사용자의 입출력이나 데이터 입출력 로직이 아닌 비즈니스 룰의 경우는 어느 쪽에도 상주할 수가 있다.

분산 로직형은 대개의 제조기업이 거리적으로 분산된 형태가 많으므로 ERP제품의 바람직한 형태이나 처리속도가 관건이 되며, 물리적으로 분산된 로직은 네트워크 처리량이 줄어들어 관련 비용이 적어져서 대응속도가 빠르고 신뢰성이 높아진다.

① **장 점**

- 기능이 서버와 클라이언트로 잘 분산되어 있어서 전산 자원을 효율적으로 사용할 수 있다.
- 사용자가 올바르게 입력하였는지를 확인하는 기능을 클라이언트에 둠으로써, 사용자의 입력 오류를 즉시 확인할 수 있다.

② **단 점**

- 무엇을 서버에 둘 것인지 또 어떤 부분을 클라이언트에 둘 것인지를 신중하게 결정해야 하며 이로 인해 추가적인 분석작업이 필요하다.
- 클라이언트에 있는 기능이 변경되었을 경우 모든 클라이언트를 바꾸어 주어야 한다.

(4) 원격 데이터 관리형(remote data management)

원격 데이터 관리형은 응용 프로그램 로직과 데이터 관리 기능을 확연히 구분하여, 사용자 인터페이스와 응용프로그램은 클라이언트에 있으며, 데이터베이스는 서버상에 있게 된다. 클라이언트/서버 환경으로 개발 및 접근하기가 가장 쉬운 모델이며, 보편화 되어 있는 모델이다.

① **장 점**

- 모든 처리과정이 클라이언트 측에 존재하기 때문에 쉽고 빠르게 GUI 어플리

케이션을 구축할 수 있다.

• 어플리케이션이 어떻게 분리되어야 할 지 걱정하거나 고려할 필요없이 바로 개발에 착수할 수 있으며, 프로토타입(prototype)에서 바로 개발 모듈로 넘어갈 수 있다.

② 단 점

• 업무처리 방식에 변화가 있을 때 모든 클라이언트에 탑재된 프로그램을 수정하여야 한다.
• 개발도구에 완전히 종속된 방식으로 이미 개발된 응용업무를 다른 개발도구로 전환하는 것이 거의 불가능하다.

(5) 분산 데이터 관리형(distributed data management)

응용프로그램의 데이터베이스가 분할되어 클라이언트나 서버에 분리되어 있거나 여러 서버에 있는 형태를 취하고 있다. 이 형태의 시스템은 현재 거의 극소수이다.

① 장 점

• 데이터가 분산되어 있기 때문에 서버와의 연결이 끊겨진 상태에서도 독립적 운영이 가능하다.
• 데이터의 분산이 자연스럽게 이루어진다.

② 단 점

• 원격 데이터형보다 더 큰 모듈이 클라이언트측에 존재하므로 원격 데이터 관리형보다 더 비대한 클라이언트가 되어 비대한 클라이언트가 갖는 모든 단점을 갖는다.
• 활용측면에서 볼 때 서버쪽 자원은 상대적으로 적게 활용한다.

2. 클라이언트/서버시스템의 구성형식(계층)에 따른 분류

클라이언트/서버시스템의 구성요소의 구성형식에 의하여 몇 개의 계층을 가지고 있느냐에 따라 1단계 구조(one-tiered architecture), 2단계 구조(two-tiered architecture), 3단계 구조(three-tiered architecture)로 구분한다.

<그림 2-3>에서 1단계 구조는 프리젠테이션, 어플리케이션 및 데이터베이스관리 등 3가지 구성요소가 전통적인 메인 프레임이나 미니컴퓨터 등 단일 기계상에서 운영되는 중앙집중식 시스템으로서, 유연성이나 확장성이 부족한 것이 단점이다.

2단계 구조는 구성요소가 어디에 많이 상주하고 있는지의 여부에 따라 클라이언트 비대형(fat client)과 서버 비대형(fat server)으로 구분한다.

〈그림 2-3〉 클라이언트 / 서버시스템의 계층에 의한 분류

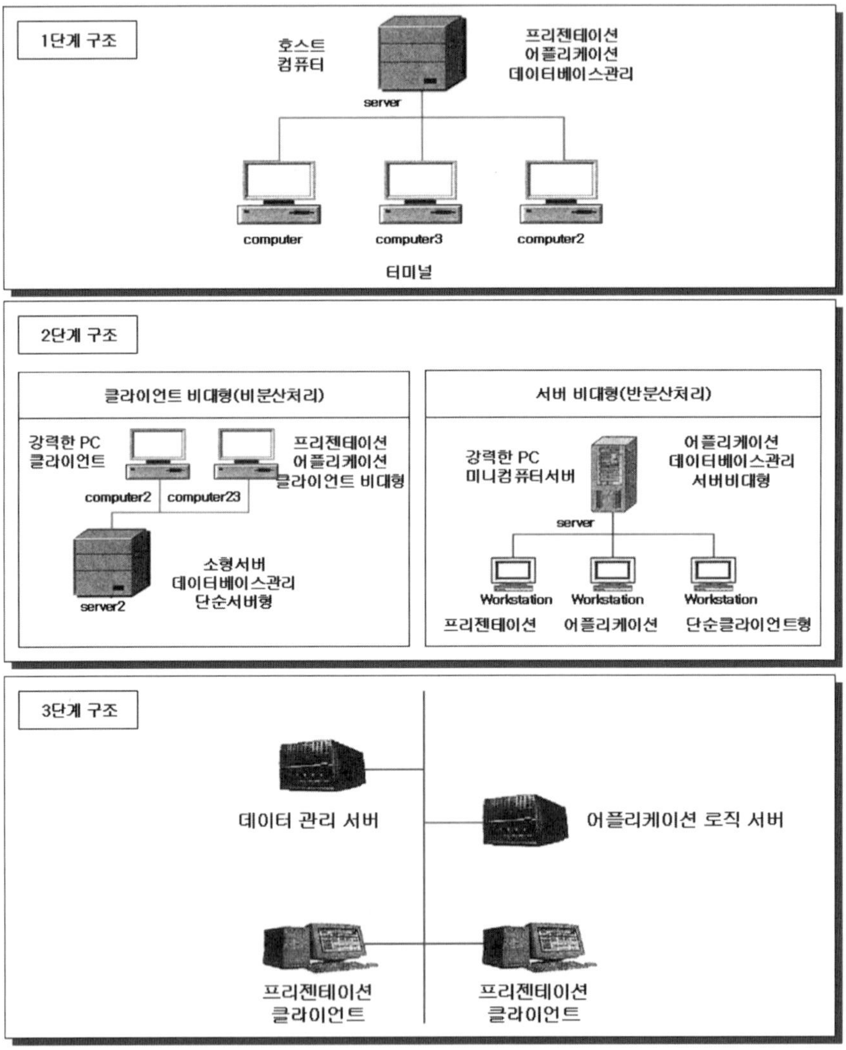

클라이언트 비대형은 강력한 GUI 개발도구를 지원하는 윈도우 환경의 PC와 분산데이터베이스를 가지고 있는 유닉스 서버를 갖추고 있으며, 간단한 데이터베이스 조작으로 응용프로그램을 쉽게 작성할 수 있어서 많이 사용되는 형태이다. 이것은 대용량의 저장공간과 처리능력을 갖추고 어플리케이션의 세 가지 구성요소를 모두 처리할 수 있다.

서버 비대형은 클라이언트의 일부 프리젠테이션 로직을 제외한 대부분의 프로그램이 중형의 유닉스 컴퓨터에 내장되어 처리되는 유형이다.

일반적으로 2단계 구조는 구조가 단순하기 때문에 시스템 구현이 쉽고 개발기간도 단축되며 개발비용이 상대적으로 적게 소요되나, 사용자수가 증가함에 따라 네트워크상에서 병목현상이 발생하고 업무처리가 복잡한 경우 성능문제가 야기될 수 있는 특징이 있다.

3단계 구조는 서버를 데이터 서버(data server)와 어플리케이션 서버(application server)로 분리하여 클라이언트와 함께 3단계를 이루는 구조이다. 즉 데이터관리, 어플리케이션 로직 및 프리젠테이션이 별도로 구분되어 이루어진 형태로서 1단계 구조와 2단계 구조에서 얻을 수 있는 이점을 동시에 가지게 되어 시스템이 유연성을 가진다. 업무 변화시 필요한 계층만 수정할 수 있으며 신기술 도입이나 기술 변화에 신속하게 대응할 수 있고 시스템 확장성이나 성능이 우수하다. 대표적인 ERP패키지인 SAP사의 R/3도 3단계 구조를 가진다. 이것은 어디까지나 논리적인 구조이며 물리적으로는 동일한 시스템에 설정하는 것도 가능하다.

DB 서버의 역할은 프로그램과 데이터를 읽어 들이고 데이터베이스를 갱신한다.

어플리케이션 서버는 데이터베이스로부터 읽어 들인 데이터와 프로그램을 사용하여 데이터의 검증과 가공처리를 한다. 어플리케이션 서버의 메모리 버퍼에는 프로그램과 데이터가 저장되어 있어 DB 서버로의 불필요한 액세스를 피하도록 고려되어 있다. 이들 버퍼의 내용이 갱신된 경우 DB 서버상의 로그를 통하여 다른 어플리케이션 서버가 동기 처리하는 구조를 가지고 있다.

프리젠테이션 서버의 역할은 PC와 워크스테이션에 대하여 그래픽 사용자 인터페이스(GUI)를 제공함과 동시에 화면에 대한 입출력을 제어한다. PC의 경우에는 이에 덧붙여 어플리케이션 서버 간의 데이터 전송과 PC에 접속된 프린터나 FAX로 인쇄처리 한다.

대규모 시스템에서는 각종의 SAP 프로세스를 DB 서버와 어플리케이션 서버에서 분리하여 갱신서버, 메시지 서버 등으로 독립시켜 부하를 분산시킬 수 있다.

3. 사용자 인터페이스

윈도우 환경의 사용자 인터페이스 출현으로 사용자가 편리하고 쉽게 시스템에 접근하고 사용할 수 있게 되었다. 과거에는 사용자와의 인터페이스를 위한 대화의 화면이 문자를 사용하는 텍스트 형태로 지원되던 것이 지금은 아이콘이나 풀다운(pull-down)메뉴 기능을 이용한 그래픽으로 제어되고 다중 윈도우와 윈도우 크기의 조절이 가능하다. 또한 GUI 환경에 멀티미디어 기능이 추가되어 비디오 및 오디오 지원기능에 의하여 사용자가 보다 편안하게 시스템에 접근할 수 있다.

또한 해당 ERP 어플리케이션 패키지와 타 어플리케이션간의 데이터 교환이 가능한 데스크톱 통합(desktop integration)기능이 제공되며 시스템 이용자가 윈도우 사용을 쉽게 정의할 수 있도록 되어 있다.

4. 인터넷에서의 클라이언트/서버 컴퓨팅

인터넷은 클라이언트/서버 기술을 기반으로 한다. 인터넷을 사용하는 개개인은 웹브라우저 소프트웨어와 같은 정보검색용 응용 프로그램을 이용할 수 있다. 이메일(e-mail) 메시지와 웹페이지를 포함하여 모든 데이터는 서버에 저장된다.

클라이언트(client)는 인터넷을 이용하여 원거리에 있는 컴퓨터의 특정 웹서버에 정보를 요청하고, 서버(server)는 인터넷을 통하여 요청된 정보를 클라이언트에게 제공한다. 이때 클라이언트의 서비스 요청에 대해 인터넷을 통하여 클라이언트에게 직접 웹페이지(정보)를 보내주는 역할을 하는 것이 웹서버(web server)이다. 오늘날 가장 일반적으로 사용하는 웹서버는 아파치(Apache) HTTP 서버이며 웹서버 시장의 54%를 점유하고 있다. 아파치는 무료로 이용할 수 있는 공개 소스(open source) 제품으로 해당 웹사이트에서 다운로드 받을 수 있다.

웹서버 소프트웨어는 저장된 웹페이지들을 찾고 관리하는 역할을 한다. DBMS는 데이터베이스 서버(database server)라는 전용 컴퓨터에 위치한다. DBMS는 SQL 요청들을 받고 요청된 데이터들을 제공한다. 미들웨어는 기업의 내부 데이터베이스에 있는 정보를 고객에게 페이지형식으로 전달해 주는 웹서버로 전송한다.

만약, 클라이언트가 기업의 정보시스템(예: 제품의 가격정보 등)에 대한 접근을 요청하면, 이 요청은 애플리케이션 서버(application server)로 전달된다. 애플리케이션 서버 소프트웨어는 사용자와 기업(조직)의 후선(back-end) 업무 시스템들 간의 모든 애플리케이션의 운영을 다룬다. 즉, 애플리케이션 서버는 웹서버로부터 요청들을 받고, 이런 요청들을 기반으로 거래처리를 수행하는 비즈니스 논리들을 가동시키며, 웹서버와 조직의 후선시스템들 또는 데이터베이스들 간에 연결역할을 한다. 이러한 애플리케이션 서버는 웹서버와 동일한 컴퓨터 또는 별도의 전용 컴퓨터로 존재한다. 오늘날에는 개인용 컴퓨터(PC)나 노트북 컴퓨터 뿐만 아니라 휴대전화, 소형 휴대용 디지털 단말기, 기타 정보가전 등도 클라이언트(client) 플랫폼이 될 수 있다.

<그림 2-4>는 이와 같이 인터넷에서 이루어지는 클라이언트/서버 컴퓨팅 방식을 나타내고 있다(김우주 외, 2012).

〈그림 2-4〉 인터넷에서의 클라이언트 / 서버 컴퓨팅

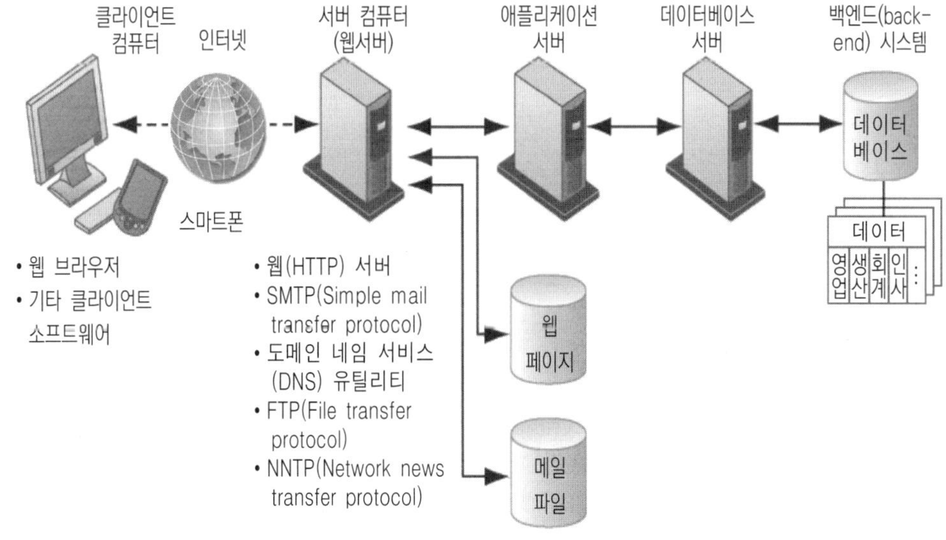

인터넷 상에 얼마나 많은 웹페이지(web page)들이 존재하는지는 아무도 정확하게 알 수 없다. 수많은 웹페이지들 중에서 개인과 기업에 도움이 되는 유용한 정보(웹페이지)를 순식간에 찾을 수 있도록 해주는 것이 검색엔진(search engine)이다. 현재 전세계적으로 수백 개의 검색엔진이 있지만, 대표적인 세 개의 검색엔진

은 구글, 야후, 마이크로소프트의 최신 검색엔진인 빙(Bing)이 있다. 이 중에서 가장 인기있는 웹 검색엔진이며, 미국에서 웹 검색의 72%(2010년 기준)를 차지하는 구글(Google)의 검색절차(작동원리)를 예로 들면, 다음과 같다.

① 사용자가 인터넷 검색창에서 질의어를 입력한다.

② 구글의 웹서버는 질의 요청을 접수한다.
구글은 들어오는 요청을 처리하여 검색결과를 제공하기 위해 약 45만개로 추정되는 서로 인터넷에 연결된 개인용 컴퓨터들을 사용하고 있다.

③ 사용자의 질의는 구글의 인덱스 서버로 보내지며, 서버는 어떤 페이지들이 질의에 매칭되는 키워드들을 가지고 있는지, 그리고 이들 페이지가 문서 서버(document server)의 어느 곳에 저장되어 있는지를 알려준다.

④ 구글은 페이지랭크 소프트웨어를 사용하여 각 페이지의 중요성이나 대중성을 평가하는데, 이를 위해 5억 개 이상의 변수와 약 20억 개의 항으로 구성된 공식을 풀고 있다. 이러한 과정을 통해 나온 결과는 아마도 가장 적합한 페이지일 것이다.

⑤ 각각의 결과 페이지를 위한 간단한 요약문을 준비한다.

⑥ 한 페이지 당 10개씩의 결과를 사용자에게 제공한다.

구글 검색엔진은 지속적으로 웹을 돌아다니며 각 페이지의 컨텐츠를 색인하고 대중성을 계산하며 해당 페이지를 저장한다. 이를 통해 특정 페이지를 보고자하는 사용자의 질의에 빠르게 대응할 수 있는데, 전체 질의과정을 처리하는데 걸리는 시간은 0.5초에 불과하다.

2.3 ERP시스템의 구축환경

일반적으로 ERP시스템 구축환경의 요소들은 하드웨어 플랫폼, 오퍼레이팅시스템, 데이터베이스, 네트워크, 사용자 인터페이스, 개발지원 도구, 응용 프로그램의 7가지로 나눌 수 있다. 이것은 보유한 기술의 종류나 특성에 따라 ERP시스템을 효과적으로 구축할 수 있도록 해주는 핵심적인 요소이다. 현재의 ERP 제품들이 가지고 있는 계층별 적용 기술은 다음과 같은 것들이 있으며 이러한 기술은 앞으로 지속적으로 변경되고 발전되어 나갈 것이다.

(1) 하드웨어 플랫폼

개발된 ERP응용 프로그램과 데이터베이스 등을 수용하는 컴퓨터 서버이다. 현재 주류를 이루고 있는 하드웨어 플랫폼은 UNIX기종, NT기종, AS/400 등이다.

(2) 오퍼레이팅시스템(OS)

컴퓨터 운영체제로서 UNIX, 윈도우 NT, OS/400 등이다.

(3) 데이터베이스

ERP에 필요한 각종 데이터나 정보를 보관 및 관리하는 저장소로서 ERP시스템의 구현 시에는 클라이언트와 서버의 데이터베이스를 별도로 사용하기도 한다. Oracle, Informix, Sybase, Progress, MS SQL서버, ADABAS, DB2/ 400 등이 있다.

(4) 네트워크

클라이언트와 서버간의 연결, 동일지역 또는 원격지에 있는 동일기종이나 이기종 시스템간의 물리적 연결을 위해 사용된다.

TCP/IP프로토콜, NETBIOS, SPX/IPX, DECNET 등이 사용된다.

(5) 사용자 인터페이스

서버측에 상주하는 프리젠테이션 기능으로서, 사용자의 응용프로그램 접근을 도와주는 인터페이스이다. 윈도우 3.1/95/98, 윈도우NT, OSI/Motif, OS/2 등이 사용된다.

(6) 개발지원 도구

응용프로그램을 구현하기 위한 개발 지원도구로서, 데이터 모델링, 데이터베이스 관리, 화면 및 메뉴개발, 보고서 개발 등의 업무를 수행한다. 여기에는 C, C^{++}, JAVA, Visual Basic, ABAP4, Developer2000 등의 도구가 사용된다. 시스템에 따라 클라이언트와 서버의 개발도구를 다르게 사용할 수 있다.

(7) 응용 프로그램

개발 지원도구를 이용하여 개발한 업무 기능을 수행하는 프로그램으로서 ERP 응용 프로그램이다. ERP제품에 따라 지원기능의 차이가 많이 발생하며 제품의 유연성에 대한 판단 기준이 되는 소프트웨어 제품이다. 자체적 지원 기능의 부족을 보완하기 위하여 제 3자에 의해 개발된 응용 프로그램을 포함하기도 하며, 이 경우 응용 프로그램간의 통합을 지원하는 인터페이스 프로그램이 있어야 한다.

2.4 ERP시스템의 업무기능

1. ERP시스템의 기능구조 및 구성

ERP시스템의 기능구성은 제품 공급자나 기관, 단체에 따라 여러 형태로 다양하게 분류된다. 여기서는 국내외 ERP제품의 기능을 조사 및 분석하여, ERP시스템을 8개의 하위시스템과 4개의 지원분야로 나누어 설명하고자 한다.

ERP의 서브시스템은 기업의 전반적으로 업무를 지원하는 분야별 핵심 기능으로서 제품이나 서비스의 시작단계에서부터 출하 및 결산에 이르기까지의 전체 업무 프로세스를 말한다. 각각의 하위시스템은 다시 세부적인 업무기능을 수행하는 모듈로 나누어진다.

하위시스템과 모듈은 ERP의 특성상 기업 내의 독립된 조직을 분산, 통합적으로 관리해야 하며 기업 간의 정보교환뿐만 아니라 국제적으로도 분산된 조직이나 기업 간의 정보도 통합관리 해야 한다. 그리고 산업유형별 지원을 위하여 8개의 하위시스템과 하위 구성모듈을 선별적으로 사용하고 산업별로 특화된 부분을 추가함으로써 여러 산업 유형을 지원할 수 있는 ERP시스템이 된다. 일반적으로 ERP시스템의 기능구조와 지원분야를 나타내면 <그림 2-5>와 같다.

〈그림 2-5〉 ERP의 기능구조 및 지원분야

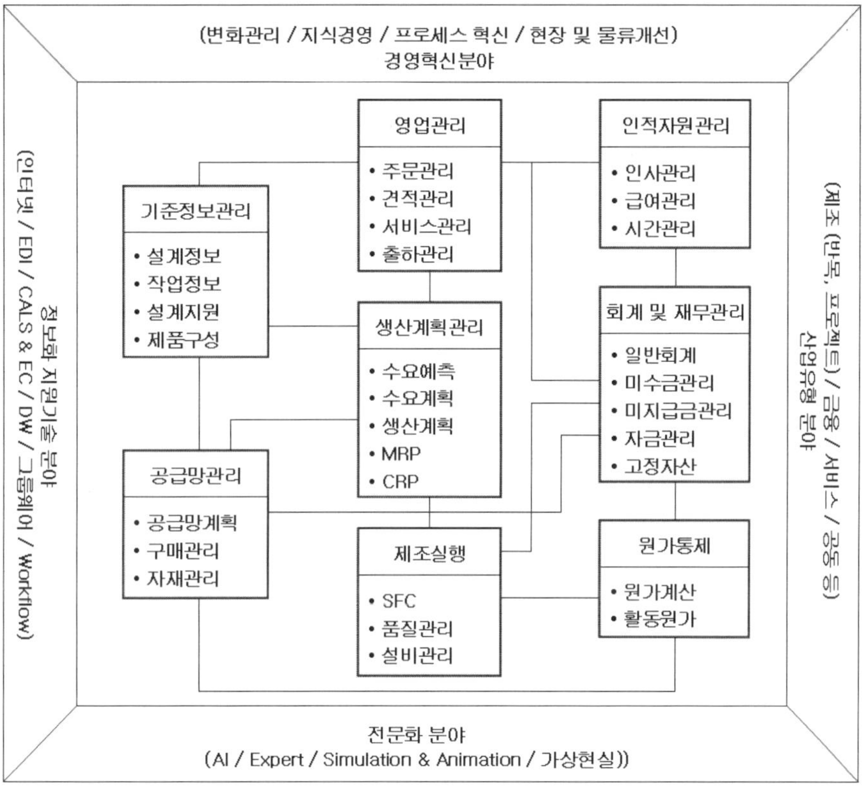

<그림 2-5>의 바깥 부분 테두리에 있는 4가지 분야는 안쪽의 사각형 내에 있는 8가지 업무기능을 지원하는 부분들이다.

경영혁신 분야는 ERP시스템의 적용효과를 크게 올릴 수 있게 하고 시스템의 성공적 구현을 실현하는 강력한 도구가 되며, 정보화 기술지원 분야는 기업 내외부의 업무 처리와 통합을 지원하는 정보화 기술 요소로 구성된다.

전문화 분야는 현재의 ERP시스템 지원기능의 한계를 극복할 수 있는 고도의 ERP 구현 전문화 기술들이다.

ERP시스템을 구성하는 단위 시스템들의 내용을 요약하면 다음 <표 2-1>과 같다.

〈표 2-1〉 단위 시스템별 기능설명

단위 시스템	기 능 설 명
영업 관리	기업의 영업 및 마케팅 활동을 지원하며 수주에서 출하, 판매, 수금에 이르는 일련의 영업진행 현황을 파악한다.
생산계획 관리	수요와 공급을 계획하는데 필요한 기능이 포함되는데, 수요 예측과 수요계획에 따라 생산계획 및 일정계획을 수립한다.
제조실행	제조업의 생산현장을 관리, 통제하는 기능을 포함하며 현장의 자동화 설비와의 통합기능도 제공한다.
기준정보 관리	기업에서 필요한 기본적인 정보를 관리한다.
공급사슬 관리	제조활동에 필요한 물적 흐름을 관리 및 통제하기 위하여 기업내부와 외부의 물류 거점을 포괄적으로 관리한다.
인적자원 관리	기업조직 및 구성원과 관련한 업무를 관장한다.
회계 및 재무관리	기업의 현금 및 자산에 대한 관리 및 통제기능을 수행한다.
원가통제	비용 및 이익관리를 위한 지원 기능으로서 원가계산 관련기능이 지원된다.

2. SAP ERP의 구성

SAP ERP를 구성하고 있는 모듈(module)들은 <그림 2-6>과 같이 핵심 모듈을 중심으로 확장 솔루션을 지원하고 있다. SAP ERP의 핵심 솔루션과 확장 솔루션(Extended ERP)은 기업의 내부 프로세스의 최적화와 기업 간의 외부 프로세스의 협업을 구현함으로써 SAP ERP를 통해 기업 중심의 유기적인 프로세스를 구축하도록 지원하고 있다.

〈그림 2-6〉 SAP ERP의 구성 모듈

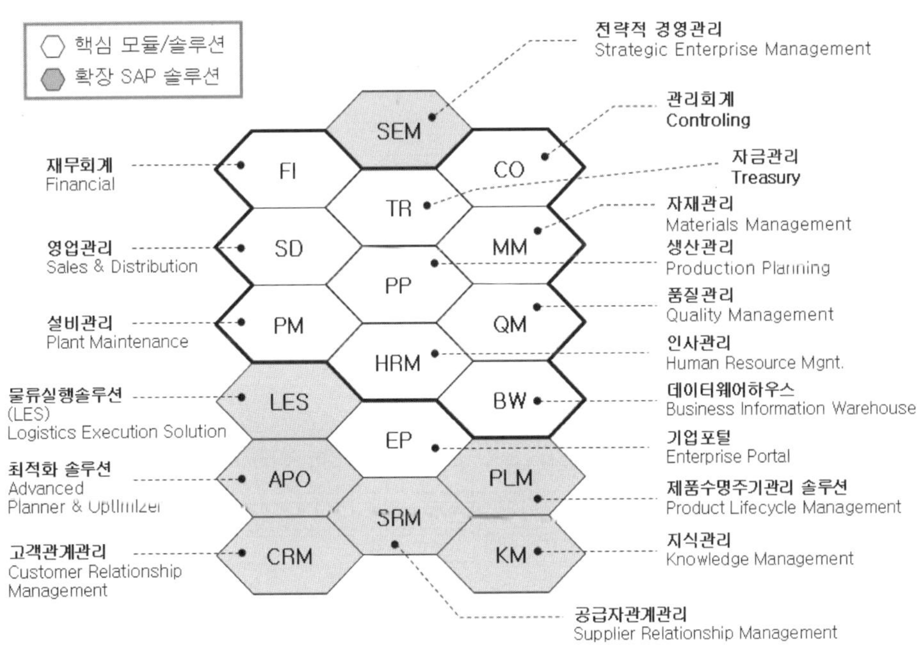

3. SAP R/3의 기능 구성

SAP R/3는 대표적인 ERP 패키지로서 업무를 리엔지니어링하는 통합업무 어플리케이션으로 평가받고 있으며 나름대로의 특징적인 면을 가지고 있어 업무 애플리케이션의 구성을 살펴보기로 한다.

〈그림 2-7〉 R/3의 특징 및 효과

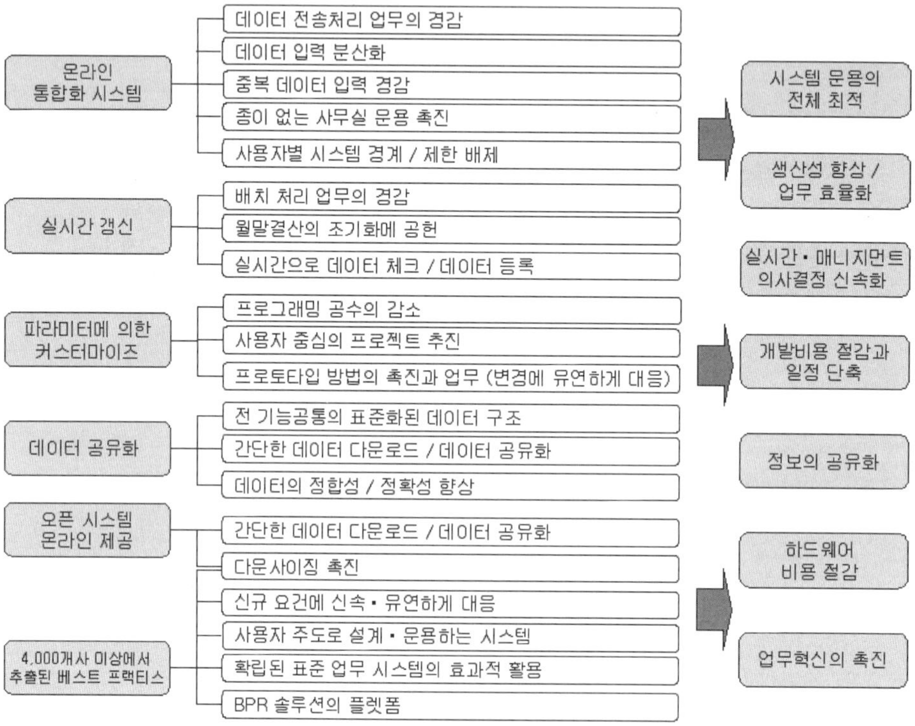

R/3라는 의미는 3 Tier(3단계 구조) 방식의 실시간(Real Time) 처리가 가능한 시스템이라는 뜻을 가지고 있다. R/3은 <그림 2-8>과 같이 재무회계, 관리회계, 고정자산관리, 영업관리, 재고/구매관리, 생산계획/관리, 품질관리, 플랜트보전, 인사관리, 프로젝트관리, 워크플로우, 업종별 솔루션 등 12개의 모듈로 구성되어 있다.

〈그림 2-8〉 업무 애플리케이션의 구성

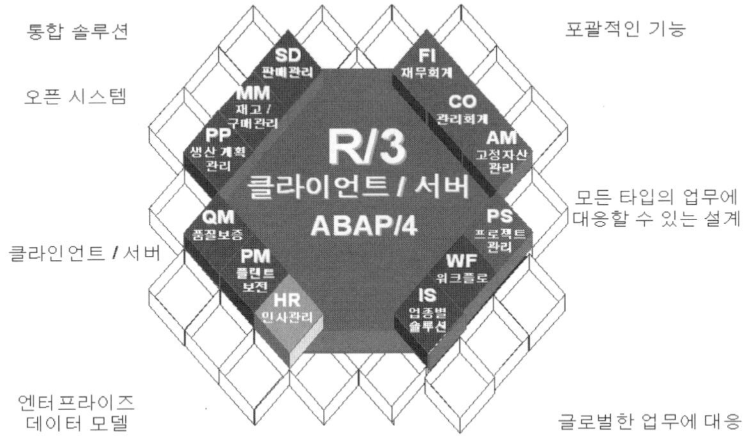

1) 재무회계 모듈(FI : Financial)

재무회계는 기업회계 중에서 외부보고를 목적으로 한 영역이다. 즉 기업의 재무상태와 경영실적 정보 등을 측정하여 주주, 채권자, 정부 등과 같은 기업의 외부 이해관계자들에게 재무정보를 제공하기 위한 과정이다. 재무정보는 재무제표라는 형태로 제공된다.

재무회계 모듈은 기업의 경영활동 성과를 기록·보고·분석하기 위한 회계시스템이며, 복수의 하위모듈로 구성된다. 모든 전표 데이터베이스는 실시간으로 통합되고 입력 완료된 모든 데이터를 어떤 분야에서도 동시에 이용할 수 있다.

「일반회계」에서는 물류 모듈 또는 보조원장에서 자동 생성되거나 일반회계 전표의 기장에 의해 작성된 총계정원장을 기반으로, 회계기준에 준거한 외부 보고용 재무제표를 작성할 수 있다.

「외상매입금관리」, 「외상매출금관리」에서는 물류 모듈인 구매, 판매모듈로부터 자동 전기 기능, 대금 자동지불 기능, 신용한도관리 기능 등이 있다. 「재무회계」 하위모듈과 타 모듈간의 연동관계를 예를 들어 설명하면 판매관리의 업무프로세스와 연동하여 주문 및 출하업무 처리를 제어할 수 있다.

또 원장형 데이터베이스를 이용하여 드릴다운방식으로 계정별, 거래처별 잔고로부터 전표, 명세 등 세부정보까지 온라인으로 추적할 수 있다.

「연결회계」에서는 모기업과 자회사간의 연결재무제표를 채권채무의 개별 상계처리 등 고도로 자동화된 방법으로 작성할 수 있다.

「자금관리」에서는 단기자금운용, 자금수지예측 및 중장기 자금수지계획 수립 업무를 지원하며, 자금포지션이라는 관점에서 유동성관리와, 자금 집중관리 기능을 제공한다. 또한 투자계획의 분석과 진행 중인 투자의 수익성 평가, 대여금관리 등의 기능도 지원하고 있다.

「특별목적 원장」에서는 사용자 고유의 보고용 데이터베이스를 작성할 수 있으므로 다양한 보고요건을 충족할 수 있는 기능을 제공한다. 그밖에 관계 회사 간 거래의 자동생성, 다국적 언어, 복수 통화 지원 등 업무 확장성이 풍부하다.

2) 관리회계 모듈(CO : Controlling)

관리회계는 기업의 내부보고를 목적으로 한 회계이다. 경영자의 내부자원 관리에 대한 의사결정과 부서 및 개인의 실적평가를 위해 회계정보를 구별, 측정, 분석하는 과정이다.

「관리회계 모듈」은 장기적이고 수익지향의 기업경영에 필요한 경영관리 업무와 관리자의 의사결정을 지원하는 모듈로 간접비 관리, 제조원가 관리, 수익성 분석·관리의 세 가지로 대별된다.

간접비 관리에서는 관리자에게 필요한 포괄적인 비용정보를 제공하기 위하여 「원가중심점별 회계」, 「작업지시서별 회계」, 「활동기준 원가계산」의 세 가지가 구비되어 있다. 「원가중심점별 회계」에서는 업무활동이 수행되는 직능별 장소를 나타내는 원가센터가 분석의 기초가 되며, 「작업지시서별 회계」에서는 생산관련 지시, 수주지시, 상당한 자원이 투입되는 내부업무지시 등을 나타내는 각 지시서가 그 기준이 된다. 요즈음 간접비 관리방법으로 주목받고 있는 「활동기준 원가계산(activity based costing, ABC원가계산)」은 활동유형과 원가동인(cost driver)이라는 기준을 활용하여 각각 예산 실적 비교, 원가 차이 분석, 간접비 배부 등이 가능하다. 즉, ABC원가계산은 제조간접비 등 개별제품 원가배부에 있어서 노동시간 또는 기계시간 등 한가지 요인을 정하고 그 요인을 기준으로 제조간접비를 배부하였던 기존의 전통적인 원가계산방식의 문제점을 개선하기 위해 도입된 새로운 원가계산 방법이다. 다시 말해서, 이것은 제조간접비를 소비하는 활동(activity)이라는 개념을 설정하고 이러한 여러 활동들에 따라 제조간접비를 배부하고 각 제품별로 활동소비량에 따라 제조간접비를 배부함으로써 합리적인 원가 배부를 목적으로 하는 원가계산 방식이다.

「제조원가 관리」는 제조업의 제품 원가계산을 주안점으로 한 하위 모듈이며 공정진행 중인 현재 시점의 원가계산을 지원하고 있다. 계획생산, 연속생산, 수주생산 등 다양한 생산방식에 대응하는 원가계산 업무를 지원하고, 재고실사를 지원하는 기능을 보유하고 있으며, 「생산관리」와 「판매관리」, 「재고/구매관리」와도 밀접하게 연동되어 있다.

수익성 분석·관리는 「수익성 분석」, 「이익중심점 회계」, 「경영계획」의 세 가지로 대별된다. 「수익성 분석」에서는 판매실적, 원가 및 공헌이익을 유연하게 집계함으로써 판매된 제품과 서비스를 분석하고 부문별 영업수익을 명확히 알 수 있다. 「이익중심점 회계」에서는 전략사업 단위(SBU)마다 정기적으로 손익계산서를 작성함으로써 각 업무분야의 업적을 결정한다. 「경영계획」에서는 기업의 계획과 관리에 주안점을 둔 정보를 제공함으로써 경영자의 의사결정을 지원한다.

3) 자산관리 모듈(AM : Asset Management)

「자산관리 모듈」은 기업의 고정자산 관리를 지원하기 위한 모듈이며 「고정자산회계」, 「투자관리」, 「설비자산관리」의 세 가지 하위 모듈로 구성된다.

고정자산이란 기업이 보유하고 있는 자산 중 토지, 기계, 설비, 건물처럼 상대적으로 장기간 보유하고 있는 자산을 말한다.

「고정자산회계」에서는 고정자산의 취득, 양도, 매각, 감가상각, 평가에 대한 기장, 계산 및 처리를 한다. 이들은 재무회계(FI) 모듈의 보조원장 역할을 하며, 총계정원장으로 자동 전기되며 각국의 법률요건과 기업내부의 회계처리에서 필요한 절차를 커스터마이즈하여 짜넣는 개념으로 되어 있다.

「투자관리」는 투자계획과 실제의 지출관리를 한다. 투자계획은 투자계획 수립시 대체안을 평가하는 경우에 유용하다. 또 투자관리 기능으로 자원, 수량, 원가, 납기관리 등의 기능도 갖추어져 있다.

「설비자산관리」에서는 관리회계(CO) 모듈의 내부 작업지시 기능을 사용하여 자산의 보수비용과 자산관리를 통합시켜 일상적인 보수작업에서 모든 경비의 계획, 기록, 분석, 결제가 이루어진다. 보다 복잡한 보수기능을 필요로 할 경우에는 프로젝트관리(PS) 모듈이 제공하는 기능으로 시스템을 강화할 수 있다.

4) 재고/구매관리 모듈(MM : Material Management)

「재고/구매관리 모듈」은 구매업무와 재고관리 업무로 크게 나누어진다.

「구매관리」에서는 구매요청에서 시작하여 구입처의 견적, 구입처 선정, 구매발주, 구매품 입고, 청구서 조회라는 흐름 중에서 사내 승인, 복수 구입처 관리 등 기업에 필요한 기능을 지원한다. 「구매관리」는 「생산계획/관리」와의 통합에 의해 자재구매와 외주관리를 지원하고, 판매관리와의 통합을 통해 상품 수발업무를 지원하며 고정자산 구매 등의 일반구매에도 적용할 수 있게 되어 있다.

「재고관리」는 재고자산의 입출고를 총괄하며 수량관리의 관점에서 로지스틱스 관련모듈의 중심에 위치하고, 평가의 관점에서 회계모듈과 긴밀성이 강한 모듈이다. 일반적인 입출고 업무 외에 재고자산관리에 필수적인 재고실사, 자산평가, ABC 분석 등의 기능도 이 모듈에 포함된다. 또 창고내의 보관위치, 선반번호로 재고관리를 수행하는 모듈로 MM 중에 「창고관리 모듈(WMS : Warehouse Management System)」이 있어 현장에서 효율적으로 운용할 수 있게 되어 있다.

5) 영업관리 모듈(SD : Sales and Distribution)

「영업관리 모듈」은 기업의 영업활동에서 수주업무, 출하업무, 대금 청구업무까지 처리하는 모듈이다.

「수주관리」는 개별 고객의 품목정보와 가격정보 등의 데이터를 미리 설정함으로써 판매업무에 필요한 많은 정보를 간단히 등록할 수 있도록 고안되었다. 또 R/3라는 통합시스템이 갖는 특징의 하나로 특기할 만한 점은 출하가능재고 확인 기능이다. 실재고 뿐만 아니라, 생산오더(PP)와 구매오더(MM)의 오더 상황도 감안한 출하가능재고 확인을 설정할 수 있으며 또 출고작업시간, 배송 일수 등도 고려하여 고객에게 예상납기를 즉시 제시할 수 있다. 거래에 필요한 대부분의 데이터가 수주 시에 확정되나 「출하관리」, 「청구관리」에서 일부 항목의 추가가 이루어지며 그만큼 확실하게 처리할 수 있도록 설계되어 있다.

영업업무의 수행과정과 경쟁사의 정보가 R/3의 「영업지원정보」에 저장됨으로써 시장 동향과 개별 고객의 요구 등 기업에게 중요한 정보를 일괄해서 관리할 수 있게 된다.

이러한 영업활동 데이터와 실 수주 데이터는 영업분석시스템(SIS)으로 대표되는 로지스틱스 정보분석(LIS)에서 여러 각도로 분석할 수 있으며 판매부문만이 아니라 제조부문, 구매부문, 연구개발부문에도 실시간으로 정보를 제공할 수 있다.

6) 생산계획/관리 모듈(PP : Production Planning)

R/3의 「생산계획/관리모듈」은 생산계획과 생산관리로 대별된다.

생산계획에서는 판매계획(SOP)의 중·장기 판매량을 토대로 이를 달성하는데 필요한 개괄 생산계획을 작성한다. 판매계획 수립 시 판매 분석시스템(SIS)의 수량을 사용함으로써 「판매관리」와 일관성을 유지하며 개괄 생산계획이 완료되면 기준생산계획(MPS)에 의해 (반)제품레벨에서의 독립적 소요량이 산출된다. 계획생산과 수주생산 등의 생산형태에서는 품목별로 계획을 설정하여 세밀하게 분류하고 관리한다.

자재소요량계획(MRP)에서는 부품·원부자재에 대한 소요량이 산출된다. 소요량은 필요에 따라 구매요청에 등록되고, 등록된 구매요청은 「재고/구매관리」 기능에서 구매오더로 변환되어 외부조달 프로세스와 연결된다. 라인의 능력확인 및 평준화기능도 지원되고 있다.

생산관리는 생산지시서관리를 기초로 하여 설계되어 있다. 사내 생산품의 경우는 MRP로 작성한 조달 계획이 생산오더로 변환되어 현장으로 작업지시가 되며 작업완료 확인절차를 거쳐 완성품이 입고되고 실적원가가 계산된다. 제품의 입출고처리는 「재고/구매관리」에서, 원가처리는 「관리회계」에서 이루어진다.

또 프로세스 산업용 모듈로서 PP-PI(Process Industry)와 특수 생산유형으로 반복생산과 간판방식에 대응한 기능도 있다.

7) 플랜트보전 모듈(PM : Plant Maintenance)

플랜트에서 설비 보전업무를 지원하는 것이 「플랜트보전 모듈」이다.

플랜트 설비에 이상이 발생하면 보전요청의 등록을 통해 운전상의 문제가 인식되고, 과거의 이력조회와 문서관리시스템(DSS)의 통합에 의해 기계도면을 조회하여 신속하고 효율적인 보전작업지시가 실행된다. 또 정기 보전계획과 가동시간에 의한 예방 보전기능도 갖추고 있어, 플랜트 전체의 원활한 운영을 할 수 있도록 지원한다. 고립되기 쉬운 플랜트보전 업무도, 보수부품의 구매요청(MM)과 보전작업에 소요된 원가의 집계(CO) 등 통합시스템의 이점을 살리도록 설계되어 있다.

「서비스관리 모듈」은 <그림 2-6>에는 표현되어 있지 않지만, 이 「플랜트보전 모듈」과 「판매관리 모듈」을 조합하여 고객설비의 보수 서비스를 지원하는 모듈이다. 고객으로부터의 보수 서비스 요청(Call)관리, 보수 작업 청구업무 등 일련의 흐름을 보수계약, 보증기간 등과 함께 관리한다.

8) 품질관리 모듈(QM : Quality Management)

R/3의 품질관리는 제조판매에서 중요시되는 품질관리에 관한 업무를 포괄적으로 지원하기 위한 여러 기능으로 모듈이 구성되어 있다. 이 모듈은 공급사슬(Supply Chain)의 각 기능인 구매, 재고, 제조, 출하, 원가 등 각 시스템과 연동되고 방침에 입각한 계획작성에서 일상업무 및 관리업무, 각종 분석까지 일련의 흐름을 포괄한다.

구매입고와 제조입고 등 각 기능의 검사 주안점에 대해 품목마다 미리 설정된 검사계획을 참조하여 자동으로 검사경로를 작성하고, 필요한 검사항목과 표본수량 등을 기초로 검사를 시작한다. 이 상태에서 상품은 품질검사 중인 재고로 관리되고 각각 결과의 등록과 합격 여부 판정을 기록하는 등 현황관리도 동시에 실행한다. 검사결과에 따라 재고현황이 변하는데, 예를 들어 불량의 경우는 수리와 반품 등 다음 단계를 지시할 수 있다. 계속적으로 기록된 검사이력은 대외적으로 공급원의 평가, 대내적으로는 공정마다 불량이 발생하는 곳 등 각종 분석의 기초정보가 된다.

QM 모듈은 국제기준인 ISO 9000의 요건을 만족시킬 뿐 아니라 품질검사 업무에 의해 전략성을 부여하는 것도 가능하다.

9) 인사관리 모듈(HR : Human Resource)

「인사관리 모듈」은 '사람'과 '조직'을 관리하는 모듈이며 모집·채용, 배치·이동, 평가사정(인사고과), 해고·퇴직 등 인사의 일련의 흐름과 근태관리, 육성·교육, 급여계산(승격·승진·승급을 포함)등 인사 일반업무를 포괄적으로 지원한다.

관리는 인포타입이라는 종업원 마스터에 의해 실현된다. 인포타입에서는 소속,

기본급, 근태, 주소 등 종업원 개인의 기본정보를 관리하고 있다. 또 종업원 개인에 대한 인사업무를 지원하는 기능으로 「근태관리」, 「급여관리」, 「여비·경비관리」가 있다. 급여계산을 실행할 때는 이 인포타입의 기본 데이터를 기본 정보로 하여 「근태관리」의 근태 데이터(조퇴, 휴가, 잔업 등의 상황)에 의해 급여가 계산되고, 여비·경비의 지불 데이터를 포함하여 실제의 지불액이 계산된다. 급여와 여비·경비는 HR 단독 지불도 가능하나 실제는 회계모듈과 통합하여 분개와 지불이 수행된다.

'조직' 관리는 「인사계획」 기능에 의해 실현된다. 인사계획에서는 그 기업의 조직구성을 R/3에 설정하여 조직간 상호 관계를 부여함으로써 종업원의 경력 경로(Career Path)를 표현할 수 있다. 「인원배치계획」을 실행할 때는 이 경력 경로를 기본으로 하지만 개인의 자격·능력과 조직의 요건에 의한 「적정분석」을 함으로써 최적의 인재를 선출할 수 있다.

10) 프로젝트관리 모듈(PS : Project Management)

PS 모듈은 기업의 내부 활동인 프로젝트를 원활히 관리하기 위한 모듈이다. 프로젝트를 원활히 관리하기 위해서는 프로젝트의 목적이 명확히 정의되고, 실행해야 할 활동(task)이 조직화되어 있어야만 한다.

프로젝트의 구조는 조직편성 및 프로젝트의 작업에 따라 달라지지만, PS 모듈을 조직화하여 태스크의 순서와 의존관계를 네트워크로 관리한다. 작업세부항목과 네트워크를 사용하여 프로젝트의 예산/실적과 스케쥴을 관리하고, 정보시스템을 사용하여 프로젝트를 평가할 수 있다.

네트워크에 대하여 필요한 품목/자원을 할당함으로써 이용가능재고를 인식하거나 구매요청을 작성할 수 있다. 프로젝트관리 모듈은 플랜트 데이터 수집(PDC) 시스템과의 인터페이스뿐만 아니라, MS Project, MS Access, MS Excel, Lotus 1-2-3 등의 PC용 시스템과의 인터페이스도 지원하고 있다.

11) 워크플로우 모듈(WF : Work Flow)

SAP Business Workflow는 R/3의 애플리케이션이 제공하는 프로세스를 연결하여 비즈니스 프로세스를 자동화하기 위한 모듈이다. 본 모듈은 다음 요소로 구성된다.

「워크플로우 정의 모듈」은 워크플로우 대상이 되는 오브젝트 타입, 작업과 플로우의 내용을 정의하는 태스크, 담당자를 결정하기 위한 롤(Role), 워크플로우를 위한 조직설정 등을 정의하기 위한 것이다. 「실행시 환경」은 정의가 끝난 워크플로우 태스크에 기초하여 워크플로우의 실행을 관리, 감시함과 동시에 사용자 인터페이스가 이루어지는 통합 수신박스를 제공한다. 「워크플로우 템플릿」은 R/3 표준 비즈니스 애플리케이션 중에서 워크플로우의 이용 효과가 높은 시나리오에 대하여 필요한 오브젝트 타입, 태스크, 롤 등을 제공한다.

사용자는 표준으로 제공되는 구성부품을 조합함으로써 프로그래밍하지 않고 프로세스 자동화를 실현할 수 있을 뿐 아니라, ABAP/4(SAP 고유의 4GL)로 사용자가 독자적으로 개발한 프로그램이나 데스크탑 프로그램과 연계도 가능하다.

12) 인더스트리 솔루션 모듈(IS : Industry Solution)

지금까지 소개한 각 모듈은 많은 산업에서 공통된(또는 공통화해야 할) 업무 프로세스를 기본으로 설계되어 있다. 그러나 산업에 따라서는 단기간에는 바꿀 수 없는 독특한 업무 프로세스가 존재한다. 거기에 대응하기 위해 개발된 것이 「인더스트리 솔루션 모듈」이다. 1997년 3월 현재에 릴리스된 것과 계획중인 것을 합하여 19개의 산업에 「IS」가 있다(항공우주·국방산업, 자동차산업, 금융업, 화학산업, 소비재산업, 제약업, 하이테크·전자산업, 보험산업, 석유·가스업, 의학산업, 출판업, 유통업, 통신산업, 공공사업산업, 미디어, 금속·목재·제지업, 건설·건축업, 무역업, 정부기관).

3. ERP의 통합 업무 프로세스

1) ERP지원 산업별 업무 프로세스

ERP가 지원하는 산업별 업무 프로세스는 다양한데, 적용 분야를 보면 항공산업, 자동차, 은행, 화학, 소비재생산, 엔지니어링 및 건설업, 병원, 보험, 석유 및 가스, 의약품, 공공분야, 부동산, 소매업, 서비스제공업, 정보통신, 운송, 학교 등이다. 그러나 이들 업종의 지원은 분야별로 전문화된 특화 솔루션을 제공하기도 하지만, 기존의 ERP기본 모듈을 활용하여 해결책을 제시하기도 한다.

즉 ERP 제품의 기능분류에 있어 모든 산업에 공통적으로 사용할 수 있는 모듈이 있는 반면, 부분적 사용 또는 해당 산업을 지원하기 위한 별도의 모듈이 필요하다.

2) ERP 하위시스템의 구성모듈 구분

ERP 하위시스템의 구성모듈은 모든 산업에 공통적으로 사용이 가능한 공통 모듈과 산업별로 부분적으로 일부기능의 적용이 가능한 부분모듈, 그리고 산업특성에 맞도록 별도로 개발해서 사용해야 하는 특화 모듈로 구분할 수 있다.

공통 모듈은 모든 업종에 걸쳐 공통적으로 사용할 수 있는 기능을 지원하는 것으로 인적자원관리, 회계 및 재무관리시스템을 구성하는 대부분의 모듈이 여기에 해당된다.

부분적인 사용이 가능한 모듈은 기준정보관리, 영업관리, 공급사슬관리, 생산계획관리, 원가관리시스템의 구성 모듈이다. 산업별 특화 모듈은 ERP하위시스템에 포함되지 않는 은행, 관공서, 병원 등의 업무를 지원하기 위한 별도의 하위시스템과 모듈로서 추가로 개발해야 할 업무 기능이다. 그러나 ERP시스템의 정보화지원기술 분야에 해당되는 정보기술은 전 산업에 걸쳐 공통적으로 사용이 가능한 ERP의 도구가 된다.

3) 통합 업무 프로세스

ERP의 발전 과정에 따라 모든 산업의 기본이 되는 대표적 업무 프로세스는 제조업의 업무프로세스이다. 그리고 제조업종에서도 대량생산 형태의 업무프로세스와 프로젝트 형태의 업무프로세스가 중심이 되는데, 이들에 대한 처리 흐름을 나타내면 각각 <그림 2-9>, <그림 2-10>과 같다.

〈그림 2-9〉 대량 생산형 ERP 통합 프로세스

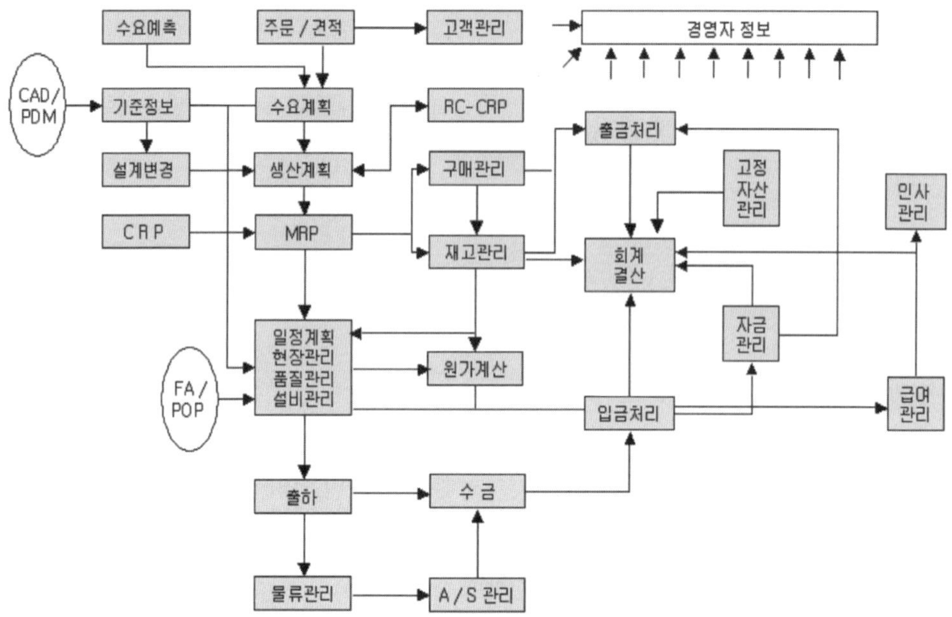

대량생산형 ERP 프로세스는 <그림 2-9>와 같이 제품의 주문부터 시작하여 수요계획, 자재계획, 능력 계획, 일정계획, 제조활동 및 출하와 결산의 과정을 거치는 프로세스를 가지고 있다. 그러나 프로젝트형 ERP 프로세스는 생산제품의 반복성이 적고 1회성 제품이 많으며 플랜트나 선박 등의 대형 엔지니어링 제품을 관리해야 하므로 대량 생산형 프로세스와는 다르게 접근해야 한다. 프로젝트형 프로세스는 제품의 견적, 사업계획, 프로세스관리, 사업비관리, 설계/구매/제조/설치 활동, 그리고 차기의 동일 또는 유사제품 생산을 위해 관련 정보를 비축하는 프로젝트 이력관리가 프로세스를 구성하는 주요 기능이다.

〈그림 2-10〉 프로젝트형 ERP 통합 프로세스

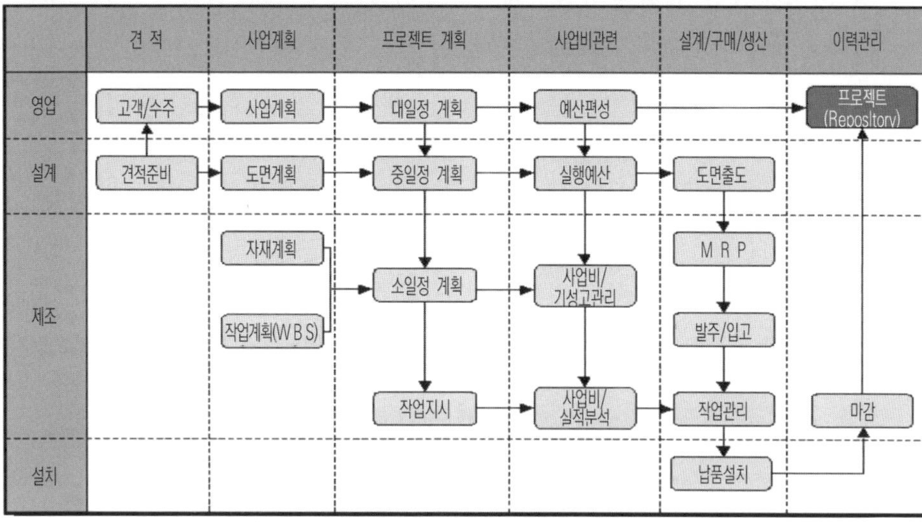

생산관리에서 업무영역을 확대하여 물류관리 측면에서 R/3을 적용한 프로세스 흐름을 나타내면 <그림 2-11>과 같다.

〈그림 2-11〉 R/3의 로지스틱스 프로세스

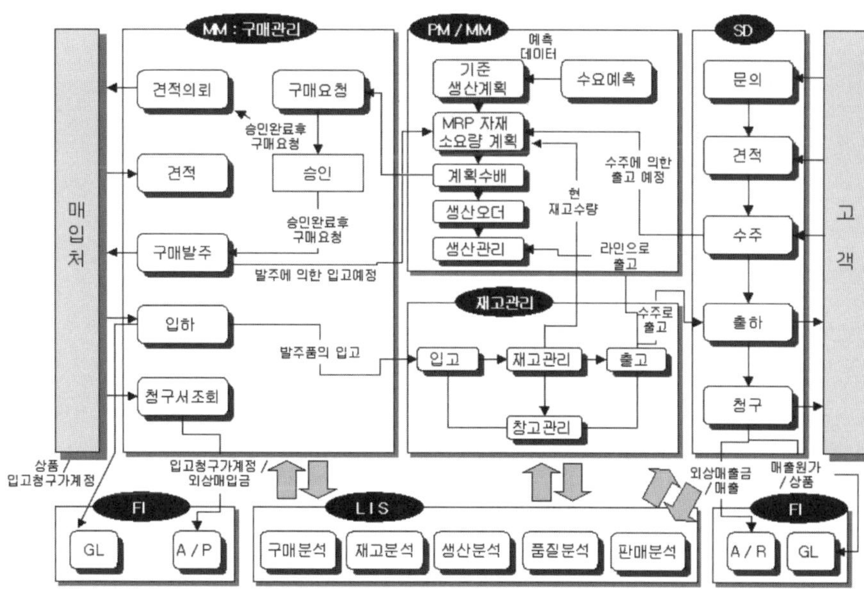

4) 생산관리시스템 프로세스

① 대량생산형 생산관리시스템

대량생산형 생산관리시스템은 동종제품을 대량으로 생산한다는 전제하에 계획에 의하여 생산량을 조절하는 방식이다. 생산에 가장 효율적인 양을 생산단위로 하여 생산계획에 따라 부품수배 및 생산을 한다.

대량생산형 생산관리시스템의 처리흐름의 예는 <그림 2-12>와 같다.

생산계획에서 MRP시뮬레이션을 거쳐 소요량계획을 작성하여 구매요청-구매발주로 데이터가 처리된다. 자체생산의 경우에는 생산오더가 만들어지고, 구입품의 경우에는 부품이 입고되면 재고로 보관되었다가 생산이 시작되면 출고된다.

〈그림 2-12〉 대량생산형 생산관리시스템의 처리흐름

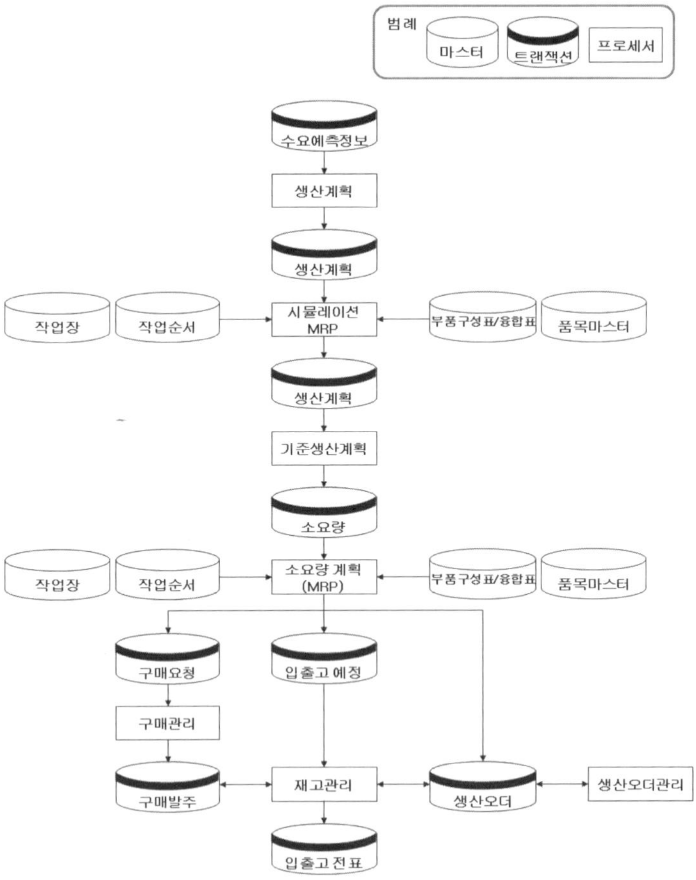

② 개별생산형 생산관리시스템

개별생산형 생산관리시스템이 대량생산형 생산관리시스템과 가장 다른 점은 관리형태가 대량생산형 생산시스템의 경우는 '시점마다의 제품/반제품/부품 수요와 공급밸런스'에 착안하는데 비하여 개별생산형 생산관리시스템의 경우는 '개별 수주/프로젝트 관점에서 제품/반제품/부품의 구비상황은 어떻게 되어 있는지'에 착안한다는 것이다. '수주/프로젝트별 관리' 방법은 각각의 기업마다 가장 적합한 방법으로 실현하고 있다. 이 때문에 일반적으로는 대량생산형 생산관리시스템에 비하여 보다 독자성이 강한 경향이 있다. 개별생산형 생산관리시스템의 처리흐름의 예는 <그림 2-13>과 같다.

〈그림 2-13〉 개별생산형 생산관리시스템의 처리흐름

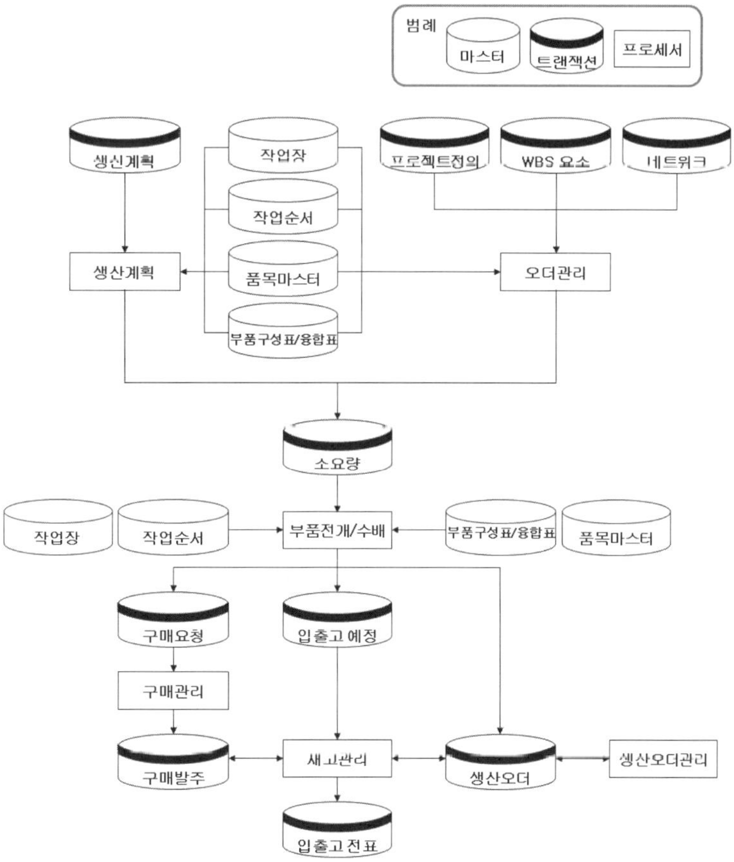

제 II 부
ERP의 도입

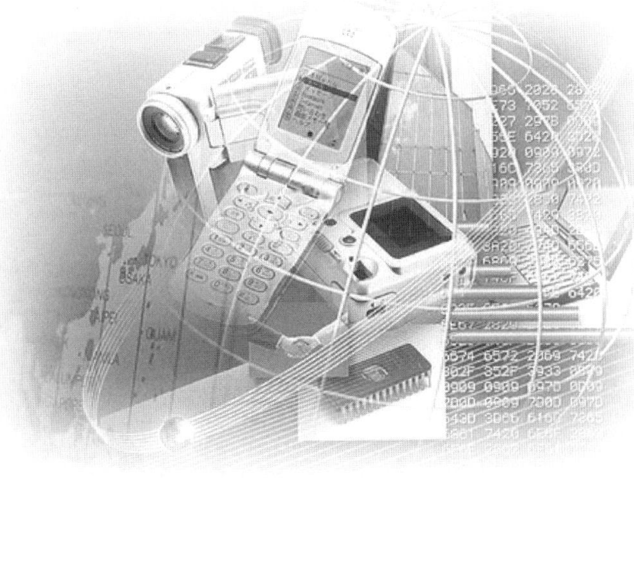

제 3 장

ERP패키지의 도입

3.1 패키지 도입시의 장·단점

기업에서 정보시스템을 구축하여 운영하는 방법에는 자체인력으로 개발하는 방법과 외부에 위탁(주문)하여 개발하는 방법 그리고 상용 소프트웨어를 도입(구매)하여 회사 업무실정에 맞게 맞춤작업(customizing)을 하는 방법 등 3가지 방법이 있다.

응용소프트웨어를 자체(in-house) 또는 외주(outsourcing) 개발하지 않고 패키지 도입에 의존할 경우, 특히 소프트웨어와 하드웨어를 한데 묶어 '턴키'(turn-key) 베이스로 도입할 경우에도 해당 기업의 업무실정에 맞추기 위해서는 시스템 분석이 필요하다.

1. 패키지 도입시의 장점

① 시간과 비용의 절약

패키지(package) 도입의 장점으로는 시간과 비용의 절약을 들 수 있다. 패키지 도입에 비용이 적게 드는 이유는 대량판매 때문이다. 즉 소프트웨어 패키지를 하나 개발하면 여러 곳에 설치할 수 있기 때문에 단가를 낮게 책정하여도 채산이 맞는다.

② 리엔지니어링 효과

업무처리방식의 차이 때문에 패키지 도입을 꺼릴 수 있다. 그러나 업무처리 방식을 소프트웨어 패키지에 맞춤으로써 업무과정 재설계(리엔지니어링) 효과까지 거둘 수 있다. 패키지 개발업체들이 업계 최고라 생각되는 기업의 업무처리과정을 모델로 패키지를 개발하기 때문이다. 특히 전사적 자원관리(ERP)의 경우 고가의 외국제 패키지를 도입하는 이유 등의 하나가 바로 이와 같은 BPR 효과 때문이다.

③ 성능보장

패키지 도입의 또 다른 장점으로는 성능보장을 들 수 있다. 널리 사용되고 있는 패키지의 경우 이미 다른 곳에서 테스트가 끝난 셈이다. 따라서 시스템이 에러를 안고 있을 가능성은 적다.

2. 패키지 도입시의 단점

① 자체 업무 처리방식과의 차이

패키지를 도입할 때에 가장 큰 문제점은 도입 기업의 업무처리방식에 딱 들어맞는 제품이 거의 없다는 사실이다. 아무리 정형화된 업무, 예컨대 급여계산이나 외상매출 관리를 예로 들더라도 기업마다 처리방식에 조금씩의 차이는 있다. 따라서 패키지를 변경하든가 아니면 패키지에 맞게 업무처리방식을 변경하는 도리밖에 없다.

문제는 패키지의 변경(modification) 또는 맞춤작업(customizing)이 결코 용이하지 않으며 비용도 많이 든다는 사실이다. 패키지에 따라서는 이 점을 미리 염두에 두고 설계된 것들이 있다. 소프트웨어 패키지 맞춤작업(customizing)에는 두 가지 방식이 있다.

첫째는 입력 파라미터(parameter)나 테이블을 이용하는 방법이다. 급여프로그램에 있어 호봉이나 갑근세율, 특수근당 등의 테이블을 패키지 사용자가 직접 구성토록 하는 것이다.

둘째는 시스템을 모듈화시켜 고객이 필요로 하는 모듈만을 골라 제공하는 방식이다. 이러한 패키지의 경우 변경비용은 적게 든다.

그러나 소스코드 자체를 변경시켜야만 할 경우가 있는바, 이렇게 되면 문제가 달라진다. 우선 변경의 주체가 패키지 개발자인가 아니면 사용자인가를 결정해야 한다. 패키지에 따라서는 사용자가 자체 개발한 모듈들의 추가를 허용하는 것이 있다. 그렇지 않은 경우 변경은 공급처에 일임하는 것이 좋다.

② 변경비용의 부담

그 다음에는 변경에 소요되는 비용이다. 패키지 구입가격에 변경비용이 포함된 것인지 아닌지를 분명히 해야 한다. 변경비용이 구입가격의 20~30%에 달하는 경우가 많다.

③ 공급처에의 의존성

패키지 도입의 단점으로 공급처에의 의존성을 들 수 있다. 유지보수 과정에서도 공급처의 도움을 지속적으로 받아야 할 경우가 생기며 이때의 비용부담도 고려해야 한다. 또한 공급처의 도산으로 지속적인 서비스를 제공받을 수 없게 되면 문제가 발생하였을 때에 해결이 어려워진다.

ERP시스템을 구축하는 방법은 크게 상용 패키지를 도입하는 방법과 개발에 의한 방법으로 나눌 수 있다. 또한 기업의 상황에 따라 패키지 도입 분야를 부분적으로 한정하고 나머지는 개발하는 혼합 또는 절충방법의 적용도 가능하다. 일반적으로 패키지 도입은 <표 3-1>과 같이 각각 장·단점이 있으므로 기업에서의 신중한 검토가 필요하다.

〈표 3-1〉 패키지 도입 시의 장·단점 비교표

구 분	장 점	단 점
패키지 도입	• 일원화된 통합시스템 구축 용이 • 현재의 기능과 장기적인 회사의 업무 변화 수용 가능 • 검증된 방법론과 표준 업무프로세스 적용으로 구축기간의 최소화 • 검증된 기능과 기술적용으로 위험 부담 최소화 • 향상된 기능과 최상의 IT기술이 적용된 버전으로 업그레이드 가능	• 비정형화된 예외 업무는 추가 기능 개발 필요 • 패키지 및 컨설팅 비용이 고가 • 유지보수 계약 체결 및 공급업체에 의존적 • 시스템에 대한 사용자 및 운영자의 관여와 지식이 제한적임 • 도입 기업의 현재 업무를 수용하는 방식 보다는 표준적 업무를 적용

<표 3-1>에서의 패키지 도입 시에는 위탁개발(outsourcing)을 하게 되는데 외부 전문개발 인력 활용과 개발시 저비용인 점이 장점인 반면, 유지보수시 고비용과 확장 및 변경이 어려운 점이 단점이다.

3.2 ERP패키지 도입방법

패키지 도입은 어떻게 해야 하며 이때 SDLC는 어떻게 되는가?

첫째는 시스템 분석의 필요성이다. 타당성 조사결과 패키지 도입이 하나의 선택가능한 대안으로 부상된 경우일지라도 시스템 분석을 행하여 자료흐름도(DFD)의 작성을 통한 현행 시스템의 이해 및 입·출력 양식설계를 통한 사용자 요구정의에 철저를 기할 필요가 있다.

그 이유는 DFD와 기능명세서가 업무처리방식 또는 패키지 변조의 필요성 여부를 판단하는 벤치마크(benchmark)가 되기 때문이다. 패키지 선정시 이러한 벤치마크를 미리 정해놓고 여기에 여러 종류의 패키지를 비교해 보도록 해야 한다. 즉, 사용자가 원하는 바가 무엇인지를 우선 파악한 뒤에 여기에 패키지가 어느 정도 부합하는지의 여부를 따져 보는 것이 합리적이다.

물론 이와는 정반대의 방식이 있을 수 있다. 특정 패키지를 놓고 이것이 사용자 요구를 어느 정도 충족시키는가를 평가하는 방식이다. 이 경우의 문제점은 객관성의 결여이다. 패키지 공급업체의 마케팅 기술이나 패키지의 부분적인 특성에 좌우될 수 있다는 것이다. 나무만 보고 숲은 못 볼 수 있다.

둘째는 사용자 참여이다. 설계팀을 구성하여 사용자로 하여금 패키지 변경내지 업무처리방식의 변경 여부를 결정짓도록 해야 효과적이다. 조직행위론적인 배려에서 뿐만 아니라 사용자가 가장 잘 안다는 현실적인 이유 때문이다.

셋째는 패키지 선정기준의 마련이다. 패키지가 제공하는 기능(function) 이외에 사용의 편리성(user interface), 변경용이성(flexibility), 공급업체의 지원, 문서화, 가격 등을 기준으로 정하고 상호 비교하는 것이다. 각 항목별로 가중치를 부과한 뒤 항목별로 1에서 7까지의 점수를 주어 총점으로 결정할 수 있다. 그러나 이렇게 하여도 주관적인 평가에 그칠 수 있다. 따라서 여러 사람으로 하여금 각자 점수를 매기게 한 뒤 항목별로 이의 평균점수를 구하는 방식이 객관성 보장에 도움이 된다.

넷째로는 소프트웨어가 우선 결정된 다음에 여기에 맞추어 하드웨어를 결정해야 한다는 것이다. 이는 패키지 도입시에만 적용되는 원칙이 아니다. 자체 개발의 경우에도 시스템 분석 후 사용자요구가 결정된 다음에 하드웨어를 결정토록 해야 한다.

결국 우리는 패키지 도입의 경우에도 시스템 분석의 필요성은 계속 존재한다고 결론지을 수 있다. 물론 시스템 설계와 코딩 및 테스트 과정은 생략이 가능하다. 중요한 점은 패키지 도입이 만병통치는 결코 아니라는 사실이다. 패키지 도입이 활발한 미국의 경우에도 자체 개발에 못지않은 시스템 도입 실패사례를 남기고 있다.

이러한 실패의 원인은 무엇이겠는가? 그것은 시스템 분석을 생략한 채 패키지 도입을 서둘렀기 때문이다.

3.2.1 커스터마이징

커스터마이징(customizing)이란 ERP 공급업체에서 제공하는 ERP 패키지 프로그램을 도입하는 기업의 업무 환경 및 실정에 맞게 변경, 추가 및 확장 등의 맞춤 작업(customizing)을 통하여 업무처리가 가능하도록 하는 것이다. 커스터마이징은 미리 준비되어 있는 가이드에 따라 시스템의 상세한 규격을 정의하는 파라미터를 설정하는 일인데, 수천 개에 달하는 테이블로 표현되어 있는 여러 업무 프로세스 중에서 자사의 목적에 부합하는 업무 프로세스에 일치되는 것을 선택하여 각 테이블에 파라미터를 설정하는 방식으로 구체화시켜가는 작업을 말한다.

그런데 일반적으로 패키지 도입과 관련해서는 커스터마이징(customizing)의 개념을 광의로 해석하기도 한다. 흔히 커스터마이징이란 ERP 제품을 해당기업이 실제 업무에 적용하여 사용할 수 있도록 필요 기능 및 업무 프로세스를 정의하고 수정, 보완하는 작업을 일컫는다. 이러한 적합화, 최적화, 고객의 요구에 맞추어 시스템을 변경, 사용자 요구사항 수용 또는 맞춤 작업 등으로 표현되는 커스터마이징(customizing)의 범위는 다음과 같다.

즉, ERP시스템이 보유하고 있는 기본적 기능의 사용을 위하여 각종 파라미터를 정의 하는 기본설정 기능과 기본적으로 제공되는 화면, 보고서, 메뉴를 변경하여 사용하거나 기존의 시스템에서 사용 중인 각종 데이터의 변환작업 등 기본수정 기능, 그리고 ERP 패키지가 제공하지 못하는 새로운 기능을 지원하기 위해 추가로 필요한 프로그램을 설계하고 개발하는 것, 또한 ERP제품과 연계하여 사용하기 위하여 인터페이스 프로 그램을 개발하거나 제3자의 전문 패키지를 도입하여 부족한 기능을 보완할 경우에 필요한 작업의 추가개발도 포함된다.

일반적으로 이러한 커스터마이징(customizing)에는 다음과 같은 3가지가 있다.

(1) 변경(modify)

ERP 패키지에서 제공하는 업무 프로세스(business process)가 도입하는 기업의 기존 업무 프로세스와 다를 때 ERP 패키지 프로그램을 수정하여 그 기업의 업무 프로세스에 맞추어 주는 것을 말한다. 변경 작업은 ERP 구축의 효과를 크게 반감시킬 위험성이 있다. ERP 본래의 취지인 선진 업무 프로세스(best practice)를 이용한 기업의 효율적인 업무 프로세스 구축을 변질시킬 수 있기 때문이다. 다시 말해서 ERP에 내장된 선진 업무 프로세스를 도입하는 기업에 구축함으로써 자동적으로 업무혁신(BPR)을 기하는 효과를 저해하기 때문이다. 이것은 커스터마이징 유형 중 가장 구현이 어렵다.

(2) 추가(add-on)

ERP 패키지에서 제공되지 않는 업무 기능 또는 프로세스를 별도로 개발하여 ERP 패키지에 인터페이스(interface)시키는 것을 말한다. 예를 들어, 우리나라에만 있는 세금이나 관세환급 등의 업무는 외국 ERP 패키지 제품인 경우 그 구현이 어렵기 때문에 별도의 업무 기능이나 프로세스에 해당하는 프로그램을 개발하여 추가하여야 한다.

(3) 확장(extension)

이것은 변경과 추가의 중간 형태이며 기존의 ERP 패키지에 있는 기본적인 기능과 모듈에서 더 확장된 추가 기능을 첨가하여 개발하는 것이다. 이것은 기본적으로 ERP 패키지의 기본적인 기능과 모듈을 따르면서 업무 프로세스 설계자가 임의로 프로그램의 명칭이나 내부 프로세스, 데이터베이스 설계 등을 결정한다.

3.2.2 외주개발

외주(outsourcing)개발은 시스템개발의 전체 또는 일부를 외부 전문가나 전문 업체(기관)에 의뢰하여 개발하는 것으로 품질이 좋은 시스템을 개발할 수 있는 반면에 개발비용의 부담이 큰 것이 단점이다. 외주 업체의 선정이 매우 중요한데, 가능하면 유사분야에서의 개발경험이 있는 업체 중 제안서를 평가하여 선정하는 것이 좋다. 업체를 선정하기 전에 전문 업체에서 이전에 개발하여 실제 운영 중인 기업을 방문하여 견학해서 평가에 참고로 하는 것도 하나의 방법이다. 다음 표는 제안서 평가시 사용할 수 있는 평가표이며 배당 점수는 기업의 사정에 따라 조정할 수 있다.

〈표 3-2〉 제안서 평가표

<table>
<tr><th rowspan="2">평 가
분 류</th><th colspan="3">평가 항목</th><th colspan="6">제안 업체</th></tr>
<tr><th>평가 내용</th><th>제안서 관련내용</th><th>배당
점수</th><th>A</th><th>B</th><th>C</th><th>D</th><th>E</th><th>F</th></tr>
<tr><td rowspan="3">개 발
기술력</td><td>유사분야에서의 개발 경험</td><td>- 제안의 목적과 배경
- 유사분야에서의 경험 및 실적</td><td>10</td><td></td><td></td><td></td><td></td><td></td><td></td></tr>
<tr><td>개발기술 및 개발요원 확보 여부</td><td>- 개발기술 및 환경</td><td>10</td><td></td><td></td><td></td><td></td><td></td><td></td></tr>
<tr><td>개발대상 업무에 대한 이해도와 개발전략의 우수성</td><td>- 제안시스템 내용</td><td>15</td><td></td><td></td><td></td><td></td><td></td><td></td></tr>
<tr><td rowspan="5">조 직
관리력</td><td>개발업체의 대외적 명성</td><td>- 주요 프로젝트 추진 실적</td><td>6</td><td></td><td></td><td></td><td></td><td></td><td></td></tr>
<tr><td>개발업체의 관리 능력 및 재무구조</td><td>- 연혁, 재무구조 및 조직</td><td>6</td><td></td><td></td><td></td><td></td><td></td><td></td></tr>
<tr><td>개발방법론</td><td>- 개발방법론 및 관리 전략</td><td>10</td><td></td><td></td><td></td><td></td><td></td><td></td></tr>
<tr><td>개발팀 편성표</td><td>- 조직구성도
- 개발요원들의 역할</td><td>3</td><td></td><td></td><td></td><td></td><td></td><td></td></tr>
<tr><td>개발요원의 능력 수준</td><td>- 개발요원 소개</td><td>3</td><td></td><td></td><td></td><td></td><td></td><td></td></tr>
<tr><td rowspan="2">사용자
지원능력</td><td>교육훈련 및 유지보수 방안</td><td>- 납품후의 주진전략</td><td>15</td><td></td><td></td><td></td><td></td><td></td><td></td></tr>
<tr><td>기밀보장의 확신성</td><td>- 기밀보안 대책</td><td>5</td><td></td><td></td><td></td><td></td><td></td><td></td></tr>
<tr><td rowspan="2">가격 및
일정계획
의 타당성</td><td>개발 추진 일정의 적합성</td><td>- 일정계획</td><td>7</td><td></td><td></td><td></td><td></td><td></td><td></td></tr>
<tr><td>제안가격의 타당성</td><td>- 제안가격</td><td>10</td><td></td><td></td><td></td><td></td><td></td><td></td></tr>
<tr><td colspan="3">합 계</td><td>100</td><td></td><td></td><td></td><td></td><td></td><td></td></tr>
</table>

[A업체= B업체= C업체= D업체= E업체=]

[총 평]

3.2.3 자체개발

이것은 기업이 필요로 하는 ERP 패키지 프로그램을 자체의 전산실이나 최종 사용자 입장에서 기업의 자체 인력으로 개발하는 것이다.

ERP 패키지를 자체 인력으로 개발할 경우의 장·단점은 각각 다음과 같다.

(1) 장 점

- 사용자의 요구 사항에 대한 만족도 증대
- 최신의 정보기술을 활용하여 비정형화된 예외 업무 수용용이
- 자체 개발의 경우 시스템의 수정과 유지 보수를 원만히 해결할 수 있게 됨
- 프로젝트 요원의 완전한 내부 통제 가능
- 일정계획의 통제 용이
- 위탁개발에 비하여 저렴한 시간당 작업비용
- 유지보수의 용이
- 보안유지가 잘 됨

(2) 단 점

- 개발 참여인력이 주로 소프트웨어 전문가로 선진 업무 기능 처리가 미흡함
- 개발기간의 장기화 우려로 원가 부담 상승
- 다수의 개발 인력 필요
- 개발 후 시스템 유지보수에 많은 인력과 비용소요
- 시스템 유연성의 부족으로 시스템 수명이 짧음
- 정보기술의 발전결과를 신속히 반영하기 어려움
- 기술요원을 확보하면 장기적인 비용부담이 큼
- 생산성이 낮아 개발비용이 높을 가능성이 많음

3.3 ERP패키지 종류

ERP 시장이 과거의 온프레미스(On-premise, 구축형) 기반에서 벗어나 클라우드(cloud)나 모바일(mobile)로 급속히 이동하는 경향을 보이고 있다. 클라우드, 모바일 기반 ERP가 짧은 구축기간과 적은 비용, 유연성이라는 이점 때문에 중소규모의 기업들뿐만 아니라 대기업들에게 까지 좋은 반응을 얻고 있다.

클라우드, 즉 SaaS(서비스형 소프트웨어) 형태의 ERP는 구축형 ERP에 포함된 불필요한 기능들을 제외하고 원하는 기능들로 ERP를 구성할 수 있다. SaaS 형태의 ERP는 컨설턴트에 의존해야 하는 구축형 ERP에 비해 사용자가 직접 웹 사이트에서 원하는 기능을 선택하기 때문에 불필요한 자원 낭비를 줄일 수 있고 구축시간과 비용 측면에서 유리한 점이 많다는 것이다. 외국제품은 주로 대기업용, 국내제품은 중소기업용으로 개발된 것이 많으나, 국내에는 국내제품뿐만 아니라 대기업을 중심으로 외국제품도 많이 공급되고 있다. IDC 자료에 따르면 2018년 국내 ERP 시장은 2,800억원 규모로 외국산 ERP 패키지가 절반 이상을 점유하고 있다.

1. 주요 외국제품

FinancesOnline사에서는 최근 인증된 평가시스템인 SmartScore™ 을 사용하여 ERP 소프트웨어 범주의 몇 가지 평가요소인 핵심기능, 협업기능, 사용자 지정, 사용 가능한 통합, 단순성, 도움말 및 지원, 보안, 이동성, 미디어 등급 등의 기준에 따라 전 세계 주요 ERP 소프트웨어 제품들을 평가한 결과, NetSuite ERP가 가장 높은 점수로 1위를 차지하였다.

그 결과에 의하면 세계 ERP 소프트웨어의 상위 10대 제품(TOP 10 ERP Software)은 NetSuite ERP(점수: 9.6, 사용자 만족도 : 99%)에 이어 Sage Intacct(점수 : 9.4, 사용자 만족도 : 99%), SYSPRO(점수 : 9.2, 사용자 만족도 : 95%), Tipalti(점수 : 9.1, 사용자 만족도 : 100%), Sage Business Cloud Enterprise Management(점수 : 9.1, 사용자 만족도 : 92%), Oracle ERP Cloud(점수 : 9.0, 사용자 만족도 : 100%), Odoo(점수 : 9.0, 사용자 만족도 : 96%), SAP ERP(점수 : 8.9, 사용자 만족도 : 100%), Epicor ERP(점수 : 8.9, 사용자 만족도 : 100%), Microsoft Dynamics GP(점수 : 8.9, 사용자 만족도 : 97%)의 순서로 나타났다.

주요 외국 ERP 제품들에 대한 특징을 살펴보면 다음과 같다.

(1) SAP ERP

① **개발회사** : SAP(독일)

② **개요**

주로 대기업을 위해 구축된 강력하고 지능적인 온프레미스 ERP 소프트웨어이다. 영업, 서비스, 재무, HR, 조달 및 제조 전반에 걸쳐 비즈니스 프로세스를 통합하고 자동화한다. 강력한 ERP 소프트웨어 SAP ERP는 유명한 소프트웨어 제공업체인 SAP에 의해 설계되었다. 전 세계 172,000개 이상의 회사에서 사용하는 이 플랫폼은 공급망 관리 및 고객관계 관리 기능을 제공하며, 다른 비즈니스 프로세스를 위해 다양한 응용 프로그램 및 모듈과 통합할 수 있다. 확장성이 뛰어난 인터페이스 외에도 플랫폼을 독창적으로 만든 또 다른 점은 온프레미스, 클라우드 또는 편의를 위해 하이브리드 모델로 배포할 수 있다는 것이다.

③ **특징**

- 전 세계 ERP 시장 점유율 1위
- 26개 업종에 대하여 입증된 선진사례로 산업에 특화된 요구사항을 해결하며 시장 진화에 따라 새로운 비즈니스 모델 활용
- 인공지능(AI)과 로봇 프로세스 자동화(RPA)를 통한 지능형 자동화로 비즈니스 프로세스 혁신
- 임베디드 분석, 대화형 인터페이스, 디지털 비서로 더 빠르고 향상된 의사결정 가능
- 일관된 데이터 모델, 코드 라인, 사용자 경험을 공유하는 하이브리드, 클라우드, 온프레미스 시나리오로 IT 환경 목표 달성

(2) Oracle ERP Cloud

① **개발회사** : Oracle(미국)

② **개요**

다양한 규모의 비즈니스에서 운영 효율성을 높이고 비즈니스 성과를 향상시킬 수 있도록 설계된 혁신적인 ERP 솔루션이다. 위험, 조달, 재무 및 엔터프라이즈 자원 관리를 포함한 완전한 제품군을 제공한다. AI, 블록체인

등을 포함한 현대 기술을 결합하여 중복 작업을 자동화한다. 통신 및 판매 회사에서 제약 및 제조 회사에 이르는 대기업을 위한 통합 시스템을 사용자에게 제공하는 엔드 투 엔드(end-to-end) 솔루션이다.

재무계획 기능, 위험 관리 도구, 프로젝트 실행 기능 및 규정 준수 모니터링 옵션이 제공된다. 또한 기업 내 생산성을 측정하고 전반적인 운영 개선 방법을 정확히 파악할 수 있도록 성과관리 모듈을 제공한다.

③ **특징**

- Oracle Financials가 재무 상태 및 결과에 대한 전체적인 뷰를 제공하여 끊임없이 변화하는 비즈니스 환경에 빠르게 대응
- Oracle Project Management를 통해 프로젝트를 계획/추적하고 인재를 적재적소에 배정하며 수요에 맞게 용량을 설정하고 요구사항의 변화에 따라 리소스를 신속하게 확장하거나 축소 가능
- 직관적인 사용자 환경, 내장된 분석 기능 및 협업을 통해 구매 과정을 간소화하고 통합함으로써 공급자(supplier) 관리 과정을 간소화
- Oracle Risk Management에 내장된 데이터 과학 기능의 이점인 재무 관리 강화, 현금 유출 방지, 감사절차 간소화, 신종 위협 탐지 등의 기능 제공
- 가장 완전한 Cloud EPM으로 속도와 민첩성을 확보 재무, HR, 공급망 및 영업 부문을 모델링 및 계획, 재무 마감 절차를 간소화
- 미지급금, 수취채권, 구매 및 재고 부문에 걸쳐 재무성과를 개선하고 현금흐름을 최적화하며 민첩성을 높여주는 AI 기반 기능 제공
- 확장성 및 애플리케이션 개발
- 데이터웨어하우스 없는 내장형 분석 기능

(3) NetSuite Cloud ERP

① **개발회사** : NetSuite(Oracle 자회사, 2016년 93억 달러에 인수, 고객사 : 40,000여개). 세계 최초의 클라우드 서비스 기업

② **개요**

NetSuite Cloud ERP는 성장하는 중견기업 및 대기업을 대상으로 하는 완벽하고 확장 가능한 클라우드 ERP 솔루션이다. 재무관리, 재무계획, 청구관리, 주문관리, 재고관리, 창고관리, 공급사슬관리, 생산관리, 고정자산관리

및 수익관리 등을 포함한 프론트 오피스(front office) 및 백 오피스(back office) 프로세스를 자동화하여 최고 경영진에서 말단 실무자에 이르기까지 전체 조직에 각자에게 필요한 정보는 물론, 핵심 성과지표 및 각종 경영정보를 제공한다.

NetSuite ERP를 업계의 리더로 만드는 것은 재무관리 운영과 기본 제공용 비즈니스 인텔리전스 간의 현명한 실행조합이다. 이 플랫폼은 또한 각 판매 및 이행 작업이 가격과 견고하게 연계되어 있는 주문관리 제품군을 통해 주문 대 현금 프로세스를 가속화하는 데 탁월하다. 또한 NetSuite는 동급 최고의 생산관리 기능을 통해 제품을 효율적으로 적시에 시장에 출시할 수 있도록 생산 워크플로우(work flow)에 대한 완벽한 가시성을 활용한다.

창고관리는 재고를 엔드 투 엔드(end-to-end)로 관리하고 이행 데이터를 정기적으로 업데이트할 수 있기 때문에 또 다른 특징이 있다. 창고관리 프로세스의 가장 중요한 부분은 NetSuite ERP가 모든 인바운드(inbound)/아웃바운드(outbound) 물류를 관리하는 동시에 총재고 비용을 줄이는 것이다.

NetSuite ERP는 SaaS(Software-as-a-Service)로 제공되는 개발자 호스팅 클라우드 기반 ERP 플랫폼이다. 실제로 200여개 국가에서 21,000개 이상의 기업이 사용하는 '세계에서 가장 많이 배포 된 클라우드 ERP 솔루션'으로 알려져 있다.

NetSuite ERP를 사용하면 응용 프로그램 호스팅을 아웃소싱하고 전용 서버 하드웨어에 대한 투자비용을 제거함으로써 기술지원 비용을 줄일 수 있다. 또한 셀프 서비스 B2B 비즈니스 포털을 배포하여 손쉽게 공급업체 및 고객 협업을 가능하게 하여 비즈니스 파트너 관계를 개선할 수 있다. 그리고 이 소프트웨어는 증가하는 업무 요구사항을 지원할 수 있는 유연성을 제공하는 응용 프로그램 개발 및 구성 도구모음을 제공한다.

③ 특징

- ERP/금융, CMR 및 전자상거래를 통합하는 통합 업무관리
- 중요한 프로세스(mission-critical processes) 간소화
- 재무에서부터 공급망 관리, 청구 등 업무기능, 특히 재무모듈 기능에 강점을 가짐
- Oracle NetSuite OneWorld는 통합재무제표(Consolidated financial statements)

를 제공

- 다중 언어와 여러 국가의 은행거래 양식 및 환율 정보 등을 제공하는 재무 플랫폼을 바탕으로 기업의 글로벌화에 손쉽게 적용
- Single Data Source 기반의 Platform으로 이루어져 있으며, 통합 운영되는 데이터의 실시간 분석용 BI(Business Intelligence)를 제공
- 비즈니스 인텔리전스 기능 내장, 비즈니스 프로세스 능률화
- 사용자 편의를 위해 분석용 화면(대시 보드) 및 역할 기반 보안이 지원
- 데이터 보안 관리가 Role Base로 이루어져 있으며, ERP 운영 관리자가 부여한 사용자별 Role 기준에 따라 데이터 접근과 프로그램 운영 권한으로 적용, 관리
- 개발 툴(SuiteScript)을 이용하여 3rd Party Solution과 손쉽게 연동이 가능. 기존 온프레미스 ERP(SAP, Oracle EBS 등) 및 MS Office, Salesforce 및 Google 솔루션과 쉽게 호환
- 사용자의 간단한 조작을 통해 개인별 언어, 화면 구성(내용/위치/색상 등) 설정이 가능
- 디바이스별(PC/태블릿/모바일) 화면이 기본 제공되어 별도의 개발이 필요 없으며, 웹 접속이 가능한 곳이면 실시간 데이터 조회 및 작업이 가능
- 필요할 때 언제든지 데이터를 완벽하게 백업 및 사용할 수 있도록 구성되어 있으며, 보안 또한 철저한 정책 하에 관리되어 안정성을 보장
- 연 2회 주요 업그레이드(Major Upgrade)가 자동으로 적용되어 항상 최신 버전의 프로그램을 사용할 수 있으며, 별도의 업그레이드 작업 등 운영비용이 발생하지 않음

(4) Sage Intacct ERP

① **개발회사** : Sage Intacct(미국 소재. 영국 Sage 그룹 계열회사).
이전에 Intacct사에서 2017년 Sage Group에 인수됨

② **개요**

Sage Intacct의 클라우드 기반 ERP 소프트웨어는 회계 프로세스를 자동화하므로 비즈니스의 가시성을 높이고 성장의 도구가 된다. 여기에는 핵심 재무가 포함되어 있으며 추가 모듈을 추가하거나 동급 최강의 응용 프로그램

을 통합할 수 있다. Sage Intacct를 사용하면 혁신적인 다차원 총계 원장을 중심으로 구축 된 딥 회계기능을 활용할 수 있다. Sage Intacct는 조달 대금 지불 및 주문 대금 지불과 같은 핵심 재무 활동을 자동화한다. 클라우드 기반이기 때문에 사용자 정의 프로그래밍 없이 Sage Intacct를 업무요구 및 보고 형식으로 쉽게 구성할 수 있다. Sage Intacct를 사용하면 비용 효율성, 민첩성 향상으로 업무를 더 빠르고 똑똑하게 운영할 수 있다.

Sage Intacct의 클라우드 기반 ERP 솔루션은 수동 프로세스를 자동화하고 지속적으로 높은 ROI(투자자본수익률)를 제공한다. 고객은 수동 프로세스 및 오류에 대해 걱정하는 시간을 줄이고 회사의 미래를 계획하는 데 더 많은 시간을 할애할 수 있다.

Salesforce나 다른 솔루션과 연결하고 정확한 요구 사항에 맞게 시스템을 구성하며 자체 응용 프로그램 구축이 가능하다.

Sage Intacct는 총계정 원장, 채무, 채권, 현금 관리 및 주문 관리와 같은 핵심 회계 응용 프로그램을 회계 부서 또는 재무 팀에 제공한다.

③ **특징**

- 내장 분석화면(대시 보드), 실시간 보고, 시간 및 비용 관리, 프로젝트 회계, 수익 관리 및 여러 실체(entity)에 대한 글로벌 통합 기능을 지원
- 공개 API 구조를 갖춘 Sage Intacct의 회계 솔루션은 Salesforce, ADP 등과 같은 CRM, 급여, POS 또는 ERP 시스템과 통합 가능

(5) Sage Business Cloud Enterprise Management

① **개발회사** : Sage Group(영국)

② **개요**

Sage Business Cloud Enterprise Management는 기업 관리와 관련된 높은 비용을 줄이면서 조직을 관리하는 방법을 제공하는 ERP 시스템이다. 재무, 생산 및 공급망과 같은 주요 프로세스를 가속화하고 단순화하며 유연하게 관리한다. 지역에 관계없이 조달, 창고, 생산관리, 재무관리 및 고객 서비스를 포함한 업무 프로세스가 촉진된다. 이 제품은 성장하는 기업을 위해 보다 빠르고 직관적이며 맞춤형 BMS(Business Management Solution)를 제공하여 기존 ERP 시스템보다 비즈니스에 유리한 ROI 및 보다 개인화 된 결과를

제공한다. 그리고 공급망 관리에서 제조, 인적자원 및 급여관리 기능에 이르기까지 포괄적인 비즈니스 관리 기능을 제공한다. 추가 산업별 기능을 제공하는 50개가 넘는 애드온 솔루션이 추가로 보완된다.

이것은 개별 사용자 기본 설정, 역할 및 비즈니스 워크플로우를 고려하여 기업 관리를 효과적으로 단순화한다. 또한 클라우드로 배포되므로 완벽한 데이터 보안을 유지면서 모바일 장치를 통해 플랫폼에 액세스할 수 있다. 이 단일 응용 프로그램 제품군은 단일 플랫폼에서 전체 비즈니스 시스템을 관리할 수 있는 기능을 제공한다.

③ **특징**

- 핵심 모듈 및 확장 모듈 도입 가능
- 한 국가에서 다른 국가로 자회사와 파트너 간에 편리한 송금 가능
- 견적 작성에서 납품 주문 송장처리에 이르기까지 구매 프로세스를 처음부터 끝까지 원활하게 관리할 수 있는 공급업체 관리 도구 제공
- 업무 순서 변경에 따른 가시적인 업무흐름도(visual process flow) 제공
- 회사의 규모와 업무 복잡도에 따라 2가지 제품 중 선택 가능
- 사용이 쉬움, 고객 수 : 전 세계 600만
- 데이터의 정합성 검증 가능
- 부서 간 빠른 의사소통
- 국제 회계시스템 사용
- 한국 비즈니스에 맞도록 현지화
- 데스크톱 화면, 웹브라우저 화면, 모바일 기기 지원
- Windows, MAC 운영체제 지원
- 매년 최신 버전 업그레이드

(6) SYSPRO ERP(Capterra)

① **개발회사** : SYSPRO(남아프리카공화국, 1978년 설립, 고객사 : 14,000개)

② **개요**

SYSPRO ERP는 클라우드, 온프레미스(On-premise) 또는 모든 모바일 기기를 통해 액세스할 수 있는 확장성이 뛰어난 ERP(Enterprise Resource Planning) 소프트웨어 솔루션이다. 회계관리, 재무관리, 재고관리, 주문관리, 계획관리

및 예약관리, 공급망 관리, 창고관리, 생산관리, CRM, 비즈니스 인텔리전스, 셀프 서비스를 포함하는 완벽한 통합 비즈니스 솔루션을 제공한다.

이것은 효과적인 의사 결정, 강력한 비용관리, 간소화된 프로세스 및 생산성 향상을 지원하는 실행 가능한 통찰력을 제공함으로써 업무의 복잡성을 단순화하도록 설계되었다.

이 소프트웨어는 업무의 모든 측면의 계획 및 관리를 제어할 수 있는 완전히 통합된 온프레미스 및 클라우드 기반의 비즈니스 소프트웨어 솔루션이다. 또한 가시성, 민첩성 및 제어 기능을 제공하며 식품, 의료 기기, 기계 및 장비, 전자 제품과 같은 다양한 산업의 중소 제조업체 및 유통 업체를 위해 설계된 50개 이상의 자체 개발 모듈을 포함하고 있다. 통합된 제품군으로 SYSPRO는 위험을 최소화하고 높은 투자수익을 보장하는 강력하고 확장 가능한 솔루션의 고유한 조합을 제공한다.

그리고 고객이 AI, ML, IoT, 클라우드 및 소비자급 사용자 경험(UX)과 같은 기술을 ERP 시스템에 통합할 수 있는 도구를 제공하는 데 중점을 두고 있다.

③ **특징**

- 최신 기술혁신에 따른 지속적인 플랫폼 혁신 구축
- 고객사가 성장함에 따라 요구사항을 충족하는 다계층 아키텍처에 의한 확장성 확보
- 직원의 능률을 향상시키기 위해 사용자가 쉽게 사용자 지정을 할 수 있는 인터페이스 설계로 사용자 편의성 확보
- ERP 소프트웨어와 회사에서 사용하는 다른 응용 프로그램 또는 고객/공급업체 시스템 간의 인터페이스(연결)로 연결성 확보
- 업무 및 예산, 클라우드 또는 온프레미스 및 호스팅 옵션에 적합한 배포 옵션 제공
- 워크플로(work flow) 서비스를 통해 규정 준수를 위한 프로세스 준수
- 모바일 애플리케이션 사용으로 언제 어디서나 원하는 장치에서 시스템에 접근 가능
- 컴포넌트 기반 아키텍처로 인해 새로운 기능/기술에 대한 구성 요소를 추가하여 지속적으로 기능 확장 가능

• 업무 변경에 따라 모듈을 추가하거나 삭제하여 필요한 모듈만 구매 가능
• 표준 SYSPRO 사용자 인터페이스를 통해 개인적으로 개발 된 것, 웹 또는 MS Office 인터페이스, 타사 시스템 또는 고객 및 공급 업체와 데이터 교환 가능
• 복잡한 작업을 처리하도록 설계된 클라우드 플랫폼은 협업 도구와 머신 러닝 및 데이터 분석을 결합하여 고객에게 고급 및 어려운 문제를 해결하도록 지원
• ERP 내의 인공지능(SYSPRO 봇)에 의한 비즈니스 프로세스 간소화 지원
• 사용자 정의된 기본 검색엔진(SYSPRO Predictive Search)에 의하여 사용자에 대한 관련 정보를 빠르게 불러올 수 있도록 지원
• SYSPRO WebViews에 의한 역할 기반 보기, 핵심 성능지표 및 사용자 정의 가능한 대시 보드를 제공

2. 주요 국내제품

(1) LG CNS EAP

① **개발회사** : LG CNS(2018년 출시)

② **개요**

LG CNS EAP는 기존 ERP시스템의 생산, 영업, 구매, 재무, 인사 등 전체 기업 업무를 통합적으로 관리하는 핵심 기능과 AI, 빅데이터, IoT, 클라우드 등 최신 IT 신기술을 결합한 지능형 기업 ERP 플랫폼이다. EAP(Enterprise Application Platform)의 핵심 기능 중에는 기존 패키지에는 없는 지능형 결산 자동화, 개인정보보호법 지원, 전자증빙 기반 전표처리 기능 등 국내 경영 환경에 적합한 기능이 다수 포함돼 있다. 이들 핵심 기능과 최신 IT기술과의 결합을 통해 다양한 분야의 업무 효율을 극대화할 수 있다. 인사 분야에서는 AI, 빅데이터와 결합해 지원자들의 채용 적합도 분석, 퇴사자 예측 등이 가능해지면서 좀 더 효율적으로 인력을 운영할 수 있다. 재무 분야에서는 빅데이터 분석 기술을 활용한 지능형 자동결산 기능을 통해 결산 작업시간을 내폭 줄일 수 있다. 영업 분야에서는 RPA 기술로 단순 반복 업무를 자동화하면서 계산서 처리 업무를 대폭 개선할 수 있다. 구매 분야에서도 EAP의 간

소화된 업무 프로세스 설계를 통해 구매 발주, 주문 입력, 재고 조회 등 처리 시간을 대폭 단축할 수 있다. 재고분야에서는 자체 개발한 가상 비서 챗봇 솔루션으로 단순 질의를 통해 매장 제품 재고의 정보를 조회하는 등 대화형 업무 처리가 가능하다.

〈그림 3-1〉 LG CNS EAP 구성도

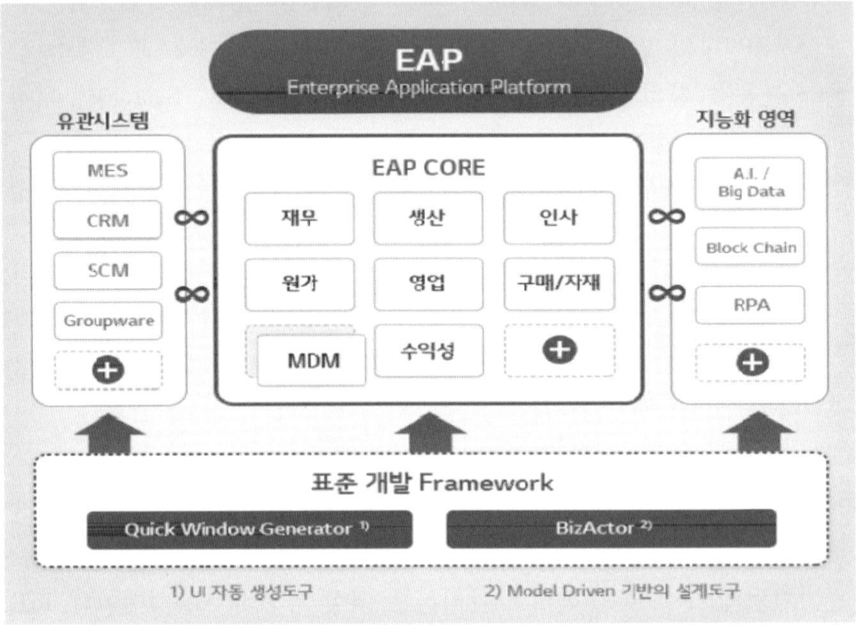

(출처 : LG CNS 홈페이지)

③ 특징

- 패키지 도입 방식 탈피해 고객 요청에 따른 핵심기능 중심으로 맞춤형 구축 가능
- 구매단가 소급업무 등 복잡한 업무절차를 대폭 줄이고 간단한 화면 구성으로 업무처리 속도 대폭 개선
- 합리적 라이선스 정책으로 고객 비용 대폭 절감. 임직원 규모 기준의 라이선스 비용 산정 및 라이선스에 대한 유지보수 비용 요율의 대폭 할인
- AI, 빅데이터, IoT, RPA, 챗봇, 클라우드 등 최신 IT기술과 결합해 업무 효율

극대화
- 고객의 선택에 따라 고객사의 IT시스템에 직접 구축 또는 클라우드 방식으로 구축 가능
- 빠르게 변화하는 기업환경에 민첩한 대응 가능
- 연말정산이나 개인정보보호법과 같이 해마다 바뀌는 대외 환경 변화에도 별도 시스템을 구축해 연동하는 절차 없이 변화된 기능만 업그레이드하는 서비스를 제공해 즉시 반영
- 고객의 요구 시 코딩을 하지 않고도 프로그램을 자동으로 생성·변경할 수 있는 자체 MDD(Model Driven Development, 모델 기반 개발) 기술을 통해 신속하게 대응 가능

(2) 더존 iCUBE Cloud Edition

① **개발회사** : ㈜더존비즈온(2011년 출시, 고객사 : 130,000개)

② **개요**

더존 iCUBE Cloud Edition은 언제 어디서나 PC와 모바일기기를 통해 실시간 업무처리가 가능한 혁신적인 클라우드 ERP이다. 더존 iCUBE Cloud Edition은 다양한 모듈과 기능을 제공하여 상세한 관리가 가능하고, 누구나 쉽고 편리하게 사용할 수 있도록 다양한 기능을 제공한다. 모듈에는 기본모듈(회계관리 등 핵심 업무기능), 확장모듈(IFRS 솔루션, 모바일 영업관리, 자동회계처리, 바코드 물류관리, 연말정산자동화, 정보 분석도구, 환경유해물질관리) 및 연동모듈(MES/POP 등 내부연동, 전자세금계산서 등 외부연동)로 구성되어 있다. 회계관리에서 전표입력만으로 자금, 예산, 부가세, 법인조정 업무와 실시간 연동 처리가 가능하다. 인사·급여관리에서는 일괄/개별계산으로 급여/상여를 손쉽게 계산하며 전월급여 복사기능을 제공한다. 무역관리에서는 수입부대비용 배분, 수입품 미착정산에 따른 매입원가 산출기능을 지원한다. 구매·자재관리에서는 입고부터 출고까지 개별 프로세스를 통한 재고추적관리기능을 지원한다. 생산관리에서는 작업지시 품목에 대하여 공정/작업장 별로 자재청구 기능을 지원한다.

③ **특징**

- 기업 성장단계와 특성에 맞춰 업종별 특화된 솔루션 제공

- 기본모듈, 확장모듈, 연동모듈 등 다양한 모듈과 기능의 고객 요구에 따른 선택적 제공
- 자금관리 용이, 통장계좌 연동
- 운영비용, 유지보수 비용 저렴
- 기업의 소중한 정보자산이 안전하게 보관되고 iCUBE에 입력된 데이터는 매일 자동으로 백업
- 클라우드 환경에서 언제, 어디서나, 때와 장소, 시간에 구애받지 않고 PC와 모바일 기기로 더존 iCUBE를 빠르고 편리하게 사용
- 클라우드 센터에서 실시간 데이터 통합관리로 별도의 데이터 전송 작업 없이도 본사에서 모든 데이터를 실시간으로 조회하고 관리
- 클라우드 센터의 ICT인프라를 빌려 쓰는 방식이라 각종 전산자원(서버, 보안솔루션)에 소요되는 비용을 절감
- 기존 PC 설치형에서 분석할 수 없는 다양한 데이터를 더존 클라우드 센터의 슈퍼 컴퓨터급 서버가 추가로 분석, 제공하므로 자동회계처리의 정확도가 대폭 향상
- iCUBE 사용 모듈에 따라 다양한 확장 서비스(자동회계처리, 간편생산관리 등)를 추가로 제공
- 언제 어디서나 사용할 수 있는 클라우드형 MS Office 프로그램 Smart Office가 제공

(3) 영림원 SystemEver(시스템에버)

① **개발회사** : ㈜영림원소프트랩(2018년 출시, 고객사 : 2,000개)

② **개요**

'시스템에버'는 인사, 급여, 회계, 영업, 생산, 자재, 구매, 수입 등 전반적인 업무를 통합관리하는 클라우드 기반 ERP로 원가 산출 및 분석은 물론 모바일 서비스와 그룹웨어, 경비지출관리 서비스 비즈플레이, 은행, 전자세금계산서 연동 같은 기능을 제공한다.

영업관리는 고객으로부터 주문을 받은 이후 납품 및 입금 때까지 각 단계별 현황이 파악될 수 있도록 세부적인 진행정보를 제공한다. 생산관리는 제품 생산에 필요한 공정 및 공정흐름을 정의하고 공정별 소요자재를 설정하

여 생산업무에 필요한 공정관리 및 투입관리 기능을 제공한다. 원가관리를 통하여 제품 생산 시 발생된 제조비용을 집계 및 배부 처리하며 기본적으로 종합원가계산과 전부원가계산을 적용한 제품별 제조원가를 산출한다. 회계관리는 각 업무에 의해 발생된 회계전표 및 결산 회계처리를 통하여 회사의 재무정보가 손익계산서와 재무상태표 등의 재무제표로 최종 보고되도록 한다.

다양한 기능에 비해 도입 절차가 간단하고 빠르며 쉽게 배워 바로 사용할 수 있다. 웹기반 ERP로 인터넷과 PC, 테블릿, 스마트 폰 등 디바이스만 있으면 장소와 시간 구애 받지 않고 언제 어디서나 업무를 실시간으로 처리할 수 있어 재택 및 원격 근무에도 적합하다.

③ 특징

- 서비스 지향형 아키텍처(SOA) 구조 설계로 기업 경영환경에 적합
- 고객이 경영환경에 따라 업무 기능 모듈을 선택 가능. 기업 맞춤형 모듈과 기능 제공
- Cloud SaaS 아키텍처로 인해 고객이 사용하는 업무 프로세스에 따라 비용을 지불
- 산업군별 업무 프로세스는 고객의 경영환경에 따라 적용할 수 있도록 설계되어 기업 규모의 확장에 따라 발생할 수 있는 업무에 대응하며 관리 가능
- 직관적인 인터페이스가 적용된 '프로세스 메뉴'로 고객이 업무 흐름을 한눈에 인식 가능
- 인터페이스 허브인 스티치 API를 통해 은행, POS, 그룹웨어, PDA, 바코드 및 MES와 같은 다른 시스템과의 연동 유연성을 제공
- 모든 업무 프로세스는 최적화된 모바일 환경으로도 제공되어 현장 사용자에게 정보 공유, 동료와의 협업, 태스크 실행 기능을 실시간으로 제공
- 프로젝트 관리 용이
- 모바일 차트로 개인별 차트 설정
- 마이크로소프트 '에저' 서버에서 제공하는 사스(SaaS) 제품이기 때문에 사용 기업은 별도 서버관리나 보안 리소스를 투입하지 않아도 됨
- 클라우드 SaaS 방식의 월 사용료 지불형 ERP
- 운영비용, 유지보수비용 저렴

(4) UNIERP

① **개발회사** : 비젠트로(주) (2011년 삼성SDS에서 분사, 고객사 : 2,000여개)

② **개요**

'UNIERP'는 기업의 스피드 경영을 실현하고 전략 실행력을 제고하기 위해 다양한 업종을 대상으로 영업, 생산, 자재 등 물류 흐름의 통합관리 부문과 인사/급여, 회계, 원가 등 일반 기간업무의 통합운영 부문과 MES, SCM 등 기업 내/외부 간 자원의 최적화 및 관리의 고도화 부문에 최적화된 선진 프로세스를 제공하는 강력한 클라우드 기반의 ERP 솔루션이다. 1997년 삼성SDS에서 개발한 ERP 솔루션인 UNIERP를 모태로 업그레이드 및 확장된 ERP 시스템이다.

영업관리(SD) 모듈은 기업의 영업활동 전반적인 흐름을 원활하게 하고 고객의 요구에 신속하게 대처할 수 있도록 하며, 집계 조회 및 여신한도 check 기능을 통해 거래처를 효율적으로 관리할 수 있도록 지원한다.

구매관리(MM) 모듈은 단순한 자재소요량계산(MRP) 기반의 일상적인 구매 업무 범주를 벗어나, 경영활동 전반과 연결되어 이익의 원천으로서 보다 창조적인 구매활동을 지원한다.

생산관리(PP) 모듈은 기업 자원관리와 제조활동의 핵심적인 역할을 담당하는 모듈로서 영업, 구매, 재고, 품질, 원가 등과 완벽하게 연계되어 일관성 있는 프로세스와 데이터를 지원한다.

재고관리(IM) 모듈은 제조 기업에서의 경제적인 발주기능과 불확실성에 대한 대처기능 및 생산 평준화 기능 등의 재고보유 목적과 더불어 재고보유의 이익과 비용의 균형을 유지할 수 있는 적정수준의 재고량 보유가 가능한 데이터 분석 자료를 제공한다.

회계관리 모듈은 기업의 올바른 재무회계 측면의 정보전달의 방법이 되는 재무상태표, 손익계산서 등 재무제표 작성에 필요한 각 업무에서 발생하는 비즈니스 데이터를 실시간 자동전표 생성을 통해 직관적이고 적시적인 다양한 정보의 취합과 분석이 가능한 환경을 지원한다.

원가관리 모듈은 공장별/사업부별/제품그룹별/제품별/공정별 성과분석을 위한 원가관리 체계를 지원하여 현업의 수작업 업무 배제와 자료의 정합성 제고 및 보고의 신속성을 확보할 수 있다.

확장 솔루션으로서 프로젝트 관리 모듈은 효과적인 프로젝트 수행을 위한 관리시스템으로 프로젝트의 진행과정을 WBS(work breakdown structure) 기반의 Activity/Task별로 세분화하여 관리함으로써 납기를 준수하며 최소의 자원으로 제품을 생산할 수 있도록 지원하는 시스템이다.

③ **특징**

- 주문 건별 생산 진척관리(tracking관리)를 함으로써 작업지시, 발주, 재고관리에 이르기까지 수주에 대한 전체 진행관리 가능
- MRP, ROP, 작업지시변환, 수주요청 등의 구매요청을 통해 발주, 입고, 매입이 가능
- 입고 시 품질 부문, 매입 시 회계 부문과 연계되어 실시간 데이터 연동이 가능
- 제조 현장의 자재 결품 예상이나 자재의 품질에 대한 LOT 추적을 분석함으로써 문제 자재에 대한 실시간 분석 및 진단 기능 제공
- 복잡하고 불규칙한 제조현장의 진행상황을 신속하게 모니터링할 수 있도록 다양한 현장 솔루션(PDA, MES/POP)과 연계기능을 지원
- 구매, 생산, 영업, 재고 모듈과 연계되어 수입검사, 공정검사, 최종검사, 출하검사 및 재고 수불 처리, 검사결과 분석 등 품질 업무와 관련된 일련의 프로세스를 통합 관리 가능
- 업체별 특성에 맞는 사용자 정의 원가 배부요소 구성 방식 운용
- 매입, 매출, 수금, 자산변동, 수불(입고, 출고, 생산, 반품), 급여 등의 전표 연계 방법 선택 가능(On-Line Posting, Batch Posting)
- 회사가 보유한 모든 은행별 계좌의 잔액과 거래내역을 한 화면에서 통합 조회하고 입출금 내역에 대한 전표처리 가능
- 드릴다운을 통한 전표의 원천 추적 기능 제공
- 연결 재무제표 구성을 위한 연결 결산 기능 제공
- 은행과의 거래정보와 연동 환경 구현
- RPA, 챗봇, BI 솔루션 등을 ERP 중심으로 연계해 제공
- 실시간 경영현황 시뮬레이션 환경 제공
- 자체 플랫폼인 모바일 자동화 툴과 모바일 앱 자동화 엔진을 활용하여 기업 생성 데이터를 특정 OS와 디바이스의 제약을 받지 않고 사용자가 손쉽게

화면 구성 가능

• 다양한 솔루션과 연계 및 확장성 보유

3.4 ERP패키지 선정방법

기업에서 ERP 시스템을 구축하는 방법에는 커스터마이징, 외주개발, 자체개발 등의 3가지 방법이 있지만, 일반적으로 ERP 패키지를 도입하여 커스터마이징을 하는 것이 바람직하다.

그러나 의사결정의 복잡성과 중요성 등으로 인하여 ERP 패키지를 선정한다는 것이 그리 쉬운 일은 아니다. ERP 패키지 도입을 준비하는 대부분의 기업들이 ERP 패키지에 대한 정보 부족과 대안을 검토하고 평가하는 방법 등의 부족으로 이를 선정하는데 많은 어려움을 겪게 된다.

자사에 가장 적합한 패키지를 선정하기 위해서는 자사에 대한 평가가 우선적으로 이루어져야 한다. 자사에 대한 평가는 경영평가, 업무평가, 정보화평가가 이루어져야 하며 이를 바탕으로 자사의 정보화 비전과 전략을 수립한다. 그 다음에는 자사의 현업 업무요건과 사용자 요구사항(user requirement)에 기초한 패키지 선정 기준을 명확히 파악하고 난 후, 제안요청서를 작성하여 ERP 공급업체들에 보낸다. ERP 공급업체들이 작성한 제안서(proposal)를 토대로 이들 제안서 및 패키지 평가를 통하여 최종적으로 ERP 패키지를 선정한다.

ERP 패키지 선정 시 고려해야 할 몇 가지 사항들은 다음과 같다.

1. ERP 패키지 공급업체(vendor) 평가

(1) 공급업체의 영속성

이것은 회사의 경력과 경험으로 반영되며 시스템 구축 후 유지보수, 업그레이드를 위해 고려해야 한다.

(2) 공급업체의 구축능력

공급업체가 ERP를 구축하는데 필요한 기술력, 인력 및 경험 면에서 충분한 능력을 갖추고 있는가를 고려해야 한다.

(3) 공급업체의 해당 산업분야 전문지식 보유 여부

공급업체는 기업의 해당 산업에 대한 깊은 이해와 유사업종에의 구축 실적은 물론 해당 ERP 패키지가 자사의 특정 산업 및 업무 기능, 프로세스를 지원하기 위해 설계되었는지를 검토해야 한다.

(4) 공급업체의 고객 현황 조사

공급업체의 ERP 패키지를 현재 사용 중인 다른 기업에 대한 조사가 필요하다. 특히 자사와 유사한 환경, 업종, 규모를 가지고 ERP 패키지를 운영 중인 다른 기업의 ERP 도입과정, 활용실태, 도입효과 등의 조사는 물론, 가능하다면 현장방문을 통하여 사용자들로부터 의견을 청취하는 것이 패키지 선정에 실질적인 도움의 된다.

2. ERP 패키지 특성 평가

패키지 공급업체에 대한 평가와 함께 ERP 패키지에 대한 기술적, 기능적 평가가 이루어져야 한다. 여기에서는 처리속도 등과 같은 패키지 프로그램의 성능, 데이터관리 기능, 보안성 등 시스템 운영에 관련된 사항뿐만 아니라, 지원 운영체제(OS), 클라이언트/서버 형, GUI지원여부, 지원 H/W, 사용 DBMS, N/W지원 등 기술적 사항 및 다국적 언어, 화폐, 한글화 가능 여부 등 기능적 사항도 고려해야 한다.

(1) 기술적인 플랫폼

ERP 패키지 공급업체들이 현재 지원하고 있는 플랫폼(platform)뿐만 아니라 앞으로 지원하려고 하는 것도 포함해야 한다.

(2) 패키지의 기능 및 구성

무엇보다도 자사의 업종, 사업형태, 업무 기능 및 프로세스에 얼마나 적합한 시스템으로 구현할 수 있느냐 하는 것이 중요한 요소가 된다. 자사와 유사한 규모와 업종의 기업에 성공적으로 구축된 패키지라고 해서 무조건 도입을 추진하기보다는 자사의 환경과 실정에 과연 맞는지의 여부를 충분히 검토해야 한다.

(3) 기존 시스템과의 인터페이스

ERP 시스템 구축 후 신규 시스템의 검증과 적응을 위하여 일정기간 동안 기존의 시스템(legacy system)과 병행처리를 하게 된다. 또한 이행단계에서 기존 시스템의 자료전환(data conversion) 작업도 필요하고, ERP 시스템에서 구현되지 않는 기능, 기존 그룹웨어에서 사용가능한 기능, 커스터마이징(customizing)으로 구현되지 않는 부분들은 기존의 시스템을 그대로 사용할 경우도 발생하게 된다. 따라서 이러한 경우에 대비하여 ERP 시스템과 기존 시스템과의 인터페이스(interface)가 필요하다.

3. 투자비용 및 기간

투자비용에는 ERP 컨설팅 비용, 교육비용, 패키지 가격 등이 포함된다. ERP 구축기간은 기업 규모별, 업종별, 도입 프로그램 모듈별로 다를 수 있지만 가능하면 짧은 기간내에 구축을 완료하는 것이 여러 가지 측면에서 유리하다.

(1) 구축비용 및 기간

시스템 구축에 투자할 비용은 시스템 구축의 업무 대상이나 적용 업무기능의 범위 그리고 구축기간에 따라 조정되고 검토되어야 한다.

(2) 투자효과

ERP 도입 후의 기대효과와 실제로 발생할 효과에 대한 비교분석과 함께 비용절감에 따른 투자효과, 인원절감 효과, 업무개선효과에 대한 비교분석 등 정량적 효과는 물론 정성적 효과에 대한 분석도 병행하여 종합적으로 검토, 분석을 하여야 한다.

4. AS 및 유지보수

(1) 제공 서비스

ERP 시스템 구축 후에 발생하는 문제점에 대해서는 적시에 신속한 서비스를 받아야 하며 수시 또는 정기적인 사후관리 서비스를 받아야 한다. 제공 서비스에 대한 평가 항목에는 패키지 커스터마이징 가능여부 및 용이성, 설치지원 여부, 온라인 지원 여부, 컨설팅 및 교육지원 능력, 컨설턴트 보유규모, 전문 기술인력 보유 및 인터페이스 지원 등이 포함된다.

(2) 유지보수 용이성

유지보수(maintenance)는 시스템이 정상 가동한 이후에 발생하는 시스템의 오류나 사용상의 오류로 인한 ERP 프로그램의 수정 및 보완 등의 사후 서비스뿐만 아니라 향후 시스템의 업그레이드나 업무변경으로 인하여 발생하는 커스터마이징(customizing) 작업도 포함된다. 개발 시에도 향후 타 시스템과의 인터페이스와 시스템의 개선이나 추가에 적절히 적응할 수 있도록 패키지가 유연성 및 확장성을 갖추도록 하여야 한다.

3.5 ERP패키지 도입의 성공요인

ERP 시스템을 성공적으로 도입하기 위해서는 기업의 업무혁신(BPR)과 통합이 이루어져야 한다. ERP 시스템의 도입은 기업의 혁신이며 의식개혁이므로 조직 구성원 전원의 참여로 이루어져야 한다. ERP 시스템의 도입을 위한 성공요인들은 다음과 같다.

(1) 최고경영자의 적극적인 참여

ERP 시스템을 성공적으로 도입한 기업들은 최고경영자의 강력한 의지와 리더십을 가장 중요한 성공 요인으로 들고 있다. ERP 시스템을 도입하고 구축하는 과정에서 조직과 업무 기능 및 프로세스의 변화가 필요하므로 최고경영자가 의사결정을 내려야 하는데, 이때 최고경영자가 확고한 의지를 가지고 회사의 조직 및 업무 기능을 ERP 시스템에 맞게 수용하는 것이 매우 중요하다.

(2) 명확한 목표의 설정

ERP 도입 목표를 명확히 설정하여 이를 바탕으로 프로젝트가 추진되어야 한다. 또한 ERP 구축과정에서 전 종업원들의 충분한 이해와 협조 가운데 이루어져야 소기의 목표와 성과를 달성할 수 있다.

(3) BPR과 유능한 컨설턴트

ERP 패키지에서 제공되는 업무 프로세스(business process)와 기업의 현재 업무 프로세스와의 차이(gap)를 해결하는 방법은 여러 가지 있지만 기업의 현재 업무 프로세스를 ERP 패키지 프로세스에 맞추어 리엔지니어링(BPR)하는 것이 가장 효과적이다. 그리고 컨설팅을 받게 된다면 기업의 동종 업종에 대한 컨설팅 경험이 많고 성공사례가 많은 공급업체를 선정하여야 한다.

(4) 업무에 정통하고 경험이 풍부한 업무 전문가 참여

과거에는 전산시스템 구축 시 전산실 직원이 중심이 되어 프로젝트를 추진하였으나 ERP 시스템의 사용자는 현업부서의 업무 담당자들이므로 각 부서에서 가장 해당 업무에 정통하고 경험이 풍부한 직원들로 팀을 구성하여 프로젝트를 추진하여야 한다. 현업 부서장들은 흔히 업무 공백을 우려하여 신입사원이나 업무에 미숙한 직원을 프로젝트 팀원으로 추천하여 팀을 구성하게 하는데, 이렇게 되면 회사차원에서 많은 비용을 투자하여 구축하게 되는 ERP시스템의 품질과 기간에 많은 차질을 초래할 수 있다. 현업 각 부서의 대표성과 업무에 대한 책임성을 가지고 정확하고 신속하게 사용자 업무요건 정의 및 요구사항 분석이 이루어져야 하는데 그렇지 못할 경우 이에 대한 불명확함과 오류 등으로 시행착오를 겪게 되고 구축기간도 늘어날 소지가 많다. 또한 테스트(test)와 검증 단계에서 명확하고 정확한 확인(check)도 적시에 이루어져야 시스템 구현에 차질이 없게 된다.

(5) 사용자의 편의성

일반적으로 ERP 패키지는 유사업종에 사용이 가능하도록 광범위한 여러 기능들을 포함하고 있어서 사용자가 이를 사용할 경우 복잡한 경우가 있다. 따라서 ERP의 범용성의 기능들 중 사용자가 쉽게 접근하고 필요한 기능만을 사용하도록 하고 편리한 기능과 도구들도 제공하여 시스템의 활용도를 높여야 한다.

(6) 구축기간의 단축

시스템 구축기간이 길어지게 되면 그 만큼의 비용발생과 초기에 설정한 목표를 수정해야 하므로 계획기간 내에 프로젝트를 성공적으로 완료하는 것이 바람직하다.

(7) 구성원들의 주인의식

ERP 도입의 성공에 대한 전 종업원들의 강력한 의지가 필요하며 자발적인 참여와 책임감으로 프로젝트에 임해야 한다.

제**4**장

ERP패키지 구축

4.1 ERP 구축단계

ERP시스템은 패키지 도입과 개발의 두 가지 방법 모두, 전반적으로 기존의 MIS시스템이나 CIM을 구축하는 방법과 비슷한 경로인 분석, 설계, 구축, 이행 등 4단계의 과정을 거쳐 구축된다. 그런데 ERP 패키지 도입은 과정은 비슷하지만 각 단계에서 수행해야 할 일은 큰 차이가 있는데 이들 단계와 과업을 나타내면 <그림 4-1>과 같다.

〈그림 4-1〉 ERP시스템 구축(패키지 도입) 단계

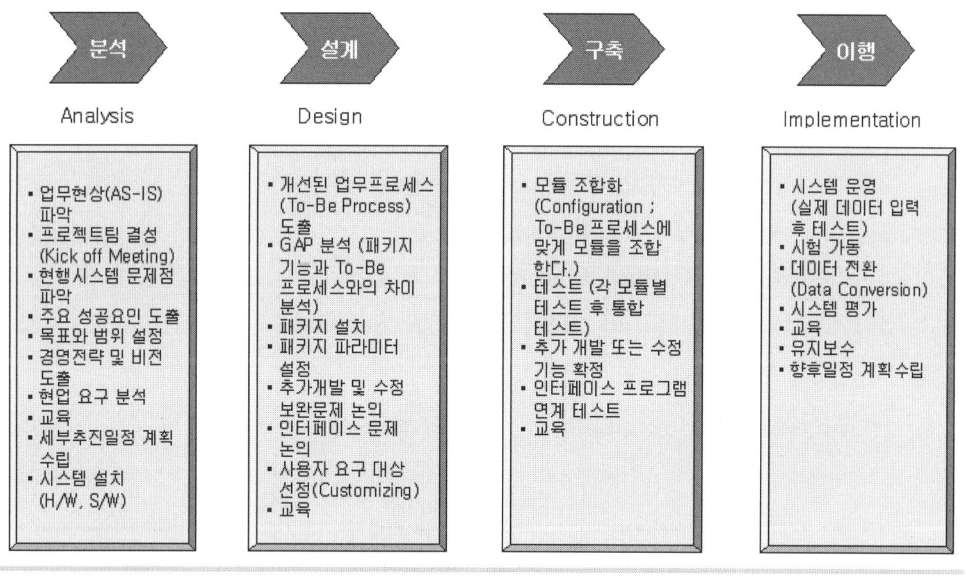

<그림 4-1>은 패키지 도입에 의한 일반적인 ERP시스템 구축 단계를 나타내고 있는데, 선정된 ERP 패키지의 제품에 따라 구축단계는 약간의 차이가 있다.

일반적으로 분석단계는 기업의 업무현황을 파악하고 현재의 상태, 수준, 모습 및 환경(AS-IS) 모델을 만드는 단계이며, 설계단계는 구축할 업무 프로세스를 도출하고 미래의 변화된 환경(TO-BE) 모델을 제시하며 이를 바탕으로 차이점(gap)을 분석하는 단계이다. 구축단계는 각 모듈을 TO-BE 프로세스에 맞게 조합화(configuration)하고 테스트하며 이행단계에서는 시스템의 안정화를 통하여 현업에 이관하며 실제로 시스템을 운영하는 단계이다.

여기서, GAP 분석이란 회사에서 내 놓은 To-Be 프로세스와 ERP패키지의 프로세스를 하나하나 대조하면서(mapping) 그 차이를 발견하는 것을 말한다. 그리고 모듈 조합화는 분석, 설계 과정을 통해 영업, 생산, 구매, 자재, 회계, 인사급여 등 회사의 모든 업무에 대하여 재설계를 한 결과를 가지고 ERP패키지의 각 모듈과 비교한 후 꼭 필요한 모듈들만 조합(configuration)하여 시스템으로 구축하는 것이다.

대표적인 ERP 공급업체들은 우수한 품질의 ERP시스템을 적은 비용으로 빠른 기간 내에 구축하기 위하여 독자적인 구축 방법론을 가지고 있어, 각 사의 구축 방법론에 따른 구축 단계를 살펴보도록 한다.

(1) ASAP(Accelerated SAP) : SAP사

1단계 : 프로젝트 준비(Project Preparation)
2단계 : 업무 상세계획(Business Blueprint)
3단계 : 시스템 구현(Realization)
4단계 : 최종 준비(Final Preparation)
5단계 : 시스템 가동 및 지원(Go live & Support)

〈그림 4-2〉 SAP사의 ASAP

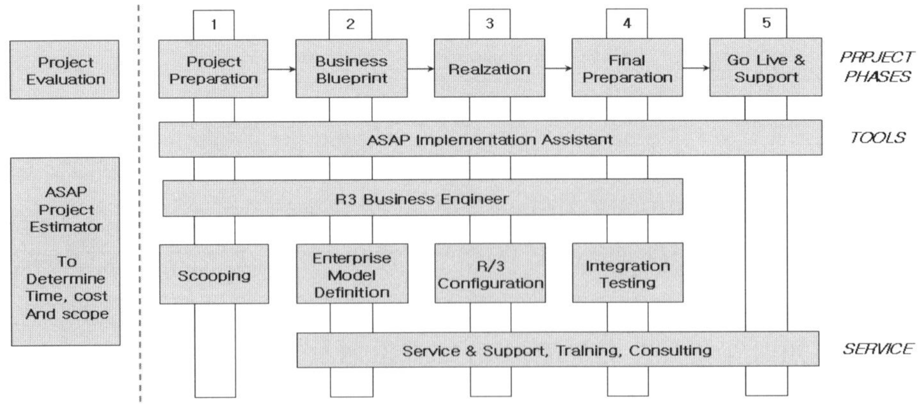

ASAP(Accelerated SAP)는 기존의 방법론을 개선하여 SAP R/3 프로젝트 기간을 획기적으로 단축시키기 위해 새로 개발한 R/3 적용방법론이다. ASAP 방법론은 보통 커스터마이징이 적은 프로젝트에 적합한 방법론이다. 이 방법론은 BPR 프로젝트를 한 후에 ERP 프로젝트를 실시한다는 전통적인 접근법이 아니라 먼저 ERP 시스템을 구축한 후에 프로세스 개선을 한다는 새로운 접근법을 취하고 있다. ASAP 방법론에서는 프로젝트 수행단계를 크게 5단계로 나누어 단계별로 어떠한 작업들을 수행하여야 하고 어떠한 산출물을 작성하여야 하는지를 보여주고 산출물에 대한 표준양식도 제시해 준다.

(2) AIM(Applications Implementation Methodology) : Oracle사

1단계 : 프로젝트 정의(Definition)
2단계 : 업무분석(Operation Analysis)
3단계 : 솔루션 설계(Solution Design)
4단계 : 구현(Build)
5단계 : 전환(Transition)
6단계 : 완성(Production)

(3) BASIS(BPCS Client/Server Advanced System Implementation Strategy) : SSA사

1단계 : 프로젝트 정의 단계(Project Definition)
2단계 : 시스템 이행 준비 단계(Implementation Preparation)
3단계 : 개발 및 신규 프로세스 이행 확인 단계(Development and Confirmation)
4단계 : 시스템 이행단계(Implementation)
5단계 : 신규 시스템 운영 단계(New System Operations)

(4) KEIM(KMA Implementation Methodology) : 한국능률협회

1단계 : 기반구축

- 프로젝트 수행을 위한 인프라를 구성
- 프로젝트 추진을 위한 전략적 계획을 수립하여 전사 공감대 형성

2단계 : 분석 및 제안
- 현업무 분석 및 미래 시스템 제안
- 패키지 차이 분석

3단계 : 시범 구현 및 설계
- 프로토타이핑(Prototyping)과 패키지 셋업
- 수정보완/추가/제3자(third party)제품 통합 설계

4단계 : 개발 및 테스트
- 시스템 셋업 및 추가 개발
- 문서화 및 사용자 교육

5단계 : 구현 및 평가
- 종합 평가 및 시스템 가동
- 감사 및 수정 보완

각 구축 방법론의 구현 단계에서는 시스템을 셋업하고, 어플리케이션 인터페이스(interface) 프로그램 및 데이터 변환 프로그램을 개발하게 된다.

4.2 ERP 구축전략

기업에서 ERP 시스템을 구축하고자 할 경우 많은 시간과 노력 그리고 비용이 투자되어야 한다. ERP의 구축 및 구현 단계는 ERP 패키지 프로그램을 모듈별로 설치하고 관련 자료를 입력하며 시나리오별 테스트(test)를 통해 시스템을 통합하고, 현업 사용자가 시스템을 사용할 수 있게 최종적인 인수테스트를 통해 정상 가동하기까지의 과정이다.

또한 기업은 ERP 패키지 프로그램의 모듈을 전부 구축할 것인지 아니면 모듈의 일부만 구축할 것인지, 또는 ERP 시스템을 전사적으로 동시에 구축할 것인지 아니면 기업 내의 조직별로 단계적인 방법을 통해 구축할 것인지 등의 의사결정을 내려야 한다. 일반적으로 ERP 시스템에서 제공하는 모듈을 전부 구축하는 것이 가장 큰 통합 효과를 얻을 수 있겠지만 동시에 그에 따른 비용과 위험이 커지고 기업에 급격한 변화를 요구하게 된다.

이 단계에서 ERP 구축을 성공적으로 수행하기 위한 전략 및 세부 실천방안들

을 몇 가지 요약하면 다음과 같다.

(1) ERP 사상과 부합되는 업무재설계(BPR)과 조직별 업무 역할 정립
(2) ERP 사상에 대한 이해와 철저한 사용자 교육
(3) 현업의 저항을 최소화하기 위한 현업부서 주도의 자체 사용자 교육 마련
(4) 대안에 대한 신속한 의사결정
(5) 미결 이슈사항의 신속한 해결
(6) 프로토타이핑(prototyping)을 통한 시행착오의 최소화
(7) 시나리오에 기초한 반복적 테스트
(8) 신뢰할 수 있는 자료전환(data conversion) 및 철저한 사전 검증
(9) 비상시에 대비한 백업(backup) 및 복구(recovery)절차 준비와 실행
(10) 모든 구축 및 구현 과정의 문서화(documentation)

4.3 ERP 구축시 고려사항

(1) ERP구축의 목표와 목적에 대한 명확한 정의
(2) ERP구축 범위의 명확한 설정
 • 업무, 인프라 환경, 지리적/업무 조직별, 기간 등의 범위
(3) 효율적인 추진 조직 구성
 • 추진조직의 유기적인 구성
 • 각 조직간의 확실한 역할 정립
 • 현업팀을 프로젝트에 전념시킴
(4) 업무 프로세스 변경의 최소화
 • 커스터마이징의 최소화
(5) ERP구축의 효과 분석
 • 효과 분석 세부 지표의 개발
 • 목표 수립 및 사후 실적 분석
(6) ERP구축시의 기본자세
 • 전원 참여, 인식의 전환, 전체의 최적화를 우선적으로 고려
(7) ERP구축의 전개방법 확립 및 추진

- 변환관리→업무재설계(BPR)→ERP구현(패키지의 표준 업무프로세스에 따른 현업 업무의 변화)
- ERP표준 업무 프로세스를 고려한 업무 재설계 진행
- 추진 팀원에 대한 패키지 기능 및 사상의 이해와 교육
- 사용자 중심의 철저한 교육

(8) ERP구축의 접근방식 확립 및 추진
- 총괄적 접근 : 시범적용
- 단계적 접근 : 회계→인사→물류/유통→생산, 기타

(9) 기본 시스템에 대한 업무체계의 정비 및 표준화 확립
- 기본 정보시스템의 우선적 구축(1단계)
- 최신 정보기술의 적용(2단계)
- 의사결정, 지식정보시스템 구축(3단계)

(10) 최고 경영자의 확고한 의지가 필수
- 지속적 관심과 의지 표명
- 최고 경영자가 프로젝트 매니저
- 중재자의 역할

(11) 우수한 프로젝트 리더의 선정

(12) 전 부서 구성원들의 자발적이고 적극적인 참여 필요

(13) 기존의 진행중인 업무와의 중복성 확인 및 체계 확립

(14) 회사의 실정에 맞는 ERP 구축 방법 선택

4.4 ERP 구축사례

ERP 구축사례는 국내외적으로 많이 있으나 여기서는 국내의 대표적인 구축사례인 삼성항공과 LG전자의 사례를 소개한다.

1. 삼성항공 ERP

삼성항공은 ERP 도입이전에는 영업과 제조에 각각 서로 다른 독립된 시스템을 운영해 왔으나 이들은 서로 다른 시스템 환경에서 운영되었기 때문에 업무의 효

율성이 저하됐다. 또한 시스템 제공업체의 기술지원 중단과 연 15억원에 이르는 유지비용 부담 등으로 인해 삼성항공은 기존의 시스템을 대체할 새로운 시스템을 모색하게 됐으며, 이러한 고민의 해결책으로 ERP 도입을 결정하게 됐다.

삼성항공에는 여러 사업부가 있지만 크게 항공/방위산업 분야와 광학/기계 분야로 나눌 수 있다. 이 중 R/3도입은 광학/기계분야의 카메라 사업부, 리드프레임 사업부, 정밀기계사업부 등 3개 사업부와 카메라해외법인을 중심으로 진행됐다. 삼성항공은 카메라 사업부를 파일럿 프로젝트로 정하고 차례로 리드프레임 사업부, 해외법인, 정밀기계사업부로 프로젝트를 확대해 갔다. 한 사업부의 프로젝트가 끝나고 다음 사업부 프로젝트로 넘어갈 때 노하우를 계속 쌓아 갈 수 있었으며 이를 통해 구축기간도 줄여 나갔다. R/3의 6개 모듈을 도입한 카메라사업부는 시스템구축에 15개월이 걸린 반면 8개 모듈(6개 모듈PS, PDM)을 도입한 리드프레임 사업부는 불과 7개월 만에 프로젝트를 마쳤다. 프로젝트의 생산성이 기대했던 것 이상으로 향상된 것이다.

아울러 중국법인 5개 모듈에 3개월, 미주법인 3개 모듈에 5개월, 정밀기계사업부 7개 모듈에 7개월로 구축기간이 계속 단축됐다. 이렇듯 프로젝트 구현에 가속도를 붙일 수 있었던 요인은 무엇일까? 무엇보다 템플릿의 적절한 활용을 그 주요 원인으로 들고 있다. 삼성항공 프로젝트에 참가했던 한 관계자도 삼성항공 ERP 프로젝트의 특징으로 적절한 템플릿 활용을 지적한다. “각 사업부별로 도입한 모듈은 중복되는 부분이 많다. 따라서 리드프레임 사업부에서 한 모듈을 도입할 때는 그 전에 이미 구축을 마친 카메라사업부의 그 모듈의 기본 뼈대를 그대로 가져와서 이것을 리드프레임 사업부에 맞게 고치면 도입이 빠르고 쉽게 진행된다. 물론 각 사업부별로 구체적인 프로세스는 서로 다르지만 기본적인 뼈대는 같기 때문에 템플릿을 활용하면 구현기간을 단축할 수 있을 뿐 아니라 비용도 절감할 수 있는 장점이 있다.”

(1) 자체 컨설턴트 양성으로 비용절감

삼성항공 ERP 프로젝트의 특징은 프로젝트 비용이 상대적으로 적게 들어갔다는 점이다. 여러 요인이 있지만 그 중에서도 내부적으로 컨설턴트를 양성해 프로젝트를 진행한 점을 가장 큰 요인으로 지적할 수 있다. 물론 외부 컨설팅업체의 도움을 전혀 받지 않은 것은 아니다. 카메라사업부는 전반적인 프로젝트 진행과 바람직한 프로세스를 잡아가는 작업에 부분적으로 P사로부터 도움을 받았다. 그러나 일반적인 ERP 프로젝트가 그 기간내내 컨설팅업체와 함께 작업을 하는 것과 비교하면 삼성항공은 카메라사업부 프로젝트 초기에 컨설팅업체가 투입된 것을 제외하고는 대부분 자체 인력으로 프로젝트를 소화했다.

카메라사업부 이후에 진행된 프로젝트에서는 컨설팅업체의 도움 없이 순수하게 자체 인력을 통해 프로젝트를 진행했다. 카메라사업부의 경우 총 55명의 인력이 투입되어 프로젝트가 추진됐다. 삼성항공 현업 부서와 S사 인력들로 구성된 프로젝트팀은 프로젝트에 투입되기 전에 S사의 자체 컨설턴트 과정을 마쳤다. 자체 컨설턴트 과정은 독일 SAP본사에서 각 모듈별로 컨설턴트가 와서 직접 교육을 담당했다. 프로젝트팀은 한 사업부의 프로젝트가 끝나고 다른 사업부의 프로젝트가 진행될 때도 기본 인력들은 그대로 가져갔다. 물론 각 사업부별로 도입모듈의 차이가 있었기 때문에 약간의 변화는 있었지만 기본 인력은 그대로 유지하면서 프로젝트팀을 끌고 갔다. 아울러 삼성항공은 각 사업부별로 적용 모듈을 계속 추가했기 때문에 패키지가 제공하는 전 모듈에 대한 노하우를 축적할 수 있었다. 삼성항공은 이렇듯 자체 인력을 통한 프로젝트 진행과 전체 모듈에 대한 노하우 축적을 통해 비용도 절감할 수 있었을 뿐 아니라 프로젝트의 완성도까지 높일 수 있었다.

(2) 프로세스 사전 교통정리

삼성항공의 ERP 프로젝트 완성도를 높일 수 있었던 다른 요인 중 하나가 삼성항공의 CIM팀이다. CIM팀은 ERP프로젝트 전부터 운영되던 조직으로 프로세스에 대한 개선 및 표준화 작업을 수행했다. 이러한 바탕 위에서 ERP 프로젝트가 추진됐기 때문에 As-Is 분석이나 To-Be를 그리는 작업이 용이했다. 이른바 ERP 프로젝트시 병행되는 BPR 작업이 CIM팀에 의해 미리 이뤄졌기 때문에 프로젝트를 쉽게 끌고 갔다. 아울러 CIM팀에서 일하던 2/3 이상의 인력들이 ERP 프로젝트팀에 참가했기 때문에 업무의 연속성도 확보할 수 있었다.

ERP 프로젝트는 정보시스템, 프로세스, 기업문화가 함께 톱니바퀴처럼 맞물려 돌아가야 한다. 이런 점에서 볼 때 삼성항공은 CIM팀을 통해 프로세스에 대한 사전 정지작업을 이미 상당부분 마쳤기 때문에 커다란 짐 하나를 덜고 프로젝트를 수행함으로써 프로젝트 완성도를 높이는데 보다 많은 역량을 집중할 수 있었던 것이다.

(3) 또 다른 도전, 인터넷 비즈니스

카메라사업부, 리드프레임 사업부에 이어 정밀기계사업부의 프로젝트가 마무리 되었다. 정밀기계사업부는 SAP사의 R/3 6개 모듈과 인터넷 비즈니스 솔루션이 도입되었다. 인터넷 비즈니스 솔루션 도입은 단순히 기존 사업부에서는 도입하지 않은 어떤 한 모듈 이상의 의미를 지니고 있다. 인터넷 비즈니스 솔루션은 삼성항공의 글로벌 비즈니스전략을 나타내고 있기 때문이다.

이렇듯 정밀기계사업부는 글로벌 전략에 따라 영업과 고객의 요구사항을 즉시 경영에 반영할 수 있는 체제를 인터넷 비즈니스 솔루션을 통해 마련한다는 계획이다. 예를 들면 기존에는 영업사원이 카탈로그를 보면서 고객에게 이런이런 옵션이 있다고 제품을 소개했다. 하지만 인터넷 비즈니스 솔루션이 도입되면 이러한 수주활동을 시스템을 통해 수행한다. 즉 앞으로는 카탈로그를 보면서 영업활동을 하는 대신 영업사원이 시스템에 접속해서 고객들에게 제품을 설명하고, 만약 영업사원이 제품에 대한 기술적인 지식이 부족하더라도 시스템을 통해 이를 보완할 수 있는 것이다. 현재 인터넷 비즈니스 솔루션의 최종 접점을 영업사원으로 잡고 있지만 앞으로 이를 고객까지로 점차 확대해 나갈 계획이다. 그러나 이러한 인터넷 비즈니스 솔루션 도입이 쉬운 것만은 아니다. 영업이나 제조활동이 이러한 인터넷 비즈니스 솔루션 전략에 맞게 함께 변해야 하며 이러한 활동을 지원할 수 있는 데이터베이스도 뒷받침돼야 한다. 인터넷 비즈니스 솔루션 도입이라는 의사결정자의 의지가 구체적으로 실현되기 위해서는 실무차원에서 넘어야 하는 산이 많은 것이다.

2. LG전자 ERP

1) ERP시스템 구축 개요

(1) ERP 구축배경

LG전자는 21세기를 준비하기 위하여 통합정보시스템의 구축계획을 수립하였다. 통합정보시스템은 프로세스 분야와 정보기술 분야로 나누어 현재의 문제점을 분석하고, 분석된 자료를 토대로 해결방안을 수립하였다. 현상분석결과 프로세스 측면의 문제점으로는

첫째, 생산업무 기능 간 연계부족으로 과다한 생산계획변경 및 하부기능의 업

무 손실이 발생하였다.

둘째, 영업과 생산, 국내공장과 해외공장 간에 영업과 생산 분야의 수작업 정보를 공유하는 관계로 의사결정이 지연되었다.

셋째, 당면과제에 대한 병목현상을 해소하기 위하여 개별 프로세스를 개선하였다.

정보기술 측면의 문제점으로는 ① 핵심응용업무의 통합결여로 부문간, 기능간의 정보흐름이 단절되었다. ② 다양한 하드웨어 환경으로 인하여 운용이 어렵고 비용이 증가하였다. ③ 상품생산의 현지화에 대응한 정보기술 지원이 미흡하였다. ④ 정보기술 운용에 대한 지원이 클라이언트/서버 환경보다는 메인프레임 환경에 집중되었다.

이러한 문제점에 대한 해결방안으로서 업무 프로세스를 혁신하고 e-ERP시스템을 도입하게 되었다. 우선 글로벌 관점에서 기능 부문간 통합 어플리케이션의 확보를 위하여 글로벌 차원의 패키지 검토 및 방향수립, 전사공통 프로세스 및 시스템 구축, e-ERP시스템의 구축에 SBU별 역할 정립 방안 등을 도출하였다. 다음으로 표준 아키텍처에 의한 클라이언트/서버 환경으로의 이행을 위하여 표준 아키텍처에 의한 정보기술 환경 구축, 메인프레임의 역할정립 및 이행 계획 수립, 사용자 중심의 정보시스템 구축 방안 등을 수립하였다.

LG전자의 e-ERP시스템 구축배경은 기존의 업무 프로세스와 정보기술 활용상의 문제점 인식을 통하여 e-ERP시스템의 구축을 추진하였다. e-ERP시스템은 글로벌 관점에서 통합된 비즈니스 프로세스와 표준화된 인터넷상의 웹환경에서 사용자 중심의 시스템을 구축하였다. LG전자는 e-ERP시스템의 구축을 통하여 기업의 핵심 프로세스를 획기적으로 개선하고, e-Business를 실현하며, 나아가 21세기에 세계적 초우량기업으로서의 위치를 확고히 다진다는 것이다.

(2) ERP 구축단계

ERP시스템의 구축방법으로는 자체개발방법과 ERP패키지를 도입하여 자사의 환경에 맞게 수정하여 사용하는 방법이 있다. 현재 국내의 대부분 기업에서는 자체개발보다는 패키지를 도입하여 ERP를 구축하고 있는 실정이다. 그 이유는 패키지의 도입을 통한 ERP시스템의 구축은 자체개발에 비하여 비용을 절감하고 위험요소를 감소시킨다는 이점이 있기 때문이다. 이러한 이유로 LG전자에서도 ERP 패키지의 도입을 통한 e-ERP시스템의 구축을 추진하였다. LG전자에서는 오라클사의 ERP 패키지를 도입하였기 때문에, 오라클사의 ERP시스템 구축방법론인 AIM(Application Implementation Methods)방법론을 이용하였다. Oracle사에서 제시하는 ERP 패키지 구축방법론을 살펴보면 전략수립, 업무분석, 시스템설계, 시스템 구축, 문서화, 전환, 운용단계 등 7단계로 구성되어 있다. 단계별 주요내용을 요약하면 다음과 같다.

① 이행전략수립 단계 : 프로젝트 기초계획 수립, 프로젝트 계획의 세부사항과 관련된 비즈니스의 하부 구조와 실행을 위한 기술적인 부문을 계획하는 단계
② 업무분석 단계 : 고객의 비즈니스와 시스템 요구사항들에 대해서 확인하고 향후 비즈니스 응용, 기술적인 요구사항에 관련된 솔루션 아키텍쳐를 제한하는 단계
③ 솔루션 설계단계 : 업무분석 단계에서 확인된 고객의 비즈니스 요구사항에 대하여 향후에 만족시키기 위한 최적의 비즈니스 프로세스 솔루션을 제시해 주는 단계
④ 시스템 구축단계 : 솔루션 설계단계에서 정의된 모든 비즈니스 시스템 솔루션을 완전히 구축하고, 기업의 현재 환경과 동일한 조건하에서 테스트를 수행하는 단계
⑤ 사용자 문서화 단계 : 비즈니스 실행 이후에 발생되는 고객의 비즈니스 프로세스를 지원하기 위한 업무용 문서화 자료를 작성하는 단계
⑥ 환경전환단계 : 신규 구축된 기업시스템 환경으로 회사 전반에 걸친 모든 자원들에 대해 이전하는 단계
⑦ 시스템 운용단계 : 시스템 구축이 완료된 단계로서 운용시스템에 대한 주기적인 모니터링 작업과 일반적인 유지보수 작업을 수행하는 단계

(3) ERP 구축상의 문제점

e-ERP시스템 구축과정상의 관리적인 문제점으로는 프로젝트 추진 초기 단계에서 자사 직원들과 컨설턴트들 간의 커뮤니케이션이 효과적이지 못하여 약간의 문제를 야기시켰다. 또한 프로세스 재설계 및 새로운 시스템 도입에 따른 부서간 업무관계와 업무방식 및 절차의 변화에 따른 부서장들 간의 갈등과 조직원들의 기득권 보호를 위한 저항이 새로운 프로세스와 시스템을 조기에 확정하고 정착시키는데 어려움이 있었다. 업무분석 단계에서 드러난 문제점으로는 ERP 패키지와

LG전자의 업무 프로세스 간에 비즈니스 프로세스 상 차이점으로 인한 문제로서, 사례기업의 e-ERP시스템 구축과정상의 문제점을 요약하면 <표 4-1>과 같다.

〈표 4-1〉 e-ERP 구축상의 문제점

문제 프로세스	LG전자의 프로세스	ERP 패키지
1. 생산계획 수립 업무	① 제번별 로트 분리 ② 라인별 생산계획 자동 편성 (총조 생산계획만 편성)	① 작업지시서별 로트 합산 ② 생산계획 자동편성, 라인별 편성 기능 없음 ③ 공정(총조/기판/자삽)별 생산계획
2. 자재수급 및 발주 업무	① 기발주된 자재의 분할 납입지시 ② 출고지시에 의한 JIT 주문 ③ 자동발주 ④ 동일주문내의 물량분배-복수비율	① 발주된 자재의 납입지시 기능 없음 ② JIT주문 기능 없음 ③ 자동발주 기능 없음 ④ 복수비율 : 주문 단위의 물량 배분
3. 입출고 업무	① 입출고 동시처리 ② 출고 선행일수를 감안한 자재출고 ③ 자동출고 ④ 총조계획 기준 모든공정 출고지시	① 입출고 동시 처리 기능 없음 ② 생산 로트를 감안한 자재출고 ③ 자동출고 기능 없음 ④ 공정별 작업지시서 기준 출고지시
4. 공정관리 업무	① 준비부서/수령부서에 의한 공정관리 ② 수작업에 의한 생산능력 계획	① Routing에 의한 공정흐름 관리 ② 시스템에 의한 자동 용량 시뮬레이션
5. 설계규격 변경 업무	① 특정일자, 로트기준의 설계 변경	① 특정 일자 기준의 설계 변경

<표 4-1>에 나타난 문제점은 사례기업의 비즈니스 프로세스와 ERP 패키지상의 프로세스에 차이가 있기 때문에 발생하는 문제점이다. 그래서 사례기업에서는 이러한 문제점을 해결하기 위하여 구축과정에서 현업의 업무 프로세스를 재조정하거나, ERP 패키지를 업무처리 과정에 적합하도록 커스터마이징하여 구축하였다. 생산계획 및 자재수급 프로세스는 약 49%의 커스터마이징을 실시하였으며, 입출고 업무 프로세스 는 32%, 공정관리 프로세스는 10%, 설계규격변경 프로세스는 약 9%의 커스터마이징을 실시하였다.

(4) ERP시스템 구성

LG전자의 e-ERP시스템은 SCM(Supply Chain Management) 패키지를 중심으로 영업시스템, 회계시스템, 생산계획, 품질관리, 표준시간관리, 자산군관리, 사내 LAN, 외주임가공, 관세환급, 수입통관 등의 응용시스템들이 네트워크로 연결되었다.

또한 LG전자의 e-ERP시스템은 판매업무, 생산 및 재고 업무, 조달업무 등의 프로세스가 유기적으로 결합되어 있다. 판매업무 프로세스에서 수주처리업무는 설계관리, 자재관리, 채권관리 등과 프로세스가 연결되고, 생산 및 재고업무 프로세스는 설계관리, 자재관리, 공정관리, 원가관리, 재고관리, 총계정원장관리 등으로 프로세스가 연결되며, 조달업무 프로세스는 구매관리, 재고관리, 지급채무관리, 총계정원장관리 순으로 처리된다.

그리고 LG전자의 e-ERP시스템은 오라클사의 ERP 패키지를 근간으로 하여 구축하였다. e-ERP시스템과 네트워킹된 응용시스템은 기업내 대부분의 기존 시스템들이 인터페이스 된다.

2) ERP 구축성과 분석

(1) LG전자의 e-ERP 구축성과 분석

급변하는 경영환경하에서 기업이 살아남기 위해서는 기업 내부적인 구조조정과 더불어 정보기술의 도입을 통한 경영혁신에 나서야 한다. 기업에서는 ERP시스템의 도입과 리엔지니어링을 동시에 추진해야만 성공적인 경영혁신을 달성할 수 있다고 본다. 사례기업의 경우 e-ERP시스템과 PDM시스템, 웹 EDI시스템 등을 구축하면서 기업의 업무 프로세스를 재설계하여 혁신적으로 프로세스를 단축하고 e-Business를 지향할 수 있었다. 정보기술의 도입과 BPR을 병행하여 추진해야만 새로운 정보기술을 성공적으로 도입할 수 있고, 기업의 내부효율 향상측면의 경영혁신을 가속화시킬 수 있을 것이다.

사례기업에서는 e-ERP시스템의 구축과 동시에 업무 프로세스를 혁신적으로 단축하고 e-Business를 가능하게 함으로써 각 영역별로 다음과 같은 유·무형적 효과가 발생하였다.

우선적으로 업무분야별 성과를 분석해 보면 첫째, 설계분야에서는 BOM의 활용을 다양하게 할 수 있었다. 둘째, 공정관리에서는 Routing 기능을 통한 자원의 효율적 관리 및 공정별, 공통 부품별, 납기별 작업지시서를 생성할 수 있었다. 셋째, 생산계획분야에서는 생산능력 및 병목 Item을 고려하여 사전에 생산계획을 시뮬레이션 할 수 있었으며, 공정별, 공통 부품별, 납기별 작업지시서를 생성할 수 있었다. 넷째, 구매관리 업무에서는 용도별 구매주문서의 발행으로 주문관리의 유연성을 확보할 수 있었으며, EDI를 활용하여 신속 정확한 정보를 교환할 수 있었다. 다섯째, 재고관리분야에서는 Item Master 통합관리, MRP Item과 재고계획 Item의 구분관리 등이 가능해졌다.

LG전자는 웹 EDI, PDM, e-ERP시스템 등을 이용하여 각 분야의 업무 프로세스를 대폭 단축하고, e-Business를 통하여 업무처리 속도를 혁신적으로 개선하였다. 무역업무의 경우 종전의 35단계의 프로세스를 12단계로 간소화하였다. 업무분야별 e-ERP시스템의 구축성과를 요약하면 <표 4-2>와 같다.

〈표 4-2〉 e-ERP 구축의 부문별 성과

업무구분	주요 성과
설계관리 업무	• 계획용 BOM 활용 가능 • 표준 BOM 활용 가능 • 모델단위 BOM 활용 가능
공정관리 업무	• 정기적 활용기능을 이용한 자원의 효율적관리 및 관련업무에 활용 –효율적인 제조공정 지원관리 –정확한 재공관리 –공정별 효율적 리드타임관리로 생산납기와 생산능력 산출 명확화 –투입자원의 세분, 정확화로 제조가공비 산출 투명화 • 공정별, 공통 부품별, 납기별 작업지시서 생성 –공정별 생산성 제고 –상위공정에 종속되지 않는 생산시스템 운영
생산계획 업무	• 생산능력 및 병목 항목을 고려한 사전 생산계획 시뮬레이션 가능 –생산계획 변경 최소화 • 공정별, 공통 부품별, 납기별 작업 지시서 생성
구매관리 업무	• 용도별 구매주문서 발행으로 주문관리의 유연성 확보 • EDI를 통한 정보전달의 신속 정확화 및 서류없이 정보교환 가능
재고관리 업무	• 항목 마스터 통합관리 • MRP 항목과 재고계획항목의 구분관리 가능 • 출고 방식 개선

다음으로 전사적 관점에서 e-ERP시스템의 구축효과를 살펴보면 첫째, 비즈니스 프로세스의 리드타임을 단축시켰다. 둘째, e-Business를 통하여 경영자와 관리자의 신속한 의사결정을 지원하였다. 셋째, e-Business 활동으로 업무처리 속도를 개선시키고 사무생산성을 크게 향상시켰다. 넷째, 사용자 중심의 시스템을 구축함으로써 클라이언트/서버 환경과 최종사용자 컴퓨팅이 가능하게 되었다. 사례기업에서는 e-ERP시스템의 구축과 병행하여 기업의 전반적인 업무 프로세스를 혁신하고 e-Business를 목표로 한 결과 <표 4-3>과 같은 가시적인 성과가 나타났다.

〈표 4-3〉 e-ERP 구축의 전사적 성과

성 과 분 류	주 요 성 과
비즈니스 프로세스 단축	• BOM 관리 프로세스 : 9단계에서 5단계로 단축 • 단가 일괄변경 프로세스 : 10단계에서 4단계로 단축 • 수불관리 프로세스 : 6단계에서 4단계로 단축 • 작업시간분석 프로세스 : 6단계에서 3단계로 단축 • 통합품질관리시스템 구축으로 협력업체 지원 프로세스 단축 • 생산 관련 부서간 프로세스 리드타임 단축
e-Business를 통한 신속한 의사결정 지원	• 사전 원가 정보의 실시간 제공 • 원가시스템의 통합화 • 생산 원가의 실시간 회계반영 • e-Business로 결산 일정 단축 • 원가 요소별 시뮬레이션 단축 • 실시간 재고 운영 현황 제공
사무 생산성 향상	• 전자적 업무처리로 종이문서가 없음 • 효율적 보고서 관리 • 규격변경 전산 합의 가능 • 업무 속도 향상
사용자 중심시스템 구축	• 타 시스템과 데이터 호환성 우수 • 최종 사용자 컴퓨팅으로 변화 • 클라이언트 서버 환경으로 유지보수 비용 감소 • 시스템 아키텍쳐 변화 대응 용이

3) 프로젝트 성공요인

LG전자는 1990년대초 의식개혁차원의 경영혁신에 이어, 1990년대 중반 운영

효율향상 차원에서 웹 기반 EDI시스템을 도입하여 무역업무 프로세스를 혁신하였으며, PDM시스템을 구축하여 설계연구 환경을 혁신적으로 개선하였다. 그리고 1990년대 말 인터넷 기반 ERP시스템의 구축을 통하여 생산관련업무 프로세스를 획기적으로 단축시켰다.

e-ERP시스템의 구축을 통한 경영혁신 목표를 조기에 가시화하기 위하여 혁신의 필요성을 인식하고 이에 대한 참여자의 의견일치와 지속적인 실행이 성공의 관건이라는 사실을 발견하였다. LG전자의 e-ERP시스템 구축 사례를 분석한 결과 비즈니스 프로세스의 단축, 신속한 의사결정지원, 부분적으로 e-Business실현, 사무생산성 향상 등의 다양한 성과가 나타났다. 이러한 유무형의 성과는 e-ERP시스템을 성공적으로 구축했기 때문으로 분석된다. e-ERP시스템의 구축을 성공적으로 이끌어낸 주요요인을 분석하면 다음과 같다.

첫째, 전사적으로 일치된 커뮤니케이션의 확보이다. 정보기술의 도입을 통한 경영혁신을 위해서는 목표에 대한 전사원의 일치된 의식이 가장 중요한 요인으로 분석되었다. 또한 정보기술에 대한 중요성 인식과 신뢰성 확보가 성공을 이끄는 동인으로 작용하였다. 그리고 커뮤니케이션은 워크샵, 간담회, 관리자회의, 게시판, 전자우편 등 각종 채널을 통하여 이루어 졌다.

둘째, 정보기술에 대한 지속적 교육이다. 정보기술 사용자는 물론 현업 근로자들에게 정보기술에 대한 교육기회를 부여하고, 임원에 대한 정보기술의 활용과 마인드 형성을 위한 정보기술 교육을 실시하여 혁신을 뒷받침하였다.

셋째, 커스터마이징의 최소화이다. e-ERP시스템 구축 단계별 커스터마이징 방안을 도출하여 커스터마이징을 효율적으로 실시하였다.

넷째, 전사조직에서 정보기술 활용에 대한 핵심 리더를 팀별로 1명 이상 육성하였다. 현업부서와 교육센터가 연계되어 체계적인 정보기술 교육을 통한 핵심 사용자 그룹을 형성하였다.

다섯째, e-ERP시스템과 같은 혁신의 도입에는 전사원의 참여가 중요하다. 현업담당자와의 회의를 활성화하여 현업 참여를 유도하였으며, 정보화 추진담당자가 e-ERP 프로젝트 구축현장에 주 2-3회의 직접 참여를 통하여, e-ERP시스템 구축에 현업 관리자층의 직접 참여를 유도하였다.

여섯째, 전사원을 대상으로 정보기술에 대한 기본적 지식이 어느 정도인지를 측정하여 전사원의 진급시 반영하였다.

제5장

ERP 프로젝트

5.1 ERP 프로젝트 관리

5.1.1 프로젝트 관리의 개념

본 장에서 말하는 ERP 프로젝트는 ERP 패키지와는 별개로 ERP 시스템을 신규로 개발하는 경우에 해당하며, 여기에는 외주개발과 자체개발의 2가지 방법이 있다.

시스템 개발주기(System Development Life Cycle, SDLC)는 그 자체가 프로젝트 관리의 한 도구이다. 그러나 SDLC를 잘 이해하는 것과 프로젝트 관리를 잘하는 것과는 별개의 문제이다. 즉, 시스템 개발과정을 어떠한 단계로 세분화시키고, 각 단계별 과업(task)과 산출물(end output)은 무엇인가를 잘 이해한다고 해서 사용자 요구를 충족시키는 시스템을 예산 및 기일 내에 완성시킨다는 보장은 없는 것이다.

프로젝트 관리(project management)란 주어진 기간 내에 최소의 비용으로 사용자를 만족시키는 시스템을 개발하여 인도하는 것을 목적으로 하는 개발과정의 지휘 및 통제행위를 뜻한다. 따라서 사용자가 수락할 만한 시스템을 예산 및 기일 내 완성하기 위해서는 프로젝트 관리가 필수적이다. 이것의 보다 직접적인 이유는 많은 프로젝트들이 프로젝트 리더의 관리기술 미비로 사용자요구의 미충족, 예산초과, 납기연기 등의 사례를 번번이 야기시킨다는데 있다. 특히 다수의 인원이 투입되는 대형 프로젝트의 경우 그러하다. 이 경우 선임 시스템 분석가(senior SA)가 프로젝트 관리자(project manager, PM)의 역할을 수행하는 것이 통례이다. 즉 시스템분석가로 성공을 거두었다고 해서 프로젝트 관리자로서 성공한다는 보장은 없는 것이다. 그 이유는 대규모 프로젝트인 경우에 있어서 투입되는 사람의 수가 많아질수록 사람관리가 주요 문제로 등장하기 때문이다. SDLC의 기술적인 측면들을 잘 알고 또 본인이 이의 실천에 능숙하며 시간관리도 잘하여, 주어진 시간 내에 소규모 시스템 개발을 효율적으로 완료하면 그 사람은 유능한 시스템 분석가로 인정을 받는다. 그러나 다른 사람들로 하여금 이렇게 행동하도록 만드는 것은 전혀 별개의 문제인 것이다. 이것이 곧 사람관리의 문제이다.

그렇다면 사람관리 내지 프로젝트 관리의 요체는 무엇인가? 어떻게 해야 많은 수의 사람들로 하여금 일사분란하게 움직여 시스템을 주어진 기간 내에 개발 완료할 수 있는가?

여기에 대한 답은 프로젝트 관리를 기획(planning), 조직화(organizing) 및 통제(controlling)의 세 단계로 나누어서 이해하고, 이 각각의 단계에서 해야 할 일, 사용가능한 도구(tool) 등을 숙지한 뒤 이를 실천에 옮기는 것이다. 요컨대 '기획→조직화→통제'의 프로젝트 관리의 3단계 모델에 따라 프로젝트를 진행시키면 성공의 가능성이 높아지는 것이다.

기획이란 프로젝트 수행에 필요한 소요인력 및 자금, 개발완료일(deadline) 등을 예측하고 개발팀을 구성하는 것을 말한다. 조직화란 팀 멤버들에게 임무를 할당하고, 지휘계통 또는 보고경로를 확립시키며, 구체적인 일정계획(schedule or milestone)을 수립하는 것을 뜻한다. 한편 통제란 진행상황을 감시(monitor)하고, 팀 멤버들을 동기유발(motivate)시키며, 필요한 경우에는 인력재배치. 프로젝트 범위(scope) 및 납기조정 등의 조치를 취하는 것이다. 사람관리 기술의 진면목이 드러나는 것이 이 통제국면이라고 할 수 있다.

5.1.2 프로젝트 관리의 절차

프로젝트 관리는 프로젝트 개시시점부터 종료시점까지의 프로젝트 수행에 관련된 제반 활동을 계획, 조정, 통제 및 확인하는 일련의 과정이며, 이들 절차를 나타내면 <그림 5-1>과 같다.

〈그림 5-1〉 프로젝트 관리 절차

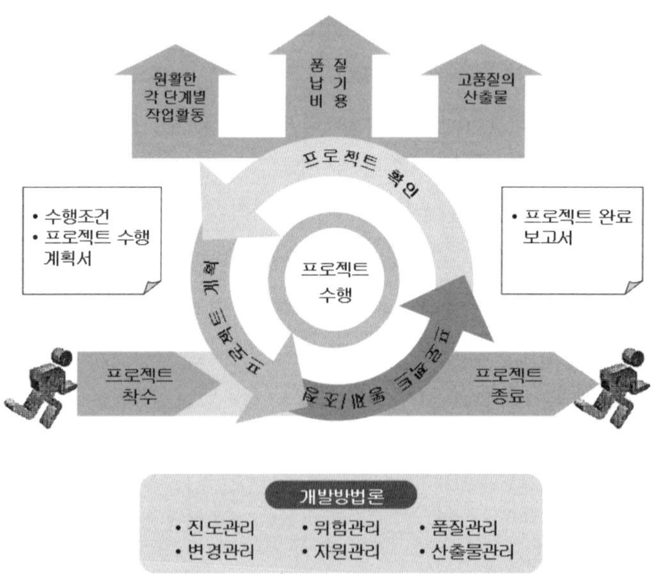

5.1.3 프로젝트 관리의 내용

프로젝트 착수이전에서부터 프로젝트 종료까지의 프로젝트 자원(장비, 인력, 지원도구, S/W 등), 예산, 일정, 수행방법, 시스템의 품질, 위험요소 등 프로젝트에 대한 전반적인 내용에 대하여 관리하게 되는데, 이에 대하여 관리활동 단계별로 수행할 내용은 <표 5-1>과 같다.

〈표 5-1〉 프로젝트 관리의 수행내용

관리활동	수행내용
수행계획 수 립	• 최적의 프로젝트 수행계획 수립을 위한 방안 모색 • 프로젝트 목적 및 수행범위를 정의 • 프로젝트 수행조직, 수행방법, 추진일정, 품질보증계획, 교육계획, 시범 및 확대운용 방안, 프로젝트 관리방안 등 계획 수립 • 프로젝트 개발방법론 및 각 단계별 수행작업 확정 • 프로젝트 산출물 종류, 제출시기, 목차, 작성지침 및 샘플양식 결정 • 프로젝트 수행계획서(프로젝트 계획)의 작성 및 승인 • 프로젝트 제약사항 이해 및 예상 리스크의 문서화
프로젝트 착 수	• 프로젝트 착수회의(kick-off meeting) 개최 • 프로젝트 수행계획 설명회 • 프로젝트 자원(장비, 인력, 지원도구, 기술, S/W 등)을 적절하게 확보 • 프로젝트 수행을 위한 작업장소 확보, 개발환경 조성, 출입, 근태문제 등 제반 개발여건 준비 • 프로젝트 수행을 위한 실행예산 확보
프로젝트 진행통제	• 프로젝트 계획 대비 실적 관리를 통한 진도통제 • 프로젝트의 진행상태를 점검하여 계획을 수정/보완하는 변경관리 실시 • 사용자 요구사항 반영, 진도관리 및 품질보증 활동을 통한 위험관리 실시 • 프로젝트 진행상황이나 문제점 발생시 조치 및 보고 • 산출물이 업무적인 요구사항이나 기술적 정확성에 부합되는지를 체크
프로젝트 종 료	• 프로젝트 최종 산출물 제출 • 프로젝트 개발업무 인수인계 • 프로젝트 완료 보고

이러한 프로젝트 관리에서 납기통제를 위하여 중요한 역할을 하는 것이 진도관리인데, 진도관리에서 다루는 여러 관리 요인을 나타내면 다음의 <그림 5-2>와 같다.

〈그림 5-2〉 진도관리의 과정

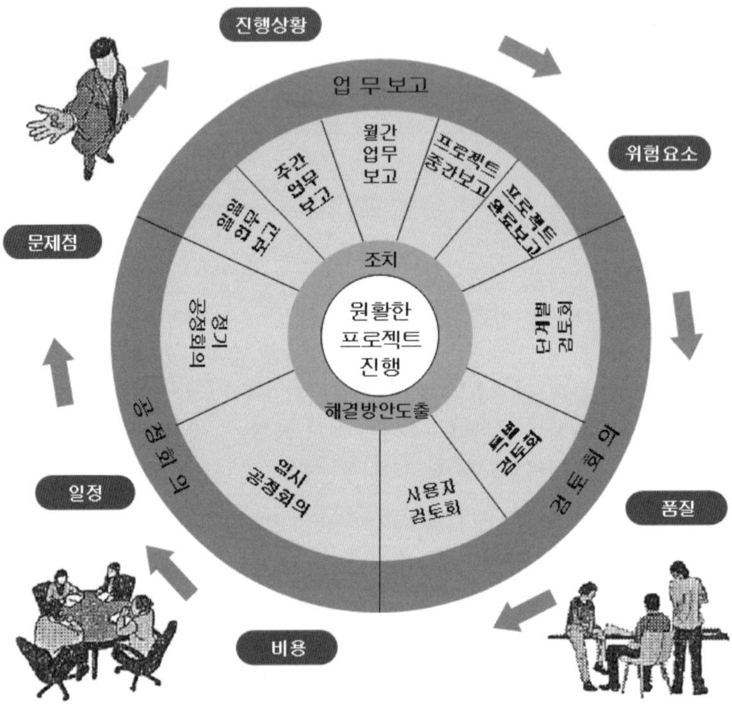

5.1.4 응용프로그램 개발방법

디지털 기업환경에서 기업들은 새로운 기회와 요구에 대응하여 그 기술과 역량을 신속하게 추가하고 변경할 수 있어야 한다. 이에 따라 기업들은 신속한 해결책을 제공하는 단기간의 비정형화된 개발 프로세스를 채택하게 되었다. 자사의 업무 프로세스가 고객 또는 공급업체의 프로세스와 더욱 밀접하게 연계되도록 시스템을 구축하고 있다. 소프트웨어 패키지(software package) 도입, 응용 서비스 제공자(ASP), 아웃소싱(outsourcing) 서비스 이외에 RAD(rapid application development),

JAD(joint application design), AD(agile development), 그리고 재사용이 가능하고 표준화된 소프트웨어 구성요소와 같은 수명주기가 짧은 기법들이 주로 사용된다. 물론 이들 방법들도 단점은 가지고 있다.

객체지향 소프트웨어 도구, 재사용 소프트웨어, 프로토타이핑(prototyping), 4세대 언어 도구 등은 시스템 개발자가 전통적인 시스템 개발방법이나 소프트웨어 도구를 이용하는 것보다 훨씬 빠른 기간 내에 시스템을 개발할 수 있도록 지원해준다.

1. 신속한 응용프로그램 개발방법

① RAD(rapid application development) : 신속 응용프로그램 개발

RAD는 프로토타이핑과 유사하게 사용자의 요구 분석, 설계 및 시스템 구축을 반복적으로 실시하여 매우 짧은 기간 내에 시스템을 구현하는 방법을 말한다. JAD, 프로토타이핑 및 CASE 도구를 모두 통합할 수 있는 방법론이다. GUI(graphic user interface) 개발을 위한 비주얼 프로그래밍 등의 도구 활용, 시스템 핵심요소의 반복적 프로토타이핑, 프로그램 코드생성의 자동화, 그리고 최종 사용자와 정보시스템 개발자 간의 긴밀한 팀워크 등을 필요로 한다. 간단한 시스템은 이미 만들어진 컴포넌트를 조립하여 만들 수 있다. 프로세스는 반드시 순차적일 필요는 없으며, 개발의 핵심부분은 동시에 진행될 수 있다.

전형적인 RAD패키지는 그래픽 사용자개발 환경, 재사용될 수 있는 컴포넌트, 코드 생성기, 프로그래밍 언어 등의 요소들을 포함하고 있다.

② JAD(joint application design) : 공동 응용프로그램 설계

이것은 사용자의 요구사항을 신속히 수집하고 시스템을 설계하는 그룹중심의 시스템 개발방법이다. JAD는 SDLC의 시스템 분석과 설계 단계에서 자주 사용된다. JAD는 전산추진위원들과 설계팀 멤버들이 한 자리에 참석한 가운데 시스템 분석가가 회의진행자로서 분석 및 설계 결과를 스크린에 투영시키고 발표를 해서 참석자들의 의견을 수렴하며, 이를 설계에 반영하는 것이다. 회의 중에 모든 사용자는 시스템의 요구조건을 함께 정의하고 동의하게 된다. JAD는 프로토타이핑 방식과 결합될 때 사용자 요구를 충족시키는 시스템이 탄생할 가능성이 높아진다.

③ **AD(agile development)**

큰 프로젝트를 반복적이고 지속적인 피드백을 통해 짧은 기간에 마무리할 수 있는 일련의 작은 프로젝트들로 분해하여 가동 시스템을 빨리 만들도록 한다. 새로운 기능을 추가하거나 개선하는 것은 개발자가 요구사항을 파악한 그 다음 반복주기에 이루어진다. 이것은 전체적인 위험을 최소화시키며 프로젝트가 변화에 보다 빨리 적응할 수 있도록 한다.

2. 컴포넌트기반 개발과 웹서비스

① **컴포넌트기반 개발**

컴포넌트기반 개발(component-based development)은 기존의 시스템이나 구성하고 있는 컴포넌트를 조립해서 하나의 새로운 응용프로그램을 만드는 소프트웨어 개발방법론이다. 기업들은 쇼핑카트, 사용자 인증, 검색엔진, 카탈로그 등 상업적으로 이용가능한 컴포넌트를 결합하여 자기들의 전자상거래 응용프로그램을 개발하는 컴포넌트기반 개발방법을 이용한다.

② **웹서비스**

웹서비스는 XML(extensible markup language)과 개방형 프로토콜(open protocol)에 기반한 느슨하게 결합된, 재사용이 가능한 소프트웨어 컴포넌트이며, 맞춤형 프로그래밍이 없이도 응용프로그램들이 서로 통신할 수 있도록 지원하는 표준이다. 웹서비스는 내외부 시스템의 통합을 지원하는 것 이외에도 새로운 정보시스템을 개발하거나 기존 시스템을 개선하기 위한 도구로 사용될 수 있다. 이러한 소프트웨어 서비스는 보편적인 표준들을 사용하기 때문에 전용 컴포넌트를 사용하는 것보다 결합하여 사용하는 것이 용이하며 비용이 저렴하다. 운영시스템, 프로그래밍 언어 또는 클라이언트 기기에 무관하게 데이터를 통신하고 공유할 수 있는 소프트웨어 컴포넌트를 생성함으로써 다른 기업과 협력할 수 있는 새로운 기회를 가지면서도 시스템 개발에 소요되는 비용을 상당부분 절감할 수 있다.

5.2 ERP 개발 단계 및 방법

5.2.1 분 석

1. 분석의 개념

시스템 분석이란 현행 시스템을 이해하고 그것이 안고 있는 문제점을 파악하며, 사용자 요구사항을 정의한 뒤 컴퓨터를 이용한 문제해결책을 제시하는 과정이라고 정의할 수 있다.

시스템 개발주기는 크게 보아 분석·설계·구현·시험의 네 단계로 나눌 수 있는데, 그 중 맨 처음 단계인 시스템 분석에서는 다음과 같은 작업이 진행된다.

① **현행 업무분석** : 현행 업무(처리절차, 기능, 프로세스)를 조사, 파악 및 분석한다.

② **문제점 분석** : 문제점을 파악하고 문제의 원인을 규명하며, 통제가능변수와 통제 불능변수로 나누어 문제의 원인을 분석한다.

③ **해결대안 모색** : 정보시스템 구축을 포함한 기타의 해결책을 비교·검토한다. 대안별 타당성조사가 주요 내용이 된다.

④ **사용자 요구사항 조사** : 사용자 요구분석, 사용자 업무요건 정의, 프로세스 모델링과 데이터 모델링, 메뉴 및 입·출력 화면을 정의한다.

요구분석(requirements analysis)이란 사용자의 뜻을 이해하고 그들의 목적을 발견해 가는 과정이다. 그러나 문제는 이러한 과정이 실제적으로는 수행하기 어려워 성공적인 소프트웨어 개발을 위협하고 있다는 점이다.

사용자 요구사항은 소프트웨어가 갖추어야 할 속성으로 기능적 요구사항과 비기능적 요구사항으로 나눈다. 기능은 사용자가 필요로 하는 정보처리 능력을 말한다.

이러한 사용자 요구사항을 구분하면 <그림 5-3>과 같다.

〈그림 5-3〉 사용자 요구의 분류

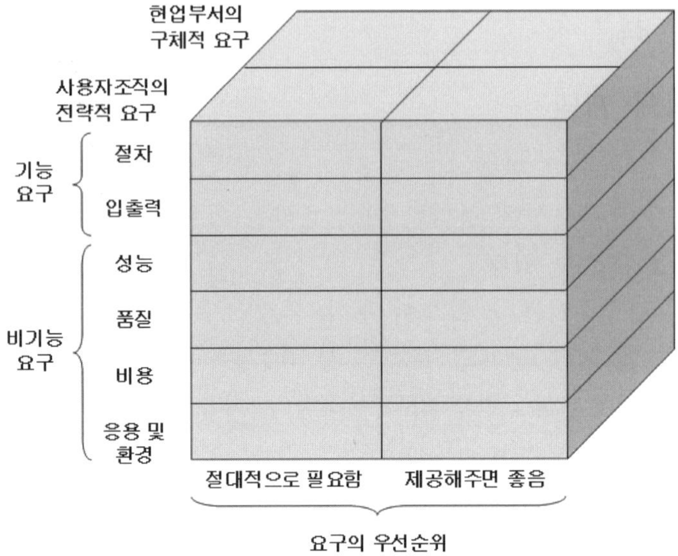

기능적 요구(functional requirements)는 주로 업무처리절차나 입출력에 관한 것으로, 화면상에서의 처리(입력, 수정,삭제, 조회, 검색 등)기능, 키보드나 버튼의 조작, 칼라 및 흑백 요구, 버튼이나 입력란 등의 각종 컨트롤(control)의 배치 및 가감에 관한 요구, 주기적인 출력자료에 대한 요구 등이다.

비기능적 요구(non-functional requirements)는 기능적 요구에 비해 소홀히 다루어 질 수 있으나, 대표적인 것으로는 성능, 품질, 비용, 신뢰도, 기밀보안성, 운용제약성 등이 있다.

성능(performance)은 명령에 대한 응답시간(response time)이나 데이터처리량(throughput) 등 주어진 하드웨어에서 나타나는 소프트웨어의 시간척도를 말한다. 응답시간(response time)이란 사용자가 명령어를 입력시키고 나서 리턴키(명령버튼)를 누른 후부터 시스템이 명령에 대한 외형적인 반응, 즉 처리결과를 나타내 보일 때까지 소요된 시간을 말한다.

품질(quality)은 요구되는 기능을 발휘할 수 있는 소프트웨어 특성의 정도 또는 용도에 대한 적합성을 말하며, 신뢰도나 기밀보안성과 밀접한 관련이 있다. 신뢰도(reliability)는 주어진 시간동안 주어진 환경에서 소프트웨어가 고장이 나지 않고 사용될 수 있는 확률을 말한다.

기밀보안성(security)은 시스템으로의 불법적인 접근을 막고 기밀자료나 보안을 유지하기 위해 사용을 불가능하게 하는 소프트웨어 능력이다.

2. 분석을 위한 접근방법

요구분석 단계는 사용자로부터 시스템에 필요한 정보를 얻어내는 단계로서 목표로 하는 시스템의 모형 또는 수행 가능한 요구사항 명세를 획득하는 것이 목적이다.

이때의 문제점은 사용자와 개발자간의 서로 다른 지식배경으로부터 야기되는 정보교환의 어려움과 요구사항의 불일치이다.

의사소통은 사용자집단의 구성원이 다양함을 이해하는 것으로부터 시작된다. 각 구성원들은 컴퓨터에 관한 전문지식, 소프트웨어를 보는 시각, 기대사항 등이 다르다. 현업부서 사용자들은 소프트웨어의 기능과 성능에 시각이 편중되어 있다. 전산요원은 컴퓨터기술에 집착하며 반면에 경영진은 기업의 이윤이나 조직의 생산성에 가장 큰 관심이 있다.

요구분석은 이러한 다양한 계층의 사용자 요구를 얼마만큼 조화있게 반영시키느냐에 성패가 달려 있다. 개발자는 사용자와 의사소통시 용어의 사용에도 유의해야 한다. 또한 사용자들이 이해할 수 있는 용어를 사용해야 하며 전산 용어를 사용자 용어로 바꾸어 사용해야 한다. 사용자의 관점에서 불필요한 컴퓨터 용어의 사용을 아예 배제하는 것이 좋다. 또한 사용자 용어를 잘 설명하려면 사용자의 업무속성과 문제에 대한 이해가 선행되어야 할 것이다. 시스템 분석을 위한 접근방안을 나타내면 <그림 5-4>와 같다.

〈그림 5-4〉 시스템 분석 접근방안

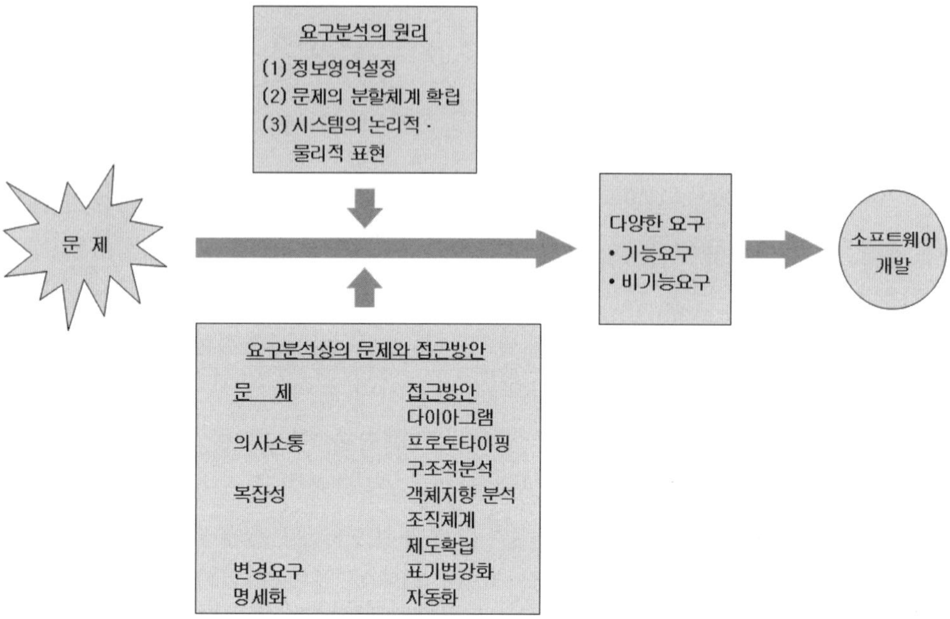

또한 복잡성의 문제는 사용자나 시스템을 운영할 당사자의 의견을 여러 측면에서 파악하고 분석함으로써 문제의 영역을 분해하여 차례대로 풀어 나가야 한다.

소프트웨어란 커다란 규모의 현실세계를 요약하여 정리한 모형에 불과하다. 요구분석상의 난제들을 극복하기 위하여 소프트웨어 공학자들은 의사소통을 원활히 하기 위해 다이어그래밍(diagramming) 기법이나 프로토타이핑(prototyping) 기법, 시스템 복잡도의 축소를 위해 구조적 분석(structured analysis) 및 객체지향 분석방법(object-oriented analysis)을 채택하였다. 변경요구 수용은 조직과 제도의 도입 및 명세서의 정확성을 기하기 위하여 논리적이면서도 명확하고 최소의 표현기술을 발전시켜 왔다.

3. 분석의 과정

시스템 분석은 다음의 <그림 5-5>와 같은 과정으로 진행하는 것이 효과적이다.

〈그림 5-5〉 시스템 분석의 여러 단계

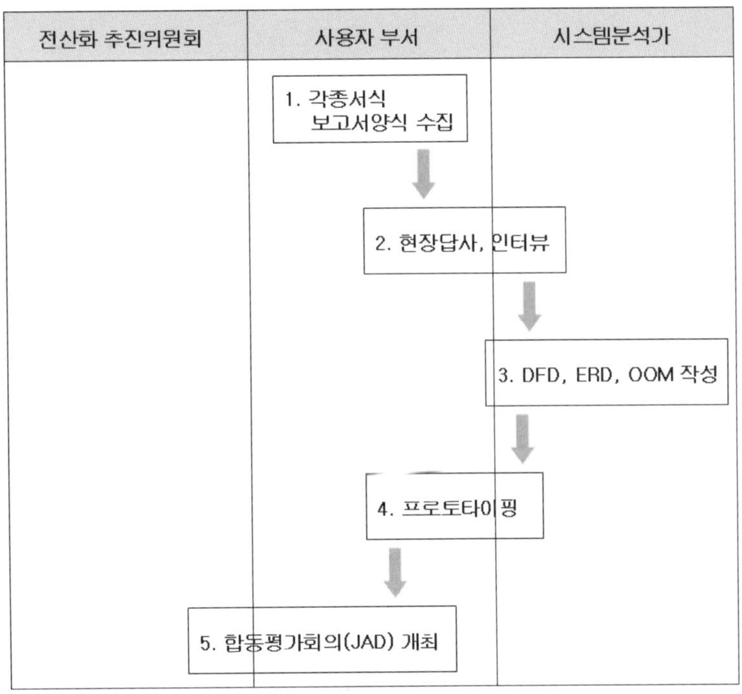

DFD(Data Flow Diagram) 작성이 구조적분석에 의한 프로세스 모델링, ERD (Entity Relationship Diagram) 작성이 정보공학 원리에 의한 데이터 모델링, OOM (Object Oriented Model) 작성이 객체지향기법에 의한 객체모델링인 것이다.

결론적으로 말하여 시스템 분석이라 함은 데이터베이스 시스템을 구성하고 있는 테이블을 만들기 위하여 데이터 모델링을 하고, 프로그램 및 데이터 모델링에 필요한 업무규칙(business rule) 등을 분석해 내기 위해 프로세스 모델링을 하는 것을 말한다.

이러한 모델링의 산출물은 각종 다이어그램으로 정보시스템의 특성상 이것만으로 사용자 요구사항의 정의가 끝났다고 생각해서는 안 된다. 따라서 초기의 메뉴 및 입출력 화면설계를 주 내용으로 하는 프로토타이핑이 시스템 분석 단계에서 이루어 질 수 있다.

현행 업무를 파악하기 위해서는 현행 업무에 대한 각종 자료(업무규정, 업무지침서, 업무처리절차서 등 각종 자료집과 문서)를 수집하여 숙지하고, 면담(interview), 설문조사, 업무관찰 및 회의 등을 통하여 업무에 대한 파악과 사용자 요구를 수집한다.

(1) 업무자료 수집/분석

현재 사용하고 있는 업무규정집, 업무지침서, 업무처리절차서, 업무운영표준(SOP) 등을 수집하여 검토하고 시스템 분석가와 개발자는 이를 숙지한다.

(2) 면 담

면담(interview)은 개발자와 사용자간의 1:1 관계에서 업무 사실을 파악하는 기회가 된다. 면담을 위해서는 조직도를 참조하여 먼저 면담 대상을 선정하고, 면담계획을 작성하여 실행에 옮겨야 한다. 면담계획 작성시 시간, 장소, 목적 등은 미리 협의하여 정하고 구체적인 계획을 육하원칙에 의거하여 작성해야 한다. 면담시 질문자의 주관이나 의견이 개입되지 않도록 주의하면서 응답자의 구두언어 못지않게 신체언어에도 유의하여 주장이나 요구의 중요성, 정확성 등을 파악해야 한다.

또한 면담결과는 양자간의 협조와 신뢰를 위해 문서화시키는 것이 바람직하다.

(3) 설문조사

설문조사는 회의나 인터뷰의 물리적 한계가 있는 경우 다수의 인원을 대상으로 실시한다.

조사자의 입장에서 간편하게 기본적인 요구를 파악할 수 있다는 장점이 있으나 구체적인 내용의 조사가 어렵다는 단점이 있다. 개발하고자 하는 소프트웨어가 불특정 다수를 대상으로 하는 패키지인 경우 효과적일 수 있다.

시스템 분석단계에서는 업무파악과 사용자 요구 수집을 위하여 설문조사를 실시한다. 사용자들을 대상으로 설문지 양식의 작성방법에 대한 사전 교육을 통하여 기본적으로 '이용양식현황표', '문서흐름파악도', '시스템개발요구서' 등의 설문조사를 하는 것이 효과적이다. 이들 세 가지 양식의 예를 소개하면 <그림 5-6> ~ <그림 5-8>과 같다.

① 이용양식 현황표

〈그림 5-6〉 이용양식 현황표

일련번호	양식명 (서류, 장표, 보고서, 전표명)	장표당 기록건수 (줄 수)	발생 장표수 (매/월)	처리주기	작성부서	접수부서	결재권자	활용정도	처리형태	용도구분	용도

[처리주기] D(일), W(주), M(월), Q(분기), SA(반년), A(년), OD(수시) [활용정도] A(필수), B(긴요), C(신규), D(불필요)
[처리형태] A(전산처리), M(수작업), P(PC단독처리) [용도구분] I(내부), E(외부)

② 문서흐름파악도

각 부서에서 사용하는 서식마다 문서흐름파악도를 작성하여 함께 제출토록 하면 현행 실물 자료흐름도 작성에 도움이 된다. <그림 5-6>의 이용양식현황표 상의 양식명과 문서흐름 파 악도의 문서명은 서로 대응하며 그 명칭이 일치해야 한다. 문서흐름파악도는 <그림 5-7>과 같다.

〈그림 5-7〉 문서흐름파악도

문서흐름파악도

부서명 : 　　　　작성자 : 　　　　업무명 :

문서명		배부부수		작성시점/건수	

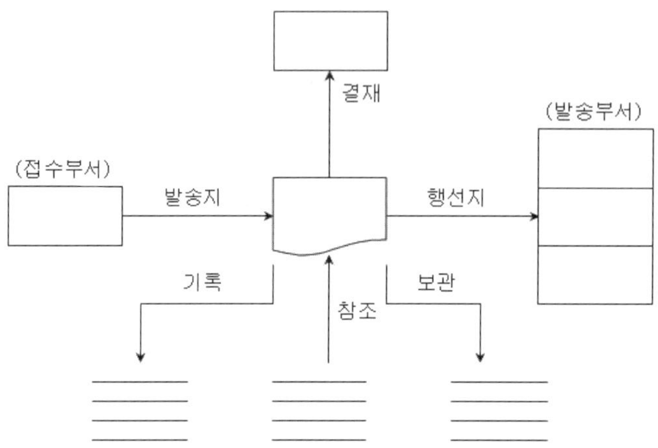

□ 작성 목적

□ 작성 방법

이전 문서명		후속 문서명		이용양식 현황표 일련번호	

③ 시스템개발요구서

〈그림 5-8〉 시스템 개발요구서

시스템개발요구서

<table>
<tr><td>개발 업무명</td><td colspan="4"></td></tr>
<tr><td>개 발 목 적</td><td colspan="4"></td></tr>
<tr><td>개 발 기 간</td><td colspan="2"></td><td>시범운용 기간</td><td></td></tr>
<tr><td>이전 개발단계</td><td colspan="2"></td><td>확대운용 기간</td><td></td></tr>
<tr><td>금번 수행범위</td><td colspan="4">(1차년도)
(2차년도)</td></tr>
<tr><td colspan="2">개발 주관부서 및 담당자</td><td colspan="3"></td></tr>
<tr><td colspan="5">○ 업무처리 절차

○ 전산화 내용

○ 취급 범위 및 관련부서

○ 자료량 및 처리주기

○ 개발 조건

○ 문제점 및 개선방안

○ 기대 효과

○ 기타 요구사항</td></tr>
</table>

(4) 회 의

관련된 사람들이 함께 모여 의견을 나누고 자료를 제시하여 토론을 하는 집단 토의방식이다. 정보시스템 개발의 경우 문제정의 및 해결방안 수집, 사용자들 간 분쟁조정, 현황분석, 자료수집 등을 목적으로 개최한다. 효율적인 회의를 위하여 회의 목적의 사전통보, 회의 계획의 작성, 브레인스토밍(brainstorming)이나 스토리보드(story-board)방법에 의한 회의진행과 회의 결과에 대한 회의록 작성 등이 필요하다.

(5) 업무관찰

사용자(실무자, 관리자, 경영자)의 업무를 파악하기 위해서는 면담, 설문조사, 회의만으로는 한계가 있다. 특히 가장 기본적인 업무인 거래처리 업무의 파악을 위해서는 생생한 현장을 방문하여 사용자의 현행 업무수행 방식을 직접 관찰하면서 이해하고 함께 개선점을 논의하는 기회를 가져야 한다. 기능이나 성능의 요구사항을 직접 깨닫고 자료들에 대한 정의, 입출력 양식들의 이해, 업무의 흐름 등을 이해하는 데 필수적이다. 개발기간이 길고 규모가 큰 외주 용역 프로젝트의 경우 외부업체의 개발요원들이 현장에서 현업 사용자와 함께 상주하면서 업무파악과 시스템 개발을 위하여 업무관찰을 하는 것은 좋은 예가 된다. 이러한 경우 업무관찰은 개발기간을 단축시키고 보다 정확하고 충분한 사용자 요구사항을 이끌어 낼 수 있는 장점이 있다.

5.2.2 설 계

1. 설계의 개념

시스템이 무엇(what)을 할 것인가의 규명이 시스템 분석이었다면, 어떻게(how) 할 것인가의 규명이 시스템 설계인 셈이다. 설계란 물리적 구현이 가능하도록 절차, 시스템 및 기기를 구체적으로 정의하는 것이며 여러 기술과 원리를 응용하는 작업이다.

소프트웨어 설계는 정해진 일정과 목표의 제약조건하에서 명세화된 요구사항을 어떻게 만족시킬 것인가의 방법을 결정하는 과정이다. 또한 사용자 요구사항이 소프트웨어를 구축하는 청사진으로 전환되는 반복적인 과정이다.

다시 말해서, 시스템 설계란 시스템 분석 결과 나타난, 컴퓨터를 통한 문제해결책의 구체적이고 세부적인 내용을 규정하는 것이며 컴퓨터와 데이터베이스 그리고 통신 및 네트워크 기술을 활용하여 이를 어떻게 구현시킬 것인가를 결정하는 과정이다.

대부분의 개발자들은 설계의 중요성에 대하여 인식을 소홀히 하고 프로그래밍 단계에서 모든 문제를 해결하려는 경향이 강하다. 이러한 이유로 설계단계에서의 문제점들로 인하여 프로그래밍단계에서 많은 시간적 낭비와 피드백이 발생하게 된다.

건축설계가 잘못되면 건물이 붕괴되고 말듯이, 시스템 설계가 잘못되면 프로그래밍은 제대로 진행될 수 없다. 소프트웨어 설계가 잘 되어야 프로그래밍 단계에서 시간 낭비를 줄이고 설계변경 비용을 절감하며 품질이 우수한 프로그램이 개발 될 수 있을 것이다.

기본적인 소프트웨어 설계의 원리는 추상화, 정보은닉, 구조화, 단계적 상세화 및 모듈화로 나누어진다.

① 추상화(abstraction)

복잡한 문제를 다룰 때 흔히 사물의 추상화, 요약화 또는 개념화(conceptualization) 방법을 사용한다.

추상화(abstraction)란 복잡한 문제나 단순하면서도 규모가 큰 문제를 해결하기 위하여 필요 없는 세부사항을 배제하고 문제를 쉽세 이해할 수 있도록 전체적이고 포괄적인 개념으로 단순화시키는 것이다.

② 정보 은닉(information hiding)

은닉이란 모듈들이 소프트웨어 기능을 발휘하기 위해 상호 대화를 하되 서로의 독립성을 유지하는 것이다. 모듈내부의 세부사항을 은폐시키고 다른 모듈과의 접속에 필요한 정보만을 노출시킴으로써 모듈간의 접속을 가능한 한 단순화시킨다.

정보 은닉(information hiding)이란 모듈을 사용하기 위한 최소한의 필요한 정보만 나타내 보이고 자세한 것은 접근할 수 없도록 하는 방법이며, 객체지향의 기본원칙 중 캡슐화의 기본개념이 된다.

모듈설계시 정보 은닉의 원리를 이용하면 모듈은 독립적인 기능을 수행하고 설계과정에서 하나의 모듈이 변경되더라도 다른 모듈의 설계에 영향을 주지 않고 모듈 이해도를 높일 수 있는 장점이 있다.

③ 구조화(structure)

대형시스템을 작은 시스템들로 분해하려면 구조적 분할이 필요하다. 이것은 복잡하거나 큰 문제들을 직접적으로 해결할 수 없기 때문에 문제의 영역들을 각각의 기능모듈 단위로 세분화하여 모듈간의 관계를 구조적으로 설계하는 것이다.

④ 단계적 세분화(stepwise refinement)

Niklaus Wirth가 최초로 제안한 하향식 설계방법으로 프로그램의 구조를 점차적으로 세분화시키는 것이다. 이것은 추상화의 상위 수준에서 정의한 기능에서 시작하여 그 기능을 점차적으로 구체화시키며 설계가 진행되면서 하위 수준의 세부사항을 나타내게 된다.

⑤ 모듈화(modulation)

모듈(module)이란 흔히 서브루틴(subroutine), 하위 시스템(subsystem), 소프트웨어내의 프로그램 혹은 단위 작업을 의미한다. 이것은 시스템 분해에 가장 유용한 개념이다. 모듈은 이름을 가지며 이름과 매개변수 값을 제공함으로써 작동시킬 수 있으며 다른 모듈을 이용할 수 있다. 프로그램을 모듈로 세분화시킬 경우 모듈간의 독립성을 높이고 모듈내의 응집성을 높여야 한다. 모듈화된 시스템은 시스템을 모듈들의 집합으로 추상화한 것이 된다.

2. 설계의 유형

시스템 분석단계에서 도출되어 데이터, 기능 및 활동 모형으로 표현된 소프트웨어 요구사항은 설계단계의 기본이 된다. 여기에다 설계방법을 사용하여 데이터 설계, 아키텍처 설계, 인터페이스 설계, 절차설계를 하게 된다.

소프트웨어 설계는 그 관점에 따라 <그림 5-9>와 같이 몇 가지로 구분할 수 있다.

〈그림 5-9〉 소프트웨어 설계의 관점과 유형

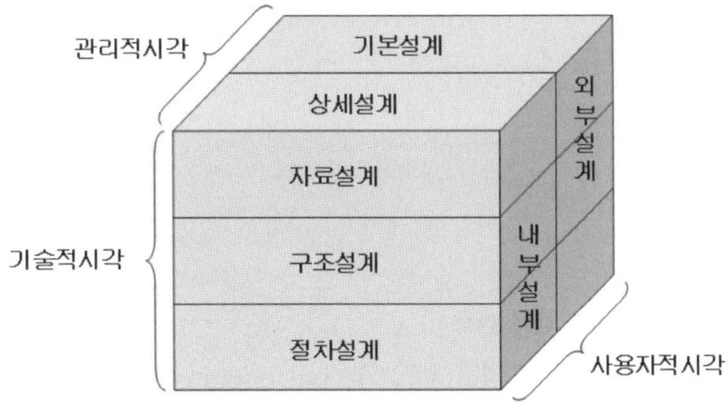

(1) 기술적 관점

① 자료설계(data design)

자료구조(data structure)를 정의한 것으로 시스템 분석 모형에서 정의된 데이터 객체를 소프트웨어내의 자료구조로 전환시키는 것이다. 자료설계시 주요활동은 요구사항 정의와 명세화 과정 중에 식별된 자료객체(자료구조)의 논리적인 표현이다. 실체관계도(ERD)는 기초자료가 된다.

② 구조설계(architectural design)

프로그램 요소들 간의 관계를 정립시키는 것으로 모듈간의 제어관계를 표현하는 것이 주목적이다.

③ 절차설계(procedure dcsign)

프로그램 요소들을 소프트웨어 기능으로 변환시켜 주는 것으로 데이터, 아키텍처 및 인터페이스 설계 이후에 이루어지는 단계이다.

(2) 사용자적 관점

① 외부설계(external design)

외부설계는 사용자나 타 시스템과의 인터페이스(interface) 등 시스템 밖에서 찾아 볼 수 있는 시스템들을 명세화하는 것이다.

외부설계에서 다루어지는 대상으로는 다음과 같은 것이 있다.

- 사용자 화면 : 사용자 인터페이스, 입출력 방식
- 외부 자료원천지(data source) 및 저장소 : 자료 배경도
- 기능적 특성 : 외부 코드설계, 서브시스템 구성의 명세(기능구조, 기능설명)
- 성능충족요건 : 성능요건(반응시간 등)
- 개괄적인 절차구조도 : 시스템흐름, 자료흐름도

② 내부설계(internal design)

내부설계는 기본설계(preliminary design, architecture design)와 상세설계(detailed design)로 나누어 단계적인 설계절차를 필요로 한다.

내부설계에서 다루어지는 시스템의 요소들은 다음의 <표 5-2>와 같다.

〈표 5-2〉 내부설계에서 다루어지는 시스템의 요소들

기본 설계	상세 설계
• 시스템의 논리적 개념 • 내부 기능들의 정의: 기능설명 • 기능들의 분해: 기능구조도 • 내부 자료흐름들과 자료저장소의 정의: 자료흐름도 • 요소들간의 관계정립: 실체관계도(ERD)	• 알고리즘(algorithm)의 명시: 프로그램 모듈명세서 • 자료 저장방법을 구체화시키는 자료구조: 데이터베이스 테이블 명세, 파일 layout • 기능들과 자료구조들간의 연결: 프로그램/테이블 연관도, 프로그램 구조도 • 시스템 요구들간의 결합방안: 시스템 흐름도

3. 설계의 과정

시스템 설계에 들어가기 전에 설계 작업의 표준화와 일관성을 유지하고 체계적인 관리를 위하여 선행되어야 할 것이 있는데 바로 설계표준의 설정이다. 정해진 설계표준은 설계과정 전반에 걸쳐 적용되어야 하며, 이는 구현 및 유지보수 단계에까지 이어져 지켜지는 것이 바람직하다.

1) 데이터베이스 설계

데이터베이스란 조직이 필요로 하는 자료의 체계적 집합 혹은 통합된 파일들의

집합(collection of integrated files)으로 정의할 수 있다. 즉 이것은 데이터의 중복성을 최소화하면서, 조직에서의 다양한 정보요구를 충족시키도록 상호관련된 데이터를 모아 놓은 데이터의 통합된 집합체로 정의된다. 통합은 하나의 파일로 병합(merge)시키는 것이 아니고 자료의 중복저장 제거와 파일 또는 테이블 상호간의 유기적인 연결관계의 형성을 뜻한다.

전통적인 파일처리 방식에서는 정보시스템을 설계 및 구현할 때 기업 등의 조직 또는 각 부서에서 필요한 데이터 처리에 초점을 맞추어, 각각의 고유 업무에 따라 별개의 데이터 파일을 구축한다. 따라서 데이터의 중복, 일관성 없는 데이터, 데이터파일의 경직성, 데이터 공유의 제한, 표준화 결여, 프로그래밍 생산성 저하 및 프로그램 유지보수의 어려움 등 많은 단점을 가지고 있다. 이러한 전통적인 파일처리 방식의 단점을 해소하기 위하여 나온 것이 데이터베이스 방식이다.

데이터베이스 방식은 파일처리 방식에서 각 프로그램에 의해 독립적으로 관리되던 파일들을 통합 저장하고, 데이터베이스 관리시스템으로 하여금 응용프로그램과 독립적으로 관리하게 하여 다양한 사용자와 응용 프로그램들이 데이터를 공유할 수 있도록 한다.

(1) 데이터베이스 전환설계

데이터 모델링이란 데이터베이스를 구성하는 테이블들의 종류와 관계를 실체관계도(ERD, entity relationship diagram)라는 그래픽 도구를 이용하여 묘사하는 것이다. 논리적 설계의 주안점은 자료의 정규화(data normalization)에 있고 정규화의 주목적은 필요한 자료를 한번만 저장시키자는 것, 즉 자료의 불필요한 중복저장을 없애자는 것이다. 자료가 2중, 3중으로 저장되어 있으면 디스크 면적의 낭비는 물론 자료간의 불일치 현상이 발생하여 이의 해결에 많은 노력이 투입될 수 있다.

시스템 설계 단계 중 데이터베이스 설계는 DBMS 사용여부와는 무관하게 컴퓨터를 바탕으로 한 정보 시스템 구축시 반드시 거쳐야 하는 과정이다.

데이터 모델링, 즉 데이터베이스의 논리적 설계 과정을 통하여 데이터베이스를 구성하는 테이블들의 종류와 구성 내역, 상호 관계 등 논리적 데이터 모델이 완성되면 여기에다 관계형 데이터베이스 관리시스템(RDBMS)의 적정한 기능과 성능 및 데이터 분산형태를 고려하여 물리적 데이터베이스로 전환하게 되는데 그 주요 내용은 다음과 같다.

① 실체(entity)를 테이블(table)로 전환

일반적으로 테이블명칭과 실체명칭은 같게 하는 것이 좋다.

여기서 실체란 유용한 정보를 제공하기 위하여 기록, 관리하고자 하는 데이터로서 사람, 사물, 장소, 개념 또는 사건을 말한다. 실체의 예로는 사원(사람), 상품(사물), 지역(장소), 계약(사건), 계획(개념) 등이 있다.

② 속성을 칼럼으로 전환

속성(attribute)은 실체를 구성하는 구체적인 데이터 항목으로서 더 이상 분리될 수 없는 최소한의 데이터 단위이다. 속성의 예로는 성명, 입사일자, 사번, 생년월일, 근무부서 등이 있다.

칼럼의 명칭은 속성의 명칭과 반드시 일치시킬 필요는 없으나 프로그래머와 사용자의 혼동을 피하기 위해 가능한 표준화된 약어를 사용한다. 가능한 칼럼의 명칭은 짧은 것이 좋으며 짧은 것이 좋으며 짧은 명칭은 SQL의 해독시간을 감소시킨다.

③ 주식별자를 기본키(주키)로 전환

주식별자는 실체의 행(row, record)의 유일성을 보장해 주는 속성 또는 속성의 집합이다. 각 실체의 주식별자는 테이블의 기본키(PK)가 된다. 관계형 데이터베이스에서는 모든 테이블에는 오직 1개의 주식별자를 설정해야 한다.

④ 관계를 외부키로 전환

n:1관계에서 1(one)에 있는 기본키(주키)를 n(many)의 외부키로 전환한다. 외부키(FK)의 명칭을 결정하되 키형태란에 외부키를 표시한다.

즉 논리적 데이터모델에서의 실체(entity)를 테이블(table)로, 속성(attribute)을 테이블을 구성하는 칼럼(column, 열)으로, 주식별자(primary identifier)를 기본키(primary key, 주키)로, 외부식별자(foreign identifier)를 외부키(foreign key, 외래키)로 각각 전환하며, 그리고 관계(relationship)를 외부키(foreign key)의 속성으로 추가시킨다. 즉 일(1)에 해당하는 테이블의 기본키를 다(n)에 해당하는 테이블의 한 속성으로 추가함으로써 두 테이블(부모테이블, 자식테이블)간의 관계를 설정(연결)해준다. 결국은 논리적 데이터 모델링 단계의 산출물인 실체관계도(ERD)와 업무규칙이 물리적 데이터베이스내의 스키마(schema)로 전환되는 것이다.

논리적 데이터 모델링 단계에서 논리적 데이터 모델인 실체관계도(ERD)는 실체간의 관계와 실체의 속성들에 대한 구조를 표현한다. 관계도의 중요한 점은 관계와 모든 속성의 도출이다. 데이터베이스 구축시 성능(performance)은 중요한 요소이다. 따라서 실체의 데이터 건수를 분석할 필요가 있다. 이러한 데이터 건수는 실체의 행(row)길이와 함께 실제로 데이터베이스 구축시 테이블 저장공간(space)을 정할 때 중요한 척도가 된다. 물리적 데이터베이스 설계의 기초 자료인 테이블, 인덱스의 저장 공간을 계산하거나 디스크상의 배치결정 및 데이터베이스의 저장공간 할당 등에 활용이 된다. 데이터 사용량을 효과적으로 분석하기 위해서는 실체관계도(ERD)를 물리적으로 확장시킨 데이터 구조도(data structure diagram)를 이용하기도 한다.

(2) 파일 설계

한편 파일설계는 주로 오랫동안 저장·관리할 필요성이 없거나 일시적으로 저장할 자료 등을 관리할 파일의 구성에 관한 설계이다.

파일(file)은 보조 기억장치에 저장되어 있는 동일한 종류의 레코드들의 집합이다. 파일처리 방식에서의 각 시스템은 고유한 업무에 적합하도록 별도의 데이터 파일과 프로그램을 보유하게 된다. 이런 경우, 동일한 내용의 데이터를 중복저장하게 될 뿐만 아니라 조직내의 데이터 공유도 어렵게 된다. 이 경우 문제는 이로 인하여 자료간의 불일치성(inconsistency)이 발생하기 쉽다는 점이다. 응용 프로그램과 데이터 사이에는 상호의존 관계가 있어 파일의 구성 요소, 구성 방법, 접근 방식 등이 변경되면 이 파일을 사용하는 응용 프로그램도 같이 변경되어야 한다. 그리고 파일의 경우 구조적 조회 언어(SQL)를 이용할 수 없어 정보 검색이나 자료 갱신시 프로그램 개발이 뒤따라야 한다. 이점이 파일처리 시스템과 DBMS의 큰 차이이다.

(3) 코드 설계

코드 설계는 시스템에서 사용되는 각종 코드의 체계 및 구성을 다룬다.

코드는 컴퓨터 시스템에서 매우 중요한 역할을 한다. 코드의 종류에는 일련번호코드([예] 서울: 01, 부산: 02), 구분코드([예] 총무부: 01~09, 영업부: 20~29), 그룹분류코드(X:대분류 + X:중분류 + X:소분류), 십진분류코드([예] 도서코드), 연상기호코드([예] KOR: 한국, JPN: 일본, USA: 미국, SEL: 서울), 합성코드([예] 대학에서 부여하는 학번 등) 등이 있다.

일단 설계된 코드는 시스템 전체에 걸쳐 사용되기 때문에 시스템 운영에 큰 영향을 준다. 따라서 철저한 검토를 걸쳐 신중히 결정해야 한다. 우선 코드는 컴퓨터 처리에 적합해야 한다. 이를 위해 자료의 표준화가 필요하고 컴퓨터와 사람의 인터페이스를 고려하여 취급하기가 쉬워야 한다. 특히 사람이 다루는 코드는 기입, 입력, 체크의 용이성을 갖도록 하는 것이 중요하다. 일반적으로 코드의 자릿수는 4자리 이하가 바람직하며 부득이한 경우에는 하이픈으로 구별하게 한다. 그리고 틀리기 쉬운 문자(예를 들어 영문자 O와 숫자 0)는 가급적 사용을 피하는 것이 좋다.

코드의 체계성은 시스템이 통합될수록 더욱 중요해 지며 체계적이어야만 일관성 있는 작업이 이루어진다. 코드 설계가 완료되더라도 코드의 증가와 감소가 필연적으로 발생함에 유의하여 이에 대한 대책이 있어야만 한다. 즉, 확장성을 고려하여 설계하여야 한다.

시스템 설계에서 말하는 코드설계란 색인순차 파일에서 설명한 레코드 검색키의 설계로 이해하면 된다. 코드란 파일에 들어있는 레코드들을 식별(identify), 분류(classify) 또는 정렬(sort)하는데 사용하는 숫자, 문자의 조합을 뜻한다. 여러 종류의 많은 자료에서 특정의 것만을 선별하던가, 동질의 집단으로 분류하던가, 일정한 기준으로 나열하는데 코드가 필요한 것이다.

2) 입출력 설계

온라인 컴퓨팅과 그래픽 인터페이스가 주종을 이루는 오늘날에는 최종사용자의 입장에서는 외형적으로 나타난 입출력 화면이 곧 정보시스템이며 입출력화면의 작동이 용이한지, 제공하는 기능은 충분한지 등의 여부가 시스템의 성패를 좌우한다. 잘못 설계된 화면은 시스템 이용자를 피곤케 하고 실수를 많이 저지르게 하며, 중요한 정보를 놓쳐 의사결정에 치명타를 입힐 수도 있기 때문이다. 사용자 인터페이스(user interface)라 부르는 메뉴 및 입·출력 화면이 사용하기에 불편하고 크기나 색깔, 내용 등이 적절치 않을 경우 생산성도 저하되고 사용도 저조해져

결국 시스템 폐기의 원인이 된다.

입출력 설계시 오류와 시행착오를 줄이고 시스템의 일관성 유지하며 효율적인 개발과 유지보수를 위해 필요한 것이 표준화된 템플리트(template)이다. 템플리트는 표준으로 사용할 공통화면을 말한다. 이것은 전사적 또는 시스템별로 표준화하는 것이 좋다. 즉 화면의 여러 가지 속성, 즉 형태, 표시특성, 컨트롤(입력란, 명령버튼, 레이블 등)과 메시지 등을 표준화하여야 한다.

그래픽 사용자 인터페이스(graphic user interface, GUI) 방법은 매킨토시, IBM, PC용 윈도우 및 워크스테이션 등에서 일반화되어 있는 방법으로 여러 개의 윈도우(window)를 한 화면에서 동시에 볼 수 있으며, 컴퓨터에 명령을 내릴 때 마우스로 아이콘(icon)을 클릭(click)함으로써 사용자의 의사가 소프트웨어로 전달된다.

그래픽 사용자 인터페이스(GUI)의 장점은 다음과 같다.

① 배우기 쉽고 사용하기 편리하며 초보자도 능숙해 질 수 있다.
② 여러 개의 화면(윈도우)을 통해 동시에 여러 작업이 가능하다.
③ 라인(line)별 상호작용이 아닌 전체 화면(폼) 단위의 대화가 가능하다.
④ GUI를 지원하는 모니터의 특성상 정보출력의 그래픽화가 가능하다.

사용자의 편의성을 위하여 가능한 한 터치스크린(touch screen)이나 바코드 리더기, 음성인식기능 등의 입출력매체를 다양화하고 이들을 이용한 입력의 간소화 내지 자동화를 통하여 신속, 정확한 처리로 서비스 개선과 인력절감을 꾀할 필요가 있다.

메뉴란 시스템의 제공기능들을 스크린에 나열한 것이다.

메뉴설계의 출발점은 기능구조도 또는 DFD이다. 메뉴방식은 가장 널리 알려있는 사용자 인터페이스(GUI) 방법의 하나이다. 메뉴는 사용자로 하여금 선택항목 중 하나를 선택할 수 있도록 해 준다. 사용자가 마우스클릭이나 해당 기호입력 또는 기능키(function key) 누름을 통해 원하는 메뉴항목을 선택하면 컴퓨터는 관련 프로그램을 작동시켜 자료입력, 온라인조회, 보고서출력 등의 기능을 제공하는 것이다. 따라서 메뉴란 프로그램 작동수단이고 컴퓨터와의 대화수단인 것이다. 메뉴를 통한 시스템작동은 특히 초보자나 간헐적 사용자의 경우 사용의 편리성(user friendliness)을 보장해준다.

메뉴방식은 매우 다양하다. 단일 메뉴(single menu), 선형 순차메뉴(linear sequence), 계층형 메뉴(tree structure) 그리고 네트워크(network) 메뉴 구조가 있다.

단일 메뉴에는 문자/숫자 메뉴, 아이콘 메뉴, 명령어선택 메뉴, 버튼식 메뉴, 두 화면 메뉴, 풀다운/팝업 메뉴, 파이 메뉴, 체크박스 메뉴, 터치스크린 메뉴 등이 있고, 선형순차 메뉴에 는 순차메뉴, 다중메뉴 등이 있다.

3) 프로그래밍 설계

(1) 프로세스 설계

프로세스(process)란 전산 처리과정을 뜻한다. 일괄처리(batch processing)가 주종을 이루는 재래식(legacy) 시스템의 경우 업무 흐름도나 시스템 흐름도를 이용하여 전산 처리과정을 설계함으로써 입력 문서와 처리 프로그램, 출력물간의 관계를 규명하여 프로그래밍 및 시스템 운영의 참고 자료로 활용한다. 구조적 분석에서 주장하는 신규 실물 자료 흐름도(new physical DFD)의 일종이라 할 수 있다. 흐름도(flow chart)는 알고리즘의 논리(logic)를 그림으로 표현한 것이다.

프로그래밍 설계는 프로그램 구조도, HIPO(Hierarchical Input, Process, Output), N-S(Nassi-Shneiderman)도표 등의 그래픽 도구를 이용하여 프로그램을 모듈로 세분화시키고 프로그램과 모듈의 작동 순서(알고리즘)를 명시하여 프로그래밍 및 개발 후 유지보수의 생산성을 높이자는 것이다.

프로세스 설계란 입력되는 자료와 보유 중인 파일들을 토대로 필요한 출력정보를 얻기까지의 처리 단계 및 정보의 흐름을 그림으로 명시하는 것이다.

<그림 5-10>은 업무 흐름도 또는 블록 차트(block chart)의 한 예인데 각 부서를 블록으로 나열한 뒤 부서간의 정보 흐름 및 정보처리 기능간의 관계를 그림으로 나타낸 것으로 업무흐름 전체를 개괄적으로 파악하는 데 도움을 준다.

〈그림 5-10〉 업무 흐름도의 예

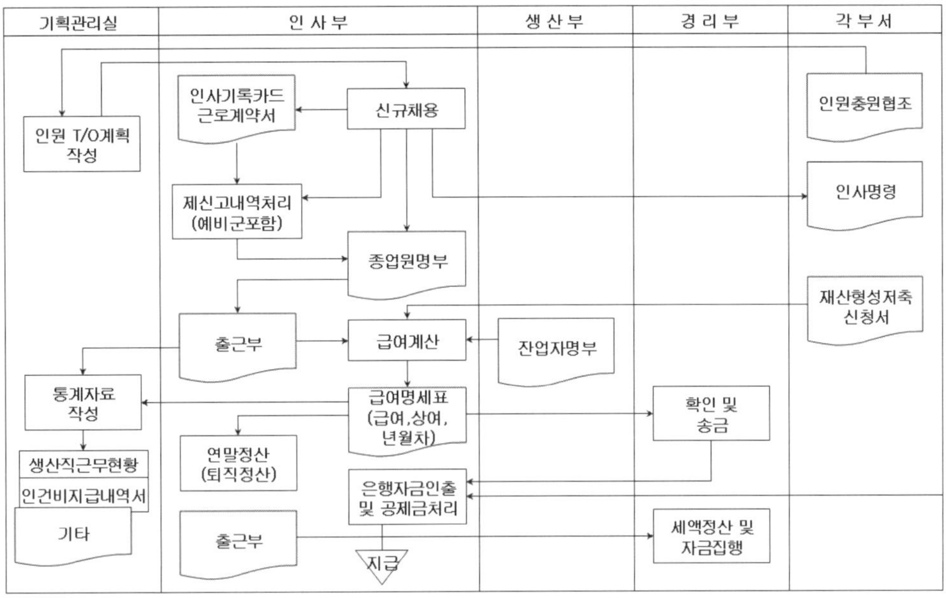

프로세스 설계에서 시스템 흐름도(system flow chart) 등에 사용되는 기호들을 정리하면 <그림 5-11>과 같다.

〈그림 5-11〉 프로세스 설계에 사용되는 기호

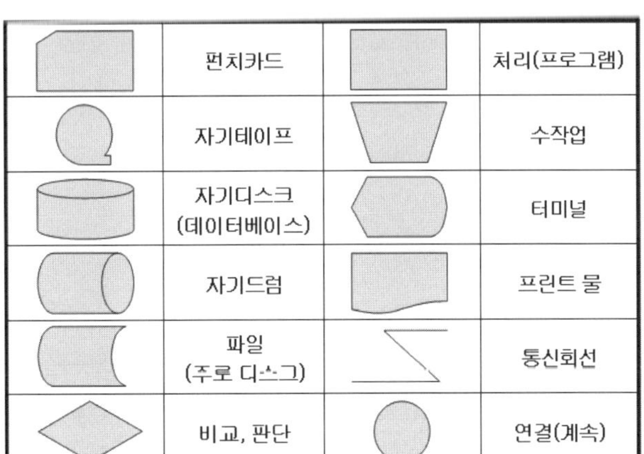

이러한 기호들을 이용하여 입력 자료와 처리 프로그램, 관련 파일, 그리고 출력 정보간의 관계를 <그림 5-12>와 같은 시스템 흐름도(system flow chart)로 표시할 수 있다.

〈그림 5-12〉 시스템 흐름도의 예

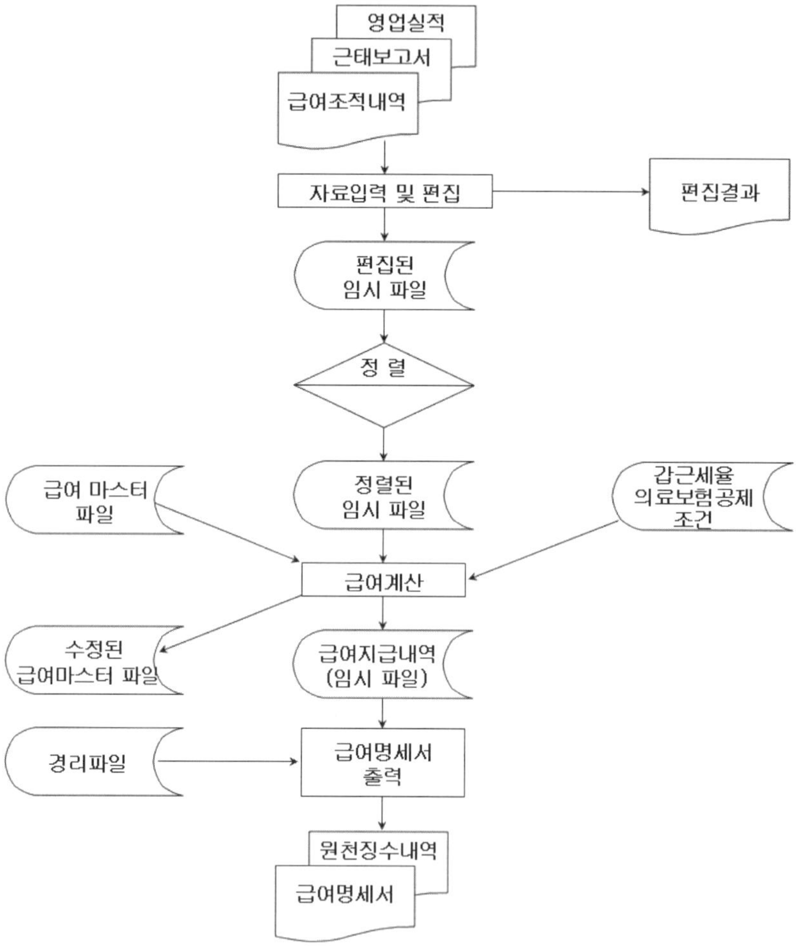

각종 다이어그램은 의사소통 도구이기 때문에 기호들의 종류는 단순할수록 좋다.

(2) 프로그래밍 설계

프로세스 설계 다음에는 프로그래밍 설계인데 윈도우 환경하의 그래픽 인터페이스의 등장으로 이 분야에 많은 변화가 오게 되었다. 메뉴화면에서의 메뉴선택, 자료입력화면에서의 특정필드에서의 자료값 입력 또는 자료값 변경, 입·출력 화면에 부착된 명령버튼(command button)의 클릭 등의 이벤트 발생시 어떠한 모듈이 구동해야 하는가를 명시해야 하기 때문이다.

이벤트구동 프로그래밍의 등장으로 모듈화와 알고리즘 설계를 단순화시킬 수 있게 되었다. 특정이벤트 발생시 특정모듈을 작동케 할 수 있기 때문에 분할정복의 원리를 도입, 복잡한 알고리즘을 이벤트별로 세분화시킬 수 있게 된 것이다. 알고리즘 설계는 프로그램의 작동순서와 제어흐름을 그림으로 표시하여 원하는 결과의 산출가능성을 사전에 확인하기 위한 작업이다.

알고리즘(algorithm)이란 어떤 특정문제를 풀기 위해 정해진 일련의 명령(단계)들의 집합을 말한다. 프로그램(program)은 추상적인 형태로 표현한 알고리즘을 컴퓨터가 수행할 수 있도록 구체적인 형태(프로그램 언어)로 표현한 것이다.

그러나 알고리즘이 복잡한 모듈은 있기 마련이어서 N-S도표를 이용한 알고리즘의 설계 및 정확성 검증이 필요한 것이다.

프로세스와 프로그래밍 설계가 완료되면 이를 토대로 프로그램을 코딩(coding)하는 구현단계로 들어가게 된다. 이 단계에서는 프로그램 모듈명세서(사양서)에 따라 프로그램 작성을 하게 된다.

다음에는 시스템 구성도(system architecture)의 작성이다. 하드웨어 및 소프트웨어 구성, 네트워크 구성, 시스템 흐름 등을 보여주는 것이 시스템 구성도이다. 물론 하드웨어 및 소프트웨어 구성도, 네트워크 구성도 등은 타당성조사, 즉 시스템 개발주기의 초기에 작성되는 경우가 많다. 소요비용의 대체적인 윤곽을 알아야 타당성조사를 할 수 있기 때문이다. 그러나 시행착오를 줄이기 위해서는 시스템 분석을 통하여 사용자가 원하는 것이 무엇인지를 규명한 다음에 하드웨어와 소프트웨어, DBMS, 네트워크 구성 등을 결정할 수 있을 것이다. 물론 타당성조사 단계에서 작성되는 시스템 구성도는 잠정적인 것으로서 시스템 분석 후 이를 재검토하여 수정이 필요하면 수정한다. 그리고 시스템 개발주기의 주요단계가 끝날 때마다 타당성조사를 반복하고 타당성이 없으면 취소할 수도 있는 것이다.

시스템 흐름도(system flow chart)는 자료흐름도(DFD)와는 또 다른 차원에서 도움을 준다. 시스템 구현단계에 들어갔을 때 프로그래머에게 도움(프로그램 작성, 테스트 시)을 줄 뿐만 아니라 개발완료 후 운영단계에 들어갔을 때, 시스템의 운영 및 유지보수(maintenance)에 없어서는 안 될 것이 시스템 흐름도이다.

4) 기술설계

기술설계는 업무시스템체계와 현재의 기술환경을 토대로 가능한 기술체계를 검토한다. 업무시스템체계를 지원할 수 있는 새로운 기술환경을 정의하고 기존 또는 미래의 정보기술을 최적으로 활용할 수 있는 방안을 결정한다. 그리고 실제적으로 하드웨어, 소프트웨어 및 네트워크 구성요소들의 구축기반을 마련한다. 다시 말해서 하드웨어 및 네트워크와 같은 전산장비들의 최적 구성방안을 도출해야 한다. 이는 정보기술의 현 수준, 기업의 정책 그리고 업무활동의 집중화 또는 분산화 관련정책에 따라 달라질 수 있다.

기술설계를 위해서는 첫째, 기술요건이 정의되어야 한다. 이를 위해서는 업무시스템과 데이터 저장소 요건이라든가 정보기술의 업무에 대한 영향, 기존 기술환경의 수준, 정책, 추세에 대한 분석, 그리고 시스템에 대한 장비의 현재 지원상태 등이 분석되어야 한다. 기술체계는 시스템의 성능수준을 달성하기 위한 핵심요건 중의 하나이다.

둘째, 기술통합요건 및 조직요건이 파악되어야 한다. 즉 정보기술 구성요소들간의 통합을 고려해야 하는데, 통합요건에 영향을 주는 요인들(업무영역간의 정보교환, 정보기술의 업무에 대한 영향 등)과 조직요건에 영향을 주는 요인들이 파악되어야 한다.

셋째, 분산요건을 분석해야 한다. 이것은 각 업무시스템과 데이터 저장소의 기술적 지원에 대한 요구를 결정하는 것으로, 이를테면 여러 지역별 소재지에서의 업무영역의 분산 등을 근거로 정할 수 있다. 또한 업무시스템과 데이터 저장소를 완전통합(중앙집중식), 부분통합(분산처리), 단독처리(stand alone) 중 어느 것으로 할 것인지 결정해야 하며 각 업무영역의 요구를 만족시키기 위해 필요한 기술수준도 결정해야 한다. 그리고 소재지(본사, 지사, 영업소 등)간 어떤 종류, 어느 정도의 통신이 발생할 것인가에 대한 분석, 소재지에 위치한 데이터 사용량 분석 및 소재지별로 수행되는 업무기능 간의 상관관계 분석 등을 통하여 소재지 간 통신의 유형과 데이터량을 도출한다.

이렇게 도출된 기술체계들에 대하여 기술적, 경제적, 조직적 타당성과 기술변화와 조직변화를 고려한 적응성 등을 종합적으로 검토하여 기술설계를 도출한다.

분석단계의 데이터 모델링 부분은 설계단계의 전환설계 부분으로 이어지지만 프로세스 모델링 부분의 프로세스들은 기술설계 부분에서 프로그램으로 전환된다.

이때 전환되는 방법이나 구조는 프로그램의 운영시스템 환경에 따라 달라진다. 즉 개발 또는 운영될 시스템 환경이 종래의 특정 벤더(vendor)의 중앙집중처리 환경이나 분산시스템인 클라이언트/서버 환경이냐에 따라서 우선적으로 프로그램 구조가 달라지고, 운영체제(OS), 관계형 DBMS 종류, 개발도구의 종류, 네트워크 프로토콜(network protocol) 등 많은 요소들에 따라서 기술설계의 방법이나 절차는 달라진다.

클라이언트/서버를 구성하는 요소기술은 H/W 측면과 S/W 측면 및 전체 측면이 있다.

전체 시스템의 구싱은 성능 목표치에 가깝게 구성되어야 히는데 주전산기의 자료처리량, 분산시스템을 구성하는 OLTP(online transaction processing) 기술, RDBMS 성능, 개발도구 성능, UNIX 서버 등이 잘 조화를 이루어야 한다. 전체 시스템의 관리 및 보안측면에서 지원조직과 시스템, 네트워크, 하드웨어, 소프트웨어 등 유지관리와 UNIX, RDBMS, NMS(network management system) 등의 시스템에 대한 보안 방안이 강구되어야 한다.

개발환경이 최대의 성능을 발휘하도록 유기적으로 잘 결합되어야 하는데 윈도우형 개발도구(비주얼 베이직 등)와 개발지원도구(CASE), 방법론 및 미들웨어 등이 서로 호환성이 있어야 한다.

네트워크 설계는 구성장비, 접속방식, 접속장비 및 네트워크 관리와 신기술 및 멀티미디어를 수용할 수 있어야 한다. 그리고 통신 프로토콜과 운영체제, OLTP, NMS, DCE(distributed computing environment) 등의 시스템 소프트웨어를 잘 고려하여 선정하여야 한다. 데이터베이스 모델링 및 설계와 분산전략의 수립이 매우 중요하다.

특히 관계형 데이터베이스를 클라이언트/서버의 근간이 되는 데이터베이스로 선정했다면 모델링 및 설계과정은 관계형 이론에 따라 정확히 설계하는 것이 중요하다.

5.2.3 구 축

1. 프로그래밍

1) 프로그래밍의 개요

상세설계(detailed design)가 끝나면 다음 단계는 실행 가능한 프로그램 모듈을 생성하는 구현 단계로 넘어 간다. 모듈은 특정 프로그래밍 언어로 작성된 서술문을 말하며 단일 단위로 저장되고 프로시저를 지원한다. 프로그래밍 언어는 종래에는 3세대 언어(COBOL 등)를 많이 사용하였으나 현재는 4세대 언어(비주얼 베이직, 파워 빌더, 델파이 등), Java, C++등의 사용이 보편화되어 있다.

프로그래밍(programming)은 프로그램 작성 또는 프로그램 코딩(coding)이라고도 하며 설계사양서(design specification)를 프로그램 원시코드(source code)로 변환시키는 과정이다.

변환과정은 흔히 컴파일러(compiler)가 원시코드를 받아서 대상 하드웨어에 알맞은 목적코드(object code)를 생성할 때까지 진행된다. 그러나 이 과정에서 많은 유형의 오류가 발생할 수 있다. 상세설계사양을 잘 못 해석함으로써 프로그램 원시코드에 오류가 발생할 수 있다. 그리고 원시코드 자체의 처리논리(logic)에 잘못이 있거나 필요이상으로 복잡하게 짜여져 이어지는 작업에 문제를 야기시킬 수 있다. 프로그램 코딩(coding)상의 정확성 결여로 컴파일(compile)이 성공적으로 완료되지 못하면 결함을 제거시키는 디버깅(debugging) 작업도 필요해진다. 따라서 프로그래밍이란 프로그래밍 언어로 단순히 코드를 짜는 것이 아니라 치밀하고 논리적인 두뇌의 투자와 체계적인 진행 방법론을 필요로 한다. 프로그래밍의 과정을 나타내면 <그림 5-13>과 같다.

〈그림 5-13〉 프로그래밍의 과정

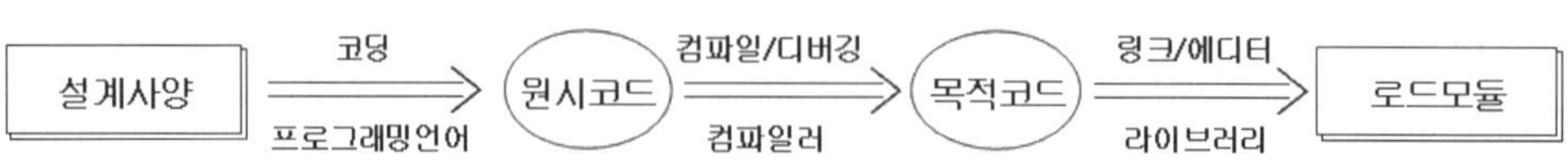

2) 프로그래밍의 원칙

일반적으로 프로그래밍은 프로그램의 목표는 구조성의 확보만이 아니다. 프로그램이 소모하는 메모리의 양을 최소화시킬 것, 출력물의 판독성을 최대화 할 것, 원시코드를 구조적으로 작성하여 이해하기 쉬울 것, 원시코드의 양을 최소화 할 것, 개발기간을 최소화할 것 등 다양할 수 있다. 물론 최근 들어 하드웨어의 급속한 발전으로 말미암아 메모리의 양이나 원시코드의 양은 큰 문제가 되지 않고 있지만 개발기간을 단축시킨다든가 품질 높은 소프트웨어의 기본인 출력물과 원시코드의 판독성 강화는 프로그래밍의 관심사이다.

① 설계사양을 철저히 반영시킬 것
② 원시코드가 간단명료하도록 할 것
③ 디버깅하기 쉬울 것
④ 시험(test)이 용이할 것
⑤ 수정하기 간편할 것

3) 프로그래밍 방식

(1) 하향식 개발과 구조적 프로그래밍

설계가 완료되면 그때까지 작성되었던 일체의 문서(타당성 조사서, 자료 흐름도, 기능 명세서, 데이터베이스 개요, 프로그램 구조도, N-S도표)는 프로그래밍팀에게 넘겨져 코딩(coding)에 들어간다. 이때부터 시스템 구축 즉, 협의의 시스템 개발이 시작된다.

프로그램 코딩이 시작되면서 개발팀은 활기를 띄기 시작한다. 지금까지 설계 도면상으로만 존재하던 시스템이 컴퓨터 화면에 그 모습을 드러내기 시작하기 때문이다. 프로그램 작성과 함께 각종 회의, 기술검토회의(walkthrough) 등으로 개발팀은 바빠진다. 코딩과 테스트가 반복되면서 예기치 못한 오류(bug)가 발견되고 그 원인과 해결책을 찾아 낼 때까지 디버깅의 어려움도 감수해야 한다. 따라서 계획 수립과 이에 따른 계획과 실적간의 비교, 독려, 동기유발 등의 조치가 필요하다. 프로그래머의 창의성은 계속 존중되어야 하겠지만, 비범한 알고리즘의 창출 그 자체가 목적이 될 수는 없기 때문에 다른 사람이 보아서도 이해하기 쉬운 소스 코드의 작성이 급선무다. 또한 대형 프로젝트의 경우 많은 수의 프로그래머가 코딩에 참여하기 때문에 프로젝트 진행 관리의 문제가 등장한다. 이에 대한 하나의 해결책은 하향식(top-down)개발과 구조적 프로그래밍이 될 수 있다.

하향식 개발이란 시스템이나 프로그램 구조도의 최상위 모듈부터 시작하여 아래로 내려오면서 차례대로 코딩 및 테스트의 과정을 반복하는 프로그램 개발방식을 일컫는다. 최상위 모듈이란 메뉴 또는 하위 모듈 드라이버(구동) 프로그램이다. 상위 모듈이 하위 모듈을 돌린다는 뜻에서 드라이버(driver)라 부른다. 하위 모듈들을 작동시키는 문언들로만 구성된 슈퍼바이저(supervisor) 또는 주 논리(main logic) 모듈을 먼저 개발하는 것이다.

(2) 이벤트 구동 프로그래밍(event-driven programming)

윈도우환경 하에서 개발되는 그래픽 사용자인터페이스(graphic user interface) 시스템의 경우에는 비주얼 프로그래밍 기법을 이용한다. 비주얼 프로그래밍(visual programming)이란 종래의 3세대 언어와 같이 라인(line)별로 프로그램을 실제로 코딩(coding)하기보다는 다이어그램(diagram)과 아이콘(icon)으로 객체를 표현하고, 이들을 연결, 클릭(clicking)함으로써 프로그램을 완성하는 기법이다.

액세스나 비주얼베이직 또는 파워빌더로 개발하는 그래픽 사용자 인터페이스(GUI) 시스템의 경우 재래식 설계 도구로서는 처리하기 힘든 두 가지 문제가 발생한다.

첫째는 화면간의 연결을 보여줄 필요가 있는 것이다. GUI 환경 하에서는 각종 업무 처리와 의사결정 지원이 일련의 입출력 화면을 통해서 이루어지는데 이들간의 연결관계를 다음과 같은 화면 흐름도(screen flow diagram)로 표시함으로써 업무 재설계(BPR)의 효과를 거둠과 동시에 사용자 편리성(user friendliness)의 확보에도 도움을 줄 수 있다.

〈그림 5-14〉 주문처리의 화면흐름도의 예

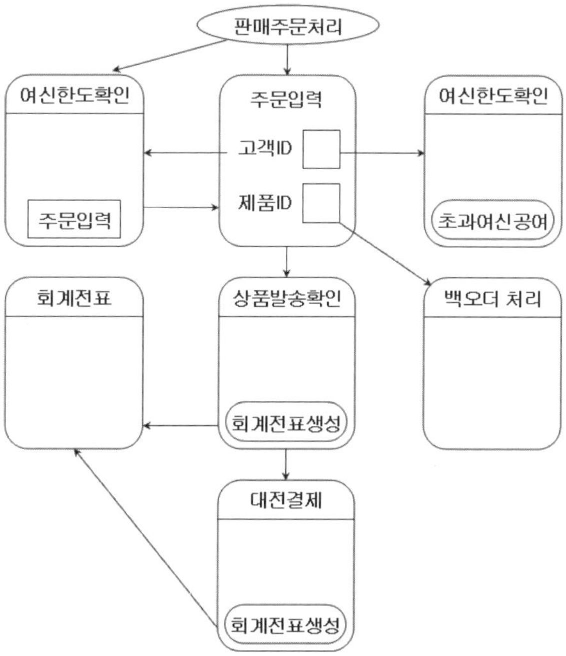

둘째는 화면상의 객체들과 관련된 이벤트 발생시 작동되는 프로그램 모듈(함수나 프로시저)들을 체계적으로 문서화시키는 도구가 필요하다는 것이다. 그래픽 사용자 인터페이스 시스템의 특징으로는 이벤트 발생시 프로그램이 작동하는 이벤트 구동 프로그래밍(event-driven programming)을 들 수 있는데 이벤트(event)에는 다음과 같은 것들이 있다.

① 마우스 클릭 : 메뉴 항목이나 명령 버튼을 마우스로 클릭함(OnClick 혹은 OnDbClick이벤트)
② 폼 열기 및 닫기 : 마우스 클릭으로 스크린 폼이 열리고 닫히는 사건
③ 키보드 조작 : 자료 입력 필드에 새로운 데이터를 처넣거나 전시된 자료를 변경 혹은 삭제시킴
④ 시간경과 : 타이머(timer)를 설정해놓은 경우에 일정 시간이 경과함

어느 객체의 특정 이벤트 발생시 작동하는 프로그램을 다른 객체도 사용할 필

요가 있는 경우 이를 독립된 함수나 프로시저로 만듦으로써 소프트웨어의 재사용을 높이고 유지보수도 쉽게 할 수 있다(예 : 여신한도 체크). 그러나 특정 객체에만 국한된 루틴(예 : 수화인 이름, 주소 표시)은 해당 객체의 이벤트 프로시저로 직접 입력시키면 처리 속도를 빠르게 할 수 있고 코딩도 간편해 진다. 반면에 유지보수와 컴퓨터 범죄 예방 차원에서의 어려움이 발생할 수 있다. 특정 이벤트 발생시 작동하는 이벤트 프로시저가 폼의 일부분으로 되어 있기 때문에 폼을 디자인 보기로 연 뒤(액세스의 경우) 해당 객체의 속성 창을 열어 이벤트 프로시저를 클릭해야만 그 내용을 알 수 있기 때문이다. 요컨대 모듈 객체로 독립되어 있는 함수와는 달리 폼 뒤에 숨겨져 있는 프로시저들이 많이 생기게 된다. 따라서 다음과 같은 이벤트 구동 도표의 형태로 폼, 폼 상의 객체, 객체별 이벤트, 이벤트 발생시 작동되는 함수나 프로시저를 문서화 시킬 필요가 있다.

비주얼 베이직이나 액세스 등의 프로그래밍 언어로 된 함수나 이벤트 프로시저 개발시 복잡한 모듈인 경우 N-S 도표를 이용하여 알고리즘을 사전에 설계한 후 코딩에 착수하는 것이 좋다.

〈표 5-3〉 이벤트 구동 도표의 예

화 면	컨 트 롤	이 벤 트	처 리 내 용	구 분
주문 입력	고객 ID	갱신 후	수화인 이름과 주소 표시	EP
		갱신 시	여신 한도 체크	MF
	제품 ID	갱신 후	단가 및 할인율 표시	EP
	주문 수량	갱신 후	재고 부족시 백오더 처리	MF
		갱신 시	주문액 계산 및 전시	EP

(EP : 이벤트 프로시저, MF : 독립된 모듈의 함수)

4) 프로그래밍 언어

1980년대의 구조적 분석에 의한 전통적 개발방식 하에서는 코볼(COBOL)언어를 비롯한 3세대 언어가 응용 프로그램 개발도구로 많이 이용되었고, 1900년대 중반 내지 후반에 접어들어서부터는 4세대언어(파워빌더, SQLWindows, 델파이, 비주얼 베이직 등)와 객체지향언어(Java, C++등)에 의한 개발이 보편화되고 있다.

객체지향언어는 객체를 정적이나 동적으로 생성할 수 있게 클래스를 정의할 수 있는 언어인 클래스기반(class-based)언어로서의 특성뿐만 아니라 상속성까지 지원하는 언어를 말한다.

객체지향언어에는 Smalltalk와 같은 순수한 객체지향언어와 C++, Object COBOL과 같은 하이브리드 객체지향언어가 있다. 지금까지는 정보시스템 개발도구로 비주얼 베이직(Visual Basic)과 자바(Java)언어 등이 가장 많이 이용되고 있다.

2. 테스트

1) 테스트의 개요

(1) 테스트의 개념

프로그램 코딩(coding)이 완료되면 테스트(test) 단계를 거치게 된다.

테스트(test)는 디버깅(debugging)과 개념이 다르다. 디버깅이 이미 발견된 소프트웨어의 결함의 원인을 찾아 교정하는 작업이라면, 테스트(test)는 노출되지 않은, 숨어있는 결함을 찾기 위해 소프트웨어를 작동시키는 일련의 행위와 절치를 말한다.

다시 말해서 테스트는 결함이 없음을, 혹은 얼마나 없는가를 증명하는 것이 아니라 결함이 존재함을 보여주는 작업이다. 즉 테스트는 오류(error)를 찾기 위해 프로그램을 수행하는 과정이다.

테스트시 발생하는 오류의 종류는 다음과 같다.

- 로직(logic) 에러
- 설계와의 불일치
- 과부하 에러
- 타이밍(timing) 에러
- 처리용량 및 처리능력 에러
- 폴백/복구 에러
- 하드웨어 및 시스템 소프트웨어 에러

(2) 테스트 단계(절차)

① 단위 테스트(unit test)

단위 테스트(모듈테스트)는 프로그램(모듈) 개별단위로 실시하는 테스트로서 하나의 프로그램 내에서 오류를 찾아내는 과정이다. 여기에는 업무시스템 내에서 프로그램과 그 프로그램이 호출하는 프로그램까지를 범위로 한다.

단위 테스트에서는 프로그램 기능테스트, 실행경로 및 오류처리 테스트, 경계값 테스트, 타 프로그램과의 인터페이스 테스트를 실시한다. 단위테스트 점검표에 의거하여 실시하되 테스트결과를 기록, 유지한다.

② 통합 테스트(integration test)

통합 테스트는 인터페이스와 관련된 결함들을 발견하고 제거하면서 프로그램(모듈)들을 체계적으로 조합시키는 작업이다. 이때 하향식 통합, 상향식 통합, 샌드위치형 통합유형이 있다.

통합테스트는 단위테스트가 완료된 프로그램들에 대하여 관련이 있는 업무 시스템들을 통합하여 테스트를 실시한다. 통합시스템내 모듈간의 인터페이스, 기능 및 성능 테스트, 통합 시스템을 지원하는 소프트웨어 및 하드웨어, 네트워크에 대한 테스트를 실시한다.

테스트 항목별로 테스트 데이터를 작성하여 테스트를 실시하며 테스트 점검표에 처리결과를 기록하고, 발생한 에러에 대한 목록을 작성한다.

③ 시스템 테스트(system test)

시스템 테스트는 통합 테스트 완료 후 업무영역과 기존 시스템간의 인터페이스, 기능 테스트, 시스템의 성능평가, 데이터베이스 백업/복구 등을 테스트한다. 시스템의 성능평가는 설계 단계에서 정의된 성능측정지표를 기준으로 하고, 스트레스 테스트와 볼륨 테스트를 실시하여 시스템 부하를 측정한다. 그리고 시스템의 보안도 테스트한다.

④ 인수 테스트(acceptance test)

인수 테스트는 신규 시스템을 운영할 사용자가 수행한다. 이때 사용자는 운영시 발생될 수 있는 문제점에 중점을 두고 고객 인수기준을 만족하는가를 테스트한다. 인수 테스트 결과를 기록하고 수정보완 사항이 발생하면 개발팀에 보완을 요청한다.

5.2.4 이 행

이행(implementation) 단계에서는 인수 테스트까지 모든 테스트 절차를 완료한 후 개발된 시스템을 가동(운영)환경에 설치하게 된다. 그리고 개발자는 기존 시스템에서 사용하던 자료들(data)을 신규 시스템에 맞게 전환(conversion)작업을 하고 신규 시스템에서 필요한 기초 자료(기준정보의 자료) 구축을 위한 준비를 하며 사용자 및 운영자 교육을 실시한다.

1. 이행 절차

(1) 이행계획 수립

이행절차를 비롯하여 이행실패에 대비한 비상대책을 작성하여야 한다.

(2) 교육계획 수립

사용자를 위한 교육계획과 사용자 지침서를 작성한다.

(3) 사용자교육 실시

작성된 교육계획과 사용자 지침서에 의하여 사용자 교육을 실시한다.

(4) 가동시스템 설치

가동환경에서 시스템을 운영하기 위해 필요한 과정들을 수행한다. 하드웨어와 시스템 소프트웨어 구성에 필요한 조정작업이 완료되면 운영자 지침서를 작성하여 시스템 운영요원에게 필요한 내용을 교육하고 시스템을 가동 라이브러리에 설치한다.

운영자 지침서에는 주요 작업절차 및 정기작업 목록, 프로그램 목록, 송수신체계, 장애시 연락체계, 기타 시스템 운영상의 참고사항 등이 포함되어야 한다.

시스템 이행을 위해서는 크게 데이터베이스 및 기존 데이터의 전환, 환경등록 및 로드모듈 이행, 네트워크 설치 등을 준비해야 한다.

2. 시스템 전환

신규시스템으로 전환(conversion)하는 데에는 다음 그림과 같은 네 가지 방법이 있다.

(1) 일시 전환

시스템 테스트가 끝난 뒤 특정일을 정해 그 날짜로 기존시스템을 폐기시키고 신규시스템의 가동에 들어가는 것이다. 전환일은 월초나 분기초 혹은 연초가 되는 것이 보통이다. 이러한 전환방법이 고도의 위험을 내포하고 있음은 물론이다. 그러나 이전비용(transition cost)이 들지 않는다는 장점이 있다. 그 때문에 이 방식이 종종 채택된다. 법규나 정부지시로 어느 날부터의 일괄전환이 불가피한 경우를 제외하고는 이러한 방식은 피하는 것이 좋다. 또한 대체할 기존시스템이 없든가 기존시스템이 전혀 무가치한 경우 일시전환이 시도될 수 있다.

(2) 병행 처리

일정기간 동안 신·구 시스템을 동시에 운영하며 출력물을 상호비교, 에러유무를 확인한다. 기존시스템을 폐기처분하기에 앞서 신규시스템에 에러가 없다는 것을 확인하기 위해서이다. 병행처리(parallel processing)의 장점은 예기치 못한 하자로 기업이 복구불능의 손해를 입는 것을 방지해주는 것이다. 그러나 비싼 대가를 치러야 한다. 동일거래에 대해 수작업 처리와 전산처리가 이중으로 행해져야 하기 때문이다. 결국 병행처리의 기간이 문제되는데, 이는 병행처리로 인한 비용증가와 예상이익과를 상호 비교하여 결정하면 된다.

(3) 단계적 전환

버전(version)별로 시스템을 도입하는 방식이다. 물론 버전넘버가 올라갈수록 시스템의 기능이 확장되고 성능이 보강된다. MIS 피라밋의 기초가 되는 거래처리에서 출발하여 일정기간이 지난 뒤에 관리용 보고서, 의사결정지원 기능을 추가시키는 식이다.

또한 거래처리 중에서도 인사·판매·회계 등 부분별로 단계적으로 도입하는 것이 가능하다. 요컨대 시스템이 개발되면서 개발되는 차례대로 운영에 들어가는 방식이라 할 수 있다.

(4) 장소별 전환

동일한 시스템이 여러 장소에 도입되어야 할 경우에 우선 어느 한 곳에서 일괄 전환이나 병행처리를 통하여 시스템의 무결성을 확인한 뒤에 다른 곳에도 일괄적으로 도입하는 방식이다. 이 경우 최초의 실험대상이 되는 곳을 베타테스트 또는 파일럿(pilot)테스트 장소라 한다. 은행의 온라인 시스템처럼 원거리간의 자료통신이 수반되는 경우에 지방 또는 해외점포를 베타테스트 장소로 선정해야 한다. 그 이유는 자료통신의 복잡성 때문이다.

5.3 산업유형별 업무모형

5.3.1 개 요

일반적으로 ERP가 지원하는 산업별 업무 프로세스의 적용 분야를 보면 항공산업, 자동차, 은행, 화학, 소비재생산, 엔지니어링 및 건설업, 병원, 보험, 석유 및 가스, 의약품, 공공분야, 부동산, 소매업, 서비스제공업, 정보통신, 운송, 학교 등 매우 다양하다.

ERP는 기업의 업무 프로세스(business process)를 정보기술(IT)을 이용하여 구현한 컴퓨터 프로그램 패키지(program package)이므로 실제 산업현장의 업종별 업무 프로세스 모형을 살펴보는 것이 ERP 패키지의 실체를 파악하는데 무엇보다도 도움이 될 것이다.

정부에서는 지난 2001년부터 중소기업청의 주관으로 전통산업의 e- Manufacturing 및 e-Industry를 촉진하기 위해 업종별로 생산 방식 및 경영형태가 유사한 분야의 업무 프로세스를 표준화하여 보급·확산해 오고 있다.

2001년도부터 3개년동안 수행해온 업종별 업무 프로세스 표준모델 개발사업의 최종 산출물 총 20개 업종에 대한 표준모델을 다음과 같이 개발하였다.

① 1차년도 : 통신기기 및 방송장비, 반도체 및 전자부품, 전기기계, 자동차부품, 식품가공, 의약품 화학제품 등 6개 업종

② 2차년도 : 고무 및 플라스틱제조업, 제 1차 금속산업, 조립금속제품 제조업, 일반기계, 특수기계 등 5개 업종
③ 3차년도 : 컴퓨터·사무기기 제조업, 선박 및 보트제조업, 석유정제품 제조업, 봉제의복 제조업, 골판지·종이 제조업, 기초 화합물 제조업, 물류 서비스업, 제과 제조업, 유통 서비스업 등 9개 업종

ERP 시스템 및 정보시스템의 컨설팅과 개발을 전문으로 하는 국내 용역업체들이 공동으로 참여한 업종별 업무 프로세스 표준모델 개발 사업에서는 산업별 업무영역을 구분하고, 각 영역별로 표준 프로세스를 도출하여 중소기업의 업무 효율 증대, 정보화 추진용이, 경영혁신을 이루기 위한 표준모델을 개발하였다. 또한 업종의 공통 업무 표준프로세스의 웹개발방법론 템플릿(template)을 개발하여 중소기업 정보화 지원사업에의 확산·보급에도 기여하였다.

본 장에서는 이들 20개 업종 가운데, 비교적 업무가 복잡하면서 보편적이고 파급효과가 큰「자동차 부품 제조업종」을 선정하여 이 업종의 업무 중 물류관리의 중심축이 되는 생산관리의 표준 업무 프로세스를 소개하고자 한다(중소기업청, 2003).

5.3.2 생산관리 업무모형

1. 기능구조도

생산관리
자재소요계획
자재소요계획(MRP)
소요량 전개
자재소요량 계획 검토
상세 생산능력계획 수립
계획 및 능력 조정
자재소요계획 확정/통보
생산능력계획
개략생산능력계획
개략생산능력계획 실행
개략생산능력개획 실행
상세생산능력계획
상세생산능력계획 실행
상세생산능력계획 검토
투입 대 산출 통제
생산지시
자재/능력 가용성 Check
자재 가용여부 파악
생산능력 가용여부 파악
작업지시
작업 오더 확정
공정별 계획 수립
계획오더 작업지시
긴급오더 작업지시
작업지시서 배포
자재 불출 지시
외주 가공 지시
작업 오더 확정
가공 출하 의뢰
사급 발주 의뢰

생산관리
생산실행
자재 보급
자재 불출 요청
자재 수령
자재 사용 기록
생산 진도관리
공정검사 의뢰
공정별 생산실적 집계
작업장 백로그 관리
자재 부족 Check
작업오더 완료 처리
작업오더 완료 처리
생산성 분석
생산성 분석
계획 대비 실적 분석
작업자 효율 분석
작업장 효율 분석
가동률, Loss율, 수율 분석
설비관리
설비이력
설비 기본정보 관리
설비 기준정보 이력
보전활동 이력
보전원가 분석
예방보전
예방보전 계획 수립
예방보전 일정 계획
예방보전 작업지시
예방보전 작업실시
예방보전 작업내용 등록

2. 기능 설명

업무영역	기능	기능 설명
생산관리	생산기준정보	• 생산에 필요한 기초정보를 자원과 일정 중심으로 관리한다. • 각 부품의 Part Number 및 Part Name 등 관리체계가 모 기업과 달라 별도의 관리가 필요하며 납품 모 기업이 여러 군데일 경우 같은 제품의 경우라도 그 구성품이 조금씩 상이하여 별도로 BOM을 구성하여 사용한다.
	생산계획	• 계획생산 - 모 기업의 생산계획에 따라 계획생산(년간, 월간, 주간 등)의 정보가 확정 또는 변경된다. • 주문생산 - 해외 수출품의 경우 별도의 주문을 받아 생산에 적용 • 생산계획은 영업활동이나 수요예측 등을 통하여 수집된 정보들을 활용하여 정해진 생산량을 주어진 여건에서 가장 효율적으로 생산할 수 있도록 최적화하는 기능으로, 생산목표관리, 기준생산계획, 생산/판매계획 조정, 자재소요계획 등이 포함된다. 생산계획을 수립하는 품목은 완제품, 반제품, 구성품 수준의 원재료까지도 포함한다.
	자재소요계획	• 생산에 필요한 자재의 소요를 계획한다.
	생산능력계획	• 생산능력계획은 최상층의 경영계획에서부터 매일의 계획된 생산스케줄에 이르기까지 이들 계획의 실행 가능성에 관하여 생산계획 부서 및 최고관리층에게 아주 중요한 피드백을 제공한다. 이 기능은 부하문제를 정확히 집어내어 더 나은 일정, 공정, 작업계획을 제공하여 결국 생산스케줄을 충족하는데 있어서 상위수준의 관리를 가능토록 한다.
	생산지시	• 부품을 납품하는 모 기업이 여러 군데일 경우 제품의 표준화가 되어 있지 않아 각 모 기업의 제품을 생산하기 위한 별도 생산라인을 구축 이용해야 하는 경우가 많다. • 생산지시는 확정된 세부 생산계획에 따라 필요한 작업을 지시하는 기능으로, 정상적인 생산뿐만 아니라 재작업, 수리작업에 대한 작업지시도 포함한다.
	생산실행	• 생산실행은 생산계획이나 MRP에 의하여 수립된 생산지시 사항을 실제 현장에서 실천하는 기능으로, 생산진도관리 및 비가동관리, 생산성분석, 공정별 실적관리 등의 세부기능으로 구성된다.
	생산성분석	• 계획대비 실적 분석을 통해 생산 효율성을 파악한다.
	설비관리	• 설비관리는 기업운영 설비에 대한 작업관리, 필요설비에 대한 자재조달 및 재고관리, 회계처리 등에 연계되는 설비 전반에 관련된 업무를 포함한다. 주요기능으로는 예방보전, 예지보전, 설비이력관리, 설비부품관리, 공구관리, 계측기관리 등이 있다.

3. 업무 프로세스 흐름도

(1) 자원정보

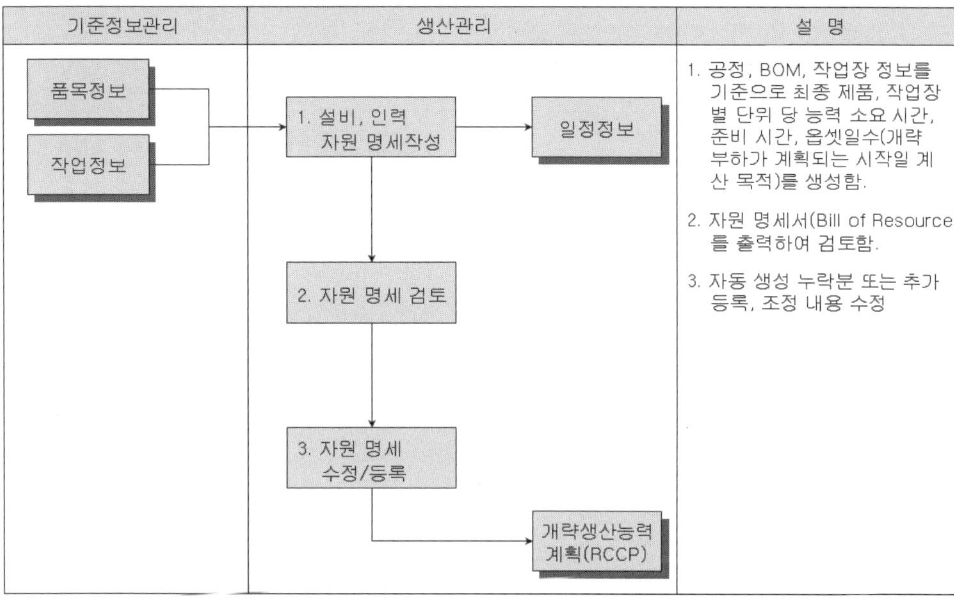

(2) 일정정보

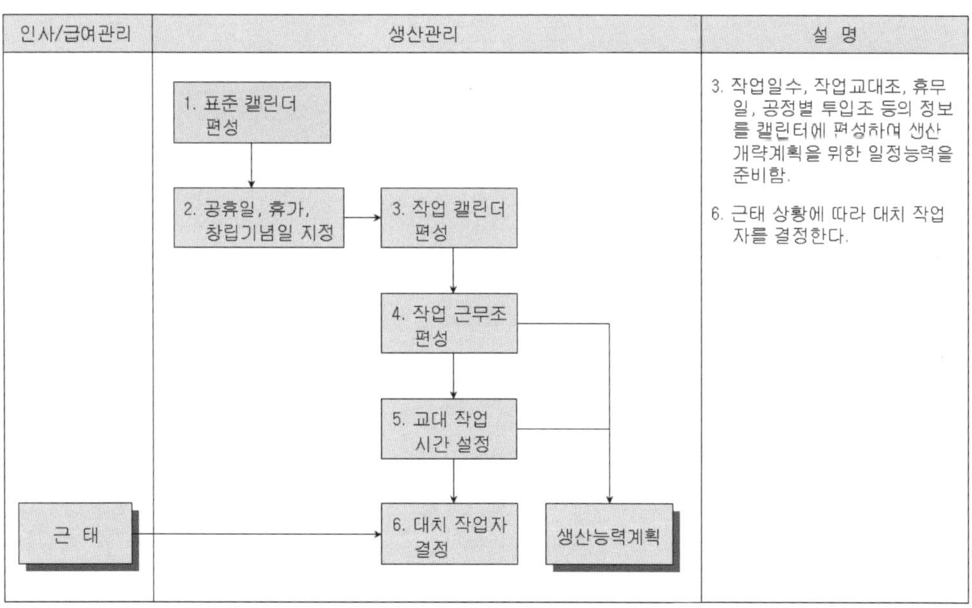

(3) 중장기 생산계획

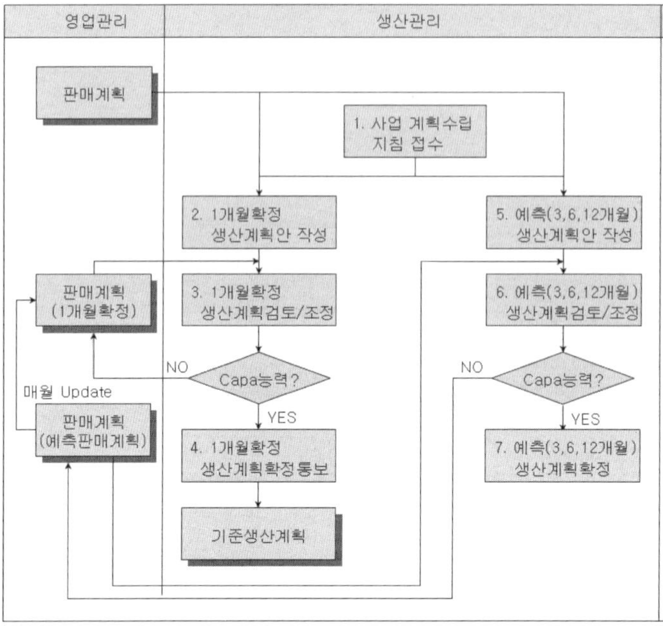

설 명

1. 기획 팀은 사업 계획을 감안하기 위한 지침접수(금리, 환율, 인원 계획, 투자 계획 등 회사 정책)
   영업관리에서
   - 확정 Order, Spot Order 등을 감안하여 1개월 확정 판매계획을 수립
   - F/C Order를 감안하여 예측(3,6,12개월) 판매계획을 수립
2. 지수 계획(가동률, 불량률, 수율, 계획공수)등을 감안하고, 1개월 확정 판매계획, 재고수준을 반영한 1개월 확정 생산계획을 수립함.
3. 생산현황, 설비/인원현황, 설비보전계획, 생산성 및 창고 Capacity.
   재고수준, 외주 업체능력 등 감안하여 1개월 확정 생산계획을 조정함.
4. 생산 능력까지 감안하여 1개월 생산 계획이 확정되면, 제품재고, 긴급 Order 등을 기준으로 기준생산계획이 수립됨.

F/C Order에 의하여 수립된 예측판매계획을 기반으로 수립된 예측(3,6,12개월) 생산계획은 예측된 매계획조정을 거쳐 1개월 확정판매계획수립으로 매월 update 된다.
잦은 Order변경으로 생산계획 및 자재 구매처관리의 어려움에서 탈피하여 계획에 의한 생산 및 자재소요 예측이 가능함.

(4) 기준생산계획

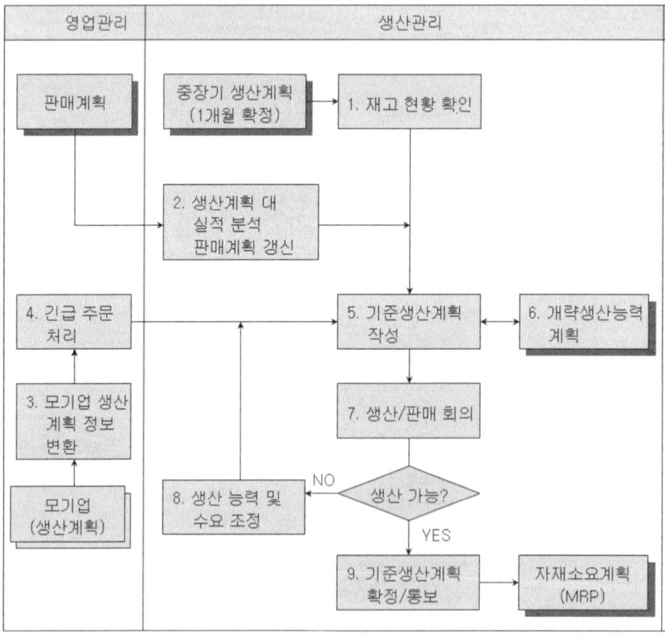

설 명

2. 전월 당초 생산 계획 대비 실적 분석(각종) 영업팀에서 월/주간/일일 단위 판매 계획을 입력함.
3. 모기업의 생산계획 변경에 따른 긴급 주문 처리
5. 최종 제품, 서비스 Parts 등 독립 수요품목에 대한 생산계획 작성 – 품목, 수량, 창고 입고일(Due Date)
   기준생산계획 조회, 보고서를 통해 예외 사항을 검토함.
   - 예외메시지 : 계획의 취소, 독촉, 계획의 확정, 작업 지시 처리, 연기, 리드타임 위반 등
6. 자원 명세를 활용하여 최종 제품 기준 생산 계획이 실현 가능한지 작업장별 능력 대비 부하 검토
7. 기획팀은 생산/판매 회의를 통해 월 생산/판매 계획을 확정함.
8. 타임펜스 정책에 따라 계획 및 진행 중 도어의 안정화를 위해 필요 시 관리자의 허락을 득해야 하며, 관련부서 영업, 생산, 구매, 자재팀과의 긴밀한 협조 하에 조치를 취해야 함.
   - 예외 사항에 대한 조치 및 계획의 변경
   - 주문, 판매 계획, 재고, 진행 중 작업 오더, 계획 오더, 예상 재고를 확인하고, 계획의 수정 또는 확정(Firm) 처리.
9. 생산 능력까지 감안하여 실행 가능한 생산 계획이 수립되면, 자재 소요 계획 담당자, 관련 부서에 생산 계획 확정을 통고함.
   - 월 또는 주간 단위
   - 수요/공급 계획

(5) 오더 생산계획

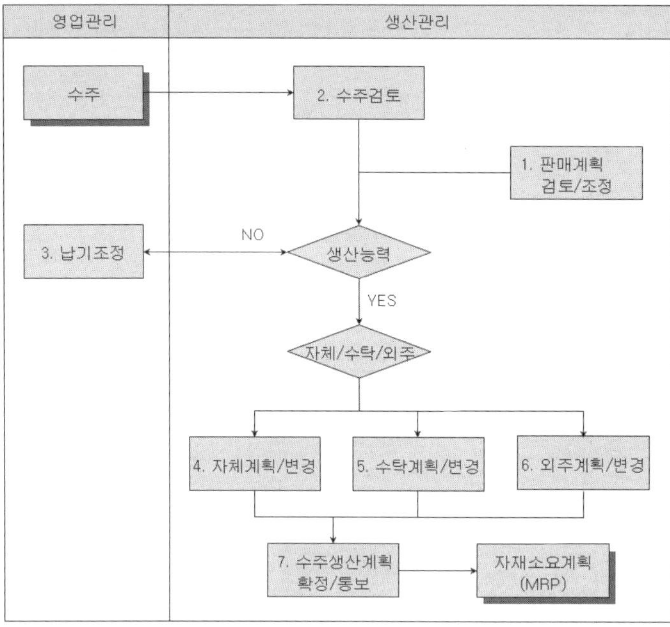

설 명

1. 기준 판매 계획을 검토함
2. 영업팀에서 수주한 것을 우선순위와 생산능력을 감안하여 검토
3. 생산 능력이 부족하여 납기일을 만족시키지 못하는 경우에 납기일을 조정
4. 적성계획을 자체생산분으로 계획/변경
5. 수탁 Order를 적정하게 수탁 생산분(OEM생산)으로 계획/변경
6. 적정 계획을 외주생산으로 계획/변경 타임펜스 정책에 따라 계획 및 진행 중 도어의 안정화를 위해 필요 시 관리자의 허락을 득해야 하며, 관련 부서 영업, 생산, 구매, 자재팀과의 긴밀한 협조 하에 조치를 취해야 함.
   - 예외 사항에 대한 조질 및 계획의 변경
   - 주문, 판매 계획, 재고, 진행 중 작업 오더, 계획 오더, 예상 재고를 확인하고, 계획의 수정 또는 확정(Firm) 처리
7. 생산 능력까지 감안하여 실행 가능한 생산 계획이 수립되면, 자재 소요 계획 담당자, 관련 부서에 생산 계획 확정을 통고함.
   - 월 또는 주간 단위
   - 수요/공급 계획

(6) 자재소요계획

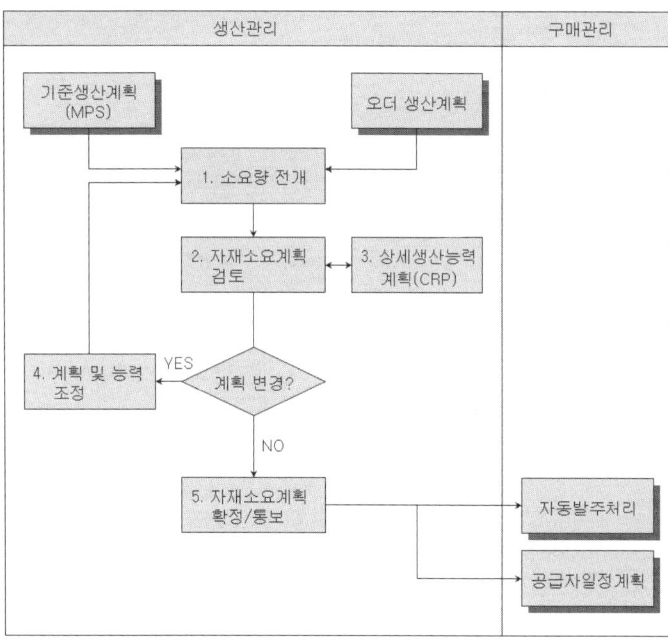

설 명

1. 기준 생산 계획을 기준으로 반제품, 원부자재 소요량을 산출하고, 발주 정책, 로트 사이즈, 안전재고, 리드타임을 감안하여 반제품 생산 또는 원부자재 구매계획 오더를 생성함.
2. 소요량 전개 결과를 검토하고 상세 능력 계획을 수행하여, 제품/반제품 생산 관련 작업장 능력 대비 부하 분석에 따른 계획 또는 능력 변경 사항을 검토함
3. 작업장 능력, 공정 표준 시간을 활용하여 각 작업장별 능력 대비 부하 분석 및 영향을 미치는 계획의 검토
4. 타임펜스 정책에 따라 계획 및 진행 중 도어의 안정화를 위해 필요 시 관리자의 허락을 득해야 하며, 관련 부서 영업, 생산, 구매, 자재팀과의 긴밀한 협조 하에 조치를 취해야 함.
   - 예외 사항에 대한 조치 및 계획의 변경
   - 주문, 판매 계획, 재고, 진행 중 작업 오더, 계획 오더, 예상 재고를 확인하고, 계획의 수정 또는 확정(Firm) 처리.
5. 생산 능력까지 감안하여 실행 가능한 반제품 생산계획, 원부자재 소요 계획이 수립되면 생산, 구매 담당자, 관련 부서에 통고함.

(7) 개략생산능력계획(RCCP)

생산관리	설 명
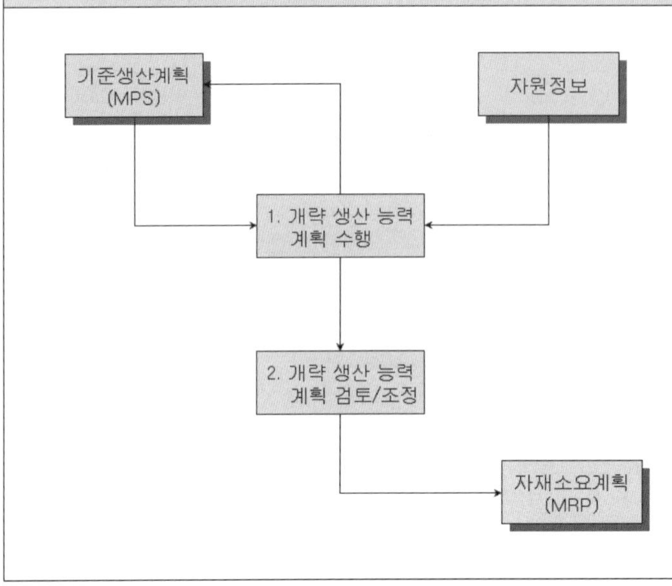	1. 기준 생산 계획에서 계획한 계획오더 또는 완료일과, 수량을 확정한 오더로부터 주요 작업장에 대한 능력 소요량(Hr)을 작성함. 2. 작업장별 능력 대비 부하를 검토하여 계획 또는 능력조정 - 작업장, 작업장 월력, 설비대수, 효율 등 조정 - 기준 생산 계획의 조정(창고입고 예정일, 수량) - 대체 Routing

(8) 상세생산능력계획

기준정보관리 / 생산관리	설 명
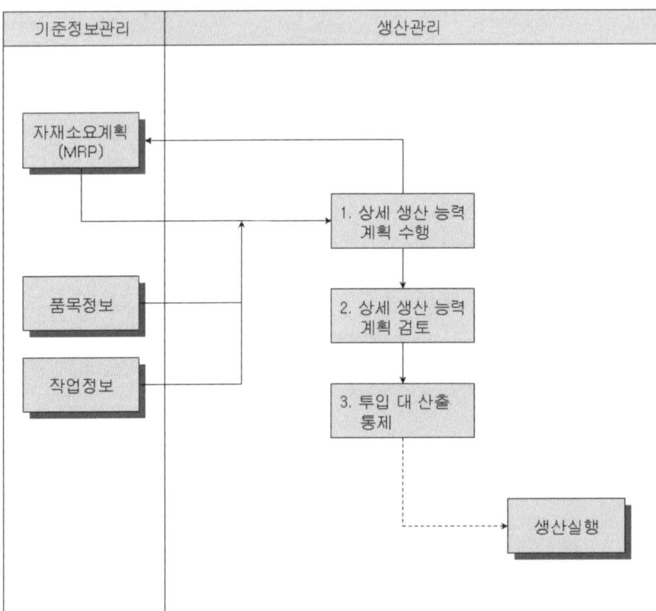	1. 자재 소요 계획에서 계획한 계획오더, 확정된 오더(Firm), 발주된 생산 오더에 대해 모든 작업장에 대한 능력 대비 부하 계산, input/Output 통제를 위한 정보 갱신. 2. 작업장별 능력 대비 부하를 검토하여 계획 또는 능력 조정 - 작업장, 작업장 월력, 설비대수, 효율 등 조정 - 제품, 반제품 생산 계획의 조정(창고입고 예정일, 수량) - 대체 Routing 검토 3. 투입 대 산출 통제(Input/Output Control) - 작업장별 투입/산출의 계획 대비 실적을 관리하여 생산 작업 지시의 완급을 조절하고, 선후 공정간 문제점을 인지하여 설비 또는 계획, 투입의 문제를 해결하도록 함.

(9) 자재/능력 가용성 Check

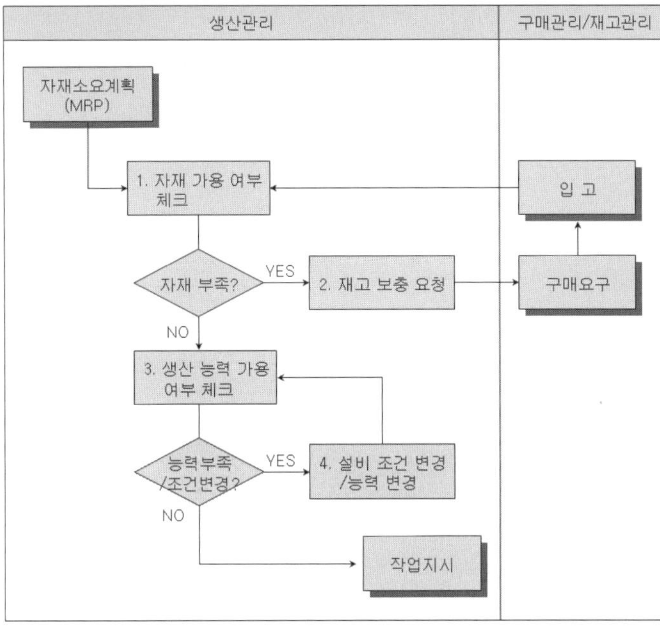

설 명

1. 생산 지시 이전에 하나의 품목에 대해 생산 하고자 하는 예정량에 소요되는 자재의 수급에 문제가 없는지 확인.
   - 품목, 창고, 수량, 표준 BOM, 표준 공정, 기타 정보
   - 부족 자재 현황 정보
   - 수요 vs. 공급 현황 정보
2. 자재의 부족 시 보충 대안 수립
   - 재고 보충을 위한 구매 요청 또는 대체 자재 사용 검토
3. 생산 지시 이전에 하나의 품목에 대해 생산하고자 하는 예정량에 대해 각 공정에 소요되는 자원의 능력에 문제가 없는지 확인.
   - 품목, 창고, 수량, 표준 BOM, 표준 공정
4. 생산 지시 전에 공정 현황을 확인하고 생산하고자 하는 제품에 대해 설비 조건 변경 또는 능력 변경 조치

(10) 작업지시

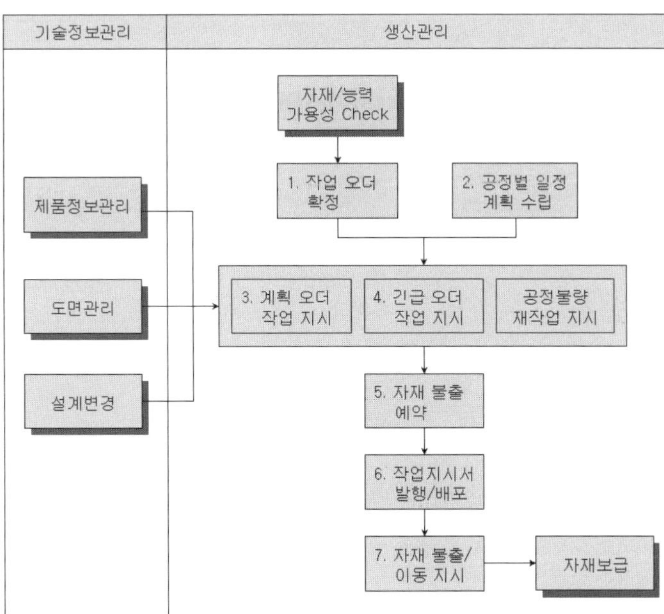

설 명

3. 제품에 대한 기준 생산 계획(MPS), 반제품에 대한 자재 소요 계획(MRP)에 의한 계획오더를 계획 개시일 또는 계획 완료일 기준으로 작업지시.
   - 대체 공정 또는 대체 BOM 적용
   - 해당 작업 오더에 한해 사용 자재, 공정의 변경 필요시 수정된 작업 지시.
4. 계획 하지 않았으나 긴급 주문오더 또는 필요에 의해 개별 작업 지시를 해야 할 경우 작업 지시.
5. 투입될 자재에 대해 창고/위치/로트까지 지정하여 불출 예약.
6. 작업 지시서를 발행하거나 관련 정보를 제공
   - 오더의 계획일, 계획량, 입고할 창고, 사용될 자재, 공정과 작업장 계획
   - Tool, 작업 방법 등 기술 정보 제공
7. 자재 불출/이동 지시서는 작업 전에 발행하여 창고로부터 현장으로 자재를 불출하도록 함.
   - 작업지시 해당 제품의 모든 오더에 대해 또는 해당 오더에만 필요한 자재 불출을 받고, 수불 확인용으로서 발행함.

(11) 외주가공지시

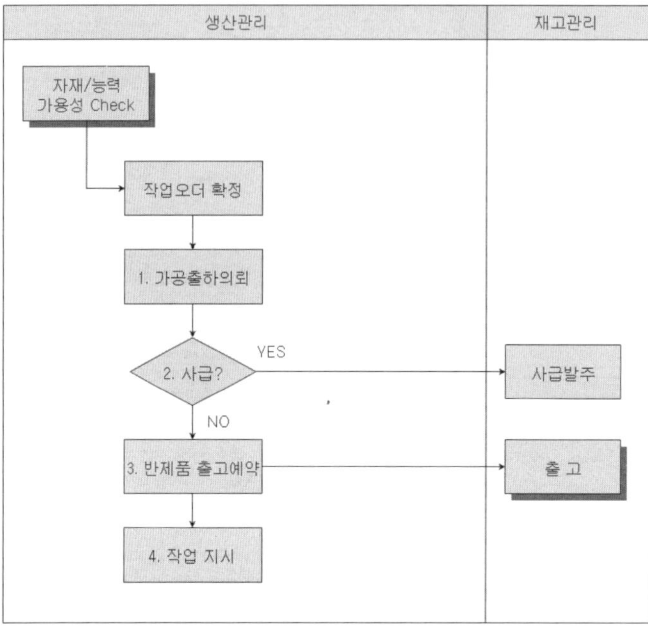

설 명

1. 작업오더 중 가공분에 관하여 가공출하를 의뢰
2. 외주가공 중에서 사급이 필요한가 확인
   - 투입될 사급자재에 대해 창고/위치/로트까지 지정하여 사급발주를 의뢰 예약.
3. 중간생산제품을 가공업체로 출고 의뢰한다.
4. 가공업체에 작업을 지시한다. 작업지시서를 발행하거나 관련 정보를 제공
   - 오더의 계획일, 계획량, 입고할 창고, 사용될 자재, 공정과 작업장 계획
   - Tool, 작업 방법 등 기술 정보 제공

(12) 자재보급

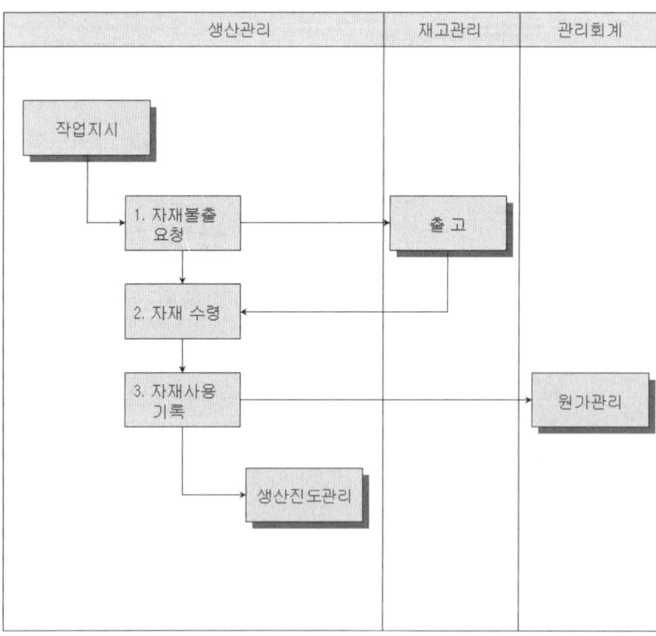

설 명

1. 생산작업지시에 의한 소요 자재의 불출을 요청하는 자재출고증을 발행하고 재고관리부에 예약된 자재를 수령한다.
2. 필요 자재의 수령을 확인한다.
3. 공정간 적치된 자재의 실소모량을 기록한다.

(13) 생산진도관리

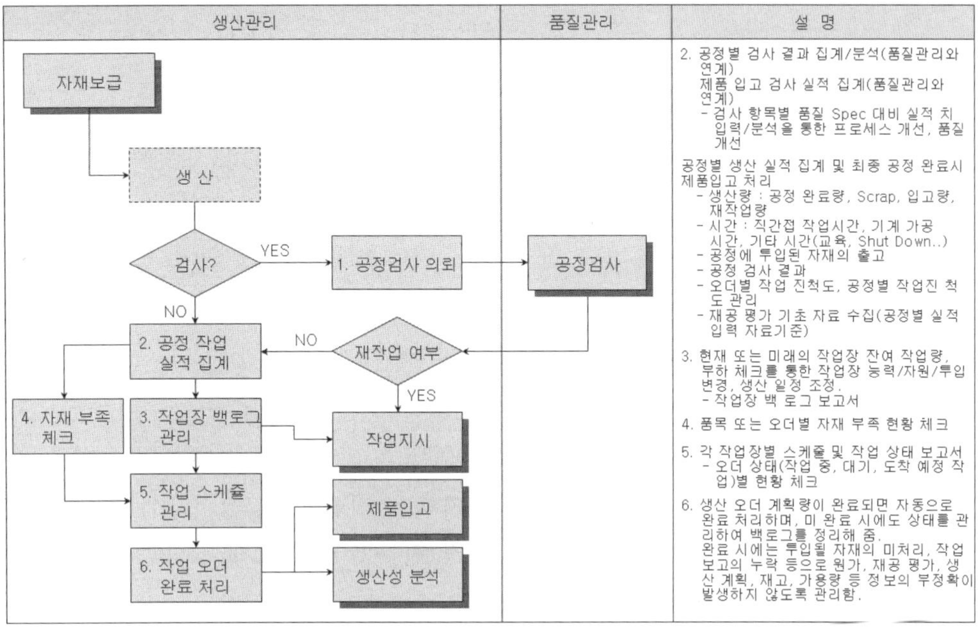

5.4 ERP 프로젝트의 성공요인

ERP 프로젝트의 성공을 위한 성공요인은 첫째 최고경영자의 적극적인 지원, 둘째 현업부서의 참여도 강화, 셋째 전문 기술요원의 확보, 넷째 장단기 교육과정의 확립, 다섯째 ERP 추진부서의 기능강화, 여섯째 종합전산화 계획(master plan)의 수립 등으로 요약할 수 있다.

(1) 최고경영자의 역할 증대

ERP 도입 및 운용에 대한 전반적인 관리책임은 최고경영자에 있다. ERP 추진담당자는 경영자와 실무관리자에게 서비스를 제공하는 책임이 있을 뿐이다. 따라서 최고경영자는 기업경영에 있어 ERP 활용의 중요성과 효율성을 인식하고 전 조직원에게 ERP 활용에 대한 영향력을 행사하여야 한다. 목표를 설정하고 이 목표달성을 위하여 전산전문가와 대화를 지속하면서 ERP 구축에 대한 올바른 이해를 갖추어야 한다. ERP의 성공은 최고경영자의 의지와 슬기로운 판단력에 좌우된다는 사실을 명심하여야 한다.

(2) 현업부서의 참여도 강화

ERP 도입 및 활용단계에 있어 실무자 및 중간관리자가 참여함으로 기대되는 이점은 다양하다. 자아개발과 성취감을 맛볼 수 있고 정보만족도가 향상되며 변화에 대한 적응이 용이해진다. 또한 시스템에 대한 지식을 갖추고 문제점에 대한 해결책을 제시할 수 있으며 운용상의 통제능력을 갖출 수 있다.

(3) 전문 기술요원의 확보

기업의 전산실 요원을 확보하려면 전산화 전략의 장기 비전과 직업의 안정성을 보장해 주어야 한다. 전문 전산요원의 자질은 전산 이론의 이해와 경험을 토대로 한다. 데이터베이스, 데이터통신 등 특정 전문분야에 대한 지식과 회계, 인사, 생산 등의 업무 응용분야에 익숙할수록 좋다.

(4) 장단기 교육훈련 과정의 확립

급속히 발전되어가는 전산기술을 지속적으로 습득하려는 전산요원만이 능력있는 전문가로 인정받을 수 있다. ERP 사용자를 위한 교육훈련도 매우 중요하다. 최고경영자부터 생산직 직원에 이르기까지 ERP의 중요성과 파급효과도 일깨워 주어야 바람직하다. 장단기 교육과정을 입안할 때는 교육대상과 방법에 심사숙고하여야 한다.

(5) 종합전산화 계획(master plan)의 수립

ERP 도입 등 전산화를 추진하려면 사용자와 함께 모든 대상 업무를 이해하고 경제적, 기술적 타당성 조사를 마친 뒤 전산화 구축의 기본 설계도를 마련하여야 한다. 이 기본 설계도에 준하여 각 단계별 상세개발계획 수립, 하드웨어의 도입과 소프트웨어 개발이 이루어진다. ERP 시스템이 운용되기 시작하면 사용자를 교육시키며 유지보수에 충실하여야 한다.

제 III 부

ERP의 운영

제6장

ERP의 유지보수

6.1 개 요
6.2 유지보수에 대한 계약관리
6.3 자체 유지보수
6.4 유지보수 용이성 제고방안

6.1 개 요

ERP 시스템 개발이 완료되면 개발자는 일단 성취감과 안도감에 긴장감이 풀어지는 반면에 기업의 전산실 입장에서는 반대로 이제부터가 시작이다. 전산실에서는 인수받은 ERP 시스템을 현업 실무에 적용시켜 가면서 조직의 업무활동 속에 정착시켜야 하는 것이다. 투자했던 만큼의 효과도 기대되는 바이지만 우선은 시스템이 뜻밖의 문제를 발생시키지 않고 현업 사용자들에게 예상했던 편의를 원활히 제공하도록 안정시키는 것이 급선무이다. 현업의 불만이 터진다거나 시스템에 심각한 결함이 발견되면 전산화 추진책임을 담당하고 있는 입장에서는 고민스럽게 된다.

시스템의 운용이 정착되려면 많은 시간이 소모되기 마련이다. 컴퓨터와 사용자간의 친숙감도 필요하고 전산처리 행위가 사용자의 일상생활 속에 습관화되어야 한다.

이를 위해서는 기업의 전산실은 전사적으로 컴퓨터 마인드를 확산시키고 실무부서 사용자들에게 ERP 사용자 교육과 컴퓨터 사용법 등을 교육시키며 신규 ERP 시스템에 대한 평가와 함께 후속조치도 취하여야 한다.

유지보수라는 업무는 매우 중요하다. 유지보수(maintenance)는 ERP 시스템의 운영상에서 발견된 오류의 수정 외에도 새로운 기능을 추가시킨다든가 새로운 환경에 적응시키는 등 시스템의 변형과 개선에 필요한 모든 업무를 가리킨다. 여기에는 입출력 양식을 보다 편리하도록 변경하고 성능을 강화시키는 업무도 포함된다.

시스템을 지속적이며 안정적인 가동상태로 유지하고 이용효율의 극대화를 추구하기 위하여 유지보수의 목표는 다음과 같이 설정한다.

① 시스템 효율의 극대화
② 시스템의 고신뢰성 확보
③ 시스템의 안정성 확보
④ 운영비용의 절감

6.2 유지보수에 대한 계약관리

하드웨어와 소프트웨어를 통합한 시스템 납품의 경우 하드웨어의 보수정비는 비교적 간단하다. 시스템의 결함은 하드웨어 공급업체에서 해결해 주기 때문이다. 또한 무상보수정비라는 의미는 하드웨어에는 적용되지 않고 시스템 가격의 약 10~20%를 매년 보수정비료로 지불하는 것이 일반적인 현상이다. 문제의 파악 및 해결책도 쉽기 때문에 하드웨어의 유지보수라는 개념은 간단하다고도 볼 수 있다.

일년간 무상으로 유지보수를 해 준다는 계약서의 내용은 애매모호하다. 그리고 유지보수라는 개념 자체가 너무 포괄적이고 광범위하다.

사용자 입장에서 유지보수 관리 방법을 몇 가지 정리해 보면 다음과 같다.

① 소프트웨어 유지보수에 대한 개념을 구체화시켜야 한다.
개발업체에게 책임을 지고 무료로 시정해 달라고 할 수 있는 영역과 새로운 계약을 체결하고 시스템을 개선시킨다는 입장에서 요구할 수 있는 영역을 잘 구분하여야 한다.
또한 문제를 잘 이해하고 당장 해 달라고 할 수 있는 사항과 시간을 가지고 원칙적인 해결이 필요한 사항이 무엇인지를 잘 이해하고 무리하지 않게 적절한 조치를 취하여야 한다.

② 유지보수에 대한 책임의식을 사전에 명확히 해 둘 필요가 있다.
예를 들어, 개발업체가 유지보수를 기피한다거나 새로운 계약을 맺을 때 다른 업체보다 시스템을 잘 이해하고 있다는 기득권을 이용, 무리한 비용청구를 할 수 있다는 점도 감안하여야 한다.

③ 유지보수 방법론에 대한 인식을 같이 하여야 한다.

④ 유지보수에 따르는 모든 합의는 개발계약서에 우선적으로 명시되어야 한다.
유지보수에 대한 정의를 범위, 방법, 책임과 권한, 조직대응책, 신규 계약조건 등으로 명확히 하고 이를 문서화하는 것만이 실효를 거둘 수 있다.

6.3 자체 유지보수

사용자측에서 자체적인 유지보수를 행하는 것도 좋은 방법이다. 사실 소프트웨어 시스템의 운용에는 원시코드를 직접 대하는 유지보수가 필연적으로 포함될 수밖에 없다면 전산실이 직접 맡는 유지보수는 현명할 수 있다. 기술부족, 인원부족, 신속한 개발 등 여러 이유로 용역발주의 결정을 내렸겠지만 시스템을 다루어야 하는 입장에서 이왕이면 직접 유지보수도 맡겠다는 사고는 타당성이 있는 대책이다.

자체적인 유지보수를 결정할 경우 몇 가지 유의할 사항들은 다음과 같다.

① 유지보수의 자체적 결정은 용역발주 전에 내려져야 한다. 그래야 사전준비가 가능하다.

② 자체적 유지보수의 권한이 보장됨을 명확히 하여야 한다. 프로그램 원시코드(source code)의 소유권도 분명히 해야 한다.

③ 개발에 이용될 프로그램 원시코드의 선택에 신중하여야 한다. 전산실 요원의 경험과 능력을 감안한 설계나 구현의 복잡도를 염두에 두어야 한다.

④ 개발에 이용되었던 기술문서, 개발도구 등의 소유권을 확보하여야 한다. 개발에 활용되었던 개발환경을 전산실 내에 유사하게 구축시켜야 유지보수가 용이해진다.

⑤ 유지보수를 맡을 전산실 요원을 파견 근무시켜 개발에 참여시켜야 한다. 분석단계에서 부터 테스트 단계에 이르기까지의 모든 기술적 내용을 습득하여 자체 유지보수가 가능하도록 준비시켜야 한다.

⑥ 원시코드의 독해용이성을 향상시키도록 하여야 하며 많은 주석을 삽입시키고 기술문서의 상세화가 이루어지도록 해야 한다.

용역개발이 ERP 시스템개발 착수시점에서 광범위하게 이루어지고 운용에 필요한 전산조직의 확대가 예상된다면 자체 유지보수는 매우 바람직하다. 용역업체로부터 기술을 전수받는 효과도 있으며 향후 추가개발 역시 자체적으로 추진할 수 있을 것이다.

6.4 유지보수 용이성 제고방안

유지보수를 용이하도록 하기 위해서는 소프트웨어 개발의 초기단계부터 노력하여야 하며, 유지보수를 위해 고려해야 할 사항은 명료성(clarity), 모듈성(modularity), 원시코드 내의 주석(comment)의 충실한 삽입 및 기술문서(supporting documents) 등이다.

〈표 6-1〉 유지보수 용이성 제고방안

개발 단계	유지보수 활동
분 석	• 표준화지침 마련 • 품질보증절차 확립 • 시스템의 확장 예정사항의 식별 • 유지보수에 소요될 비용 산정
설 계	• 명료성과 모듈성 강조 • 확장이 용이하도록 설계 • 표준표기법 사용 • 각 모듈에 대한 예외 조치방안 정립
구 현	• 비주얼 프로그래밍 기법 채택 • 이벤트 구동 프로그래밍 기법 채택 • 간단명료한 코딩스타일 사용 • 주석삽입에 충실
시 험	• 시험사례 개발 • 시험방안 및 사례관련 문서화
기 타	• 유지보수지침 개발

제 7 장

ERP의 실무활용

7.1 생산시스템의 업무흐름

생산시스템의 기본구조는 제품의 종류, 생산형태, 제조형태 등과 관계없이 고유의 기능을 가지고 있는데, 이를 생산계획 단계, 생산준비 단계, 생산실시 단계의 세 단계로 나눌 수 있다. 이들을 기능별로 분류하면 <그림 7-1>과 같이 대략 10개의 서브그룹으로 나눌 수 있으며 이들은 서로 상호작용하게 된다.

생산계획 단계의 기능에는 생산계획, 기준생산일정계획, 자재소요량계획, 구매·외주의 발주계획, 표준원가 관리 등이 있으며, 생산준비 단계의 기능에는 제품 및 부품에 대한 제조 실시 계획과 구매·외주의 발주처리 등이 포함된다. 그리고 생산실시단계의 기능에는 주로 구체적인 생산지시에 해당되는 것으로 공정관리, 창고관리, 구매·외주관리, 실제 원가관리 및 수주·출하의 기능이 있다.

일반적으로 제조업에서는 제품, 재공품, 구매품, 원재료 등의 품목정보, 부품의 모자관계를 표시하는 부품 구성표(BOM) 정보, 작업자와 설비 등의 자원정보, 그리고 공정순서를 표시하는 순서계획(routing) 정보 등 여러 가지의 기준정보를 필요로 하고 있다. 오늘날 제품시장에 있어서 고객의 요구가 다양해짐에 따라 기업은 제품의 다양화를 추진해야 하고 공장의 생산성을 향상시키면서 다양한 제품의 요구에 효과적으로 대응해 나가지 않으면 안 된다.

이에 따라 관리하고자 하는 업무영역이 확대되고, 관리수준을 향상시키려고 하면 할수록 대상이 되는 정보량이 증가한다. 따라서 가능한 한 데이터의 증가를 피함과 동시에 최적의 구조로 데이터를 저장하고 필요시에 최적의 방법으로 이용할 수 있는 관리형태가 요구된다.

이러한 요구에 대응하기 위하여 컴퓨터를 이용함으로써 이들 기준정보를 그 정보의 발생원인 단말장치로부터 즉시 입력하고 이용자가 필요한 때에 필요한 장소에서 최신 정보를 신속히 제공받을 수 있어야 한다.

〈그림 7-1〉 생산시스템의 업무흐름도

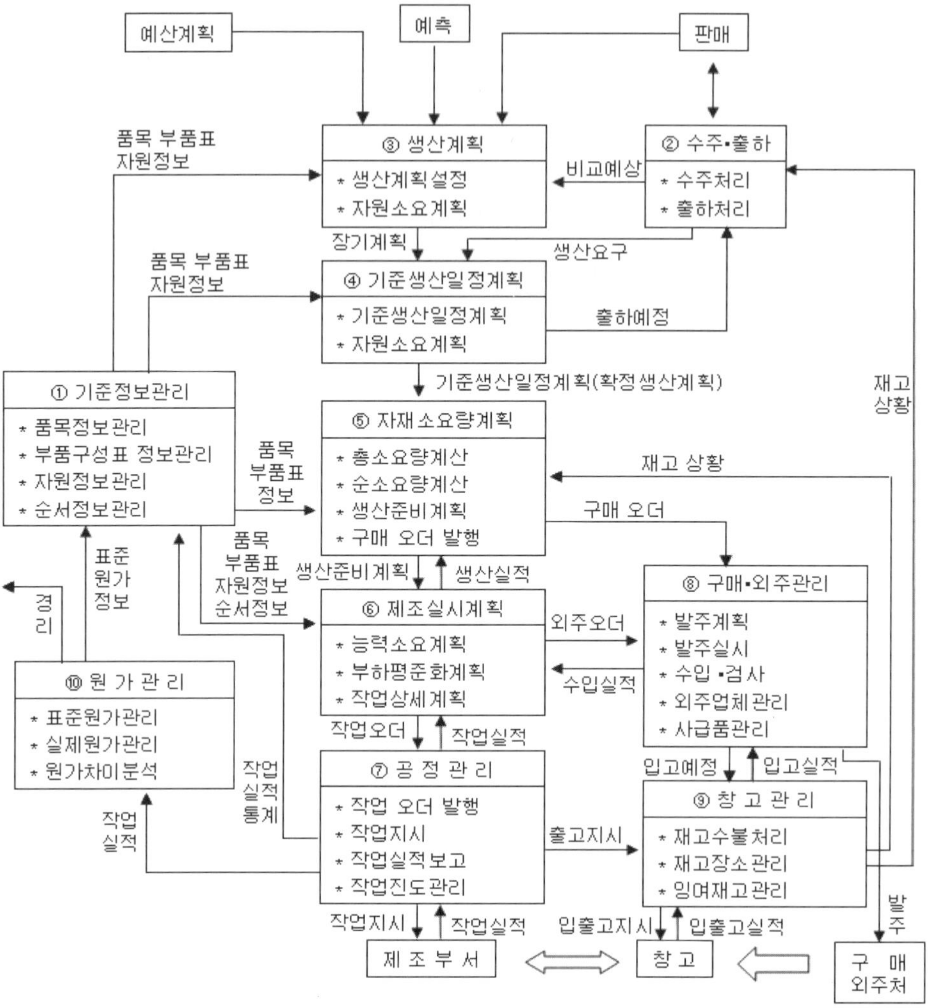

1. 기준정보관리 서브시스템

기준정보관리 서브시스템은 품목정보, 부품구성표정보, 자원정보, 순서정보 등의 기본정보를 포함하게 된다. 품목정보는 제품과 부품 등의 품목에 관한 고유정보를 유지·관리하는 것이며, 부품구성표 정보는 부품의 모자(parent-child)관계 정보를 유지·관리하고 동시에 설계변경도 관리하게 된다.

자원정보는 작업자, 설비, 자금 등의 자원정보를 유지하고, 순서정보는 부품의 가공 및 조립의 공정순서에 관한 정보를 유지·관리한다. 기준정보관리의 기능은 계획수립 시 필요한 기초자료, 표준, 기준이 되는 정보를 유지, 생성하는 기능이며, 실시의 결과에 따라서 기준정보가 갱신된다. 다시 말해서 계획 → 수배 → 실시 등으로 분석된 결과를 재차 계획에 반영시키는 역할을 한다.

2. 수주·출하 서브시스템

수주·출하 서브시스템은 판매시스템과 생산시스템의 접점에 위치하므로 고객으로부터 수주 정보를 받아 신속하게 생산시스템에 전달하고, 생산시스템의 상황을 판매시스템에 정확히 제공하는 기능을 수행한다. 판매시스템과 생산시스템사이에서 발생하는 문제들은 수주정보의 지연, 변경 및 낮은 신뢰도, 생산계획에 있어서 진척상황의 파악부진, 정확한 주문과 납기의 결정 곤란 등이다.

이와 같은 문제는 생산과 판매의 양쪽에 관련되어 복잡하게 얽혀져 있다. 수주·출하 서브시스템은 이러한 문제를 해결하기 위하여 생산활동과 판매활동의 인터페이스 역할을 담당한다. 이것은 수주처리와 관련된 생산정보를 관리하게 되는데 수주오더, 주문일수, 주문할당, 출하계획, 출하지시, 출하 잔여관리 등이 있다.

3. 생산계획 서브시스템

생산계획 서브시스템은 구체적인 생산활동에 들어가기 선에 경영방침이나 외부 수요동향 등을 참조하여 장기적인 안목에서 생산량을 계획하는 것이다. 이를 위하여 필요한 자원(사람, 물자, 자금, 설비 등)의 소요량을 개략적으로 산출하는데 자원에 대하여 장기적인 추정을 함으로써 사전에 이들 자원의 할당을 주요 목적으로 하고 있다. 생산계획 서브시스템에서는 예측정보, 수주정보, 예산 등에 따라 생산계획을 수립하고, 이 생산계획을 수행하는데 필요한 자원을 할당하기 위하여 자원의 소요량을 산출하게 된다.

4. 기준생산일정계획 서브시스템

기준생산일정계획(Master Production Schedule) 서브시스템은 구체적인 생산활동을 개시함에 있어서 그 기준이 되는 제품, 생산수량, 생산시기를 설정하게 되는데, 기준생산일정계획은 모든 생산활동의 기준이 되므로 그 실행 가능성의 검토가 중요하다.

기준생산일정계획의 실행가능성이 충분히 보장되지 않는 상황에서 생산활동이 전개되면 무리한 잔업을 통해 부하량을 소화해야 하거나 또는 부품이 적기에 제공되지 않아 생산라인에 정체 현상을 발생시키는 등 생산성의 악화를 초래하는 생산활동이 많아진다. 따라서 기준생산 일정계획 서브시스템에서는 이러한 문제의 해결책으로서 기준생산일정계획의 실행가능성을 보장할 수 있는 자원소요계획이 중심이 되고 있다.

또한 기준생산일정계획 서브시스템에서는 예측정보, 수주정보 또는 자원의 부하 상황에 따라 기준생산일정계획을 수립하고, 자원소요계획에서는 설정된 기준생산일정계획을 실행하기 위해 필요한 자원의 소요량을 산출하며 관리자에게 기준생산일정계획의 실행가능성에 대한 판단자료를 제공한다.

5. 자재소요량계획 서브시스템

자재소요량계획 서브시스템의 기능은 기준생산일정계획에 의해 계획된 제품의 생산량과 생산시기에 따라 원자재, 부품, 재공품과 같은 모든 품목에 대하여 무엇이, 언제, 얼마만큼 필요한가 또는 어떤 부품을 얼마나, 언제부터 만들기 시작하여 언제까지 만들 것인가 하는 것 등을 계획하는 것이다. 그리고 계획된 내용 중에서 시기적으로 시작해야 할 구체적인 구매활동이나 생산활동에 대한 오더를 내림으로써 생산실시 부문에 생산준비를 하도록 하는 것이다. 자재소요량계획 서브시스템은 총소요량 및 순소요량 계산, 발주계획, 발주실시 등의 기능을 담당한다.

6. 제조실시계획 서브시스템

제조실시계획 서브시스템은 자재소요량계획 서브시스템에서 계획된 제조오더를 받아서 언제, 어디서, 어떻게 제조하는가에 대하여 구체적으로 계획한다. 그리고 그 제조작업이 가능한가의 여부는 생산능력과 부하량이 얼마나 잘 균형을 유지하는가에 달려있다. 따라서 제조실시계획 서브시스템의 최종 목적은 제조작업의 실시 레벨을 계획하는 것이므로 작업방법을 될 수 있는대로 상세하게 그리고 정확하게 지시하는 정보가 되어야 한다. 이것은 언제, 어느 기계에서 어떤 제조작업을 수행할 것인가를 결정하는 근거가 된다.

제조실시계획 서브시스템에서는 능력소요계획과 부하평준화 계획을 수행하게 되는데, 자재소요량 계획으로부터 제공된 제조오더에 대하여 비교적 장기적인 관점에서 공정의 일정계산과 부하산적을 실시하고 제조의 실시가능성을 검토하게 된다. 이를 위해서는 거시적인 능력조정 및 부하조정 기능이 포함되어야 한다.

7. 공정관리 서브시스템

공정관리 서브시스템은 제조실시계획 서브시스템에서 만들어진 작업순서에 따라 향후 수일간의 실시에 들어가야 할 오더에 관한 작업지시서를 현장에 발행하고, 그 후 현장에서의 제조활동이 계획대로 추진될 수 있도록 관리해야 할 현장감독자에게 필요한 정보를 제공한다. 공정관리 서브시스템은 작업오더 발행, 작업지시, 작업실적 보고 등에 관한 정보를 담당한다. 제조업에서 생산활동에 필요한 재료, 부품 등을 자체적으로 충당하는 경우는 거의 드물고 외부로부터 조달받는 경우가 대부분이다.

8. 구매·외주 서브시스템

구매·외주 서브시스템에서는 외부로부터 조달활동을 수행할 경우에 그 기능을 담당한다. 구매·외주의 활동원칙은 적정한 구매·외주처의 선정, 적정한 품질의 확인과 확보, 적절한 수량의 파악, 적정한 납기의 조정과 확보, 적정한 가격의 결정 등을 달성하는 데 목적이 있다. 따라서 구매·외주 서브시스템에서는 발주계획, 발주실시, 수입·검사, 외주업체관리, 사급품관리에 관련된 생산정보를 관장한다.

9. 창고관리 서브시스템

창고관리 서브시스템은 창고에 저장되어 있는 재고품의 유효 이용 및 현장에서의 작업개시에 따르는 부품 준비의 확인 등을 하는데 있어서 재고품이 몇 개가 어디에 저장되어 있는가가 항상 정확히 파악되어 있는 것이 중요한 데 이러한 필요성을 충족시키기 위하여 재고수불, 재고장소관리, 재고조사처리 등의 기능을 가지고 있다. 재고 수불기능은 구매·외주서브시스템, 공정관리 서브시스템 등으로부터의 입출고 요구에 대하여 입출고의 수불을 함과 동시에 현재고량을 정확히 갱신한다. 또 재고장소관리 기능은 보관장소의 효율화, 입출고 작업의 신속화를 꾀하기 위하여 부품의 보관장소를 관리한다.

재고조사처리 기능은 입출고 처리의 잘못으로 인하여 품목데이터, 재고장소 데이터로 유지하고 있는 재고정보와 창고에 있는 실제 재고와의 차이가 생긴다. 이것을 정정하기 위하여 재고조사를 한다. 재고조사는 창고에 있는 실재고를 파악하고 재고수량과 재고금액을 검토하는 것이다.

10. 원가관리 서브시스템

원가관리 서브시스템은 예정 원가의 설정 및 유지에 관한 표준원가 관리, 표준원가에 대응한 실제 원가를 집계·파악하는 실제원가계산 및 표준원가와 실제원가의 비교분석을 통하여 원가 개선 활동을 실시하는 원가차이 분석 등의 기능이 포함된다.

7.2 물류 및 생산관리의 개요

물류(physical distribution)란 원래 물적유통(物的流通)의 줄임말이었으나 그 의미가 확장되어 물품의 이동과 관리에 관계된 제반 활동을 가리킨다. 즉 자재, 부품, 재공품 및 제품 등 물품의 흐름을 의미한다. 물류관리는 이러한 물품이 생산자(기업)에서부터 소비자(고객)에까지 전달되는 영역을 포함하며, 수주(계획)에서 출하까지의 유기적이고 통합적인 관리에 해당한다. 영업, 구매·자재 및 생산 관리는 업무의 흐름상 유기적으로 연결되어 돌아가는 고리를 형성해야만 업무효율을 극대화시킬 수 있다.

영업관리 모듈은 일반적으로 판매전표의 입력만으로 각종 원장, 집계표, 통계표, 각종 분석자료, 세금계산서, 견적서 등 영업관리에 필요한 모든 자료를 자유롭게 조회할 수 있으며, 원하는 조건에 따른 출력도 가능하다. 또한 당해 연도의 영업실적 분석과 차년도 영업계획 수립기능을 지원하여 효과적인 경영관리가 가능하며 판매예측에 따른 장기 생산계획 분석도 가능하다. 구매·자재관리 모듈에서는 일반적으로 구매, 입출고 및 재고관리, 재고자산 평가, 수출입관리 등의 기능이 내장되어 있으며. 환경설정에 의하여 다양한 재고자산 평가방법(선입선출법, 이동평균법, 총평균법 등)의 선택이 가능하다. 수출입관리(무역)는 수출입의 견적에서부터 품목별 개별원가 계산 및 각종 현황의 조회가 가능하며, 재고관리와 통합되어 생산 및 구매, 영업관리 모듈과의 유기적인 연동을 지원한다.

생산관리 모듈에서는 일반적으로 자재소요량계획 등 MRP 관련 기능을 내장하고 있으며 작업지시에 의하여 생산작업에 들어 갈 경우 공정관리 모듈과 연계(interface)된다. 또한 제품생산 시 BOM(Bill Of Material) 구성도를 볼 수 있고, 투입량 대비 생산량의 생산수율 파악도 가능하다.

이러한 물류 및 생산관리에 대한 기본적인 개념에 따라 실제로 ERP 시스템을 구축하여 운영 중인 K기업(승용차 Door 제조업체)의 사례를 소개하기로 한다.

승용차 Door의 주요 제조공정은 일반적으로 샤링공정 → 프레스공정 → 조립·용접공정 → 도장공정 등 크게 네 가지로 구분된다. 원자재(coil)로부터 샤링공정을 거쳐 Door의 외부판넬과 외부판넬이 완성되며, 이 판넬들은 프레스공정을 거쳐 Door의 외부와 내부구조가 완성된다. 다음은 Door의 내부와 외부구조, 그리고 여러 가지 부속품을 조립하는 조립공정을 통해 도장전의 조립(Assembly) 형태의 반제품이 된다. 이 반제품을 도장공정을 통해 도장하게 되면 승용차 Door의 최종 완성품이 된다.

본 장에서는 ERP 시스템의 실제 개발사례([7]김해식 외, 2006)에 의한 실습을 통하여 학습효과를 최대한 높이고자 한다.

일반적으로, ERP 시스템은 설치, 운영하기 위해서는 최우선적으로 사용 컴퓨터에 ERP 환경을 설정하여야 한다. 즉 서버(Server)와 클라이언트(Client)에 각각 구동을 위한 프로그램을 설치하여야 하며, 또한 전 단위업무 영역에서 공통적으로 사용하는 기본정보인 기준정보를 등록하여야 한다. 기준정보관리는 ERP 시스템을 운영하기 위해 필요한 기본적인 정보(각종 코드, 사원, 거래처, 품목, 계정과목 등)들을 입력하고 관리하기 위한 것으로 회계, 영업, 생산, 인사 등 각 기능 영역별 프로그램에서 공통적으로 사용되는 정보체계를 등록하고 관리히는 모듈이나. 이것은 크게 조직정보, 회계정보, 물류정보 등으로 나눌 수 있다.

7.2.1 기준정보관리

기준정보관리는 POP-ERP 시스템을 운용하기 위해 필요한 기본적인 정보들을 입력하고 관리하기 위한 것으로 회계, 영업, 생산, 인사 및 급여 등 각 기능 영역별 프로그램에서 공통적으로 사용되는 정보체계를 등록하고 관리하는 모듈이라 할 수 있다. POP-ERP 시스템에서의 기준정보관리는 아래 <그림 7-1-1>과 같이 크게 기준정보환경설정, 조직정보, 회계정보, 물류정보로 구분하여 관리된다.

본 절에서는 이러한 기준정보에 대한 프로세스의 흐름과 기준정보의 입력 및 관리방법들에 대해서 구체적인 시나리오를 통해 설명하고자 한다. 그리고 다음 절부터는 본 절에서 제시한 기준정보들을 바탕으로 각 기능영역별 프로세스를 소개하고자 한다.

〈그림 7-1-1〉 기준정보관리 구성도

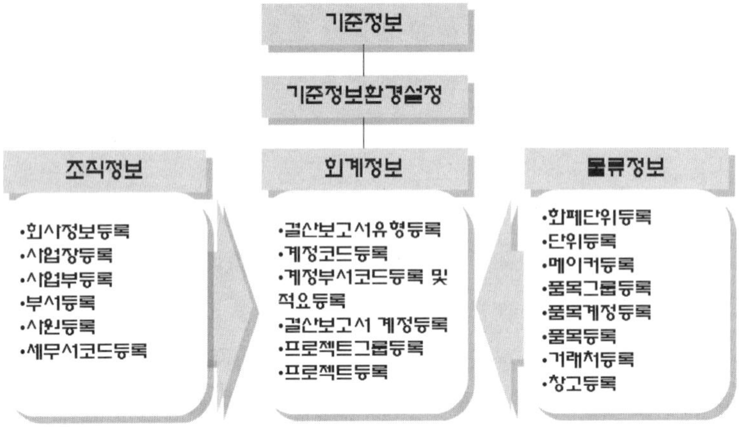

7.2.2 시나리오 소개

ERP시스템에 대한 실무적인 이해도를 최대한 높이기 위하여 이전에 POP-ERP 프로그램을 도입하여 성공적으로 운영하고 있는 실존기업을 모델로 하여 이 기업에서 사용하였던 실제 데이터를 바탕으로 기준정보 및 각 기능영역별 프로그램의 프로세스를 설명하고자 한다. 또한 본 교재에서는 모듈 중심의 설명보다는 시나리오에 근거한 프로세스 중심으로 각 기능영역별 모듈에 대해 설명하기로 한다. 다음의 데이터들은 해당기업에서 실제 사용된 것을 약간 수정 보완한 것이다.

(1) 주요 생산제품은 승용차 Door이다.

(2) 생산제품은 아래 표와 같이 승용차 Door의 네 부분(앞/뒤, 좌/우측 Door)으로서 각각 하나의 제품에 해당된다.

Front Door LH ①	Rear Door LH ②
Front Door RH ③	Rear Door RH ④

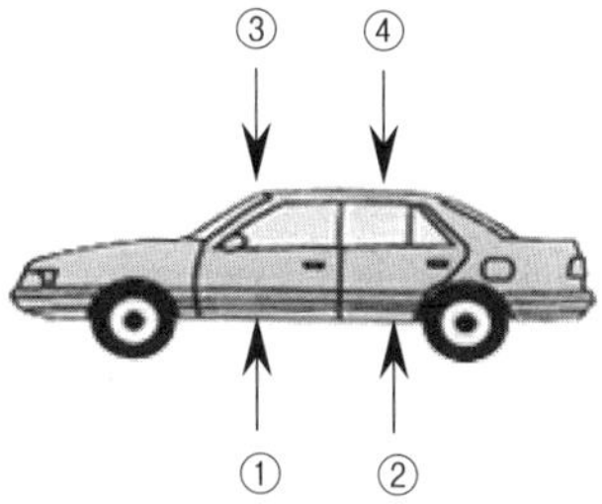

(3) 제품에 대한 생산공정은 아래 그림과 같은 형태로 이루어진다. 위에서 언급한 네 종류의 제품은 각각 아래와 같은 공정을 거쳐 하나의 완성된 형태의 제품이 된다. 가령 예를 들어 위 표에서 제품 ①은 원자재(Coil)로부터 샤링공정을 기쳐 Door의 외부판넬과 내부판넬이 완성이 되며, 이 판넬들은 프레스 공정을 거쳐 Door의 외부와 내부구조가 완성이 된다. 다음은 Door의 내부와 외부구조, 그리고 아래 그림과 같은 여러 가지 부속품을 조립하는 조립공정을 통해 도장전의 Door Assy 형태의 반제품이 된다. 이 반제품을 도장공정을 통해 도장하여 최종 완성품이 완성되는 형태이다. 즉, 공정은 네 가지로 이루어져 있으며, 이 중에서 샤링공정과 도장공정은 각각 외주공정으로 가정한다. 즉, 원자재인 Coil은 자체적으로 구매를 해서 구매된 Coil을 샤링 전문 외주업체에 보내어 외주업체에서 샤링공정을 수행하는 형태이며, 도장공정도 사내에서 조립공정을 거쳐 완성된 반제품 형태의 Door Assy를 도장 전문 외주업체에 보내어 도장공정을 수행하도록 하는 형태이다.

〈그림 7-1-2〉 승용차 Door 공정 흐름도

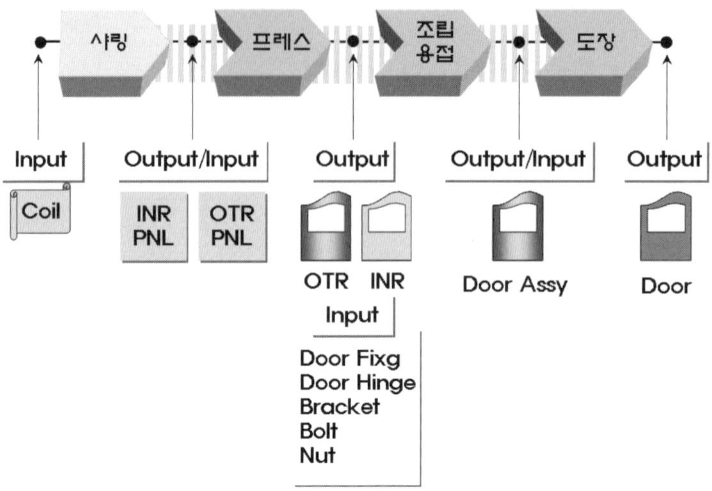

(4) 제품을 생산하기 위해 소요되는 비용은 아래와 같이 구분된다.

① 가공비

공정(제조형태)	샤링(외주)	프레스	조립/용접	도장(외주)
단위당 비용	2,000/EA	2,000/EA	4,500/EA	5,000/EA

② 원재료비

원재료	Coil	Bracket	Door Fixg	Door Hinge
단위당 비용	750원/kg	1,200원/EA	1,000원/EA	1,000원/EA

③ 부자재 구매비용

부자재	Bolt	Nut
단위당 비용	7원/EA	6원/EA

④ 원자재 스크랩 비율 : **60-65%**

• 스크랩된 원재료는 230원/kg을 회수

(5) 다음 그림은 하나의 제품을 생산하기위해 필요한 제품구성도이다.

〈그림 7-1-3〉 제품 구성도

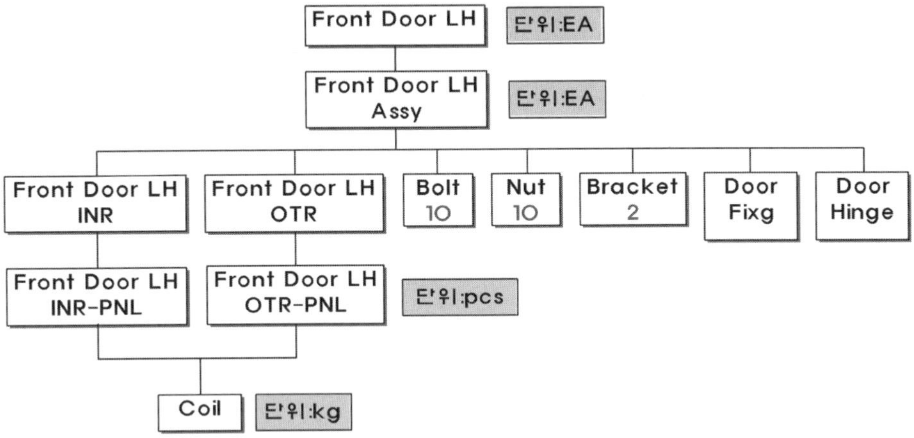

<그림 7-1-3>은 승용차의 앞부분 좌측 Door를 생산해내기 위해 필요한 제품구성도의 예이다. 이 그림에서 제일 윗부분의 Front Door LH는 최종제품을 나타내는 것이고, 가장 아랫부분의 Coil은 원자재를 나타내는 것이다. 그리고 각 계층별로 기준단위가 설정되어 있으며, Bolt(10), Nut(10), Braket(2)을 제외하고는 그 상위계층과 자재소요관계가 1:1 관계라는 것을 알 수 있다. 즉, Bolt와 Nut는 그 상위계층인 Front Door LH Assy를 하나 생산해내는데, 각각 10 EA씩이 필요하다는 것을 나타내고 있다.

그리고 이 회사에서 생산하는 네 가지 제품들은 <그림 7-1-3>과 동일한 제품구성도에 의해 생산된다. 다만 제품이 Front/Rear, LH/RH 여부만 구분해 주면 된다.

(6) 최종제품과 반제품에 대한 납품가격은 아래 표와 같다.

Front Door LH	30,000원/EA	Rear Door LH	25,000원/EA
Front Door RH	30,000원/EA	Rear Door RH	25,000원/EA
Front Door LH Assy	25,000원/EA	Rear Door LH Assy	20,000원/EA
Front Door RH Assy	25,000원/EA	Rear Door RH Assy	20,000원/EA

7.3 생산기준정보

생산 현장의 기본적인 환경을 설정하여 프로그램 상에서 제대로 작업이 될 수 있도록 기초 환경을 설정하는 메뉴로 생산 환경 설정, 생산 캘린더 등록, 생산계획작성/조회, 공정계획작성/조회, 발주계획작성, 발주요청 이력조회 등의 메뉴가 있다. <그림 7-2>는 POP-ERP 프로그램에서 생산관리 모듈의 프로세스를 나타낸 그림이다.

주문생산의 경우를 예로 들어 설명을 하자면, 먼저 영업관리 모듈에서 수주를 등록함으로써 생산관리가 시작된다고 볼 수 있다. 수주와 관련된 데이터는 생산계획 작성 시 기초 자료가 되며, 이를 바탕으로 재고조사를 하여 재고가 충분하다면 바로 생산을 시작하면 되고, 재고가 부족하다면 발주계획을 작성하여 발주요청을 하여야 한다.

〈그림 7-2〉 물류 및 생산 관리 프로세스 흐름도

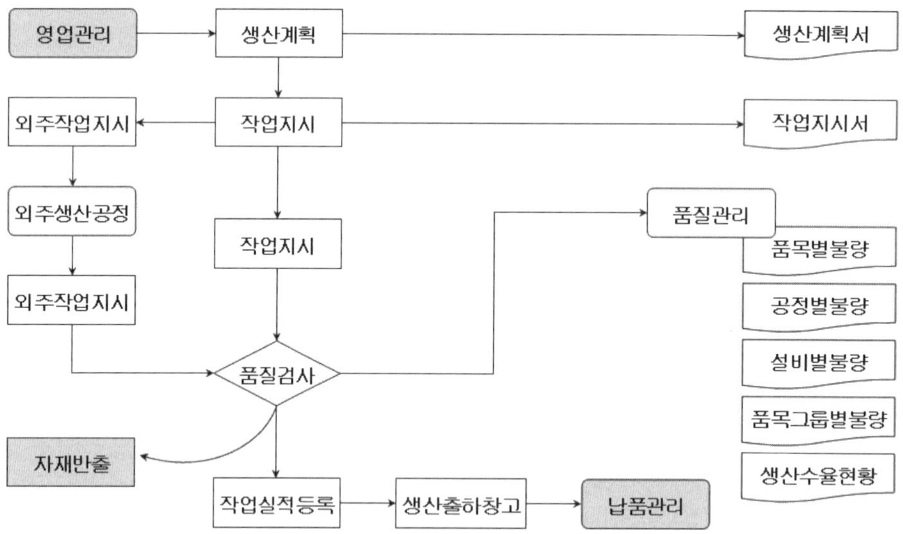

한편 생산계획에 따라 수주건별로 공정계획을 작성하게 되는데, 이는 각 공정별 작업 시작 시점과 작업 종료 시점을 계획하는 스케줄링에 관련된 기능이다.

사용자는 이를 통해 어떤 공정이 언제 시작되어야 하며, 언제까지 완료되어야 하는지를 체크할 수 있게 된다. 이는 또한 작업지시서를 별도로 작성하지 않아도 해당 기능에 작업지시서를 자동 생성하는 기능이 있어서 그 만큼 사용자의 편의성을 제공하는 기능이다. 외주공정에 대한 외주작업지시서도 동일하게 생성시킬 수 있다.

이렇게 공정계획을 작성하여 실제로 작업을 진행하면서 매일 매일의 작업실적을 등록하여, 각 수주건에 대한 생산실적상황을 파악할 수 있다. POP- ERP에서는 이러한 각종 경영정보를 사용자 요구에 맞는 양식의 보고서 기능을 제공하고 있다. 실적을 등록할 경우, 불량품에 대한 품질관리를 위해 각 형태별 불량을 등록할 수 있게 하고 있다. 불량 등록은 최종제품에 대한 품질검사의 결과뿐만 아니라 공정 중에 발생하는 부분에 대해서도 입력 및 관리가 가능하다.

이러한 불량품에 대한 데이터의 수불관리를 위해 앞서 언급하였던 창고 개념을 이용하여 불량창고를 새로이 생성해서 관리하도록 한다. 이런 과정을 거쳐 최종제품이 납품이 되고 매출이 마감이 되면 생산 및 물류관리에 대한 중요한 기능들은 대부분 경험하게 된다.

7.3.1 생산 환경설정

생산 환경설정 메뉴는 생산관리 모듈에서 사용하게 될 각종 기능에 대한 기본적인 환경을 설정하는 메뉴이다. 따라서 여기에서는 생산관리에서 다루게 될 기능들에 대해 회사의 정보에 맞는 기본값을 설정하여야 하며, 부분적으로 <1.일평균 생산가능 기준시간>, <2.적정재고 옵션>, <3.불량처리 옵션>, <4.수량자릿수 설정>, <5.금액자릿수 설정>, <6.단가자릿수 설정>을 설정하여야 한다. 각 옵션에 대한 내용은 다음의 항목설명을 참조하기 바란다.

그리고 실습을 위해 <그림 7-3>과 같이 입력하도록 한다.

〈그림 7-3〉 생산 환경설정 화면

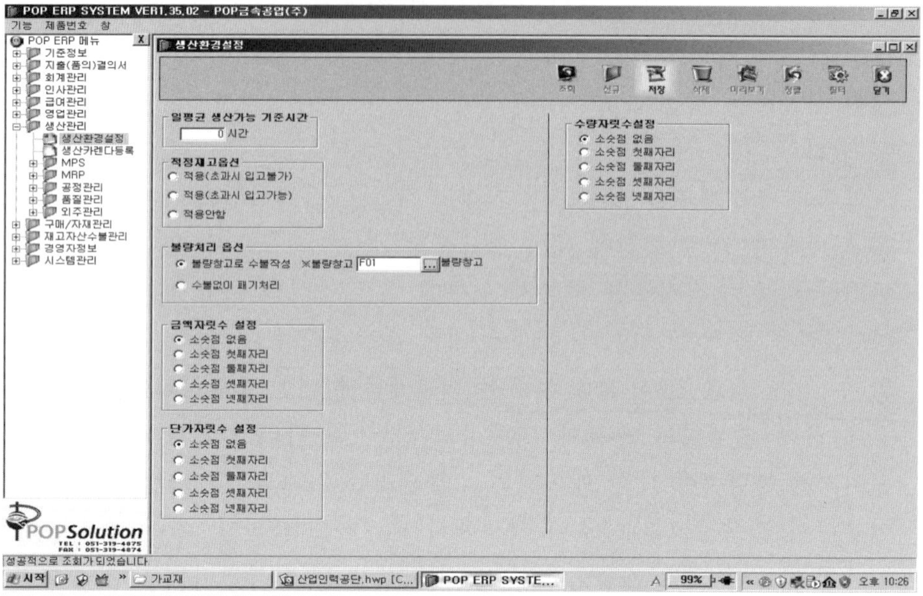

항목 설명

① 일평균 생산가능 기준시간 : 하루 동안 생산을 할 수 있는 시간을 지정한다. 여기서는 8시간을 입력한다.

② 적정재고 옵션 : 적정재고는 보유할 수 있는 제품, 상품, 원재료 등의 한계치를 의미한다.

- 적용(초과시 입고불가) : 적정재고의 한계치를 초과하였을 경우 입고가 안 된다.
- 적용(초과시 입고가능) : 적정재고의 한계치를 초과하여도 입고를 할 수 있다.
- 적용안함 : 적정재고를 사용하지 않는다.

③ 불량처리 옵션 : 불량품에 대한 옵션이다.

- 불량창고로 수불작성 : 불량품이 발생할 경우 지정한 불량창고로 자동으로 이동되어 수불을 할 수 있다.
- 수불 없이 폐기 처리 : 불량품이 발생할 경우 자동으로 폐기 처리된다.

④ 수량자릿수 설정 : 수량표시에 대한 소수점의 자릿수를 지정할 수 있다.

⑤ 금액자릿수 설정 : 금액표시에 대한 소수점의 자릿수를 지정할 수 있다.

⑥ 단가자릿수 설정 : 단가표시에 대한 소수점의 자릿수를 지정할 수 있다.

7.3.2 생산 캘린더 등록

생산 캘린더(calendar)는 작업일자에 대한 작업 시간과 휴일 등을 미리 등록하여 생산계획을 만들 때 미리 등록된 휴일을 빼고 생산계획을 생성할 수 있도록 하기 위해 등록한다. 다음 그림과 같은 화면에서 작업시간을 적용하여 일괄적용을 선택하게 되면 요일에 상관없이 모든 일자가 다 생산 가능일이 된다. 즉, 일요일이나 공휴일도 모두 생산 가능일에 포함되도록 기본값이 주어져 있다. 따라서 일요일과 공휴일이 생산이 가능하지 않은 상태라면 해당일을 선택하여 휴일로 지정해 주어야 한다. 휴일을 지정해주는 방법은 다음과 같다.

☑ 작업순서

연도와 월을 선택 → 해당 일자 선택 → 신규 → 휴일명을 입력 → 저장
(삭제는 입력된 휴일 중에서 선택한 휴일을 지움)

〈그림 7-4〉 생산캘린더 설정 화면

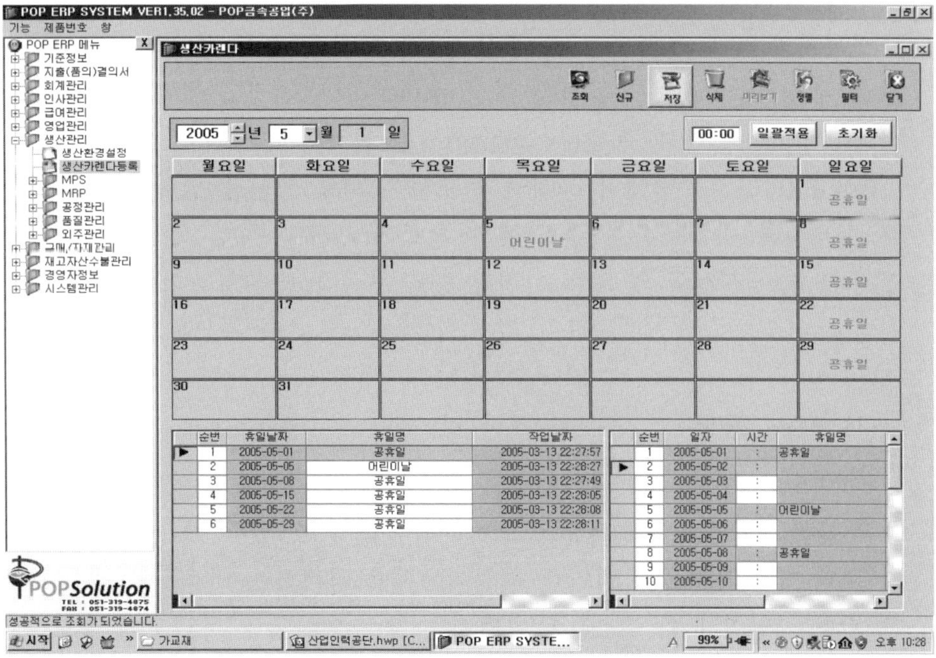

항목설명

① 일괄적용 : 하루에 생산할 수 있는 생산능력(작업시간)을 일괄적으로 입력할 수 있다.

② 초기화 : 입력된 생산능력 시간을 한꺼번에 삭제할 수 있다.

※ 생산능력(capacity) 시간

생산 환경 설정에서 작업시간을 지정할 수 있도록 되어 있는데, 생산캘린더에서 다시 작업시간을 지정하도록 한 것은 주말이나 특정한 날에 꼭 지정된 시간만큼 작업을 하지 않을 수도 있기 때문에 이때 별도로 작업시간을 정할 수 있도록 고려하기 위해서 적용하였다.

7.3.3 공정관리

실제 생산현장에서 공정관리라는 용어는 수주생산의 경우, 수주를 받는 순간부터 공정관리가 시작되어 제품이 출하되기까지의 일련의 생산공정들을 관리하는 것을 말한다. 다시 말해, 공정관리란 공장에 있어서 원자재로부터 최종제품에 이르기까지의 자재, 부품조립 및 종합조립의 흐름을 순서 정연하게 능률적인 방법으로 계획(planning)하고 공정을 결정(routing)하고, 예정을 세워(scheduling) 작업을 할당(dispatching)하고, 독촉(expediting)하는 절차라고 정의할 수 있다.

POP-ERP 프로그램에서 공정관리 모듈은 제품 생산을 위해 필수적인 BOM등록, 설비등록, 공정등록, 라우팅 등록, 품목별 라우팅 등록, 작업지시서 작성, 작업실적 등록, 생산현황 및 입출고 현황 등을 등록하고, 현황조회를 할 수 있는 모듈이다.

(1) BOM 등록

BOM(Bill of Material)이란 제품을 생산하기 위해 소요되는 자재를 나타내는 부품표 또는 제품구조정보(product structure)라고 할 수 있다. 즉 하나의 제품을 만들기 위해 어떤 자재들이 얼마나 투입되는가를 정리하는 리스트로 생산 작업을 위한 기초 작업이라 할 수 있다. 여기서는 앞서 언급한 시나리오의 정보를 토대로 네 종류의 최종제품에 대한 BOM을 각각 등록한다. POP-ERP 프로그램에서는 제품 종류가 무수히 많은 경우 BOM 복사 기능을 사용하여 사용자의 품목별 BOM 등록에 따른 번거로움을 줄여주는 기능을 가지고 있다.

〈그림 7-5〉 BOM 등록 화면(1)

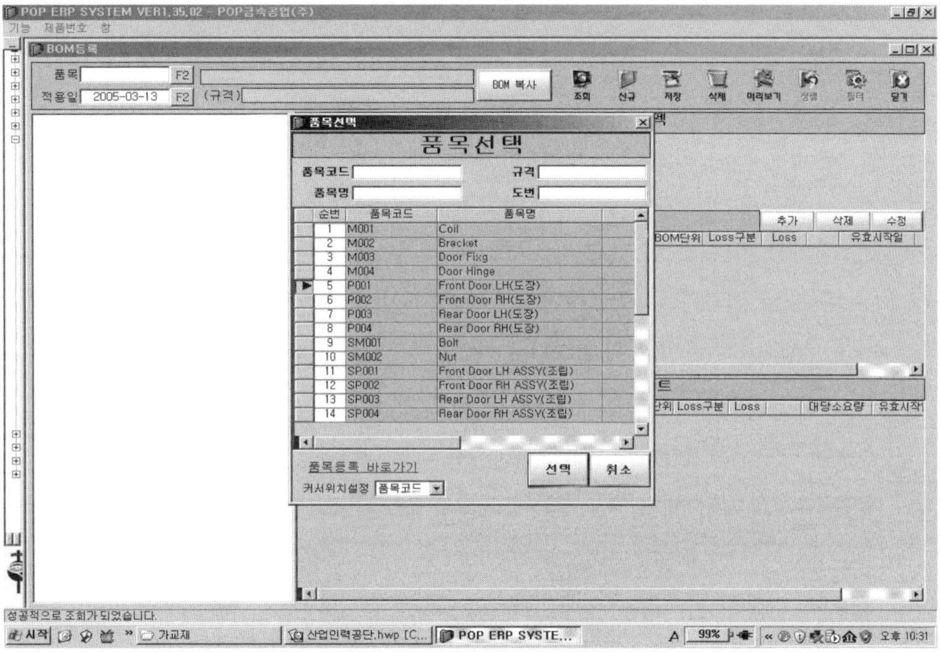

작업순서

품목선택 → 나타난 품목 클릭 → 하위품목 리스트의 추가 → 새로 나타난 BOM 변경 창에서 제품에 투입되는 자재 선택 및 투입수량 입력 → 적용시키고자 하는 일자 입력 → 확인 → 다른 하위 자재도 위의 방법과 동일하게 수행(<그림 7-5>, <그림 7-6> 참조).

<그림 7-5>에서 화면 상단의 삭제는 선택한 품목에 대한 BOM을 모두 지우고 하위품목 리스트의 삭제 버튼은 BOM이 구성된 하위품목 중 선택한 품목 하나만 삭제한다.

항목 설명

① 품　　목 : BOM을 구성할 제품 및 반제품을 선택할 수 있다.

② 적 용 일 : BOM에 적용된 일자를 지정하여 조회할 수 있다.

③ BOM복사 : 선택한 제품의 BOM 구조를 다른 제품에 복사할 수 있다.

④ 미리보기 : BOM이 구성된 제품의 구조 현황을 인쇄할 수 있다

⑤ 해당품목스펙 : BOM에 구성된 하위 자재들에 대한 내용으로 소요량 및 BOM 단위, Loss량, 이 품목에 대한 유효기간 등을 표시한다.

⑥ 하위품목리스트 : 왼쪽의 흰 바탕에 등록된 BOM구조에서 선택한 제품 및 재공품을 만들기 위한 하위자재들을 보여준다.

⑦ 전체BOM리스트 : 현재 선택한 제품에 대한 전체 BOM구조를 보여준다.

⑧ 수정 : 선택한 하위 자재에 대하여 수량과 적용일을 수정할 수 있다.

⑨ BOM 변경이력조회 : BOM 구성이 바뀐 이력을 조회할 수 있다.

〈그림 7-6〉 BOM 등록 화면(2)

단위소요량 입력시 coil의 경우 스크랩비율에 따라 다음과 같이 입력한다. 이 내용은 앞서 언급한 시나리오에 따라 coil의 경우 스크랩이 60~65%가 발생한다는 가정에 근거한 데이터들이다.

품목구분	품목코드	Coil에 대한 상위 품목 리스트	단위소요량	Loss(수량)
재공품	WP001-3	Front Door LH INR-PNL	1	2
재공품	WP001-4	Front Door LH OTR-PNL	1.2	2.3
재공품	WP002-3	Front Door RH INR-PNL	1	2
재공품	WP002-4	Front Door RH OTR-PNL	1.2	2.3
재공품	WP003-3	Rear Door LH INR-PNL	0.9	1.6
재공품	WP003-4	Rear Door LH OTR-PNL	1.1	1.9
재공품	WP004-3	Rear Door RH INR-PNL	0.9	1.6
재공품	WP004-4	Rear Door RH OTR-PNL	1.1	1.9

BOM 등록 후 상단 우측메뉴 중에서 미리보기 기능을 하면 다음과 같은 BOM 품목 출력범위 설정창이 나타난다. 여기서 출력하고자 하는 옵션을 선택한 후에 출력을 누르게 되면 <그림 7-7>과 같은 출력물이 화면에 나타나게 된다. 이 출력물은 파일로도 저장할 수 있다.

〈그림 7-7〉 세품코드별 BOM 현황 출력물

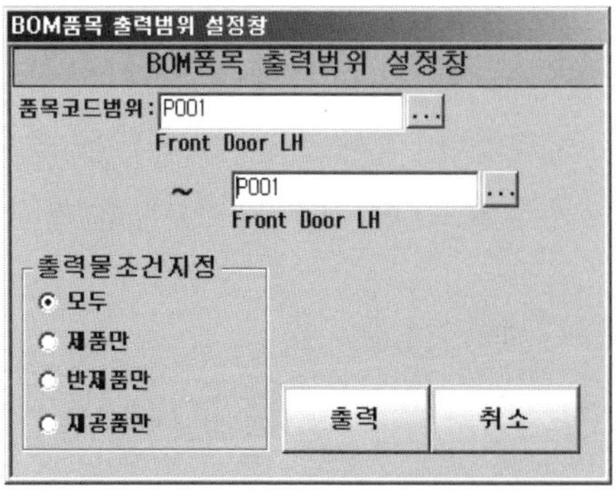

(2) 설비 등록

제품을 생산하기 위한 설비(장비, 작업반)를 등록 하여야 하며, 설비에 등록된 내역은 작업지시서와 설비별 생산현황 등으로 연계된다.

☑ 작업순서

신규 → 설비코드 입력 → 설비명(장비명 또는 작업반) 입력 → 소속 사업장 선택 → 설치일자 입력 → 저장.

설비코드를 수정하고자 할 경우 삭제를 하여 다시 작성을 하고 삭제할 경우에는 삭제하고자하는 설비를 선택하고 삭제 버튼을 클릭하면 된다. 여기서는 <그림 7-8>과 같이 각 공정별로 한 대씩의 설비를 설정하도록 한다.

☑ 항목 설명

① 설비코드 : 설비, 장비, 작업반 등에 대한 코드를 지정한다.

② 설 비 명 : 설비, 장비, 작업반 등에 대한 이름을 지정한다.

③ 사업장 : 설비, 장비, 작업반 등이 설치 또는 소속된 사업장을 지정한다.
④ 설치일자 : 설비, 장비 등이 설치된 날짜를 입력하면 되고, 기본일자는 컴퓨터의 시스템 일자로 나타난다.
④ 미리보기 : 설비 등록 현황을 인쇄할 수 있다.

〈그림 7-8〉 설비등록 화면

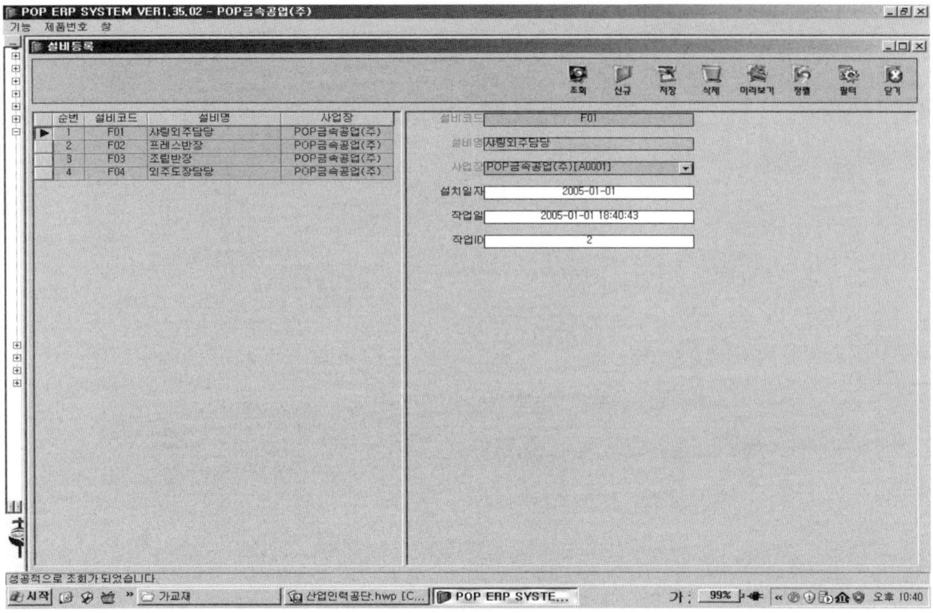

(3) 공정 등록

제품을 생산하기 위해 이루어지는 공정 등을 등록 하여야 하며, 공정에 등록된 내역은 작업지시서와 공정별 생산현황 등으로 연계된다.

☑ 작업순서

신규 → 공정코드 입력 → 공정명 입력 → 공정종류 선택 → 대표설비 선택 → 사업장 선택 → 저장.

공정코드를 수정하고자 할 경우 삭제를 하여 다시 작성을 하고 삭제할 경우는 삭제할 공정을 선택하고 삭제 버튼을 클릭하면 된다. 여기서는 <그림 7-9>와 같이 4개의 공정을 등록하고 각 공정별로 앞서 등록한 설비를 할당한다. 참고로 샤링공정과 도장공정은 외주공정이기 때문에 공정구분에서 LOT공정을 선택하고 조립공정과 프레스공정은 계속공정으로 구분하여 입력한다.

〈그림 7-9〉 공정등록 화면

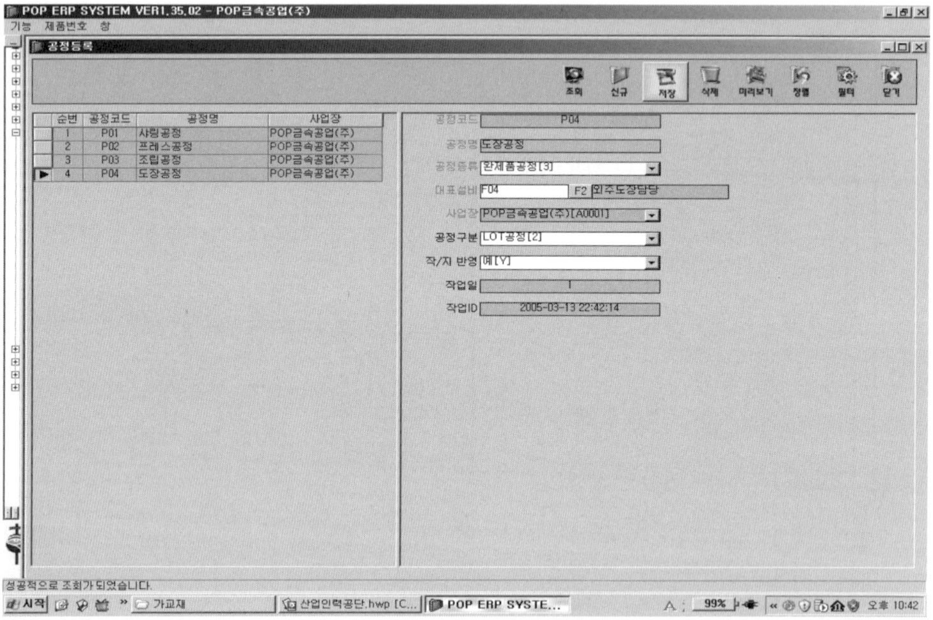

☑ 항목 설명

① 공정코드 : 공정에 대한 코드를 지정한다.

② 공 정 명 : 공정에 대한 이름을 지정한다.

③ 공정종류 : 자재가 처음 투입되는 시작공정인지, 자재가 투입되어 만들어지고 있는 중간공정인지, 제품이 완성되는 완제품 공정인지를 지정한다.

④ 공정구분 : 계속공정과 LOT 공정으로 구분한다.

⑤ 대표설비 : 각 공정에 사용되는 설비를 선택한다.

⑥ 사 업 장 : 공정이 이루어지는 사업장을 지정한다.

(4) 라우팅 등록

라우팅이란 제품을 생산하기 위한 공정절차의 흐름 순서를 의미하며, 흔히 공정 흐름도라고 하며, 표준 라우팅을 등록하여 이 라우팅에 이루어지는 공정을 순서대로 등록하여야 한다. <그림 7-10>은 라우팅 등록에 대한 개념도이다.

〈그림 7-10〉 라우팅등록 개념도

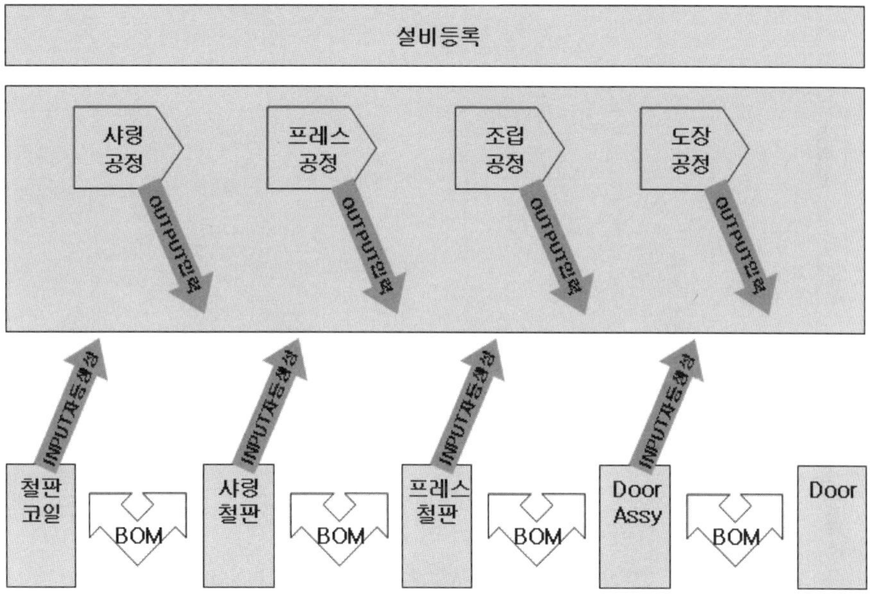

작업순서

신규 → 라우팅번호 입력 → 라우팅명 입력 → 사업장 선택 → 추가 → 공정선택 → 공정구분 선택 → 저장.

라우팅 번호를 수정하고자 할 경우, 삭제를 하여 다시 작성을 하면 되는데 여기서 삭제할 경우에는 삭제할 라우팅을 선택하고 삭제 버튼을 클릭하면 되며, 라우팅 안에 있는 공정을 삭제하고자 할 경우는 공정을 선택하고 화면의 2/3지점에 있는 삭제버튼을 클릭하면 된다. 여기서는 <그림 7-11>과 동일하게 라우팅을 등록한다.

〈그림 7-11〉 라우팅등록 화면

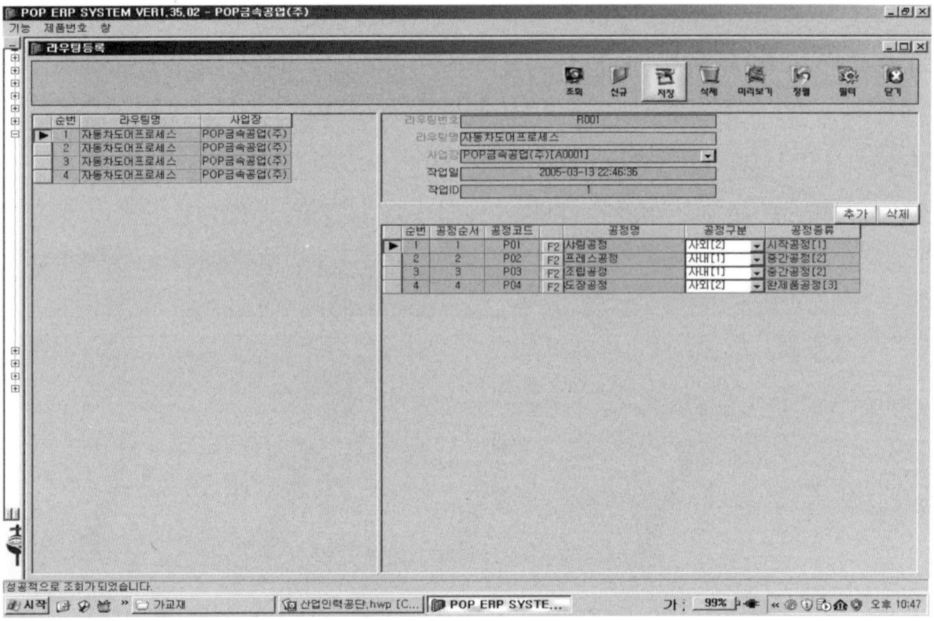

항목 설명

① 라우팅번호 : 라우팅에 대한 번호를 지정한다.

② 라우팅 명 : 라우팅에 대한 이름을 지정한다.

③ 사업장 : 해당 라우팅을 사용할 사업장을 지정한다.

④ 추가 : 해당 라우팅의 공정을 추가할 수 있다.

⑤ 공정순서 : 공정의 순서를 지정한다.

⑥ 공정선택 : 공정 코드의 F2를 클릭 하여 공정을 선택한다.

⑦ 공정구분 : 사내에서 작업을 하는지, 외주처 등에서 작업을 하는지를 정한다.

⑧ 미리보기 : 라우팅 등록 현황을 인쇄할 수 있다.

(5) 품목별 라우팅 등록

품목별 라우팅은 각 제품 중에서 공정이 비슷하지만, 한 두 가지의 공정만 다를 경우 표준 라우팅을 등록하여 표준 라우팅 중에서 필요한 공정만 추가 및 삭제를 이용해 품목마다 라우팅을 등록할 수 있다.

〈그림 7-12〉 품목별 라우팅등록 화면

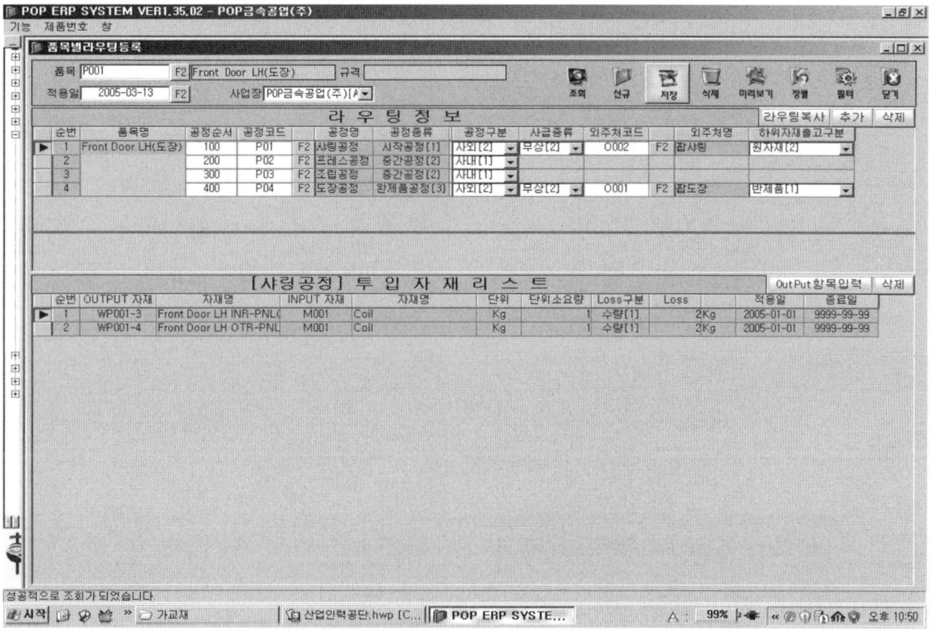

☑ 작업순서

품목선택 → 라우팅 복사클릭 → 라우팅명 선택 → 공정구분 선택 → 사급종류 및 외주처 코드 선택(사외일 경우) → 하위자재 출고구분 선택 → 공정 선택 → Output 항목입력 클릭 → Output 자재선택.

화면 오른쪽 상단에 위치한 삭제 버튼을 클릭하면 현재 품목에 대한 라우팅 정보를 모두 삭제하고, 각 프레임에 있는 삭제 버튼은 각 프레임에서 선택한 공정 및 자재를 하나씩 삭제할 수 있다. 여기서는 각 품목별로 <그림 7-12>와 같이 입력하도록 한다.

항목 설명

① 품목선택 : 라우팅을 등록하고자 하는 품목을 지정한다.

② 적 용 일 : BOM을 적용한 일자로 하위자재 리스트를 볼 수 있다.

③ 라우팅복사 : 라우팅 등록에서 등록된 표준 라우팅을 선택하여 복사할 수 있다.

④ 사급종류 : 자재를 무상으로 지급하는 무상사급과 자재를 판매하는 유상사급 두 가지 종류를 선택할 수 있다. 실습을 위해 이 옵션에서는 무상사급을 선택하도록 한다.

⑤ 외주처코드 : 사외의 경우 외주거래처를 선택한다.

⑥ 하위자재구분 : 원재료나 반제품 중 외주거래처에 지급하는 자재를 선택한다.

⑦ 투입자재리스트 : 선택한 공정에 대하여 어떤 자재가 얼마큼 투입 되는지를 보여준다.

⑧ Output 항목입력 : 라우팅 정보에서 원하는 공정을 선택하고 Output 항목입력 버튼을 클릭하면 BOM에 구성된 Output자재항목 창이 나타나고 해당되는 자재를 선택 후 '확인'버튼을 클릭하면 된다.

아래 그림은 미리보기 기능을 선택했을 때 품목별 라우팅 현황에 대한 출력물이다.

〈그림 7-13〉 품목별 라우팅 현황 출력물

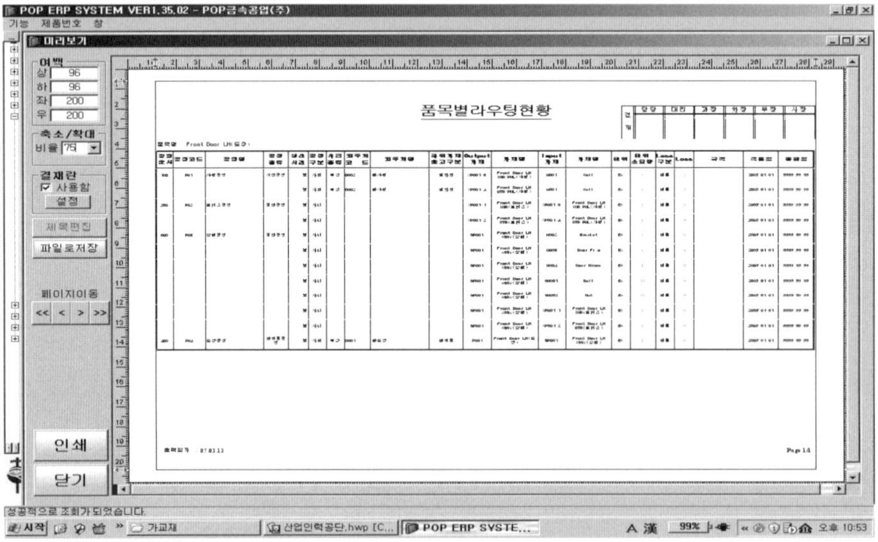

7.4 영업관리

영업관리 모듈은 <그림 7-14>와 같은 프로세스를 가지고 있다. 주문생산의 경우 수주에 대한 정보가 등록되면, 먼저 재고파악을 한 후 재고가 불충분한 경우 발주계획을 세워서 발주요청을 하게 된다. 발주요청을 할 때에는 해당 품목의 입고예정일에 대한 정보도 함께 포함된다. 해당 입고예정일에 정상적으로 해당 품목이 입고되면 생산계획에 따라 생산을 진행하면 된다. 만약에 재고가 충분하다면 납기를 기준으로 생산계획을 생성한 후 공정계획생성 메뉴에서 공정별 스케줄을 등록한다. 이렇게 공정계획 메뉴를 통해 공정계획을 생성하게 되면 공정별로 작업지시서도 자동적으로 만들어지게 되어 별도로 작업지시서를 만들 필요가 없게 된다. 그리고 수주건에 대한 납품이 이루어지면 매출마감 메뉴를 통해 해당 수주건에 대한 영업관리상의 업무를 마감하면 된다.

〈그림 7-14〉 영업관리 모듈 프로세스 흐름도

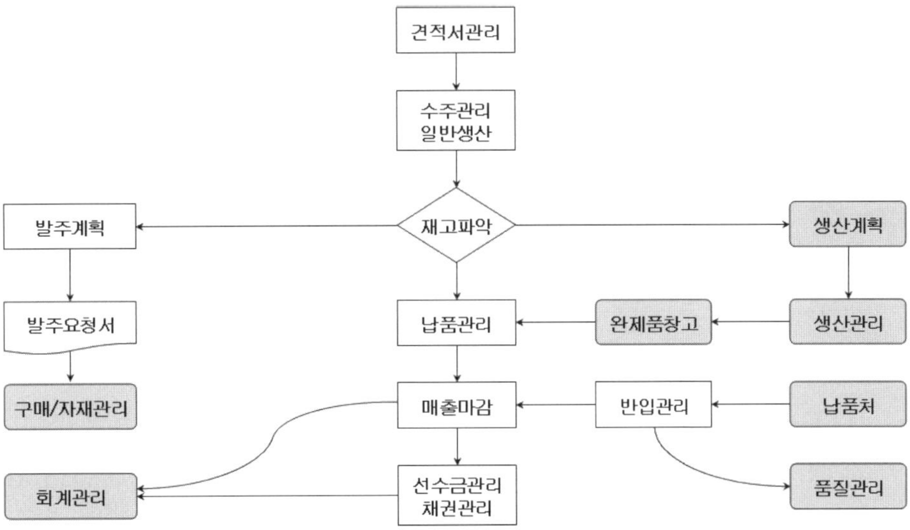

7.4.1 영업환경설정

영업관리 모듈에서 사용하게 될 각종 기능에 대한 기초적인 적용사항을 사용자가 설정할 수 있도록 해주는 메뉴이다. 각 항목별 세부내용에 대해서는 아래 부분에서 설명하도록 한다.

〈그림 7-15〉 영업환경설정 화면

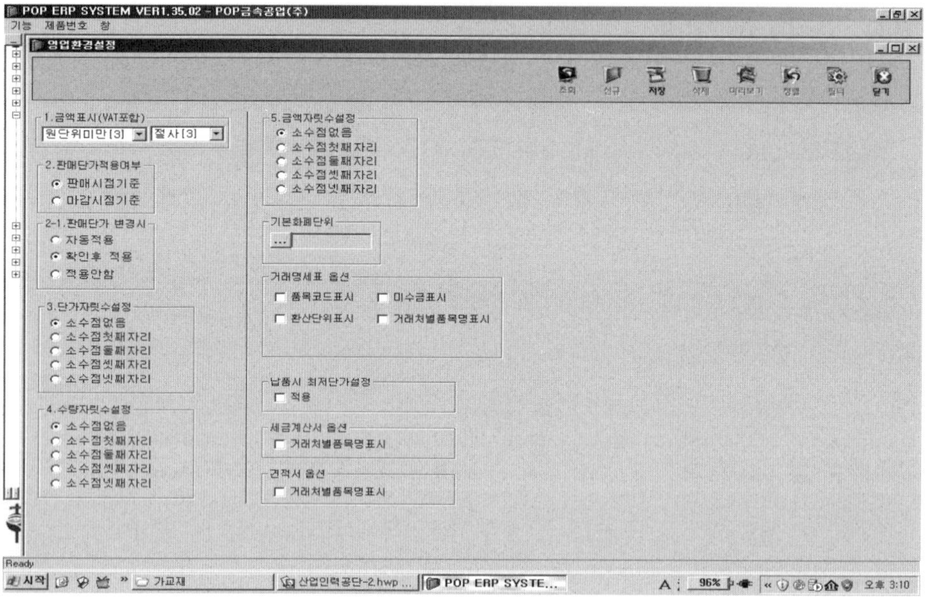

항목 설명

① 금액표시(VAT포함) : 영업관리에서 금액표시에 대한 부분을 설정한다.

② 판매단가적용여부 : 영업관리의 판매단가 적용여부 시점을 결정한다.

- 판매시점기준 : 판매단가의 변경시 판매 시점에서 적용하는 것을 말한다.
- 마감시점기준 : 판매단가의 변경시 마감 시점에서 적용하는 것을 말한다.

③ 판매단가 변경시 : 영업관리의 판매단가 변경시 자동적용, 확인 후 적용, 적용안함 등으로 설정할 수 있다.

④ 단가, 수량, 금액자릿수 : 영업관리에서의 금액 자릿수를 설정한다.

⑤ 기본화폐단위 : 기본화폐단위를 설정하고 저장을 하면 모든 데이터들이 저장된 화폐단위로 들어간다.

⑥ 납품시 최저단가 설정 : 납품시 최저단가설정을 적용하면 최저단가 금액 밑으로는 입력이 불가능하다. 최저단가 입력은 품목등록 메뉴에서 품목상세내역 탭에 매출처별 판매단가 내역에서 입력한다.

⑦ 거래명세표 옵션

- 환산단위보임 : 거래명세표의 거래 환산단위를 나타내어 준다.
- 거래처별 품목명표시 : 품목등록메뉴의 상대 거래처별 품목명을 거래명세표상 상품명으로 가져온다. 거래처별 품목명은 품목등록에서 품목상세내역에 매출처별 판매단가 내역에서 입력한다.

⑧ 세금계산서 옵션, 견적서 옵션 : 미리보기에서 거래처별 품목명으로 표시할 수 있다. 거래처별 품목명 입력창은 거래명세표 옵션 창과 같다.

7.4.2 견적관리

견적관리는 영업활동의 기초자료로서의 견적서를 등록하고 이를 관리하기 위한 기능이다. 견적서를 등록한 후, 향후에 해당 견적서 내용 그대로의 주문이 접수되면 별도로 수주등록을 할 필요없이 해당 견적서 내용을 수주등록에 반영하면 되기 때문에 효율적인 업무처리가 될 수 있다.

(1) 견적서등록

견적서는 장래에 있을 거래를 위하여 각종 경비를 포함시켜 해당제품의 가격을 미리 산출하고, 그 내용을 구체적으로 기재한다.

〈그림 7-16〉 견적등록 화면

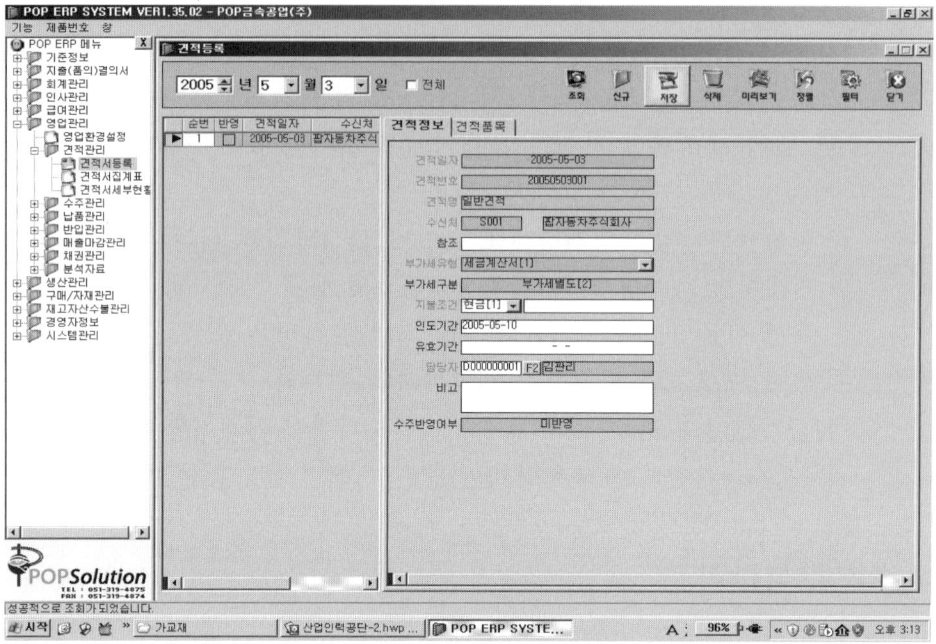

☑ 항목 설명

① 견적일자 : 견적일자를 등록한다.

② 견적번호 : 견적번호는 견적일자의 형태로 자동입력 되고 수정도 가능하다.

③ 견적명 : 견적명을 입력한다.

④ 수신처 : 수신처 입력시 F2키를 누르면 거래처 선택창이 나타난다. 여기서 거래처를 선택하여 선택버튼을 클릭하면 입력된다. 거래처가 없을 경우에는 거래처 등록 바로가기를 클릭하여 거래처를 입력하고 다시 선택한다. 또한 F2키를 누르지 않고 거래처코드를 입력해도 된다.

⑤ 부가세유형 : 해당거래에 대한 부가세 유형을 선택한다.

⑥ 지불조건 : 해당거래에 대한 지불조건을 선택한다.

⑦ 결재조건 : 해당거래에 대한 결제조건을 입력한다.

⑧ 인도기간 : 해당거래에 대한 인도기간을 입력한다.

⑨ 유효기간 : 견적서에 대한 유효기간을 입력한다.

⑩ 담당자 : 당사의 담당자를 조회 입력한다.
⑪ 비고 : 기타사항을 입력한다.
⑫ 수주반영여부 : 해당거래에 대한 수주반영여부를 반영, 미반영으로 결정할 수 있다.

■ 견적품목 입력 화면

위와 같이 견적정보를 등록한 후 견적품목들을 입력하여야 한다. 여기서는 다음 <그림 7-17>과 같이 입력하도록 한다.

〈그림 7-17〉 견적등록메뉴의 견적품목 화면창

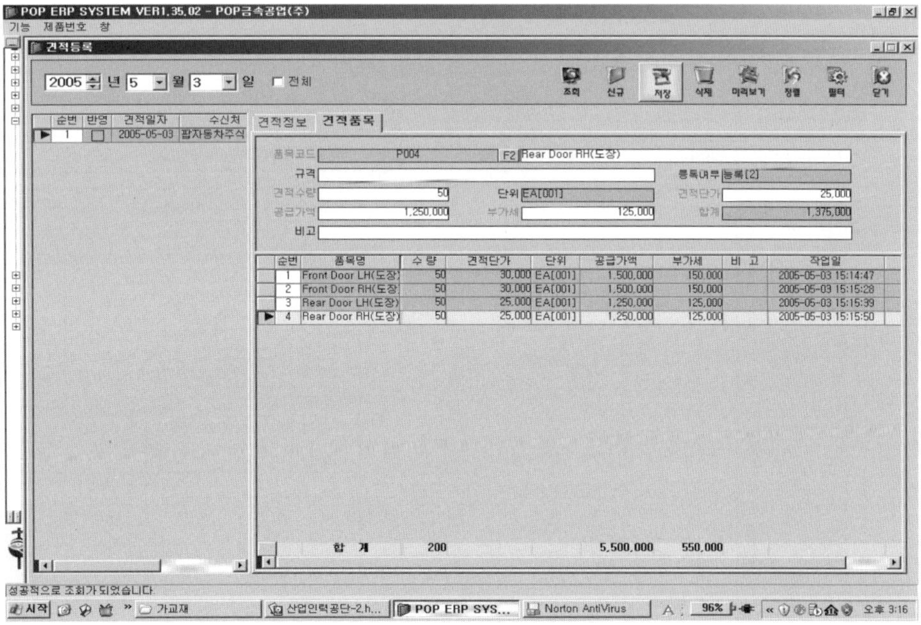

☑ 항목 설명

① 품목코드 : 품목코드 옆에 F2키를 누르면 품목선택창이 뜬다. 여기서 해당 품목을 선택하고 만약에 해당 품목이 없을시 품목등록 바로가기를 클릭하여 품목을 입력하고 선택한다. 품목코드가 많을 경우에는 품목코드, 규격,

품목명, 도번을 이용하여 보다 편리하게 품목코드를 찾을 수 있다.

② 견적수량 : 해당품목에 대한 견적수량을 입력한다.

③ 견적단가 : 해당품목에 대한 견적단기를 입력한다.
품목등록의 품목상세 내역창에서 매출처별 판매단가 내역에 판매단가를 입력하면 견적품목 창에서 견적수량만 입력을 하게 되면 자동으로 입력된다.

④ 공급가액 : 해당 품목에 대한 공급가액이 자동으로 입력된다.

⑤ 부가세 : 견적정보에서 부가세 유형을 선택하고 견적품목에서 폼목코드를 입력하면 자동으로 부가세 유형이 입력된다.

⑥ 합계 : 견적품목에 대한 합계가 자동 입력된다.

■ 견적품목 미리보기

〈그림 7-18〉 견적서 미리보기 기능을 통한 출력물

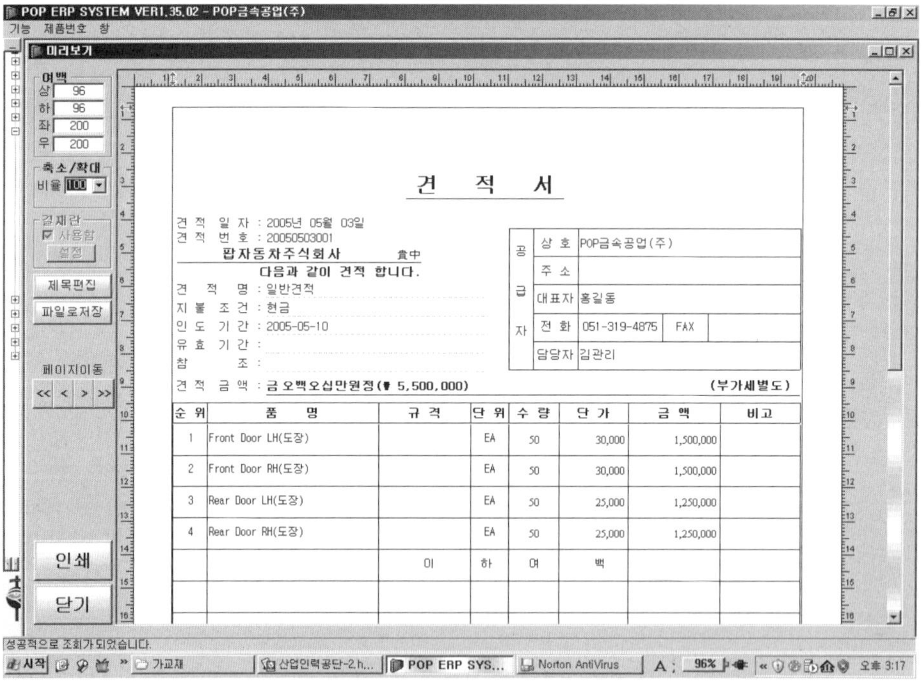

항목 설명

① 제목편집 : 견적서 출력물의 제목편집이 가능하다.

② 파일로 저장 : XLS, 엑셀, TXT, HTML로 저장 가능하다.

(2) 견적서 집계표

견적현황을 기간별, 거래처별, 품목별로 조회할 수 있다.

〈그림 7-19〉 견적서 현황 집계표 화면

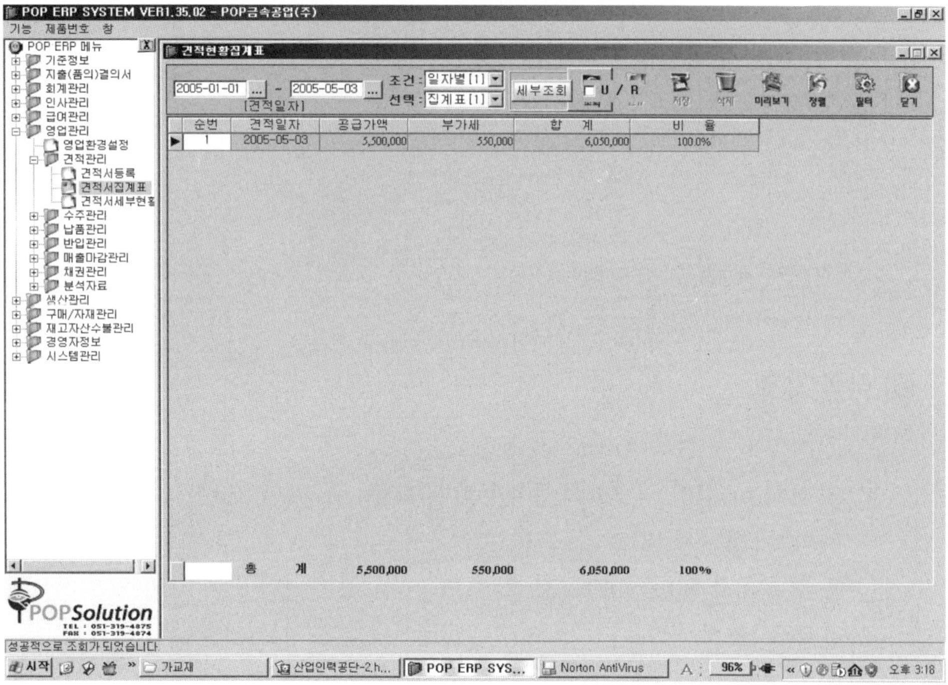

〈그림 7-20〉 견적현황 집계표에서 조회조건 팝업창

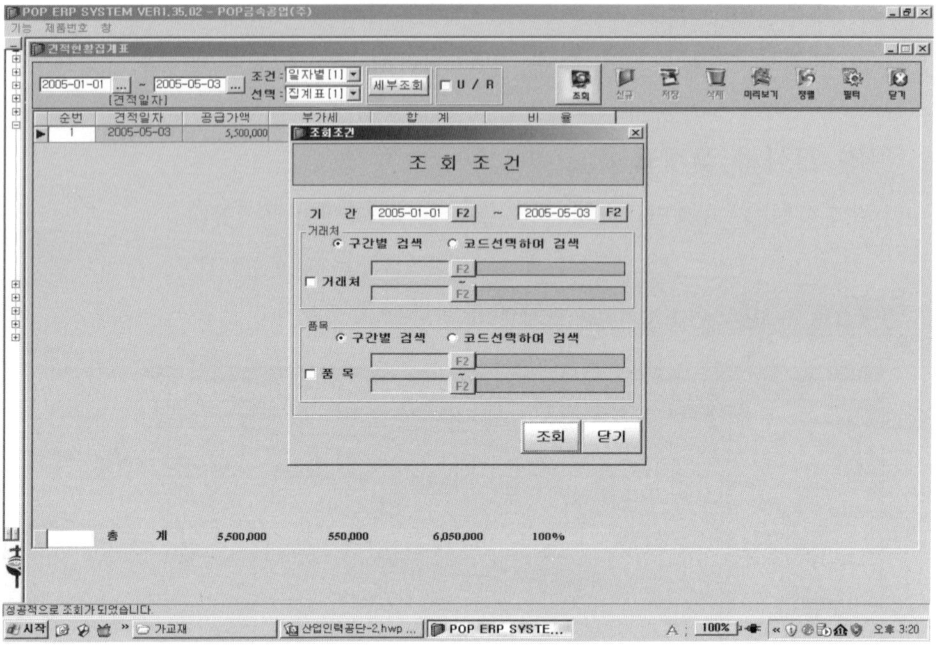

항목 설명

① 견적일자 : 견적기간을 설정한다.

② 거래처 : 견적 해당업체를 선택 조회할 수 있다. 또한 구간별, 코드선택을 하여 거래처를 지정 조회한다.

③ 품목 : 견적 해당업체를 선택 조회할 수 있다. 또한 구간별, 코드선택을 하여 품목을 조회한다.

④ 조건 : 일자별, 품목별, 거래처별 중 우선순위를 지정하여 조회한다.

⑤ 선택 : 집계표 및 그래프로 조회한다.

⑥ 세부조회 : 조회된 견적현황에 대하여 세부조회를 한다.

⑦ U/R : - 조회된 견적현황에 대하여 사용자보고서(거래처별 품목 견적 현황집계표) 형태로 조회한다.

여기서 U/R(사용자 보고서)이란 시스템에서 제공하는 기준양식과 실제 현장에서 원하는 양식과의 차이가 발생하였을 때 이를 해결하는 메뉴이다.

(3) 견적서세부현황

견적현황에 대하여 세부적으로 조회할 수 있는 메뉴이다.

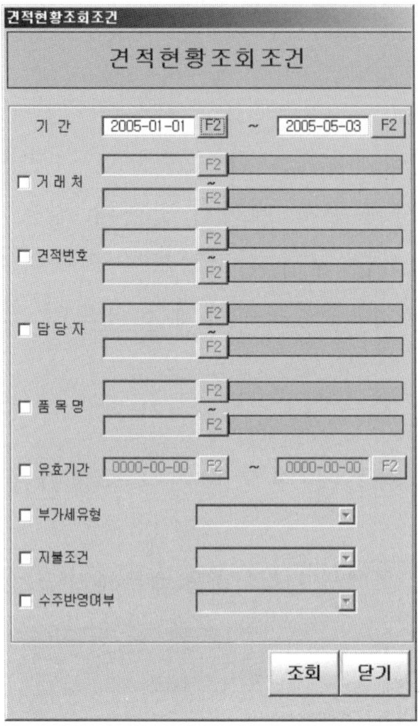

☑ 항목 설명

① 견적일자 : 견적기간을 설정한다.

② 거래처 : 견적 해당업체를 선택 조회할 수 있다. 또한 구간별 ,코드선택을 하여 거래처를 지정 조회할 수 있다.

③ 견적번호 : 견적 해당업체를 선택 조회할 수 있다. 또한 구간별, 코드선택을 하여 견적번호를 지정 조회할 수 있다.

④ 담당자 : 견적 해당업체를 선택 조회할 수 있다. 또한 구간별, 코드선택을 하여 담당자를 지정 조회할 수 있다.

⑤ 유효기간, 부가세유형, 지불조건, 수주반영여부 등으로 조회할 수 있다.

⑥ 조건 : 일자별, 품목별, 거래처별 중 우선순위를 지정하여 조회할 수 있다.

⑦ 선택 : 기준단위 및 환산단위로 조회할 수 있다.

7.4.3 수주관리

수주관리는 접수된 주문을 등록하여 최종 납품이 이루어지기 전까지, 주문내역을 관리하고자 하는 기능을 가진 모듈이다.

(1) 수주등록

견적서 등록 후 견적내용에 대한 수주발생시 '견적서 불러오기'를 통해 자동반영이 가능하며 입력시 수주처, 계산서 발행처, 납품처, 수금처를 별도로 관리하는 것이 가능하다. 여기서는 앞서 견적정보를 입력하지 않아도 수주등록이 가능하며, 실습도 이에 따라 수주등록부분에서 새로이 입력하도록 한다.

■ 견적서 불러오기

견적관리의 견적서등록에 대한 데이터를 불러 온다.

〈그림 7-21〉 수주등록에서 견적사항을 수주에 반영하기 위한 팝업창

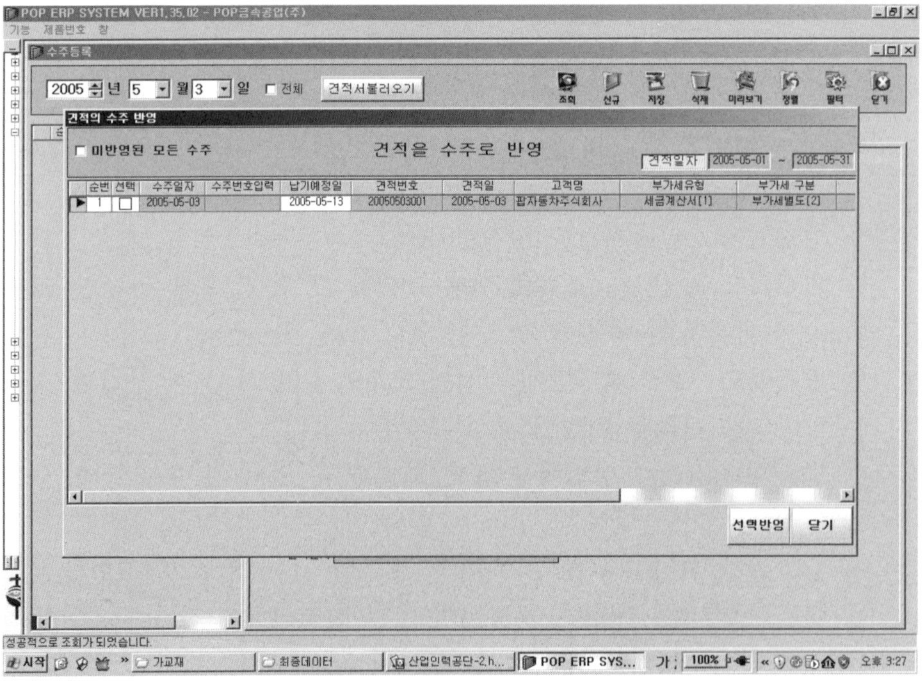

항목 설명

① 수주일자 : 견적등록의 수주일자를 불러오지만 수정도 가능하다.

② 수주번호입력 : 수주번호를 입력할 수 있고, 선택을 클릭하면 자동으로 입력된다.

③ 납품예정일 : 견적등록의 납품예정일이 자동 입력되지만 수정도 가능하다.

■ 수주정보 입력 화면

거래처 제품에 대한 주문을 등록한다. 견적서 등록을 입력하지 않고도 신규로 입력이 가능하다.

〈그림 7-22〉 수주등록 메뉴에서 수주정보 입력 화면

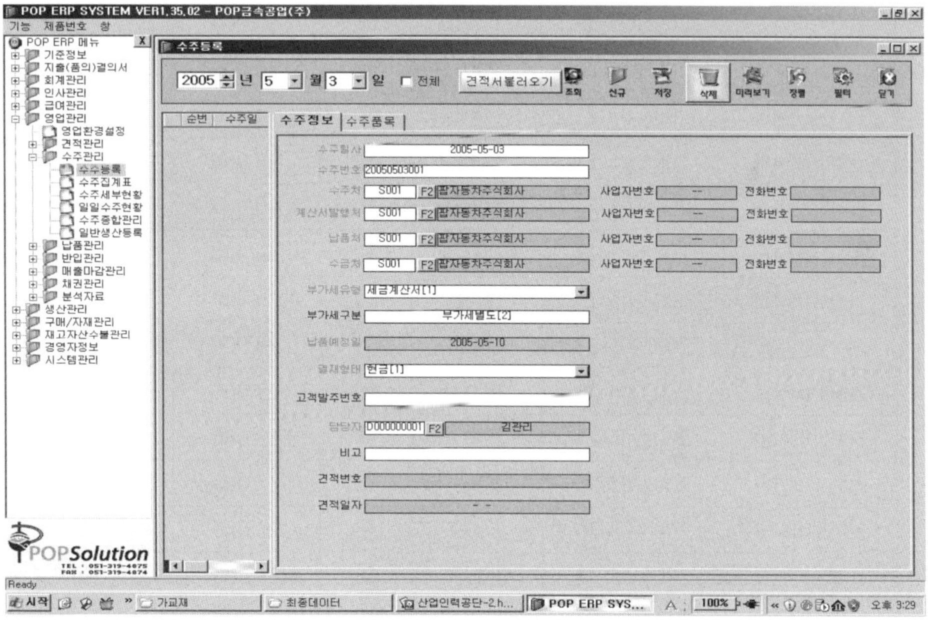

항목 설명

① 수주일자: 수주일자는 입력한다.

② 수주번호: 수주일자를 자동으로 입력되지만 수정도 가능하다.

③ 수주처 : 수주 해당업체를 조회 등록한다.
④ 계산서발행처: 계산서발행처가 자동 입력된다.
⑤ 납품처 : 해당거래에 대한 납품처가 자동 입력된다.
⑥ 수금처 : 해당거래에 대한 수금처가 자동 입력된다.
⑦ 부가세유형 : 해당거래에 대한 부가세유형을 입력한다.
⑧ 납품예정일: 해당거래에 대한 납품예정일을 입력한다.
⑨ 결재형태 : 해당거래에 대한 결재형태를 입력한다.

여기서는 아래표의 정보들을 이용하여 <그림 7-22>화면에서 수주를 등록한다.

수주일	납품 예정일	품목코드	수량	수주단가	납품처
2005-05-09	2005-05-23	P001	50	30,000	팝자동차주식회사
2005-05-09	2005-05-24	P001	50	30,000	팝자동차주식회사
2005-05-09	2005-05-25	P001	50	30,000	팝자동차주식회사
2005-05-09	2005-05-26	P001	50	30,000	팝자동차주식회사
2005-05-09	2005-05-27	P001	50	30,000	팝자동차주식회사
2005-05-09	2005-05-23	P002	50	30,000	팝자동차주식회사
2005-05-09	2005-05-24	P002	50	30,000	팝자동차주식회사
2005-05-09	2005-05-25	P002	50	30,000	팝자동차주식회사
2005-05-09	2005-05-26	P002	50	30,000	팝자동차주식회사
2005-05-09	2005-05-27	P002	50	30,000	팝자동차주식회사
2005-05-09	2005-05-23	P003	50	25,000	팝자동차주식회사
2005-05-09	2005-05-24	P003	50	25,000	팝자동차주식회사
2005-05-09	2005-05-25	P003	50	25,000	팝자동차주식회사
2005-05-09	2005-05-26	P003	50	25,000	팝자동차주식회사
2005-05-09	2005-05-27	P003	50	25,000	팝자동차주식회사
2005-05-09	2005-05-23	P004	50	25,000	팝자동차주식회사
2005-05-09	2005-05-24	P004	50	25,000	팝자동차주식회사
2005-05-09	2005-05-25	P004	50	25,000	팝자동차주식회사
2005-05-09	2005-05-26	P004	50	25,000	팝자동차주식회사
2005-05-09	2005-05-27	P004	50	25,000	팝자동차주식회사

■ 수주품목 입력 화면

수주 정보에 대한 품목을 입력한다. 여기서는 하나의 수주정보에 대해 여러 개의 수주품목이 있는 경우인데, 이 경우는 수주품목 탭에서 신규버튼을 클릭하면서 여러 개의 수주품목을 입력한다.

〈그림 7-23〉 수주등록 메뉴에서 수주품목 입력 화면

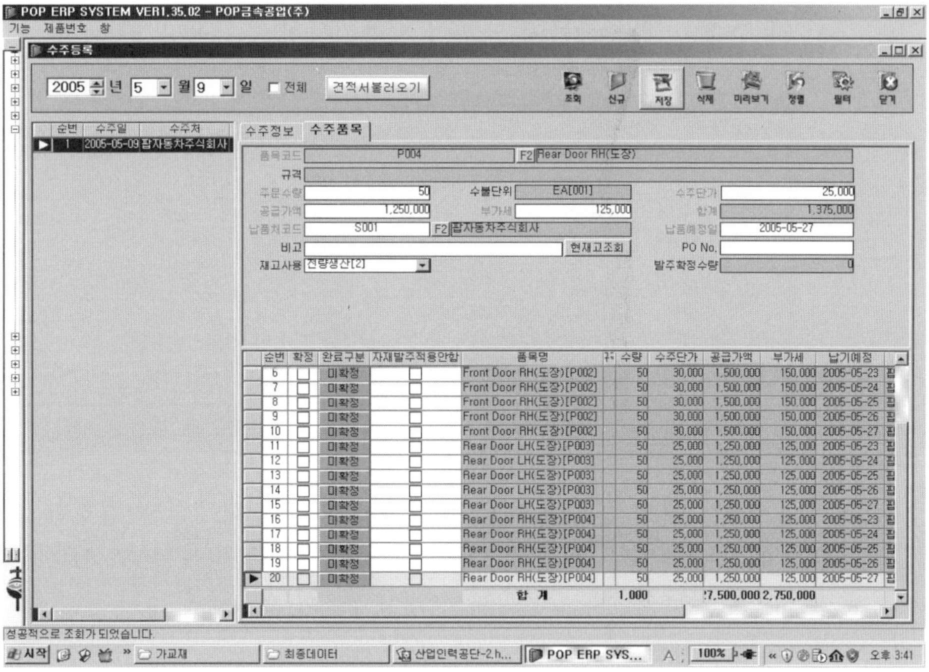

☑ 항목 설명

① 품목코드 : 해당 품목에 대한 코드를 입력한다.

② 주문수량 : 해당 품목에 대한 주문수량을 입력한다.

③ 수주단가 : 해당 품목에 대한 수주단가를 입력한다.

④ 공급가액 : 해당 품목에 대한 공급가액을 입력한다.

⑤ 부가세 : 수주정보 탭에서 부가세 유형을 선택하면 수주품목 탭에서 부가세 유형이 자동 입력된다.

⑥ 납품예정일 : 해당 품목에 대한 납품 예정일을 입력한다.

⑦ 현재고 조회 : 해당 품목에 대한 현재의 창고별 재고현황을 조회할 수 있다.

- 수불단위와 거래단위로 볼 수가 있다.
- 안전재고 : 해당 품목에 대해 회사가 최소한 지니고 있어야 되는 양을 말한다.
- 창고명 : 해당 품목이 저장된 창고를 말한다.
- 예약수량 : 앞으로 거래처에 납품될 해당 품목의 수량을 말한다.
- 가용수량 : 해당 품목에 대하여 사용가능한 수량을 말한다.

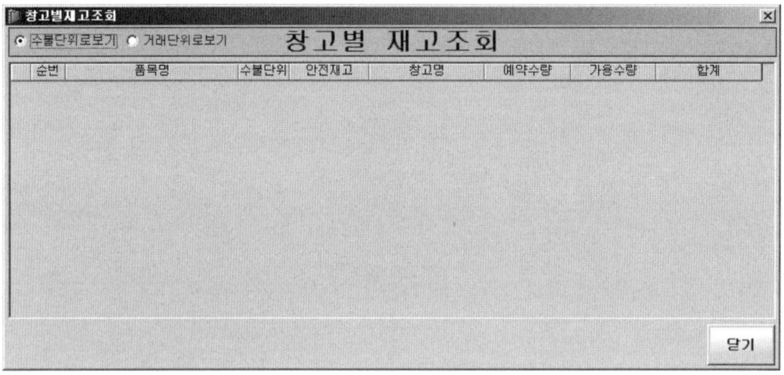

⑧ 재고사용 : 해당 품목에 대한 재고사용 또는 전량생산을 결정할 수 있다.

⑨ PO/ON : 해당 품목에 대한 회사 고유의 코드를 입력할 수 있다.

⑩ 확정 : 확정을 체크하고 저장하면 생산관리의 생산계획 작성/조회 및 발주계획 작성과 연동된다.

여기서는 <그림 7-23>과 같이 입력한다.

■ 수주품목 미리보기

〈그림 7-24〉 수주등록 후 미리보기 기능을 이용한 수주등록현황 출력물

항목 설명

① 결재란 : 결재란 사용 여부도 결정할 수 있고 수정 또한 가능하다.

② 제목편집 : 견적서의 제목을 편집할 수 있다.

③ 파일로 저장 : XLS, 엑셀, TXT, HTML로 저장가능

(2) 수주집계표

수주현황을 기간, 납기예정일, 거래처, 품목명으로 조회할 수 있다.

〈그림 7-25〉 수주집계표 메뉴에서 수주현황조회를 위한 조회조건 팝업창

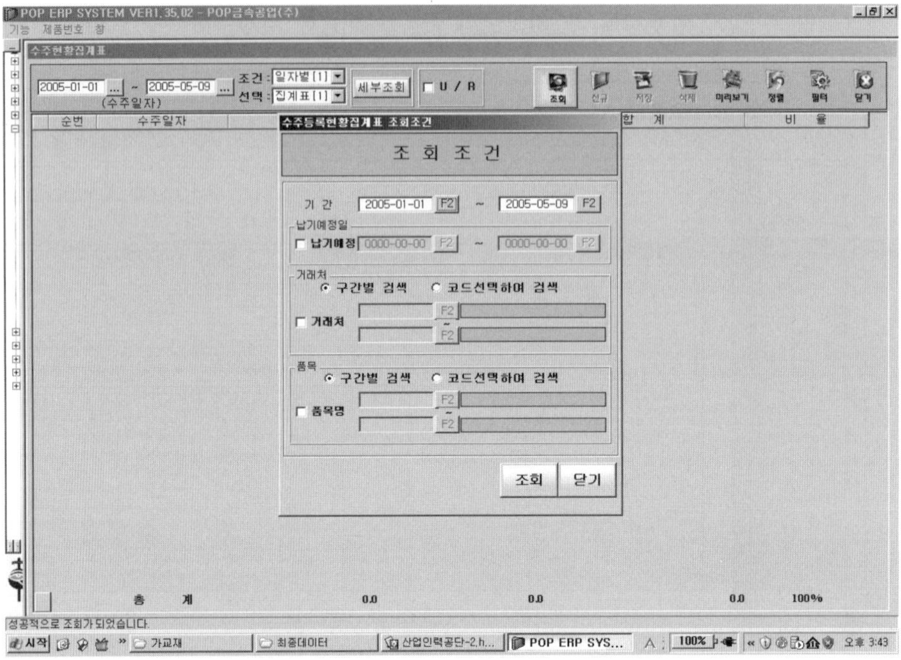

항목 설명

① 수주일자 : 수주기간을 설정한다.

② 납기예정일 : 수주 해당업체를 납기예정일 기준으로 조회한다.

③ 거래처 : 수주 해당업체를 선택하여 조회할 수 있다. 또한 구간별 ,코드선택을 하여 거래처를 지정 조회한다.

④ 품목 : 수주 해당업체를 선택 조회할 수 있다. 또한 구간별, 코드선택을 하여 품목을 조회할 수 있다.

⑤ 조건 : 일자별, 품목별, 거래처별, 납기일별 중 우선순위를 지정하여 조회할 수 있다.

⑥ 선택 : 집계표 및 그래프로 조회한다.

⑦ 세부조회 : 조회 된 수주현황에 대하여 세부조회를 한다.

⑧ U/R : 조회 된 수주현황에 대하여 사용자보고서(거래처별 품목 수주현황 집계표)로 조회한다.

여기서 U/R 란에 체크를 하게 되면 아래 그림과 같은 팝업창이 나타나며, 해당 파일을 더블클릭하면 아래 그림과 같은 사용자 정의 보고서 형태의 출력물이 나타난다.

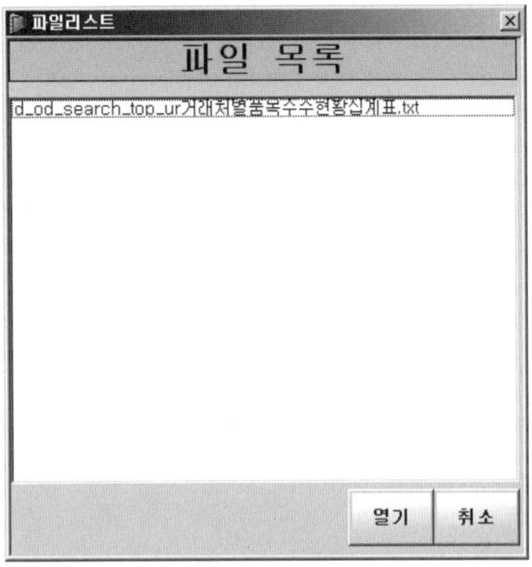

〈그림 7-26〉 수주현황집계표에서 미리보기 기능을 이용한 출력물

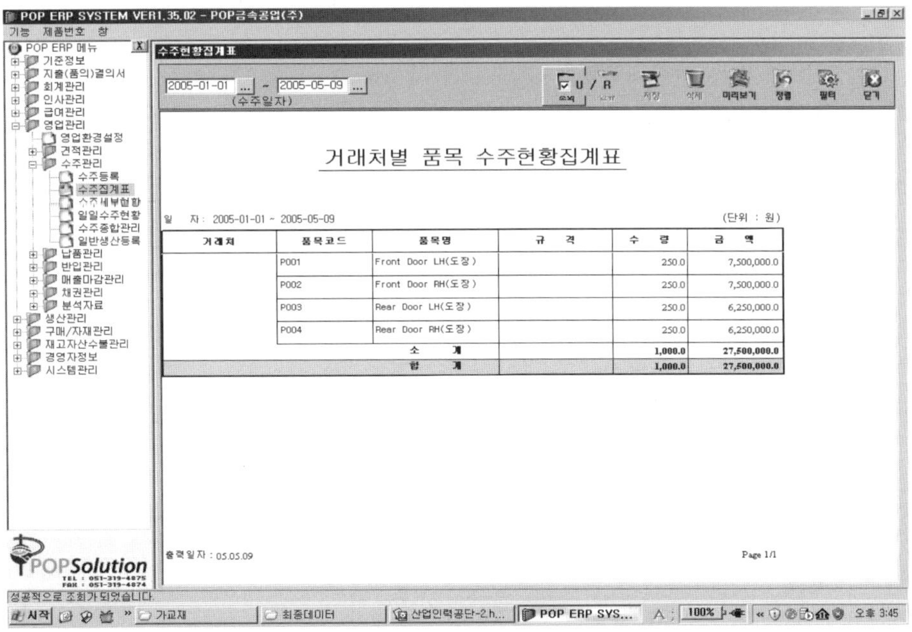

<그림 7-27>은 수주 집계표에서 조건은 품목별로, 그리고 선택은 집계표로 설정한 상태이다. 여기서 보다 더 세부적으로 조회가 가능하다. 세부조회 버튼을 클릭하면 <그림 7-28>과 같은 화면이 나타난다.

〈그림 7-27〉 수주현황집계표

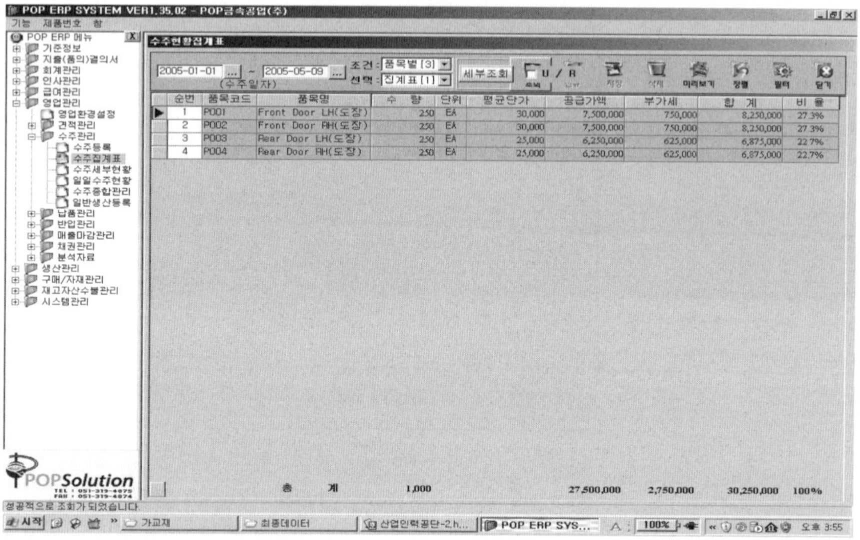

〈그림 7-28〉 수주세부현황

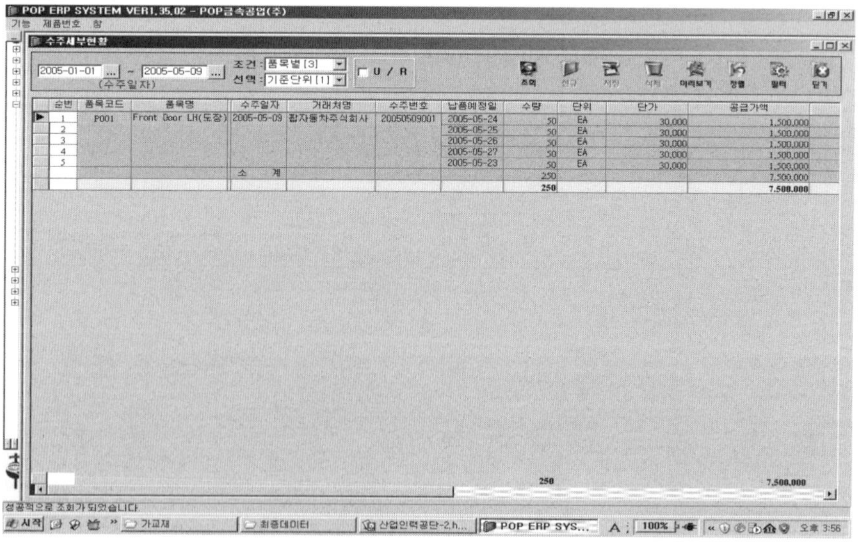

수주현황집계표에서 아래 그림과 같이 조건은 품목별로 그리고 선택은 그래프를 선택하면 아래 그림과 같이 다양한 형태의 그래프 출력물이 출력된다. 그래프 종류 선택이 가능하다.

〈그림 7-29〉 수주현황집계표-그래프

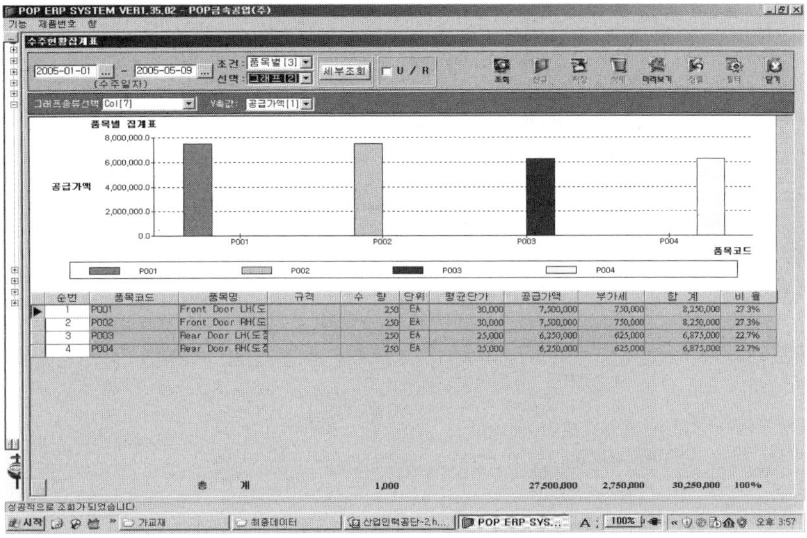

〈그림 7-30〉 수주현황집계표-그래프

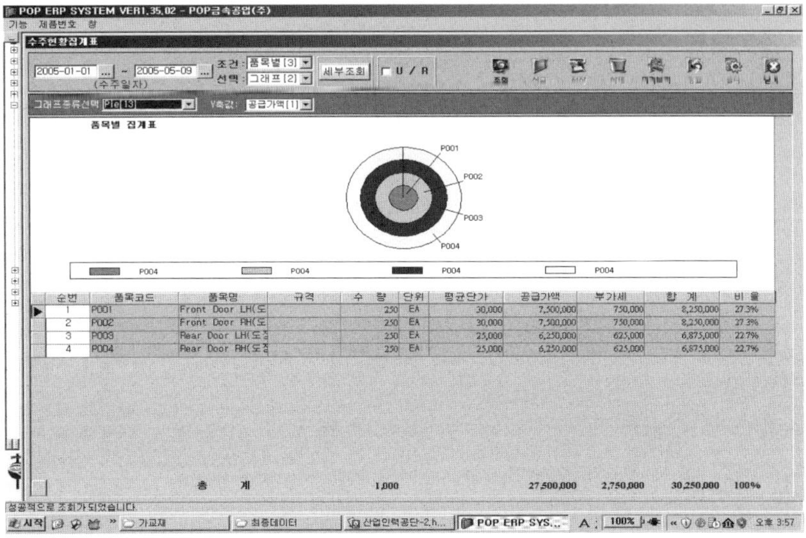

(3) 수주세부현황

등록된 수주건에 대해 세부현황을 조회할 수 있다.

〈그림 7-31〉 수주세부현황 메뉴에서 조회조건 팝업창

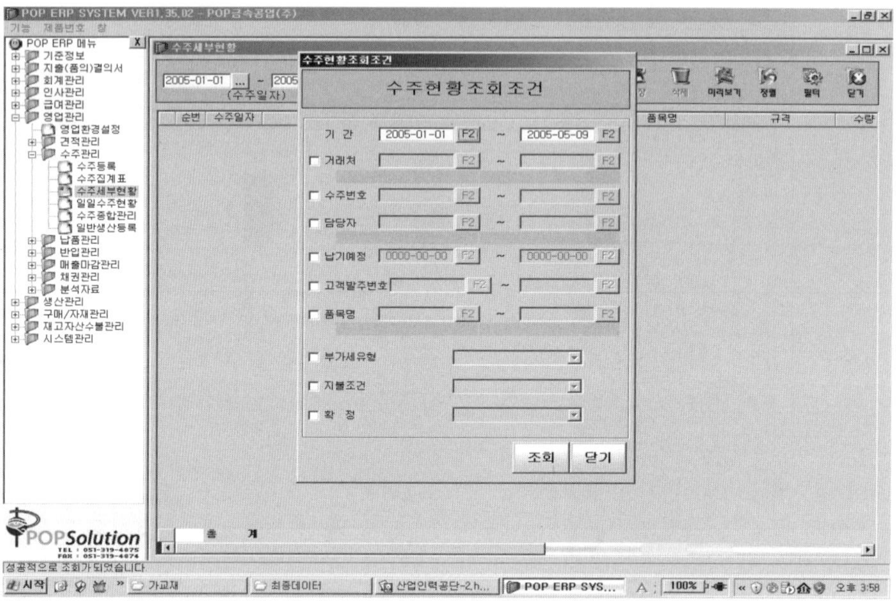

■ 항목 설명

① 수주기간, 거래처, 수주번호, 담당자, 납기예정, 고객발주번호, 품목명, 부가세유형, 지불조건, 확정 등으로 조회한다.

② 조건 : 일자별, 품목별, 거래처별, 납기일별 중 우선순위를 지정하여 조회할 수 있다.

③ 선택 : 기준단위 및 환산단위로 조회할 수 있다.

④ U/R : 조회 된 수주현황에 대하여 사용자보고서(거래처별 품목 현황집계표) 형태로 조회할 수 있다.

<그림 7-31>에서 조회조건을 지정하지 않고 조회 버튼을 클릭하면 <그림 7-31>와 같은 화면이 나타난다.

〈그림 7-32〉 수주세부현황 화면

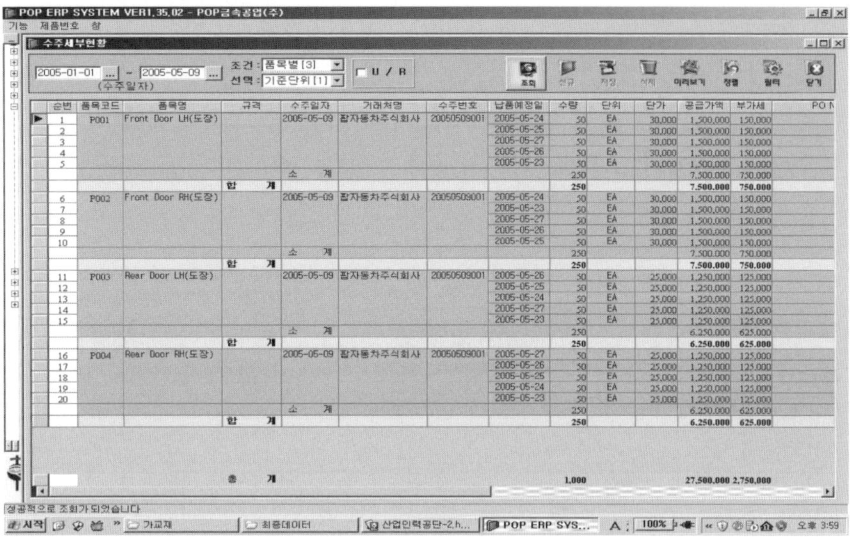

(4) 일일수주현황

등록된 수주건에 대한 일일수주현황을 조회할 수 있다.

〈그림 7-33〉 일일수주현황 메뉴에서의 조회조건 팝업창

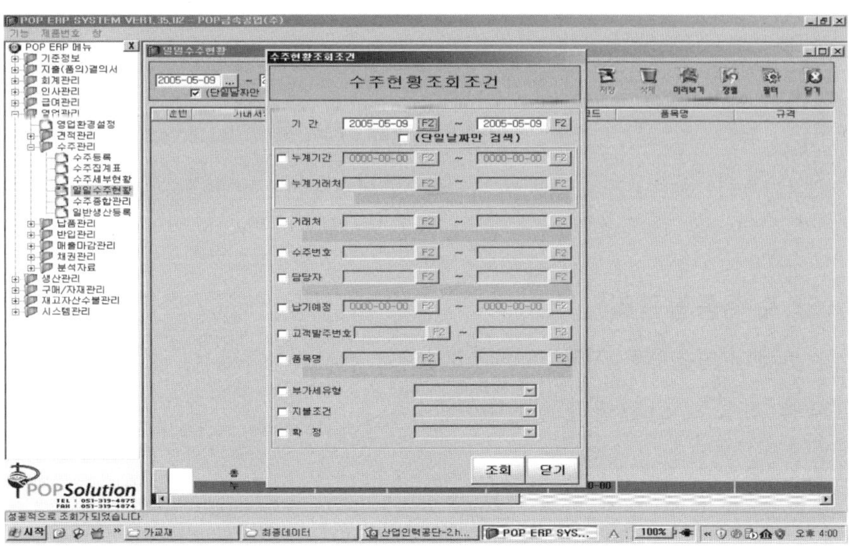

☑ 항목 설명

① 수주기간, 누계기간, 누계거래처, 단일날짜, 수주번호, 담당자, 납기예정, 고객발주번호, 품목명, 부가세유형, 지불조건, 확정 등으로 조회한다.

② 조건 : 일자별, 품목별, 거래처별, 납기일별 중 우선순위를 지정하여 조회한다.

<그림 7-33>에서 조회조건을 지정하지 않고 조회 버튼을 클릭하면 <그림 7-34>와 같은 화면이 나타난다.

〈그림 7-34〉 일일수주현황

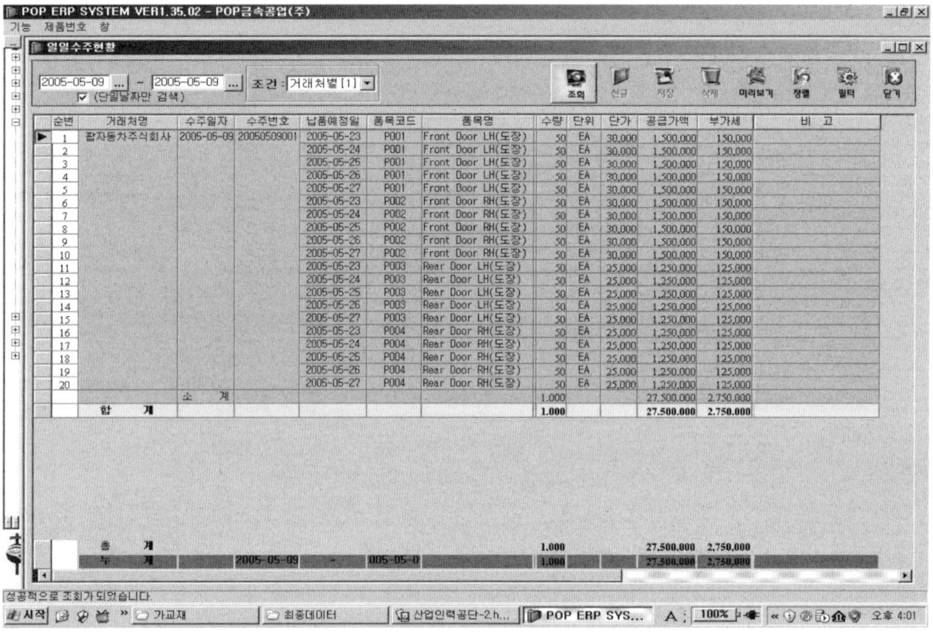

(5) 수주종합관리

조회화면으로 수주 후 수주번호별, 수주품목별 생산, 납품현황을 실시간으로 조회가 가능한 화면이다.

〈그림 7-35〉 수주종합관리 메뉴에서 조회조건 팝업창

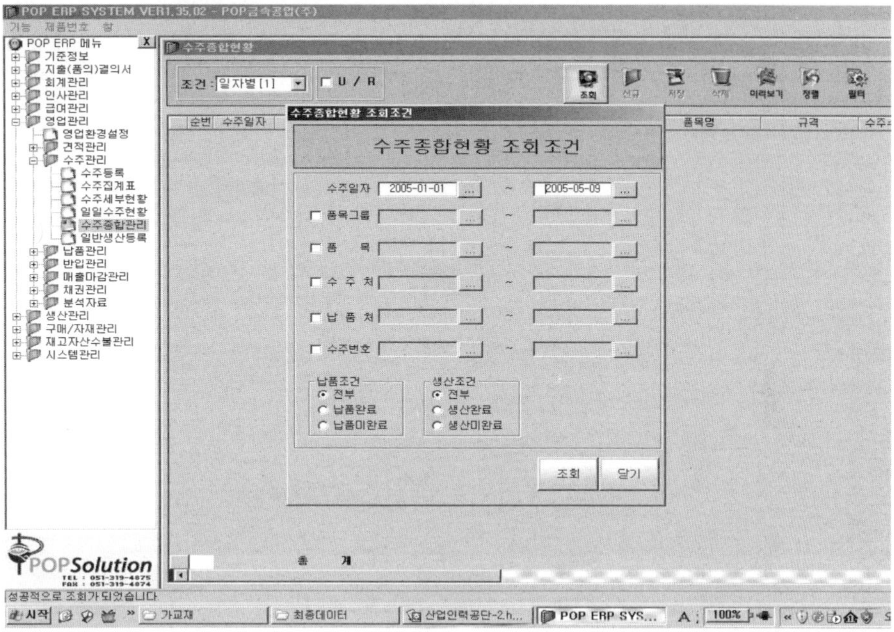

☑ 항목 설명

① 수주기간, 거래처, 수주번호, 담당자, 납기예정, 고객발주번호, 품목명, 부가세유형, 지불조건, 확정 등으로 조회한다.

② 납품조건 : 전부, 납품완료, 납품미완료 등으로 조회할 수 있다.

③ 생산조건 : 전부, 생산완료, 생산미완료 등으로 조회할 수 있다.

④ 조건 : 일자별, 품목별, 거래처별, 납기일별 중 우선순위를 지정하여 조회한다.

⑤ U / R : 조회 된 수주현황에 대하여 사용자 보고서(거래처별 품목 견적현황 집계표) 형태로 조회한다.

<그림 7-35>에서 조회조건을 지정하지 않고 조회 버튼을 클릭하면 <그림 7-36>과 같은 화면이 나타난다.

〈그림 7-36〉 수주종합현황

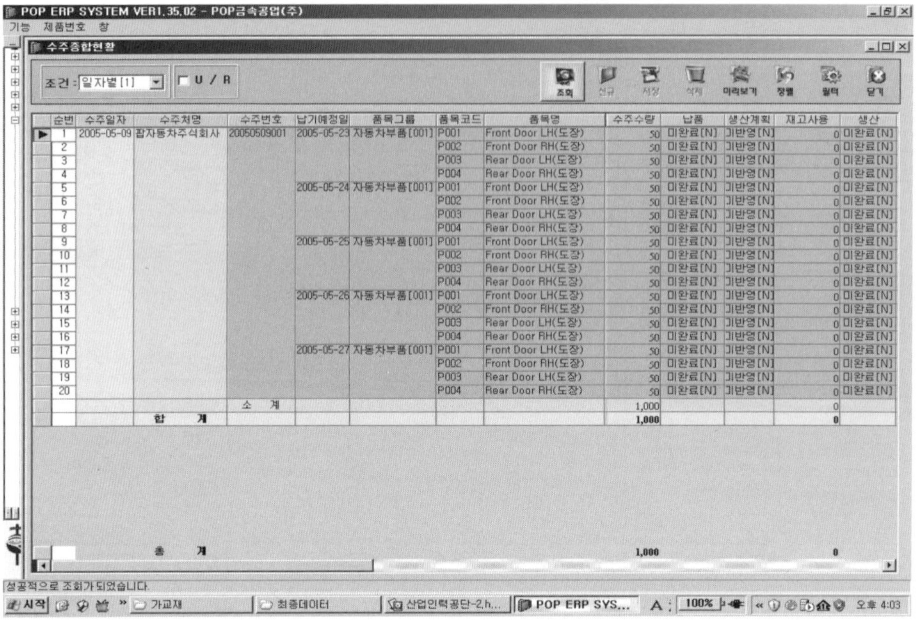

수주종합현황에서 미리보기 기능을 클릭하게 되면 아래 그림과 같은 팝업창이 나타난다. 여기서 생산정보와 납품정보에 기초한 출력물을 선택하여 출력할 수 있게 해준다.

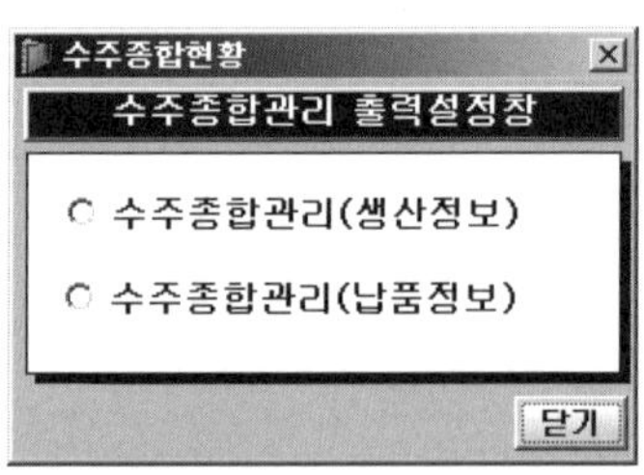

<그림 7-37>은 납품정보에 기초한 수주종합현황 출력물이다.

〈그림 7-37〉 수주종합현황 출력물

(6) 일반생산등록

수주생산이 아닌 수요 예측 후 계획생산을 하는 경우 및 추가생산을 하는 경우에 개별 생산예정수량을 등록하는 메뉴이며, 대부분 수주생산의 보유재고수준 보완측면에서 사용한다.

〈그림 7-38〉 일반생산등록 화면

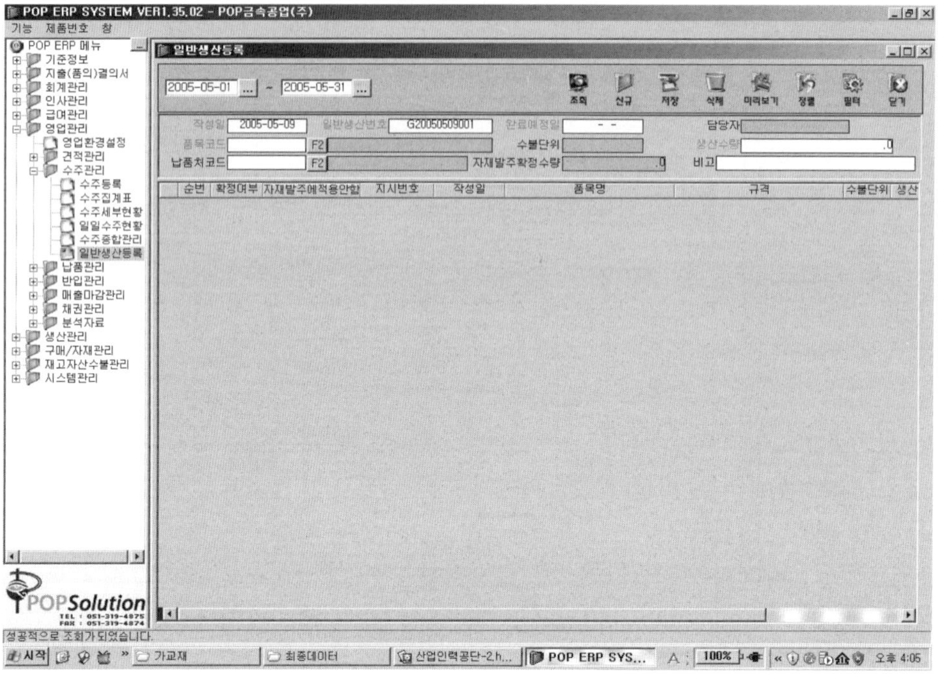

항목 설명

① 작성일 : 일반생산의 작성일을 입력한다.

② 일반생산번호 : 일반생산번호는 자동입력이 되지만 수정 또한 가능하다.

③ 완료예정일 : 일반생산 완료예정일을 입력한다.

④ 품목코드 : 품목을 입력할 수 있다.

⑤ 수불단위 : 수불단위를 표시한다.

⑥ 생산수량 : 일반생산 수량을 입력한다.

⑦ 납품처 코드 : 일반생산 품목의 납품처를 입력한다.

⑧ 확정 : 확정을 체크하고 저장을 하면 생산관리의 생산계획작성/조회로 데이터가 넘어간다.

7.5 생산관리 I

이 절에서는 앞서 등록한 수주건에 대해 생산계획과 공정계획을 작성하고 발주계획을 생성하여 발주요청을 하기까지의 프로세스와 관련된 기능들에 대해서 알아본다. 여기서 다루고자 하는 프로세스의 흐름은 <그림 7-39>와 같다.

〈그림 7-39〉 생산관리 개념도

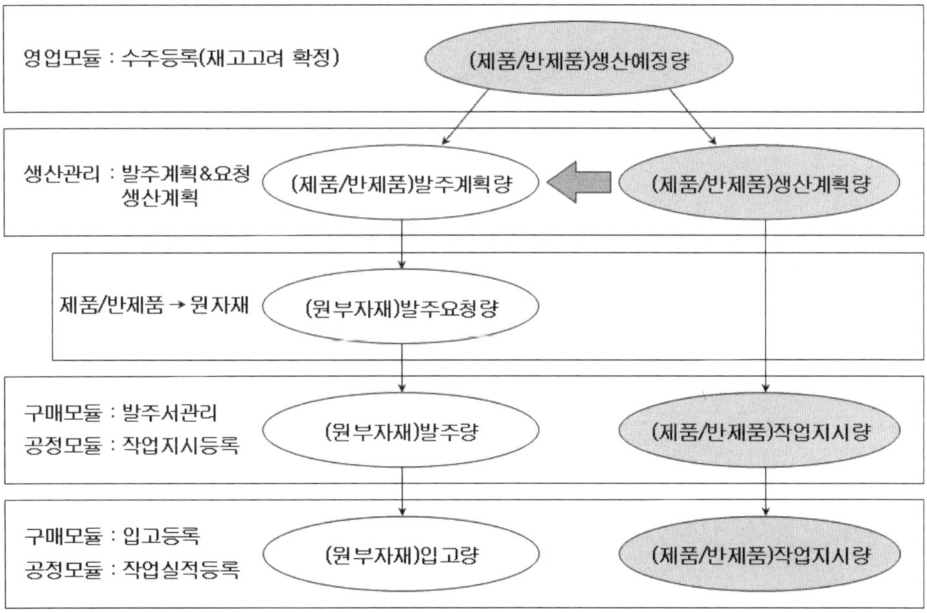

7.5.1 생산계획 작성/조회

수주(주문) 및 양산 품목에 대하여 생산능력에 의한 작업량을 미리 계산을 하여 각 일자별로 몇 개의 제품을 만들 수 있는지를 알 수 있고 다른 품목을 작업할 때 중복이 되지 않도록 계획을 작성할 수 있으며 생산계획 작성 순서는 다음과 같다.

작업순서

생산계획 생성 선택 → 새로 나타난 창에서 생산기준일 선택(납기일/시작일) → 수주 품목 선택 → 생성.

삭제는 선택 품목에 대한 생산 계획을 지운다.

〈그림 7-40〉 생산계획 입력 화면

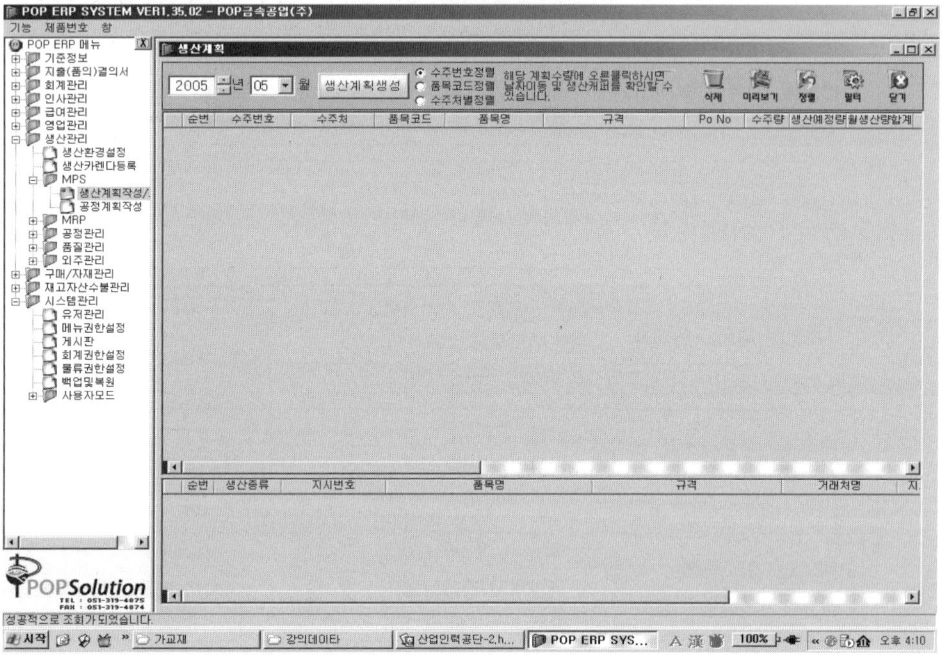

(1) 생산계획반영 선택

생산계획 버튼을 클릭하면 나타나는 화면으로 수주 및 양산 할 품목 리스트를 보여 주고 생산계획에 반영할 품목을 선택하여 생산계획을 생성할 수 있다. 여기서는 <그림 7-41>과 같이 앞서 수주등록한 모든 건을 선택하여 생산계획에 반영한다.

■ 생산계획생성 버튼 클릭 후 화면 모습

〈그림 7-41〉 생산계획반영 선택 화면

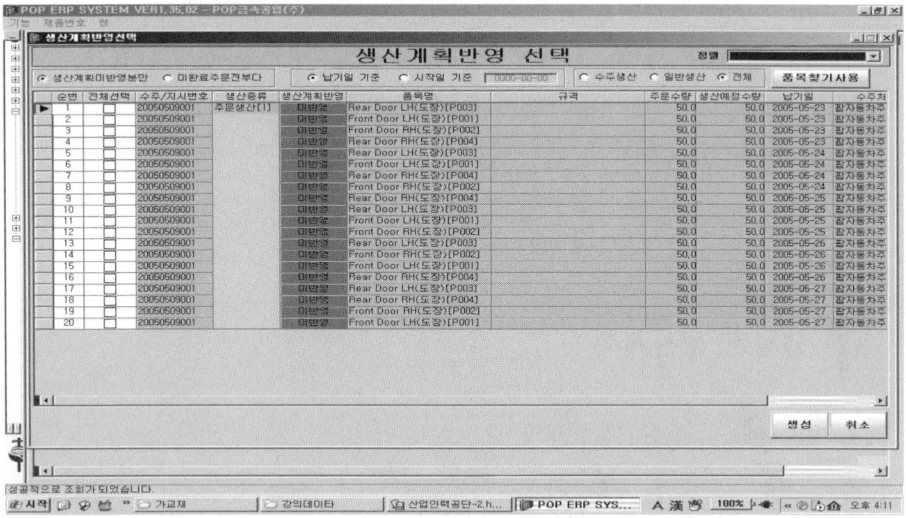

■ 생산계획을 반영할 수주건을 선택한 후의 화면

여기서는 <shift 키>를 이용하여 전체 수주를 선택한다.

〈그림 7-42〉 생산계획반영 선택에서 전체 수주품목을 선택한 후의 화면

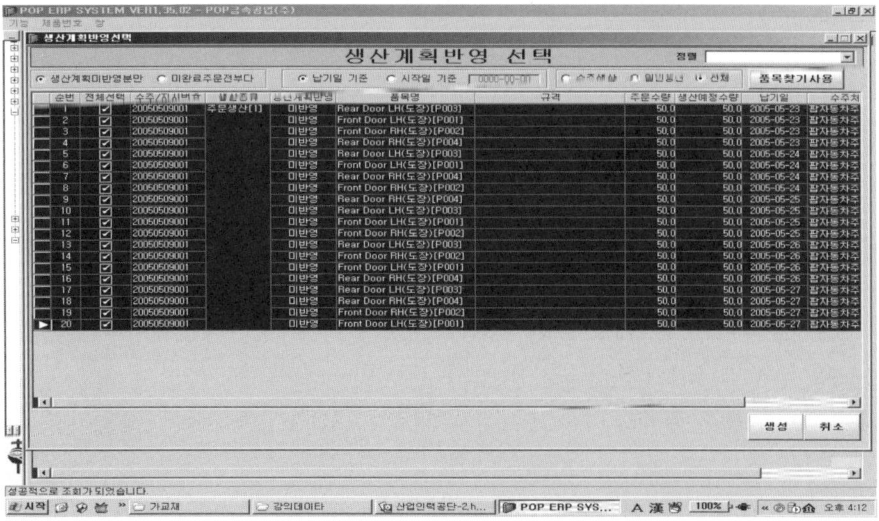

항목 설명

① 정렬 : 수주번호, 품목명, 품목코드 등등으로 정렬할 수 있고, 생산계획에 미 반영된 품목 및 미완료주문(주문된 제품 중 생산이 아직 미완성된 것), 수주를 받은 품목, 일반생산품목 등으로 정렬을 할 수 있다.

② 납기일 기준 : 생산계획을 품목코드 설정에서 정한 생산 예정일에 따라 납기일 이전으로 계획을 생성한다.

③ 시작일 기준 : 생산계획을 지정한 날짜부터 생산할 제품의 수를 각 일자별 생산능력으로 나누어 계획을 생성한다.

(2) 생성된 생산계획

〈그림 7-43〉 생성된 생산계획

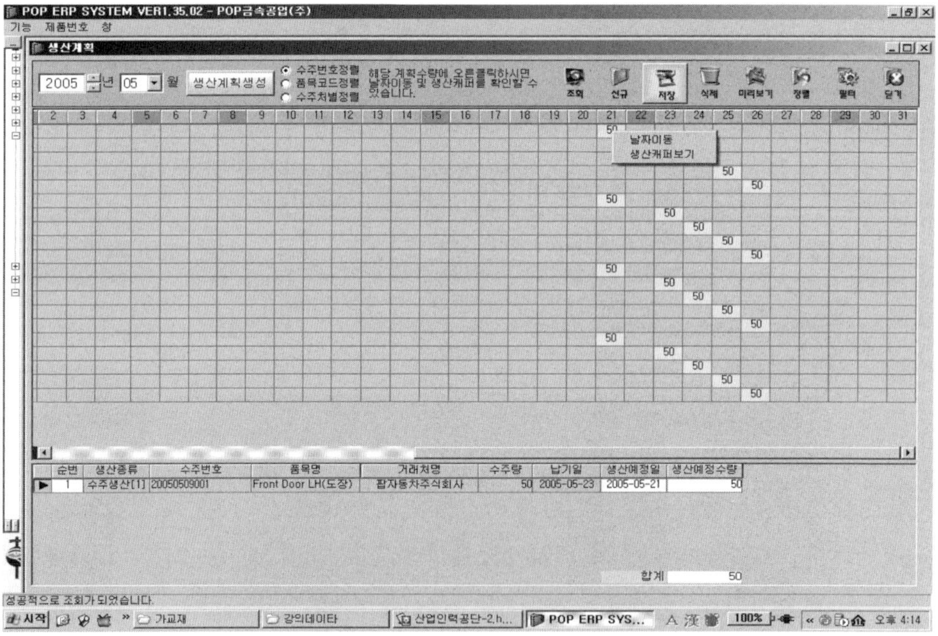

☑ 항목 설명

① 생산날짜 수정 : 날짜별로 생산 계획량이 나타난 곳에서 마우스 오른쪽 버튼을 클릭하면 날짜이동 및 생산 캐퍼 보기 박스가 나타난다.

② 날짜이동 : 선택한 날짜의 하루 또는 선택한 날짜 이후의 모든 날짜를 이동할 수 있다.

③ 생산 캐퍼 보기 : 선택한 날짜에 해당되는 제품의 일일 생산 캐퍼를 알려준다.

④ 생산량 수정 : 화면의 아래쪽에는 선택한 제품에 대한 일자별 생산 예정수량을 표시하는데 이곳의 생산예정수량을 수정하면 위 계획화면의 수량도 수정된다.

<그림 7-44>는 생성된 생산계획분의 미리보기 기능을 이용한 생산계획표 출력물이다.

〈그림 7-44〉 생산계획표 출력물

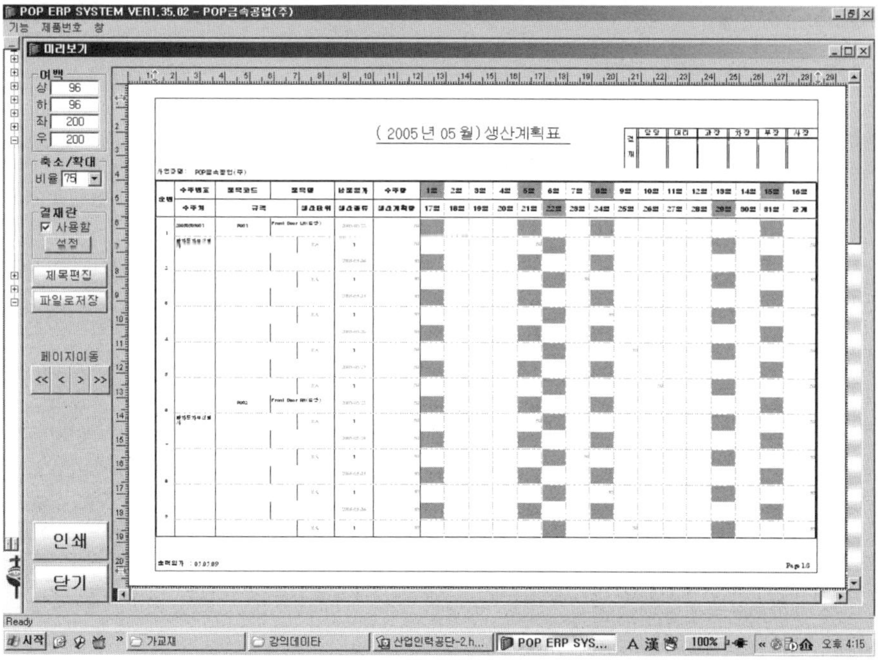

7.5.2 공정계획 작성

공정계획은 수주건별로 납기일을 기준으로 공정별 일정을 생성하고 작업지시서를 생성할 수 있는 기능을 가지고 있다.

작업순서

공정계획생성 버튼 클릭 → 생산계획리스트에서 공정계획을 생성할 생산계획을 선택 → 일자별 공정계획리스트에서 공정별로 작업시작일과 완료일을 조정 → 계획된 공정계획을 작업지시로 반영하기 위해 작업지시로 반영 버튼 클릭 → 이러한 과정을 선택한 주문건별로 반복.

〈그림 7-45〉 공정계획작성 초기화면

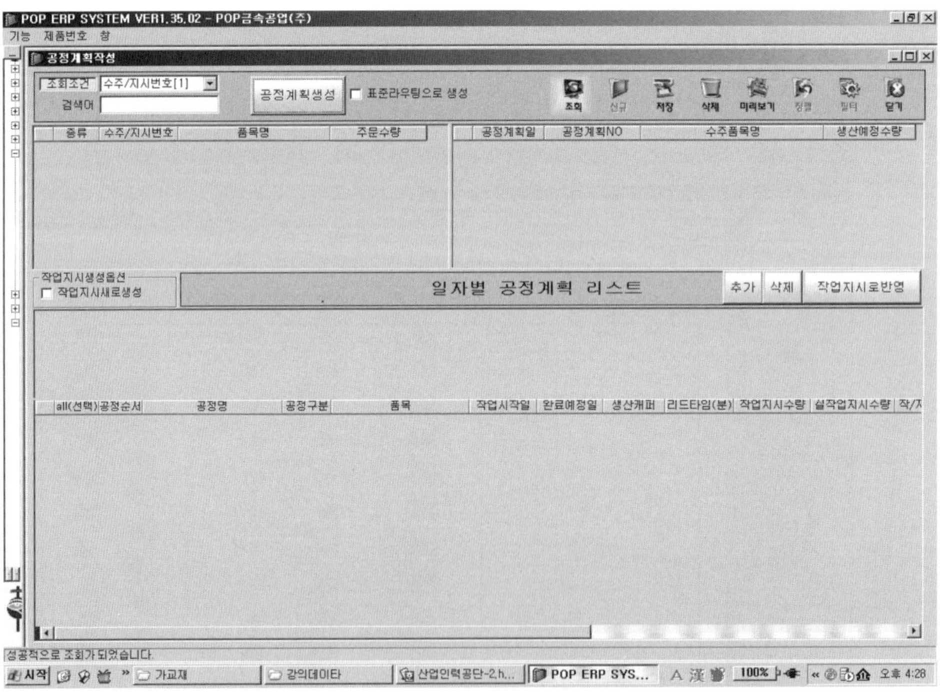

〈그림 7-46〉 공정계획을 생성할 생산계획 리스트 화면

생산계획 리스트에서 공정계획을 생성할 생산계획을 선택한 후 선택버튼을 클릭하면 수주건별로 아래와 같이 생산오더가 성공적으로 반영이 되었다는 메시지가 나타난다.

위와 같은 수주건별 메시지에 대해 확인버튼을 모두 클릭하게 되면 공정계획을 작성해서 작업지시로 반영하기 위한 화면이 아래 그림과 같이 나타나게 된다. 이 화면에서 수주건에 대해 각 공정별로 작업의 시작일과 완료예정일을 현실상황에 맞추어 조정한 후 작업지시로 빈영하면 된다. 이런 과성을 거쳐 작업지시로 반영한 후의 화면은 <그림 7-49>와 같다. 작업지시를 반영한 후 수정도 가능하며, 새롭게 작업지시를 생성할 수도 있다.

〈그림 7-47〉 수주건별 생산오더가 반영된 후의 화면

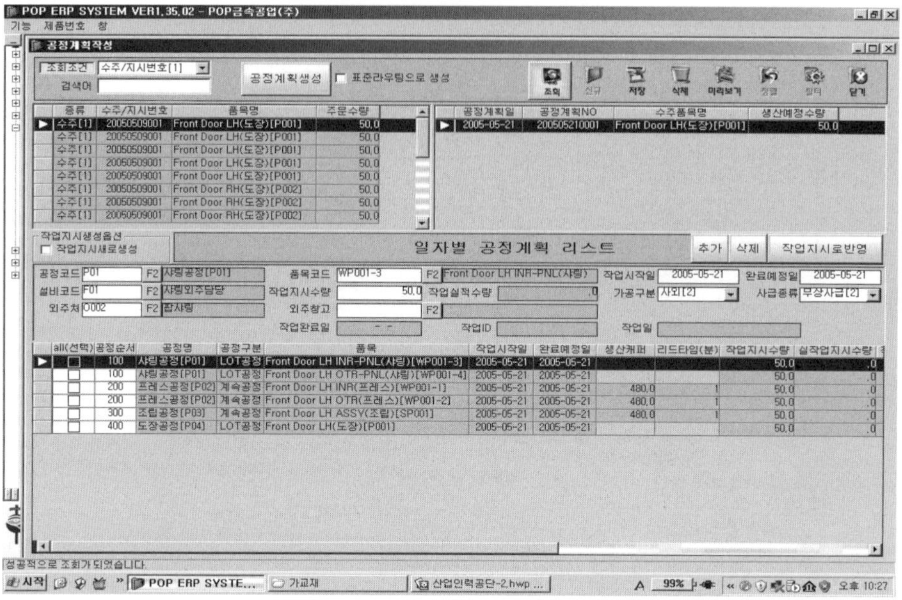

〈그림 7-48〉 일자별 공정계획 리스트에서 작업시작일, 종료일을 조정한 후

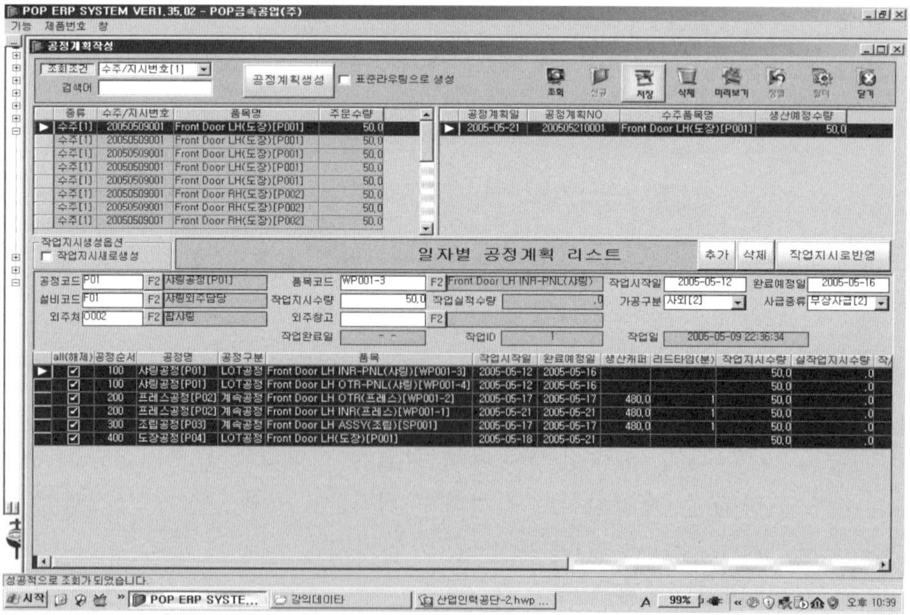

〈그림 7-49〉 작업지시로 반영한 후의 화면

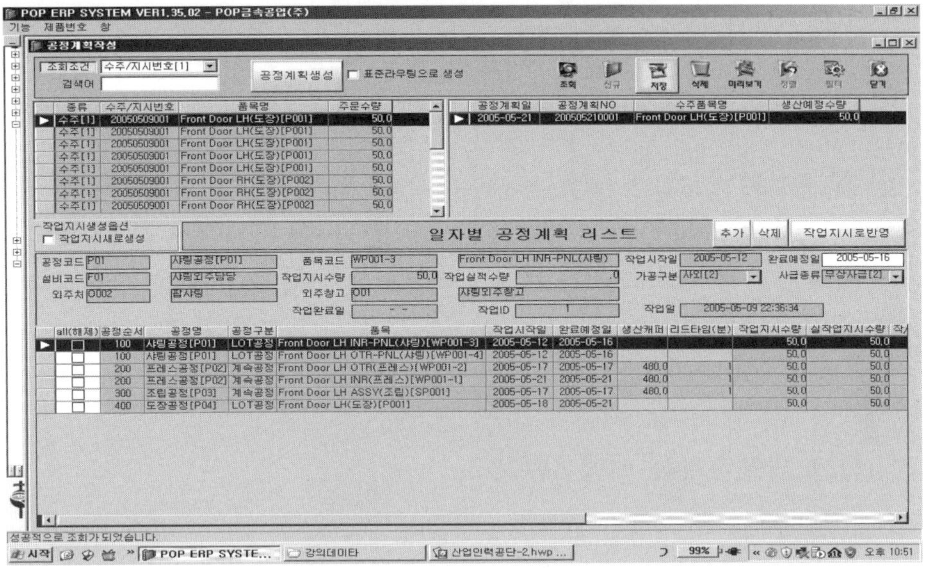

7.5.3 발주계획 작성(MRP : Material Requirement Planning)

각 제품의 BOM(자재소요량)에 의하여 생산량만큼 소요될 자재량을 계산하여 자동으로 발주할 수 있도록 발주 계획을 작성할 수 있다.

〈그림 7-50〉 MRP 개념도

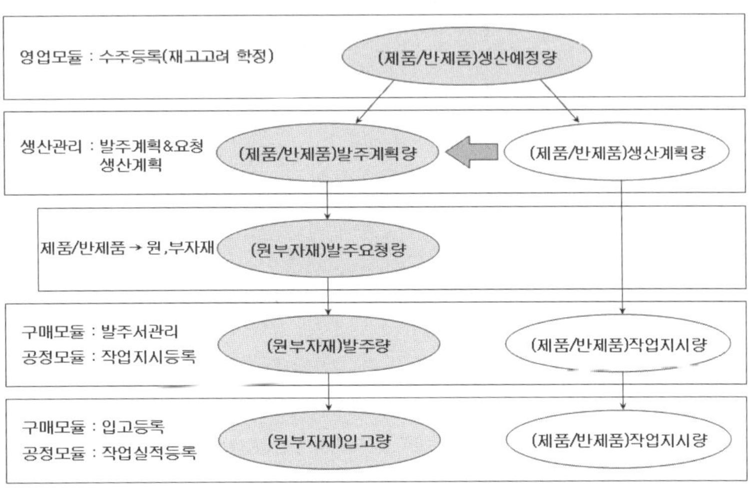

☑ 작업순서

신규 → 알림 창에서 [예] 선택 → 자재발주 계획 1단계에서 품목 선택 → 생성 → 자재발주 계획 2단계에서 '발주처 옵션', '구매옵션', '재고사용수량' 입력 → 생성 → 알림 창 확인 → 자재 발주 계획 리스트에서 발주 요청.

※ 유의사항: 자재발주 계획 수정 및 삭제

한번 자재발주 계획을 작성하면 수정을 할 수 없고 삭제를 한 뒤 다시 자재 발주 계획을 작성하여야 한다. 자재 발주계획을 삭제 하고자 할 경우 발주 요청을 한 다음 구매 관리에서 발주등록을 하고 등록된 발주를 삭제하여야만 자재 발주 계획을 삭제할 수 있다.

(1) 자재발주계획 작성 1단계

자재발주계획 작성 1단계에서는 제품완성 수량에 대하여 발주계획을 작성하도록 한다. 여기서는 <그림 7-51>과 같이 앞서 반영된 생산계획분 전부에 대해 발주계획을 작성한다.

〈그림 7-51〉 자재발주계획 작성 1단계

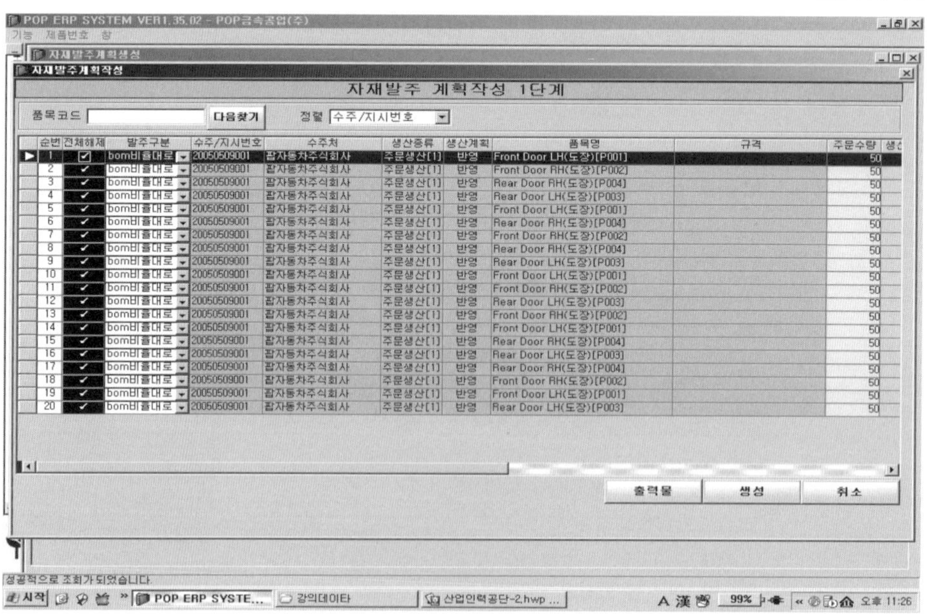

항목 설명

① 정렬 : 제품 리스트에 대한 수주/지시번호, 품목코드, 품목명 등으로 정렬을 할 수 있다.

② 발주구분 : BOM에 등록된 비율과 발주예정 수량(1대1)만큼 발주를 작성할 수 있다.

③ 발주예정수량 : 제품완성 수량을 나타내며 수량을 수정할 수도 있다.

④ BOM적용일 : BOM을 적용된 일자별로 지정할 수 있다.

(2) 자재발주계획 작성 2단계

자재발주계획 작성 2단계에서는 원재료 수량에 대하여 발주계획을 작성하도록 한다.

〈그림 7-52〉 자재발주계획 작성 2단계

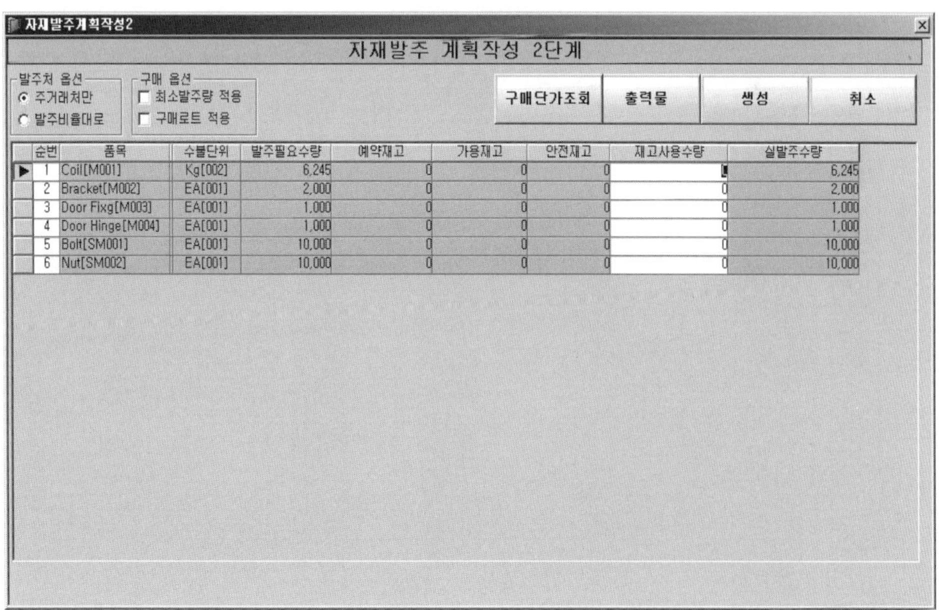

항목 설명

① 발주처 옵션 : 품목등록시 구매처 중 주 거래처로 발주 할 것인지, 구매처의 발주비율대로 발주할 것인지를 선택한다.

② 구매 옵션 : 구매처에서 판매하는 최소단위로 발주(최소발주량 적용)할 것인지, 구매처에서 판매하는 판매단위로 발주(구매로트 적용)할 것인지를 각각 선택할 수 있다.

③ 재고사용수량 : 가용재고 중에서 사용할 재고량을 입력할 수 있다.

(3) 발주요청

자재발주계획 단계를 거쳐 계산된 발주량을 구매 관리로 요청한다.

〈그림 7-53〉 발주요청을 위한 화면

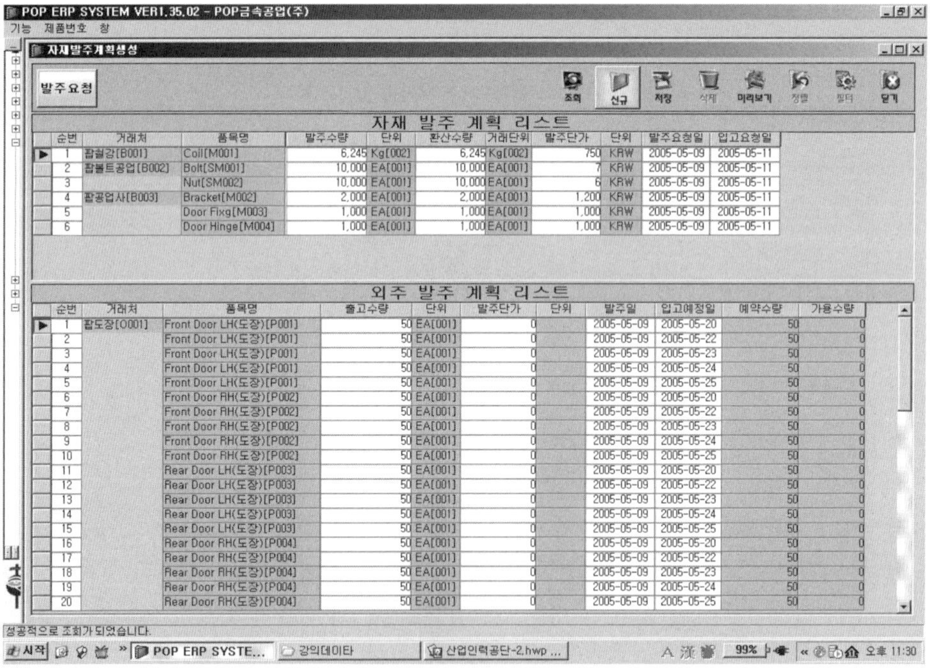

항목 설명

① 발주수량 : 자재발주계획 단계를 거쳐 계산된 발주량이며 수정이 가능하다.

② 환산수량 : 발주단위를 거래단위로 환산한 수량이 나타나며 수정이 가능하다.

③ 발주단가 : 발주수량 단위별 단가로 수정이 가능하다.

④ 발주요청 : 발주요청을 클릭하면 알림창이 나타나고 여기서 [예]를 선택하면 성공적으로 발주되었음을 알려주는 두 번째 알림창이 나타나며, '확인'을 클릭하면 계획 리스트의 내용이 사라지게 된다.

※ 각 수량이나 단가를 수정하면 발주서에 등록될 때 수정된 값으로 발주서가 생성된다. 그리고 구매 관리에서 발주 등록을 하면 발주요청 이력조회에서 발주 요청일자별로 발주현황을 조회할 수 있다.

미리보기 기능을 이용하면 다음의 <그림 7-54>와 같이 자재발주계획 현황이 화면에 나타난다.

〈그림 7-54〉 자재발주계획현황 출력물

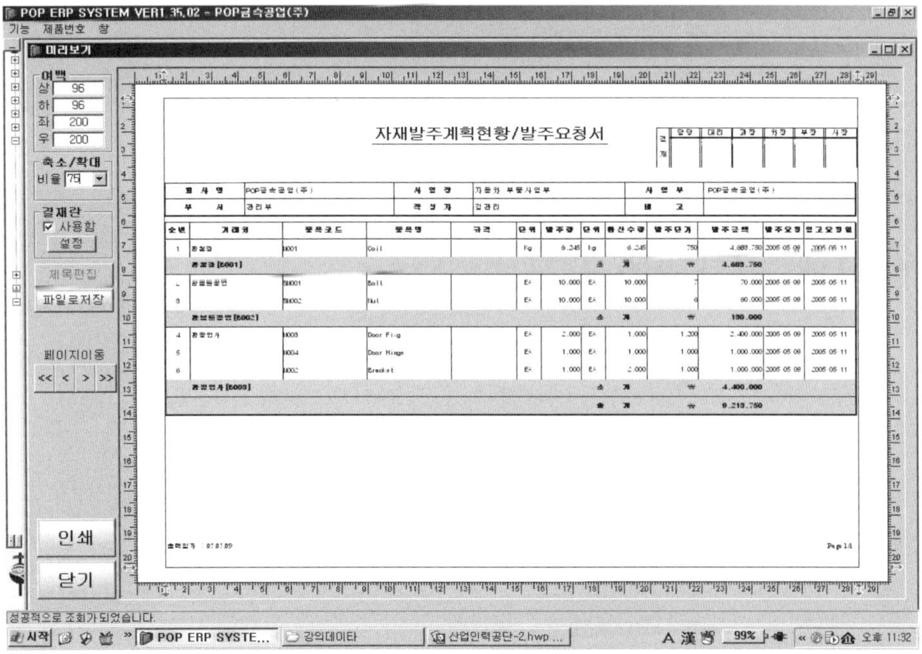

(4) 발주요청 이력조회

〈그림 7-55〉 발주요청 현황조회 화면

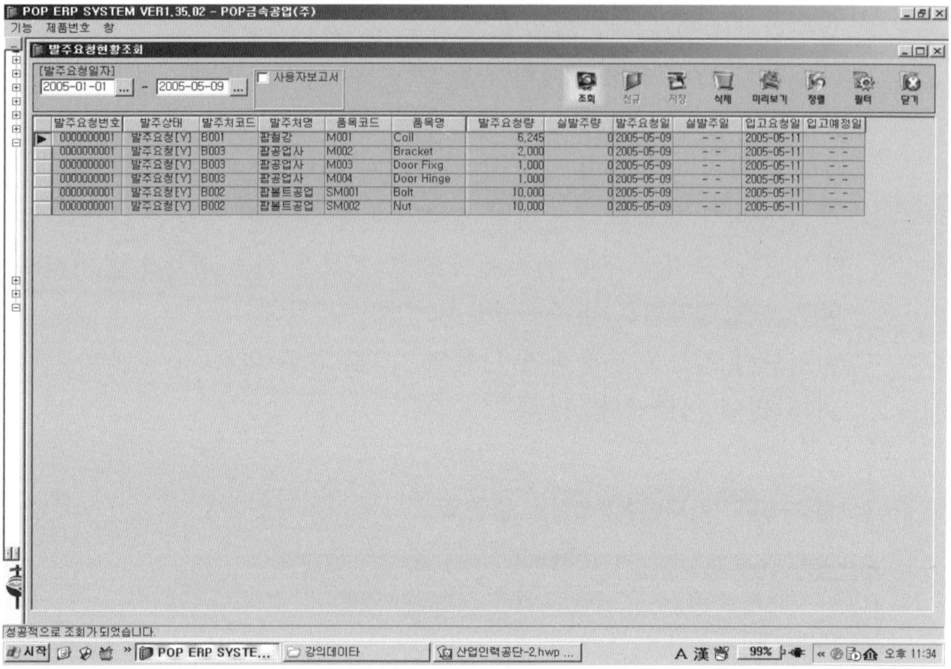

7.6 구매·자재관리

이 절에서는 앞장에서 발주 요청한 품목들에 대한 입고관리와 매입마감에 대한 기능들을 소개하고자 한다. 이 절에서 다루는 기능들의 업무 프로세스 흐름은 다음 <그림 7-56>과 같다.

〈그림 7-56〉 구매·자재관리 모듈의 프로세스 흐름도

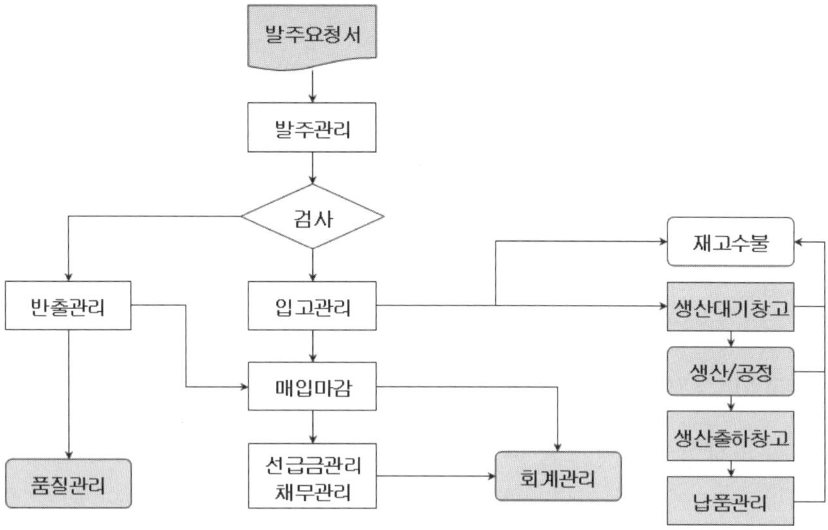

7.6.1 구매·자재관리 환경설정

회사내에서 구매시 단가적용 시점 및 단가변경, 단가 자리 수 등의 기본적인 내용을 구매/자재환경설정에서 미리 지정한 후 지정된 내용을 각 하위모듈 등록시 지정된 값을 가져올 수 있도록 하였다. 주의해야 할 점은 구매/자재환경설정 내용 저장 후 그 내용이 변경될 때 다시 선택한 후 저장을 하게 되면 변경된 내용의 값이 각 하위모듈 등록 시 적용된다.

☑ 작업방법 및 항목 설명

① 금액표시(VAT)포함 : '그대로표시'를 선택하면 입력한 금액 자체가 표시되며, 원단위, 원단위미만 선택시는 부가조건(반올림, 절상, 절사)선택으로 그 지정된 값의 조건으로 나타나게 된다.

② 단가적용여부 : 자재 구매시 자재 단가를 적용하는 시점이 자재가 들어오는 일자기준인지 매입마감을 하는 시점의 단가 기준인지의 여부를 선택한다. 입고단가 변경은 발주시 단가와 입고할 때 단가가 변동이 있을 때 변경된 단가적용여부를 사용자 사용기준에 의해 선택한다.

③ 단가자릿수 설정 : 단가입력 기준을 원단위 이하 소수점까지 적용할 것인지 소수점 없이 적용할 것인지 회사 규정에 의거해 선택한다.

④ 수량자릿수 설정 : 수량입력 기준을 소수점까지 적용할 것인지 소수점 없이 적용할 것인지 회사 규정에 의거해 선택한다.

⑤ 금액자릿수 설정 : 단가*수량의 금액이 소수점까지 적용할 것인지 소수점 없이 적용 할 것인지 회사 규정에 의거해 선택한다.

⑥ 발주서 표시 옵션 : 발주서에 매입처와 거래하는 거래단위의 표시를 나타낸다.

⑦ 입고시 최고단가 설정 : 품목등록시 구매처별로 구매단가를 지정해 놓은 후 입고시키게 되면 발주품목 입고처리시 해당 품목의 구매처별 구매단가 입력창이 나타나며 단가 확인 및 변경단가를 적용할 수 있다.

※ **유의사항** : 구매처별 최고단가를 설정해 놓으면 최고단가 변경권한을 가진 유저 외에는 최고단가를 변경할 수 없으며 최고단가보다 높은 금액을 입고단가로 입력 시에는 그 단가가 적용되지 않는다(불공정거래 방지를 목적으로 함).

〈그림 7-57〉 구매/자재 환경설정 화면

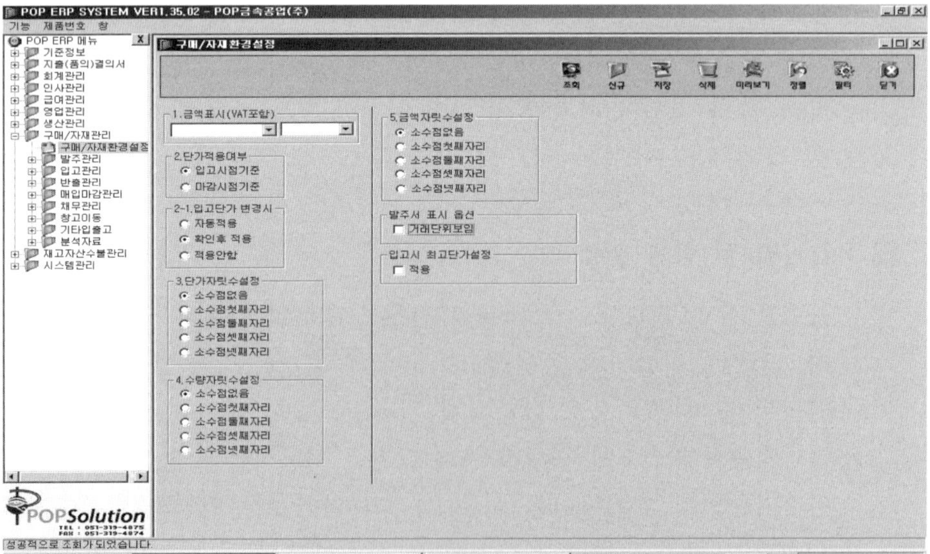

7.6.2 발주관리

구매담당자는 수준건에 대해 보유재고량을 파악한 후 부족한 경우 해당량 만큼 원자재와 부자재별로 발주를 하게 된다. 따라서 발주서를 등록한 후 해당 원자재와 부자재가 입고될 때까지 발주분에 대해서 관리가 필요하게 된다. 이러한 기능들이 발주관리 메뉴에 포함되어 있어서 발주업무 전반에 걸쳐 효율적인 업무처리가 가능하게 된다.

(1) 발주서 등록

구매요청 내역을 발주등록에 입력함으로써 그 내역들을 발주세부현황에서 추후 자재입고 처리여부까지 실시간 파악이 가능하게 한다. 생산관리에서 작성한 발주요청리스트의 데이터 값을 가져와 발주등록을 할 수 있으며 발주서등록에서 신규로 작성할 수도 있다.

발주요청리스트는 생산관리모듈에서 작성한 자재발주계획의 요청내역을 불러와 발주등록을 반영할 수 있다.

※ **유의사항** : 추가로 정보를 입력할 때에는 반드시 발수요청서를 참고하여 발주리드타임 등을 고려하여 작성한 후 자동 생성시키도록 한다.

발주요청리스트 버튼을 클릭하면 <그림 7-58>과 같은 화면이 나타난다.

〈그림 7-58〉 발주요청리스트 화면

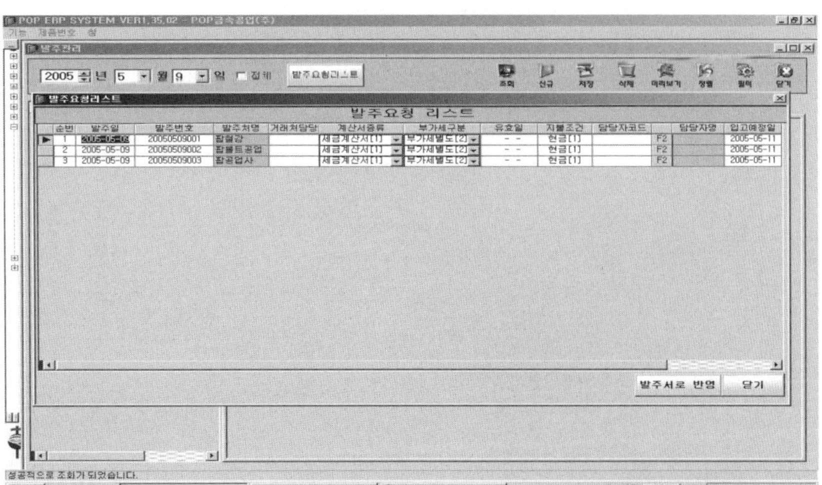

발주서로 반영을 클릭하면 데이터가 발주서로 자동 반영된다.

〈그림 7-59〉 발주서로 반영을 하였을 경우의 화면

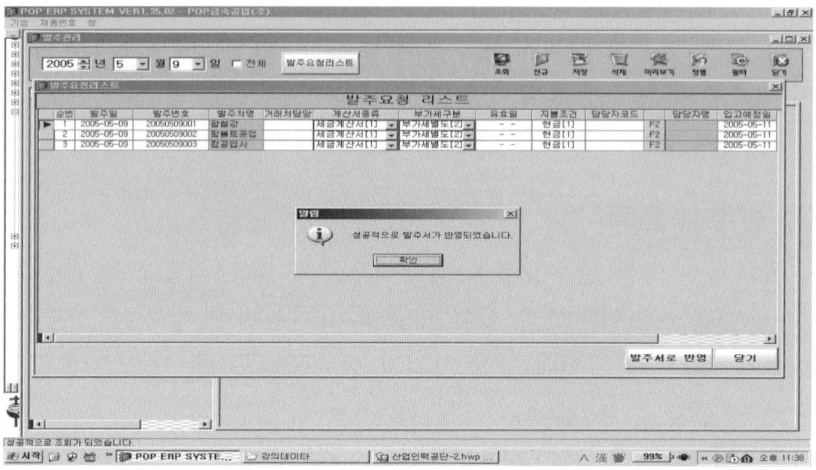

<그림 7-59>에서 확인 버튼을 클릭하게 되면 <그림 7-60>과 같은 화면으로 전환된다. 여기서 화면 왼쪽 부분의 확정란에 순번별로 하나씩 체크를 하고 저장버튼을 클릭하는 과정을 반복한다.

〈그림 7-60〉 발주관리 메뉴에서 발주를 확정하기 위한 화면

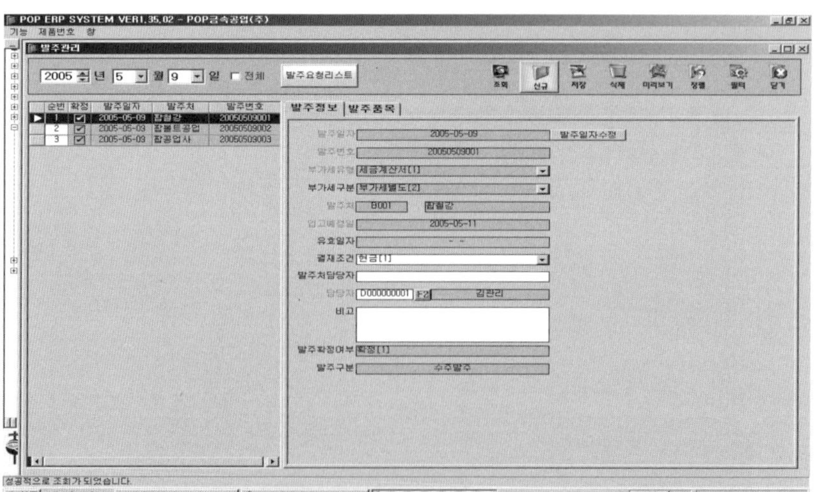

■ 발주서등록 미리보기 화면

〈그림 7-61〉 발주서 출력물

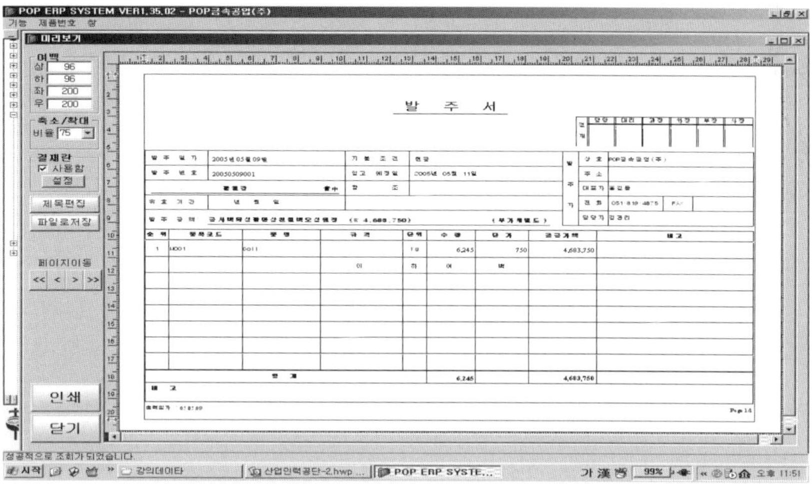

(2) 발주집계표

일자별, 품목별, 거래처별 등의 조건으로 발주집계표를 검색 또는 조회할 수 있다.

〈그림 7-62〉 발주현황조회 화면

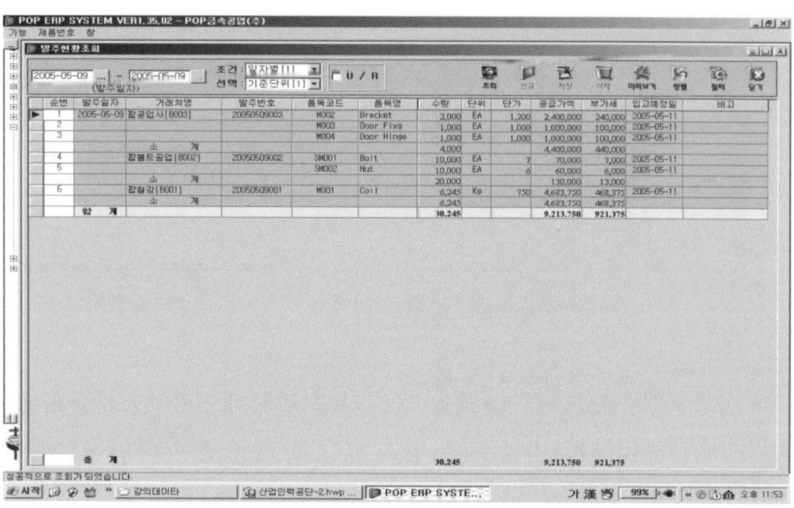

7.6.3 입고관리

입고관리는 앞서 발주 요청한 품목들이 입고될 경우 이를 입고등록 메뉴에서 처리를 하고 처리된 내용들에 대한 입고현황 등을 조건에 따라 조회할 수 있는 기능을 포함하고 있다.

(1) 입고등록

입고등록 기능은 앞서 발주 요청한 품목들에 대해 정해진 입고예정일을 기준으로 해당 품목들이 입고될 경우 이를 처리하기 위한 메뉴이다. 발주 등록된 데이터를 발주품목 입고처리 기능으로 가져올 수 있으며, 입고 처리시 검사유형과 불량수량/유형들을 등록하는 것이 가능하다. 또한 입고 창고를 설정하며 입고 후 마감처리 여부와 계산서 수령여부를 파악하는 것이 가능하다.

여기서 발주내역 없이도 사용자가 입고등록을 할 수 있다.

〈그림 7-63〉 입고관리 메뉴에서 입고등록 화면

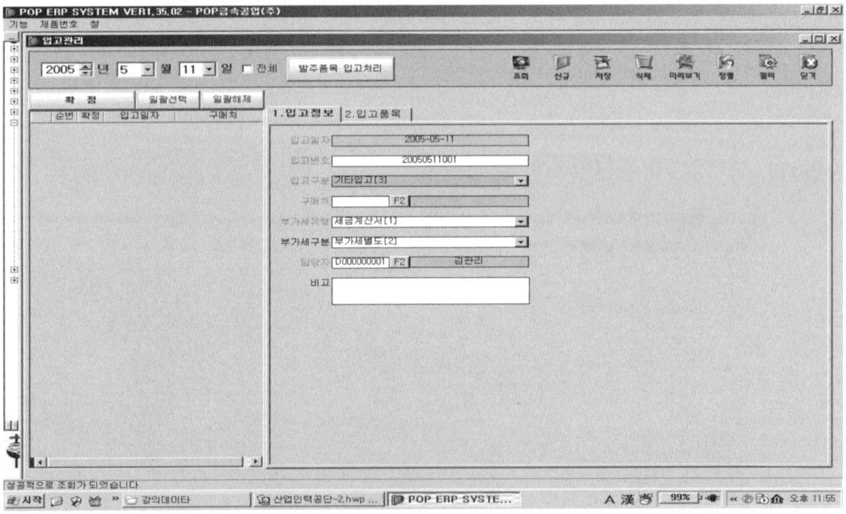

또한 발주품목 입고처리 버튼을 클릭하면 발주내역을 입고 등록으로 반영할 수 있다. <그림 7-63>에서 발주품목 입고처리 버튼을 클릭하면 <그림 7-64>와 같은 화면이 나타난다.

〈그림 7-64〉 발주품목 입고처리를 위한 화면

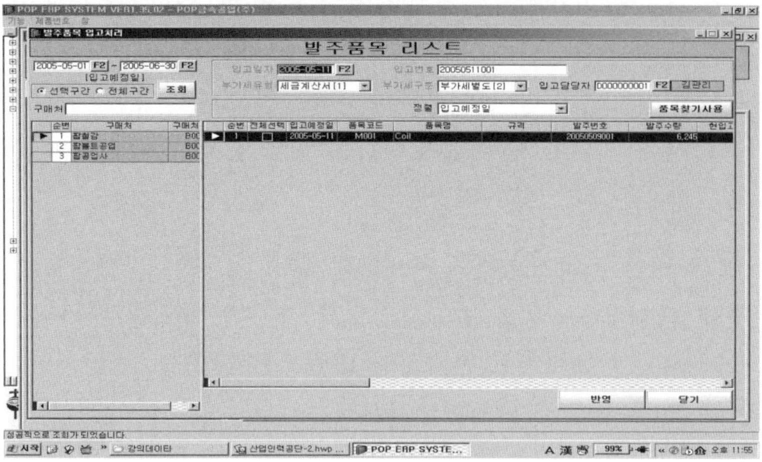

<그림 7-64>와 같이 화면의 왼쪽 부분에서 구매처를 선택하면 구매처별로 화면 오른쪽 부분에 발주품목 리스트가 나타난다. 입고처리로 반영하기 위해서는 먼저 구매처를 선정한 후 나타난 품목리스트를 체크하여 화면 하단 우측부분의 반영 버튼을 클릭한다. 다른 구매처별로도 같은 과정을 반복한다.

☑ 항목 설명

① 발주품목 입고처리 버튼을 누르면 <그림 7-64>와 같은 화면이 나타난다.

② 일자별 조회 조건으로 검색을 하고 전체선택 란 체크 후 반영버튼을 클릭하면 입고등록내역이 자동 생성된다.

③ 입고일자 : PC자체 지정시간을 기본값으로 가져온다. 하지만 사용자가 F2버튼을 이용하여 실 입고일자를 지정할 수 있다. 입고일자 지정시 입고번호는 자동 생성된다.

④ 부가세유형 : 발주 등록시 지정한 부가세유형이 입고시점에서 변경될 수 있으므로 사용자가 변경 내역에 따라 지정할 수 있다.

발주품목리스트에서 전체선택 후 Enter키를 이용하여 입고수량, 입고단가 등의 변경내역을 사용자가 입력할 수 있다. 총 발주량이 나누어져 입고될 때는 입고수량을 입고량만큼만 입력해주게 되면 재입력된 값만 입고등록으로 반영되며, 나머지 값은 발주품목 리스트에 남아있게 되며 차후 미 입고 수량에 대해 전체선택

후 반영만 하면 자동으로 반영된다.

(예 : A item 총 100개를 발주하면 발주품목 미납품 리스트에 발주된 100개가 나타나며, 분할 입고된다면 발주품목 리스트에서 A item 전체선택 후 Enter키를 이용해 실제 입고된 수량만 입력하면 1차로 입고된 수량만 입고등록으로 반영되며, 입고수량을 제외한 수량은 발주품목 미납품 리스트에 남아있게 된다. 이때, 분할 입고등록은 2회 이상 가능)

발주품목 미납품 리스트에서 전체선택 후 반영 버튼을 클릭하면 구매·자재 환경 설정에 단가적용여부를 입고시점으로 설정해 놓으면 단가변경 여부를 묻는 창이 나타난다. 단가내역이 변경되지 않았으면 닫기를, 변경되었으면 단가를 재입력한 후 반영 버튼을 클릭하면 된다.

발주품목 리스트의 모든 품목에 대해 반영버튼을 클릭한 후 저장하고 난 뒤 다시 입고등록 메뉴를 실행시키면 다음과 같이 입고등록을 확정지어야 하는 화면이 나타난다. 여기서는 화면 좌측부분의 구매처별 확정란에 모두 체크를 한 후 위의 확정버튼을 클릭하면 확정을 할 것인지에 대한 팝업창이 나타나는데 여기서 '예'를 선택한 후 저장 버튼을 클릭하여 확정된 사항을 저장한다. 그러면 입고등록이 완료되었다고 볼 수 있다.

〈그림 7-65〉 입고관리에서 입고를 확정하기 위한 화면

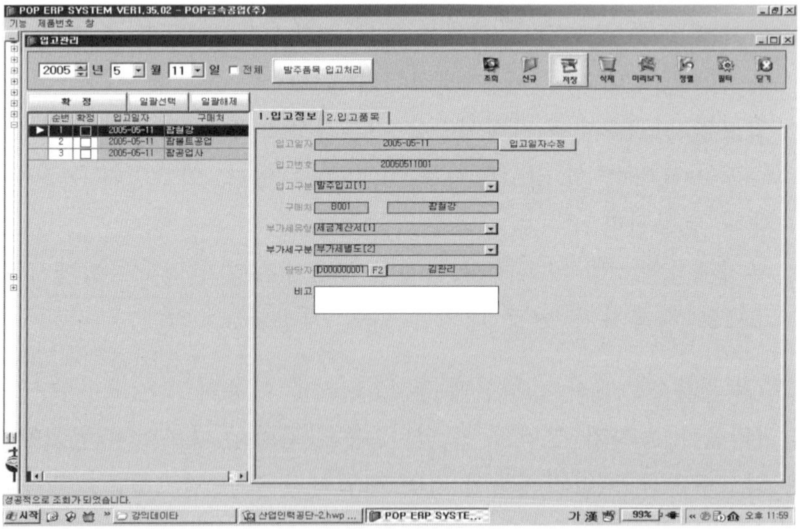

(2) 입고집계표

기간별, 거래처별, 품목별 조회가 가능하다.

입고일자별 집계표에서는 입고일자, 공급가액, 부가세, 합계 및 조회조건별 대비 비율을 조회할 수 있으며, 집계내용을 더블 클릭하면 세부내용을 볼 수 있다.

〈그림 7-66〉 입고집계표

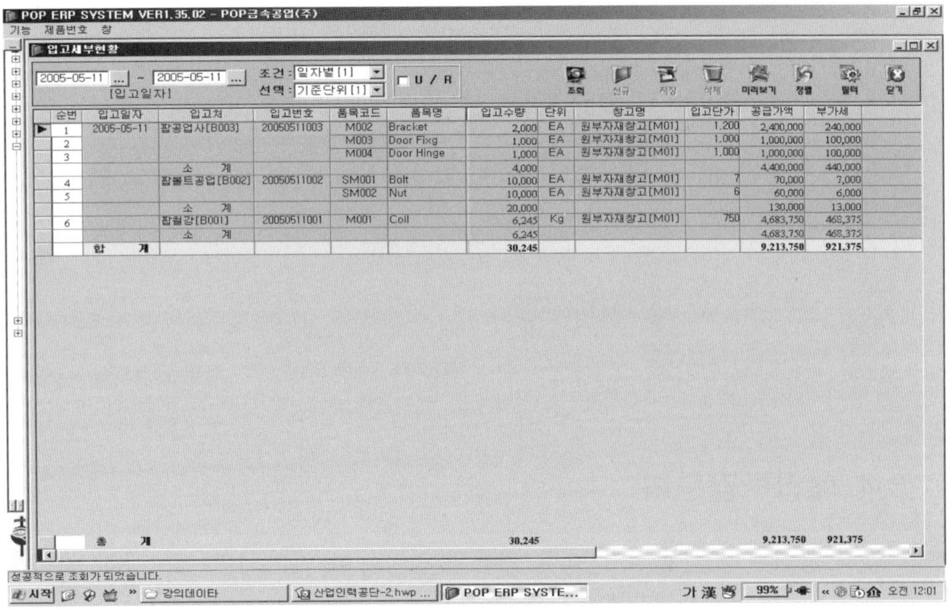

(3) 입고세부현황조회

입고세부 현황 조회에서는 기간별, 거래처별, 품목별, 창고별 등의 조회 조건별 세부내역 조회가 가능하며, 중복 조건 검색도 가능하다.

(4) 일일입고현황조회

일일입고현황 조회에서는 지정 날짜의 입고 세부현황을 조회할 수 있다. 단일 날짜만 검색란을 체크하게 되면 <그림 7-67>과 같이 나타나게 된다.

〈그림 7-67〉 일일입고현황

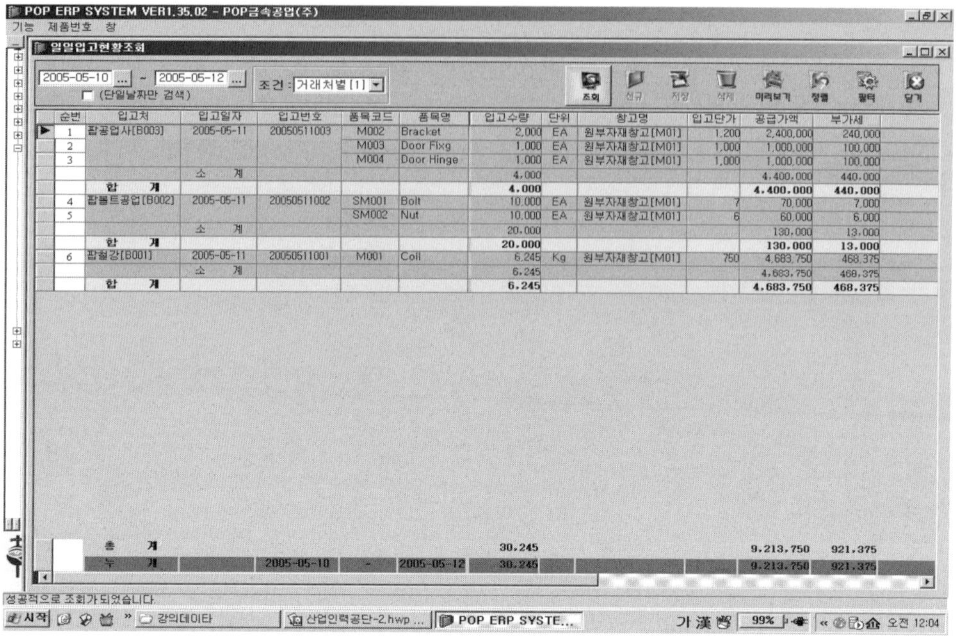

7.6.4 매입마감관리

앞서 입고관리 기능에서 발주 요청된 품목들이 입고되면 입고등록 처리를 하였었다. 이와 관련하여 입고 등록된 품목들의 처리는 이 절에서 다루게 될 매입마감관리의 각 기능을 통해 마무리된다.

(1) 매입마감등록

별도의 등록없이 입고품목에 대해 입고품목 매입마감 버튼을 사용해서 입고품목 마감을 할 수 있으며, 입고품목 마감 반영시 마감수량과 단가등을 사용자가 변경할 수 있다(※시스템의 날짜를 5월 11일로 변경한 후 작업을 한다).

〈그림 7-68〉 입고품목 매입마감을 위한 화면

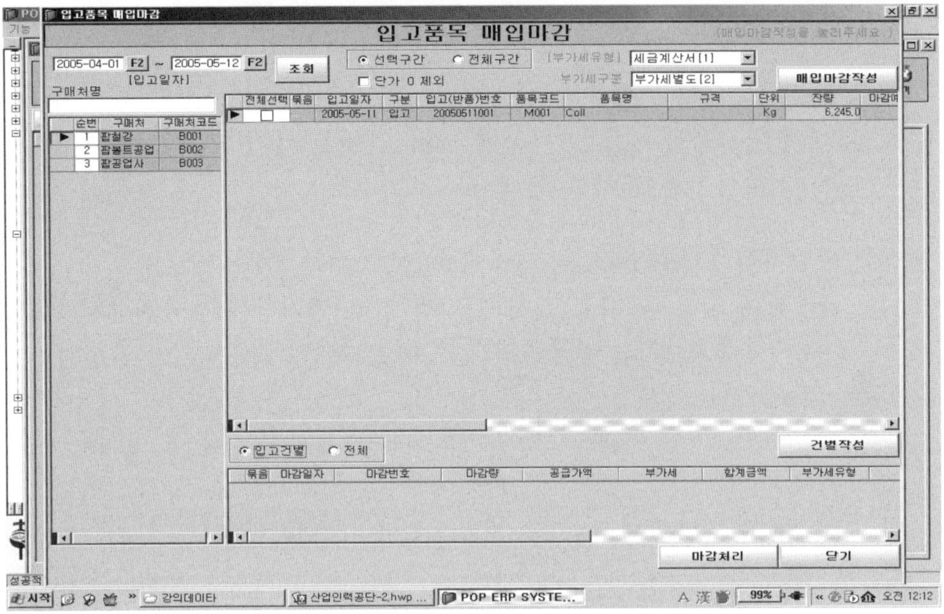

입고품목 매입 마감시 작업순서는 다음과 같다.

① 입고품목 매입마감 버튼을 클릭한다.

② 입고품목 매입마감 버튼을 클릭하면 위와 같은 화면이 나타난다.

③ 마감을 하고자 하는 기간을 선택한 후 조회한다.

④ 매입마감작성버튼을 클릭하면 해당일자의 내용창이 활성화가 된다.

⑤ 마감하고자 하는 품목의 전체 선택란에 체크한 후 Enter키를 이용해 내용이 맞는지 확인하며, 변경 사항이 있으면 사용자가 변경할 수 있다.

⑥ 전체선택란 체크 후 건별작성버튼을 클릭한다.

※ 유의사항

- 입고건별 체크 : 구매처가 같더라도 구매처에서 들어온 품목별로 하나씩 세금계산서를 끊을 때 선택한다.
- 전체 체크 : 구매처가 같으면 입고일자 및 품목이 다르더라도 세금계산서 한 장으로 통합해서 끊을 때 선택한다.

- 건별작성 버튼을 클릭하면 해당내용이 자동 생성되며, 마감처리버튼을 클릭한다.
- 입고품목 매입 마감시 부가세 유형이 변경되면 입고품목 매입마감 창에서 변경할 수 있으며 마감수량 변경시 변경된 수량만큼 마감이 되며 미확정분에 대해서 입고품목 매입 마감창에 남아 있게 된다. 미확정분에 대해서는 향후 마감시 마감처리를 하면 된다.

⑦ 마감처리를 하게 되면 <그림 7-69>와 같이 저장된다.

⑧ 확정란에 체크 후 확정을 하게 되면 입고 관리창에 세금계산서 발행여부를 업데이트하게 되며, 회계관리에서 매입 마감 작성건으로 반영된다.

그리고 매입마감등록 창에서 마감일자수정이 가능하다.

〈그림 7-69〉 입고품목 매입마감 처리 완료가 되었다는 팝업창

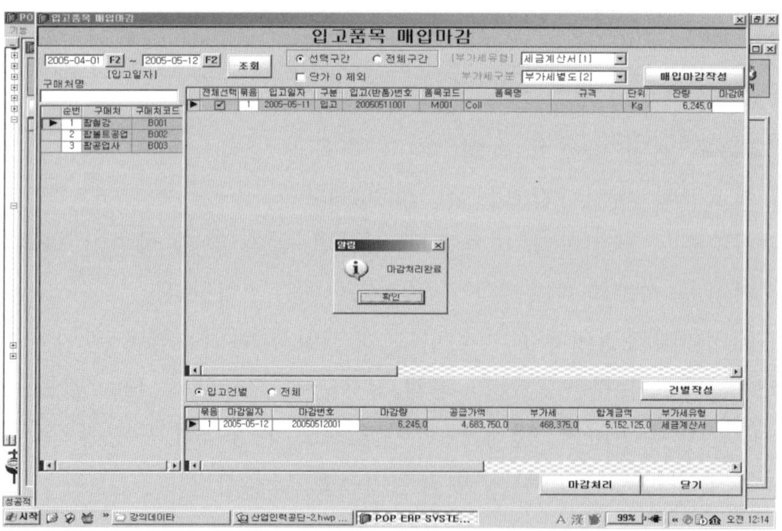

<그림 7-70>은 확정란에 확정을 체크한 후 나타나는 화면으로 '예'를 선택하면 매입마감업무가 확정되는 단계이다.

〈그림 7-70〉 입고품목 매입마감에 대한 확정여부를 묻는 팝업창

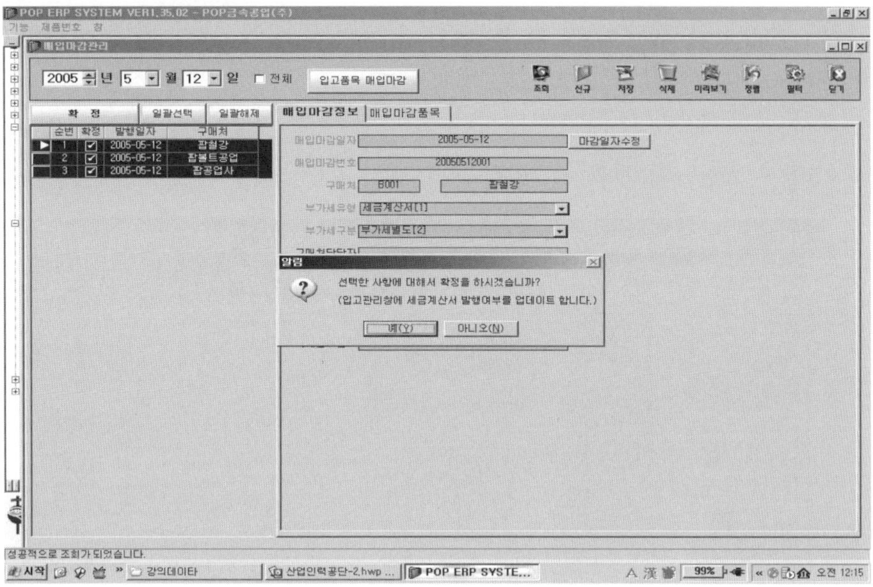

<그림 7-71>은 매입마감집계 메뉴에서 그래프 형태의 출력물을 보여주고 있다.

〈그림 7-71〉 매입마감집계 메뉴에서의 그래프 형태의 출력물

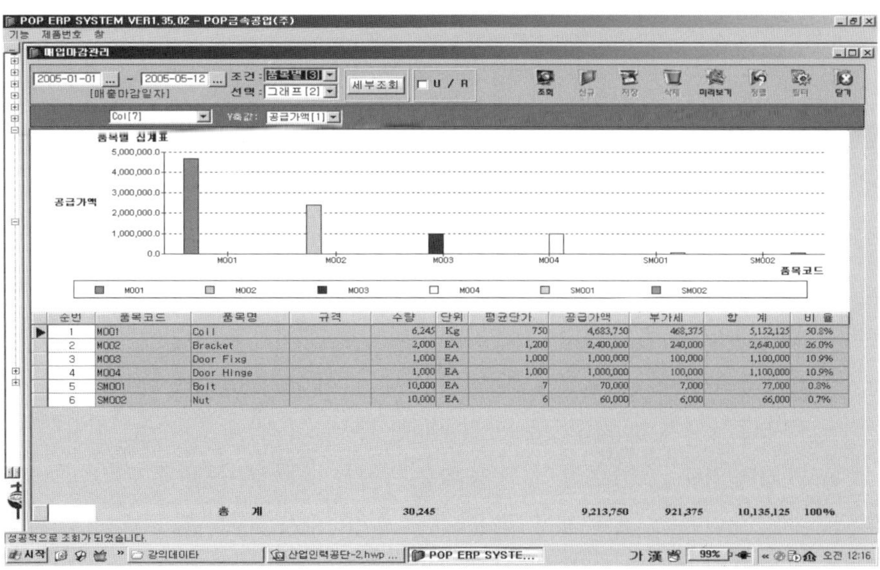

7.6.5 외주관리

외주관리는 특정제품 수주 후 생산 시 자사공정이 아닌 외주공정에 관하여 작업지시 및 실적 등을 관리하는 메뉴이다.

〈그림 7-72〉 외주관리 환경설정 화면

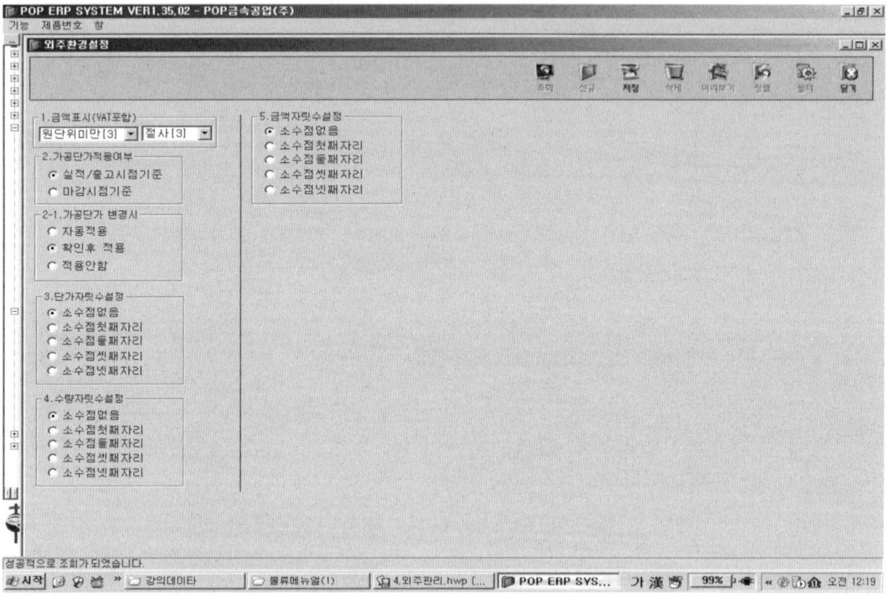

항목 설명

① 금액표시 : 외주관리모듈에서 지시 및 실적, 마감 등에서 사용될 금액의 표시형식을 지정하는 옵션이다.

② 가공단가적용여부 : 외주처에서 가공품(제품)이 입고될 때 단가적용시점을 선택하는 옵션이다.

- 출고/실적시 : 외주처에서 입고되는 시점의 단가를 적용
- 마감시점시 : 입고 후 마감시(계산서입고시)에 단가를 적용

③ 단가자리수 : 소수점이 적용되는 단가 사용시 적용표시

④ 수량자리수 : 소수점이 적용되는 수량 사용시 적용표시

⑤ 금액자리수 : 소수점이 적용되는 금액 사용시 적용표시

(1) 외주작업지시

외주작업지시를 등록하는 방법은 다음의 2가지 방법이 있다.

① MRP(자재발주계획)시 외주발주계획을 내려서 반영하는 방법

② 외주작업지시에서 직접 등록하는 방법

■ 첫 번째 방법으로 외주작업을 등록하는 방법

MRP발주 요청시 외주발주계획리스트가 작성이 된 후 발주요청을 하면 외주작업지시의 외주발주요청리스트에 데이터가 생성된다. 이때 아래 <그림 7-73>과 <그림 7-74>와 같이 외주작업 지시에서 외주발주요청리스트버튼을 누른 후 해당 작업분을 선택 반영한다.

〈그림 7-73〉 외주작업지시 등록 화면

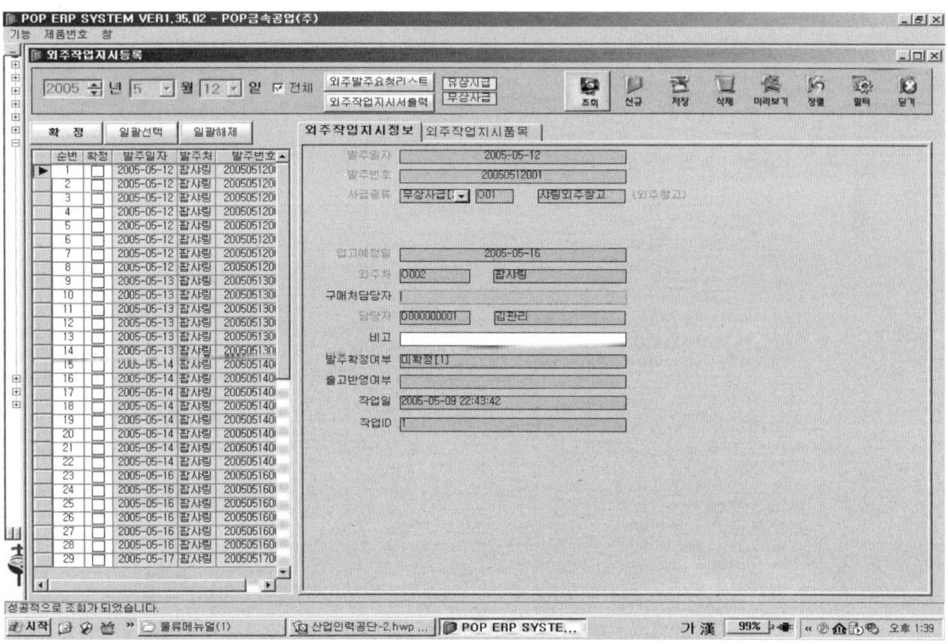

〈그림 7-74〉 외주작업지시로 반영하기 위한 화면

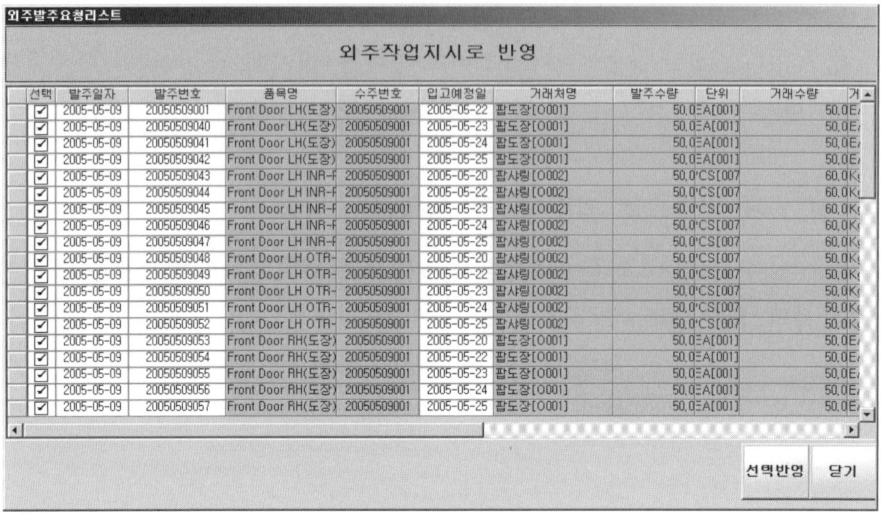

<그림 7-74>에서 선택반영 버튼을 클릭하게 되면 <그림 7-75>와 같이 외주작업지시서가 생성된다.

〈그림 7-75〉 외주작업지시등록 후 화면

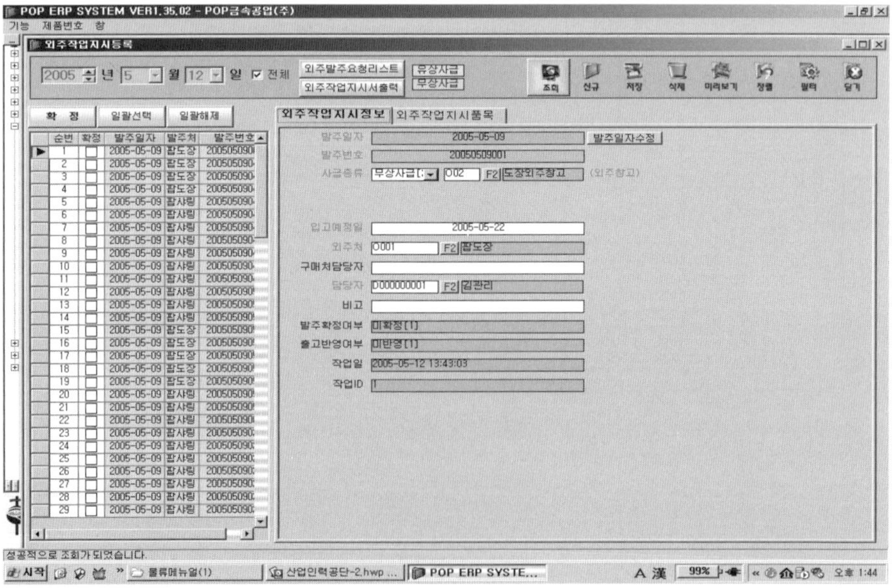

생성된 지시서에서 필요한 부분을 수정한 후 저장하고 지시 품목탭을 선택한다.

〈그림 7-76〉 외주발주소요량을 계사하기 위한 화면

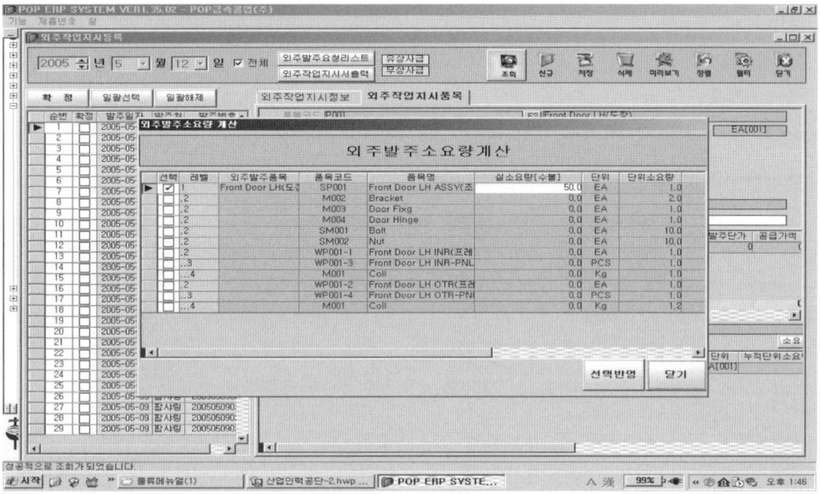

외주작업 지시품목탭에서 수량수정 및 입고일자를 수정하고 소요량계산버튼을 누르면 위와 같은 화면이 나타나는데 출고할 품목을 선택한 후 선택반영 버튼을 누르면 <그림 7-77>과 같이 출고리스트에 해당자재가 나타난다.

〈그림 7-77〉 자재출고리스트에 해당자재가 생성된 후의 화면

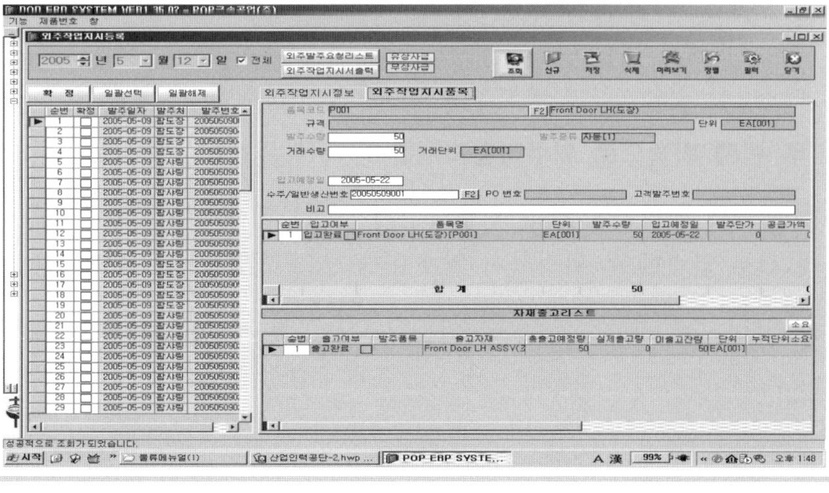

자재출고리스트에 출고자재를 확인한 후 데이터가 정확하다면 확정체크박스에 체크 후 확정버튼을 누르면 자재출고요청 버튼이 생성되는데, 이때 버튼을 누르면 출고요청확인 메시지가 나타난다. 여기까지가 이루어지면 외주작업지시 등록은 끝나게 된다.

〈그림 7-78〉 외주작업지시 등록 후 확정한 후의 화면

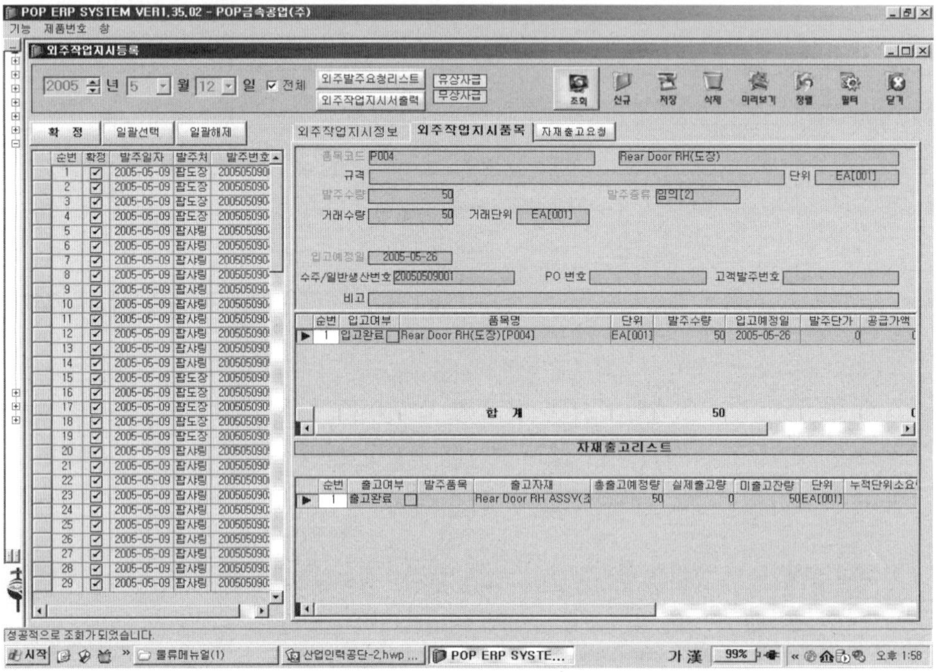

■ 두 번째 방법으로 외주작업지시를 등록하는 방법

첫 번째의 방법과는 달리 외주작업지시 정보탭에서부터 외주작업지시 품목탭까지 전부 입력한 후 확정하여 외주자재출고요청을 한다. 출고요청방법은 첫 번째 방법과 동일하다.

〈그림 7-79〉 외주작업지시 세부현황 조회 화면

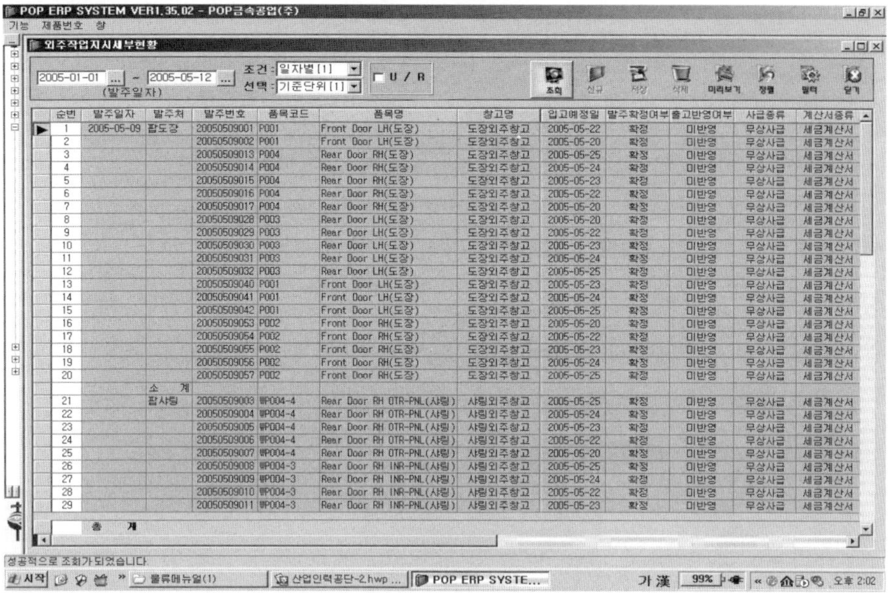

〈그림 7-80〉 외주작업지시서 출력 화면

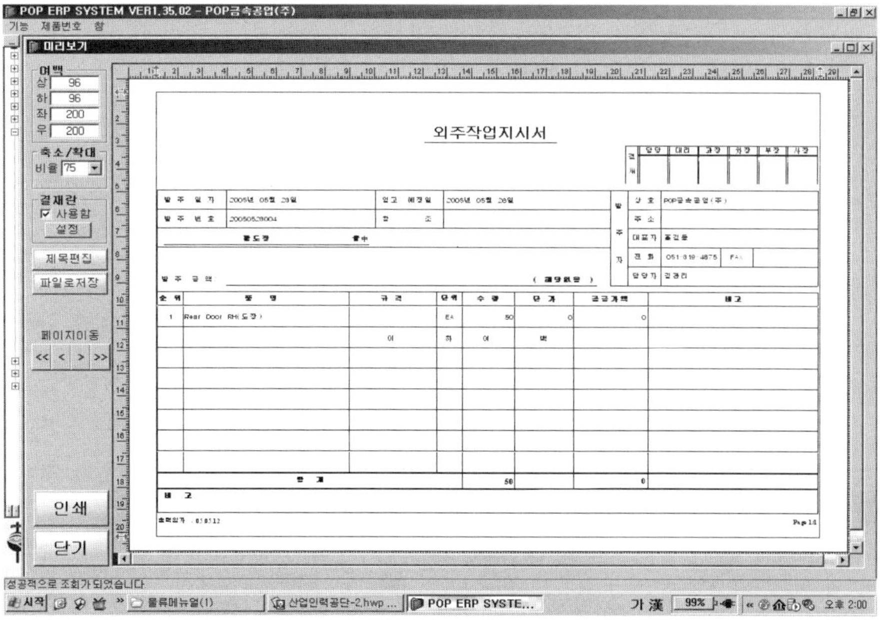

(2) 외주출고등록

외주처로 출고할 자재의 출고내역을 입력하는 화면으로 외주작업지시에서 출고 요청한 자재내역을 반영하는 방법과 수기로 입력하는 두 가지 방법이 있다.

외주출고등록에서 외주출고요청리스트 버튼을 클릭하면 외주출고요청리스트가 나타나게 된다. 이 외주출고요청리스트에서 해당자재를 선택한 후 출고창고를 입력한다. 다음 <그림 7-81>은 외주출고요청리스트 버튼을 클릭한 후의 화면이며, <그림 7-82>는 출고창고를 입력하기 위한 화면이다.

〈그림 7-81〉 외주출고요청 리스트 화면

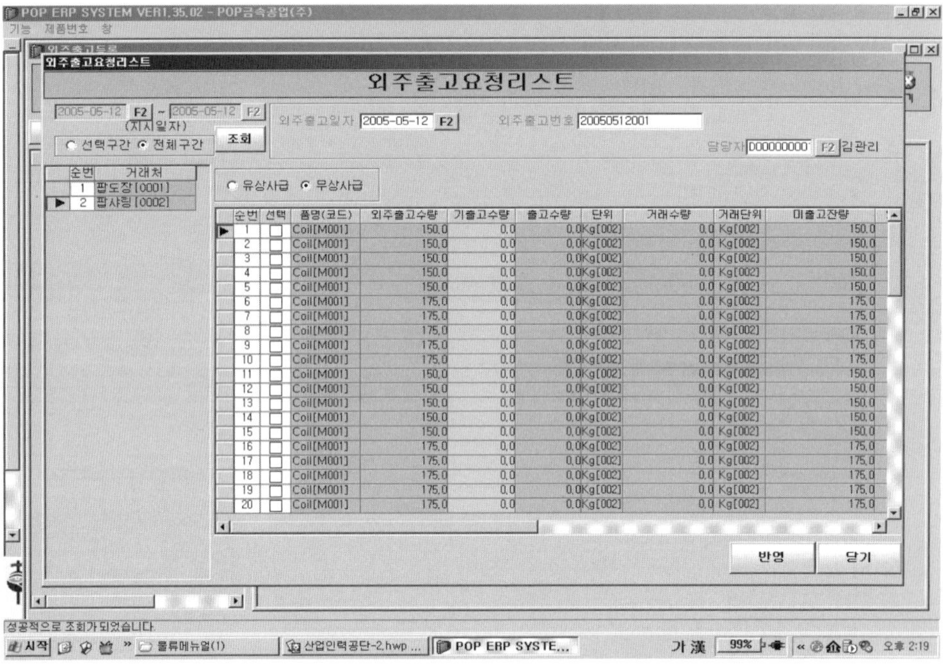

〈그림 7-82〉 해당 자재별 출고창고 선택 화면

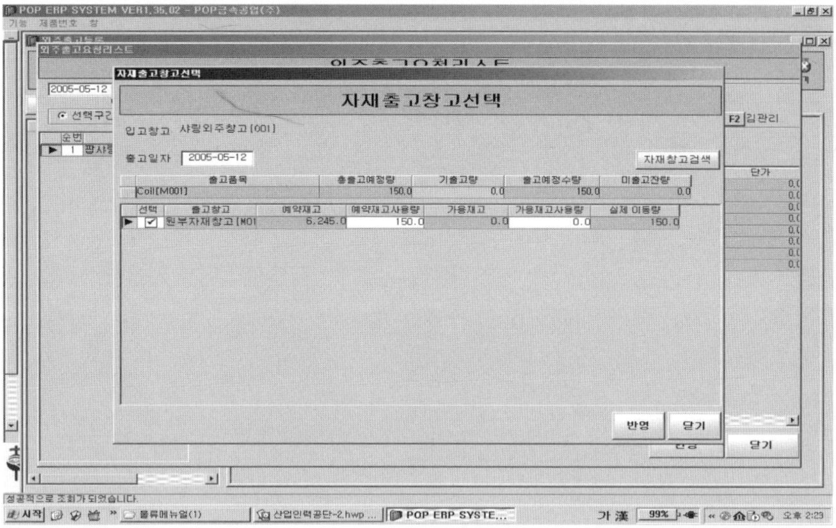

출고하고자하는 자재가 있는 창고를 선택한 후 반영을 하게 되면 창이 닫히면서, 외주출고리스트 화면의 출고창고 칼럼에 해당창고가 자동으로 입력된다. 반영버튼을 클릭하면 <그림 7-84>와 같이 출고자재가 반영된다.

〈그림 7-83〉 해당 자재별 출고창고를 반영한 후의 화면

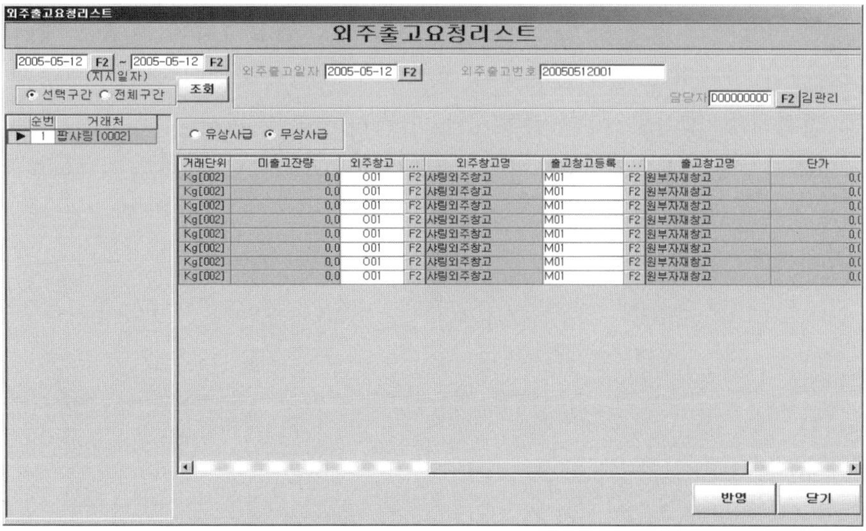

〈그림 7-84〉 출고자재가 반영된 후의 외주출고 등록 화면

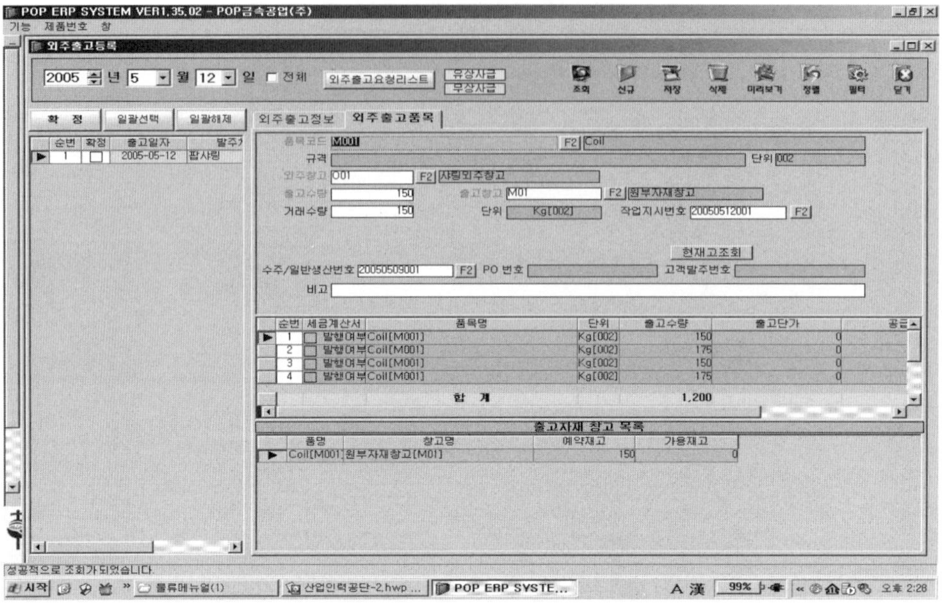

품목내역을 확인한 후 확정체크 후 확정버튼을 클릭하면 해당 외주처로 자재가 출고 완료된다. 외주작업지시에서 출고 요청하지 않았을 경우에는 외주출고등록에서 신규버튼을 누른 후 사급종류, 출고품목, 외주창고, 자사출고창고 등을 입력한 후 저장하고 확정을 하면 출고가 완료된다. 유상사급의 경우는 사급종류를 유상사급을 선택하고 출고품목에서 출고단가를 입력해주어야 한다. 이 때 출고단가를 입력하지 않아도 마감 등록시에 입력하여도 무관하다.

외주출고조회현황은 일자별, 거래처별 등의 조건으로 외주출고현황을 집계 및 세부내역을 통해 조회할 수 있다.

〈그림 7-85〉 외주출고세부현황 조회 화면

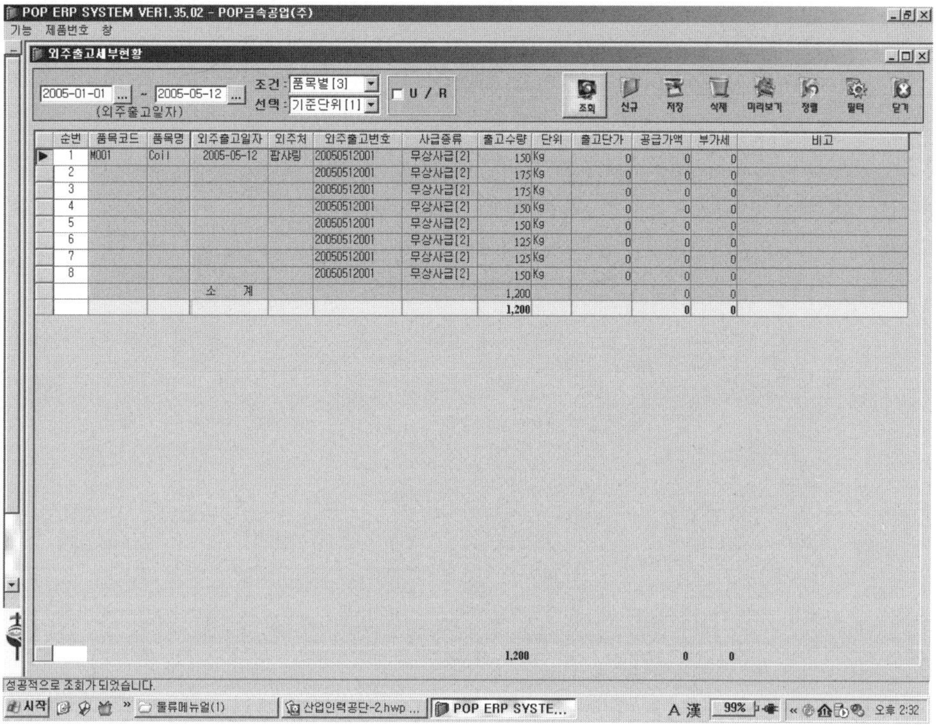

(3) 외주출고마감관리

외주출고마감관리는 유상사급에 한하여 적용하는 기능이다.

- 무상사급 : 외주처에 자사에서 해당자재를 무상으로 제공하는 것
- 유상사급 : 외주처에 해당자재를 판매하는 것으로 세금계산서가 발행되어야 한다.

(4) 외주작업실적등록

외주처에서 가공이 완료되어 입고되는 제품을 입력하고 무상사급의 경우 외주처에 있는 자사 자재재고를 불출하는 기능을 하는 메뉴로 외주작업지시의 내용을 반영하는 방법과 직접 입력하는 두 가지 방법이 있다.

① 외주작업지시 반영방법

외주 미 입고리스트 버튼을 클릭하면 <그림 7-86>이 나타난다.

〈그림 7-86〉 외주미입고 리스트 화면

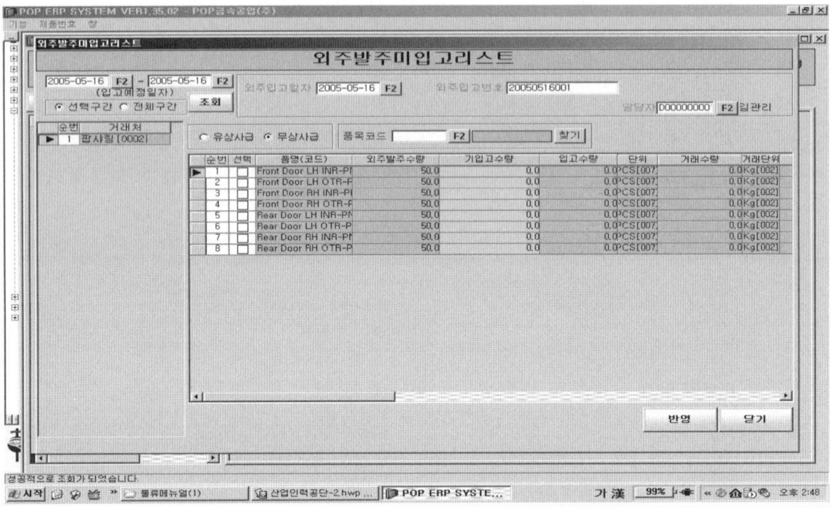

입고처리 할 항목을 선택한 후 자사에 입고시킬 창고와 가공단가를 입력한다.

〈그림 7-87〉 가공단가를 입력한 후의 화면

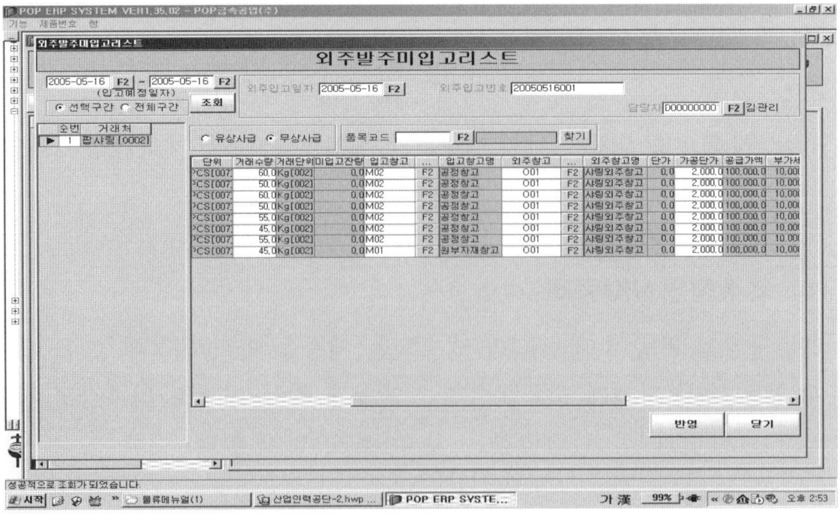

입력 후 반영버튼을 클릭하면 아래와 같이 외주작업실적 등록을 확정하는 화면이 나타난다.

〈그림 7-88〉 외주작업실적 등록 후 확정하기 위한 화면

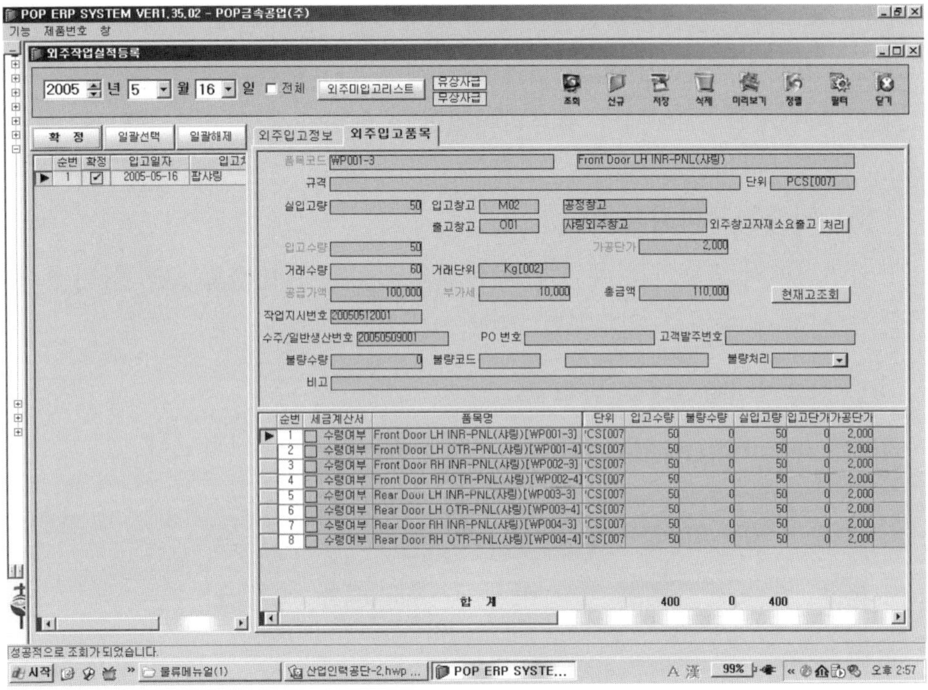

<그림 7-88>에서 입고창고, 수량 및 공급가액등을 수정하고자 한다면 수정한 후 외주창고자재소요출고 버튼을 선택한다(이 버튼은 사급종류가 무상사급시에만 나타난다). 유상사급은 외주처로 해당자재를 판매를 한 것이므로 자사재고가 아니기 때문에 별도관리가 필요 없으나, 무상사급의 경우 자사재고를 외주처에 보관해놓은 상태와 같으므로 외주처에 있는 자사자재를 관리를 해야 한다. 그러므로 자사에서 제공한 자재로 외주처에서 가공하여 제품을 만들어 왔으므로 자사재고에서 대체시켜 소요(소멸)를 시켜주어야 한다. 무상사급자재 소요량처리에서 해당자재를 선택하고 소요된 양을 입력한 후 반영하면 '정상처리 되었습니다'라는 메시지와 함께 창이 닫히고 확정체크 후 확정을 선택하면 입고처리가 완료된다.

② **직접입력방법**

외주작업지시의 내용을 반영하지 않고 직접 입력을 할 때에는 외주입고정보의 내용을 입력한 후 입고품목내용을 입력 하여 외주자재소요출고 버튼을 누른 후 위와 동일한 방법과 같이 확정 처리한다. 외주작업실적현황은 일자별, 거래처별 등의 조건으로 외주작업실적현황을 집계 및 세부내역을 조회할 수 있다.

외주자재출고처리를 하기 위해서는 생산관리 모듈내에 공정관리의 BOM등록에서 해당제품의 BOM이 설정되어있어야 하위자재 출고처리를 할 수 있다.

(5) 외주입고마감등록

외주처에서 발행하는 세금계산서 마감을 하는 화면으로 실적을 반영하여 입력하는 방법과 수기로 입력하는 방법이 있다.

① **외주작업실적내역 반영**

외주입고마감 버튼을 누르면 <그림 7-89>와 같이 나타난다.

〈그림 7-89〉 외주품목 입고마감 화면

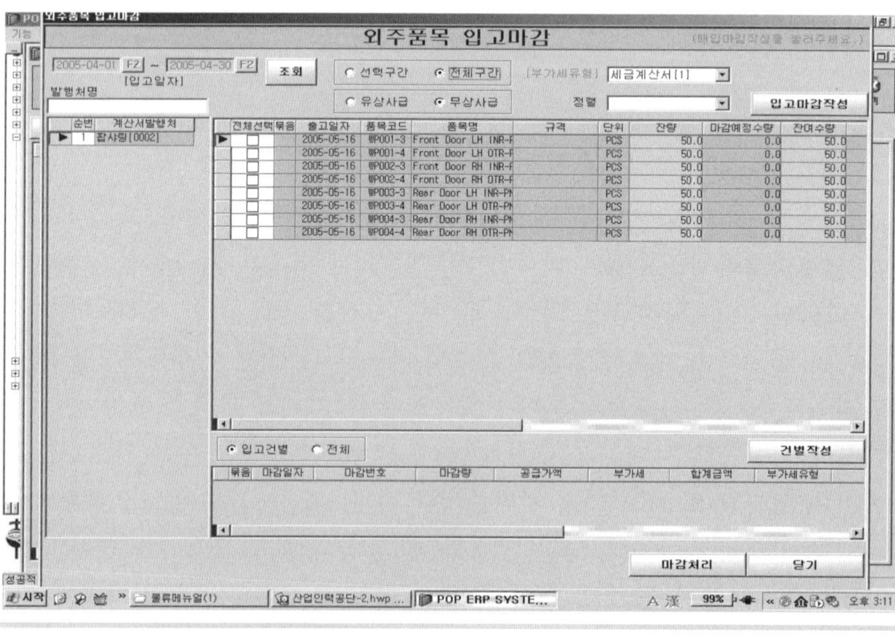

마감하고자하는 업체를 선택하고 입고마감작성 버튼을 누르고 마감할 품목을 선택한 후 건별작성버튼을 클릭하면 <그림 7-90>과 같은 화면이 나타난다.

〈그림 7-90〉 외주품목 입고마감에서 건별작성 버튼을 클릭한 후의 화면

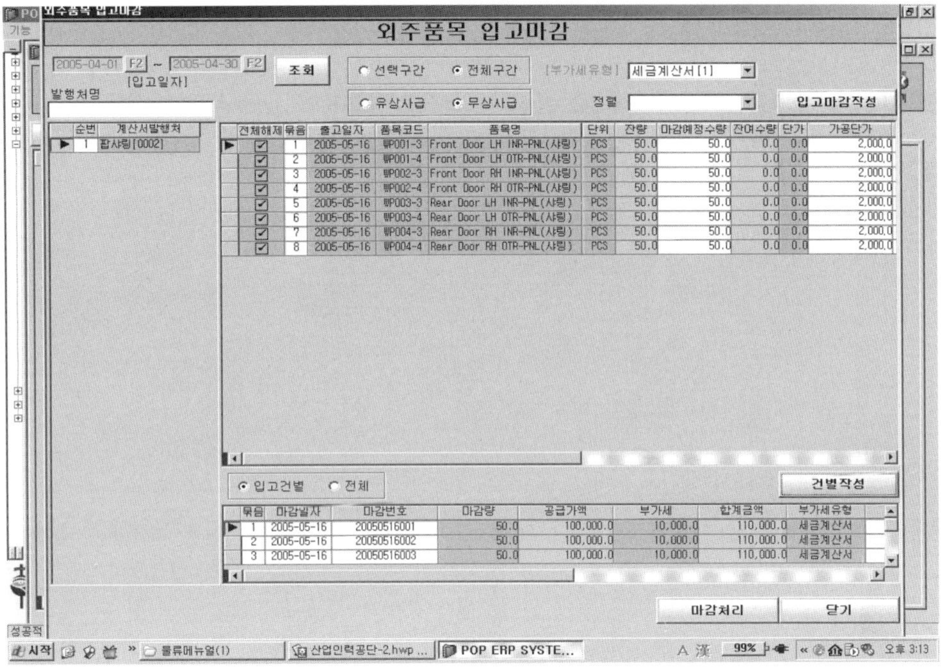

입고건별을 선택하면 입고된 건수대로 세금계산서가 마감 반영되며, 전체를 선택하면 건수와 상관없이 집계된 1건의 세금계산서로 반영된다. 마감처리버튼을 누르지 않으면 출고건별, 전체의 옵션 변경이 가능하다. 이 상태에서 마감처리하면 '마감처리완료'라는 메시지가 나타나고 <그림 7-91>과 같은 화면으로 전환된다.

〈그림 7-91〉 외주품목 입고등록을 확정하기 위한 화면

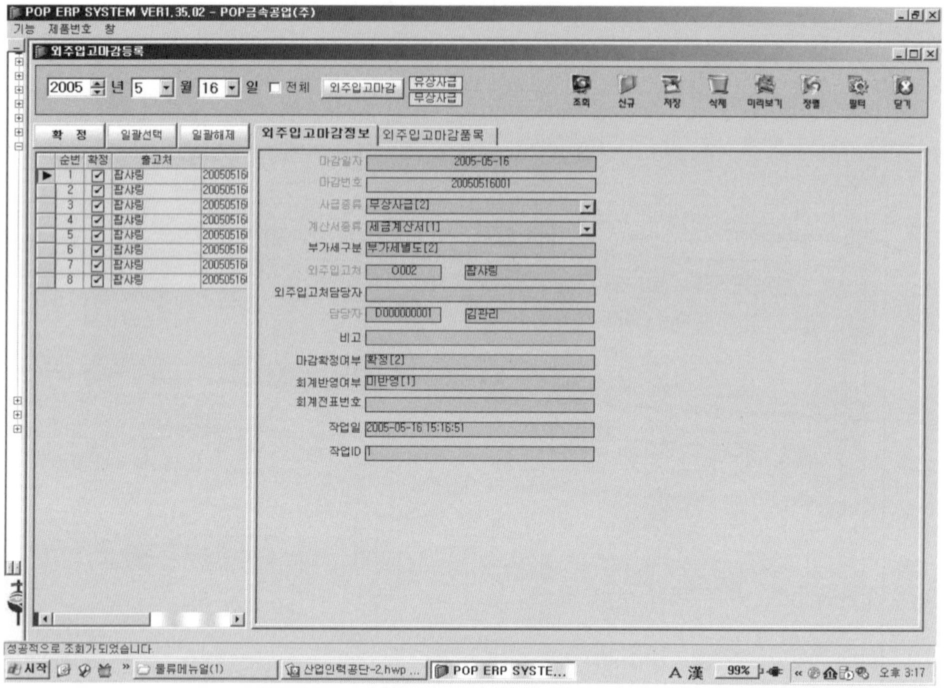

마감일자, 마감번호, 사급종류 등을 수정하여 저장한 후 입고마감 품목 탭으로 이동한다. 마감수량 및 단가를 변경하여 저장한 후 확정체크 후 확정 버튼을 누르게 되면 채무관리모듈에 미지급금으로 반영되어 채무모듈에서 관리하도록 연동된다. 외주작업실적의 내용을 반영하지 않고 직접 입력할 때에는 외주마감정보의 내용을 입력한 후 마감품목내용을 입력하여 위와 동일한 방법과 같이 확정 처리한다. 외주입고마감현황은 일자별, 거래처별 등의 조건으로 외주입고마감현황을 집계 및 세부내역을 조회할 수 있다.

(6) 외주재고수불부

외주재고수불부는 무상사급의 경우 자사의 재고가 외주처의 창고를 자사에 있는 창고처럼 입출고된 내역과 현재고 현황을 조회할 수 있다.

〈그림 7-92〉 외주창고별 수불명세표 화면

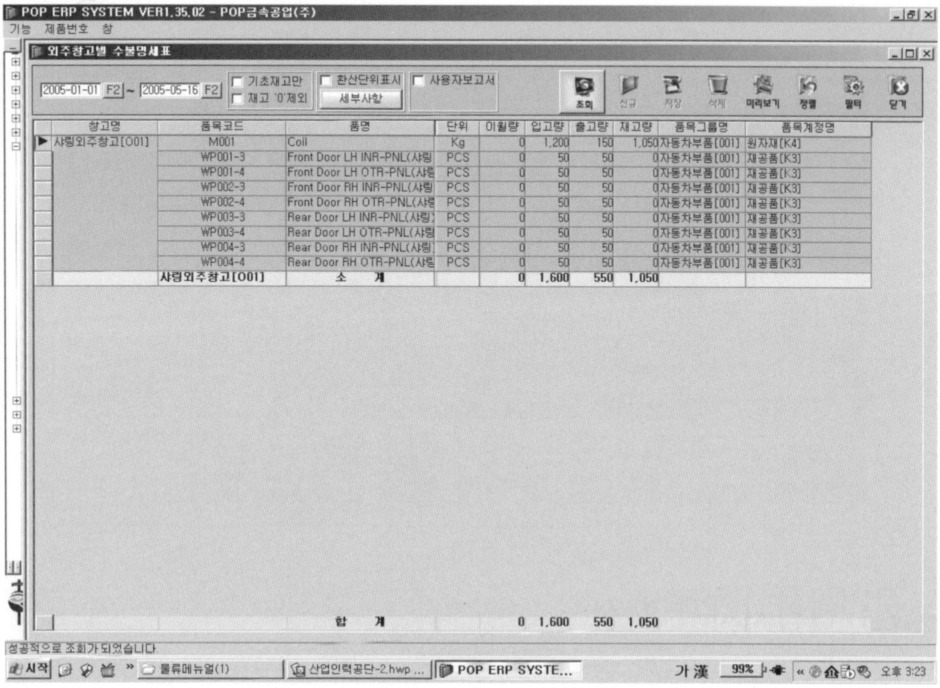

7.7 생산관리 II

이 절에서는 앞에서 생성된 생산계획과 공정계획에 따라 매일 매일의 작업지시서를 작성하고 작업실적을 등록하며 해당 납기일에 맞추어 제품을 납품하여 매출마감을 하기까지의 기능들에 대해 설명하고자 한다. 여기에서 사용하게 될 기능들에 대한 프로세스 흐름은 앞에서 언급한 내용에 포함된다고 생각하면 될 것이다.

다음 <그림 7-93>은 POP-ERP 프로그램에서 사용하고 있는 창고라는 용어에 대한 개념도를 나타낸 것이다. 여기서 창고라는 개념은 물리적인 개념이 아니라 다음의 그림에서 보는 것처럼 공정간 수불을 위한 개념이라고 정의한다.

〈그림 7-93〉 공정 구분/이동 개념도

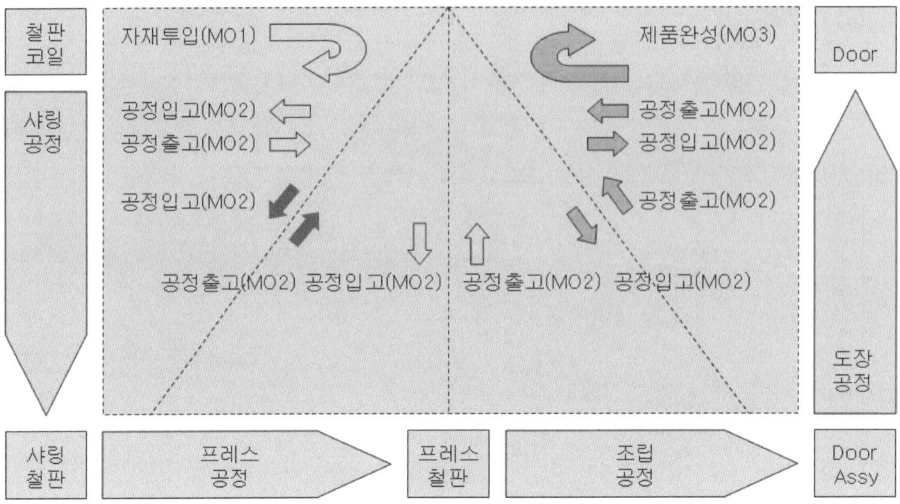

7.7.1 작업지시서 작성

작업지시서는 이미 공정계획을 생성하면서 각 주문건별로 생성이 된 상태이다. 따라서 여기서 새로이 생성할 필요는 없지만, 수정을 한다거나 또는 완전히 새로운 작업지시서를 작성한다는 가정하에 설명을 하도록 한다. 새로운 작업지시서를 작성하고자 할 때는 먼저 BOM등록부터 품목별 라우팅까지의 모든 등록과 생산계획이 작성된 품목에 대하여 생산계획 일자별로 작업지시서를 작성할 수 있고, 작업지시서는 품목에 등록된 라우팅 순서별로 자동생성을 할 수 있다.

☑ 작업순서

작업지시일 선택 → 작업공정 선택 → 신규 → 작업지시자 선택 → 추가 → 생산계획오더 창에서 작업지시할 품목 선택 → 하위공정 자동 생성 클릭 → 저장 → 다음 작업공정 선택 → 하위공정 자동 생성 클릭 → 저장 → 순서대로 마지막 공정 까지 선택하여 하위공정 자동생성 클릭 → 저장.

화면 오른쪽 상단에 위치한 삭제 버튼을 클릭하면 현재 공정의 작업지시까지 모두 삭제를 하고 하위공정에 대한 작업지시서 삭제는 추가버튼 옆에 있는 삭제

버튼을 클릭하면 하나씩 삭제할 수 있다.

신규버튼 클릭 후 작업지시자 탭에서 F2키를 누르면 다음과 같은 화면이 나타난다.

〈그림 7-94〉 작업지시등록 메뉴에서 사원선택 화면

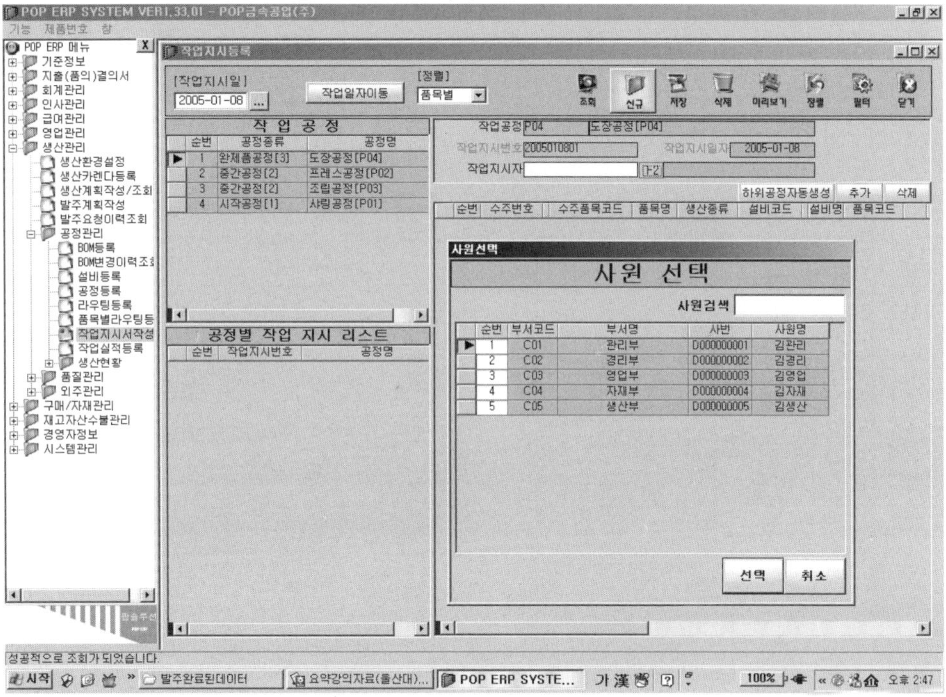

☑ 항목 설명

① 작업지시일 : 생산계획이 작성된 날짜를 지정한다.

② 작업일자이동 : 작업지시를 다른 날짜로 변경할 수 있다.

③ 작업공정 : 라우팅에 등록된 모든 공정을 나타낸다.

④ 공정별 작업 리스트 : 각 공정에 대한 작업지시 리스트를 나타낸다.

⑤ 하위공정생성 : 선택한 공정의 하위공정에 자동으로 작업지시를 생성한다.

⑥ 추가 : 생산계획이 작성되어 있는 품목을 보여주고 선택할 수 있도록 한다.

⑦ 미리보기 : 작업지시서를 공정별, 설비별로 출력할 수 있다.

<그림 7-94>에서 사원을 선택한 후 아래의 추가 버튼을 클릭하고 F2를 클릭하면 <그림 7-95>와 같은 화면이 나타난다.

〈그림 7-95〉 생산계획오더 선택 화면

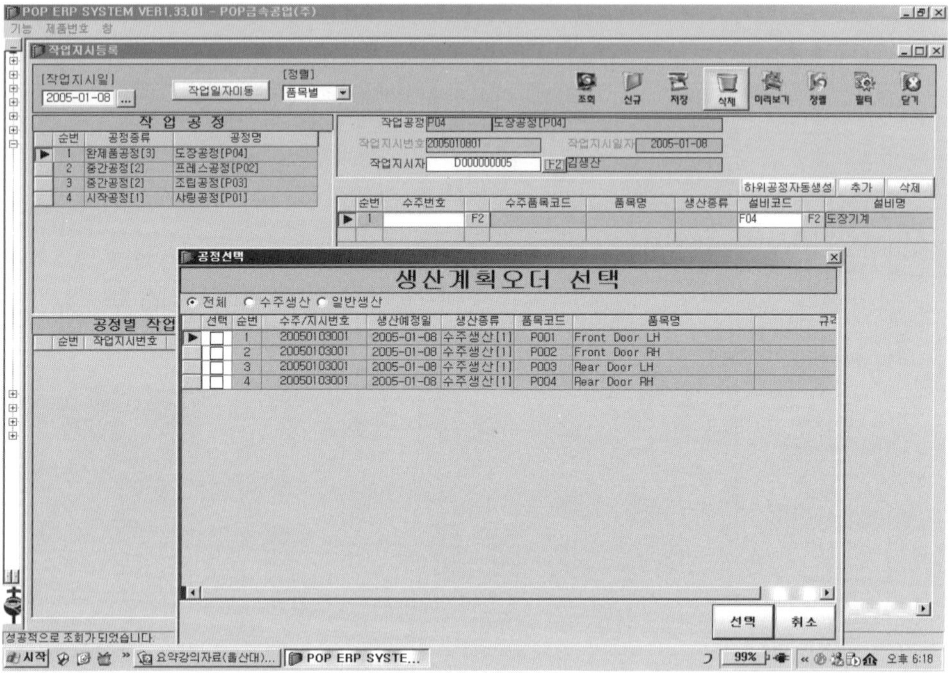

<그림 7-95>에서 전체 선택란을 체크한 후의 화면은 <그림 7-96>과 같다.

〈그림 7-96〉 작업지시등록 및 하위공정이 자동생성된 화면

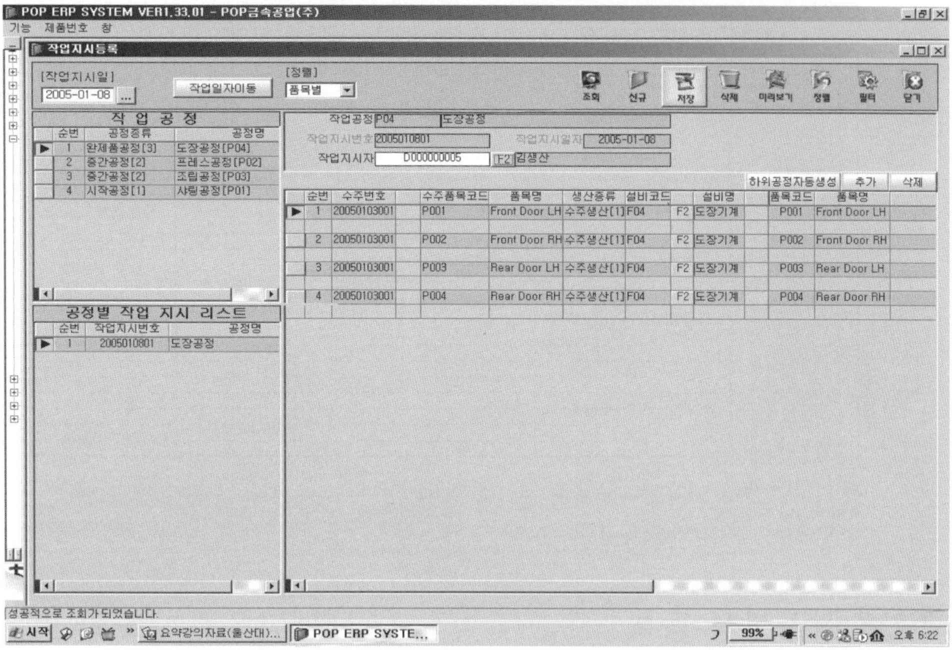

<그림 7-96>은 하위공정이 자동 생성된 화면이며, 이러한 과정을 각 공정별로 동일하게 반복 저장하여야 한다. 각 공정별로 위와 같은 과정을 반복하여 모든 공정에 대한 작업지시를 완료한 후 미리보기 버튼을 클릭하면 다음과 같은 팝업창이 나타난다.

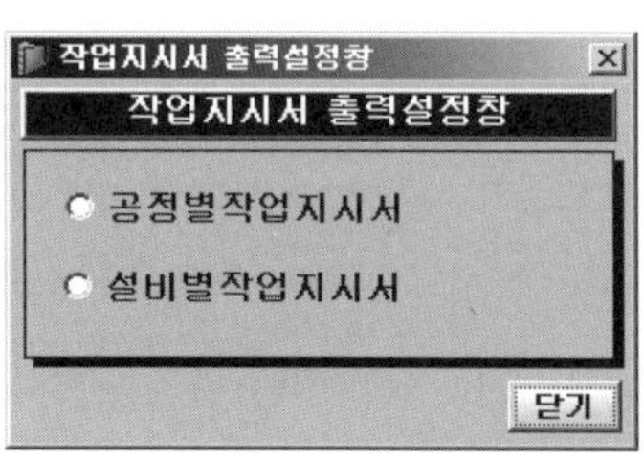

여기서 공정별 작업지시서를 선택한 후의 출력물은 다음 <그림 7-97>과 같다.

〈그림 7-97〉 작업지시서 출력물

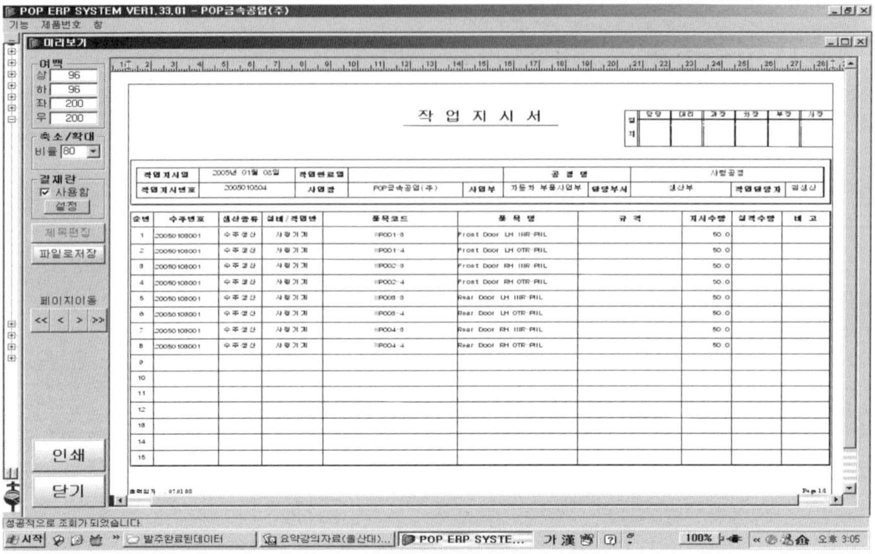

7.7.2 작업실적 등록

생산이 완료된 각 공정에 대하여 완성된 제품별로 실적을 등록한다.

〈그림 7-98〉 작업실적 등록 화면

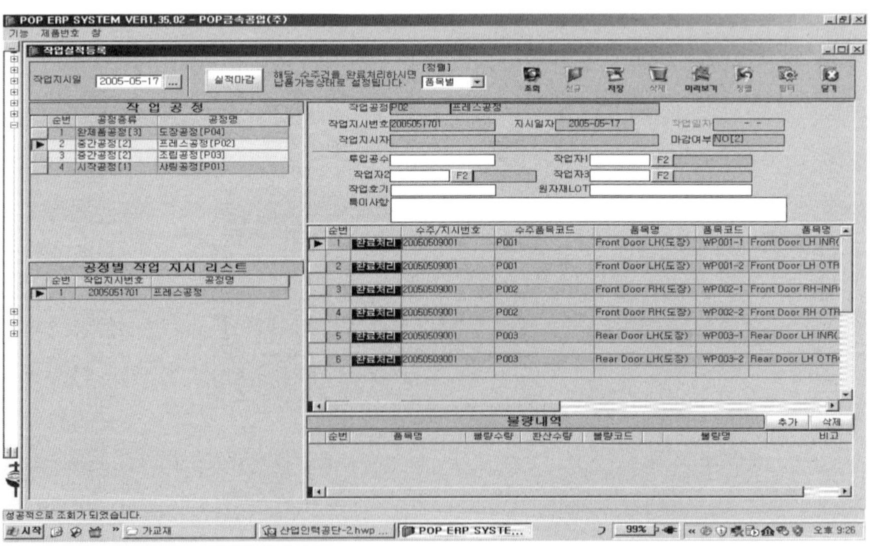

작업순서

작업지시일 지정 → 투입공수 및 작업자, 기타내용을 입력 → 실적수량 입력 → 불량이 있을시 불량내역에서 추가 클릭 → 불량 수량 및 불량유형 선택 → 저장 → 실적마감 버튼 클릭 → 알림 창에서 '예'선택 → 공정간 수불 리스트에서 마감처리 클릭 → 알림 창에서 '예'선택 → 알림 창에서 '확인'선택

항목 설명

① 작업지시일 : 작업지시를 했던 날짜를 지정한다.
② 기타입력사항 : 작업에 투입된 시간 및 작업자, 작업호기 등을 입력한다.
③ 실적수량 : 실제로 제품이 만들어진 수량을 입력한다.
④ 불량내역 : 작업을 하면서 불량이 생긴 경우 불량내역에서 추가버튼을 클릭하여 불량유형을 선택하고 불량수량을 입력한 뒤 저장 버튼을 클릭하면 불량수량에 자동으로 입력된다.
⑤ 이월버튼 : 작업지시 대비 실적수량이 같으면 나타나지 않고 실적 수량이 적을 경우 적은 수량만큼 다른 날짜로 이월하여 실적등록을 할 수 있다.
⑥ 실적마감 : 실적수량 및 불량수량을 모두 입력 한 뒤 실적마감 버튼을 클릭하여 실적량을 마감하고 실적마감 버튼은 마감해제 버튼으로 바뀐다.
⑦ 미리보기 : 작업실적을 등록한 내역을 출력할 수 있다.
⑧ 완료처리 : 실적수량을 입력하는 줄의 앞에 완료처리 버튼이 있는데 완료처리를 하면 영업 관리의 수주종합정보란에 생산 완료라고 표시된다.

<그림 7-98>에서 실적마감 버튼을 클릭하면 작업실적을 마감할 것인가라는 팝업창이 뜬다. 여기에서 '예'를 선택하면 <그림 7-99>와 같은 공정간 수불리스트 화면이 나타난다.

〈그림 7-99〉 공정간 수불 리스트

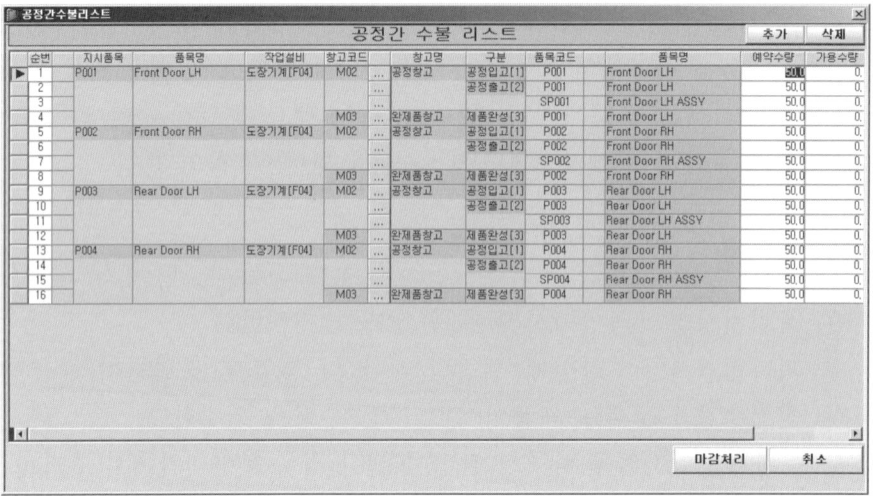

<그림 7-99>에서 우측 하단부의 마감처리 버튼을 클릭하게 되면 <그림 7-100>과 같은 화면이 나타나면서 작업실적이 마감된다. 이러한 과정을 모든 공정에 동일하게 반복하여 최종적으로 저장버튼을 클릭하여 저장한다.

〈그림 7-100〉 작업실적 마감처리가 수행되었다는 팝업창

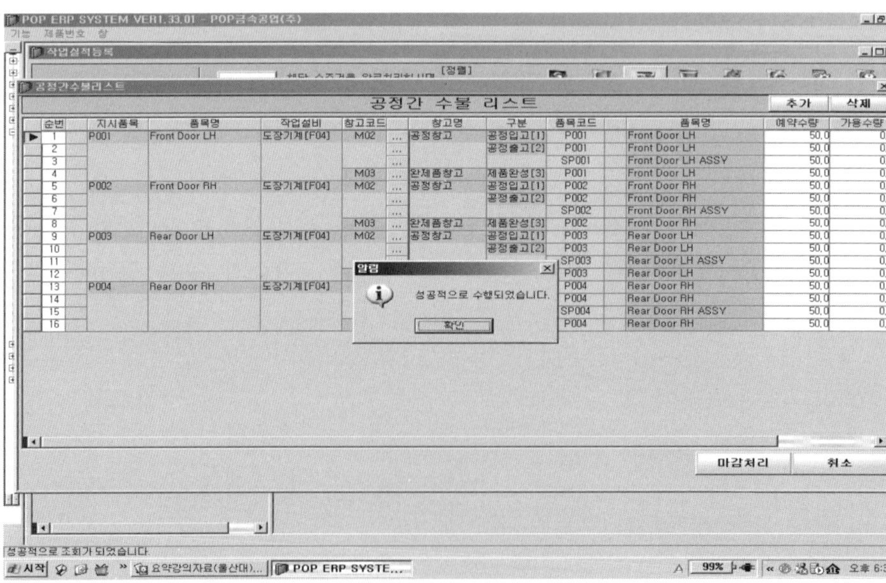

다음은 도장공정에 대한 작업실적등록 미리보기 화면이다.

〈그림 7-101〉 도장공장에 대한 작업실적 등록 출력물

〈그림 7-102〉 공정별 생산 세부현황

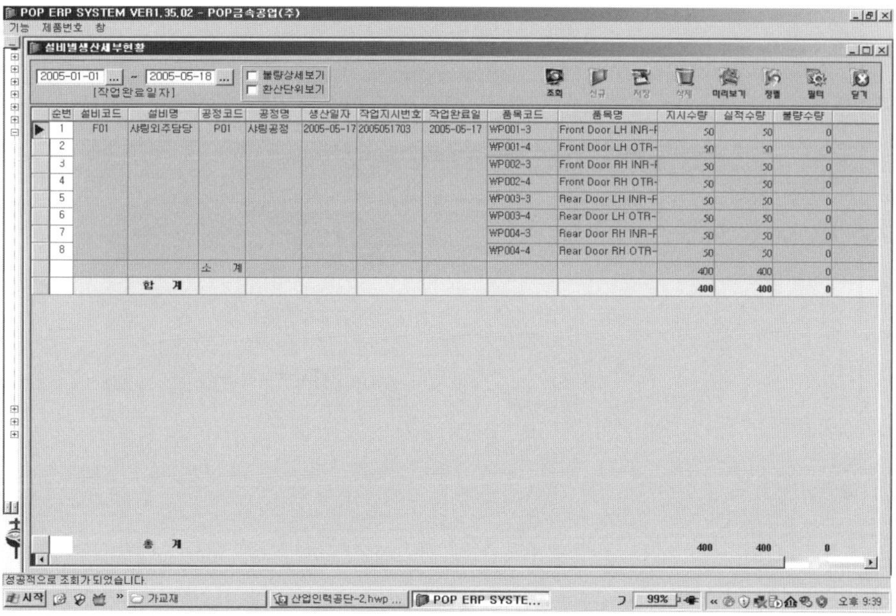

기타 설비별/공정별/품목별 생산현황에 대한 정보는 각 메뉴별 조회조건을 선택한 후 볼 수 있다.

7.7.3 납품관리

수주건별로 납품관리를 하기 위한 기능들을 포함하고 있는 메뉴이다.

(1) 납품등록

납품정보에서 주문받은 물품을 해당업체에 판매하여 등록하며, 수주품목 미납품 리스트를 클릭하지 않아도 신규로 입력 가능하다.

☑ 작업순서

납품등록 메뉴를 선택하면 <그림 7-103>와 같은 화면이 나타난다.

〈그림 7-103〉 공정별 생산 세부현황

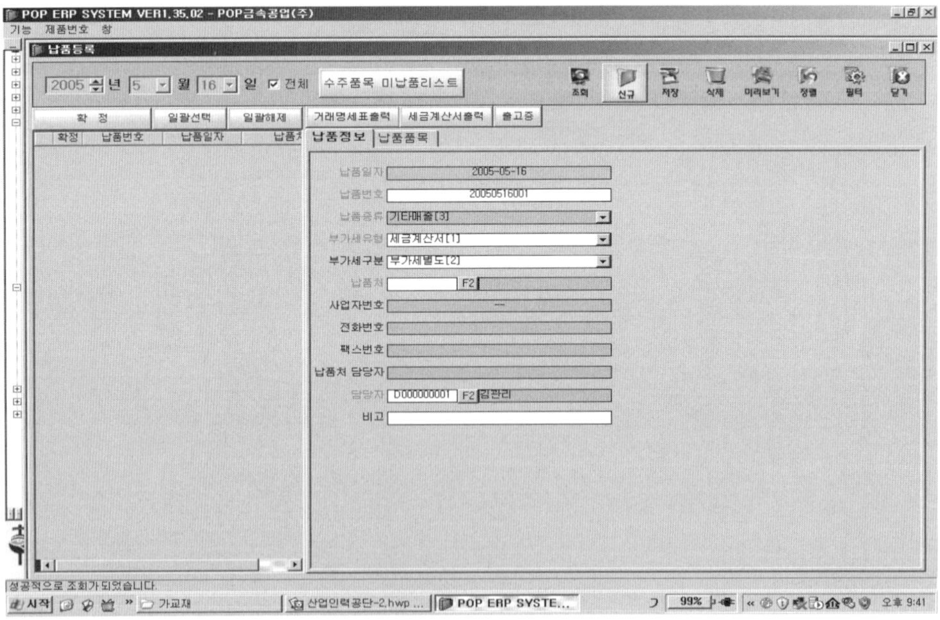

■ 수주품목 미납리스트

수주품목에서 미납된 리스트를 불러오는 화면이다.

<그림 7-103>에서 수주품목미납리스트를 클릭하면 <그림 7-104>와 같은 화면이 나타난다.

〈그림 7-104〉 납품처리를 할 수주건을 선택하는 화면

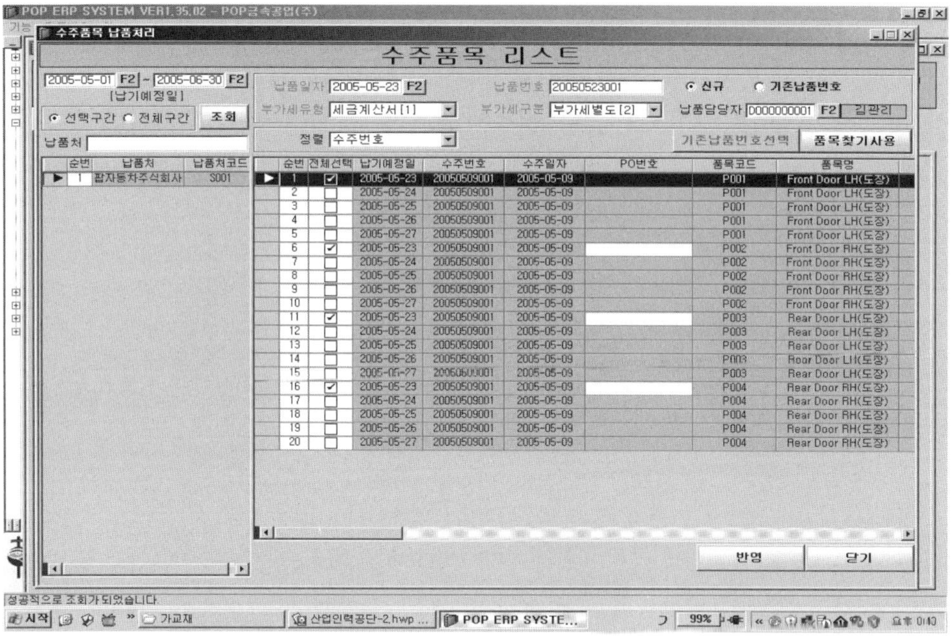

☑ 항목 설명

① 일괄선택 : 납품정보가 많을 경우 일괄적으로 모두 선택하는 기능을 말한다.

② 일괄해제 : 납품정보가 많을 경우 일괄적으로 모두 해제하는 기능을 말한다.

③ 납품일자: 납품일자를 등록한다.

확정을 체크하기 전에 납품일자수정을 클릭하면 납품일자 수정이 가능하다.

④ 납품번호: 납품번호는 자동 입력되지만 수정 또한 가능하다.

⑤ 납품종류 : 납품의 종류를 입력한다.

⑥ 부가세유형 : 납품에 대한 부가세유형을 입력한다.

⑦ 납품처 : 납품처를 입력한다.
⑧ 담당자 : 납품에 대한 담당자를 입력한다.
⑨ 기타 : 기타사항을 입력한다.

<그림 7-104>에서 납품등록을 할 항목을 전체 선택란에 체크한 후 반영버튼을 클릭한다(현재 시스템의 기준날짜는 5월 23일이며, 여기서는 납기 예정일이 5월 23일인 항목만 체크하도록 한다).

위와 같은 과정을 거치게 되면 앞서 선택한 항목은 납품등록이 반영되었기 때문에 수주품목리스트에서 사라지게 된다. 반영을 끝낸 후에 닫기 버튼을 클릭하면 <그림 7-105>와 같은 화면으로 전환된다. 여기서 확정란에 체크를 하고 확정버튼을 클릭하게 되면 최종적으로 납품등록이 이루어진다.

〈그림 7-105〉 납품등록 메뉴에서 납품품목정보에 대한 화면

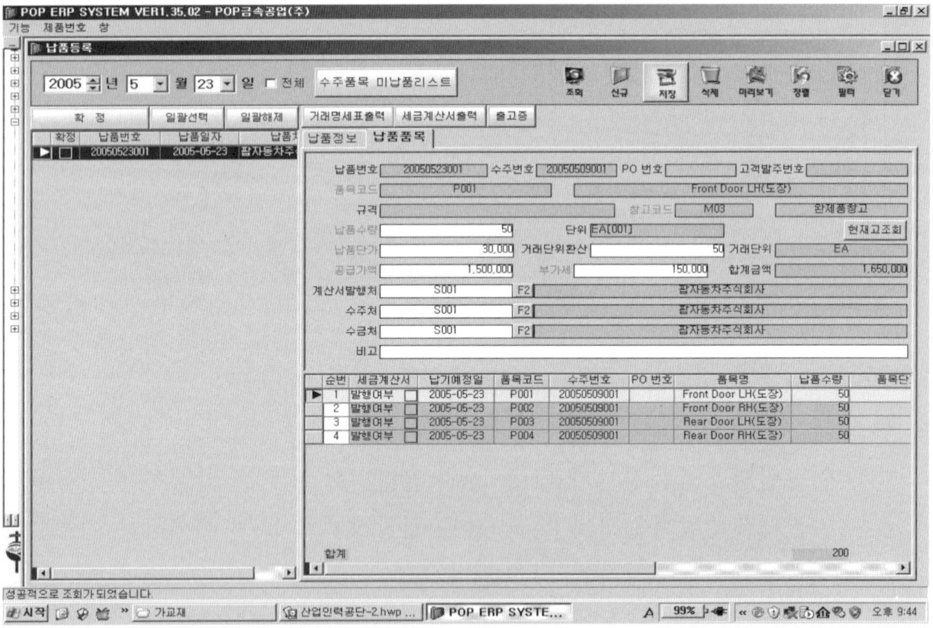

〈그림 7-106〉 납품등록을 확정한 후의 화면

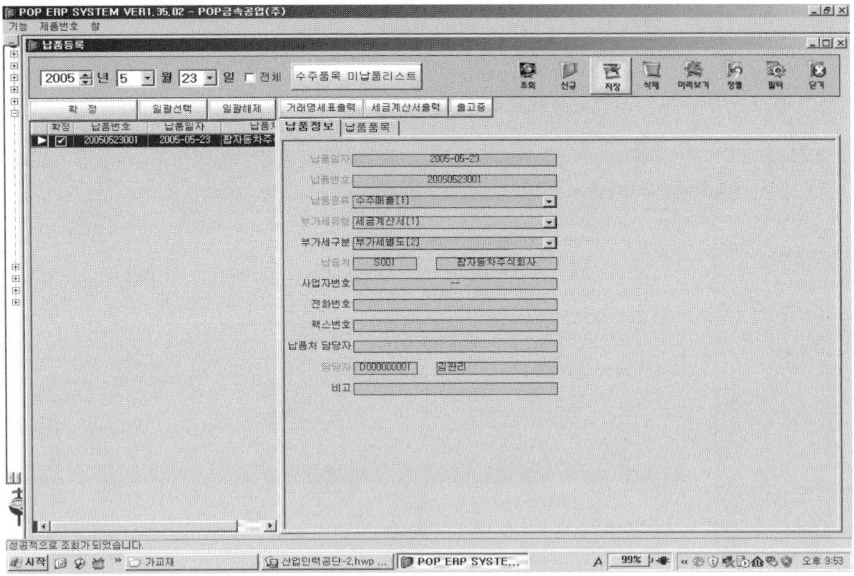

다음 <그림 7-107>은 납품등록을 확정하고 저장한 후에 거래명세표를 출력하는 화면이다.

〈그림 7-107〉 거래명세서 출력물

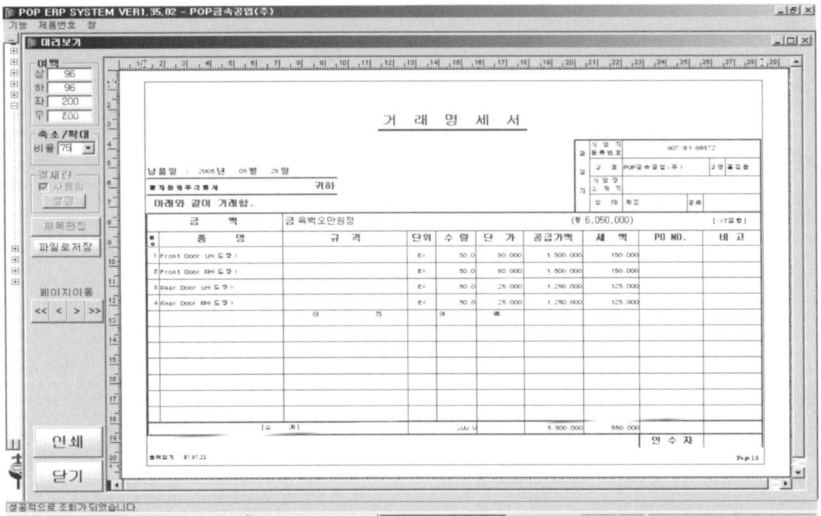

다음의 <그림 7-108>은 납품집계표 메뉴에서 일자별 납품 세부현황표를 출력한 화면이다.

〈그림 7-108〉 일자별 납품세부현황 화면

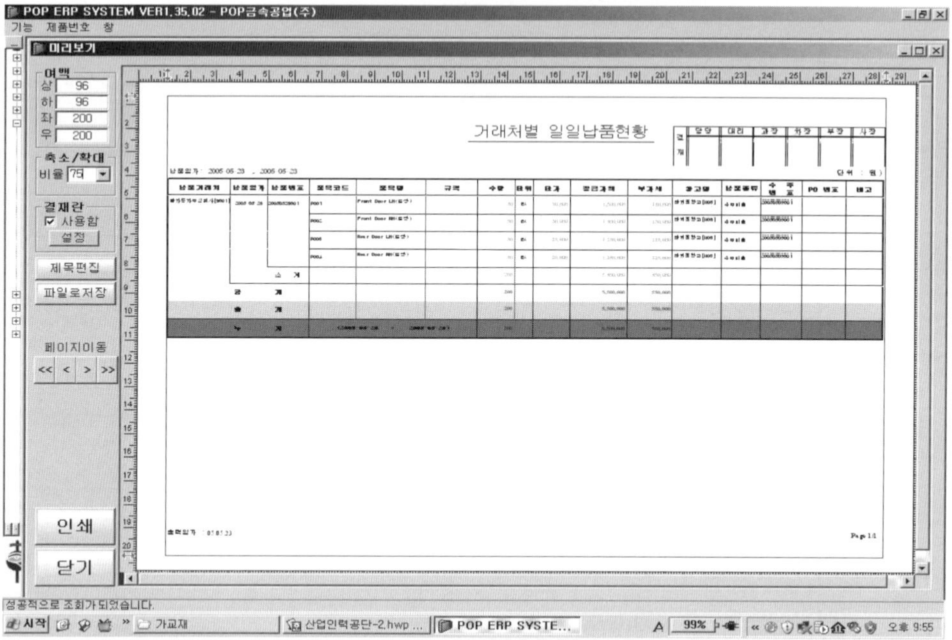

7.7.4 매출마감관리

납품이 이루어지면 납품한 품목에 대하여 매출마감을 해줌으로써 전체적인 생산 및 물류의 모든 프로세스가 종료된다.

(1) 매출마감등록

납품건에 대한 매출마감을 하며, 납품품목 매출마감을 클릭하지 않아도 신규로 입력가능하다.

항목 설명

① 매출마감일자 : 납품품목에 대한 매출 마감 일자를 입력한다.
확정을 체크하기 전까지는 매출마감일자 수정이 가능하다.

② 매출마감번호 : 납품품목에 대한 매출마감일자 자동입력 되지만 수정 또한 가능하다.

〈그림 7-109〉 매출마감등록 화면

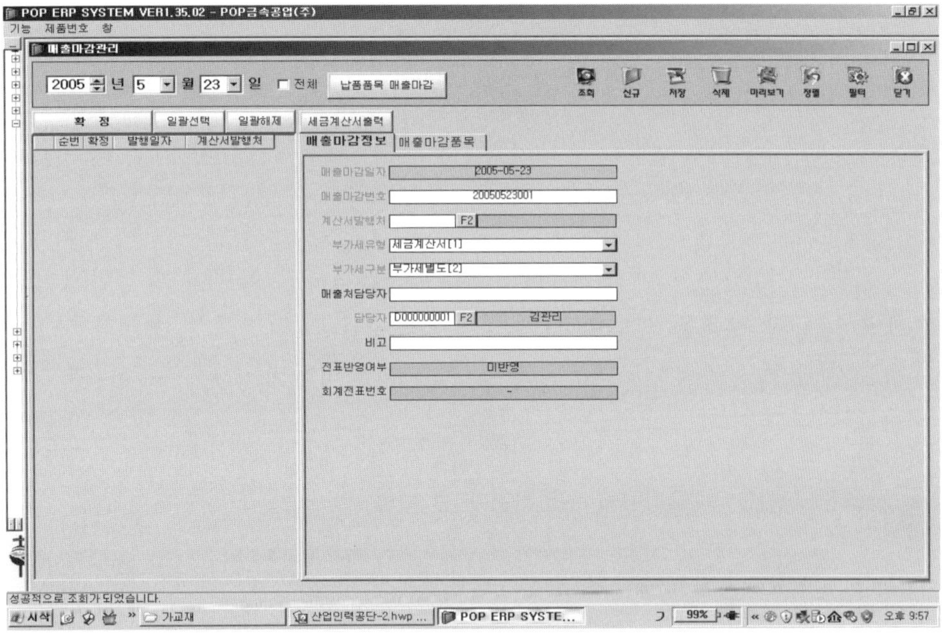

③ 계산서발행처 : 납품품목에 대한 계산서발행처를 입력한다.

④ 부가세유형 : 납품품목에 대한 부가세유형을 선택한다.

⑤ 부가세구분 : 부가세구분은 부가세별도로 지정 되어 있다.

<그림 7-109>에서 납품품목매출마감 버튼을 클릭하면 다음의 <그림 7-110>과 같이 납품등록에서 확정한 데이터를 가져온다.

〈그림 7-110〉 납품품목 매출마감 입력 화면

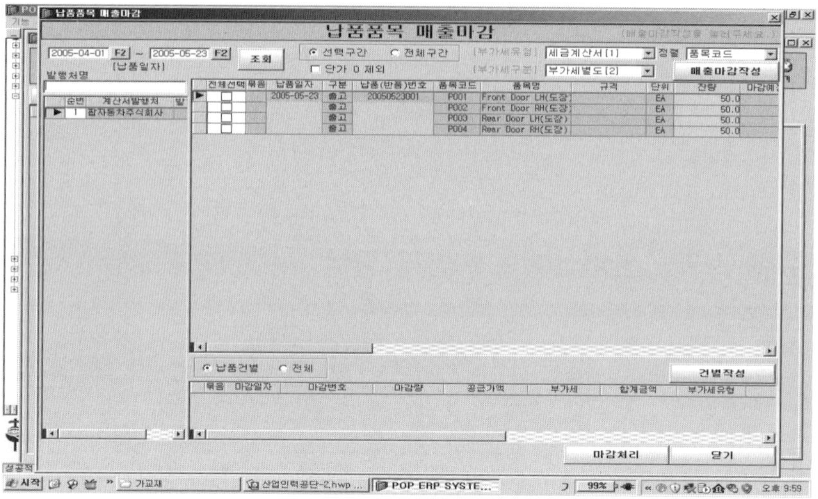

<그림 7-110>에서 매출마감작성 버튼을 클릭하면 화면이 활성화되며, 여기서 매출 마감할 항목을 선택하고(여기서는 전체선택) 건별작성 버튼과 마감처리 버튼을 차례대로 클릭하고 난 후 닫기 버튼을 클릭하면 <그림 7-111>과 같은 화면이 나타난다.

〈그림 7-111〉 매출마감을 확정하기 위한 화면

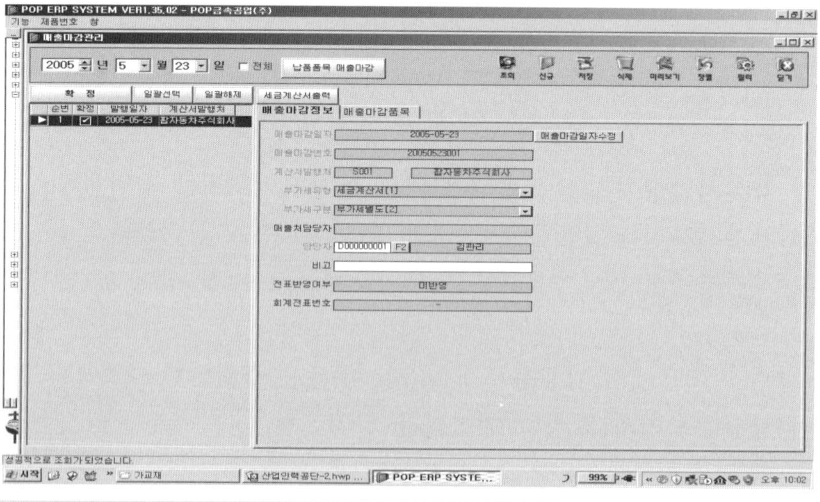

<그림 7-111>에서 확정란에 체크를 한 후 확정버튼을 클릭하면 매출마감 업무가 완료된다.

다음의 <그림 7-112>, <그림 7-113>, <그림 7-114>는 매출마감등록 후의 미리보기 기능을 이용한 출력물과 매출마감집계표 메뉴에서 품목별 매출마감 실적을 그래픽으로 보여주는 화면들이다.

〈그림 7-112〉 매출마감등록 출력물

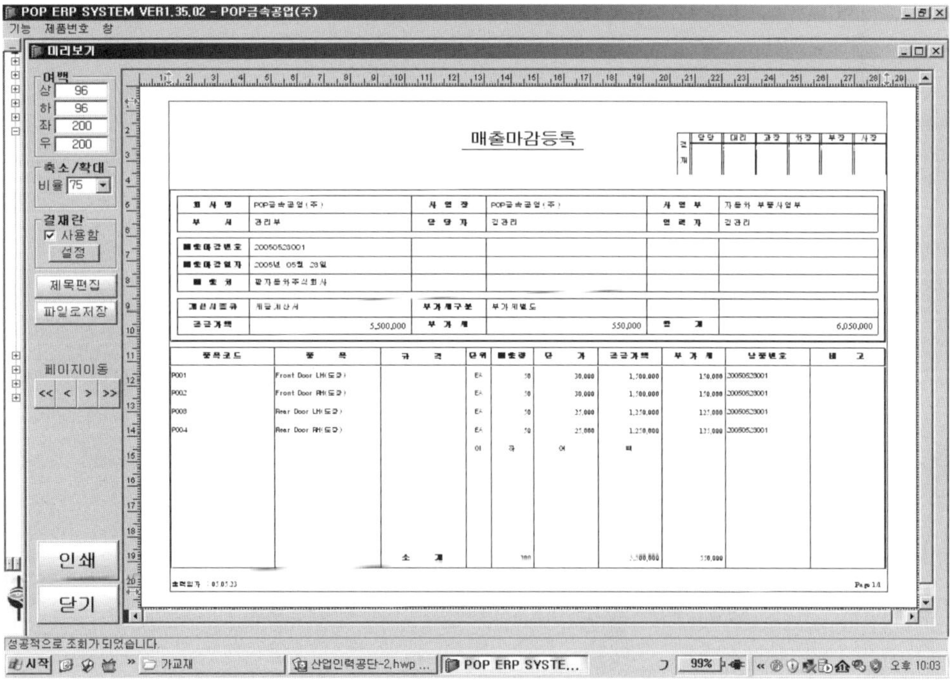

〈그림 7-113〉 세금계산서 출력물

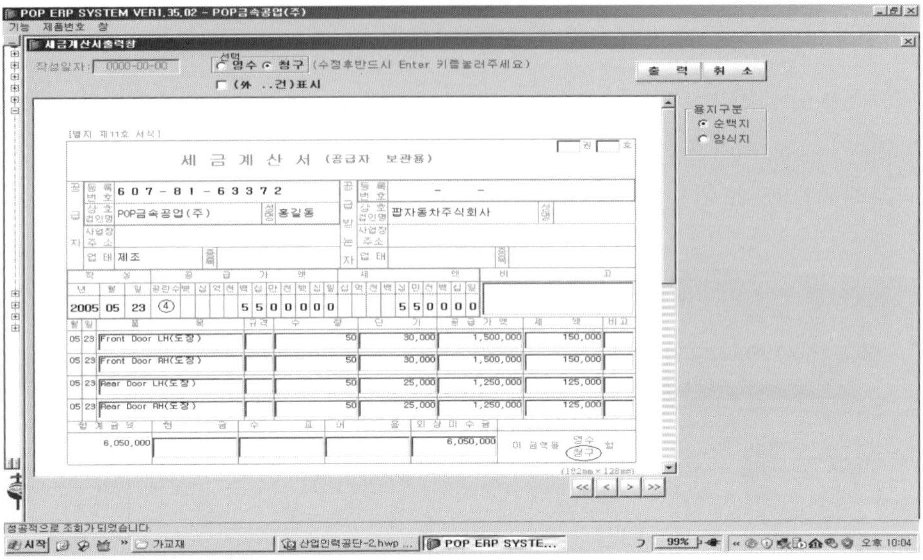

〈그림 7-114〉 매출마감집계표에 대한 그래프 출력물

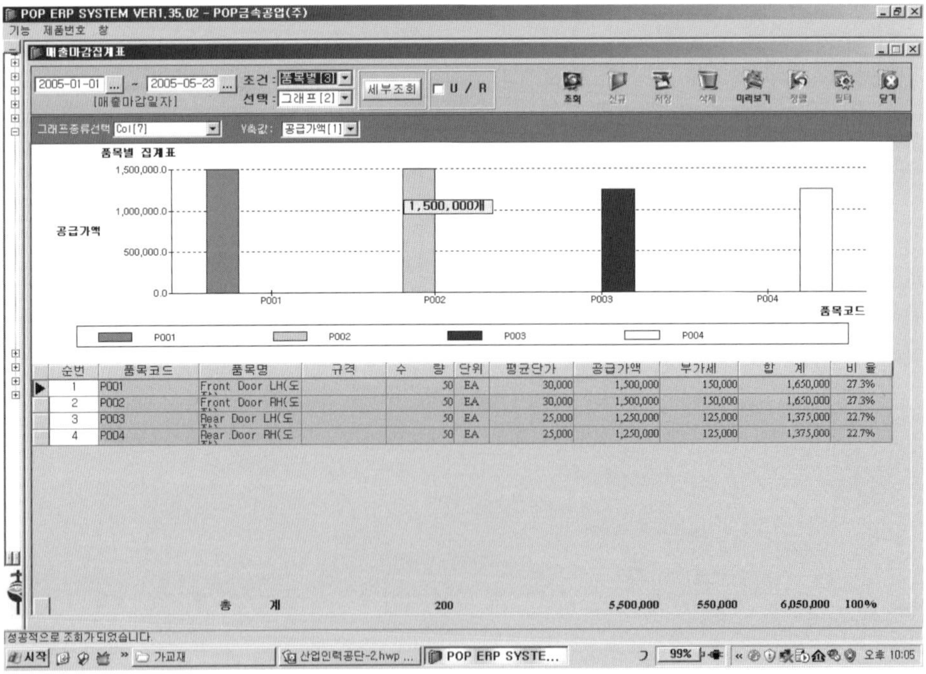

제 8 장

ERP 운영방안

8.1 시스템 개선 방안

8.1.1 시스템 개선의 개념

시스템 개선은 유지보수와는 달리 단순히 기능상의 하자를 보수하는 것이 아니고 시스템 운영 환경의 변화로 인한 새로운 환경에 적합하도록 기능을 보완하거나 운영 과정에 사용자의 불만사항 및 개선요구 사항을 수렴하고 시스템 평가를 거쳐 보다 나은 기능으로의 개선으로 시스템의 효율을 높이는 활동이다.

8.1.2 시스템 개선 절차

시스템 개선의 절차를 도식화하면 다음 <그림 8-1>과 같다.

〈그림 8-1〉 시스템 개선 절차

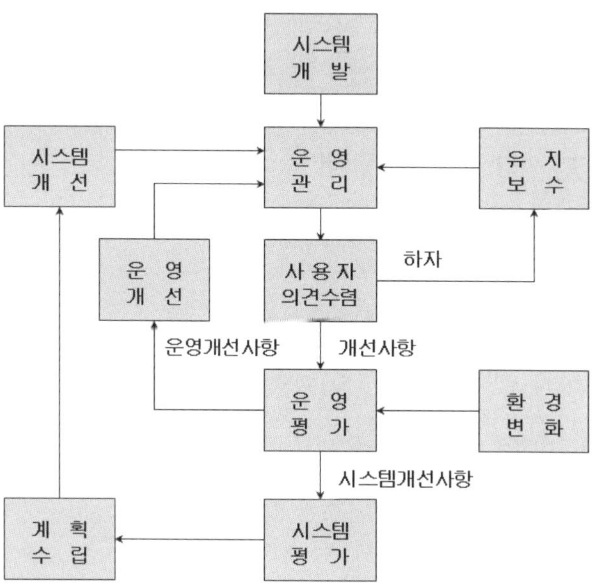

8.1.3 시스템 개선 방법

(1) 시스템 개선활동은 시스템 수명주기(life cycle)의 한 과정으로 시스템 개발, 운영관리, 평가 및 개선과정이 계속적으로 반복되므로 정기적인 사용자 의견수렴과 주기적인 시스템 개선 계획을 수립한다.

(2) 시스템 개발 완료 후 일정기간 동안 시스템 개발조직의 일부 인원이 시스템 개선사항을 검토하고 개선활동을 지원하는 것이 바람직하다.

(3) 기업의 운영환경 변화 및 기술환경 변화에 능동적으로 대처하기 위하여 끊임없이 연구하고 개선함으로써 시스템 효율을 극대화시킨다.

(4) 시스템 개선업무는 그 기능상 유지보수 업무와 시스템개발 업무와의 한계가 불명확하여 조직 간에 갈등을 유발할 소지가 있으므로 사전에 조직 및 책임한계를 명확히 한다.

(5) 시스템 개선업무는 자칫 시스템상의 중대한 결함을 유발시켜 전체 시스템 운영에 혼란을 초래할 소지가 있으므로 철저한 계획 수립과 사전 검토를 거쳐 진행하여 그 결과는 문서화하고 유지보수 업무에 대비한다.

8.2 장애방지 및 안전대책

8.2.1 장애방지 대책

장애대책은 크게 H/W, S/W, 통신장비 등 3분야로 구분할 수 있으며 H/W 분야의 대책으로서는 전산실 내 백업(backup) 시스템 확보 및 전환기능을 설정하고, S/W 분야의 대책은 프로그램의 변경이력을 철저히 관리하여 장애발생시 신속하게 원인을 규명하고 조치를 취하는 것 등이다. 이에 대한 세부적인 내용은 다음의 <표 8-1>과 같다.

〈표 8-1〉 장애방지 대책

분 야	장애 대책
H/W	• 전산실 내 백업(back-up) 시스템 확보 및 전환기능 설정 • 주변기기의 장애발생시 장애부분의 분리화 기능 확보 • 예비 장비 확보 및 비상시 장비 공유사용 계획 수립
S/W	• 데이터베이스(DB)의 주기적인 백업절차 확립 및 규정화 • 중요한 데이터베이스의 이중화 관리 • 데이터베이스 장애시 백업(back-up)파일 및 저널journal) 파일을 이용한 신속한 복구절차 확립 및 규정화 • 프로그램 장애시 임시적인 수작업 처리절차 확립 • 프로그램의 변경이력을 철저히 관리하여 장애발생시 신속한 원인 규명 및 조치
통신장비	• 통신선로의 감시기능 확보 • 통신장비의 장애발생시 예비 장비로 교체 후 유지보수

8.2.2 안전대책

안전대책은 건물, 전원 및 인적 재해에 대비한 대책과 내부 및 외부자에 의한 부정행위, 그리고 기밀보호 대책 등으로 구분할 수 있는데, 그 세부 항목들은 다음의 <표 8-2>와 같다.

〈표 8-2〉 안전 대책

분 야		안전 대책
재해	건 물	• 내화, 내전, 방수, 누수, 전계 및 자계에 대한 자폐시설 구비 • 소화설비(할로겐, 이산화탄소 등) 구비
	전 원	• 전원의 순간단전, 정전, 전압 및 주파수 변동에 대비한 시설구비 (무정전 전원시설) • 설비용량은 시스템 가동시를 감안하여 충분한 여유 확보 • 방재용 예비전원 설치
	인 적	• 범죄자 파괴 대책 강구(출입관리 자동화, 자료 저장장치 분산 보관 등)
부정 행위	내 부	• 전산장비(서버, PC 등)의 취급권한을 규정화하여 운영 • 운영이력 및 프로그램 변경 이력사항을 기록유지 • 자료 관리자 및 데이터베이스 관리자를 지정하여 관리
	외부인	• 사용자 식별 코드를 지정하여 시스템 취급시 외부인의 사용을 금지 • 정기적인 사용자 식별 코드의 변경으로 외부 노출 가능성을 최소화
	기밀 보호	• 데이터베이스, 파일 취급권한을 규정화하여 실시 • 중요 데이터의 암호화

제 Ⅳ 부

ERP의 확장

제 9 장 확장형 ERP

9.1 확장형 ERP의 개념
9.2 확장형 ERP의 기능
9.3 ERPⅡ

9.1 확장형 ERP의 개념

확장형 ERP(extended ERP)는 기존의 ERP시스템 기능에 기능적, 기술적 사항이 추가된 기존의 ERP시스템이 발전된 개념의 ERP이다.

확장형 ERP를 AMR사에서는 기존의 ERP에 공급사슬 관리(SCM : Supply Chain Management), 영업자동화(SFA), 고객지원 기능이 추가된 것이라 하였다. 또 한편으로는 EDI, CALS/EC, 인터넷 등의 지원으로 기업의 국제화 기능이 필수적인 점을 감안해 볼 때, 기업의 회계, 인사, 물류, 생산, 설계 업무 중심의 고유기능에 대한 기본시스템의 업무확장은 물론 ERP의 4대 지원 분야인 경영혁신 분야, 정보화지원기술 분야, 산업유형 분야, 전문화 분야 등으로 ERP시스템의 기능이 확대된 것으로 볼 수도 있다.

일반적으로 확장형 ERP 시스템의 구성요소에는 기업의 고유 업무기능 모듈 외에 SCM, CRM, SFA, DSS, EIS, 데이터웨어하우스, PDM 및 MES 모듈 등이 포함된다.

〈그림 9-1〉 확장형 ERP 시스템의 구성

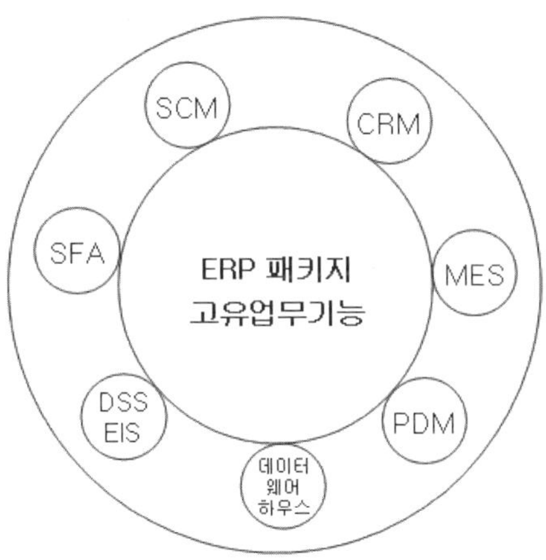

(1) SCM

공급사슬관리(Supply Chain Management) 또는 공급망관리는 고객의 요구에 부응하여 자재 또는 부품 조달에서부터 생산, 판매, 유통에 이르기까지 공급사슬의 전체 과정에 걸친 기능을 통합한다. 이것은 물품의 공급자에서부터 고객에 이르기까지 거래와 관련하여 발생된 정보, 자원, 자금 등의 흐름을 총체적인 관점에서 각 기업간의 인터페이스를 통합하고 관리함으로써 효율성을 극대화하려는 전략이다. 공급자로부터 고객에게 이르는 제품과 부품, 자재의 물류를 지원하고, 이에 대한 소요시간을 단축시키고 재고를 줄이며, 전체 비용을 절감하고 고객 서비스의 향상과 만족을 증진시키기 위하여 이 흐름을 계획하고 통제하는 것이다.

(2) CRM

고객관계관리(Customer Relationship Management)는 고객에 대한 매우 구체적인 정보를 바탕으로 개개인에게 적합하고 차별적인 제품 및 서비스를 제공함으로써 고객과의 개인적인 관계를 지속적으로 유지하고 동시에 고객과의 관계를 새롭게 변화시키는 일련의 경영활동이다.

고객데이터의 세분화를 실시하고 신규고객 획득, 우수고객 유지, 고객가치 증진, 잠재고객 활성화, 평생 고객화 등을 통하여 고객을 적극적으로 관리하게 된다.

CRM을 구현하기 위해서는 고객통합 데이터베이스가 구축되어야 하고 구축된 데이터베이스로 고객특성(구매패턴, 취향 등)을 분석하고 고객 개개인의 행동을 예측해서 다양한 마케팅 채널과 연계되어야 한다.

(3) SFA

영업자동화(Sales Force Automation)는 시장과 고객에 관한 정보수집과 분석의 역할을 담당하며 영업사원의 활동을 지원하는 정보시스템으로 휴대 단말기나 네트워크를 활용한다. 이것은 영업활동을 추진하기 위해 정보기술을 활용하여 영업활동 전반을 지원하는 시스템이다. 주로 인터넷을 활용하여 기업 내의 인트라넷과 휴대 단말기를 융합시켜 영업활동의 효율 향상을 목적으로 한다.

주요 기능은 고객에 대한 각종 정보 및 고객 접촉이력을 데이터베이스화하고, 영업사원들에게 고객 접촉업무에 도움을 주는 다양한 기능을 제공하며, 관리자에게 영업과정에 대한 현황파악 및 관리기능을 제공하는 것이다. 영업사원의 생산성은 영업현장에서 노트북 등을 통하여 영업자동화(SFA)라고 불리는 시스템에 접속함으로써 증가시킬 수 있다. 영업자동화는 영업사원이 쉽게 고객과의 거래를 성사시키도록 도와주고 가정에서 마케팅 전략을 수립하는데 도움을 준다. 웹은 주문을 받고 추적하고 고객과 접촉하는데 있어서 중요한 역할을 수행한다.

(4) DSS

의사결정지원시스템(Decision Support System)은 각종 정보의 과학적인 분석을 통하여 합리적이고 객관적인 의사결정이 가능하도록 지원해 주는 시스템이다. 이것은 데이터 관리, 사용자 인터페이스, 모델관리, 지식관리 등으로 구성된다.

이것은 비구조적, 반구조적 문제에 대하여 대화방식으로 스프레드시트 패키지를 활용한 추정 재무제표 작성, 현금흐름예측, 만약분석(what-if), 선형계획모델, 민감도 분석(sensitivity analysis) 등의 수식모델을 토대로 한 분석을 통하여 최적의 해결책을 강구한다.

(5) EIS

중역정보시스템(Executive Information System)은 기업의 성과에 절대적인 기업 내외부의 정보를 중역(임원)이 쉽게 접근하여 의사결정에 활용할 수 있도록 설계한 정보시스템이다. 즉 최고경영자의 경영계획, 감독, 분석에 필요한 정보를 제공하기 위하여 설계된 데이터지향의 시스템이다.

EIS는 사용이 용이하며 그래픽지원과 드릴다운(drill down) 및 예외보고를 제공한다. 또한 온라인 정보 서비스와 전자우편에 쉽게 접속된다.

(6) 데이터웨어하우스

데이터웨어하우스(Data warehouse)는 사용자의 의사 결정에 도움을 주기 위하여 기본 운영시스템의 데이터베이스에 축적된 데이터를 공통의 형식으로 변환해서 관리하는 데이터베이스이다. 기본적인 자료 구조는 운영시스템과 완전히 다르므로 데이터들을 데이터 웨어하우스로 이동시키면서 재구조화하여야 한다. 이것은 고객, 제품 등과 같은 중요한 주제를 중심으로 그 주제와 관련된 데이터들로 구성된다. 즉 기업의 의사결정에 효과적으로 이용될 수 있도록 여러 시스템에 분산되어 있는 데이터를 주제별로 통합, 축적해 놓은 데이터베이스이다. 의사결정 과정을 지원하기 위해 설계된 관계 또는 다차원 데이터베이스시스템이다.

데이터웨어하우스는 데이터가 주제중심적(subject-oriented)으로 구성되어 있고 속성의 이름, 자료의 표현, 도량형의 단위 등이 분석 및 비교를 위해 일관성있게 통합되어 있다. 또한 시간에 따라 변화되는 순간의 값을 유지하며, 운영 데이터베이스는 필요할 때마다 갱신되지만 데이터웨어하우스는 일단 일련의 스냅샷(snapshot)으로 올바르게 기록되면 갱신되지 않는다. 일단 초기에 등록된 데이터는 갱신은 발생하지 않고 검색만 이루어진다.

데이터웨어하우스에는 현재와 과거 데이터, 요약 데이터와 상세 데이터, 그리고 메타데이터로 구성되어 있다.현재와 과거 데이터는 상당히 상세한 수준으로 저장되기 때문에 데이터의 양이 방대하다. 요약 및 상세 데이터는 이용자가 정보를 요구할 때 처리시간의 단축과 신속한 접근이 가능해야 한다. 예를 들면, 소매점에서의 현재 데이터는 지난 90일 이상의 일별 판매데이터, 과거 데이터는 과거 10년 이상의 판매데이터를 의미한다. 요약 데이터는 특정 제품이나 점포의 주간 매출액을 나나내며, 상세 데이터는 제품이나 점포의 연간 매출액, 지역 매출액 등을 말한다. 메타데이터는 데이터에 대한 데이터를 말하며, 데이터웨어하우스를 이용하는 사람은 어떠한 데이터가 이용가능하고, 데이터의 원천은 무엇이며, 어디에 저장되어 있는지 등에 관한 데이터이다.

데이터웨어하우스를 이용함으로써 고객의 구매동향, 신제품에 대한 반응도, 제품별 수익률 등 세밀한 마케팅 정보를 얻을 수 있다.

(7) PDM

제품데이터관리(Product Data Management)는 제품의 기획에서 설계, 제조, 인증 및 마케팅에 이르는 제품개발 각 과정의 모든 데이터를 일원적으로 관리하는 것이다. 이것은 기업내부의 제품개발 수명주기에 있어서 CAD/CAM/CAE/ CAT의 통합화를 통하여 설계 프로세스 및 제품정보 일관화를 추진하게 된다.

(8) MES

제조실행시스템(Manufacturing Execution System)은 작업 현장에서 작업일정, 작업지시, 품질관리, 작업실적 집계 등 제반 제조활동을 지원하기 위한 관리 시스템이다. 이것은 작업현장 상태의 실시간 모니터링 및 제어, 물류 및 작업내역 추적

관리, 불량품관리 등의 정보 제공을 통하여 관리자와 작업자의 의사 결정을 지원하는 기능을 수행한다.

9.2 확장형 ERP의 기능

확장형 ERP의 고유기능 및 4대 지원 분야별 보완 기능은 다음과 같은 사항이 될 것으로 예상된다.

(1) 고유기능의 추가

연구개발 분야 지원기능, PDM(Product Data Management)기능, 스케줄링, 마케팅 및 고객관리 기능, 영업인력지원, 객체 지향에 의한 시스템 재설계 및 재개발, 지리정보시스템 등이 추가될 것이다.

(2) 경영 혁신 분야

지식경영, 전략적 의사결정 지원 기능 등의 추가로 기업의 혁신을 지원하는 도구로서의 ERP시스템이 필요하다.

(3) 정보화 지원기술 분야

국내, 국제적 표준을 지원하는 전체 모듈의 EDI 기능, 실시간의 완전한 분산 동합 지원이 가능한 다계층 구조(N-tier)시스템, 기업간 상거래지원, 유사 업종간의 공동구매(CALS)지원, 워크플로우에 의한 전체 모듈의 사무자동화, 그룹웨어 기능의 포함 등이 정보화 지원 기술 분야에 확장될 것이다.

워크플로우(work flow)란 업무의 절차 또는 활동을 플로우차트(flow chart)처럼 시스템화한 것으로 이는 마치 컴퓨터의 프로그램을 작성할 때와 마찬가지로 업무를 하나의 흐름으로 파악하여 경영활동을 개선하려는 시도에서 비롯되었다. 업무처리과정은 정형화된 규칙에 따라 사람에서 사람, 부문에서 부문으로 흘러가는데 이것을 컴퓨터로 관리함으로써 처리과정상의 오류나 착오를 방지하고 전체적인 업무효율을 향상시키기 위한 것이다. 이것은 그룹웨어, 진도관리 등의 소프트웨어 모듈을 결합하여 관리한다.

정보화 지원기술 분야에서는 국내외 기업간의 자원공유와 거래지원이 필요하게 됨에 따라 웹을 기반으로 모든 ERP시스템을 사용할 수 있게 될 것이며, 개방형시스템의 요구가 더욱 늘어나고 객체 지향방법의 채용에 따라 이기종 간의 통합을 지원하는 분산형 미들웨어의 사용이 더욱 필요하게 될 것이다.

(4) 산업 유형 분야

MRP를 모체로 하여 시작된 ERP가 현재에도 제조업 이외에 서비스업, 금융 및 공공분야의 지원으로 기능을 확대하려고 하고 있으나 아직 일부 업종만을 지원하는 상황이며 산업별로 특화된 전문기능을 ERP에 포함시키는 것은 지속될 것이다.

(5) 전문화 분야

컴퓨터시스템에 대하여 인간수준의 판단까지 기대하는 것은 아직 어렵지만 인공지능 분야의 발전으로 점차 인간판단의 역할을 대신할 수 있는 기능이 추가되고 이 기능이 미래의 ERP에 보완 될 것이다.

9.3 ERP II

지난 90년대 후반부터 'ERP 포화론'이 주요 논쟁거리로 대두되었음에도 불구하고 현재 미국에서는 ERP가 여전히 기업용 소프트웨어시장을 주도하고 있다. 시장조사기관인 AMR리서치 발표에 따르면 전세계 ERP 시장은 앞으로 5년 동안 매년 14%씩 성장할 것으로 전망하고 있다.

이러한 시장성장과 함께 미국에서는 요즘 'ERP II'가 ERP의 차세대 개념으로 각광받고 있다. 이는 '확장형 ERP'라는 개념에서 한 단계 진화한 것으로 기존 시스템과의 통합능력과 확장성이 특징이다. 기업 내부의 업무 프로세스 자동화뿐 아니라 관계사(공급업체, 고객)와 상거래를 지원할 수 있도록 기능들이 확장·개선된 것이 ERP II이다.

ERP II에 대한 Gartner 그룹의 정의를 그림으로 나타내면 <그림 9-2>, <그림 9-3>과 같다.

(1) 역할

ERP가 기업 내부업무 프로세스 자동화에 초점이 맞춰져 있다면 ERP II는 기업간 협업상거래가 가능하도록 하는 데 초점이 맞춰져 있다.

(2) 적용산업

기존의 ERP는 제조나 유통업종에 적합한 것으로 인식되어 왔으나 ERP II는 모든 산업군에 적용 가능한 것으로 받아들여지고 있다. 특히 재무·회계와 같은 공통모듈은 그대로 적용하되 각 업종별로 특화된 부분에 대해서는 템플릿을 개발, 활용하는 추세다. 때문에 ERP 업체들마다 각종 템플릿을 보다 쉽고 빠르게 개발할 수 있는 능력을 보유하기 위해 연구개발에 전력하고 있다.

(3) 아키텍처

전통적인 ERP의 경우 클라이언트/서버 방식이거나 웹을 지원하는 형태가 주종을 이루는 반면, ERP II는 완전히 웹 기반의 개방형 컴포넌트 구조라는 점에서 차이가 있다.

(4) 통합

통합은 ERP II의 핵심이다. 협업상거래를 지원하기 위해서는 내부 시스템 인프라는 물론, 상대기업의 정보시스템과도 상호 호환되어야 하기 때문이다. 이에 따라 ERP업체들은 공통적으로 ebXML, UDDI, 로제타넷 등 웹서비스 표준을 지원하고 신속하고 저렴하게 시스템을 통합할 수 있도록 관련기술 개발에 전력하고 있다.

ebXML(electronic business eXtensible Markup Language)은 각 기업, 단체, 국가가 각기 따로 추진해 온 전자상거래 시스템을 서로 연결해 주기 위한 공동규약으로서 기업간 전자상거래의 새 기술표준이다.

UDDI(Universal Description, Discovery, and Integration)는 인터넷상의 전세계 비

즈니스 목록에 자신을 등재하기 위한 확장성 생성언어(XML)기반의 레지스터리로서 웹에서 상호 온라인 거래의 원활과 전자상거래의 상호운용을 위한 것이다. 그리고 로제타넷(RosettaNet)은 전 세계의 전자상거래관련 비영리 컨소시엄에서 정의한 전자상거래 표준 프로세스이다.

어디까지나 기업 어플리케이션 통합(EAI)이 ERP II의 핵심이며, 시스템 통합에 필요한 수작업을 얼마나 최소화할 수 있느냐가 ERP II 정착에 최대 관건이 될 것이다.

ERP는 지금까지 주로 생산 및 유통산업을 중심으로 구축되어 왔으나 ERP II로 발전하면서 제조업을 비롯한 공공분야 및 금융분야 등 전 산업으로 그 범위가 확대되고 있다. 또한 산업 고유의 프로세스가 점차 강화되고 웹기반의 기업내부에 국한된 폐쇄형 시스템에서 기업 간, 비즈니스 간의 통합과 융화가 가능해지고 있다.

〈그림 9-2〉 ERP II의 정의 구조(Ⅰ)

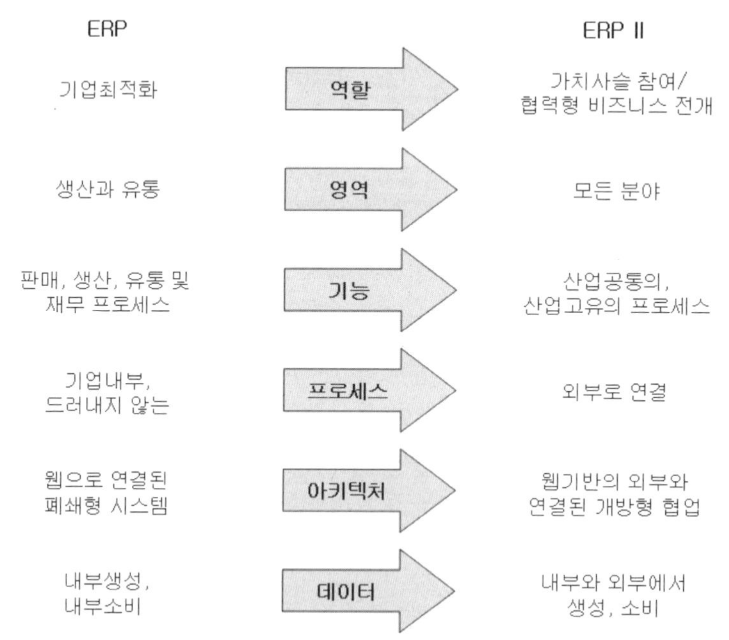

〈그림 9-3〉 ERP II의 정의 구조(II)

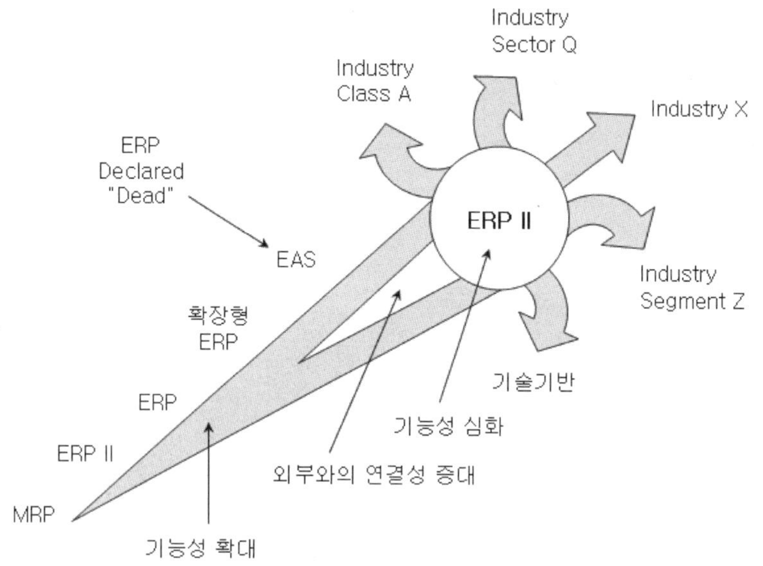

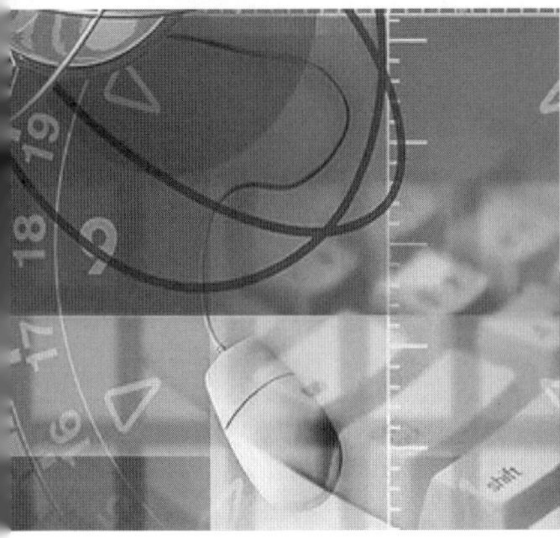

제 10 장

ERP와 SCM

10.1 SCM의 개요

10.1.1 SCM의 등장배경

오늘날과 같은 기업들간의 치열한 경쟁체제 환경하에서는 핵심역량의 공유를 통한 강한 경쟁력을 지닌 기업군만이 생존할 수 있는 상황이다.

SCM(Supply Chain Management)은 이러한 차원에서 제조업체와 물품 공급업체 및 고객사 등이 마치 사슬(chain)처럼 엮여져 서로 긴밀한 협조체제를 이루게 되어 서로 영향을 주고받는 관계가 된다. 이를테면 공동 운명체를 형성하게 되는 것으로 새로운 패러다임의 창조인 것이다. 기존에는 제조업체가 주도권을 잡고 물품 공급업체(협력업체 또는 하청업체)들과의 관계가 거의 일방통행식이었다. 그러나 세계시장에서의 경쟁이라는 개념에서 보았을 때 가능한 한 적은 비용으로 세계최고 수준의 제품을 만들어 내지 않으면 안 된다.

경쟁력을 키우기 위해서는 제조업체, 물품 공급업체, 고객 등이 혼연일체가 되어 비용을 절약하고 기술력의 향상 등 강한 경쟁력을 확보해야만 살아남을 수 있다고 할 수 있다. 예컨대 공급자 중심의 시장에서는 제조업체의 편의주의적인 발상에서 모든 거래가 이루어지게 된다. 적기 생산 및 제품의 납기를 맞추기 위해 제조업체는 물품 공급업체에게 충분한 물량의 공급을 강요하는 경우가 일반적이다. 협력업체인 물품 공급업체에서는 많이 팔면 좋지만 문제는 공급한 물품이 제조업체의 창고에 쌓이지만 결재는 물품이 사용되는 시점을 기준으로 하기 때문에 자금 수급에 막대한 차질을 빚게 된다는 것이다. 이러한 상황에서 협력업체들은 만성적인 자금난에 허덕일 수밖에 없으며 전체적으로 보면 심각한 자원의 낭비를 초래케 하고 이는 경쟁력을 떨어뜨리는 원인으로 지적되고 있다.

SCM은 이와 같이 불합리한 요소를 시스템적으로 철저히 배격하자는 개념이다. 예컨대 제조업체의 가장 큰 골칫거리 중 하나인 과잉재고의 경우 제조업체, 물품 공급업체, 제품고객사 등이 서로의 정보를 투명하게 볼 수 있다면 간단히 문제가 해결될 수 있다. 즉, 물품 공급업체가 제조업체의 생산현황을 투명하게 볼 수 있다면 적기에 적량을 납품힐 수 있어서 과잉생산으로 인한 과잉새고에 대한 문제에 대하여 더 이상 걱정을 하지 않아도 된다. 제조업체 역시 고객사의 내부 정보를 마치 자기회사 시스템에서 검색하듯이 활용할 수 있다면 필요이상의 생산을 할 필요가 없게 된다. 이와 같이 공급사슬 상에 존재하고 있는 기업군은 서로 자기 회사의 정보를 투명하게 공개하고, 상대 회사는 이러한 정보에 의거하여 자재 및 제품의 생산이나 납품계획을 수립하고 재고를 최소화시키게 된다.

과거 1980년대에는 기업의 업무형태가 기능중심이던 것이 1990년대에는 프로세스 중심으로, 그리고 최근 2000년부터는 공급사슬(Supply Chain) 중심으로 변모하고 있는데 이를 나타내면 <그림 10-1>과 같다.

〈그림 10-1〉 기업 업무형태의 변화

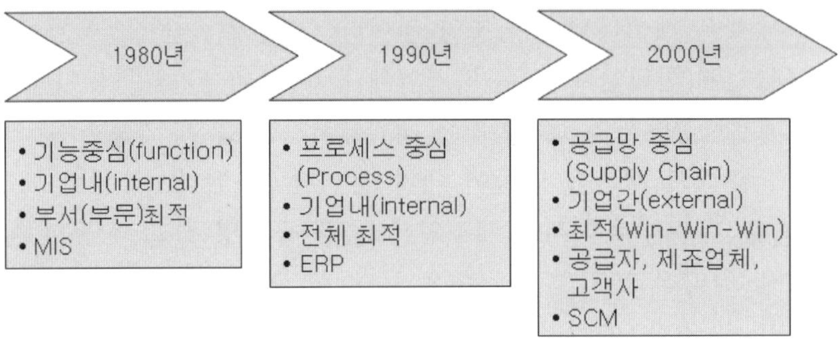

공급사슬(supply chain)이라는 용어는 비교적 최근에 등장한 개념인데, APICS 사전에 의하면 '원재료로부터 시작하여 완제품의 최종 소비에 이르는 프로세스(process)로서 협력업체 및 거래처와 서로 연결된 부분을 포함한 전체 프로세스'를 말한다. 또한 가치사슬(value chain)을 통해 고객에게 제품과 서비스를 제공하는 회사 내외부의 관련 기능들을 일컫는다. 여기서 가치사슬이란 기업의 제반활동들이 서로 사슬처럼 연관되어 가치를 창출한다는 개념인데, 이러한 가치를 창출하는 활동에는 본원적 활동과 지원활동이 있다.

기업의 공급사슬은 원재료를 획득하고, 이 원재료를 중간재나 최종재로 변환하고, 최종제품을 고객들에게 유통시키기 위한 조직 및 비즈니스 프로세스들의 네트워크이다. 공급사슬은 제품 및 서비스가 근원지로부터 소비에 이르는 단계까지 공급될 수 있도록 공급업체, 제조업체, 유통센터, 소매할인점, 고객들을 연결한다. 공급사슬 상에서 물자, 정보, 자금은 양방향으로 흐른다.

제품은 원재료에서부터 시작하여 공급사슬을 따라 이동하면서 중간재(구성품 또는 부품)를 거쳐, 끝으로 최종제품이 된다. 최종제품은 유통센터로 배송되고 그곳으로부터 소매점과 고객에게 다시 배송된다. 반환품 처리는 구매자에서 판매자 방향으로 역으로 진행된다.

다시 말해서, 공급사슬의 개념은 수주, 생산, 판매, 구매, 재고, 배송, 고객관리 등이 공급사슬에 통합적으로 운영되어야 한다는 것이다. 공급사슬은 크게 기본적 원료를 공급하는 공급단계, 상품이나 서비스를 만들어 내고 조립하며 변환하는 기능의 생산단계, 최종 상품을 생산자로부터 창고나 물류센터에 운송하고 고객이 요청할 때 적당한 양을 공급해주는 분배단계로 나눌 수 있다.

SCM은 고객 만족을 실현하기 위해서 필요한 통합적 업무 프로세스를 최적으로 편성함으로써 나아가서는 마치 하나의 기업 활동처럼 실현한다. SCM은 고객 만족 실현과 최고의 생산성을 추구한다. 이와 같은 방식은 정보기술의 발달과 물류 기반(infrastructure)의 충실, 아웃소싱 전문 업자의 성장에 의해서 가능해진 것이다. SCM이 어느날 갑자기 등장한 것은 아니다. 다양한 베스트 프랙티스(best practice)나 정보기술이 진보되고 융합되면서 하나의 커다란 개념으로 통합된 것이다(<그림 10-2> 참조).

다음 5가지의 과정을 통해서 융합되었다고 볼 수 있다.

〈그림 10-2〉 SCM의 등장배경

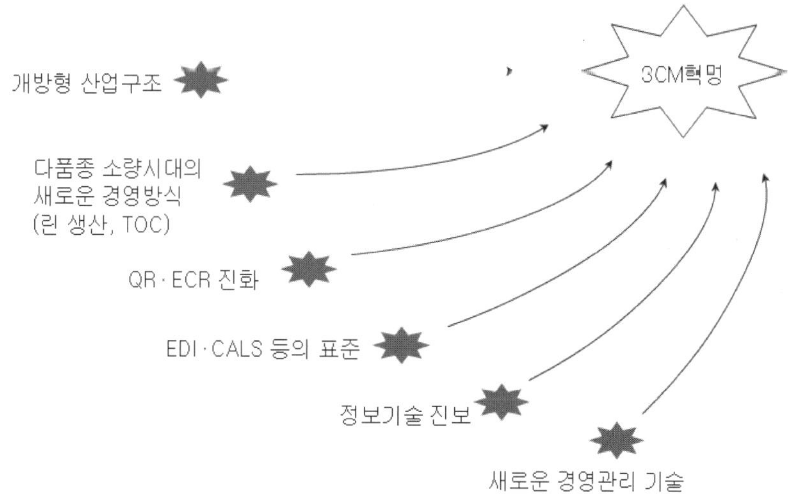

- 정보 기술의 혁명적 진보
- 정보기술의 진보에 따른 경영관리 기술의 발전
- 다품종 소량생산 시대의 새로운 경영방식에 따른 개념의 등장
- EDI, CALS 등의 표준화 진전
- 유통업계의 QR(Quick Response), ECR(Efficient Consumer Response)의 진화

10.1.2 SCM의 개념

SCM의 개념은 1963년 맬런(Mallen)이 주장한 조직 확장이론에서 유래된 것으로 볼 수 있다. 맬런의 이론은 마케팅 구조 내에서 개발되었으며, 조직을 확대하여 유통경로상의 모든 SCM에 관한 연구는 경쟁우위 확보를 위한 핵심이 제조기업에서 공급자와의 관계로 그리고 다시 고객과의 더욱 친밀한 관계로 바뀜에 따라, 명확하게는 1980년대 후반(Tyndall, 1988; Stevens, 1990)에 나타나기 시작하였다.

SCM은 Supply Chain Management의 약자로 간단히 공급사슬관리, 공급망관리, 공급체인관리(경영)라고 한다. ERP가 기업내의 전사적인 자원의 효율적인 활용을 위한 최적의 시스템이라고 한다면, SCM은 이보다 넓은 개념으로 기업과 기업간의 자원, 정보, 자금 등을 통합 관리하여 이해관계에 있는 모든 기업들의 최적화를 도모하는데 주목적이 있다.

과거의 업무활동의 경우 구매, 생산, 물류, 영업 등의 기능별 영역에서 따로따로 관리를 하였지만, SCM은 공급사슬 전체를 하나의 개체로 보고 전체적인 차원에서 관리한다.

공급사슬내에 존재하는 불확실성과 낭비요소를 제거하여 최저의 비용으로 고객이 요구하는 서비스 수준을 제공함으로써 사업의 가치를 최대화하는 것이다. 이것은 고객에게 제품과 서비스를 제공하는데 필요한 모든 업무와 프로세스를 효과적, 효율적으로 설계, 구축, 운영하는 것이다.

다시 말해서, SCM은 물품의 공급자에서부터 고객에 이르기까지 거래와 관련하여 발생된 정보, 자원, 자금 등의 흐름을 총체적인 관점에서 각 기업간의 인터페이스를 통합하고 관리함으로써 효율성을 극대화하는 전략적 기법이다.

〈그림 10-3〉 공급사슬(supply chain)

지금까지의 경영혁신 기법은 주로 기업내의 전략, 구조, 기능 등의 개선 및 혁신에 중점을 맞추어 왔다. 그 결과 정보시스템 등 기업 내에 한정된 시스템 구축에 그 중점을 두어온 반면, SCM은 기업 내 뿐만 아니라 기업간 부문까지를 관심영역으로 두고 있다. 즉 공급자, 자사, 고객을 모두 통합하여 하나의 파이프라인으로 연결하고자 하는 것이다.

SCM은 정보시스템과 파트너십을 기반으로 하여 공급자, 자사, 고객 모두가 윈(win)하는 것을 목표로 하고 있다.

따라서 그 도입 및 실현에 있어서도 자사만의 노력으로 되는 것이 아니고 파이프라인상의 모든 부문들의 협력과 협조가 필요하다.

SCM에 대한 정확한 정의는 변하고 있으나 연구자나 관련 단체들의 대표적 몇가지 정의를 보면 다음과 같다.

• 공급사슬(supply chain)은 첫째로 최초의 원재료에서 최종적인 완제품의 소비에 이르기까지 공급자-사용기업간을 연계시키는 과정이다. 둘째로, 제품을 생산하고 고객에게 서비스를 제공하여 가치제인(value chain)을 용이하게 하는 기업 내외부의 기능이다. SCM은 이러한 공급사슬 활동을 계획하고 편성하며 통제하는 것이다(APICS Dictionary, 1998).

- SCM은 ERP를 근간으로 하여 전략적 의사결정을 도울 수 있도록 각 공급사슬과 접점을 이루는 부문에서 계획을 수립하는 시스템이다(Gartner Group).
- SCM은 원재료로부터 고객에 이르기까지의 전과정을 공급사슬이라고 하며, 각 부문들 간의 물류, 정보, 자금의 흐름을 총체적으로 관리하여 공급사슬의 효율을 증가시키는 전략이다(Thomas and Griffin, 1996).
- 공급사슬 구조는 고객과 더욱 긴밀해지기 위하여 물자와 정보흐름을 관리하고 통합하는 셋 이상의 기업들의 조직적인 노력이다(Morash와 Clinton, 1997).
- SCM은 속도와 확실성을 보장하고 관련되는 모든 프로세스들에 의해 추가되는 가치를 최대화함으로써 조직의 이익과 효율을 증가시키는 방법이다(McGuffog, 1998).
- SCM은 원자재를 조달해서 생산하여 고객에게 제품과 서비스를 제공하기 위한 프로세스 지향적이고 통합된 접근 방법이다(Peter, 1998).
- SCM이란 조직에 조달되는 모든 공급관련 사슬, 즉 공급자에서부터 제조업체, 배분·운송자, 유통업자, 소비자에 이르는 일련의 사슬(chain)을 관리하여 유통에 드는 비용과 시간을 최소화하고 각 주체들(공급자, 제조업체, 배분·운송업자, 유통업자, 소비자)의 이해에 맞는 의사결정을 할 수 있도록 지원하는 것이다(Bover, Sheffl, 1998).
- SCM은 공급과 수요를 관리하고 원자재와 부품의 출처를 밝혀내며, 제조와 조립, 창고관리와 재고추적, 수주입력과 수주관리, 모든 경로를 통한 유통 그리고 고객에의 인도를 포함한다(Supply Chain Council).
- SCM은 자재구매를 위한 의사결정과 계획 생산스케쥴링 및 고객에게 배송하고 재고를 최적화하는 과정을 지원하는 소프트웨어의 넓은 의미이다(Poirior et al., 1999).

일반적으로 SCM은 공급사슬 참여 기업들의 성공적인 수직적 통합 및 조정과 다른 공급사슬에 비하여 경쟁우위를 확보하기 위한 과정이라 할 수 있다.

또 이것은 전체적인 공급사슬의 효율성을 극대화시켜 고객의 납기를 준수하고 고객의 만족도를 높이며 기업의 재고보유량을 최소화시켜 기업의 생산력을 극대화시키려는 총체적 활동이라고 정의할 수 있다.

좀 더 구체적으로 말하면, SCM은 공급자, 공급자의 공급자, 제조업체, 배송센터, 고객, 고객의 고객 등의 물리적인 관계와 서비스, 정보, 현금 등의 논리적인 관계를 속도와 확실성하에서 통합하여 정보흐름, 자재흐름, 현금흐름의 과정을 거쳐 기능(설계, 제조, 물류 등)과 업체(공급자, 구매자, 고객 등)간의 통신 및 의사소통, 조정 및 제어, 제품과 프로세스의 혁신 및 리엔지니어링, 물류 효율 증대, 재고 감축, 정시 배송, 고객 만족, 비용 감축, 생산성 증대 등을 달성하는 전 과정 및 방법이다.

SCM의 핵심은 수요예측, 경영기획, 조달, 생산, 물류, 판매 등 다차원적으로 전개되는 조직간 업무 프로세스의 통합과 관리를 어떻게 실현하는가에 있다. SCM은 이러한 프로세스와 데이터 통합관리 기술을 기반으로 EDI, 바코드, GPS 등 다양한 정보통신 기술을 결합하여 발전하고 있다.

SCM은 앞으로 전자상거래를 구현하는 필수적인 도구로서 지속적 성장이 예상된다.

<그림 10-4>는 공급사슬상의 기본적인 업무 프로세스와 업무 프로세스를 지원하는 기능적 SCM 프로세스(functional SCM processes)를 나타내 보여주고 있다. SCM 소프트웨어와 인터넷 기술은 기업들이 공급사슬 수명주기를 지원하는 기능적 SCM 프로세스를 재설계하고 통합하는데 도움을 줄 수 있다(O'Brien & Marakas, 2011).

〈그림 10-4〉 공급사슬 수명주기

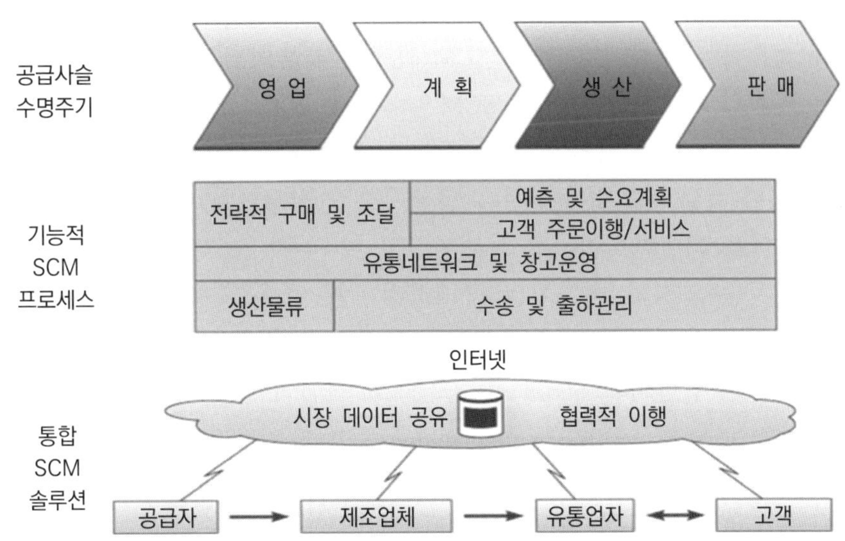

10.1.3 SCM의 목적

SCM의 목적은 최종 소비자가 원하는 품질수준의 제품을 원하는 시간, 원하는 장소에 필요한 양만큼 공급하는 것이다. 즉 고객이 원하는 제품이 원자재의 조달로부터 제품의 생산과정을 거쳐, 유통망을 통하여 고객의 손에 전달되기까지의 모든 과정을 최적화하자는 개념이다. 이것은 고객의 다양한 요구에 제품 공급과정을 일치시키는 것이다.

즉 다양한 고객의 욕구를 충족시키면서 가능한 한 재고수준을 낮추고 단위당 비용을 최소화시키는 등의 여러 항목들에 대한 균형을 맞추면서 일치시켜나가야 한다.

다시 말해서, 소비자를 가장 잘 이해하는 소매점이 소비자의 욕구에 자신의 활동을 일치시키고 소매점에 상품을 공급하는 도매상이 소매점의 욕구에 자신의 활동을 일치시키며, 원재료나 부품을 공급하는 공급업체가 제조업체의 욕구에 자신의 활동을 일치시키는 것이다. 이와 같은 지속적인 일치의 과정을 거치면서 전체의 공급라인이 일치하게 된다.

SCM의 또 다른 목적은 SCM 과정의 총가치를 극대화시키는 것이다. SCM의 총가치란 SCM에 투입된 총비용과 이로부터 생성된 총수익과의 차이를 의미한다. SCM과정의 총수익은 SCM의 최종 산출물인 제품을 구매한 소비자(고객)가 지불한 가격의 총합을 의미한다. SCM 과정에서 얻어지는 유일한 수입원은 소비자가 지불하는 가격이다. 물론 SCM 과정에서 투입된 비용의 합이 소비자로부터 받는 가격의 총합보다 많으면 SCM은 적자를 본다. 소비자로부터 벌어들이는 총가격에서 SCM에 투입된 비용의 합계를 차감한 것을 공급사슬의 수익성이라 한다. 이러한 공급사슬의 수익성은 공급사슬 과정상에 있는 각각의 개별업체가 자사의 이익을 최대화시키려는 노력만으로 이루어지는 것이 아니라 관련업체 모두가 공급사슬 과정의 총가치를 극대화시키기 위해 노력해야만 달성할 수 있다.

SCM이 성공하기 위해서는 공급사슬의 통합화가 가장 먼저 해결되어야 할 과제이다. 모든 공급사슬의 정보를 공유하고 최적의 생산, 구매, 물류계획을 수립하기 위해서는 SCP(Supply Chain Planning)툴이 활용되고 있다. 정보기술의 급속한 진보가 SCM 혁명을 가속화하고 있다. SCP는 정보의 도구이며, SCM은 SCP의 뒷받침을 받는 새로운 경영기술이다.

〈그림 10-5〉 SCM 혁명의 본질

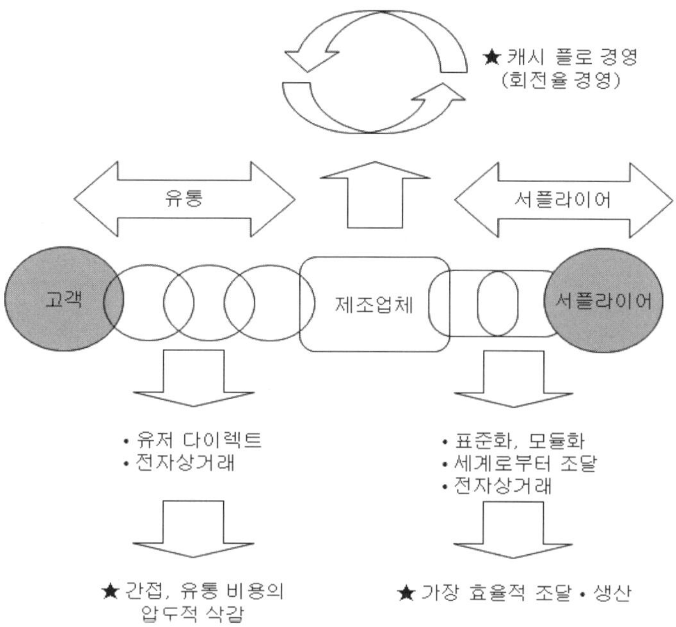

10.2 SCM의 구성

10.2.1 공급사슬(Supply Chain)의 흐름

공급사슬 관리(supply chain management)는 전체적인 공급사슬의 효율성을 극대화시켜 고객의 만족도를 높이고 기업의 생산성을 극대화시키는 총체적인 활동인데, 다음의 2가지 기능이 핵심적인 역할을 한다.

① 조정

- 기능간(설계, 생산, 물류 등)
- 조직간(공급자, 매입자 등)

② 체인(chain)에서의 3가지 흐름을 관리

- 정보, 물자, 자금

3가지 흐름에 초점을 둔 공급사슬의 흐름을 나타내면 <그림 10-6>과 같다.

〈그림 10-6〉 공급사슬의 흐름

10.2.2 SCM의 구조

1. 3계층 구조

SCM에 있어서 필요한 기업의 활동들은 그 관심 영역에 따라 전략레벨(strategic level), 전술레벨(tactical level) 및 운영레벨(operation level)의 3가지 레벨로 분류할 수 있다(<그림 10-7>참조).

특히 SCM은 이중에서도 최상위 레벨인 전략레벨에 더 초점을 두고 있다. 이들 3가지 레벨은 공급사슬의 의사결정 단계가 된다.

〈그림 10-7〉 SCM의 3계층 구조

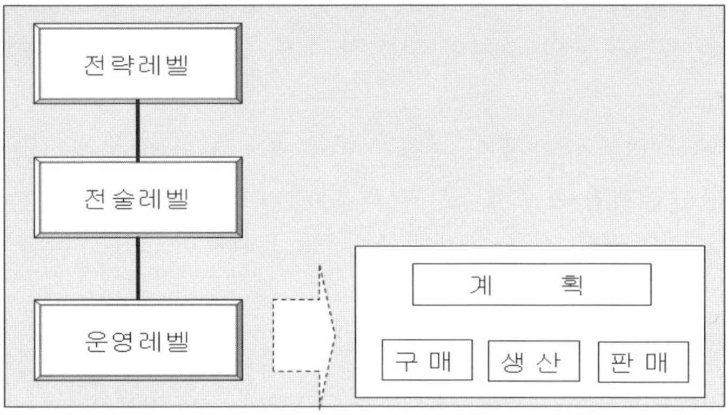

① **전략레벨(strategic level)**

적어도 1년 이상 수년동안의 기업활동에 관련 있는 가장 상위의 레벨이다. 장기간의 고객수요를 바탕으로 한 기업의 전략적 계획이 만들어진다. 이러한 전략적 계획에는 생산공장의 폐쇄/증설과 같은 기업 네트워크 설계의 변화나 단일 사이트 또는 멀티 사이트에서의 운영 정책 변화(예 : 생산 정책의 변화 등)들이 장기적으로 기업의 공급사슬에 어떠한 영향을 미치는지에 대한 연구가 포함된다. 즉 이 단계의 의사결정은 주로 새로운 공장이나 유통시설의 설립이나 폐쇄, 새로운 상품의 출현과 같은 경우에 필요하다. 고객의 수요는 매우 불확실하며 따라서 합리적인 의사결정을 내리기가 매우 어려운 레벨이다. 수요예측의 정확도에 대한 요구가 매우 높고 공급사슬상에 가변성을 가진 요소들이 매우 많이 존재하기 때문에 추계적 모델링(stochastic modeling) 및 분석이 필요하다.

이 단계에서 결정해야 할 의사결정 문제로는 공급사슬에 발생되는 수요를 충족시키기 위하여 공급사슬상의 어느 곳에 어떤 종류, 규모의 공장, 창고, 물류센터와 같은 시설을 지어야 할 것인지, 공급자의 위치와 개수, 크기, 운송수단 및 선택을 결정하고 파트너(supplier & customer)와의 협력은 어떻게 할 것인지를 결정하는 단계로서 장기적인 관점과 최고 경영자의 참여가 요구된다.

② **전술레벨(tactical level)**

일반적으로 몇 개월에 걸친 기간 동안의 기업활동을 포함하고 있는 레벨이다. 단일 사이트보다는 여러 사이트를 포함하고 있는 지역을 대상으로 하거나 기업전체를 대상으로 하고 있다. 자원의 범위가 단일 기계에서 단일 공장으로 확대가 되고 어느 공장에서 어떤 제품을 생산해야 될 것인가 하는 문제들이 관심분야이다. 자원은 생산공장의 수처럼 고정될 수도 있지만 노동인력의 수처럼 고정되지 않을 수도 있다.

운영레벨에 비하여 수요의 불확실성이 매우 증가한 상태이다. 일반적으로 전술적 단계의 공급계획 프로세스는 여러 단계의 계획프로세스 또는 계층구조로 분리되기도 한다. 이러한 경우 추계적 모델(stochastic model)을 다룰 수 있는 시뮬레이션이 좋은 성과를 거둘 수 있다.

③ 운영레벨(operation level)

스케쥴링 레벨로 볼 수도 있으며 일반적으로 생산공장, 물류센터와 같은 단일 사이트에서의 단일제품을 대상으로 한 짧은 기간동안의 활동을 포함하고 있다. 이 레벨은 SCM을 위하여 구체적으로 어떤 일을 하는가의 수준이다. 자원과 수요가 고정적인 경우 자원의 할당과 작업의 우선순위 결정 등에 관련된 영역이다. 이 레벨의 업무를 분류하는 방법은 미국 SCC에서 제시한 SCOR 모델과 같이 기업의 업무영역에 따라 계획(Plan), 구매(Source), 생산(Make), 판매(Deliver)로 구분하는 것이 보편적이다. 이 레벨에서는 선형계획법(linear programming), 정수계획법(integer programming), 혼합정수계획법(mixed integer programming) 등과 같은 확정적 모델의 최적화 방법론에 기초한 문제 해결이 전통적으로 좋은 결과를 얻는다.

<표 10-1>은 앞서 언급한 공급사슬 관리의 레벨을 요약한 것이다.

〈표 10-1〉 공급사슬 관리의 레벨

레벨	기간	목적 사이트	솔루션과 방법론	예
전략	1년~	전사적	시뮬레이션	• 각 사이트에서의 운영정책 결정 • 공장 또는 물류센터의 수 결정
전술	1개월~ 12개월	복수공장 또는 단일지역	최적화 및 시뮬레이션	• 각 공장에서의 제품생산 목록 결정 • 각 사이트에서의 자원분배 문제 결정
운영	1주~4주	단일공장	최적화	• 제품의 생산 스케쥴 결정

<표 10-1>과 같이 공급사슬 관리는 관리 목적과 기간, 목적 사이트에 따라 3가지 레벨로 분류할 수 있다.

2. SCOR 모델

오늘날 전세계적으로 SCM의 개념적 구조로 간주되고 있는 SCOR(Supply Chain Operations Reference) 모델은 SCM 업무를 계획(Plan), 조달(Source), 생산(Make), 납품(Deliver)의 4개 영역으로 구분하고 계획이 나머지 3개 영역을 포괄한다.

SCOR 모델은 기존의 3개 개념 및 방법론을 기초로 작성되었다.

첫째는 BPR(Business Process Reengineering)로서 프로세스의 현상(AS-IS)을 파악하고 미래의 바람직한 상태(To-Be)를 도출하는 것이다.

둘째로 벤치마킹으로서 유사한 기업의 운영성과를 계량화하고 동업계 최고 성과를 기준으로 하여 내부적 성과목표를 설정하는 것이다.

셋째는 선진 모범사례 분석으로서 동업계 최고 성과를 낸 경영방법과 소프트웨어 솔루션의 특성을 분석하는 것이다.

3. SCM의 주요 업무 내용

SCM을 도입한 국내외 기업들의 사례를 중심으로 SCM의 영역별 주요 업무내용을 살펴보면 <그림 10-8>과 같이 나타낼 수 있다.

〈그림 10-8〉 SCM의 영역별 주요 업무 내용

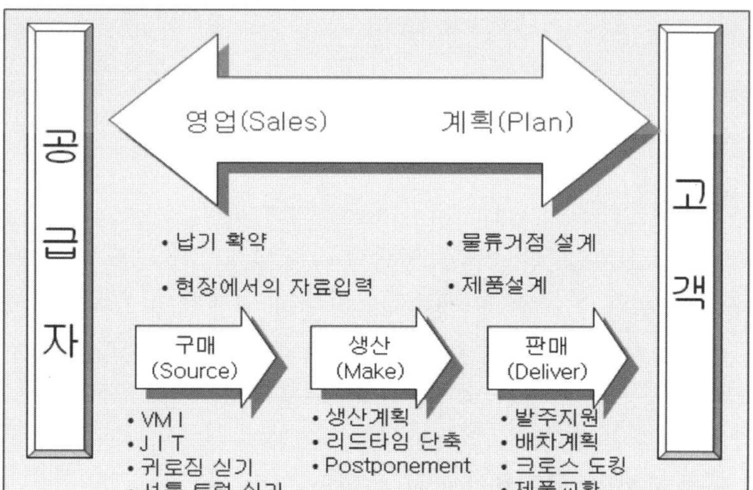

1) 영업(Sales) 영역

(1) 납기확약

주문생산품뿐만 아니라 일부시장 제품도 고객의 주문을 접수할 때 언제 납품가능한지를 약속해 주는 기능이 매우 중요하다. 이러한 납기약속에는 2가지 유형이 있다.

ATP(Available-To-Promise)는 재고를 보유하는 계획생산품에 대하여 주문량 만큼의 물량이 어느 창고에 가용한지 또는 이미 확정된 생산 스케줄에 따라 언제 생산될 예정인지를 신속하게 검토하여 고객에게 가능한 납기일을 제공하여 영업을 지원하는 것이다. 반면에 CTP(Capable-To-Promise)는 재고를 유지하지 않는 수주생산품에 대하여 만일 주문량을 생산 스케줄에 입력한다면 언제 완성하여 납품이 가능한지를 신속하게 조회하여 영업을 지원하는 것이다.

(2) 현장에서의 자료 입력/정보검색

영업사원이 고객과 상담시 단말기를 사용하여 제품재고 조회 및 수주입력 등을 행함으로써 영업을 지원한다. 영업사원이 고객과 상담시 보다 많은 정보를 활용하기 위해서는 향후 영업 사원이 노트북 컴퓨터를 사용하여 인터넷을 통한 자사의 재고 조회뿐만 아니라 품목별 판매 추이 등의 실적 데이터 그래프, 생산 일정계획 조회 및 이에 따른 납기 확약 등의 다양한 고급 영업지원기능을 수행할 수 있다.

2) 계획(Plan) 영역

(1) 물류거점설계

일본에서는 1995년 통산성이 투자하여 히다찌사가 개발한 SCM-J라는 솔루션이 물류거점 설계 및 수배송 시스템으로 정유업계와 식음료업계 등에서 널리 사용되고 있다. 거점 최적화란 공급사슬상의 총비용을 최소화하기 위하여 공장, 창고, 물류센터 등의 거점의 최적위치와 수를 결정하는 것이다.

(2) 제품설계의 국지화(localization)

HP사는 자사 프린터가 판매되는 지역의 전원공급장치(power supply)부분이 유럽, 아시아, 북미 등 지역에 따라 각각 상이하여 모델의 수가 크게 증가하였다. 이를 단순화하기 위하여 프린터 내부에서 전원 공급장치와 관련된 부품들을 한 곳으로 모아, 이를 모듈화함으로써 나머지 본체는 범용화하고 전원 공급장치 모듈만 판매지역에 따라 조립하도록 설계하였다. 그 결과 범용성 본체의 재고는 21% 감소하였고 지역 특성 모듈의 재고는 24%가 늘었으나 본체의 원가비중이 훨씬 크므로 전체적으로 재고비가 18% 감축되었다.

(3) 제품설계의 공용화

국내 주방기기 업체인 T사는 가스오븐 설계시 그 연료인 LP와 LN을 공용으로 사용할 수 있는 모델을 개발하여 제품을 공용화함으로써 품목수의 대폭 감소, 제조공정의 단순화, 재고의 풀링(pooling)에 따른 재고감축 등 많은 효과를 거두었다.

3) 구매(Source) 영역

(1) VMI(Vendor Managed Inventory)

고객사의 발주에 의한 공급사의 생산 및 납품방식으로부터 탈피하여 공급사가 고객사의 보유재고량을 수시로 조회하여 이를 공급사의 생산 계획에 적극 반영함으로써 시간적으로 미리 준비할 수 있는 공급방식이다. 이 방식이 성공하려면 판매량이 비교적 안정된 품목을 대상으로 해야 한다. 그러나 이 방식은 재고관리를 공급사에게 진가하는 셈이므로 이에 대한 적절한 보상이 뒤따르지 않는 한 공급사는 업무 부담만 가중될 우려가 있다.

(2) JIT

이것은 조립업체가 선별된 공급사를 자사의 공장 또는 창고 내에 입주시켜 공급사가 생산 스케쥴을 보고 원부자재 및 부품 등을 주문하여 생산라인에 JIT 개념으로 정시 공급하는 방식이다. 생산자는 저비용, 행정부담 경감 등의 장점이 있고, 공급사는 매출증대, 판매비 절감, 장기 물량 확보 등의 장점이 있다. 나아가서는 생산자와 공급자간의 업무 프로세스 중복, 낭비, 불합리한 부분을 발굴, 제거할 수도 있다. 예를 들어 공급사가 부품의 설계변경을 요구하거나 생산자가 공급사의 생산공정의 재설계를 요구함으로써 생산비를 절감할 수도 있다.

(3) 귀로 짐싣기(Back hauling)

L유통사는 배송차량이 당일 배송업무를 마친 후 귀사하는 길에 공급사에 들러서 입고 물량을 대신, 자사로 운송해 주고 공급사로부터 입고 업무 대행에 대한 수수료를 받는다. 이를 위해서는 공급사의 입지가 배송처로부터 멀지 않아야 하고 배송용 소형트럭으로 입고 가능한 소량이어야 한다. 또한 입고 물량이 당일 배송 중에 결정되는 경우에는 본사로부터 배송차량으로의 데이터 전송이 가능해야 한다.

(4) 셔틀트럭 운행

출하업무와는 무관한 입고 전문트럭이 공급사들을 일정 스케쥴에 따라 순회 방문하여 소량의 입고물량들을 합적하여 싣고 들어오는 방법이다. 그러나 애로점은 입고품에 대한 입고 검사를 자사 트럭기사 또는 제3자 물류업체의 기사가 공급사 창고에서 수행하는 것이 차량운행시간을 지연시키고 입고검사의 책임감이 결여될 우려가 있다.

4) 생산(Make) 영역

(1) 생산계획

생산계획 부문은 SCM이 ERP와 가장 구별되는 기능중의 하나이며, 고가의 SCM 솔루션을 도입한 경우는 대부분이 생산계획 기능을 위한 경우이다. 특히 반도체 산업과 같이 생산공정이 매우 복잡한 경우 국내 S사의 사례를 보면 주문데이터와 현재 생산 실적 등을 감안한 스케쥴링을 수립하는데 최대 7일 소요되던 것을 SCM 솔루션의 계획 모듈을 사용하여 5시간 이내로 단축하게 되었다. ERP가 사용자 수를 기준으로 그 구축비용이 산출되는데 비하여 SCM 솔루션은 주기억장치의 용량에 따라 비용이 크게 좌우된다.

(2) 프로세스 혁신에 의한 생산 리드타임 단축

SCM에서 공급업체에게 발주 정보가 공유된다 하더라도 충분히 일찍 공유되지 않는 한 공급업체가 이를 생산하여 공급하기에는 시간적 부담이 따른다. 이를 극복하기 위해서는 공급업체가 주문 접수부터 제품 출하까지의 생산 리드타임을 최소화해야 한다. 이를 위해서는 불필요한 공정을 철저히 제거하고 인접 공정간의 대기시간을 제로화하는 공정통합 및 단순화, 자동화가 필요하다.

실효를 거두기 위해서는 기업내의 리드타임 단축 등의 합리화가 반드시 요구된다.

(3) 구체화 지연

대부분의 제품은 품목간의 공통부분과 품목별 특수부분으로 구성되어 있으며, 특수부분의 종류 때문에 제품의 종류수가 크게 늘어나 전반적으로 재고수준을 높이는 결과를 가져온다. 구체화지연은 제품을 공통부분까지만 만들어 두고 고객의 주문에 따라 나머지 특수 부분을 조립하여 단기간 내에 주문에 맞는 제품을 공급하는 방법이다. 베네통사는 일부 의류에 대하여 고객주문에 맞춘 염색공정을 후공정으로 한 사례가 있고, HP사의 프린터는 전원공급장치와 매뉴얼 인쇄물을 공급지역에 맞추어 최종난계에서 조립 및 포장한 사례가 있다.

GE사는 식기 세척기의 문짝만을 주문에 따라 최종조립하는 사례가 있고, 국내 T사도 식기 세척기의 문짝에 컬러 강판만을 주문에 따라 설치해 줌으로써 재고 및 보관비를 대폭 절감한 사례가 있다.

5) 판매(Deliver) 영역

(1) 발주업무 지원시스템 구축 사례

화장품 제조업체인 E사는 공장 → 대리점 → 전문매장 → 고객으로 구성된 공급사슬(supply chain)을 가지고 있다. E사는 전국 125개 대리점에서 본사로 매일 발주시 쉽고 데이터 오류가 없으며 부가적인 주문정보를 제공하기 위하여 Web-EDI 시스템을 구축하였다. 각 대리점은 ISDN망을 이용하여 E사 웹사이트의 발주화면상에서 EDI형식으로 발주한다. 이러한 시스템 구축은 대리점과의 정보교류 및 데이터 기반의 대리점 경영관리를 지원함으로써 대리점들의 경영관리를 개선하기 위한 것이었다.

(2) 배차계획

판매 영역에서 중요한 SCM 업무 중의 하나는 배송업무를 위한 배차시스템이다. 일본 정유업계 및 식음료업계에서 널리 사용 중인 SCM-J라는 솔루션은 일일 배차 계획을 최적화하기 위하여 유전 알고리즘 및 simulated annealing 등의 개선형 알고리즘을 사용하고 계산시간을 단축하기 위하여 병렬 프로세서 방식의 컴퓨터를 사용하여 배차계획을 수립한다.

유전 알고리즘(genetic algorithm)은 수식적으로 해결하기 어려운 문제(비선형 문제 등)를 해결하기 위해 제안된 알고리즘으로 해결하기 어려운 문제들을 생물의 진화로 해결하는 개념이다. 원하는 해와 차이가 큰 결과들은 자연적으로 도태시키고 원하는 해와 가까운 결과들은 계속 진화를 거듭해 나가면서 결국 정답에 가까워지거나 도달한다는 원리이다.

simulated annealing은 커다란 탐색공간에서 주어진 함수의 전역 최적점에 대한 훌륭한 근사치를 찾으려고 하는 전역 최적화 문제에 대한 일반적인 확률적 휴리스틱 접근방식이다.

(3) 크로스 도킹(Cross Docking)

최근 들어 창고의 운영은 보관기능보다는 플로우(flow)기능위주로 변화해가고 있고 유통창고에 크로스도킹의 개념이 강조되고 있다.

크로스 도킹이란 창고지역에 입하되는 물량이 창고에 저장되지 않고 곧바로 출하 도크로 옮겨지면서 출하차량별로 재분류되어 상차 및 출고되는 운영방법을 말한다. 제품들이 창고나 배송센터로 운송되면 그곳에서 제품을 하차하여 분류작업을 마친다음 곧바로 재포장되어 점포로 이동되기 때문에 보관 및 파킹 작업 등을 생략할 수 있고 물류비용을 상당히 절감할 수 있다. 이는 입고 물량이 품목에 따라 여러 지점에서 들어오고 출하물량은 품목별 구성비가 행선지마다 상이한 경우에 유효한 방법이다.

이것은 창고지역 뿐 아니라 도심지역에서는 도로상의 한적한 지점에서도 몇 대의 트럭 간에 소규모로 실행이 가능하다.

크로스 도킹에는 다음의 두 가지 유형이 있다.

① 기포장 크로스 도킹

유통업체 점포의 주문에 따라 제조업체가 미리 선택한 팔레트(pallet), 케이스 등 패키지를 수령하고 추가 작업 없이 다른 제조업체에 배달되어 점포로 배송할 차량에 적재된 유사한 패키지와 함께 배송도크로 이동시킨다. 사전에 제조업자가 납품한 상품을 각각의 점포별로 파킹 및 분류하여 팔레트에 적재하여 배송하게 된다. 이것은 드물게 사용되는 방법이다.

② 중간처리 크로스 도킹

팔레트, 케이스 등 패키지를 수령하여 물류센터에서 소분류하고 소분류된 패키지에 다시 라벨(label)을 붙여 새로운 패키지로 만들어 점포로 배송하는 것이다.

크로스 도킹은 시간적으로 매우 정교하게 운영될 수 있으면 공간적 생산성을 크게 향상시킬 수 있다. 즉 동일한 창고 설비를 가지고 크로스 도킹의 소요시간을 단축하여 일일 2회 또는 3회까지 출하횟수를 늘이면 물류비용을 크게 절감시킬 수 있다. 이와 같이 시간적으로 정교한 크로스 도킹을 수행하기 위해서는 신속한 주문처리 및 입출하 스케줄링 수립과 동시에 이를 공급자 및 운송업자와 신속, 정확하게 정보를 공유하는 것이 필수적이다.

(4) 제품 교환

국내 시멘트 제조회사인 H사와 T사는 공장이 각각 충남과 강원도에 위치하고 있으며 제품의 기능적 특성이 큰 치이가 없기 때문에 상대회사의 지역으로부터의 주문은 포장지만 상대회사에 보내어 충진하여 공급하는 제품교환방식을 운영함으로써 과다한 수송비를 상호절감하는 효과를 거두고 있다.

4. SCM을 위한 구현 시스템

SCM을 위한 구현 시스템은 일반적으로 다음 <그림 10-9>와 같은 여러 가지 하위시스템을 통합한 구조를 가지고 있다.

〈그림 10-9〉 SCM의 일반구조

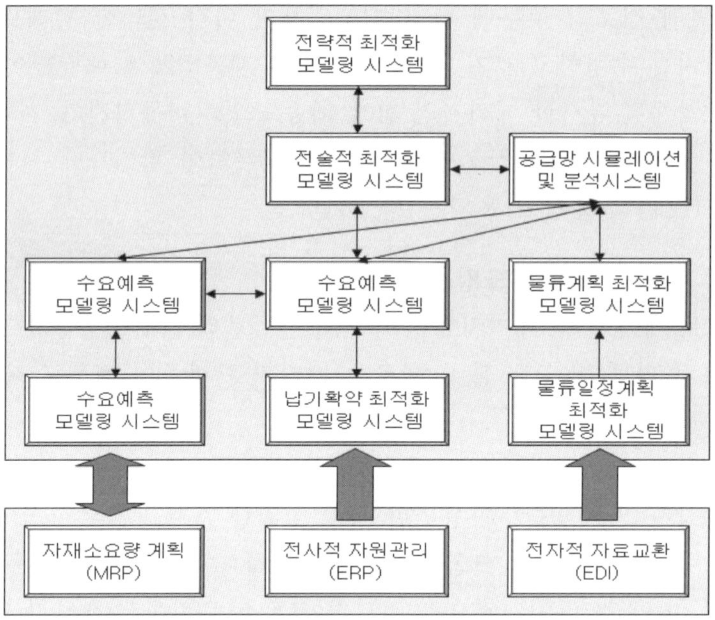

<그림 10-9>는 이미 출시된 SCM의 상용화된 시스템들이 가지고 있는 기본적인 구조이다. 주요 시스템의 구성을 보면 전체적인 기업의 경영전략이나 SCM의 상위 목표를 설정하는 시스템(strategic & tactical optimization modeling system), 직접적인 생산계획과 관리를 위한 시스템(production planning & scheduling optimization modeling system), 고객수요 예측과 납기 회신을 하는 시스템(demand forecasting & available-to-promise optimization modeling system) 및 최적의 SCM 정책을 수립하기 위하여 각 시스템에서 수신한 데이터를 이용해 모의 실험 및 분석을 지원하는 시스템(supply chain simulation & analyzer system)으로 이루어져 있다.

5. SCM 솔루션

이러한 SCM시스템은 기존의 MRP나 ERP, DRP등의 부분적 또는 전체적인 기능요소를 필요로 한다.

기존의 ERP 솔루션을 제공하던 회사들이 새로이 SCM 솔루션 시장에 참여하면서 수많은 제품들이 등장하고 있다. 이러한 제품들의 대표적인 예로는 SAP사의 APO, i2 Technology사의 Rhythm등이 있으며 현재 국내에서는 i2의 Rythm이 많이 적용되고 있다.

SCM 솔루션 시장은 크게 제조업 부문, 엔지니어링 부문, 도소매업 부문 등의 세 부문으로 구분된다. 제조업 부문의 SCM 솔루션 업체에는 SAP, Oracle, Invensys, Baan Company, Aspen Technology 등이 있으며, 도소매업 부문에는 JDA, Retail Solutions, J.D. Edwards 등이 있다.

상용 SCM솔루션들은 공급사슬상의 정보와 물류의 흐름을 실시간으로 분석하고 관리할 수 있는 도구들이며, 이를 제공하는 IT업체들은 공급사슬 경영을 위한 하나의 솔루션을 제공하기보다는 솔루션을 이용할 기업들이 관심을 가지고 있는 영역들 각각에 대한 솔루션 모듈들을 제공하고 이들을 통합적으로 관리함으로써 SCM을 꾀하고 있다.

SCM 솔루션은 과거의 ERP 솔루션과는 달리 거래 처리가 중심이 아니라 기업 내부에서 오가는 물류와 정보의 흐름을 파악하고 이들을 효과적으로 관리하여 나은 의사결정을 지원하는데 중점을 두고 있다.

10.3 SCM의 구축

10.3.1 SCM 구축의 단계

공급사슬의 관점에서 경쟁력있는 업무 모델을 재구축하는 것이 SCM의 최상위 접근방식이다. 그 다음 단계는 업부 모델에 따라서 기업의 틀을 뛰어 넘은 통합 공급사슬 프로세스를 구축하는 것이다. SCC는 SCM 구축의 관점에서 업무 프로세스의 발전단계를 <그림 10-10>과 같이 나타내었다. 따라서 기능별 업무, 프로세스 중심의 업무, 더 나아가서는 기업의 틀을 뛰어 넘은 공급사슬 프로세스로 발전해 가지 않으면 안 된다.

〈그림 10-10〉 공급사슬 구축의 4단계

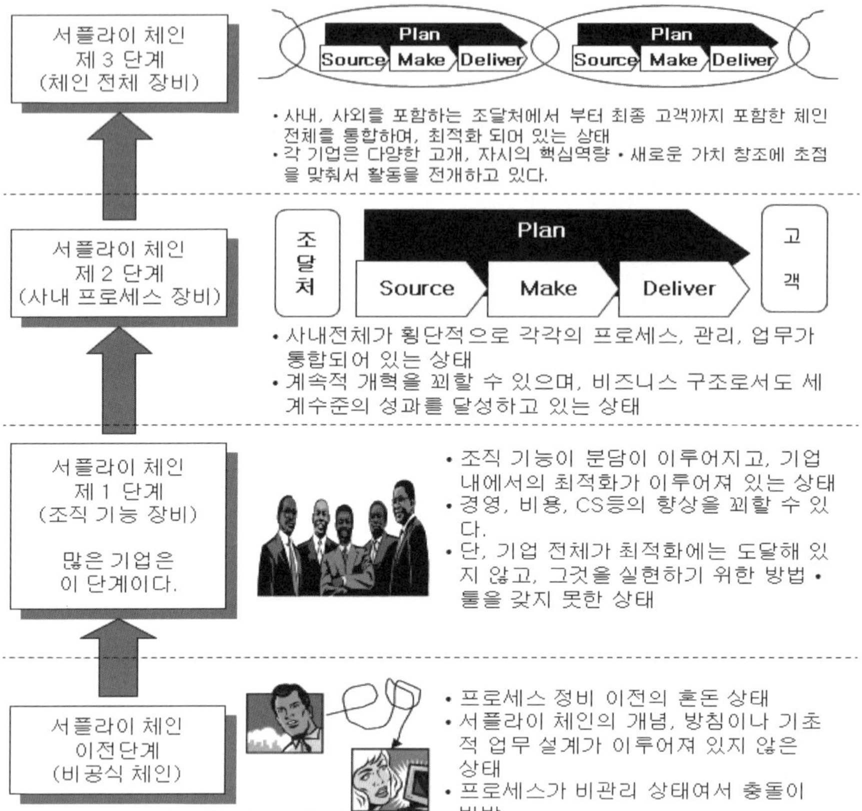

자료 : PRTM의 자료를 참고로 작성

10.3.2 SCM 구축의 핵심

공급사슬 관리(supply chain management)의 핵심은 다음 네 가지로 요약할 수 있다.

1. 공급사슬의 전체 길이 단축

대부분의 기업들은 협력업체에서 고객까지 연결된 파이프라인의 전체 길이, 특히 운송에 걸리는 시간과 공급사슬 중간 중간에 잠기는 재고에 대해 관심을 잘 기울이지 않고 있다. 공급사슬 안에 있는 재고는 그것이 부품이건, 반제품이건,

아니면 재공이나 완제품 재고이건 간에 모두 다 전체 공급사슬의 한 부분을 차지하기 때문에 재고가 있는 만큼 공급사슬의 전체길이가 더 늘어나게 된다.

그래서 가능한 한 이것을 짧게 만드는 것이 중요한데, 과거에는 재고를 보호장치, 즉 공급이나 수요의 변동으로 발생하는 생산, 물류 또는 마케팅의 위험요소를 방지하기 위해 보호장치로 재고를 가지고 있었다.

그 이유는 고객의 요구사항과 시장의 변동에 즉시 대응할 수 있는 유연성이, 완충장치인 재고가 있음으로 해서 그 만큼 더 떨어지기 때문에 지금은 얼마나 빨리, 적은 비용으로 대응을 할 수 있는가가 경쟁력을 좌우한다.

일류 기업들은 재고를 가져가는 대신, 단납기 체제를 구축함으로써 재고가 아예 없거나 최소한의 재고만 가지고도 시장에 빨리 대응하고 비용도 적게 들어가는, 전체 길이가 짧은 우수한 공급사슬을 만들어 경쟁력을 강화하고 있다.

2. 공급사슬의 투명성 확보

공급사슬을 이루는 각 조직 간에 협조가 잘 되지 않으면 정보가 전달되지 않아 무슨 일이 벌어지고 있는지 서로 알기가 힘들고 전체 현황 파악도 힘들어 전체 공급사슬을 통해 무슨 일이 일어나는지를 알아야 공급사슬을 제대로 관리할 수가 있기 때문에 공급사슬에 대한 정보의 투명성 확보가 중요하다.

공급사슬의 투명성을 확보하기 위해서는 먼저 관련조직 간의 장벽을 없애 정보가 서로 통하도록 하고 정보시스템을 활용하여 공급사슬 안의 각 진행단계마다 발생하는 일을 제때에 잘 알 수 있도록 해야 한다. 그러기 위해서는 서로 정보를 공개하고 서로 도움을 주는 조직 내외부의 파트너십이 필요하게 된다.

3. 공급사슬 전체를 하나의 시스템으로 보고 체계적으로 관리

공급사슬을 구성하는 각 단위업무들은 서로 밀접하게 연결되어 있기 때문에 공급사슬의 한 부분에 어떤 의사결정을 내리면 그 의사결정 결과로 인해 공급사슬의 다른 부분에도 많은 영향을 주게 된다. 전체 공급사슬을 보고 관리를 하기 위해서는 수요와 공급간에 서로 연결된 공급사슬 내의 제반 프로세스가 제대로 연계되어 서로 조화를 이룰 수 있도록 공급사슬 전체적인 차원에서 조화를 이루는 체계적인 관리가 필요하게 된다.

4. 공급사슬 프로세스를 정보시스템으로 모델링

모델링이 현재까지는 대부분의 SCM 패키지의 성능과 질을 좌우하는 결정적인 요소가 되고 있다. 시스템이 가지고 있어야 할 요건은 <그림 10-11>과 같이 적시에 확실한 수요예측을 할 수 있는 시스템이어야 하며 공급사슬상에서 가시성 또는 정보공유가 가능해야 한다는 것과 설비, 자재, man-hour 등의 제약이 정보시스템에 모델링되어야 하며 공급사슬상에서 즉시에 제약조건이 고려되어 계획이 만들어져야 하고 리드타임이 최소화되는 계획이 가능한 시스템이어야 한다.

〈그림 10-11〉 공급사슬의 동기화

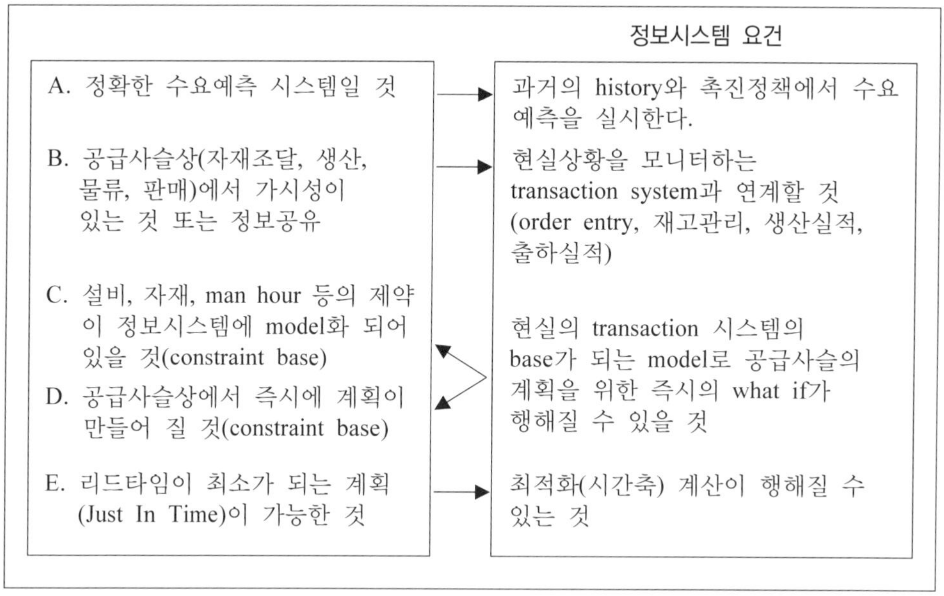

10.3.3 SCM 구축사례

SCM 구축사례는 지금까지 많이 발표되고 있으나 이 중에서도 SCM 혁명에 의한 고속 경영으로 훌륭한 경영지표를 달성하고 급성장한 델(Dell) 컴퓨터사의 예를 들도록 한다.

미국의 델 컴퓨터사는 경쟁사인 컴팩사(Compaq)를 추월하며, 인터넷을 통한 구매, 발주 등으로 매출을 급격히 증대시키고 고객에 대한 신속한 대응체계를 구축하였다.

델사에서는 고객과 판매동향, 생산계획, 향후 수요예측, 현재의 생산진척과 부품재고의 정보를 실시간으로 제공하며 역으로 부품공급사로부터도 부품의 납기와 가격, 공급능력, 생산진척 상황, 생산계획, 품질 등의 상세한 정보를 제공받는다. 서로를 실시간으로 연계시킴으로써 델과 부품공급회사가 일체화되어 움직이게 된다. 이미 '97년 후반부터 많은 회사와 공동으로 실험하였고, 신제품 투입시에는 낭비 없는 부품의 발주지시에 공헌하는 등 커다란 효과를 얻었다. 현재, 부품의 수요예측에는 i2 Technologies의 공급사슬 관리 소프트웨어를 채택하여 납기가 긴 부품도 있기 때문에 약 6개월 선행부품의 수요예측을 전달하지만, 일일 생산진척과 재고, 고객동향 등에서 수요예측을 매일 재조명하여, 과잉재고를 억제하고 결품이 발생하지 않도록 발주량을 조절하고 있으며, 향후에는 델의 수요예측으로 부품공급회사의 공급능력 등이 실시간으로 되면 발주 시점(timing)이 더욱 향상되고, 재고일수의 삭감으로 연결될 것으로 기대하고 있다.

1. 델사의 SCM시스템

델사는 기존의 틀을 과감히 깨고 고객과 협동작업을 추구하고 있는데, 관련 부품공급자, 아웃소싱 회사와 일체가 된 협동작업도 철저하게 추구하고 있다. 이러한 델사의 SCM시스템을 나타내면 <그림 10-12>와 같다.

고객과 직접적으로 일체가 되고 관련된 공급자와도 같은 정보를 함께 공유하여 마치 동일 기업처럼 민첩하게 움직이는 구조를 만들어 낸다. 이러한 가상 연합조직 속에서 최고의 생산성을 추구한다. 델사는 기존의 기업틀을 과감히 뛰어 넘은 새로운 비즈니스 모델을 구축하였다.

〈그림 10-12〉 델 컴퓨터사의 SCM시스템

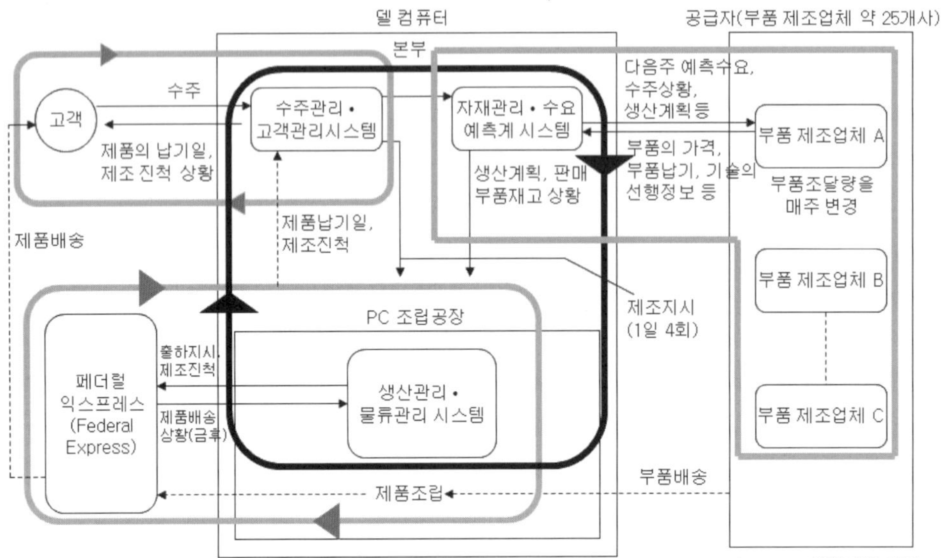

자료: 「닛케이 비즈니스」, 1998년 7월 6일호

고객중심의 '사용자 다이렉트 비즈니스 모델'은 다음과 같은 몇 가지 장점을 가진다.

- 사용자의 요구를 직접 파악할 수 있기 때문에 매력적인 상품을 개발할 수 있다.
- 총괄적인 고객 서비스에 의해서 고객 만족도를 높이고 고객을 평생 동안 완전히 사로잡음으로써 시장 점유율을 지속적으로 높여갈 수 있다.
- 고객의 취향이나 동향, 그리고 수요를 세밀하게 파악할 수 있기 때문에 정확한 생산 대응이 가능해 진다.

2. SCM의 성과

- 수주에서 납품까지 불과 4일만에 고객이 요구하는 상품을 전달한다(<그림 10-13>참조).
- 따라서 고객은 최신 성능의 PC를 자신의 의도에 맞게 구입할 수 있다(PC의 라이프 사이클은 불과 3개월, 즉 고객을 기다리게 하면 제품은 진부화 된다).

- 재고자산은 모든 프로세스를 합해서 8일분, 다른 PC제조업체의 8분의 1밖에 되지 않는다(델사는 불과 5년만에 45일에서 8일로 낮추었다.)
- 공급자와 장래의 시장 흐름 예측을 공유하여 부품 조달 리드타임을 1~3일 정도로 단축하였다.
- 이 결과 뛰어난 자금 흐름을 실현하여 입금 속도가 출금속도보다 5일 빠르다. 다시 말해서 자금이 없어도 경영을 할 수 있는 리스크가 적은 구조를 만들어 내고 있다.

〈그림 10-13〉 델 컴퓨터사의 공급사슬 모델 이미지

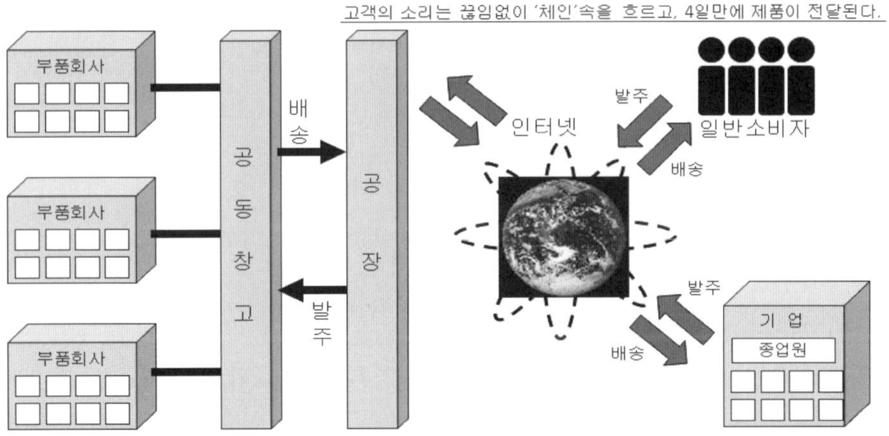

(자료 : 「닛케이 비즈니스」, 1998년 3월 2일호)

3. 델모델의 성공요인

① 고속 경영

- 최소의 자산으로 고효율적인 비즈니스 전개(1971년 델사의 총자산 이익률(ROA)은 22.1%, 업계 평균은 7.5%)
- 최신 기술을 고객에게 시의 적절하게 전달해 줌으로써 상품력의 차별화 실현

② 저비용 운영

- 고객과 직접 접속구조나 아웃소싱 활용에 의한 고효율 경영
- 최소 재고에 의한 부수적인 업무와 보관 비용의 최소화

10.4 ERP와 SCM의 관계

ERP는 기업내 또는 그룹내의 프로세스 중심의 연계를 실행한다. 그러나 뛰어난 생산성, 최대의 고객만족을 실천하기 위해서는 기업의 틀을 과감히 뛰어넘어 고객 위주의 업무 프로세스를 실현해 가지 않으면 안 된다.

그러나 ERP에서 이것을 기대하는 것은 무리가 있다. 왜냐하면 업종, 업태, 규모, 역사, 토양, 문화 등이 제각기 다른 기업들이 동일 ERP로 통합된다는 것은 매우 비현실적이기 때문이다. 업무 프로세스 통합의 궁극적인 목표는 자사(제조업체)를 중심으로 거래처의 고객, 공급처의 공급처까지 기업의 틀을 뛰어 넘어 통합하는 것이다.

즉 고객의 고객에서부터 공급자의 공급자까지 필요한 기능을 최적의 기업구조로 실현한다. 그리고 마치 하나의 기업처럼 움직이는 가상 조직체(virtual organization)를 구축한다.

SCM은 1970년대의 MRP와 1980년대의 MRP-II가 발전하여 등장한 ERP와 상호 연관성을 가지고 있다. 즉 MRP와 MRP-II를 확대 적용해 기업전반에 걸친 모든 경영자원을 통합컴퓨터시스템에 의하여 계획적으로 관리하고 자원의 생산성을 극대화하려는 시도로 ERP가 도입되었다. 또한 기업 업무를 분석하여 효율적으로 재설계하는 과정이 BPR인데 이러한 과정을 소프트웨어로 구현하면 ERP소프트웨어가 된다. ERP는 기업의 모든 경영자원을 하나의 체계로 통합한 종합경영관리시스템으로서 ERP가 완벽하게 구축되면 자동 자재발주, 최적의 생산 스케줄에 의한 최저 원가의 생산이 가능하며 재고의 최소화는 물론 모든 것을 파악할 수 있다. ERP에서는 주된 대상이 기업 내부이지만, 경영혁신을 회사내부에 국한시키지 않고 고객과 협력업체 등 전체를 대상으로 변화를 시킴으로써 성과개선을 극대화시키는 시도로서 SCM 개념으로 발전하게 된다(<그림 10-14> 참조).

ERP는 기업의 일상적인 업무를 실시간으로 처리하는 운영계 시스템이며, SCM은 고객과 공급업체 등 공급사슬 상의 협력회사들과 업무 및 정보를 실시간으로 공유하고 또한 ERP로부터 실시간으로 수집된 정보를 활용하여 각 부문별 계획을 수립하는 계획용 시스템이라고 할 수 있다. 이 두 시스템은 상호 보완적인 관계이다. 즉 ERP는 기업 내에 있어서 업무의 수행부분을 확고하게 안정화시키고, SCM은 이것을 기반으로 공급업체 및 고객을 포함한 공급사슬 전체의 최적화를 도모하는 상호 보완적인 관계에 있다.

SCM에서는 모든 업무를 협력회사와 연계해 재설계하고 모기업에서 협력회사의 역량을 개선하는데 주안점을 두어 동반자 관계를 구축하는 한편, 제조와 유통을 묶어 최종 소비자에게 주는 가치와 만족을 극대화하려는 것을 목적으로 하고 있다. SCM을 수립함에 있어서 간과되고 있으나 명심해야 될 것은 EC와의 연관성이다. SCM은 EC기술, 전략 그리고 전문가 없이는 진행될 수 없다.

QR(Quick Response), JIT(Just In Time) 및 VMI(Vendor Managed Inventory)와 같은 산업분야의 SCM전략은 EC기술과 EDI표준 등과 매우 밀접한 관계가 있으며 지속적으로 웹상거래(web commerce)와도 연관성이 높아지고 있다. 이상 언급한 기존의 솔루션들과 SCM의 연관성을 나타내면 <그림 10-14>와 같다. QR(quick response, 신속대응시스템)은 제품의 제조에서 고객에게 전달되기까지의 제조과정을 단축시키고, 고객의 욕구 및 수요에 적합한 제품을 공급함으로써 제품 공급사슬의 효율성을 극대화하는 기법이다.

〈그림 10-14〉 SCM과 다른 솔루션과의 연관성

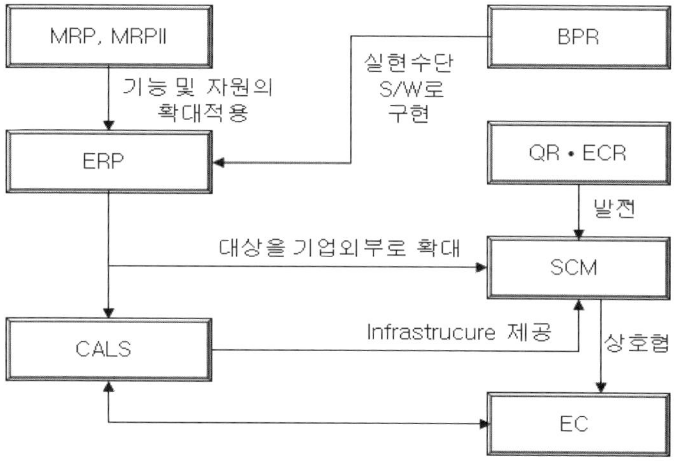

제 11 장

ERP와 CRM

11.1 CRM의 개념

1. CRM의 정의

우리나라에서도 현재 많은 기업들이 단기적인 데이터베이스 마케팅에서 진일보한 CRM의 개념을 도입하고 있다. 기업들은 고객들의 거래실적 정보를 활용함으로써 우수고객을 찾고 이들에게 각종 물질적인 보상을 제공하여 지속적인 구매를 유도하고 있다. 예를 들어, SK와 GS를 비롯한 모든 주유소에서는 고객카드를 발급해주고 주유금액을 누적하여 그 실적에 따라 선물을 지급한다. 이렇게 물질적인 보상을 제공하는 방법 이외에도 고객들을 대우해 주고 개인적인 관심을 보여 줌으로써 장기적인 관계를 형성해 나갈 수 있다.

이렇듯 CRM은 단순히 고객들의 구매를 유발시키는 것에 그치는 것이 아니라 그들의 마음을 사로잡아 장기적으로 우리 회사의 제품이나 서비스를 애용하게 만드는 것이다. 즉, 단순히 시장점유율의 성장만을 추구하는 것이 아니라 고객의 마음속에 얼마나 깊이 자리잡고 있는가를 나타내는 마음 점유율을 확보하는 도구인 것이다.

CRM은 기업이 고객정보를 신속히 수집하고 가장 가치 있는 고객을 파악할 수 있게 하며, 고객 맞춤식 상품 및 서비스의 제공을 통해 고객 충성도를 높일 수 있는 경영기법으로 최근 이슈가 되고 있다.

CRM(Customer Relationship Management)은 고객관계관리라고도 하며 흔히 고객을 위한, 고객중심의 프로세스나 시스템을 의미하지만 동시에 개인화(personalization)에시 구내, 사후지원까지 프로세스 전체를 고객중심으로 재구축하는 리엔지니어링을 뜻하기도 한다.

미국의 가트너 그룹은 "CRM이란 신규 고객확보, 기존 고객유지 및 고객의 수익성 증대를 위하여 지속적인 커뮤니케이션을 통해 고객의 행동을 이해하고, 영향을 주기 위한 광범위한 접근이다."라고 정의하였다. 즉, 고객에 대한 매우 구체적인 정보를 바탕으로 개개인에게 적합하고 차별적인 제품 및 서비스를 제공함으로써 고객과의 개인적인 관계를 지속적으로 유지하고 동시에 고객과의 관계를 새롭게 변화시키는 일련의 경영활동을 말한다.

CRM은 과거 대중 마케팅에서 지향하고 있는 불특정 다수를 대상으로 하는 마케팅이 아닌 고객의 세분화와 세분화된 고객의 특성에 맞는 일대일 마케팅을 지향한다. 그리고 CRM에서는 쌍방향적이면서도 개인적인 커뮤니케이션이 필수적이다. 고객과의 관계를 지속시키기 위해서는 고객들에게 많은 정보를 제공해 주어야 할 뿐만 아니라 동시에 개별 고객들로부터 많은 정보를 얻어야 하기 때문이다. CRM은 개별 고객에 대한 상세한 데이터베이스 구축이 필요하다. 고객이 제품에 대한 정보를 요청할 때, 제품을 구입할 때, 구매 후 고객 등록카드를 보내올 때 혹은 제품사용에 대한 문의를 해 올 때 등 고객과의 접촉이 일어나는 모든 시점에서 포착된 정보를 데이터베이스에 기록하여 그것을 토대로 고객별로 적합한 마케팅전략을 수립하고 이를 효과적으로 집행하며 전략의 효과까지 측정하게 된다.

2. CRM의 단계

CRM은 다양한 고객중심의 업무 프로세스를 수행하는 웹지원 소프트웨어 도구와 데이터베이스의 통합시스템이라고 할 수 있으며, 3단계로 이루어진 비즈니스와 고객 간의 관계를 지원한다. <그림 11-1>은 CRM이 3단계의 비즈니스와 고객 간의 관계를 어떻게 지원하는지를 나타내고 있다.

〈그림 11-1〉 CRM의 단계

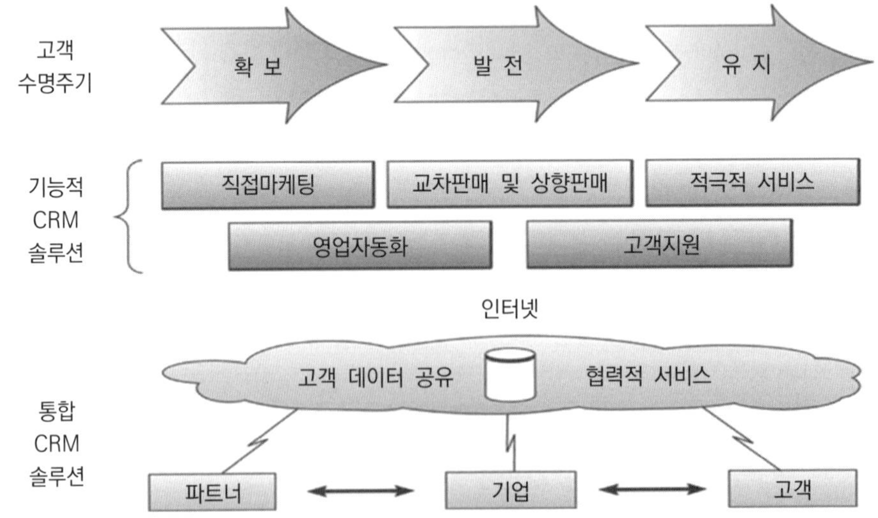

3. CRM의 기능

CRM 시스템은 조직 전반을 통해 발생하는 고객 데이터들을 포착하여 연계시키고, 이를 바탕으로 데이터들을 통합하고 분석하며 그 다음 그 결과를 기업 전반에 걸친 다양한 시스템들과 고객접점(contact point)들에 제공한다.

잘 설계된 CRM 시스템은 기업의 매출과 고객서비스 모두를 향상시키는데 유용하게 활용될 수 있는 통합된 하나의 고객관점을 제공할 수 있다.

바람직한 CRM 시스템은 다음과 같은 질문에 대한 답을 제공할 수 있는 데이터들과 분석도구들을 제공한다. "어떤 특정 고객이 기업에 대해 제공할 수 있는 일생동안의 가치는 무엇인가?", "누가 가장 충성도가 높은 고객인가?", "누가 우리에게 가장 높은 수익성을 가져다주는 고객인가?", "수익성 높은 고객들이 구매하고자 하는 것은 무엇인가?". 기업들은 이러한 질문들에 대한 답을 활용하여, 새로운 고객들을 확보하고 기존 고객들에게 더 나은 서비스를 제공하며, 고객 선호도에 따라 제품이나 서비스들을 더욱 정확하게 맞춤화시키고 수익성 높은 고객들을 유지하기 위해 지속적인 가치를 제공한다(김우주 외, 2012).

〈그림 11-2〉 CRM 소프트웨어의 기능

CRM 시스템들은 일반적으로 영업, 고객서비스, 마케팅을 위한 소프트웨어 및 도구들을 제공한다.

<그림 11-2>는 판매, 서비스, 마케팅 프로세스들과 관련하여 주요 CRM 소프트웨어 제품들에서 찾아 볼 수 있는 매우 중요한 기능들을 보여주고 있다.

11.2 CRM의 목적

최근 기업들은 지나친 경쟁에 따른 고객이탈을 방지하기 위한 고객 분석시스템을 갖추고, 수익성 분석을 통해 수익을 가져다주는 고객과 그렇지 않은 고객을 구별하여 서비스와 마케팅을 차별화하고 있다.

기업들은 신규고객을 확보하는 것보다 기존고객을 유지하고 관리하는 것이 비용측면에서 더 효율적이라는 것을 알게 되었다. 실제로 신규고객 한 명을 확보하는데 소요되는 비용은 기존고객을 유지하는데 필요한 비용의 7~10배에 달한다고 알려져 있다.

CRM의 주된 목적은 고객에 대한 상세한 지식을 토대로 그들과의 장기적인 관계를 구축하고 충성도를 제고시킴으로써 고객의 평생가치를 극대화하는 것이다. 여기서 고객평생가치(life time value)란 한 고객이 처음 구매를 한 시점부터 이 기업의 고객으로 존재하는 전체기간 동안의 재무적인 공헌도의 합계인 총누적 구매액인데, 물론 이 금액에 할인율을 적용하여 현재가치로 환산하는 것이 더 정확한 계산이 될 것이다. 현시점에서의 고객 평생가치를 알게 되면 그 고객을 확보하고 장기적인 충성고객으로 유지하기 위한 마케팅활동에 어느 정도의 투자가 필요한지를 판단할 수 있다. 나아가 우수고객에 대한 우대 프로그램을 제공하거나 고객취향에 맞는 제품 혹은 이벤트를 제공하는 방법 등으로 관계를 구축하고 고정고객화를 도모함으로써 궁극적으로는 고객의 잠재적 평생가치를 극대화할 수 있는 노력을 수행하게 된다.

CRM은 이미 구축되어 운용되고 있는 데이터웨어하우스(data warehouse)를 토대로 데이터를 추출하고 데이터마이닝(data mining)을 통한 과학적인 고객 세분화 및 특성을 파악하며, 이를 통해 분류된 고객에 대한 체계적인 캠페인을 수행함으로써 고객의 이탈 예방 및 평생가치 증대를 통하여 수익률을 제고하는 것이다. 또한 고객과의 관계개선을 통한 우호고객의 확보와 유지를 위한 기업의 핵심역량의 틀을 갖추기 위한 것이다.

데이터웨어하우스는 <그림 11-3>과 같이, 현재 및 과거 데이터를 조직 내의 여러 운영시스템들로부터 추출한다. 이러한 데이터들은 외부로부터 제공되는 데이터들과 결합되어 경영 보고 및 분석을 위해 주제별로 통합된 별도의 데이터베이스로 재구성된다. 정보사전은 사용자들에게 데이터웨어하우스에서 사용 가능한 데이터들에 관한 정보를 제공한다.

〈그림 11-3〉 데이터웨어하우스의 구성요소

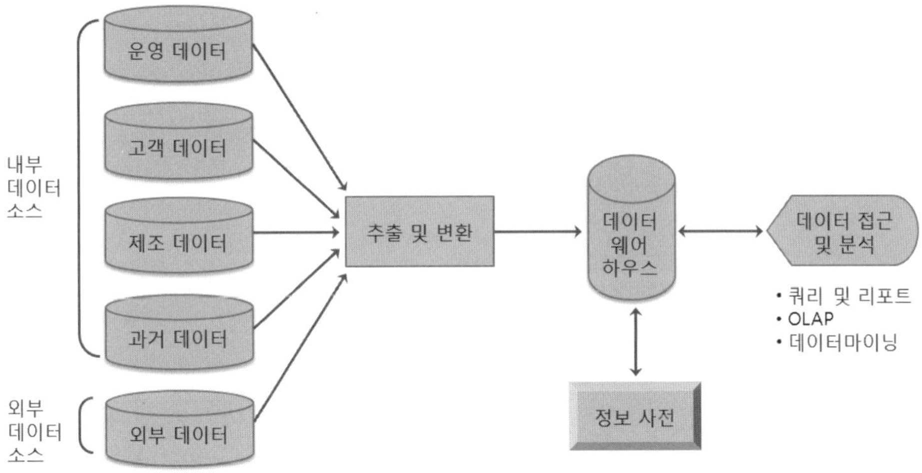

데이터 마이닝(data mining)이란 이전에는 대량의 데이터 사이에 묻혀 발견되지 않았던 데이터들 간의 상호관계, 패턴 등을 찾아내어 의사결정을 지원하고 그 효과와 미래의 행위를 예측하기 위한 기법이다. 다시 말해서, 기업이 보유하고 있는 일일 거래 데이터, 고객 데이터, 상품 데이터 혹은 각종 마케팅 활동의 고객반응 데이터 등과 이외의 기타 외부 데이터를 포함하는 모든 이용 가능한 원천 데이터를 기반으로 감춰진 지식, 기대하지 못했던 경향 또는 새로운 규칙 등을 발견하고 이를 실제 비즈니스 의사결정을 위한 정보로 활용하고자 하는 것이다.

예를 들어, 한 백화점에서 판매 데이터베이스의 데이터를 분석하여 금요일 오전에는 어떤 상품들이 잘 팔리는가, 팔리는 상품들 간에는 어떤 상관관계가 있는가 등을 발견하여 이를 마케팅에 반영하는 것이다.

데이터 마이닝을 통해 얻을 수 있는 정보의 형태는 매우 다양하며, 가장 대표적인 기법(기능)으로는 사건(event)들의 연관성(association) 탐사, 연속성(sequence) 탐사, 분류(classification)규칙 탐사, 군집구분(clustering) 등이 있다.

여기서, 연관성(연합)은 동시에 발생한 사건간의 관계를 정의(예: 콘칩 구매시 콜라 구매 발생 등)하는 것을 의미하고, 연속성은 여러 시간대에 걸쳐 존재하는 관계(예: 슈퍼마켓을 이용하기 위해 반복적으로 오는 고객)를 정의하는 것이다. 분류는 특정 집단(예: 경쟁기업에 빼앗긴 고객)의 특성을 규정하는 것이다. 그리고 군집은 특정한 특징을 공유하는 집단을 확인하는 것이며, 한정된 특징을 미리 정한다는 점에서 분류와 구별된다.

CRM을 통해 기업이 얻을 수 있는 것은 바로 고객만족도의 증대와 직접 마케팅 비용의 절감, 영업을 위한 정보지원, 보다 효과적인 마케팅 활동 지원, 고객확보 및 유지비용 절감 등을 들 수 있다.

11.3 CRM의 프로세스

CRM을 위해서는 고객의 욕구를 바탕으로 기업이 고객에게 전달하는 가치에 대한 분석이 필수적이다. 즉, 기업이 고객에게 가치를 제공함에 있어서 경쟁사에 비하여 더 많은 혜택을 제공하고 비용을 절감할 수 있는 원천이 어디에 있는지를 찾아내어야만 고객관계관리가 효과적으로 수행될 수 있다.

CRM의 과정은 <그림 11-4>와 같이 설명될 수 있다. 즉 고객과의 모든 접촉은 그들에 대한 데이터를 수집할 수 있는 기회가 되며 이러한 데이터는 마케팅 의사결정에 필요한 정보로 변환되고 고객에 대한 지식을 축적하는데 활용된다. 고객에 대한 인구통계학적 정보나 구매정보를 바탕으로 고객세분화 및 고객행동 패턴, 신용상태, 이탈가능성 등에 대한 지식은 고객과의 장기적인 관계를 형성시켜 나가는 실용적인 기초가 되며 결국 매출로 이어지게 된다. 그리고 매출은 또다시 고객과의 접촉을 유발시켜 데이터를 형성하게 해 주며 이러한 순환은 반복되게 된다(오세조 외, 2006).

〈그림 11-4〉 CRM의 순환과정

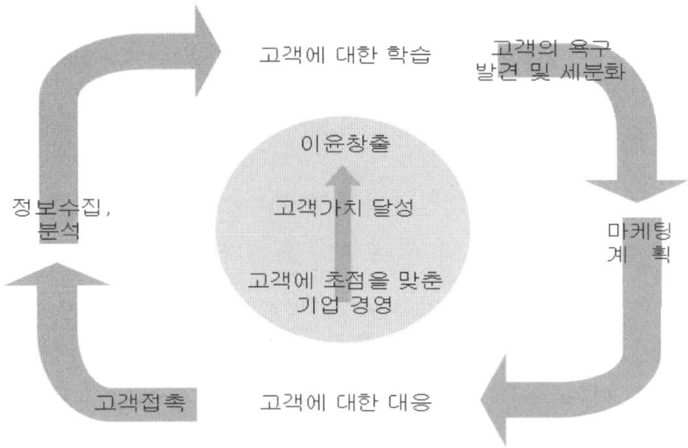

11.4 CRM의 구축단계

성공적인 CRM 프로젝트 수행을 위해서는 실제 현업의 업무요건, 정의 그리고 그 요건을 수행하는 프로젝트팀, IT환경 등의 관계가 원활하게 이루어져야만 가능하다. SAS의 CRM 방법론은 7단계로 나누어지며 현황파악, 기반구축, 고객에 대한 이해, 설계, 개발, 실행 및 검토의 과정을 거치게 된다.

1. 현황 파악

기업의 전사적인 사업목적에 따라 CRM을 위한 시스템의 구축목표를 설정하는 단계이다. 실제업무에 직접 적용될 수 있는 목표가 결정되면 그 업무에 적합한 프로젝트팀을 구성하고 프로젝트범위를 결정하게 된다.

(1) 목표 설정

목표설정은 예를 들어, 감소하는 자사 제품의 시장점유율 증가를 목표로 잡았다면 그 목표는 '다음 2/4분기 안에 10%까지 시장점유율을 확장한다'는 등의 실제 현업에 적용될 수 있는 구체적인 목표를 설정한다.

(2) 가설설정과 기대효과 예측

또한 목표를 달성할 수 있도록 가설(예: 신규시장 판로개척, 고객유치 등)을 설정하며 설정한 가설대로 진행된다면 회사에 어떤 기대효과가 있을지를 예측한다.

(3) 프로젝트팀 구성

CRM 프로젝트는 조직의 전사적인 비즈니스와 강하게 결속되어 있어 어느 프로젝트보다 현업과 IT팀과의 연계가 중요하다. 따라서 각자의 역할을 충분히 수행할 수 있는 프로젝트팀을 구성하는 조직적인 준비가 필요하다. 또한 CRM 프로젝트 수행을 위한 고객 데이터 및 IT 환경요인을 정의해야 한다.

그리고 고객의 플랫폼, 네트워크 하부구조 및 운영계 시스템 등을 검토하고 향후 확장성을 고려한 IT환경 아키텍처를 제시한다.

(4) 프로젝트 계획 수립

현황 파악 및 분석을 통하여 프로젝트 목적, 수행방법, 자료수집, 소요비용 및 일정계획 등을 수립한다.

(5) 산출물: 프로젝트 종합계획(master plan), IT 평가보고서

2. 기반 구축

데이터웨어하우스(data warehouse)를 구축하거나 기존 데이터웨어하우스에서 프로젝트 요건에 맞는 데이터를 선정하고 필요시 갱신하거나, 외부 인구 통계자료, 설문조사와 같은 자료들을 보충하는 단계이다.

(1) 데이터 환경 구축

여기서는 고객관점 데이터웨어하우스 구축과 데이터웨어하우스의 확장으로 구분할 수 있다. 전자는 현재의 데이터 환경 정의를 기본으로 프로젝트 진행시 필요한 데이터를 추가함으로써 현재의 데이터웨어하우스를 확장하거나 새로운 데이터웨어하우스를 만들 수 있다. 후자는 좀더 깊이 있는 고객정보를 분석하기 위해서 필요하다.

(2) 산출물: 통합 데이터베이스, 데이터웨어하우스

3. 고객정보 분석

구축된 데이터웨어하우스로부터 고객에 대한 정보를 분석한다. 즉, 고객을 세분화하고 프로파일링(profiling)한 후 각각의 고객세분화에 대해서 기업목표에 맞는 전략을 수립함으로써 세분화된 집단별로 차별화된 비즈니스 활동을 수행할 수 있다. 고객세분화 및 프로파일링이란 고객들을 유사한 특성을 지닌 여러 개의 그룹으로 세분화하는 것이다. 이때 전통적인 통계방법인 클러스터링(clustering)을 이용하거나 SPSS나 SAS 등과 같은 통계패키지를 이용하여 좀 더 효과적인 고객세분화를 할 수 있다. 또한 프로젝트 요건에 맞는 대상 집단을 선택하는 과정도 이 단계에서 가능하다.

4. 설 계

이 단계에서는 비즈니스 계획과 IT계획을 수립해야 한다. 비즈니스계획은 고객세분화에 따른 차별화된 전략에 근거하여 고객관리를 지원할 수 있는 최선의 전략이나 고객 인센티브 프로그램을 수립한다.

비즈니스 활동계획에 따라 CRM 프로젝트를 지원할 IT 시스템 계획을 세운다. IT 시스템은 대개 운영계 시스템, 예측모델들, DSS(Decision Support System), 리포팅, 분석시스템 등을 포함한다.

5. 개 발

이 단계에서는 유망한 고객층을 선택하기 위하여 SAS의 데이터 마이닝 방법론인 'SEMMA'를 이용하여 가장 가치 있는 고객을 선택, 시장의 채널을 확보하고 프로그램 효과를 극대화할 수 있는 고객 행동예측 모델을 구축한다.

(1) 예측모델 개발

예측모델은 비즈니스 주제에 따라 모델링이 수행되고 모델 유형에 따라 고객들의 속성이 평가되며 속성에 따라 고객들의 점수가 매겨진다. 즉 비즈니스 주제가 이탈고객 방지라면 이를 위한 모델링이 구축되고 이 모델에 의해 각 고객들에게 이탈 점수가 부여되게 된다.

(2) 집중관리 대상 고객 선정

승인점수, 경계점수, 행동점수, 충성도 점수, 잠재적 점수 등을 스코어링 후 집중관리 대상 고객을 선정한다. 산출물은 예측모델(스코어 모델), IT시스템, 프로그램 구성요소 등이다.

이 접근은 장기적으로 가장 적합한 고객을 유치하는데 목적이 있다. 이와 같은 예측모델링은 한 번에 이루어지는 것이 아니고 반복적인 테스트과정을 거쳐 이루어진다. 또한 예측모델은 정확성뿐만 아니라 효율성 측면도 고려하여 구축되어야 하며 모델링의 결과가 데이터웨어하우스에 보내져 예측된 모델링 결과가 실제 현업부서에서 활용될 수 있도록 시스템을 구축한다. 이 단계에서는 타부서에서 모델링 결과를 이용할 수 있도록 OLAP나 웹 어플리케이션을 함께 구축하기도 한다.

6. 실 행

이 단계는 구축된 모델링을 실제 실행단계에서 적용하는 단계이다. 즉 전 단계의 결과인 예측모델에서 선별한 고객을 대상으로 타겟 마케팅 등의 캠페인을 수행한다. 대상고객에게 적용한 이벤트에 대한 자세한 기록과 수행결과 나타난 고객의 직접, 간접 반응을 데이터웨어하우스에 기록한다. 이런 과정을 통해 향후의 예측이나 고객 행동변화에 대처가 가능하게 된다. 이 단계는 좀 더 향상된 프로그램 수립을 위한 점검단계라 할 수 있다. 산출물은 프로그램 결과물이다.

7. 검 토

검토단계에서는 프로그램 결과와 효과를 다시 측정한다. 즉 기업의 목적에 어느 정도 기여했는가와 함께 프로그램이 고객의 행동에 미친 영향도 고려한다. 또한 프로그램의 성과와 결과를 조직전체에 알림으로써 전사적인 정보로의 공유가 가능하도록 한다.

CRM 프로젝트를 성공적으로 수행하기 위해서는 비즈니스 문제에 대한 정확한 정의와 이에 따른 필요한 데이터 구축, 대량의 데이터를 처리할 수 있는 IT시스템 그리고 효율성 있는 모델을 위한 마이닝 도구라 할 수 있다. 하지만 무엇보다 중요한 것은 비즈니스 문제를 해결하기 위한 현업 사용자와 데이터 마이닝을 이용해 작업을 하는 마이너와의 원활한 의사소통 그리고 활용방안이 고려된 프로세스의 정립이라 할 수 있다.

11.5 CRM의 효과

CRM을 통하여 고객들에게 개인화된 제품이나 서비스를 제공해 준다는 것은 그것이 기업의 성과에 기여할 때만이 의미가 있다. 따라서 기업은 전략으로부터 추구하고자 하는 효과가 무엇인지를 명확히 설정하는 것이 매우 중요하다. CRM 활동을 통해 기업이 추구할 수 있는 효과는 다음과 같다.

1. 시장성과 향상

(1) 재구매율 증대

개인적인 관심과 개인화된 서비스로 인해 만족한 고객들은 그만큼 재구매할 가능성이 크다. 뿐만 아니라. 기존 고객에 대한 데이터베이스를 분석함으로써 고객의 미래 구매 특성과 시기를 알아내어 그들의 구매를 지속적으로 유도해 낼 수 있게 된다. 일반적으로 처음 구입하는 고객보다는 재구매하는 고객으로부터의 이익이 훨씬 크기 때문에 기업에 있어서 가장 중요한 미래 고객은 재구매를 하는 기존 고객들이다.

(2) 충성도의 향상 및 신규 고객 창출

CRM은 기업을 중심에 놓고 사업을 계획하고 업무를 처리하는 것이 아니라, 고객을 중심에 놓고 모든 일을 계획하고 처리하는 것이다. 고객만족도 향상을 최고의 목표로 두기 때문에 충성스러운 고객을 확보하게 된다. CRM을 통해 고객들과 좋은 관계를 유지하면 그들의 충성도를 고취시키게 된다.

충성도(loyalty)란 단순히 재구매만을 의미하는 것이 아니다. 충성도가 높은 고객은 좋은 소문을 구전으로 퍼뜨려 신규 고객확보에 도움을 줄 뿐만 아니라 기업의 실수에 대해서도 보다 관대하다. 또한 잠재고객을 CRM 전략에 의한 적절한 마케팅으로 신규 고객화할 수 있다.

(3) 비용 절감

CRM은 고객의 양적 증대보다는 질적 향상을 먼저 생각하는 것이다. 따라서 불특정 다수에 대한 마케팅을 지양하며 일대일 접근을 하더라도 그 고객의 기여도 및 욕구에 맞는 대응을 하고 과다한 경품이나 광고비용을 들이지 않음으로써 신규고객 확보에 소요되는 비용을 줄일 수 있다. 즉 고객화될 가능성이 낮은 대상에 대한 불필요한 마케팅비용의 지출을 최소화함으로써 효율을 높일 수 있다. 물론 이것은 일대일 마케팅이 고객별 욕구에 적합할 경우이며 목표고객 설정이 잘못되었을 경우에는 매스마케팅에 비해 비효율적일 수도 있다. 또한 CRM 프로세스를 토대로 반응가능성이 높은 기존고객에게만 선별적으로 판촉활동을 할 경우 저렴한 비용으로 많은 매출을 달성할 수 있을 것이다.

2. 마케팅 역량 향상

1) 유통채널과의 관계개선

유통채널과의 원만한 관계는 기업성과에 큰 영향을 주게 되었으며, 기업은 CRM 프로세스를 통하여 고객과의 직접적인 교류를 수행할 수 있을 뿐만 아니라 이로부터 축적된 지식을 유통채널과 공유함으로써 양쪽의 성과를 모두 증대시킬 수 있게 되었다. 예를 들어, 고객 구매정보를 분석하여 유연한 공급체계를 구축하는데 활용한다면 유통채널의 재고비용을 절감할 수 있고 기업의 성과를 높일 수 있다. 뿐만 아니라 유연한 공급체계는 품절률을 감소시킬 수 있고 이로 인하여 고객만족을 증대시킬 수 있다.

2) 시장세분화 능력 향상

CRM프로세스에 나타나는 고객 행위정보(구매행위, 판촉에 대한 반응 등)는 고객을 유형별로 분류하는데 효과적으로 활용될 수 있다. 예를 들어, 고객 행위정보를 이용하여 고객들을 충성 구매자, 간헐적인 구매자, 상표 전환자, 경쟁제품의 충성 구매자 등으로 분류하여 각 집단에 적합한 마케팅전략을 설계할 수 있을 것이다.

3) 제품에 대한 피드백 확보

급변하는 시장환경 하에서 고객의 욕구변화를 지속적으로 감지하여 마케팅전략에 반영하는 것은 필수적이다. 고객과의 쌍방향 커뮤니케이션 경로를 구비해 놓은 CRM 시스템은 기업으로 하여금 고객의 목소리를 끊임없이 들을 수 있게 하여 시장변화에 대한 파악을 원활하게 해준다.

4) 기업 내부조직의 강화

기업 내의 각 부서에는 다양한 정보가 존재한다. 그러나 이 많은 정보들을 서로 연계시켜 분석할 때 진정한 지식으로서의 가치를 지닐 수 있다. CRM 시스템은 기업 내 많은 정보들을 한 곳으로 모음으로써 부서 간에 시너지 효과를 얻도록 해준다.

11.6 CRM의 전략

CRM 전략이란 기업이 구축한 마케팅 데이터베이스를 활용하여 경쟁력을 향상시키기 위한 구체적인 방안을 의미한다. CRM의 근간은 고객과의 장기적인 관계를 구축하고 관리하는 것이다. 따라서 기존 고객들에 대한 상세한 지식을 기반으로 이들의 구매를 활성화하고 충성도를 향상시키는 것이 CRM에서 가장 중요한 부분을 차지한다.

11.6.1 기존고객을 유지하기 위한 전략

CRM은 모든 고객이 평등하지 않다는 사고에서 출발한다. 기업에 도움이 되거나 될 가능성이 있는 고객에게는 더 많은 혜택을, 그렇지 않은 고객에게는 적은 혜택을 주게 된다. 기존고객을 대상으로 하는 전략의 기조에는 기존고객을 유지하는데 드는 비용이 신규고객을 확보하는데 드는 비용에 비하여 훨씬 저렴하다는 점과 우리 회사에 도움이 되는 고객을 차별화하여 중점적으로 관리한다는 중요한 의미를 가지고 있다.

이른바 '20/80 법칙'에 따르면 상위 20%의 고객이 전체 매출의 80%를 차지한다는 것이다. 한 미국은행에서는 이익 기여도를 기준으로 고객을 분류해 본 결과 상위 3%의 고객이 전체 이익의 50%를 차지한다는 사실을 발견하기도 하였는데, 반면에 하위 그룹에 속한 고객들로부터는 적자를 보고 있었다는 것이다.

(1) 고객 활성화 전략

기존고객을 위한 전략 중 하나는 기존고객 중 우리 회사와 지속적인 관계를 유지하는 우량고객에게 반복구매를 유도하거나 사용빈도를 높일 수 있는 인센티브(incentive)를 부여하여 충성도가 높은 고객으로 발전시키는 것이다. 이러한 전략을 고객활성화 전략이라고 하며, 항공사, 주유소, 카드회사, 레스토랑 같은 다양한 산업의 기업에서 실시하고 있는 마일리지 프로그램이나 포인트 누적프로그램이 여기에 속한다.

(2) 충성도 제고 전략

이것은 고객의 이탈을 방지하기 위한 전략으로, 여기서 고객이탈이란 것은 고객이 경쟁사 제품으로 전환하여 구매하는 것을 말한다. 이 전략의 취지는 우량고객에게 단순히 가시적인 인센티브를 제공한다는 차원을 넘어 그들이 얼마나 중요한 고객인지를 인정해 주는 것이다. 즉, 고객들에게 특별한 배려를 해주거나 관심을 가져줌으로써 정신적이고 기분 좋은 혜택을 주는 것이 필요하다는 것이다. 예를 들어, 항공사들은 3등석에 탑승한 고객 중 우수고객을 즉석에서 선별하여 2등석으로 업그레이드 해주기도 한다. 이를 통해 고객들은 기업이 자기에게 관심을 가지고 있다는 뿌듯함을 느끼게 된다.

(3) 교차판매 전략

교차판매(cross-selling) 전략은 기업이 여러 가지 제품을 생산하는 경우 한 제품의 고객 데이터베이스를 이용하여 다른 제품의 판매를 촉진하는 것이다. 미국의 시어즈사는 백화점, 은행, 신탁회사, 부동산회사, 신용카드회사 등 다양한 회사를 운영하는 기업이다. 시어즈사는 이러한 여러 회사의 고객정보를 공유하는 데이터베이스를 구축하고 이를 교차판매에 적극 활용하였다. 예를 들어, 시어즈의 부동산 회사를 통해 주택을 구매한 고객은 시어즈 백화점에서 가전제품 등을 구매할 경우 25%까지 할인혜택을 받을 수 있으며 시어즈의 은행을 통해 대출 서비스도 제공받을 수 있다.

11.6.2 신규고객 확보를 위한 전략

기업이 장기적으로 성장하기 위해서는 신규고객의 창출이 매우 중요하다. 일반적으로 신규고객을 확보하기 위해서는 잠재고객을 규명하고 이들을 고객으로 전환하는 것이 필요하며 이때 각종 마케팅 데이터베이스가 유용하게 활용될 수 있다. 그러나 무엇보다도 신규고객을 확보하기 위한 장기적인 수단으로는 기존고객들을 활용하는 것이 가장 중요하다. 구체적으로 우리 회사와 장기적인 관계를 형성하고 있고 감정적 애착을 가진 고객들은 우리 회사에 대한 좋은 소문을 유포해서 새로운 고객들을 창출해 준다.

그리고 다른 고객의 호의적인 평가나 추천에 의해 구입하는 신규고객들은 장기적인 고객으로 전환될 가능성이 높다. 따라서 기업은 지속적인 가치제고를 통해 기존고객과의 관계를 유지시켜나가는 것이 필요하다. 또한 기존고객이 신규고객들을 추천하고 소개하는 것에 대해 보상해 주는 제도를 개발함으로써 이러한 노력을 촉진시켜 나갈 수 있다. 이밖에도 타 기업과의 제휴를 통하여 제휴사의 데이터베이스를 활용하는 방법이 있다. 예를 들어, 신세계백화점과 SK텔레콤은 신규고객확보를 위해 제휴카드를 발급하였다. 그리고 신규고객 확보를 위하여 직접반응광고나 행사도 많이 활용한다. 경쟁사의 고객들로 하여금 브랜드 스위칭을 하도록 유도하여 신규고객을 확보하는 경우도 있다. 미국의 포드사는 자동차 등록자료를 이용하여 2년 이상 된 경쟁사의 자동차를 소유하고 있는 차주들을 대상으로 텔레마케팅 캠페인을 벌여서 자사의 신규 모델에 대한 홍보를 성공적으로 행하였다. 그런데, 마케팅 데이터베이스를 통하여 신규고객을 확보하는 경우 상대방과의 신뢰를 유지해야 하고 고객정보에 대한 철저한 보안의 유지가 매우 중요하다. 보안을 위한 시스템적 장치를 구축하고 고객정보는 고객가치의 제고를 위해서만 활용하여 할 것이다.

11.7 ERP와 CRM의 관계

현재 상용화되어 있는 CRM 패키지의 형태는 기능적인 측면에서 볼 때 확장된 ERP의 한 모듈로서의 CRM, 데이터 분석 중심의 CRM, 그리고 영업자동화(SFA) 중심의 CRM으로 구분할 수 있다. 예를 들면, CRM을 확장된 ERP 개념으로 접근하는 CRM 패키지들은 이미 구축된 백오피스(back office)인 ERP에서 기업의 고객 관련 업무 프로세스의 중심을 이루는 판매, 마케팅 서비스를 프론트오피스(front office) 측면에서 지원하는 형태이며, 데이터 분석 중심의 CRM 패키지들은 백오피스 측면에서 고객의 세분화, 요구사항 분석 등 고객정보 분석기능을 중점적으로 제공한다. 또한 영업자동화 중심의 CRM 패키지들은 판매 및 고객서비스를 포함한 마케팅 전 영역에서의 효율적인 고객응대를 지향하고 고객만족에 즉각적인 효과를 제공한다.

〈그림 11-5〉 CRM과 ERP의 연관도

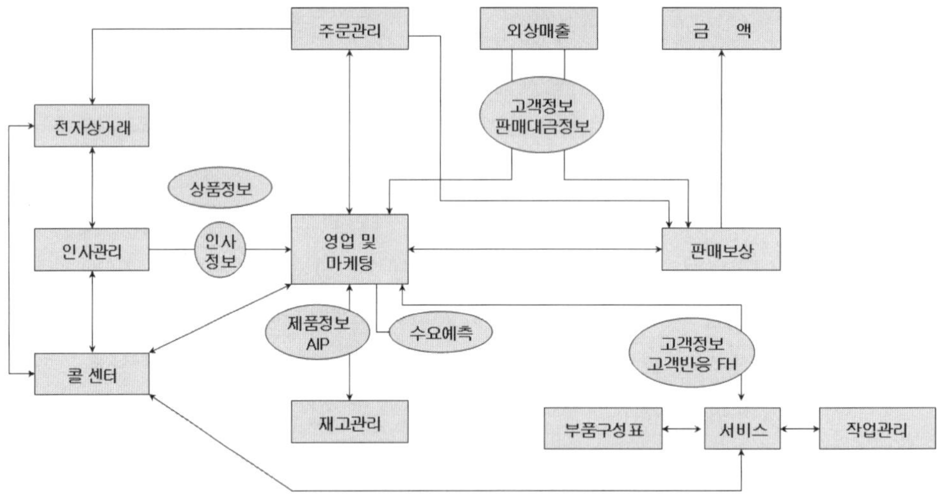

제 12 장

ERP와 전자상거래

12.1 전자상거래의 개요
12.2 전자상거래와 CALS
12.3 전자상거래의 기반요소
12.4 전자상거래 사업분야
12.5 ERP와 전자상거래의 관계

12.1 전자상거래의 개요

1. 전자상거래의 발전과정

인류가 상거래를 시작한 것은 신석기 시대부터였으며, 초기에는 단순한 물물교환이 이루어졌고 그 후 화폐가 사용되면서 본격적인 상거래가 시작되었다.

전자상거래는 1970년대 금융기관의 자금이체에서 출발하여 전자메시징 기술의 확산과 더불어 발전되어 왔으며, 1980년대 중반부터 온라인 서비스의 확산과 인터넷의 출현으로 가상사회가 창출되고 세계시장을 상대로 경제적 교류가 가능하게 되었다. 특히 1990년에 출현한 WWW(world wide web)으로 인터넷 사용이 간편해짐에 따라 이제까지 부분적으로 이루어져 왔던 전자상거래는 더욱 활성화되고 대중화되었다. 이러한 추세는 전세계적으로 초고속정보통신망이 구축됨에 따라 앞으로 더욱 가속화될 전망이다.

2. 전자상거래의 개념

전자상거래를 활용하여 기업의 경영효율을 높이고 경쟁우위를 창출하는 기업이 많아지기 시작하고 있지만, 전자상거래는 최근에 갑자기 등장한 것이 아니다. 전자상거래는 1970년대부터 다양한 형태로 이루어지기 시작하였지만 1990년대 중반 인터넷의 확산에 따라 그 역할과 중요성이 완전히 달라지게 되었다.

전자상거래는 미국의 국방예산과 운영 및 유지에 소요되는 예산을 절감하기 위하여 군수조달 관련업무의 전사적 처리와 그 운영수단으로 구상되었던 CALS와 EDI로부터 발전된 것이다.

전자상거래는 조직과 개인 간에 디지털 방식으로 이루어지는 상거래 활동이다. 상거래는 조직이나 개인들 간의 제품이나 서비스에 대한 가치(예: 화폐)를 교환하는 것이다.

전자상거래(electronic commerce: EC)는 컴퓨터 네트워크 상에서 고도의 정보통신기술을 활용하여 기업, 개인, 정부 등의 경제주체 간에 이루어지는 상품 및 서비스의 다양한 거래로 정의할 수 있다. 기업경영 측면에서는 경영활동의 혁신전략의 일환으로 부각되고 있으며 가상기업, 기업통합 등 지식정보화 사회의 새로운 비즈니스 모델을 창출하게 하는 전략적 바탕도 제공하고 있다.

〈그림 12-1〉 전자상거래의 개관

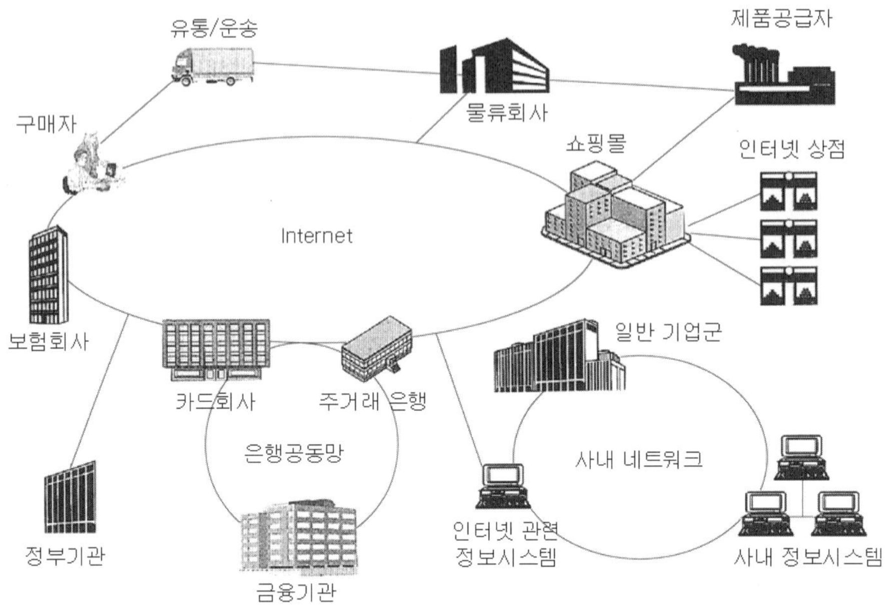

전통적인 상거래에서 시장은 소매점과 같이 물리적인 장소로서 비즈니스를 수행하기 위해 방문하는 곳이다. 전자상거래는 유비쿼터스(ubiquitous) 특성이 있는데, 이것은 언제, 어디서든지 상거래가 이루어질 수 있음을 의미한다. 이러한 유비쿼터스 특성으로 인하여 가정이나 직장 또는 심지어 차에서 조차 모바일 커머스(mobile commerce)가 가능하다. 이러한 상거래 장소는 전통적인 경계를 밖으로 확장되어 시간과 지리적 위치의 제약을 받지 않는 시장인 마켓 스페이스(market space)라고 한다. 디지털 시장은 유통업체나 소매점과 같은 중개상을 거치지 않고 소비자들에게 직접 판매(직거래)할 수 있는 기회들을 제공한다. 유통 채널 상에서 중개상들을 제거함으로써 구매 거래비용을 상당히 낮출 수 있다.

전자상거래는 기술적으로 다음과 같은 몇 가지 특징을 가지고 있다(김우주 외, 2012).

① 유비쿼티(ubiquity) : 인터넷/웹 기술은 모바일 장비를 통해서 언제, 어디서나 사용이 가능하다. 시장은 전통적인 경계를 넘어 확장되며 시간적, 지리적 제

약을 받지 않는다.

② 글로벌 영역 : 상거래가 문화와 국경을 넘어 동일하게 수정 없이 이루어질 수 있다.

③ 만국통용의 표준 : 하나의 기술 표준, 즉 인터넷 표준이 존재한다. 전 세계에 걸쳐 하나의 기술표준을 가진 개별 컴퓨터 시스템들은 서로 쉽게 통신할 수 있다.

④ 풍부성 : 웹에서는 텍스트, 오디오, 비디오 요소들이 결합된 메시지들을 동시에 더 많은 사람들에게 전달할 수 있다.

⑤ 상호작용성 : 생산자와 소비자 간에 쌍방커뮤니케이션이 가능하고, 온라인 상에서 상인이 1:1로 고객과 접촉할 수 있다.

⑥ 정보 밀도 : 생산자, 소비자, 중개자 등 모든 시장 참여자들이 사용할 수 있는 정보의 양이 증대되고 품질이 향상된다.

⑦ 개인화/맞춤화 : 상인들이 고객의 이름, 관심사, 과거의 구매이력 등을 기반으로 시장에 전달할 메시지를 특정 고객에게 맞는 마케팅 메시지로 만들어 전달할 수 있는 개인화(personalization)가 가능하다. 그리고 전달될 제품이나 서비스를 고객의 선호도나 사전 행위에 근거하여 변화키는 맞춤화(customization)도 가능하다.

⑧ 소셜기술 : 새로운 인터넷 소셜 모델 및 비즈니스 모델로 인하여 사용자 컨텐츠 생성 및 배포를 가능하게 해주고 소셜 네트워크를 지원한다.

많은 전자상거래 마케팅 회사들은 행위 타켓팅(behavioral targeting) 기법을 이용하여 배너광고, 리치 미디어광고, 비디오 광고들의 효과를 증대시키고 있다. 모든 웹사이트들은 방문자의 브라우저 상에서의 행위에 관한 데이터들을 수집하고 데이터베이스에 저장한다. 전자상거래 웹사이트들은 온라인 상점 전반에 걸친 구매자의 모든 행위 단계들을 추적할 수 있는 도구들이 있다.

이러한 사이트들은 방문자들이 자신의 사이트에 오기 전에 방문했던 사이트들, 자신의 사이트를 떠나서 가는 곳, 사용자들이 사용하는 운영체제의 유형, 브라우저에 대한 정보, 그리고 심지어는 위치 데이터들까지도 기록하는 도구들을 가지고 있다. 그들은 방문자가 방문했던 특정 사이트의 특정 페이지에 대한 것도 기록하고, 방문자들이 구매한 것도 기록에 남긴다.

기업들은 이렇게 수집한 고객 관심사와 행위에 관한 정보를 분석하여 기존 고객 및 잠재 고객의 정확한 프로파일을 개발한다.

3. 전자상거래의 영역

전자상거래는 상품과 서비스를 전자적으로 구매하고 판매하기 위한 비즈니스 프로세스를 수행하는 것을 의미한다.

<그림 12-2>는 마케팅, 구매, 판매, 제품서비스 및 전자상거래 사업자의 서비스와 관련된 비즈니스 프로세스의 영역을 나타낸다.

전자상거래관련 종사자들은 구매자 또는 판매자로서 인터넷기반 기술, 전자상거래 응용프로그램에 의존하여 마케팅, 조사, 거래처리, 제품 및 고객서비스 프로세스를 수행한다. 예를 들면, 전자상거래는 웹상의 전자상거래 카탈로그 및 옥션사이트에서 마케팅, 주문, 지불, 고객지원 프로세스를 포함할 수 있다.

그러나, 또한 고객과 공급자에 의한 재고데이터베이스의 인트라넷 접근(거래처리), 영업 및 고객서비스 대표에 의한 CRM 시스템의 인트라넷 접근(서비스 및 지원), 그리고 이메일 교환과 인터넷 뉴스그룹에 의한 제품개발에 있어서의 고객협력(마케팅/조사)과 같은 e-비즈니스도 전자상거래에 포함된다.

〈그림 12-2〉 전자상거래의 영역

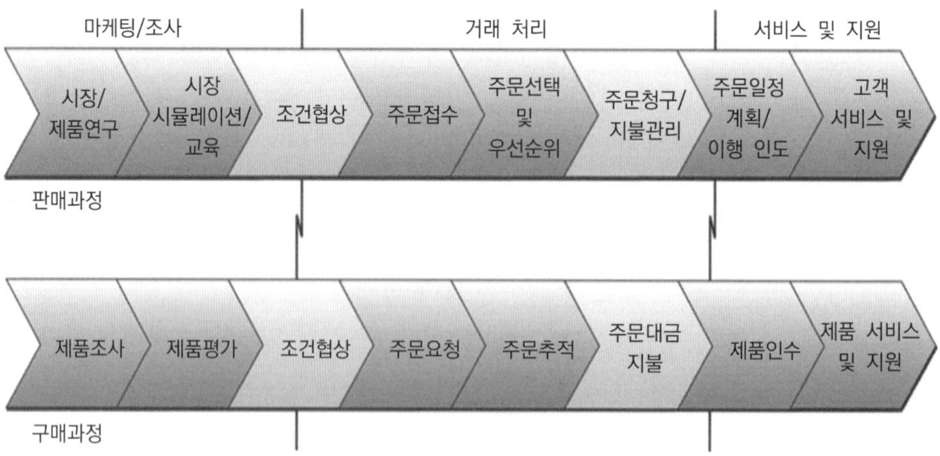

4. 전자상거래의 유형

전자상거래는 시장영역별로 조직간 전자상거래(inter-organization EC)와 소비자대상 전자상거래(consumer-oriented EC)로 구분할 수 있다.

<그림 12-3>에서 보는 바와 같이 조직간의 전자상거래는 경제주체에 따라 정부와 기업(government-to-business: G to B), 기업과 기업(business-to-business: B to B)간의 상거래로 세분화할 수 있다. 소비자대상 전자상거래는 정부와 개인(government-to-consumer: G to C), 기업과 개인(business-to-consumer: B to C)간의 상거래로 세분화할 수 있다(오재인 외, 2001).

〈그림 12-3〉 시장영역별 전자상거래 주체간 연계

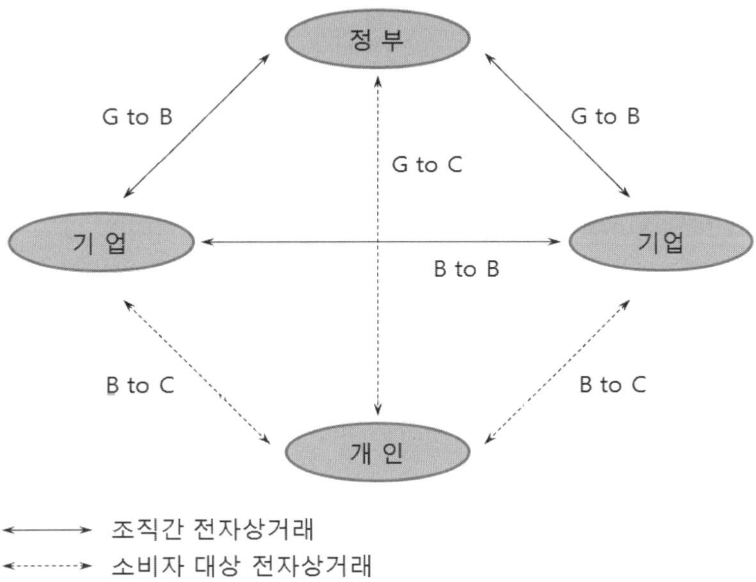

〈그림 12-4〉 전자상거래와 관련된 주체의 역할관계

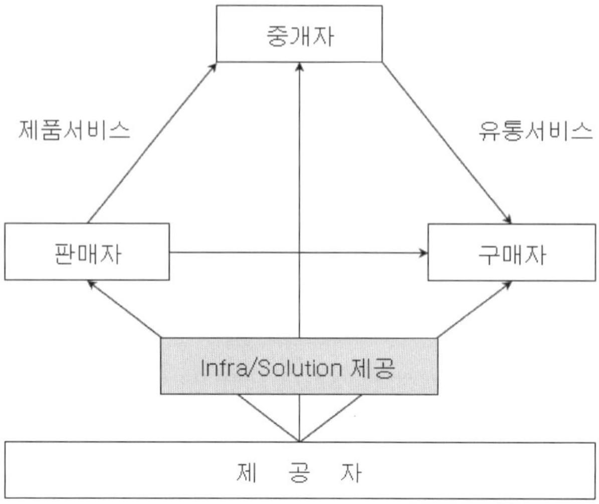

전자상거래와 관련된 관계자의 역할을 구분해 보면, <그림 12-4>와 같이 판매자(seller), 구매자(buyer), 제공자(provider), 중개자(intermediary) 등으로 나눌 수 있다.

판매자는 제품 및 서비스를 제작 및 판매하는 주체로서 일반적인 제조업체가 해당되며 구매자는 기업과 개인소비자로서 제품 및 서비스를 구매하는 주체이다. 제공자는 전자상거래에 필요한 인프라를 구축하여 거래에 필요한 솔루션 및 제반 서비스를 제공하는 사업자로서 정보통신사업자 등이 해당된다. 중개자는 네트워크상의 유통서비스와 가상시장을 운영하면서 판매자와 구매자를 연결시켜주는 주체이다.

12.2 전자상거래와 CALS

산업혁명 이후 분업화, 전문화, 자동화, 세분화를 지향하던 경영 패러다임이 1980년대부터 통합화, 융합화, 수렴 등으로 바뀌었다. 이에 따라 고도의 정보통신 기술을 바탕으로 기업내부의 활동, 기업과 기업간, 기업과 개인 등의 관련 활동도 통합화 및 융합화를 지향하고 있다. 이러한 변화의 흐름에 따라 기업내부의 활동은 ERP(Enterprise Resource Planning)를 통하여 통합되고 있고, 기업간 통합은 전자상거래에 의하여 이루어지고 있다.

CALS가 컴퓨터에 의한 군수업무지원(Computer Aided Logistics Support: CALS)의 개념에서부터 컴퓨터를 이용한 조달 및 군수업무지원(Computer aided Acquisition and Logistics Support), 지속적 조달과 라이프사이클지원(Continuous Acquisition and Life-cycle Support), 광속 상거래(Commerce At Light Speed)의 개념으로 확대 발전하면서, 전자상거래를 단지 '광속 상거래'의 개념으로 파악하기도 한다. CALS는 적용되는 업무의 성격상 기술적인 자료의 전자교환(Technical Data Interchange: TDI) 및 동시공학(Concurrent Engineering)에 초점을 맞춘 경우에는 '지속적 조달과 라이프사이클지원', 그리고 상거래에 필요한 문서의 교환에 중점을 둔 경우에는 '광속 상거래'로 그 개념을 이해할 수 있다.

CALS는 그 개념을 넓게 보느냐 혹은 좁게 보느냐에 따라 EC와 다소 차이가 있다. CALS는 상품의 설계, 생산에서부터 폐기에 이르는 전 과정에 걸쳐 필요한 자료를 관련된 모든 조직이 컴퓨터 네트워크를 이용하여 교환하고 공유하는 방식으로 기업 간 생산, 물류 업무의 효율화를 위한 자료의 전자교환 및 정보공유에 초점을 두고 있다. 이에 비하여 EC는 컴퓨터 네트워크상에서 전자매체를 활용하여 기업, 개인, 정부 등의 경제 주체간에 이루어지는 상품 및 서비스의 다양한 거래 활동이다.

그러므로 CALS는 EC에 비하여 기업 간 협력관계 및 통합을 위한 전략적 의미와 기술·생산 성격이 강조되고 있고, 기술적으로는 기술적 자료의 공유와 통합 데이터베이스 구축이 목표이다. 그러나 EC는 기업 간 활동뿐만 아니라 소비자도 대상으로 포함하며 영업 및 대외거래, 배달, 지불 등의 사업거래 성격이 더 강조되고 있다.

EC는 크게 기업 간의 거래와 소비자와의 거래로 구분할 수 있다. 기업 간의 거래인 경우의 EC는 EDI나 CALS와의 연계 혹은 공조 속에서 이루어 질 수 있다. 즉, EDI나 CALS는 기업 간의 거래를 지원하는 기술이므로 EC를 위한 하위요소로 볼 수 있다.

EC는 원재료 견적 요청, 견적, 주문, 결제, 제품홍보, 판매계약, 결재 등 거래의 전 과정을 가상공간에서 수행한다. 반면에 EDI는 기업 간 거래의 문서형태의 정보교환을 담당하는 좁은 범위의 역할이며, CALS는 실질적인 거래는 물리적인 공간에서 이루어지며 가상공간에서는 거래에 따른 데이터의 교환만을 담당한다는 점에서 EC와 차이가 있다.

12.3 전자상거래의 기반요소

1. 기반요소의 영역

기업의 생존과 경영전략 차원으로 추진되고 있는 전자상거래가 성공적으로 구현되기 위해서는 현재의 기업여건이나 환경을 보완하고 사전에 기반을 조성하여야 할 요인이 많다. 성공적인 전자상거래를 위한 기반요소로서 다음 네 가지를 들 수 있다.

(1) 사회적 기반

사회적 기반은 기존의 거래관행이 전자상거래와는 맞지 않는 측면이 있다. 예를 들면, 우리나라에서만 통용되고 있는 어음에 의한 대금결제 방식은 어떤 형태로든지 수정되고 보완되어야 할 사항이다. 전자상거래 성격상 대인접촉이 거의 없기 때문에 상거래 윤리가 제대로 확립되어야 하고, 거래에 있어 상호 신뢰가 형성되어야만 원활한 거래가 가능하다. 사회적 기반요인은 소비자 측면, 생산자 측면, 정책적 측면, 조세적 측면 등으로 나누어 볼 수 있다. 사기거래라든가 사생활 침해 및 거래 투명성에 대한 우려가 해소되어야 할 것이며, 대금결제 수수료에 대한 부담도 줄여야 할 것이다. 또한 전자상거래에 대한 명확한 정책과 세금부과 등에 대한 명확한 규정이 필요하다.

(2) 조직적 기반

이것은 법적·제도적 조치가 합리적으로 구축되어야 한다. 전자상거래에서 발생하는 계약, 자금결제, 분쟁발생시 인증책임, 데이터 및 프라이버시 보호 등 조직적 기반이 제대로 뒷받침되어야 한다. 다시 말해서, 국가차원의 전자상거래 전략을 수립하고 추진하는 총괄 조직은 물론, 전자상거래 구현을 하여 충분한 정보화 투자재원이 확보되어야 하며 전자상거래의 활성화를 뒷받침하는 법적·제도적 장치가 확고하게 정립되어야 한다.

(3) 기능적 기반

이것은 업무, 데이터, 보안 등과 관련된 표준화 작업을 말한다. 각 기업간 적용되는 서로 다른 거래절차나 업종간에 사용하는 하드웨어, 소프트웨어, 서식 등이 상호 교류가 가능하도록 표준화되어야 한다. 표준화 문제는 민·관합동으로 추진하여 정립하는 방안을 고려해 볼 수 있고, 물류비용의 저렴화라든가 국내 택배체제의 국제적인 경쟁력 확보 그리고 전자결제 방법 등도 제대로 확립되어야 한다.

(4) 기술적 기반

기술적 기반으로서는 정보기술, 통신기술, 보안기술 등이 제대로 뒷받침되어야 한다. 구체적으로 EDI구현기술, 네트워크기술, 보안기술, 전자화폐 및 전자자금이체 기술 등이 제대로 개발되어야 한다. 정보통신기술 측면에서는 정보통신 네트워크의 고속화 및 안정적 운영이 절대적으로 필요하다. 그리고 전자상거래 과정에서 필수적인 인증기관과 인증기반이 필요하며, 보안을 위한 암호사용의 순기능과 역기능을 조화시켜야 한다.

2. 기술적 기반

성공적인 전자상거래 활동의 운영과 관리를 위하여 필요한 핵심적인 전자상거래 프로세스를 나타내면 <그림 12-5>와 같다(O'Brien & Marakas, 2011).

<그림 12-5>는 오늘날 많은 기업들이 전자상거래의 주도권을 확보하기 위한 토대가 되는 전자상거래 프로세스 구조의 9가지 핵심적인 구성요소를 나타낸다.

이들 프로세스가 전자상거래 시스템에서 수행하는 역할이 중요하며, 또한 이들 가운데 여러 구성요소가 내부적, 비상업적 e-비즈니스 응용프로그램에 이용될 수도 있다. 이 그림에 나타난 전자상거래 프로세스 구조에서는 전자상거래 프로세스의 9가지 핵심적 영역을 강조한다.

〈그림 12-5〉 전자상거래의 핵심적인 구성요소

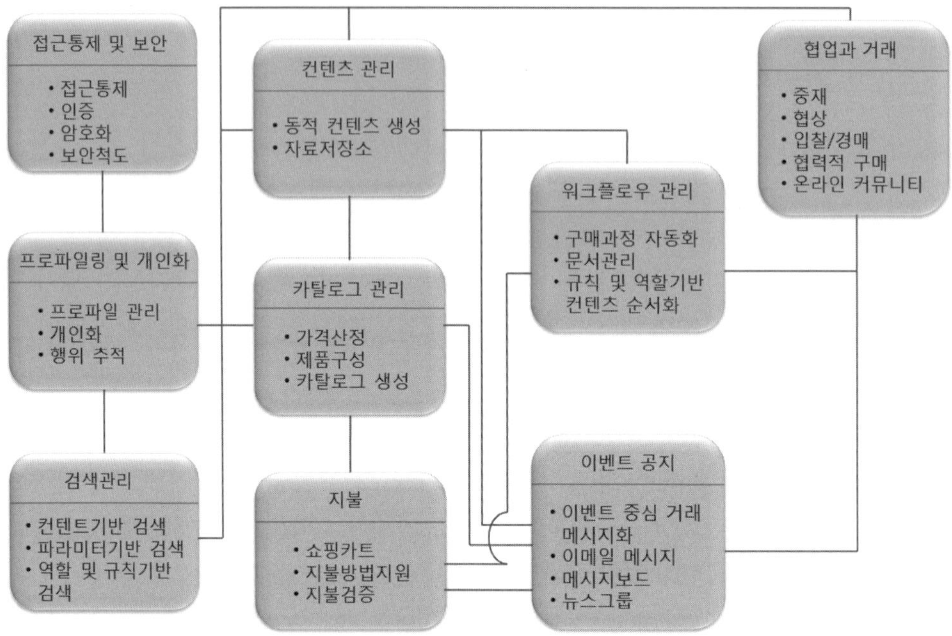

전자상거래 구현을 위해서는 기업 내 및 기업 간, 그리고 소비자와의 정보교환이 원활히 이루어져야 한다. 교환되는 정보가 멀티미디어 자료이고 일반적으로 대용량이라는 점을 고려하여야 한다.

실제로 인터넷상에서 전자상거래가 이루어지기 위해서는 다양한 기술이 뒷받침되어야 한다. 전자상거래의 기술구조를 집약하여 나타내면 <그림 12-6>과 같다.

〈그림 12-6〉 전자상거래 기술구조

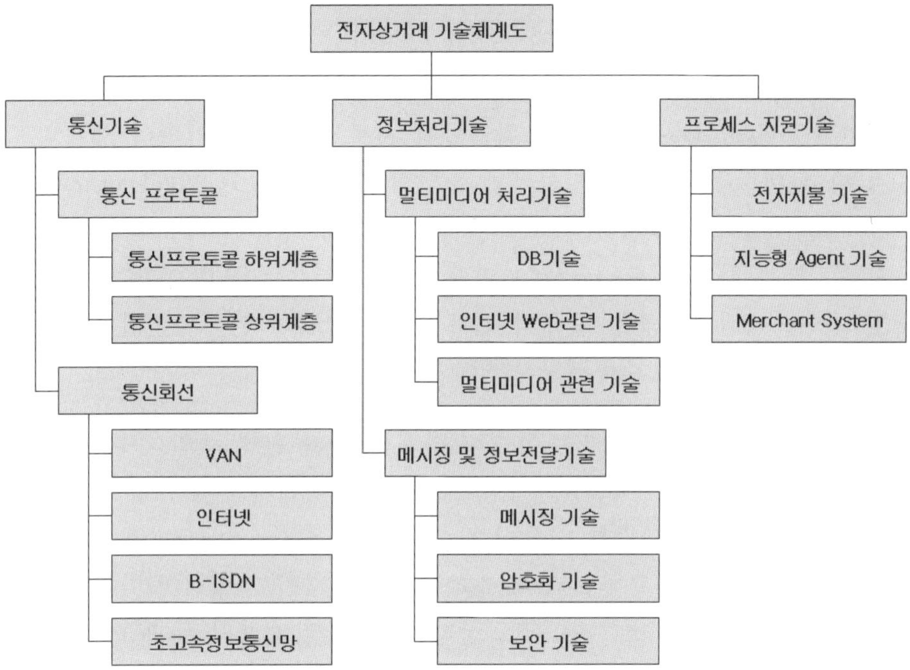

출처 : 연세대 산업정보시스템연구실 자료(1998).

1) 통신기술

(1) 통신 프로토콜

프로토콜(protocol)은 통신규약을 말하며, 응용 프로그램(application program) 간의 통신을 처리할 수 있는 통신 프로토콜(protocol) 상위계층에서는 OSI 참조모형(7 layer)과 TCP/IP 프로토콜을 사용한다. 통신프로토콜 하위계층은 물리계층, 데이터링크 계층, 통신망계층인데, 하위계층에는 X.25, ATM, 프레임 릴레이(Frame Relay)방식 등이 사용된다.

(2) 통신망

통신망(network)에는 VAN, 인터넷, B-ISDN, 초고속정보통신망 등이 사용된다.

VAN은 문서를 전자적으로 주고받는데 많이 사용되어 왔으나 점차적으로 인터넷으로 대체되고 있다. VAN은 회선을 직접 보유하거나 통신사업자의 회선을 임차 또는 이용하여 단순한 전송기능뿐만 아니라 정보의 축적, 가공, 변환처리 등의 부가가치를 부여한 음성 또는 데이터 정보를 제공하여 주는 복합 서비스이다.

인터넷(Internet)은 개별 네트워크들이 서로 연결되어 임의의 네트워크 사용자가 다른 네트워크의 사용자들에게 도달할 수 있도록 TCP/IP(Transmission Control Protocol/ Internet Protocol) 프로토콜을 사용하며, 누구나 네트워크 서비스를 이용할 수 있게 하는 네트워크들의 거대한 집합이다. TCP/IP는 PC와 워크스테이션 및 메인프레임 등 많은 종류의 컴퓨터에 내장되어 인터넷뿐만 아니라 광역 네트워크와 LAN 프로토콜로도 널리 사용되고 있다.

1990년대 중반부터 인터넷이 급속하게 확산된 원인 중의 하나는 WWW(world wide web) 기술이다. WWW는 텍스트 모드 환경에서와는 전혀 다른 웹브라우저(web browser)라는 도구를 사용하여 GUI(graphic user interface)환경에서 하이퍼텍스트(hypertext)를 이용함으로써 편의성을 증대시키고 멀티미디어 활용을 극대화한다. 웹(web)은 텍스트, 동영상, 정지화상, 다른 페이지 등과 연결할 수 있도록 하이퍼텍스트 등을 포함하는 문서나 페이지들의 집합으로 볼 수 있다. WWW는 지금까지 단방향 정보서비스 등에서만 사용되던 인터넷 활용의 제한성을 벗어나 양방향 정보교환이라는 새로운 활용을 가능하게 하여 인터넷 비즈니스가 활성화되기 시작하였다.

B-ISDN(Broadband Integrated Services Digital Network)은 광대역 디지털종합정보통신망으로서 음성과 데이터, 화상정보 등 고품질 미디어를 통합한 본격적인 다지점 간의 멀티미디어 통신을 초고속으로 가능하게 한다.

초고속정보통신망(information superhighway)은 공공기관, 대학연구소, 기업은 물론 전국의 가정까지 첨단 광케이블망으로 연결함으로써 문자, 음성, 영상 등 다양한 대량의 정보를 초고속으로 주고받는 최첨단 통신시스템이다. 초고속정보통신망의 핵심은 광케이블망을 주축으로 영상과 음성, 문자 등 멀티미디어 정보를 쌍방향으로 오갈 수 있다는 점이다. 일반 사진은 물론 비디오와 오디오 정보도 실시간으로 전송할 수 있으며, 영상전화나 원격의료, 원격화상회의 등도 가능하다.

2) 정보처리 기술

(1) 멀티미디어 처리기술

① DB기술 : DBMS(관계형 DBMS, 객체지향형 DBMS), 데이터웨어하우징, 통합 데이터베이스 구축 기술 등

② 인터넷 및 웹 관련기술 : WWW을 통한 자료교환에 사용되는 HTTP 프로토콜, WWW 페이지를 작성하기 위한 양식인 HTML, CGI, JAVA, VRML 등

③ 자료압축 및 복원기술 : 대용량의 자료를 압축, 전송 및 복원하는 기술

(2) 메시징 및 정보전달 기술

① 메시징기술 : EDI, E-Mail, Fax-Conversion, E-Form 등

② 암호화기술

- 암호화기술은 원래와 다르게 내용을 전달하는 것으로 비밀문장을 만들거나 메시지와 결합된 특별한 문자의 조합을 만드는 수학적 알고리즘
- 주로 DES(data encryption standard)와 RSA 알고리즘을 복합적으로 사용

③ 보안기술

- 네트워크 보안 : Firewall 등
- 웹에 대한 보안 : S-HTTP(secure HTTP), SSL(secure sockets layer)
- E-Mail에 대한 보안 : PEM(privacy enhanced mail), PGP(pretty good privacy) 등
- 인증 기술 : SET(secure electronic transaction) 등

3) 프로세스지원 기술

프로세스지원 기술은 각 경제주체간의 거래처리를 지원하는 기술로서, 전자지불기술, 지능형 에이전트 기술, Merchant 기술 등이 있다.

(1) 전자지불기술

전자상거래에서 대금지급이 컴퓨터 시스템 간에 실시간으로 이루어지는데 필요한 기술로서, 신용카드지급시스템, 전자화폐시스템, 전자수표시스템 등이 있다. 전자지불은 개인의 사생활보호 측면에서 상거래 이후 추후 문제발생에 대한 우려 등 많은 영역에서 전자상거래에 대한 불안감을 해소시켜 줄 수 있는 핵심기능이다.

(2) 지능형 에이전트 기술

지능형 에이전트(intelligent agent)는 사용자의 일상적인 일들을 대신해 주거나 반복적인 일들을 효율적으로 처리해준다. 예를 들면, 사용자의 요구에 의하여 인터넷 쇼핑몰에서 최저가격을 검토하는 등 사용자의 입장에서 관련 업무를 도와준다.

지능형 에이전트 기술은 사용자로부터 지식이나 정보 등 지시를 받아 스스로 판단하여 인터넷이나 데이터베이스와 같은 외부 환경으로부터 정보를 처리할 수 있는 능력을 갖도록 하는 기술이다. 이것은 인간의 개입 없이 사용자, 업무 프로세스 또는 소프트웨어 응용프로그램의 전문적이고 반복적이며 예측 가능한 업무를 이면에서 수행하는 소프트웨어 프로그램이다. 사용자를 대신하여 스팸 메일 삭제, 일정 약속, 또는 특정 여행지까지 가는 가장 싼 항공권을 찾기 위해 상호 연결된 네트워크를 검색하는 등의 업무수행이나 의사결정을 위해 학습된 지식베이스를 사용한다.

(3) Merchant 기술

누구나 인터넷 상에서 가상 쇼핑몰을 효과적으로 구축할 수 있도록 지원하며, 쇼핑몰 이용자들에게는 편리하고 효율적으로 쇼핑을 할 수 있도록 지원하는 기술이다.

12.4 전자상거래 사업분야

전자상거래를 응용한 사업분야는 전자상거래의 시장영역별로 세분화하여 보면, 상당히 다른 형태로 이루어지고 있다.

① 정부와 기업간(G to B) 상거래

조달 EDI, 수출입통관 EDI, 정부 인트라넷 구축을 통한 전자문서 유통, 납세 및 민원서류의 전자적 제출, 관보의 전자적 공시 등을 들 수 있다.

② 기업과 기업간(B to B) 상거래

인터넷 전자지불서비스, 인터넷 EDI, 전자거래중계 서비스, 전자결재대행 서비스, 온라인 뱅킹, 전자구매지원 서비스, EC 솔루션통합 등이 있다.

③ **정부와 개인간(G to C) 상거래**

전자 특허출원, 주민등록 등 각종 민원처리 과정의 전자화 등을 들 수 있다.

④ **기업과 소비자간(B to C) 상거래**

가상 쇼핑몰 사업, 컨텐츠 사업, 도서음반 등 디지털제품 사업, 대고객 마케팅 매체화, 각종 정보의 DB 상품화, 사용자 응용프로그램의 상품화 등을 들 수 있다.

이렇게 다양한 형태의 전자상거래가 경제주체간에 이루어지고 있지만, 일반적으로 전자상거래는 정부를 제외하고 기업과 기업, 기업과 소비자간의 상거래를 주로 의미한다. 전자상거래의 경제주체에서 정부를 제외하면, 영역측면에서는 인터넷 상거래와 비슷하다. 인터넷 비즈니스는 인터넷을 기반으로 하는 사업으로서 분야별로 컨텐츠 사업, 인프라제공 시업, 상품판매, 거래중개 등 네 분야로 나눌 수 있는데, 이를 나타내면 <표 12-1>과 같다.

〈표 12-1〉 인터넷 사업의 내용별 구분

분 야	기존 상거래	사 례	수 익
컨텐츠 사업	• 컨텐츠를 제작하여 공급 • 디지털 컨텐츠, 음악, 영상 방송 프로그램	• CNN • WSJ • Gartner Group	• 광고 • 컨텐츠 판매 • 가입비
인프라 제공 (Channel)	• 사용자의 편리한 활용을 지원하기 위한 서비스를 통합 제공	• AT & T • Yahoo • AOL	• 서비스 이용료 • 광고
상품판매 (Marketplace)	• 제품/서비스를 판매하는 시장 운영 • 쇼핑몰	• Amazon • E-trade • Dell, Cisco	• 상품 판매료 • 서비스 요금
거래 중개 (Transaction)	• 거래 당사자들 간의 입찰, 경매, 교환 거래 중개 • 가상 주식거래, 가상은행	• E-Bay • GE-TPN	• 거래 수수료

근래에 새롭게 등장한 주요 인터넷 비즈니스 모델들과 함께 종합하여 전자상거래 비즈니스 모델을 좀 더 세분화해 보면, e-소매점(e-tailer), 거래 중개자

(transaction broker), 시장 생성자(market creator), 컨텐츠 제공자(content provider), 커뮤니티 제공자(community provider), 포털(portal), 서비스 제공자(service provider) 등으로 분류할 수 있다.

그리고, 그 동안 개발되어 온 전자상거래 수익모델은 상당히 많지만, 대부분의 기업들은 광고 수익 모델(advertising revenue model), 판매 수익 모델(sales revenue model), 구독 수익 모델(subscription revenue model), 무료/유료 수익 모델(free/premium revenue model), 거래수수료 수익 모델(transaction fee revenue model), 제휴 수익 모델(affiliate revenue model) 등과 같은 6가지 수익 모델들 중 한 가지 또는 결합방식을 취하고 있다.

12.5 ERP와 전자상거래의 관계

최신의 정보기술을 적용한 ERP는 다음과 같은 B2B 전자상거래 기술을 기반으로 설계되어 있다(김계수 외, 2006).

기존의 ERP 시스템이 개별 기업내부의 업무만을 처리하는데 국한되어 있었다면 B2B 엔진은 각 기업 간의 업무시스템인 ERP 시스템을 상호 연결하여 기업 간의 거래가 이루어 질 수 있도록 지원하는 역할을 담당한다.

ERP 시스템은 <그림 12-7>에서 보는 바와 같이 내부에는 ERP 시스템과 B2B 엔진이 결합되어 있는 형식을 취하고 있다. 즉 기업내부의 업무는 ERP 시스템이 담당하고, 기업외부와의 자료교환(Business to Business: B2B)은 B2B 엔진이 담당하는 것이다. 만일 상대의 기업이 B2B 엔진을 탑재하고 있다면 어떤 ERP 시스템을 사용하더라도 상호간에 구매 주문서나 송장, 거래명세표 등을 서로 전자적으로 주고받을 수 있다. 또한 일부 쇼핑몰에도 검색하여 일반 소비재 품목을 구매할 수도 있다.

〈그림 12-7〉 전자상거래 기반의 ERP

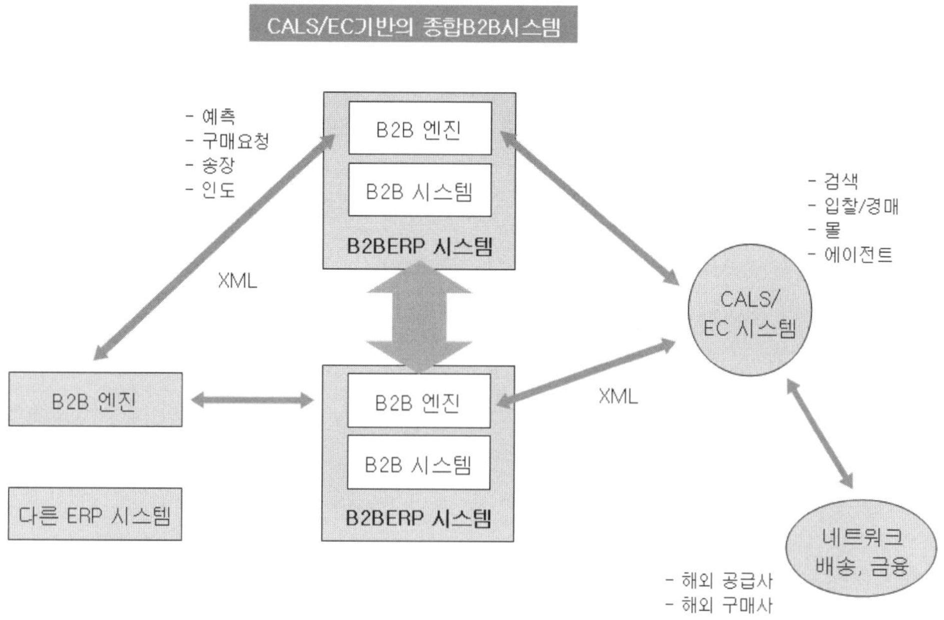

이러한 방법이 가능하게 된 근본적인 기술은 국제 표준인 XML(extensible markup language)기반의 Biztalk이다. Biztalk은 서로 다른 양식을 사용하는 기업간의 정보가 상호 교류되도록 하기 위하여 정해 놓은 규약으로서 상호간의 정보가 소프트웨어적으로 전달되어 이동되고 있는 기술이다.

제 13 장

ERP와 비즈니스 인텔리전스 시스템

13.1 비즈니스 인텔리전스(BI)의 개요
13.2 비즈니스 인텔리전스 시스템(BIS)의 개념
13.3 비즈니스 인텔리전스 시스템의 구조
13.4 비즈니스 인텔리전스 시스템의 개발전략
13.5 비즈니스 인텔리전스 시스템의 설계 및 구현
13.6 비즈니스 인텔리전스 시스템의 요약

13.1 비즈니스 인텔리전스(BI)의 개요

13.1.1 비즈니스 인텔리전스의 역사

오랫동안 경영정보시스템(MIS)은 조직의 여러 가지 과업들을 지원해 오고 있다. 그러나 오늘날 많은 정보시스템들 중에서 특히 경영정보시스템(MIS, DSS, ES, EIS 등)은 시간제약 하에서의 의사결정이라든가 경쟁자의 모니터링, 여러 가지 입장을 가진 조직의 정보보유 또는 수많은 자료에 대한 부단한 분석 및 여러 가지 조직성과에 대한 고려 등의 측면에서 반드시 의사결정자들의 기대를 충족시켰다고 할 수 없다.

〈그림 13-1〉 MIS의 발전

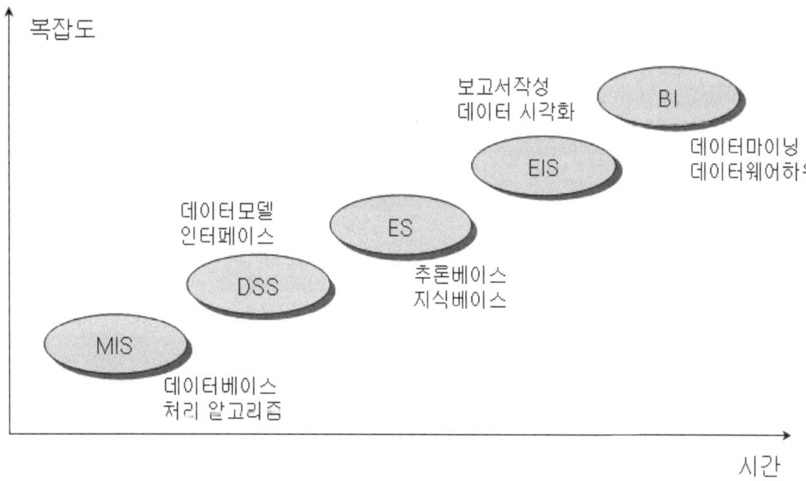

<그림 13-1>은 경영정보시스템(MIS)의 발전과정과 관련한 자료 수집, 분석, 탐색 및 시각화의 기법들을 나타낸다. 시장에서 발생하는 변화에 즉각 반응할 수 있도록 하기 위하여 조직은 조직자체의 여러 가지 인과분석(cause and effect analysis)과 환경분석이 가능한 경영정보시스댐을 갖추어야 한다.

20세기 후반, 정보화시대가 개시되기 전에는 업무활동을 위하여 자동화되지 않은 원천으로부터 자료를 수집해야만 했다. 그래서 업무활동에서 자료를 적절히

분석할 컴퓨팅자원이 부족하였으며 그 결과 기업들은 흔히 직관에 의하여 주로 의사결정을 내리게 되었다. 업무에 있어서 점차 시스템의 자동화가 개시됨에 따라 자료들은 그만큼 이용가능하게 되었다. 그러나 자료수집의 경우 자료교환을 위한 기반이 부족하거나 시스템간의 비호환성으로 인한 문제가 해결되지 않았다. 수집된 자료의 분석과 자료에 관한 보고서가 나오기까지 수개월이 소요되기도 하였다. 이러한 보고서로 인하여 공식적인 장기의 전략적 의사결정도 가능하게 되었다. 그렇지만 단기의 전술적 의사결정은 계속적으로 직관에 의존하였다.

현대의 업무에 있어서는 표준의 증가, 자동화 및 기술로 인하여 이용 가능한 자료량이 방대하게 되었다.

데이터웨어하우스 기술로 인하여 이들 자료를 저장할 자료저장소(repository)를 구축하게 되었다. 이제 비즈니스 인텔리전스는 많은 데이터 량을 선별하고 적절한 정보를 추출하며 이러한 정보를 조치 가능한 지식으로 전환시키는 기술이 되었다.

비즈니스 인텔리전스 소프트웨어는 데이터를 발굴하고 분석하며 보고할 수 있는 기능을 가지고 있다.

몇몇 비즈니스 인텔리전스 소프트웨어는 교차분석(cross-analyze)이 가능하며 개인별, 부서별, 전사적 수준에서 판매나 성과의 보다 나은 분석을 위하여 신속하게 심층적인 자료분석을 가능하게 한다. 현대의 비즈니스 인텔리전스 소프트웨어 응용프로그램에서는 관리자들이 예측, 분석 및 업무 의사결정을 위한 자료의 보고서를 즉시 편집할 수 있다.

13.1.2 비즈니스 인텔리전스의 개념

최근 복잡하고 다양한 기업 경영환경에서 단순한 업무자동화의 차원을 넘어 기업의 적절한 의사결정을 위해서는 정보수집 능력뿐만 아니라 정보의 관리능력, 분석능력 및 전략적 활용이 기업의 경영성과와 경쟁력에 크게 영향을 미칠 수 있다. 이러한 기업의 정보능력을 효과적으로 지원해 줄 수 있는 기반이 되는 비즈니스 인텔리전스(Business Intelligence: BI)가 주목을 받고 있다.

비즈니스 인텔리전스는 업무정보의 수집, 통합, 분석 및 표현을 위한 기술이고 응용프로그램(application)이며 업무 프로세스(practices)로서 때로는 정보 그 자체로 간주하기도 한다. 다시 말해서, 비즈니스 인텔리전스는 기업들이 신속, 정확한 업무 의사결정을 위해 사용하는 데이터의 접근, 수집, 저장 및 분석 등을 위한 응용프로그램(application)과 기술의 집합이다. 즉, 기업의 기본적인 전사적 운영시스템(ERP, SCM, CRM 등)과 인터넷 등으로부터 수집 및 축적된 대량의 데이터를 저장, 분배, 변환, 추출 등의 처리과정과 분석작업을 통하여 기업의 의사결정에 활용하려는 수단과 기술의 집합이라고 할 수 있다. 또한 경영자가 전략을 수립하는데 필요한 데이터를 수집하고, 수집된 데이터를 가장 효과적이고 효율적인 방법으로 가공하여 적절한 의사결정을 하도록 지원하며 경영상의 여러 가지 위협이나 위험을 자동적으로 알려주는 시스템이라고 할 수 있다. 이것은 사실에 근거한 지원시스템을 이용함으로써 업무 의사결정을 향상시키는 개념의 집합이며 방법론이라고 할 수 있다. 적시성을 갖춘 정확한 정보는 기업의 중요한 자원이며 의사결정을 신속히 할 수 있게 하고 고객의 경험을 잘 활용할 수 있게 한다.

비즈니스 인텔리전스의 목적은 보다 나은 업무 의사결정을 하도록 지원하는 것이다. 비즈니스 인텔리전스의 소프트웨어 요소는 보고서 작성, 대화방식의 다차원 피봇테이블 분석, 시각화 및 통계적 데이터마이닝을 지원한다. 응용프로그램은 영업, 생산, 재무와 특히, 업무 성과관리를 위한 많은 다른 업무의 원천자료를 처리한다.

비즈니스 인텔리전스는 이용 가능한 기업의 역량과 기술수준, 추세, 미래시장의 방향, 기업의 경쟁적 규제환경 등을 이해하는데 이용된다. 자료저장소(repository)로서의 데이터웨어하우스의 출현, 데이터 정화(cleansing)의 발달, 하드웨어 및 소프트웨어의 성능의 증대, 웹구조의 출현 등 이러한 모든 요인들이 결합하여 이전에 유용했던 비즈니스 인텔리전스 환경을 더 풍요롭게 한다.

비즈니스 인텔리전스는 의사결정에 유용한 데이터를 지능적으로 활용함으로써 업무의 경쟁우위를 향상시키는 과정이다. 비즈니스 인텔리전스 도구는 미칠 수 있는 범위내의 데이터로부터 조직의 경쟁우위를 최대화시킨다.

ERP(Enterprise Resource Planning)는 기업의 업무 프로세스를 혁신하고 전사적으로 프로세스를 통합하여 현업의 업무처리를 지원해 준다. ERP는 프로세스의 통합이나 거래처리(transaction processing)의 효율성 제고와 같은 기업 내부의 효율성에 초점을 맞추기 때문에 사용자의 의사결정 지원, 성과향상을 위한 분석정보를 제공하는 데에는 한계가 있다. 따라서 ERP를 통해 업무의 효율성을 극대화시킨 기업들은 성과향상 및 의사결정 지원의 도구로서 비즈니스 인텔리전스(BI)를 도입할 필요가 있다. 기업은 다양한 시스템과 데이터를 통합하여 도출된 정보를 바탕으로 생존을 위한 전략을 세우고 이에 대한 성과를 정확히 측정 및 관리할 수 있는 체계를 정립함으로써 기업내에서 발생할 수 있는 다양한 문제점을 해결할 수 있다. 따라서 이를 위한 도구로서 기업들은 비즈니스 인텔리전스를 도입하고 있다. <그림 13-2>는 이러한 ERP와 BI를 비교한 차이점을 나타낸다.

〈그림 13-2〉 ERP와 BI의 비교

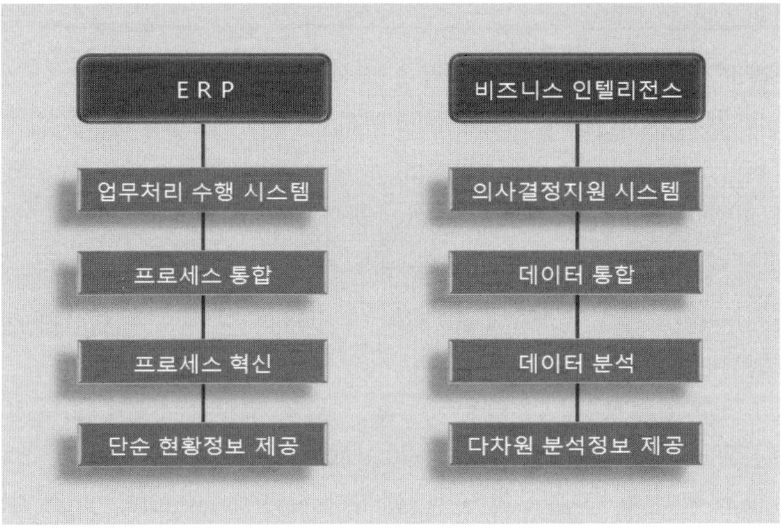

13.1.3 비즈니스 인텔리전스의 구성

비즈니스 인텔리전스는 크게 인텔리전스 인프라, 전략 인텔리전스, 분석 인텔리전스, 확장 인텔리전스, 인텔리전스 정보전달의 5부분으로 구성되어 있다. 최근에는 전사적 성과관리나 비즈니스 성과관리와 같은 새로운 개념이 등장하고 있으나, 이 프레임워크에서 크게 벗어나지 않는다.

비즈니스 인텔리전스의 프레임워크는 <그림 13-3>과 같다. 그리고 <표 13-1>은 비즈니스 인텔리전스의 구성내용을 나타내 보여주고 있다(이재규 외, 2011).

〈그림 13-3〉 비즈니스 인텔리전스의 프레임워크

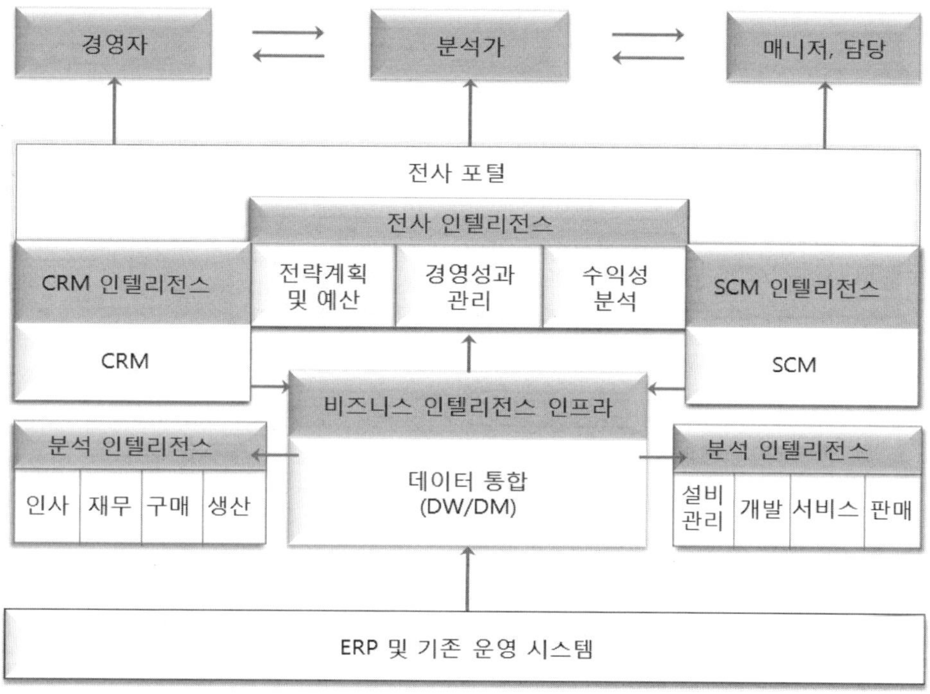

〈표 13-1〉 비즈니스 인텔리전스의 구성내용

구 성	내 용	구성 요소	비 고
인텔리전스 인프라	비즈니스 인텔리전스를 구현하기 위한 다양한 기술 및 데이터 통합기반 제공	• ETL • 데이터웨어하우스 • 데이터마트	
전략 인텔리전스	경영전략을 효과적으로 수립하고 실행하기 위해 필요한 가치동인 관리, 경영성과 관리, 전략실행 모니터링, 원가 및 수익성 등에 관한 분석정보를 제공	• VBM • BSC • ABC/ABM	경영자/ 관리자 중심
분석 인텔리전스	특정 이슈의 해결을 위한 전문적인 의사결정 모델부터 업무기능의 영역별 보고서 및 조회를 위한 기능까지, 분석을 위한 다양한 정보를 생성하고 제공	• OLAP • 데이터마이닝 • 의사결정분석도구	분석가, 관리자 및 담당자 중심
확장 인텔리전스	기업 내부뿐만 아니라 고객, 공급자 등 외부 이해관계자와의 거래 및 운영 프로세스에서 생성되는 데이터를 분석하여 정보를 제공	• CRM 인텔리전스 • SCM 인텔리전스	관리자 및 담당자 중심
인텔리전스 정보전달	비즈니스 인텔리전스에서 생성된 정보를 사용자의 요구에 맞도록 제공	• 전사포털 • 경보시스템	

13.1.4 비즈니스 인텔리전스의 기능

비즈니스 인텔리전스는 전략적이며 운영적 의사결정을 하는데 도움을 준다. 비즈니스 인텔리전스의 전략적 이용은 다음과 같다.

(1) 기업 성과관리
(2) 고객관계, 업무활동의 모니터링 및 전통적 의사결정지원 등의 최적화
(3) 특정한 운영이나 전략을 위한 비즈니스 인텔리전스 응용프로그램의 단독 패키지화
(4) 비즈니스 인텔리전스의 관리보고서 작성

〈그림 13-4〉 비즈니스 인텔리전스의 처리과정

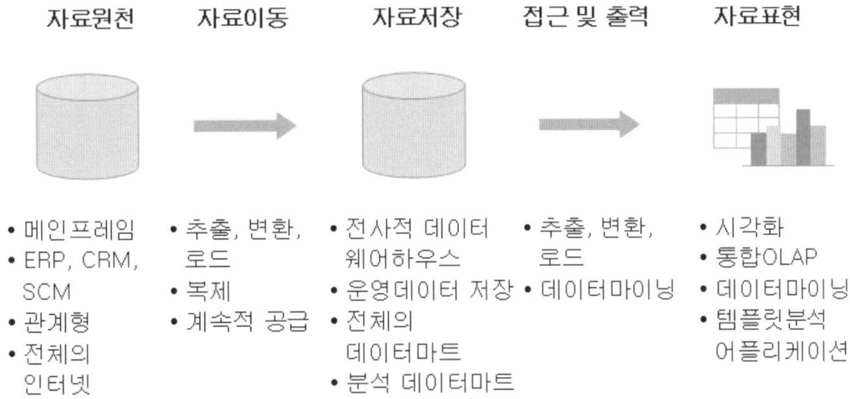

우리는 흥미로운 정보화시대에 살면서 자료원천의 증가로 인하여 항상 자료량이 증가한다는 것을 알고 있다. 현대의 기업들은 모든 운영적 측면, 즉 마케팅, 고객지원, 재무, 생산 및 인적자원관리 등에서 경쟁우위 확보와 필요한 정보를 적시에 얻기 위한 노력을 기울이고 있다.

비즈니스 인텔리전스 도구는 오퍼에 맞추도록 판매를 지원해주고 판매의 성공이나 실패를 탐지하며, 기업의 생산, 마케팅 및 판매에 대한 핵심성과지표 설정과 고객의 요구를 예상하고 충족시키는데 도움을 준다. 간단히 말해서, 비즈니스 인텔리전스 도구는 옳은 것을 찾아내고 더 중요한 것은 잘못된 것을 찾아내는 것이다.

13.1.5 비즈니스 인텔리전스의 5가지 핵심단계

비즈니스 인텔리전스의 5가지 핵심단계는 다음과 같다.

(1) 자료 추출(Data Sourcing)
(2) 자료 분석(Data Analysis)
(3) 상황 인식(Situation Awareness)
(4) 위험도 평가(Risk Assessment)
(5) 의사결정지원(Decision Support)

(1) 자료 추출

비즈니스 인텔리전스는 여기저기 다수의 자료원천으로부터 자료를 추출하는 것이다. 이들 자료의 유형은 다음과 같다.

① 텍스트 문서: 메모, 보고서, 이메일 메시지 등
② 사진과 이미지
③ 음성
④ 정형화된 테이블
⑤ 웹페이지
⑥ URL 목록

자료원천의 핵심은 전자적 형태의 정보를 얻는 것이다. 그래서 전형적인 자료원천은 스캐너, 디지털 카메라, 데이터베이스 쿼리, 웹 검색, 컴퓨터 파일접근 등이다.

(2) 자료 분석

비즈니스 인텔리전스는 여러 곳에서 수집한 데이터로부터 유용한 지식을 종합화한다. 이것은 현재의 추세를 평가하고, 별개의 정보를 통합하고 요약하며 정보의 누락이나 장래의 추세를 이해하고 예측하기 위한 모델을 검증하는 것이다. 이러한 자료 분석과정은 데이터마이닝이나 지식탐색이라고도 한다.

전형적인 분석도구들은 확률이론(분류, 클러스터링, 베이지안 네트워크), 통계적 방법(회귀분석), 경영과학(대기행렬 및 일정계획), 인공지능(신경망 및 퍼지이론) 등을 이용한다.

(3) 상황 인식

비즈니스 인텔리전스는 여러 곳에서 관련없는 정보들을 걸러내고 업무와 환경이라는 관계에서 남아있는 정보를 정리하는 것이다. 사용자들은 자신들의 요구와 관련된 정보의 핵심항목들을 필요로 하며 관련된 모든 데이터(시장영향력, 정부정책 등)를 요약한다.

상황인식은 상황과 의사결정을 이해하는 것이다. 상황평가를 위한 알고리즘은 자동적으로 이러한 통합이 이루어지도록 한다.

(4) 위험도 평가(risk assessment)

비즈니스 인텔리전스는 평소에 무엇이 보다 나은 조치를 취하는 것이며 나은 의사결정을 내리는 것인지를 찾아내는 것이다. 이것은 조치를 취할 대안이나 의사결정을 내려야 할 대안들에 대하여 현재와 미래의 위험도, 비용 및 이익을 비교, 검토하는데 도움을 준다. 최적의 대안이나 선택을 추론하고 요약하는 것이다.

(5) 의사결정지원(decision support)

비즈니스 인텔리전스는 현명하게 정보를 이용하는 것이다. 이것은 당신이 수단을 강구할 수 있도록 인계, 시장변화, 스탭의 성과부진과 같은 중요한 사건들을 경고해 주기 위한 것이다. 또한 업무를 분석하고 보다 나은 의사결정을 내리게 하며 판매나 고객만족 또는 직원들의 사기를 진작시키고자 하는 것이다. 비즈니스 인텔리전스는 필요할 때 필요한 정보를 제공한다.

(6) 비즈니스 인텔리전스 기술

효과적으로 작동할 비즈니스 인텔리전스 기술 시스템에 대하여, 기업에서는 안전한 컴퓨터 시스템을 갖추어야 하며 사용자가 하급사원이나 관리자 또는 중역의 여부에 따라 데이터웨어하우스에 접근권한을 다르게 부여할 수 있다. 또한 비즈니스 인텔리전스 시스템은 충분한 자료용량을 가져야 하며 자료를 장기간 저장할 수 있는 계획도 가지고 있어야 한다. 분석가는 평가기준(benchmark)과 시스템에 대한 성과목표도 설정해야 한다.

비즈니스 인텔리전스 분석가는 생산 성과지표, 판매통계, 출근보고서 및 고객감소 도표 등 대규모의 비구조적 데이터를 수집하고 분석하기 위하여 소프트웨어 도구들을 개발하였다. 비즈니스 인텔리전스 소프트웨어와 응용 프로그램은 도구의 부류에 속한다.

비즈니스 인텔리전스 응용프로그램들은 개인화되고 웹지원 가능한 정보분석, 지식경영, 그리고 의사결정지원 기술들에 기반을 두고 있다.

<그림 13-5>는 이러한 비즈니스 인텔리전스 응용프로그램들의 기반이 되는 몇 가지 주요한 기술들의 예를 나타내 보여주고 있는데, 이러한 것들은 관리자, 비즈니스 전문가 및 이해관계자들에게 핵심적인 비즈니스 정보와 분석도구를 제공한다.

〈그림 13-5〉 비즈니스 인텔리전스 애플리케이션

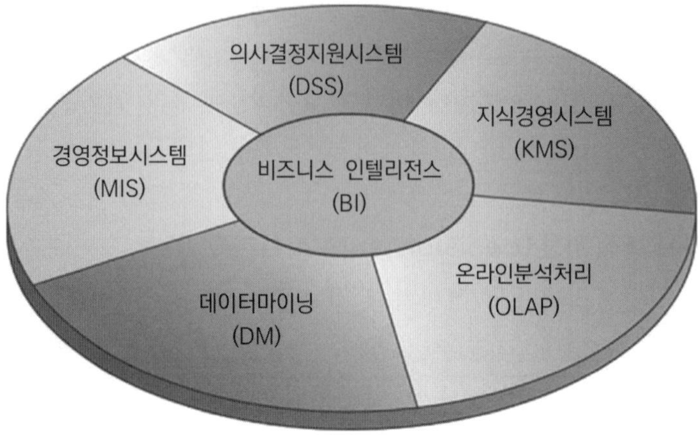

비즈니스 인텔리전스 응용프로그램은 AQL(Associative Query Logic), 성과지표화, 업무활동 모니터링, 업무 성과관리 및 성과측정, 업무계획, 업무재설계(BPR), 경쟁분석(Competitive Analysis), 사용자/최종사용자 조회 및 보고서 작성, 전사적 관리시스템(Enterprise Management System), 중역정보시스템(EIS), 공급사슬관리(SCM)/수요사슬관리(DCM) 그리고 재무 및 예산수립 도구 등과 같이 성과, 프로젝트 및 내부 운영을 분석하는데 이용된다.

그리고, 비즈니스 인텔리전스 기술은 데이터마이닝(Data Mining)과 데이터파밍(Data Farming), 의사결정지원시스템(DSS)과 예측(Forecasting), 서류창고(Document Warehouse)와 서류관리(Document Management), 지식경영, 매핑(Mapping), 정보시각화와 대시보딩(Dash boarding), 경영정보시스템(MIS), 지리정보시스템(GIS), 추세분석, 온라인분석처리(OLAP), 다차원분석, 실시간 업무지능, 통계적/기술적 자료분석, 웹마이닝, 텍스트마이닝 및 시스템지능(System Intelligence) 등과 같이 자료를 저장하고 분석하는데 이용된다.

그리고 다른 비즈니스 인텔리전스 응용프로그램은 고객관계관리(CRM), 마케팅 도구 및 인적자원 응용프로그램과 같이 업무의 인적측면을 분석하거나 관리하는 데에도 이용된다.

13.1.6 비즈니스 인텔리전스의 도구

비즈니스 인텔리전스 도구는 업무를 처리하는 비즈니스 인텔리전스(BI)에 도움이 되도록 설계된 응용프로그램 소프트웨어이다. 특별히 비즈니스 인텔리전스 도구는 일반적으로 자료 분석과 표현을 지원해 준다.

통상적으로 조직들은 자료와 내용이 정보관리 측면에서 별개로 고려될 것이 아니라 통합된 전사적 접근방법으로 다루어져야 한다는 것을 알기 시작하였다. 전사적 정보관리에 의하여 업무지능과 전사적 컨텐트관리(Enterprise Content Management)가 동시에 가능하게 된다. 업무지능 도구의 유형은 다음과 같다.

① 디지털 대시보드(Digital Dashboard)

업무지능 대시보드(Business Intelligence Dashboard), 전사적 대시보드(Enterprise Dashboard) 또는 중역 대시보드(Executive Dashboard)로 알려져 있으며, 이것은 핵심성과지표(Key Performance Indicators) 등을 통하여 업무상황을 한눈에 보여주는 가시적인 업무자료 요약판이다.

② 온라인 분석처리(Online Analytical Processing)

보통 OLAP(HOLAP, ROLAP 및 MOLAP 포함)로 알려져 있으며 대량의 여러 데이터를 대화방식으로 검토할 수 있도록 지원해주는 몇몇 관리시스템, 의사결정지원시스템 및 중역정보시스템(EIS)의 기능을 가지고 있다.

③ 보고서작성 소프트웨어

업무의 상태를 관리하기 위한 총괄적 데이터뷰(data view)를 생성한다.

④ 데이터 마이닝

대량의 데이터에 존재하는 알려지지 않은 패턴이나 추세를 분리하고 미리 식별할 수 있는 소프트웨어를 이용함으로써 데이터베이스(database)로부터 고객의 정보를 추출하는 것이다. 여러 가지 패턴을 밝혀내는 데이터마이닝 기법은 다양하다. 여기에 속하는 몇 가지 기법에는 통계적 기법과 데이터를 분석하는 매우 앞선 방법인 신경망(neural network)이 있다.

⑤ 업무 성과관리(Business Performance Management: BPM)

업무성과관리는 사전에 선정된 하나 이상의 목표를 달성하기 위하여 조직의 성과를 관리할 수 있는 관리의 집합이며 분석과정이다. 이것은 기업성과관리(corporate performance management, enterprise performance management)와 같은 의미로 사용된다.

13.1.7 비즈니스 인텔리전스의 활용

비즈니스 인텔리전스의 용도는 다음의 몇 가지 영역으로 나누어 볼 수 있다.

(1) 업무운영 보고서 작성

비즈니스 인텔리전스의 가장 일반적인 형태는 업무운영 보고서를 작성하는 것이다. 여기에는 업무운영실적과 목표에 대한 실적 작성방법이 포함되어 있다. 이러한 업무지능의 유형은 가끔 표준적으로 주간 또는 월간 보고서로 형태로 나타난다.

(2) 예측

대부분의 사람들은 예측의 필요성을 느낄 것이고 예측은 과학인 동시에 기술이라는 사실에 동의할 것이다. 누구나 미래가 어떻게 전개될 것인지 확신할 수 없기 때문에 이것은 기술이다. 예를 들면, 경쟁자가 광고에 많은 비용을 투입한다면 어떻게 될 것인가? 유가가 배럴당 $80까지 급등한다면 어떤 일이 벌어질 것인가? 등이다.

(3) 대시보드

대시보드의 주요 목적은 단번에 정보를 전달하는 것이다. 사용자는 데이터에 정통할 필요는 없고 동시에 표현과 사용하기에 쉬운 것이 매우 중요하며 유용해야 한다.

(4) 다차원 분석

다차원 분석은 데이터 '쪼개기(slicing)'와 '썰기(dicing)'이다. 이것은 보다 하위 수준에서 많은 것을 통찰하게 한다. 그리고 업무에 정통한 분석가가 필요한 데이터를 얻을 수 있도록 함은 물론 원시 데이터웨어하우징(Data warehousing)과 데이터마트 백엔드(back-end)를 필요로 한다.

(5) 여러 요인들 간의 상관관계 찾기

이것은 업무지능을 매우 심도있게 다루는 것이다. 질문은 다음과 같은 것들이다. 여러 가지 요인들 간에 서로 어떤 상관관계가 있는가? 영향을 주거나 기대되는 시간추세가 유의적인가?

13.2 비즈니스 인텔리전스 시스템(BIS)의 개념

전통적인 비즈니스 인텔리전스 시스템(traditional BI system)은 회사의 거래데이터(transaction data)를 가지고 있는 중앙의 데이터웨어하우스(data warehouse)와 사용자들이 여러 가지 요약 형태 및 특별한 형태로 데이터에 접근을 할 수 있게 하는 보고체계로 구성되어 있다. 일반적인 인터페이스는 회사에서 핵심성과지표(Key Performance Indicators: KPIs)가 어떻게 수행되고 있는가를 나타내는 대시보드를 통하여 이루어진다.

〈그림 13-6〉 전통적 BI 시스템

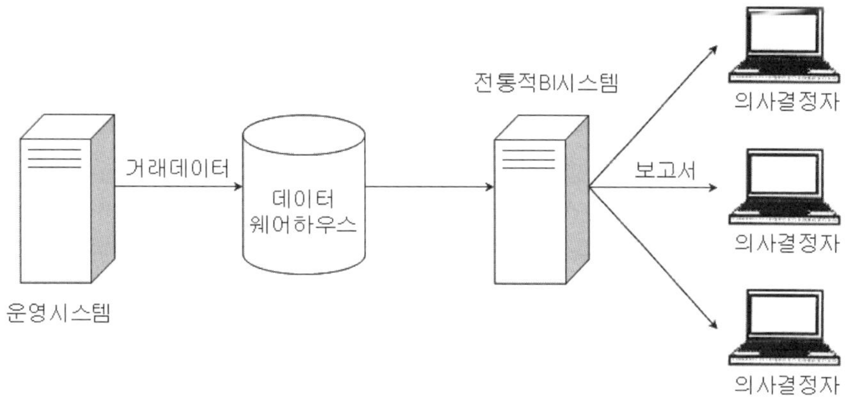

비즈니스 인텔리전스 시스템은 자료 중심적이다. 그리고 이것은 업무운영과 데이터웨어하우스나 데이터마트에 수집해 오고 있는 대부분의 데이터와 운영데이터로 인한 업무활동의 과거, 현재, 미래예측의 측면을 제공한다. 비즈니스 인텔리전스 시스템은 보통 데이터웨어하우스에 의존하며 정보에 대하여 쉽고 빠른 접근을 보장해 준다.

비즈니스 인텔리전스 시스템(BIS)에서 처리하는 주요 과업들은 여러 가지 정보원천에서 얻게 되는 데이터에 대한 지능적 탐구, 통합 및 다차원 분석이다. 비즈니스 인텔리전스 표준시스템은 조직내부의 정보시스템에서 생성되는 데이터를 조합하고 통계, 재무, 투자 포털사이트 및 여러 데이터베이스에서 얻은 데이터를 통합한다. 이러한 시스템은 기업 활동의 여러 측면에 정확하고 신뢰성있는 최신 정보를 제공하게 된다. 업무지능시스템은 정보흐름의 개선과 투명성을 확보하고 지식경영에 기여한다.

비즈니스 인텔리전스 시스템(BIS)은 분석도구로 운영데이터를 조합하여 계획자와 의사결정자에게 복합적이고 경쟁력있는 정보를 제공한다. 비즈니스 인텔리전스 시스템(BIS)의 목표는 다양한 품질수준의 상태로 원시 데이터를 수집하고 기업에서 제시한 형태의 의미있는 정보를 제공하는 것이다. 다시 말해서, 의사결정과정에 대한 정보의 적시성과 품질을 향상시키는 것이다.

비즈니스 인텔리전스 시스템은 판매, 생산, 내부운영에 있어서의 핵심성과지표와 같은, 업무에 영향을 주는 보다 포괄적인 요인들의 지식습득에 도움을 줄 수 있다. 업무지능은 정보의 적시성과 품질 향상에 이용되며 관리자들에게 경쟁사와 비교하여 자사의 수준을 잘 이해할 수 있도록 한다.

비즈니스 인텔리전스 응용프로그램과 기술은 시장점유율의 추세변화, 고객행동과 소비패턴의 변화, 고객의 취향, 기업역량과 시장여건 등을 분석하는데 도움을 줄 수 있다.

13.3 비즈니스 인텔리전스 시스템의 구조

비즈니스 인텔리전스 시스템(BIS)은 여러 가지 관점에서 분석한다. 의사결정자와 조직은 대개 비즈니스 인텔리전스를 조직의 업무 프로세스에 대한 전반적이고 분석적인 접근방법과 함께 정보, 지식, 개방형 통신 및 지식공유를 다루는 특유의 개념과 방법론의 조직적 이행을 고려해야 한다.

비즈니스 인텔리전스 시스템은 데이터를 정보와 지식으로 전사(transcription)할 수 있는 해법이라고 할 수 있으며 조직에서 효과적인 의사결정과 전략적 사고 및 실행을 위한 환경을 조성한다(<그림 13-7> 참조).

업무를 위한 비즈니스 인텔리전스의 가치는 주로 이 시스템이 새로운 협력관계 수립, 신규고객 확보, 신규시장 창출, 고객에의 제품제공 등 특별히 기업의 근본적인 변화를 기할 수 있는 토대를 제공하는 정보에 도움을 준다는 사실로 설명될 것이다.

〈그림 13-7〉 의사결정에 있어서의 비즈니스 인텔리전스 시스템의 역할

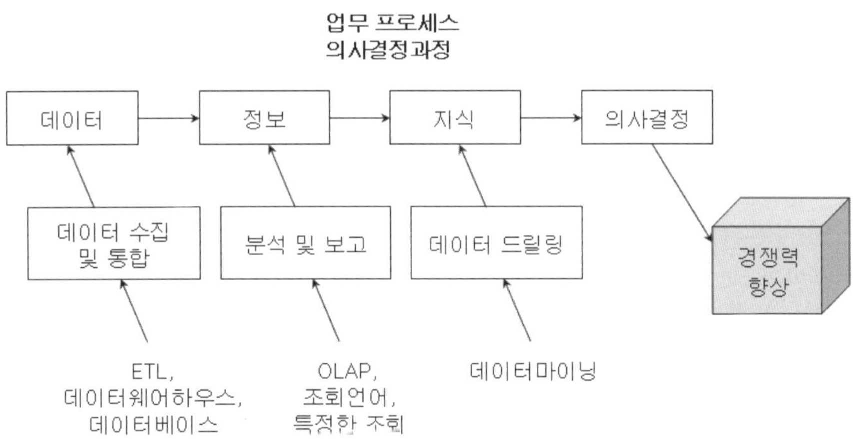

비즈니스 인텔리전스는 무엇보다도 더 넓은 주제범위, 다변수 분석, 여러 원천으로부터 얻어지는 반구조적 데이터 및 다차원 자료표현이라는 점에 있어서 MIS(DSS, EIS, ES 등)와는 다르다. 비즈니스 인텔리전스는 구조화 레벨에 관계없이 모든 경영레벨에서의 의사결정을 지원해 준다고 할 수 있다. 미리 목표를 설정할 수 있고 이러한 미리 설정된 목표의 실현이 가능하게 한다.

비즈니스 인텔리전스는 어떤 가정 하에서 미래의 성과를 개발하고 예측하는 시뮬레이션을 수행함과 동시에 과거의 성과, 특별한 오퍼의 수익성, 유통경로의 효

과성 등 여러 가지의 비교 보고서 작성이 가능하다.

전술레벨에서 비즈니스 인텔리전스 시스템은 마케팅, 판매, 재무, 자본 관리 등의 의사결정을 내릴 수 있는 토대를 제공한다. 이 시스템은 기업의 전략적 목표를 보다 효과적으로 실현시키기 위하여 장래의 방책을 최적화시키고 회사 성과의 조직적, 재무적 또는 기술적 측면을 수정할 수 있게 한다.

운영레벨에서 비즈니스 인텔리전스 시스템은 특정한 문제에 대한 분석과 부서에서 진행 중인 운영업무, 최신 재무상태, 공급자 및 고객과 관련된 판매와 협력 등의 문제에 대한 답변을 하는데 이용된다.

비즈니스 인텔리전스 시스템의 여러 가지 사례들을 검토해 보면, 이 시스템은 자료분석과 조직성과의 여러 분야에서 의사결정을 가능하게 해준다고 할 수 있다.

가트너 그룹에 의하면, 기업들은 주로 모든 경영레벨에서 기업경영, 고객관계의 최적화, 업무활동의 최적화, 보고서 작성, 계획과 의사결정지원 등에 비즈니스 인텔리전스 시스템을 이용한다고 한다. 이것은 촉진행사, 판매와 소비자행동 예측, 충성도 정책수립 등에서 이미 큰 성과를 거둔 것으로 나타났다.

기술적 관점에서, 비즈니스 인텔리전스 시스템은 통합도구 세트와 기술을 제공하며 데이터를 통합하고 분석하여 일반적으로 유용한 데이터가 되도록 하기 위하여 흩어진 원천으로부터 얻은 자연발생적인 데이터를 수집하는데 이용되는 소프트웨어를 제공한다. 비즈니스 인텔리전스 과업은 비즈니스 인텔리전스 시스템의 기술적 구조를 가진다.

이 구조는 다음의 모듈들로 구성된다.

① 데이터 추출·변환·로드 도구(Extraction-Transformation-Load: ETL Tools)

ETL은 다양한 원천 시스템(source system)으로부터 필요한 데이터를 추출하여 변환작업을 거쳐 타겟 시스템(target system)으로 전송 및 로딩하는 모든 과정을 말한다. 이것은 주로 거래시스템과 인터넷에서 데이터웨어하우스로 데이터를 이전시키는 역할을 한다.

② 데이터웨어하우스(Data warehouse)

총괄적이고 이미 분석된 데이터를 주제별로 저장되도록 하는 공간을 제공한다.

③ 분석도구(On-Line Analytical Processing: OLAP)

사용자들이 업무문제에 접근, 분석하고 모델링하며 데이터웨어하우스에 저장된 정보를 공유하게 한다. OLAP는 최종 사용자가 다차원 정보에 직접 접근하여 대화식으로 정보를 분석하고 의사결정에 활용하는 방식이다.

④ 데이터마이닝 도구(data mining tools)

사용자들이 데이터 자원의 여러 가지 패턴, 일반화, 규칙성 및 규칙을 알 수 있게 한다.

⑤ 표현계층(presentation layer)

그래픽과 멀티미디어 인터페이스 등의 응용프로그램들로서 사용자들에게 편안하고 접근 가능한 형태로 정보를 제공한다.

요약하면, 비즈니스 인텔리전스 기술구조의 가장 중요한 구성요소는 자료저장(ETL 도구 및 데이터웨어하우스)과 함께 자료획득과 관련된 핵심 정보기술, 자료표현(OLAP 기법, 데이터마이닝) 그리고 자료를 다목적으로 분석하는 정보기술로 구성된다.

13.4 비즈니스 인텔리전스 시스템의 개발전략

조직에서 비즈니스 인텔리전스 시스템을 실현시키고자 한다면 먼저 이 시스템의 총체적인 비전을 설정하는 것이 필요하다. 물론 이 시스템은 업무목표와 연관되어야 한다.

이 단계에서는 조직의 정보요구를 규정하고 동시에 주요 정보기술관련 의사결정자와 전문가의 의견을 반영하여야 한다. 정보요구의 우선순위(요구중요도에 근거) 는 중요한 부분, 예를 들면 업무전략을 실현하는 가운데 중요한 지표를 참조한다.

비즈니스 인텔리전스 시스템은 기업의 업무목표에 밀접하게 부합해야 한다. 그러므로, 조직에서 비즈니스 인텔리전스 시스템의 이행을 지원해 주는 가장 중요한 동인들을 나타내면 다음과 같다.

① 직관과 직감에 의한 의사결정에서 사실, 인덱스, 균형성과지표(balanced score card), 관리상황실 등의 분석에 근거한 객관성에 의한 의사 결정으로의 전환
② 고객과 공급자의 행동과 함께 기업발전을 예측
③ 운영활동을 전략목표의 실현과 일치.
전략실현의 진전 및 업무 프로세스의 효과성 측정, 예산과 투자를 기업전략과 일치시킨다.
④ 조직내부에서 반복적, 규칙적 및 주기적인 업무 프로세스의 근거로 이용되는 업무 표준의 충족
⑤ 의사결정과정에 참여하는 개개인의 역할을 보다 명확하게 하고 일체화시키기 위하여 정보이동을 단일화
⑥ 통상적으로 널리 알려진 업무표준과 절차에 관한 정보와 새로운 위협(정직하지 않은 고객, 자재와 에너지 이용도 증가 등)이 나타나게 될 어떤 가능성을 제시 하는 정보의 신속한 탐지
⑦ 정보 분석에 필요한 시간감소와 정보 분석과 처리에 종사하는 많은 참여자들의 감소
⑧ 자동적이고 신속한 보고서 작성과 계획준비 및 예측

이 단계에서는 우선 여러 가지 분석과 탐색을 하게 될 업무영역과 업무 프로세스를 찾아내는 것이 필요하다. 또한 특정 비즈니스 인텔리전스 솔루션이 한 부서에서 구현되도록 계획되어 있는지 여부를 결정할 필요가 있으며 선정된 회사의 업무기능 영역이 포함되어 있거나 잠재력이 있는 솔루션이 복잡한 특성을 가지고 있다면 기업이 수행할 여러 가지 활동측면을 통합해야 한다. 잠재적인 비즈니스 인텔리전스 시스템의 일반적인 요구사항을 공식화하면, 예를 들어, 이러한 시스템이 온라인 작업을 해야 할 것인지 균형 잡힌 인터넷 웹사이트 탐색이나 향상된 예측분석 등으로 방향을 잡아야 할지 역시 고려해 볼만한 가치가 있다. 이 단계에서는 이용 가능한 정보의 원천에 대해서는 고려하지 않는다. 그 목표는 일반적인 업무요구를 지원하는 것이 어렵거나 거의 불가능하다 할지라도 오히려 이러한 업무요구를 확인하는 것이다.

13.5 비즈니스 인텔리전스 시스템의 설계 및 구현

비즈니스 인텔리전스를 설계하고 구현하는 단계에서는 여러 가지 면에서 노력이 투입된다. 이러한 노력은 주로 시스템 복잡도와 일반성의 수준에 좌우된다. 그러나, 대부분의 경우 맞춤화된 응용프로그램을 작성하는 데는 많은 시간이 소요된다. 필요한 시간은 개별적인 인터페이스 설계뿐만 아니라 전체 비즈니스 인텔리전스 응용프로그램이 논리적이고 모순이 없다는 것을 확인하는 시간도 포함된다.

비즈니스 인텔리전스를 설계하는 또 하나의 중요한 단계는 더욱 심층적인 분석과 비즈니스 인텔리전스 시스템의 토대 역할을 하게 될 데이터웨어하우스(DW)를 구축하는 것이다.

이 과정은 다음의 규칙에 따라 수행되어야 한다.

① 조직의 관점에서 중요한 정보시스템에 저장할 자료의 영역을 설정

② 다른 시스템에서 발견될 수 있는 데이터와 동일하게 중요한 데이터 간의 상호관계 정의.

이러한 활동의 결과로서 데이터의 집합이 만들어지고 해당 데이터는 원천베이스로부터 얻어진 데이터가 보내어질 목표 데이터베이스의 설계에 참조된다.

③ 비즈니스 인텔리전스 시스템에 로드할 경우 토대 역할을 하게 될 데이터웨어하우스의 설계 고안.

이러한 설계는 보고서 작성과 쿼리 구조와 관련된 용이한 데이터베이스 구조를 제공하기 위하여 고안되어야 한다. 이것은 OLAP나 데이터마이닝 등 데이터웨어하우스 구축을 한층 더 단순화할 수 있는 모델이 되도록 설계되어 있다.

데이터웨어하우스가 거래시스템으로부터 얻어지는 데이터에 대해 시스템적으로 갱신되는지를 확인하기 위하여 데이터 가져오기 체계를 만들 필요가 있다. 이러한 체계는 모든 데이터의 가져오기와 증분적인 가져오기가 가능해야 한다. 증분적인 가져오기는 원천시스템과 자료처리체계에 부담이 없다. 자료이동 체계는 자료 일관성을 보장하는 제어함수를 동시에 수행한다. 많은 경우 이 체계는 구현단계에서 불일치와 오류를 발견하게 된다.

경험적으로 보면, 언젠가는 기업들이 다차원 분석을 이용하게 될 필요성을 느낄 것이다. 이것은 비즈니스 인텔리전스 솔루션이 OLAP모듈과 데이터마이닝을 겨냥해야 한다는 것을 의미한다.

조직의 특성과 요구에 따라, 특히 다음의 사항들을 보장할 수 있는 분석을 하도록 하여야 한다.

① 고객의 이익과 평생가치의 검토
② 파라미터의 중요성 확인
③ 고객의 세분화 및 프로파일화
④ 고객 충성도와 이탈의 모니터링
⑤ 고객의 유지(지속) 확인
⑥ 유사점 발견
⑦ 부정수단(fraud)의 연구
⑧ 교차판매(cross sales)의 수행

자료표현 계층은 비즈니스 인텔리전스 시스템의 중요한 요소이다. 상기의 사항과 관련하여 인터페이스 설계에 많은 주의를 기울일 필요가 있다.

13.6 비즈니스 인텔리전스 시스템의 요약

비즈니스 인텔리전스는 ERP 시스템의 데이터를 활용하여 전략경영 및 의사결정을 지원함으로써 ERP를 극대화하는 도구로서 향후 지속적인 발전이 있을 것으로 전망되며 기업들이 앞으로 추구해야 될 방향이 되어야 할 것이다.

비즈니스 인텔리전스이 점점 전략적인 역할을 수행하게 되면서 새로운 요구사항들이 제기되고 있다. 기업은 사용자에게 쉽게 배포할 수 있고, 유연하고 안정적이며 모든 사용자의 요구사항을 만족하는 솔루션을 요구하고 있다. 그렇지만 기업 사용자들의 요구사항과 지시사항은 계속적으로 변하고 있다. 기업 사용자들은 정보접속이 간단하고 웹(web)이나 LAN 또는 WAN을 이용해서 업무보고를 하는 등의 다양한 기능을 요구하고 있다.

기업은 초기에는 비즈니스 인텔리전스 도구를 단순히 데이터나 정보에 접속하기 위해 사용하였으나 현재에는 기업전략에 핵심적인 역할을 하는 것으로 인식이 바뀌면서 업무 성과관리와 업무 최적화와 같이 좀 더 발전된 기능들을 요구하고 있다. 이러한 비즈니스 인텔리전스가 시스템으로 구현되기 위해서는 나름대로의 방법론이 정립이 되어 있어야 한다.

각 시스템의 설계와 구현 방법론은 어떤 기준에 의해서 특성이 주어져야 한다. 비즈니스 인텔리전스 시스템의 경우 다음의 이슈에 특히 유의하여야 한다.

① 비즈니스 인텔리전스 시스템(BIS)은 신속히 구현되어야 하며, 이 시스템은 각 기업별로 특수성을 가지고 있기 때문에 각각 다르다. 표준 구성요소를 필요로 하더라도 비즈니스 인텔리전스 구축에 필요한 시간은 단축되고 구현 시에는 각 기업의 요구조건에 대한 특별한 시스템의 조정이 필요하다. 비즈니스 인텔리전스 솔루션을 선정할 경우 매우 신중을 기할 필요가 있다.

② 비즈니스 인텔리전스 솔루션은 유연하여야 한다. 업무가 변경됨과 동시에 조직은 비즈니스 인텔리전스 시스템을 새로운 조건에 맞추어야 한다.

③ 비즈니스 인텔리전스 시스템은 하드웨어와 소프트웨어 플랫폼에 독립적이어야 한다.

따라서 다차원분석 시스템이 다른 데이터베이스관리시스템(DB/2, Oracle, MS SQL Server 또는 Informix 등)과 상호 작용하여야 하며, 이미 테스트되고 널리 적용되는 운영체제(Windows NT, Unix 또는 OS/400 등)에서 작동해야 한다. 이러한 솔루션을 이용하여 비즈니스 인텔리전스 시스템이 기업 인프라와 관련된 정보기술에 더욱 맞게 조정되어야 한다.

④ 비즈니스 인텔리전스 시스템을 생성하는 경우 다른 정보시스템(거래시스템, MRPⅡ, ERP 등)도 존재하고 있다는 사실에 유의해야 한다.

⑤ 비즈니스 인텔리전스 시스템은 평가가 가능해야 한다. 그리고 유연성을 갖추고 개방형 구조로서 시스템의 확장이 용이해야 한다. 이것은 새로운 정보요구가 있거나 처리할 정보의 양이 매우 증가할 경우의 상황에서 요구된다.

⑥ 비즈니스 인텔리전스 시스템은 현대적 기술에 근거를 두어야 한다. 이미 검증되거나 명성이 있는 기업에 의해 제공된 솔루션이 기술의 안정성과 신뢰성을 기대할 수 있을 것이다.

제 14 장

ERP와 4차 산업혁명의 핵심기술

14.1 4차 산업혁명의 개요

4차 산업혁명(The Fourth Industrial Revolution)은 인공지능(AI), 사물인터넷(IoT), 로봇기술, 드론, 자율주행차, 가상현실(VR) 등이 주도하는 차세대 산업혁명을 말한다. 이 용어는 2016년 6월 스위스에서 열린 다보스 포럼(Davos Forum)에서 포럼의 의장이었던 클라우스 슈밥(Klaus Schwab)이 처음으로 사용하면서 이슈화됐다. 당시 슈밥 의장은 "이전의 1, 2, 3차 산업혁명이 전 세계적 환경을 혁명적으로 바꿔 놓은 것처럼 4차 산업혁명이 전 세계 질서를 새롭게 만드는 동인이 될 것"이라고 밝힌 바 있다.

4차 산업혁명은 1784년 영국에서 시작된 증기기관과 기계화로 대표되는 '1차 산업혁명', 1870년 전기를 이용한 대량생산이 본격화된 '2차 산업혁명', 1969년 인터넷이 이끈 컴퓨터 정보화 및 자동화 생산시스템이 주도한 '3차 산업혁명'에 이어 로봇이나 인공지능(AI)을 통해 실제와 가상이 통합돼 사물을 자동적·지능적으로 제어할 수 있는 가상 물리 시스템의 구축이 기대되는 산업상의 변화를 일컫는다.

4차 산업혁명은 물리세계, 디지털세계, 그리고 생물세계가 융합되어, 경제와 사회의 모든 영역에 영향을 미치게 하는 새로운 산업시대를 말한다. 1차 산업혁명의 기계화, 2차 산업혁명의 대량생산화, 3차 산업혁명의 정보화에 이은 4차 산업혁명은 물리사물인터넷(IoT), 로봇공학, 가상현실(VR) 및 인공지능(AI)과 같은 혁신적인 기술이 우리가 살고 일하는 방식을 변화시키는 현재 및 미래를 의미한다. 디지털 혁명(digital revolution)이라고 하는 3차 산업혁명이 일으킨 컴퓨터와 정보기술(IT)의 발전이 계속 이루어지고 있는 형태이지만 발전의 폭발성과 파괴성 때문에 3차 산업 혁명이 계속 된다고 하기 보다 새로운 시대로 여겨진다.

4차 산업혁명의 핵심은 '연결'과 '지능'이다. 연결과 지능을 중심으로 새로운 산업혁명이 일어나고 그것은 초연결 사회를 가져온다. 무엇보다도 '연결(connectivity)'이 핵심이다. 인간의 역사는 연결을 확대해 온 역사로도 설명된다. 기술의 발전과 융합을 통해서 인간은 연결의 폭과 깊이를 한층 더해 왔다. 연결은 더 나아가 현실과 사이버를 융합시키는 결정적인 역할을 한다. 예선에는 현실과 사이버 세상이 서로 다르고 상호 보완적인 것으로 여겨졌지만, 이제는 융합되는 방향으로 변화하고 있다. 사이버의 수요를 현실 공급자로 연결하는 비즈니스인 O2O(online to offline)가 등장하는 것이 대표적인 사례다. 이것은 생활의 편의를 제공할 뿐만 아니라 라이프 스타일을 바꾸고, 인식의 전환을 가져온다.

사물인터넷은 이러한 연결을 가능하게 하는 기반이다. 2025년까지 1조 개 이상의 센서가 인터넷에 연결될 것으로 예상된다(World Economic Forum, 2015). 인간은 스마트한 센서를 갖춘 기기와 더욱 연결되고, 이는 우리 주변에 무한대로 도입된다. 가정, 액세서리, 교통, 도시, 에너지 등 모든 분야가 인터넷으로 연결된다. 심지어 센서가 인간의 몸에 주입되어 인터넷과 직접 연결해 소통할 수 있다. 이 경우 인간의 건강 상태를 항상 모니터해 질병을 예방할 수 있고, 실종된 사람을 찾는 데도 큰 도움을 줄 수 있다. 그러나 반면에 프라이버시가 침해되거나 조직 등에서 인간을 감시하는 데 이용될 여지도 커진다.

인공지능이 획기적으로 발전한다. 인공지능이 최근 등장한 것은 아니다. 이미 인공지능의 역사는 오래다. 그런데 최근 인공지능 분야에 놀라운 성과가 나타나면서 인공지능은 미래의 일이 아니라 현실이 되고 있다. 그것은 빅데이터의 출현과 기계 스스로가 학습할 수 있는 '딥러닝(deep learning)'이라는 알고리즘의 개발 덕분이다. 인터넷과 모바일은 텍스트, 동영상, 음성 등 엄청난 양의 데이터를 만들고 있는데, 예전에는 이런 데이터들을 분석할 수 있는 도구가 없었다. 그러나 스마트 기기들이 등장하고 딥러닝이 개발되는 등의 조건이 갖추어지면서 인공지능이 현실화되기에 이른 것이다.

한편 모든 산업도 서로 연결을 증진함으로써 연결된 산업(connected industry)으로 발전한다. ICT(information & communications technology, 정보통신기술)와 제조업의 융합을 통해 산업 기기와 생산 과정이 연결되고, 상호 소통하면서 최적화, 효율화를 달성할 수 있다는 것이다. 기존의 전통적인 공장도 스마트 공장(smart factory)화로 혁신하는 것을 포함한다. 이를 독일 정부가 2011년 '하이테크 2020 전략'의 하나인 '인더스트리 4.0'으로 부름으로써 일반화되었다. 물론 이것이 단지 산업의 효율화만을 위한 것은 아니다. 결국 인간의 노동과 삶의 질 변화에 대한 문제다.

14.2 4차 산업혁명의 핵심기술

4차 산업혁명의 핵심기술에는 인공지능(AI), 사물인터넷(IoT), 빅데이터, 가상현실(VR), 3D 프린팅, 로봇, 클라우드 컴퓨팅, 모바일 등 여러 가지가 있으나 여기서는 주로 이들 핵심기술을 포함하여 ERP와 관련이 깊은 기술에 대하여 살펴보기로 한다.

1. 인공지능

(1) 개념

인공지능(Artificial Intelligence, AI)이란 인간의 언어를 알아듣고, 사람처럼 지각하고 판단하는 기능을 갖는 것이며, 인류가 개발한 기술 중 가장 첨단 기술이라고 할 수 있다. 즉 인간의 학습능력과 추론능력, 지각능력, 자연언어의 이해능력 등을 컴퓨터 프로그램으로 실현한 기술이다.
구글 딥마인드의 알파고처럼 바둑게임에 특화된 인공지능으로 개발되기도 하고, IBM의 왓슨,처럼 암 진단 연구 등 의료용 인공지능으로 개발되기도 한다. 현재 의료, 금융, 행정, 법률 서비스 등 다양한 분야에서 인공지능이 개발되거나 사용되고 있는데, 미래에는 우리의 일상생활 거의 모든 곳에 인공지능이 도입될 것이다. 마치 PC를 사용하듯 인공지능 비서나 인공지능 튜터를 사용하는 날이 머지않아 올 것으로 예상된다.

기존의 컴퓨터는 인간의 연산능력을 배가하는 것만으로도 인간 사회를 크게 변화시켜 왔다. 더욱이 이는 인간이 작성한 프로그램을 통해서만 이루어졌고 인간이 관여했다. 그런데 컴퓨터가 인간의 관여 없이 스스로 학습해 결정하는 인공지능 능력을 만들어 낸 것이다. 지능은 인간만이 가진 고유한 능력으로 알려져 왔다. 물론 동물의 다른 종도 약간의 지능을 가지고 있지만, 그 정도는 매우 미약해 지능이라고 불릴 정도는 아니었다. 그런데 이렇게 인간만이 가진 것으로 알았던 지능을 컴퓨터가 스스로 갖게 된 것은 놀라운 일이었던 것이다. 이는 기계학습(machine learning)이라는 방법으로 이루어졌다.

기계학습은 기계가 수학적 최적화 및 통계분석 기법을 기반으로 사람의 도움 없이도 데이터로부터 일정한 신호와 패턴을 배우고, 그것을 바탕으로 다음에 일어날 일을 예측하며 적합한 의사 결정을 내리는 알고리즘을 만드는 일에 주력한다. 이런 기계학습 방법론에 기댄 인공지능 연구 흐름은 특히 2012년 6월 구글과 앤드루 응(Andrew Ng)이 기계학습의 한 분야인 딥러닝(deep learning) 알고리즘을 이용해 컴퓨터가 1000만 개의 유튜브 동영상 속에서 고양이 이미지를 74.8%의 정확도로 식별하도록 하는 프로젝트를 성공적으로 수행하면서 커다란 도약의 전환점을 맞게 되었다. 딥러닝은 신경망 네트워크 개념을 이용해 가능해졌다. 클라우드 컴퓨팅 환경의 급속한 발전과 빅데이터가 뒷받침되자 딥러닝이 구현된 것이다.

(2) 활용

이렇게 극적인 돌파구가 열리자 인공지능은 큰 전환기를 맞게 되었다. 지금 주요 글로벌 기업들은 인공지능을 모두 미래의 최대 성장 동력으로 보고 있다. 구글, IBM, 마이크로소프트, 애플, 페이스북, 바이두, 알리바바, 삼성 등이 대거 참여하면서 인공지능 적용 분야가 의료기술 향상, 유전자 분석, 신약 개발, 금융거래 등으로 빠르게 확대되고 있다.

구글은 2001년 이후 AI 관련 기업을 인수합병하며 인공지능 분야를 선도하고 있다. 구글은 2009년부터 자율주행차 개발을 시작하는 등 AI 기술을 활용하는데 앞장서 왔다. 로봇 분야에서도 앞서고 있다.

구글은 스마트폰 이용자를 위해 이메일을 읽고 이용자의 모든 동작을 파악하며, 묻기도 전에 원하는 것을 알아서 검색하고 그 결과를 이용자가 원하는 상황까지 감안해서 알려 주는 진정한 의미의 사이버 도우미를 개발하는 목표를 세웠다. 그 일환으로 AI 비서 '구글 어시스턴트(Assistant)', 사물인터넷(IoT) 허브 '구글 홈', AI 모바일 메신저 앱 '알로(Allo)' 등 인공지능을 활용한 서비스를 준비하고 있다.

IBM은 '딥블루'와 '왓슨'을 개발해 인공지능의 실제 사례를 보여 주며, 구글과 함께 인공지능 분야를 선도하고 있다. IBM은 각 산업 전반에 접목해 거대한 인공지능 생태계를 만드는 데 주력하고 있다. 왓슨의 데이터 검색 능력과 자연언어 이용 능력을 활용해 개발자들이 다양한 인공지능 서비스를 개발하도록 하는 것이다. IBM은 특히 왓슨을 의료 분야에 적용하는 데 발군의 실력을 보여 주고 있다. 왓슨은 암 환자 치료에 암 환자의 데이터와 각종 의료 데이터를 동원해 암 발견과 최적의 치료를 수행하는 시스템으로 발전하고 있다. 유명한 의사보다 왓슨이 더 정확하게 수행한다고 한다.

마이크로소프트는 '코타나(Cortana)'를, 이용자가 가장 먼저 의존하는 디지털 개인 비서로 만드는 데 주력하고 있다. 코타나는 자연언어 인식과 기계학습 기능을 갖추고, 검색 엔진 빙(Bing)의 빅데이터를 활용해 정보 검색을 넘어 이용자가 원하는 것을 도와주는 서비스로 발전하고 있다. 마이크로소프트는 모든 기계가 인공지능 기반으로 진화하며, 인간의 언어를 이해하는 컴퓨팅 시대가 되어 '대화'가 인간과 사물의 핵심 커뮤니케이션 수단이 된다는 것으로 보고, 이를 '플랫폼과의 대화' 개념으로 정리하고 있다.

2. IoT

(1) 개념

IoT(Internet of Things, 사물인터넷)은 사람, 사물, 공간 등 모든 것이 인터넷으로 연결되어 정보가 생성·수집·공유·활용되는 초연결망을 의미한다. 즉 인터넷을 기반으로 모든 사물을 연결하여 사람과 사물, 사물과 사물 간의 정보를 상호 교환하는 지능형 기술 및 서비스를 말한다. 사물에 센서를 부착해 실시간으로 데이터를 인터넷으로 주고 받는 기술이나 환경이다. 인터넷에 연결된 기기는 사람의 도움 없이 서로 알아서 정보를 주고 받으며 대화를 나눌 수 있다. 센싱 기술은 사물끼리 통신할 수 있는 통로 역할을 한다. 사물인터넷의 주요기술은 센싱 기술, 유무선 통신 및 네트워크 인프라 기술, IoT 서비스 인터페이스 기술 및 해킹이나 정보유출을 방지하는 보안기술 등이다.

사물인터넷이라는 용어는 1999년 MIT의 오토아이디센터 소장 케빈 애시턴(Kevin Ashton)이 향후 RFID(전자태그)와 기타 센서를 일상생활에 사용하는 사물에 탑재한 사물인터넷이 구축될 것이라고 전망하면서 처음 사용한 것으로 알려져 있다.

물론 이전에도 인터넷은 존재했지만, 사물인터넷은 기존의 인터넷과 차원이 다른 네트워크이다. 각각의 사물에 센서가 달려 있고 모두 인터넷에 연결되기 때문에, 사람의 개입 없이도 사물과 사물이 서로 연결되고 정보를 주고받을 수 있다는 점이 특징이다. 냉장고, 세닥기, TV, 공기청정기, 보일러 등이 스마트폰에 연결돼 집 바깥에서도 쉽게 모니터링이 가능하고, 만약 문제가 발생하면 자동제어도 가능하게 해주는 것은 바로 사물인터넷 기술의 혜택이다.

(2) 활용

실생활과 가상 네트워크를 연결해주는 센서와 여러 장비들이 놀랄만한 속도로 쏟아져 나오고 있다. 더 작고 저렴하며 스마트해진 센서들은 공장의 제조공정뿐 아니라 집, 의류, 액세서리, 도시, 운송망과 에너지 네트워크 분야에 까지 내장되어 활용되고 있다. 오늘날 전 세계적으로 스마트폰, 태블릿, 컴퓨터와 같이 인터넷과 연결된 기기들은 셀 수 없이 많아졌다.

사물인터넷이 가장 광범위하게 활용되는 원격 모니터링 기술을 살펴보면, 기업은 모든 상자와 화물운반대, 컨테이너에 센서와 송신기 혹은 전자태그(RFID)를 부착시켜, 공급망에 따라 이동할 때마다 위치 및 상태를 추적할 수 있다. 공급망 경로가 길고 복잡한 사업을 운영하는 기업에게는 혁신적인 기술이다. 빠른 시일 안에 이러한 모니터링 시스템은 사람의 이동과 추적에도 활용될 것이다.

3. 3D 프린팅

(1) 개념

3D 프린팅(three-dimensional printing)은 적층 가공(additive manufacturing)이라고도 부르는데, 3D(3차원) 디지털 설계도나 모델을 기반으로, 원료를 층층이 쌓는 방식의 출력을 통해 입체적인 물체를 만드는 기술을 말한다. 즉 입체적으로 만들어진 3D 디지털 설계도나 모델에 원료를 층으로 쌓아 올려 물체를 만들어내는 기술이다. 얇게 썬 빵을 한 층씩 올려 빵 한 덩어리를 만드는 것과 비슷하다. 3D 프린팅 기술로 복잡하고 정교한 제품을 복잡한 장비없이 만들 수 있게 된다. 플라스틱, 알루미늄, 스테인레스강, 세라믹 심지어는 다양한 첨단 재료를 사용할 수 있고, 예전에 공장 전체가 가동되어야 할 수 있는 일을 이제 3D 프린터가 해낼 수 있게 되었다.

입체 형태를 만드는 방식에 따라 크게 한 층씩 쌓아 올리는 적층형(첨가형 또는 쾌속조형방식)과 덩어리를 깎아가는 절삭형(컴퓨터 수치제어 조각 방식)으로 구분한다. 그리고 재료에 따라 고체기반(FDM), 액체기반(폴리젯), 파우더기반(SLS)으로 나뉜다.

2D 프린터는 앞뒤(x축)와 좌우(y축)으로만 운동하지만, 3D 프린터는 여기에 상하(z축) 운동을 더하여, 입력한 3D 도면을 바탕으로 CAD/CAM 기술에 기반하여

입체물품을 만들어 낸다.

3D 프린터는 디지털 공작기계 중에서 가장 널리 이용되는 기계로 우리 주변에서도 쉽게 찾아볼 수 있다. 기존의 2D 프린팅이 평면 인쇄라면 3D 프린팅은 공간의 축을 더해 입체물을 출력할 수 있는 차이가 있다. 오픈 소스로 많이 공유되는 3D 모델링 설계도 파일만 있으면, 누구나 3D 프린터로 휴대폰 케이스나 간단한 생활용품 모형 등을 직접 출력할 수 있다.

요즘에는 참신한 제품 아이디어만 있으면 3D 프린팅으로 직접 시제품을 만들 수 있고, 그 비용도 저렴하므로 1인 기업 운영과 다품종 소량생산이 가능해졌다. 최근 4D 프린팅 기술도 등장했는데, 이는 '시간' 축을 더해 3D 프린트된 사물이 시간이 지남에 따라 스스로 변화하는 기술을 말한다.

(2) 활용

3D 프린팅 기술은 대형 풍력발전기부터 소형 의료 임플란트에 이르기까지 광범위하게 응용되고 있다. 현재는 주로 자동차, 항공우주, 의료산업에 한정되어 활용되고 있다.

대량생산 제품과 달리 3D 프린팅 제품은 쉽게 맞춤생산이 가능하다. 3D 프린터의 크기와 가격, 프린팅 속도라는 제약이 빠르게 개선되고 있으며, 회로판과 같은 집적전자부품에서부터 심지어 인간 세포 및 장기까지 포괄할 정도로 적용범위가 확장될 것이다. 연구자들은 이미 4D 프린팅 연구에 착수하여, 열과 습도 등의 환경 변화에 반응하는 능력을 갖춘 자가변형 기기가 출현하였다. 4D 프린팅 기술은 인체에 적응하도록 설계된 임플란트 같은 건강관련 제품뿐 아니라 의류와 신발에도 활용될 수 있다.

4. 클라우드 컴퓨팅

(1) 개념

클라우드 컴퓨팅(cloud computing)은 이용자의 모든 정보를 인터넷 상의 서버에 저장하고, 이 정보를 각종 IT 기기를 통하여 언제 어디서든 이용할 수 있다는 개념이다. 클라우드 서비스는 서버나 데이터 저장장치(스토리지) 등 전산 설비와 업무용 소프트웨어(SW)를 인터넷망을 통해 유료로 빌려주는 방식이다. 이것은 IT

자원을 구매하거나 소유할 필요가 없이 필요한 만큼 사용료를 지불하고 쓰는 서비스를 말한다. 중앙 집중화된 대형 데이터센터에서 서비스를 받고 소프트웨어나 프로그램을 인터넷을 통해 빌려 쓰는 방식이다.

즉 클라우드 컴퓨팅은 하드웨어나 소프트웨어와 같은 컴퓨터 자산을 구매하는 대신 빌려 쓰는 개념이다. 어떠한 요소를 빌리느냐에 따라 소프트웨어 서비스(SaaS, software as a service), 플랫폼 서비스(PaaS, platform as a service), 인프라 서비스(IaaS, infrastructure as a service)로 구분한다. 소프트웨어 서비스(SaaS, softwareas a service)는 네트워크를 통해 소프트웨어를 온라인으로 이용하는 방식이다. 이용자가 필요로 하는 기능만을 골라 이용하고 사용한 만큼 요금을 지불한다.

클라우드 컴퓨팅을 도입하면 기업 또는 개인은 컴퓨터 시스템을 유지·보수·관리하기 위하여 들어가는 비용과 서버의 구매 및 설치 비용, 업데이트 비용, 소프트웨어 구매 비용 등 엄청난 비용과 시간·인력을 줄일 수 있고, 에너지 절감에도 기여할 수 있다.

필요한 소프트웨어를 내 컴퓨터에 설치할 필요도 없고, 또 주기적으로 업데이트 하지 않아도 된다. 게다가 회사 컴퓨터에서 작업을 하던 문서를 따로 저장해서 집으로 가져갈 필요도 없다. 또 자신의 컴퓨터가 고장을 일으켜도 데이터가 손상될 염려도 없다. 필요한 만큼 쓰고 비용을 지불하면 되므로 사용 빈도가 낮은 소프트웨어를 비싸게 구입할 필요도 없고, 터무니없이 큰 저장장치를 갖추지 않아도 된다.

PC에 자료를 보관할 경우 하드디스크 장애 등으로 인하여 자료가 손실될 수도 있지만 클라우드 컴퓨팅 환경에서는 외부 서버에 자료들이 저장되기 때문에 안전하게 자료를 보관할 수 있고, 저장 공간의 제약도 극복할 수 있으며, 언제 어디서든 자신이 작업한 문서 등을 열람·수정할 수 있다. 하지만 서버가 해킹당할 경우 개인정보가 유출될 수 있고, 서버 장애가 발생하면 자료 이용이 불가능하다는 단점도 있다.

구글·다음·네이버 등의 포털에서 구축한 클라우드 컴퓨팅 환경을 통하여 태블릿컴퓨터나 스마트폰 등 휴대용 IT기기로도 손쉽게 각종 서비스를 사용할 수 있게 되었다. 이용편리성이 높고 산업적 파급효과가 커 차세대 인터넷 서비스로 주목받고 있는 클라우드 컴퓨팅은 2000년 대 후반에 들어 새로운 IT 통합관리모델로 등장하였다.

클라우드를 가능하게 해주는 핵심 기술은 가상화(virtualization)와 분산처리(distributed processing)다. 가상화란 실질적으로는 정보를 처리하는 서버(server)가 한 대지만 여러 개의 작은 서버로 분할해 동시에 여러 작업을 가능하게 만드는 기술이다. 이를 이용하면 서버의 효용률(utilization rate)을 높일 수 있다. 분산처리는 여러 대의 컴퓨터에 작업을 나누어 처리하고 그 결과를 통신망을 통해 다시 모으는 방식이다. 분산 시스템은 다수의 컴퓨터로 구성되어 있는 시스템을 마치 한 대의 컴퓨터 시스템인 것처럼 작동시켜 규모가 큰 작업도 빠르게 처리할 수 있다.

(2) 활용

가장 성공적인 소프트웨어 서비스 제공업체로는 세일즈포스닷컴(salesforce.com)이 있다. 이 회사는 기업의 영업활동과 고객관계관리(CRM)에 필요한 다양한 소프트웨어를 제공한다. 구글 앱스(Apps)는 개인 대상의 서비스로 문서작성과 계산 기능을 제공하는 광고 기반의 무료 서비스다.

비트컴퓨터에서는 클라우드 서비스로 병원정보시스템 클레머(CLEMR)를 운영하고 있다. 기존의 전자차트(OCS)나 병원정보시스템이 클라이언트-서버 방식으로 구축되는 것과는 달리, 클레머(CLEMR)는 의료기관에서 환자 진료를 위해 필요한 접수, 수납, 외래, 병실, 간호, 의무기록 등의 전자차트 서비스를 클라우드 서비스 방식으로 제공한다. 비용 절감과 관리 혁신을 동시에 실현하는 SaaS(Software as a Service) 방식으로 제공되는데, 의료기관은 서버 없이 인터넷으로 외부 데이터센터에 구축된 전자차트에 접속하는 방식으로 사용되는 병원정보시스템의 일종이다.

국내 최대 포털 네이버는 2017년 4월 자회사인 네이버비즈니스플랫폼(NBP)을 통해서 클라우드 서비스 사업에 진출하였다. NBP는 이날 클라우드 사업을 위한 컴퓨팅, 보안, 네트워크 등 30여개 기본 상품을 선보였고 앞으로 매달 4~5개씩 새로운 상품을 추가할 예정이라고 밝혔다. 하반기에는 검색, 지도, 음성인식 등 네이버 서비스 플랫폼을 활용한 상품도 내놓는다.

NBP는 “아마존웹서비스(AWS), 마이크로소프트(MS) 등 글로벌 기업 서비스는 물론 국내 KT보다 이용료가 더 싸다”며 “서버 가격은 최대 20%, 스토리지는 최대 50% 더 싸다”고 설명했다.

5. 모바일

(1) 개념

모바일(mobile)은 '움직일 수 있는'이라는 뜻으로, 정보통신에서의 모바일은 스마트폰(smart phone)과 태블릿(tablet)PC 등과 같이 이동 중 사용이 가능한 컴퓨터 환경을 뜻한다. 일반적으로는 사람이 휴대하면서 사용할 수 있는 소형화 된 전자기기, 즉 모바일 기기 혹은 단말을 나타낸다. 이러한 모바일 기기는 손으로 들고 다니므로 가볍고 작은 것이 특징이다. 무선 인터넷이나 멀티미디어 이용을 주목적으로 하는 모바일 인터넷 기기나 모바일 웹 사용에 초점을 둔 태블릿 컴퓨터, 휴대용 게임기기, 스마트 워치(smart watch)와 같은 웨이러블(wearable) 컴퓨터와 같은 다양한 모바일 기기들이 연구 및 개발되어 왔다. 2000년대 이후 스마트폰의 사용이 활성화되면서 다양한 모바일 기술 및 모바일 비즈니스가 개발되고 있다.

(2) 활용

휴대전화를 인터넷에 접속하여 입출금 등의 은행업무를 보는 모바일뱅킹, 온라인게임을 하는 모바일게임, 영화를 실시간으로 보는 모바일영화, 모바일 TV 및 모바일 잡지, 모바일 온라인 교육 등 다양한 서비스가 제공되고 있다. 또한 모바일 비즈니스와 모바일 마케팅·모바일 전자화폐·모바일 전자정부 등 새로운 모바일서비스가 생겨나고 있다.

보험의 경우 보험금 청구만 보더라도 직접 방문하거나 FAX나 등기 우편 접수가 아닌 모바일 접수가 자리 잡았다. 터치 몇 번으로 보험금을 청구할 수 있으니 금융소비자 입장에서는 접근성이 좋다. 보험계약 대출, 보험계약 조회 등의 업무를 모바일 앱으로 간편하게 처리할 수 있다. 또한 보험, 금융, 여행, 취미, 건강 등 삶에 도움이 되는 콘텐츠도 보험 가입 여부 관계없이 누구나 받아볼 수 있다.

6. RPA

(1) 개념

RPA(Robotic Process Automation, 로봇 프로세스 자동화)는 기업의 재무, 회계, 제조, 구매, 고객 관리 분야 등에서 데이터를 수집해 입력하고 비교하는 단순 반복 업무를 자동화해서 빠르고 정밀하게 처리하는 자동화 소프트웨어 프로그램이다. 이것은 인공지능(AI)과 결합하여 빠르게 발전하고 있는 기술이다. 비즈니스 프로세스를 사람이 아닌 소프트웨어 로봇이 수행하도록 자동화하는 기술이다. RPA는 로봇이 스스로 업무를 수행해야 하므로 업무가 단순하고 반복적이며 예외적인 케이스가 많지 않은, 즉 사전에 설정된 규칙에 따라 기계적으로 처리할 수 있는 업무들이다.

현재의 RPA기술은 기계적으로 데이터를 읽고, 쓰고, 복사하고, 검색하는 등 비생산적이고 부가가치 창출이 낮은 업무를 로봇이 대체하는데 초점을 두고 있다.

그러나 향후 인공지능 기술의 발전으로 로봇의 업무처리 영역이 넓어지고, 추론이나 판단을 요구하는 일들까지 점차 확대될 것으로 예상된다.

지능형의 로봇 소프트웨어를 활용한 비즈니스 자동화 기술은 1990년대부터 웹사이트 화면에서 필요한 정보를 수집하는 스크린 스크래핑(screen scraping)이나 업무 관련된 제반 사항을 자동으로 처리 관리하는 워크플로 자동화 등에 활용되었다.

일반 비즈니스 자동화는 인공 지능(AI)과 기계 학습(Machine Learning) 기술을 적용한 비즈니스 관리 위주의 프로세스로 구축된 반면, RPA는 최종 사용자의 관점에서 규칙 기반 비즈니스 프로세스로 설계되어 사람 대신 단순 반복 작업을 끊임없이 대량으로 수행한다. RPA는 현재 규칙이 확실하게 규정된 작업만 처리할 수 있고 사람의 판단력을 대체할 수준은 아니다.

그렇다면 RPA는 전통적인 IT자동화와 어떤 차이점이 있는 것일까? RPA 기술은 전통적인 IT자동화와 달리 변화하는 환경과 새로운 상황에 적응할 수 있다. 일단 특정 프로세스 상의 각 동작들에 대해 이해하도록 학습된 RPA 소프트웨어는 데이터 변화나 특정 응답을 자동으로 수행(trigger)할 수 있으며, 새로운 동작을 작동시키도록 명령하거나 다른 시스템과 스스로 이메일, 메신저 등을 통해 커뮤니케이션할 수도 있다.

RPA 소프트웨어를 구현할 때는 기존 인프라나 시스템을 변경할 필요가 없다. 기존 IT 인프라 상에서 직원이 기존에 하던 업무 프로세스를 그대로 흉내내 구현하기 때문이다. ERP나 그룹 포털과 같이 기존 시스템의 일부로 들어가 인프라를 변경하지도 않는다. 이처럼 RPA 기술은 시스템 변경 없이도 기존 인프라와 손쉽게 결합될 수 있다.

RPA는 다음과 같은 몇 가지 특징을 가지고 있다.

- 기존 IT 시스템의 변경이 필요하지 않다.
- 짧은 시간에 소프트웨어 로봇 개발, 테스트, 현장 적용이 가능하다.
- RPA는 구축 및 운영 비용이 저렴하여 구현하기 쉽고 빠르다.
- 맞춤형 소프트웨어나 정교한 시스템 통합이 필요 없으며 실패 위험이 작다.
- 입력 오류를 예방하고 문제를 최소화하여 연중무휴로 신속하게 작업 수행이 가능하다.

RPA가 적용되는 주요 세부 업무내용을 나타내면 다음의 <표 14-1>과 같다.

〈표 14-1〉 RPA 적용 주요 세부 업무내용

분 야	세부 업무내용
제 조	▸거래처 등록 및 견적 대사, 신용정보 관리 ▸대금 대사 및 계정 조정, Reconciliation ▸자재 부품구성표(BOM) 데이터 조회 및 ERP 등록 ▸물품 대금 및 작업비 청구서 프로세스 자동화 ▸판매코드 기준 데이터 집계 자동화 ▸선적문서, 수출입 면장 데이터 조회 및 ERP 입력 자동화 ▸급여 명세서, 복리후생, 근태관리 문서작성 자동화 ▸법인카드, 출장비, 매입 세금계산서 처리 자동화
유 통	▸재고관리 입력 및 승인 프로세스 자동화 ▸POS 데이터 입력, 작업보고서 입력 자동화 ▸제품, 수출입 선적서류 처리 및 ERP 입력 자동화 ▸일/월 마감 업무처리 자동화 ▸법인카드, 출장비, 매입 세금계산서 처리 자동화
금 융	▸비대면 계좌승인 및 거부 처리 자동화 ▸신분증 위조 검증 자동화 ▸외부 사이트 신용등급 조회 및 엑셀 보고서 작성 자동화 ▸펀드 매매기준 데이터 시스템 업로드 자동화 ▸전자공시 정보조회 및 DART 편집/엑셀 보고서 작성 ▸보험증권 서류 작성 및 등록 자동화 ▸고객 등기우편 발송 결과 취합 및 시스템 등록 자동화 ▸법인카드, 출장비, 매입 세금계산서 처리 자동화

(출처 : 비젠트로(주) RPA 자료)

(2) 활용

RPA는 기계 학습, 음성 인식, 자연어 처리와 같은 인지 기술을 적용하여 사람의 인지 능력이 필요한 의료 분야의 암 진단, 금융업계에서의 고객 자산 관리, 법률 판례 분석 등에도 활용될 수 있다. RPA는 금융권의 단순/반복 업무에 주로 도입되었으며, 점차 제조업, 유통업으로 확산되고 있다.

제조업의 경우 일단위로 이루어지는 재무/회계, 수출입, 판매분야의 서류작성 및 ERP 등 DB 등록 업무를 중심으로 도입되고 있다. 유통업은 재고관리, 판매실적 기록, 작업보고서 등의 업무에 적용되고 있다.

뉴욕의 디지털워크포스 전문기업 IP소프트에는 아밀리아(Amelia)라는 가상 직원이 근무하고 있다. 각종 기업시스템에 접속해 정보 조회와 메일 전송, 시스템 운영 등 15개 분야 수백 가지 업무를 담당하고 있다. 비서와 대화하듯 업무를 지시하고, 그 수가 한달 1000가지 정도 되는데 급여는 200만 원 수준이다. 이러한 디지털 직원(Digital Employee)의 등장은 AI 기술이 피상적인 혁신이 아닌, 기업의 디지털화를 가능하게 한다는 것을 실감하게 한다. 이러한 변화의 중심에는 AI 기술이 존재하는데, 구체적으로 프론트엔드(front-end)에서는 챗봇(Chatbot)이, 백엔드(back-end)에서는 RPA라는 AI 기술이 작동한다. 이에 따라 본격적으로 기업의 업무 수행이 디지털화되고 있는 것이다. 오늘날 디지털 트랜스포메이션과 관련된 최신 AI 기술을 논할 때, 챗봇과 RPA는 아마 가장 흔하게 언급되고 광범위하게 적용되고 있는 분야일 것이다.

트레드링스는 RPA를 통해 기존 반복적이고, 비효율적이었던 수출입 업무를 보다 편리하게 개선하고 있다. 트레드링스가 제공하고 있는 대부분의 서비스에는 이 RPA 기술이 접목되어 있다. 그중 대표적인 서비스가 바로 스마트 화물 모니터링 서비스 ‘쉽고(ShipGo)’이다.

쉽고(ShipGo)는 기존 사람이 일일이 입력하고 관리하던 화물 모니터링 업무를 RPA 기술을 통해 B/L 번호만 입력하면 관련 내용들을 자동으로 업데이트해주고, 이후 변화하는 수출입 진행 상태를 실시간으로 확인할 수 있도록 도와줌으로써 보다 효율적이고, 성공적인 수출/수입 업무를 도와주는 솔루션이다. 이러한 장점 덕분에 최근 두산인프라코어, 이랜드월드 패션사업부 등 대기업을 중심으로 빠르게 서비스 도입이 이뤄지고 있다.

NH농협은행은 모바일 환경에서 고객 관점으로 작동하는 RPA(로봇 프로세스 자동화) 장애점검 시스템을 2020년에 구현하였다. 그리고 코스콤에서는 RPA로 반복적인 증권업무 자동화를 구축하였다.

이밖에도 국내 소프트웨어 개발 전문기업인 비젠트로(주)에서는 RPA 업무자동화 구축사례를 가지고 있다. UNIERP를 통해서 기초자료 스크래핑, 매입내역 처리, ERP자료 회계전표 생성 등 11개 활동을 이전에는 모두 업무 담당자가 수행하였으나, 현재는 로봇에게 업무를 요청하고 담당자는 결과 확인만 하면 되도록 구현하였다. 또한 구체적으로 매출채권 입금처리 사례, 매입전자 세금계산서 회계처리 사례 등을 통해서 사람이 작업하던 것을 RPA로 대체하여 처리시간을 대폭 절감하였다.

7. 블록체인

(1) 개념

블록체인(block chain)은 블록에 데이터를 담아 체인 형태로 연결, 수많은 컴퓨터에 동시에 이를 복제해 저장하는 분산형 데이터 저장 기술이다. 즉 블록이라고 불리는 거래 장부를 중앙 서버에 보관하지 않고, 각자 개인 컴퓨터에 분산하고 이를 체인처럼 연결해 공개적으로 보관할 수 있게 해주는 혁신적인 기술이다. 중앙 집중형 서버에 거래 기록을 보관하지 않고 거래에 참여하는 모든 사용자에게 거래 내역을 보내 주며, 거래 때마다 모든 거래 참여자들이 정보를 공유하고 이를 대조해 데이터 위조나 변조를 할 수 없도록 되어 있다. 블록(block)은 데이터를 저장하는 단위로, 바디(body)와 헤더(header)로 구분된다. 바디에는 거래 내용이, 헤더에는 머클해시(머클루트)나 넌스(nounce, 암호화와 관련되는 임의의 수) 등의 암호코드가 담겨 있다. 블록은 약 10분을 주기로 생성되며, 거래 기록을 끌어 모아 블록을 만들어 신뢰성을 검증하면서 이전 블록에 연결하여 블록체인 형태가 된다.

블록체인의 유래를 보면, 나카모토 사토시(Satoshi Nakamoto)가 2007년 글로벌 금융위기 사태를 통해 중앙집권화된 금융시스템의 위험성을 인지하고 은행의 전반적인 불신에 대한 금융개혁을 하고자 개인 간 거래가 가능한 블록체인 기술을 고안했다.

블록체인의 거래과정을 나타내면 다음의 <그림 14-1>과 같다.

〈그림 14-1〉 블록체인 거래 과정

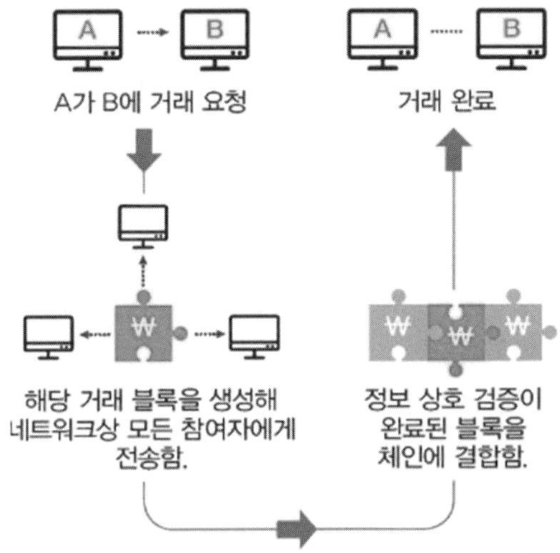

블록체인은 중앙 집중형 서버에 거래 기록을 보관, 관리하지 않고 거래에 참여하는 개개인의 서버들이 모여 네트워크를 유지 및 관리한다. 이 개개인의 서버, 즉 참여자를 노드라고 한다. 중앙 관리자가 없기 때문에 블록을 배포하는 노드의 역할이 중요하며, 참여하는 노드들 가운데 절반 이상의 동의가 있어야 새 블록이 생성된다. 노드들은 블록체인을 컴퓨터에 저장해 놓고 있는데, 일부 노드가 해킹을 당해 기존 내용이 틀어져도 다수의 노드에게 데이터가 남아 있어 계속적으로 데이터를 보존할 수 있다.

블록체인은 거래기록과 승인이 이루어지기 전에 컴퓨터 네트워크 상에서 참여자들 공동의 검증을 받아야 하는 보안 프로토콜이다. 블록체인은 신뢰 기반이 없이 서로 모르는 사용자들이 제3의 관리나 중앙원장과 같은 중립적 중앙당국의 개입 없이 공동으로 만들어가는 시스템이라 신뢰할 수 있다. 프로그래밍이 가능한 블록체인은 암호화된 보안으로 모두에게 공유되기 때문에 특정 사용자가 시스템을 통제할 수 없고, 참여자 모두에게 검증을 받아야 하므로 더욱 신뢰할 수 있는 거래 원장이다.

블록체인은 실시간 결제, 정보공유 개선, 모든 문서 또는 기타항목의 신뢰할 수 있는 추적, 프로세스 발생 부분의 즉각적인 증거를 통해 조직 내 또는 조직과 파트너 간에 빠르고 마찰 없는 프로세스를 가능하게 한다. 해킹이 불가능하고 중개 기관의 개입 없이도 개인과 개인 간의 거래가 가능한 기술이기에, 「유엔 미래보고서 2050」에서는 블록체인 기술이 '미래를 바꿀 10대 기술'중의 하나라고 평가하였다.

블록체인은 크게 퍼블릭(public) 블록체인과 프라이빗(private) 블록체인으로 나뉜다. 퍼블릭 블록체인은 모두에게 개방돼 누구나 참여할 수 있는 형태로 비트코인, 이더리움 등 가상통화가 대표적이다. 프라이빗 블록체인은 기관 또는 기업이 운영하며 사전에 허가를 받은 사람만 사용할 수 있다. 참여자 수가 제한돼 있어 상대적으로 속도가 빠르다.

(2) 활용

블록체인에 저장하는 정보는 다양하기 때문에 블록체인을 활용할 수 있는 분야도 매우 광범위하다. 대표적으로 가상통화에 사용되는데, 이때는 블록에 금전 거래 내역을 저장해 거래에 참여하는 모든 사용자에게 거래 내역을 보내주며 거래 때마다 이를 대조해 데이터 위조를 막는 방식을 사용한다. 이 밖에도 전자 결제나 디지털 인증뿐만 아니라 화물 추적 시스템, P2P 대출, 원산지부터 유통까지 전 과정을 추적하거나 예술품의 진품 감정, 위조화폐 방지, 전자투표, 전자시민권 발급, 차량 공유, 부동산 등기부, 병원 간 공유되는 의료기록 관리 등 신뢰성이 요구되는 다양한 분야에 활용할 수 있다. 금융기관을 대신해 출생 및 사망증명서, 결혼증명서, 소유권, 학위증명서 등의 발급은 물론, 보험금 청구와 의료기록, 투표에 이르기까지 코드화할 수 있는 모든 종류의 거래가 블록체인 시스템을 통해 가능할 것이다.

블록체인의 강점인 분산화와 안정성을 활용하면 데이터를 안전하게 관리할 수 있어 개인 간 매매 및 거래, 개인정보관리, 투표관리 등 광범위한 분야에 이용될 수 있을 것이다.

최근 유럽에서는 블록체인을 조직의 ERP 시스템과 통합하여 항공 및 에너지 산업에 사용하는 방법을 제시하기 시작하였다. 공급체인 추적, 부품출하, 상용 항공정비 작업의 기록 및 확인을 포함하여 블록체인을 자산관리에 어떻게 사용할 수 있는지를 보여주며, IT 시스템 간의 통합을 훨씬 단순하게 만들 수 있는 방법을 제시하였다.

월마트는 블록체인 시스템을 통해 제품의 위치, 포장상태, 보관상태, 유통과정을 통한 잠재적인 제품의 오염상태까지 파악하고 기존의 ERP 시스템을 통해 제품의 전반적인 상태를 면밀하게 관찰할 수 있게 되었다.

14.3 ERP와 4차 산업혁명 핵심기술의 관계

인공지능(AI)은 몇 년 동안 ERP 업계에서 논의되었다. 일반적으로 사용자는 자동화 및 인텔리전스의 이점을 누리려면 시스템에 별도의 애드온을 설치해야 한다. 그러나 요즘 ERP 솔루션에 이러한 기능이 내장되어있는 것이 점점 일반화되고 있다.

회사가 수집할 데이터가 그 어느 때보다 많은데, 이것은 급등한 금액뿐만 아니라 복잡성이기도하다. 업무에 필요한 구조화되지 않은 데이터는 너무 많다. 따라서 기업은 데이터를 최대한 활용하려면 새로운 데이터 분석 방법을 찾아야 한다. 이를 위해 AI기반 ERP 소프트웨어가 등장한다.

AI기반 ERP는 워크플로우(work flow)를 생성하고 데이터 로딩시간을 줄이며 데이터 처리와 관련된 오류를 감소시킨다. 몇 시간 분량의 일상적인 프로세스를 자동화할 수 있다. 이를 통해 직원의 업무시간이 절약되어 보다 소중한 다른 작업에 투입될 수 있다.

지능형 ERP 솔루션은 또한 과거 데이터를 분석하여 다른 부서의 정보와 결합할 수 있다. 그러면 시스템은 내부 프로세스를 보다 효과적으로 실행하는 방법을 제안할 수 있다. 전반적으로 AI 및 기타 지능형 기술을 ERP와 결합하면 업무의 생산성, 효율성 및 수익성을 향상시킬 수 있다.

AI는 방대하고 복잡하며 구조화되지 않은 데이터를 분석하는 새로운 방법을 제공한다.

지능과 기술의 통합을 갖춘 ERP는 iERP라고도 한다. 이것은 혁신적인 데이터 처리를 통해 회사에 상당한 우위를 제공한다. iERP는 몇 시간 분량의 관리 프로세스를 자동화할 수 있고, 히스토리 데이터를 다양한 부서의 정보와 병합하여 최적화할 수 있는 내부 프로세스를 결정할 수 있다.

인공지능(AI)은 실제 목표가 사람을 완전히 대체하기보다는 인간의 활동을 증대시키는 컴퓨터 기술이라는 점에서 지능적이다. "기계 지능"이라고도 하는 AI는 문제 해결 및 학습과 같은 인간의 인지기능을 모방한 컴퓨터를 말한다. 이제 AI는 ERP 시스템에 연결되어 사람들이 많은 실수를 저지르지 않고 의사 결정을 내릴 수 있도록 도와준다. 채무 지불과 같은 일부 작업조차도 AI 시스템을 통해 수행된다.

IoT 또는 사물인터넷 기술은 컴퓨터와 기계 등의 연결성을 의미한다. 예를 들어, 제조 기계에 설치된 센서는 제조업체의 ERP 소프트웨어에 기계의 성능에 대한 모든 것을 실시간으로 알릴 수 있다. 관리자는 정보를 보고 해석한다. 그런 다음 직원이 급여를 받지 않는 근무외 시간 동안 필요한 유지보수 일정을 예약할 수 있다.

IoT와 ERP를 결합하면 오작동과 가동정지가 훨씬 줄어든다. ERP에 연결된 IoT 장치는 전체 공급사슬 내의 다양한 애플리케이션에서 이러한 종류의 통신 및 효율성을 창출할 수 있다. 그리고 IoT는 사람의 개입 없이 네트워크의 모든 센서 또는 물리적 장치에 원활하게 연결된다. IoT 및 ERP를 통해 기업은 센서를 통해 방대한 양의 정보를 수집, 분석 및 처리할 수 있다. 이것은 기계 성능 및 생산 공정의 면밀한 모니터링에 관한 실시간 데이터를 얻게 되는 것이다. 수동 입력이 적어지므로 기술자에 대한 의존도가 줄어들고 더 빠르고 자동화된 작업이 가능하다.

3D 프린팅은 제조업체가 엔진 및 시트 버클과 같은 복잡한 제품을 만드는 방법을 변화시키고 있다. 3D 프린터는 부품을 개선하고 비용을 절감하며 효율성을 향상시켜 대량의 품질 좋은 제품을 저렴하고 신속하게 제조할 수 있다. 기술자는 3차원 프린터를 사용하여 금속 부품을 제조하기 위한 빠른 프로토타입(샘플)을 만들 수 있다.

자동차, 가전, 의료 및 기타 부문은 이미 이 새로운 기술을 채택했다. 보청기, 터빈 블레이드, 커피 잔, 사탕 및 인체 조직은 이미 이 새로운 기술을 사용하여 만들어지고 있다.

항공 우주 및 방위 업체 간의 치열한 경쟁으로 인해 상당한 경쟁력을 확보할 수 있는 입증 된 이 기술을 채택해야 했다. 개별화된 특수 부품을 빠르고 쉽게 만들 수 있기 때문에 3D 프린팅은 경쟁이 치열한 대규모 제조 회사의 필수 기술이 되었다.

2017년 BAE Systems는 3D 프린팅을 사용하는 최초의 항공 우주 및 방위 계약

업체가 되었으며 일부 군용 비행기를 위한 최초의 3D 설계부품을 제작했다. 다른 항공 우주 및 방위 계약 업체는 이후 BAE Systems를 따라 3D 기술을 채택하기 시작했다.

3D 프린팅에서 발생하는 유일한 문제는 평소와 같이 데이터 관리이다. 많은 생산단계에서 대량의 데이터가 제공되며 소프트웨어는 이러한 데이터를 처리할 수 있어야 한다.

ERP 솔루션은 일반적으로 새로운 기술을 보완한다. 예를 들어 적층 가공 또는 3D 프린팅을 채택하면 새로운 제조 ERP 트렌드의 토대가 된다.

더 크고 복잡한 3D 프린터를 통해 제조업체는 더욱 프로세스 비용을 절감하고 효율성을 향상시킬 수 있다. 그러나 상호 연결하려면 많은 양의 데이터가 필요하다. 3D 프린터에는 전자 소스의 디지털 데이터가 필요하다.

ERP 시스템은 3D 프린팅을 통해 생산에 필요한 재료의 수를 모니터링할 수 있다. 그 외에도 제조공정 전체에서 모든 제품에 대한 탭(tab)을 유지할 수 있다. 생산 중, 배송 중, 배송을 통해 모든 자재를 주시해야 한다. 그리고 기업은 여전히 시스템에 데이터의 급증을 처리할 수 있는 용량과 기능이 있는지 확인해야 힌다. 그런 다음 업그레이드, 소프트웨어 변경 또는 기타 필요한 조치가 필요한지 결정한다.

많은 기업들이 적층 가공을 활용하여 운영을 강화하고 있다. 동일한 방법을 선택하는 경우 먼저 ERP 시스템이 이를 처리할 수 있는지 여부를 결정하는 것이 좋다.

더 많은 기업이 3D 프린팅을 사용함에 따라 ERP 시스템이 필요한 프로세스를 지원하도록 강화될 것이며, 또한 적층 가공의 요구 사항을 지원하기 위해 많은 클라우드 호스팅 ERP 도구가 업그레이드 될 것이다.

클라우드 ERP가 채택되는 가장 큰 이유는 전 세계 어디에서나 글로벌 회사의 ERP에 액세스할 수 있다는 것이다. 이것은 더 나은 데이터 보안을 제공하므로 사람들이 생각하는 것만큼 위험하지 않고, 관리하기 쉽고 비용도 절감된다.

클라우드 컴퓨팅은 기업이 인터넷을 통해 데이터를 저장하고 액세스할 수 있는 새로운 기술이다. 민첩성, 확장성, 신뢰성 및 유연성은 클라우드 기술의 주요 특성으로 인기를 얻고 있다. SaaS(Software as a Service) 또는 주문형 서비스는 PPU(Pay-per-Use) 요금 모델을 기반으로 하는 클라우드 컴퓨팅의 서비스 모델 중 하나이다. 기업들 사이에서 클라우드 기반 애플리케이션의 채택이 증가한 주된 이유는 IT 인프라 비용을 어느 정도 절감시켜준다는 것이다.

모바일은 업무 문화의 필수 요소가 되면서 클라우드 연결 모바일 애플리케이션에 투자하여 언제 어디서나 정보에 액세스할 수 있다. 이를 통해 조직은 직원의 일과 삶의 균형을 유지하고 생산성을 향상시킬 수 있다. 완벽한 모바일 지원은 최신 ERP 도구의 기본 기능 중 하나이다. ERP의 모바일 접근 방식은 이동 중에도 데이터에 액세스할 수 있는 것 외에도 많은 이점을 제공한다. 가장 확실한 방법 중 하나는 언제, 어디서나 업무를 수행할 수 있는 기능이다. 이것은 백엔드 및 프론트 엔드 활동이 모두 태블릿 및 스마트 폰과 같은 모바일 장치에서 사용 가능함을 의미한다. 전반적인 생산성이 높다. 예를 들어, 근무 시간외 근무하는 직원은 집에서도 거래를 성사시킬 수 있다. 모바일 장치를 통해 필요한 모든 정보와 도구에 액세스할 수 있기 때문이다.

이동성은 보다 정확하고 편리한 데이터 캡처 프로세스를 의미한다. 직원은 현장에서 바로 정보를 수집하고 입력할 수 있다. 따라서 사무실로 돌아와 데이터를 입력할 때까지 기다릴 필요가 없다. 또한 모바일 ERP는 더 나은 통신으로 인해 생산지연 위험을 줄인다. 예를 들어 자재 배송 문제가 있는 경우 제조 프로세스가 보류된다. 그러나 실시간으로 통신된 경우 손실을 피하거나 최소한 최소화하기 위한 조치를 취할 수 있다. 회사는 또한 모바일 ERP 사용의 다른 이점을 활용할 수 있다. 여기에는 빠른 의사 결정, 더 나은 워크플로우 및 향상된 효율성이 포함된다.

이러한 이점으로 인해 향후 모바일 애플리케이션에 대한 수요가 증가 할 것으로 예상된다. 일부 ERP 솔루션은 이제 iOS, Android 및 Windows 용 기본 앱을 제공한다. 그러나 이들 중 대부분은 판매, 리드 및 웹 트래픽과 같은 가장 중요한 KPI만 특징으로 분류 된 버전이다. 그럼에도 불구하고 사무실 밖에서도 연결 상태를 유지하고 생산성을 유지할 수 있다. 그러나 모바일 액세스는 양날의 검이 될 수 있다. 회사가 인증하지 않은 장치를 통해 민감한 데이터에 액세스하면 보안 위험이 높아진다. 우수한 모바일 ERP를 사용하면 전화로 회사 데이터에 액세스할 수 있는 사람을 관리하는 데 도움이 되는 별도의 사용자 권한이 허용된다.

블록체인(block chain)은 ERP 시스템을 대체하지는 않지만 본래의 보안으로 인하여 당사 간의 통합을 단순화하고 취약성을 줄일 수 있는 보완적인 애플리케이션으로서 서로 다른 소프트웨어를 하나의 통합시스템으로 구현하는 역할을 한다.

제 V 부

ERP의 현재와 미래

제 15 장

ERP의 현황과 실태

15.1 ERP의 시장동향

1. 세계 ERP 애플리케이션(worldwide ERP applications) 시장 전망

글로벌 ERP 소프트웨어 시장 규모는 2020~2025년까지 연평균 7.88% 성장하여 2025년까지 4,211억 달러에 이를 것으로 예상된다. 2019년 ERP 구현은 모든 비즈니스 운영을 하나의 간단한 솔루션으로 가져오고 자동화하는 모범 사례가 되었다. 2018년까지는 구축비용이 높기 때문에 중소 규모의 조직에서 전 세계 ERP 소프트웨어 보급률이 낮았다. 그러나 클라우드 기반 ERP의 출현으로 ERP 구축비용이 지속적으로 감소하고 있다. 따라서 클라우드 기반 ERP는 2018년 이후 중소기업 간에 빠른 성장을 하고 있으며 2025년까지 40% 이상의 시장 점유율을 차지할 것으로 예상된다.

클라우드 ERP에 대한 기업의 선호도가 높아지면서 북미가 ERP 소프트웨어 시장을 장악하고 있다. 제조 분야에서 IoT 기반 장치의 보급 증가와 대량의 데이터 생성으로 ERP 소프트웨어 시장에 새로운 기회가 창출되고 있다. 클라우드 기반 ERP는 저렴한 구축으로 인해 ERP 소프트웨어 시장을 너 빠른 속노로 가속화 할 것으로 예상된다. 그러나 유연성 부족과 통합 문제로 인해 ERP 소프트웨어 산업의 성장이 저해 될 수 있다.

모든 개별 비즈니스 운영을 하나의 단일 장치로 통합해야 할 경우 비즈니스 관리 소프트웨어, 데이터베이스 관리 소프트웨어 및 ERP HR(인적자원관리) 모듈에 대한 수요가 증가 할 것이다.

제조업을 위한 ERP 소프트웨어는 2020~2025년 동안 연평균 9.45% 성장할 것으로 예상된다. 제조 산업에서 증가하는 데이터 소비로 인해 ERP 시스템은 다양한 부서의 데이터를 통합하는 데 필수적인 구성 요소가 되었다. 현재 대부분의 제조 산업은 비즈니스 관리 소프트웨어, 데이터베이스 관리 시스템 및 ERP HR 모듈을 통해 모든 비즈니스 운영을 통합하고 있다. 산업 응용 분야에서 IoT 기반 장비의 채택이 증가함에 따라 제조 산업의 데이터 소비가 지속적으로 증가하고 있다. 산업 IoT 시장은 2020~2025년 동안 CAGR 18.56% 성장하면서 2025년까지 천억 달러에 이를 것으로 예상된다. IoT 장치의 새로운 데이터 소스는 효율적인 ERP 시스템을 분석해야 한다. Microsoft Dynamics 365와 같은 고급 ERP 시스템은 Microsoft Azure와 같은 안전하고 확장 가능한 클라우드 플랫폼을 활용하여 이러한 데이터를 분석하고 원격 모니터링, 예측 유지 관리 및 스트림 분석과 같은 다양한 산업 활동을 수행할 수 있다.

클라우드 기반 ERP는 저렴한 구축 비용으로 인해 인기를 얻고 있다. 마찬가지로 클라우드 기반 ERP를 사용하면 비즈니스를 확장 및 축소할 수 있다. 따라서 클라우드 기반 ERP 소프트웨어는 최근 많은 중소기업에서 가장 효과적인 배포 플랫폼으로 간주된다. 클라우드 기반 ERP는 2020~2025년 동안 연평균 11.56% 성장할 것으로 예상된다. 2019년 전 세계 기업의 약 80%가 일부 형태의 클라우드 기반 서비스를 사용하고 있었으며, 그 중 15%~20%는 향후 5년 내에 100 % 클라우드 기반 서비스를 선택할 것으로 보인다. 또한 2020 년까지 60%의 엔터프라이즈 소프트웨어가 완전한 클라우드 기반이 될 것으로 예상된다.

2018년에 북미는 ERP 소프트웨어 시장에서 35.23%이상의 시장 점유율을 차지했으며 APAC 및 유럽 지역이 그 뒤를 이었다. 클라우드 기반 ERP 소프트웨어의 채택이 증가함에 따라 이 지역의 ERP 소프트웨어 시장이 추진되고 있다. 북미는 전 세계 클라우드 트래픽의 대부분을 차지한다. Cisco Global Cloud Index에 따르면 2016-2021 년 동안이 지역의 클라우드 트래픽은 연평균 24% 성장할 것으로 예상되며, 2020년에는 전 세계 트래픽의 거의 40%를 차지할 것이다. 관리형 서비스는 해당 지역의 클라우드 기반 ERP에 대한 수요를 가속화하고 있다. 2019년에는 약 65%-70%의 비즈니스가 북미 지역에서 일부 형태의 관리 서비스를 사용하여 ERP 소프트웨어 시장의 잠재력이 높다.

2016년 이후 대부분의 산업 및 기업은 온 프레미스(on premise) 소프트웨어를 클라우드 기반 소프트웨어로 교체하고 있다. 클라우드 기반 ERP는 소프트웨어 및 하드웨어의 실질적인 사전 지출 없이 저렴한 가격으로 전체 엔터프라이즈 애플리케이션에 대한 액세스를 제공한다. 마찬가지로 클라우드 컴퓨팅을 채택하면 기업은 업무를 보다 편리하게 확장 및 축소할 수 있다. 따라서 클라우드 기반 ERP는 최근 중소기업에 보다 유용하고 비용 효율적인 솔루션이 되고 있다. 또한 클라우드 기반 컴퓨팅은 중소기업에게 새로운 비즈니스 기능과 기회를 제공한다. 주요 ERP 솔루션 제공 업체에 따라 클라우드 기반 ERP 솔루션은 ERP 구축 비용을 약 40% 줄일 수 있다. 많은 신생 기업이 미래의 기회를 보고 이 기술에 투자하고 있으므로 최종 사용자는 이제 공급업체를 선택할 수 있는 많은 옵션을 찾고 있다. 2018년 클라우드 기반 엔터프라이즈 기술 스타트업인 Icertis는 4차 펀드 모금에서 5천만 달러를 모금한 적이 있다.

데이터 센터는 ERP 및 CRM과 같은 비즈니스 활동 및 응용 프로그램을 지원하도록 설계되었다. 이 외에도 ERP 시스템 자체는 데이터 센터의 공간, 냉각, 자산 활용도를 극대화한다. 데이터 센터가 증가함에 따라 ERP 애플리케이션은 엄청난 성장을 보이고 있다. 2017년 이후, 초고속 인터넷 연결, 산업 자동화 증가 및 모바일 장치 보급 증가로 인해 데이터 소비량이 크게 증가했다. 데이터 양의 증가는 ERP 및 데이터 센터 시장 모두에 엄청난 기회를 제공하고 있다. 코로케이션 데이터 센터 설치는 가장 큰 데이터 생성기 중 하나인 산업 부문이 주도 할 것으로 예상된다. 이 분야의 기업들은 운영 및 서비스를 디지털화하고 있으며 ERP 시스템에 대한 의존도가 높아지고 있다. 프로세스 및 제조 산업은 운영 효율성을 개선하기 위해 산업 IoT를 지향하고 있으며, 이는 대량의 데이터를 생성하고 ERP 소프트웨어 시장에 긍정적인 영향을 미친다. 따라서 기업과 비즈니스에서 발전하는 빅 데이터 개념으로 인해 ERP 소프트웨어 시장은 예측기간 동안 기회를 찾을 수 있을 것이다.

ERP는 회사의 올바른 부서/세그먼트와 통합되면 비즈니스에서 최상의 결과를 제공할 수 있다. 대부분의 경우 회사가 경쟁 우위를 확보하는 데 도움이 되는 ERP 조직과 통합 할 부서를 식별하기가 어렵다. 예를 들어, 다른 사업부에서 경쟁업체로 간주하는 대기업은 ERP가 비즈니스 부문과 부문을 통합하기에 위험한 솔루션이다. 마찬가지로 ERP 시스템은 회사의 기존 비즈니스 프로세스와 완전히 호환되지 않을 수 있으며, 업무 할당을 완료하기 위해 단계를 다시 엔지니어링해야 할 수도 있다. 따라서 변화에 저항하는 조직은 ERP 시스템을 선호하지 않는다.

ERP 소프트웨어 상위 10개 회사로는 SAP, Oracle, Intuit, FIS Global, Fiserv, Cerner Corporation, Microsoft, SS & C Technologies, Infor 및 Constellation Software가 있다. ERP 소프트웨어 시장 점유율 5위는 2018년에 약 31.45%로 추정된다. 인수, 파트너십 및 서비스 차별화는 이 시장의 대부분의 회사에서 채택한 주요 전략이다. 2018 년에 Salesforce는 MuleSoft를 65억 달러에 인수했다. 또한 모든 클라우드 기반 앱을 MuleSoft의 SaaS(Software-as-a-Service) 통합 플랫폼과 통합하는 데 도움이 된다. 2019년 SAP는 Qualtrics와 인수를 완료했다. 이를 통해 SAP는 경험 관리 측면에서 기능을 향상시킬 수 있다.

2012년에 본격적으로 전개될 것으로 예견되는 주요 엔터프라이즈 애플리케이션 산업 군은 비즈니스 인텔리전스 부분, 커뮤니케이션&협업 부분, 고객관계관리 부분, 디지털 콘텐츠 창출, 전자적 자원관리, 오피스 슈트 및 퍼스널 생산성 부분, 프로젝트&포트폴리오 관리, 공급사슬 관리 부분 등이다.

전사적 자원관리(ERP)는 2012년에 249억불의 매출을 기록하며 가장 큰 엔터프라이즈 애플리케이션 소프트웨어 산업 군이 될 것으로 예상되는데, 뒤를 이어 오피스 슈트 부분이 165억불을 기록하고 비즈니스 인텔리전스 부분이 130억불을 기록하고 고객관계관리(CRM) 부분이 130억불을 기록할 것으로 전망된다. 가트너의 분석가들은 기업 내 주요 프로세스의 자동화에 대하여 일종의 메사슈트로부터의 비용지출들이 최적화되고 이전될 것으로 예상된다고 언급하는데, 자본 지출에서 운영지출로 지출의 주된 방향이 이동하게 되고 이를 위한 대안으로 조직 내 소프트웨어 획득모델이 각광을 받게 될 것으로 여겨진다고 말한다.

현재 전세계적으로 약 10여개의 주요 ERP 벤더(vendor)들이 글로벌 ERP 시장을 주도하고 있으며 이들 벤더들이 펼치고 있는 주요 시장 전략은 글로벌 ERP 시장의 흐름에 많은 영향을 미치고 있다. 이들 솔루션 벤더들은 최근 침체되고 있는 글로벌 경제 상황에 대비한 다양한 노력을 꾸준히 진행하고 있으며 이에 따라 기존과는 변화된 새로운 시장 전략을 활발하게 확대하고 있다. 이는 여타 IT 산업에서 최근의 불황 극복을 위해 노력하고 있는 많은 관련 IT 업체들에게 긍정적인 방향을 제시해 주는 계기가 될 수 있을 것으로 보인다.

2011년에는 기업의 핵심 기간시스템인 전사적 자원관리(ERP)시스템에 어떤 변화가 있을 것인가? 미국 IT전문지 컴퓨터월드에서는 최근 산업별 ERP 전문가와 시장동향 자료 등을 기반으로 내년도 ERP 시장을 전망했는데, 여전히 ERP 라이선스 계약과 복잡한 ERP 구현 프로젝트 등이 이슈화될 것이지만 시장환경 변화에 따라 추가적으로 더 많은 변화가 있을 것으로 예상했다.

특히 2011년부터 ERP가 클라우드 서비스로 본격적으로 제공되면서 많은 혼란이 있을 것으로 분석하였고, 클라우드 기반 ERP 서비스는 소프트웨어의 확장과 커스터마이제이션을 어느 정도 허용하는 서비스로서 플랫폼(PaaS)이나 비즈니스 프로세스관리(BPM)로 제공될 가능성이 높을 것이라고 예측하였다. 그 이유는 고객들이 완벽한 ERP 스위트로 서비스를 지원받길 원하기 때문이다. 업체의 유지보수나 애플리케이션관리시스템, 업그레이드, 호스팅 등과 같은 서비스도 추가적으로 제공해 주길 바란다는 것이다.

또한 ERP가 엔터프라이즈 소셜 소프트웨어(enterprise social software)와 통합하게 될 것으로 예측했다. 소셜 소프트웨어의 장점인 실시간 정보 공유와 그룹 협업 등을 ERP에 추가하게 됨으로써 '소셜 ERP'(social ERP)가 불가피해질 것으로 보고 있다. 그리고 내년부터는 ERP가 모바일 애플리케이션으로 제공될 것으로 전망했는데, 이미 SAP의 경우 고객들에게 언제, 어디서나 어떤 디바이스로 기업 정보를 제공해 줄 수 있도록 할 것이라고 밝힌 바 있다.

이외에도 오라클 퓨전 애플리케이션과 마이크로소프트의 다이내믹 ERP 제품들도 2011년 ERP 시장에 변화를 일으킬 이슈로 지목하였다.

주요 글로벌 ERP 벤더들은 최근까지 지속적인 성장을 거듭하였다. 이는 과거 수년전부터 지금까지 벤더들이 꾸준히 추구해온 시장 세그먼트(segment)의 다변화, 지속적인 인수합병을 통한 제품 포트폴리오의 확대 및 개선, 비즈니스 프로세스 표준화를 통한 기업 고객들의 생산성 향상 및 효율성 증대에의 지속적인 기여 등이 현재 주요 글로벌 ERP 벤더들의 주된 성공 요인이라 할 수 있다.

이와 더불어 다양한 고객층을 기반으로 한 안정적인 매출 흐름의 확보, 비즈니스 프로세스를 효율적으로 개선시킬 수 있는 제품의 지속적인 출시, 많은 기업의 성공적인 도입 사례들을 수년 동안 꾸준히 축척한 것 등이 이들 주요 벤더들의 시장 성장을 가능케 한 또 다른 성공 요인들이었다. 특히 이러한 성공적인 도입 사례에 해당하는 기업들을 살펴보면, 강력한 ERP 플랫폼(platform)을 기반으로 한 표준화된 의사결정이 기업의 제품 생산과 고객 서비스에 지속적으로 반영되고 있다. 또한 기업 내의 핵심적인 정보들이 깊이 있게 꾸준히 분석되고 있으며 이러한 정보들이 기업의 모든 구성원들에게 적절히 배분되고 있다. 결국 이는 기업 내의 끊임없는 IT 기술혁신을 자극하는 하나의 중요한 요소가 되고 있다.

현재 수많은 대규모 글로벌 기업들은 자신들이 도입한 ERP 시스템에 크게 의존하고 있으며 이들 시스템들을 통해 제품 조립라인에서의 생산계획에서부터 매년 수만 명을 고용하고 관리해야하는 방대한 인사관리 등에 이르기까지 전세계 각국에 걸쳐 분산된 글로벌 기업의 운영을 효과적으로 감당하고 있다. 좀 더 규모가 작은 기업에 있어서는 ERP 애플리케이션의 도입을 통해 단기간에 기업의 제한된 자원을 효율적으로 관리하여 시간과 자원을 크게 절약하고 있다.

ERP 제품의 기능적인 측면에서는 회계 관련 애플리케이션의 경우 임베디드 비즈니스 인텔리전스(embedded business intelligence)와 파이낸스 리포트 기능이 지속적으로 강화되고 있어 기업이 자체의 전체 재무 현황을 쉽고 빠르게 파악할 수 있다. 이러한 다양한 리포트를 통해 기업 내의 주요 의사결정자들은 좀 더 효과적인 기업 재무정보를 확보할 수 있으며 이러한 일별, 제품별 등 다양한 조건에 따른 기업 정보 및 분석 리포트는 과거 수일 혹은 수주에 걸쳐야 제공이 가능한 것이었다.

결국 지금까지 주요 ERP 애플리케이션 벤더들은 신속한 투자 대비 효과의 제시와 다양한 제품 기능들의 지속적인 업그레이드를 기반으로 고객들의 다양한 요구를 충족시키기 위해 꾸준히 노력해 왔다. 이는 비록 현재의 경제 침체의 여파가 향후 ERP 시장에도 영향을 미칠 것임에도 불구하고, 장기적인 측면에서 주요 벤더들이 앞으로 꾸준한 시장성과를 지속할 수 있을 것으로 보는 중요한 요인 중 하나이다. 또한 벤더들이 자신들의 시장 가치를 꾸준히 유지할 수 있는 역량과 더불어 기업 운영 측면에서도 상대적으로 안정된 모습을 지속적으로 보여주고 있는 것이 향후 벤더들을 긍정적으로 평가할 수 있는 또 하나의 중요한 요소이다.

글로벌 금융 위기로 인한 전반적인 경제 침체가 확대되고 있는 현 상황에서 향후 전세계 경제가 어떠한 방향으로 진행될지는 누구도 예측하기 힘든 상태이다. 하지만 이러한 경제 침체의 흐름 속에서도 IT 기술 기반의 산업들은 장기적으로 볼 때 여타 산업보다 현재의 침체에서 빠른 회복을 보일 가능성은 상대적으로 높다고 할 수 있겠다. 대다수의 주요 ERP 벤더들이 과거 십여 년간 견실히 성장해 왔으며, 안정적인 매출 흐름과 상대적으로 건전한 재무구조, 글로벌 영업 조직망과 글로벌 채널 파트너를 통한 안정적인 비즈니스 운영을 꾸준히 지속한 것이 이러한 긍정적인 전망을 할 수 있게 하는 요인이라 할 수 있겠다.

향후 시장 전망을 주요 벤더들의 전략적인 변화 측면에서 보면, 벤더들은 특히 중소형 시장 부문 있어서 비즈니스 파트너들과의 협력을 더욱 강화할 것으로 보인다. 이들 벤더들은 전체 비즈니스에 대한 성공과 리스크를 파트너와 벤더가 상호 공유하는 이코시스템 (ecosystem) 확대에 더욱 초점을 맞출 것으로 예상되며, 이러한 지속적인 이코시스템의 활성화는 과거 많은 벤더들이 꾸준히 의존해온 직접 판매를 방식과는 다른, 최근의 급속한 시장 변화의 한 측면이라고 할 수 있겠다.

중견 고객 시장 부문에 있어서 이들 주요 벤더들은 특정 산업 및 비즈니스 영역에서 템플릿(template) 중심의 선진 업무프로세스(best practice)를 기반으로 한 최신 제품 버전으로의 신속한 시스템 마이그레이션(syistem migration)을 고객들에게 더욱 지속적으로 확대 시킬 것으로 예상된다. 결국 벤더들은 이러한 방식을 통해 전략적 HRM(Human Resource Management)이나 기업 자산관리 애플리케이션, 혹은 상대적으로 저렴하게 구매할 수 있는 다른 애플리케이션 컴포넌트(component) 등을 고객들에게 적극적으로 제공할 것으로 보인다. 중견 고객 시장 부문은 ERP를 도입한 기존 고객층이 다른 시장 부문보다 상대적으로 풍부하기 때문에 이러한 방식을 통한 중견 고객들의 추가적인 제품 도입은 결국 향후 벤더들의 매출 확대에 중요한 역할을 할 것으로 예상된다.

대기업 고객 시장에서는 각 벤더들의 산업별 차별화된 전문성과 글로벌화된 대기업 조직을 효과적으로 지원할 수는 제품의 기능과 역량이 벤더들에게 있어 지속적인 시장 성공 요인이 될 전망이다. 이들 대기업 고객들은 급변하는 시장 환경 변화에 효과적으로 대응하기 위해 리얼타임(real time) 애플리케이션 환경 및 싱글 인스턴스(single instance) 기반의 ERP 시스템을 통한 글로벌 통합 구현을 꾸준히 요구하고 있으며, 이러한 글로벌 통합 시스템을 통해 전세계 어디서든 자유롭게 자신들의 비즈니스를 기획하고 향후 시장을 정확히 예측하며, 다양한 사업 전략을 통해 시장에서 원하는 결과를 확실하게 얻을 수 있는 기업 전반의 경쟁력 확보를 추구하고 있다.

현재 글로벌 경제의 어려움이 지속될 것으로 예상되는 가운데, 벤더들은 향후 라이선스 및 유지보수 가격에 대한 인상의 단기적인 동결을 전략적으로 고려해야 할 것으로 보인다. 벤더들은 이러한 라이선스 및 유지보수 가격 동결 전략을 실행함으로써 어려운 경제 상황에서 기업 고객들과 함께 고통분담의 의지를 보일 필요가 있다.

또한 경제적으로 어려운 시기에 고객들에게 주요 제품 업그레이드 및 새로운 제품 출시에 있어서 기존의 고객 시스템과 완벽한 통합과 지원을 보장하는 것이 중요하다. 기존 시스템과 새로운 제품의 간의 완벽한 통합과 지원은 제품 업그레이드, 포인트 버전, 서비스 팩 등이 활성화되어 있는 요즘, 벤더들이 제품 개발에 있어 반드시 지켜야 될 원칙이다. 결국 이는 향후 고객의 벤더에 대한 신뢰에 많은 영향을 미치며 고객들의 제품 재구매에도 큰 영향을 미치는 중요한 요소이다.

마지막으로, 최근 벤더들은 중견 중소 시장 부문에서 적극적인 파트너 전략을 통해 성공적인 시장 확대를 기대하고 있으며, 이를 위해서 시장 성공과 리스크를 다양한 비즈니스 파트너들과 적극적으로 공유하고 동참하는 것이 보다 중요한 향후 성공 요인으로 볼 수 있다. 결국 벤더들은 비즈니스 파트너들을 자사 제품과 고객에 대한 시장 인텔리전스 기능을 가진 소중한 하나의 비즈니스 자산으로 인식하는 것이 중요하며, 이러한 인식은 파트너뿐만 아니라 고객과의 관계에 있어서도 벤더들에게 장기적인 성공을 가져다줄 중요한 열쇠가 될 것이다(IDC, 2008).

〈그림 15-1〉 세계 ERP 애플리케이션 시장 전망, 2008-2012 ($M)

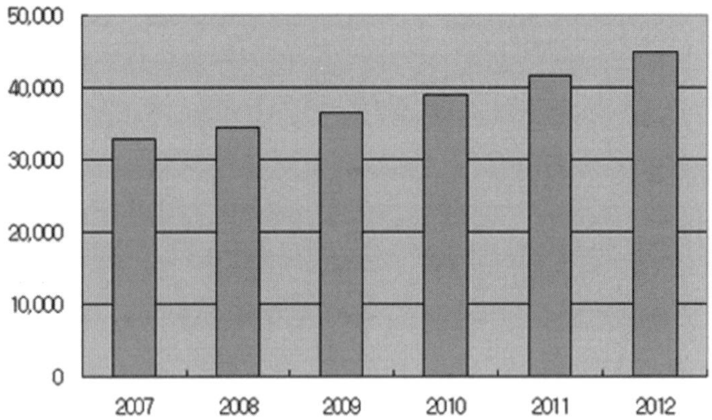

Source: IDC

2. 국내 ERP 애플리케이션 시장 전망

최근 전사자원관리(ERP) 시장의 화두는 클라우드와의 접목이다. 이미 몇 년 전부터 ERP 시스템의 클라우드 전환은 업계의 뜨거운 감자다. 특히 글로벌 시장을 대상으로 비즈니스를 전개하고 있는 기업들은 '글로벌 ERP' 시스템을 클라우드로 전환함으로서 얻는 이점에 주목하고 있다. 구축형 ERP에 비해 클라우드 ERP는 외부와의 연계 및 글로벌 지사에 맞는 정책을 수립, 배포하는데 장점을 가지고 있다.

초기에 많은 비용이 들어가는 구축형보다 비용부담이 절감된다는 것도 장점이다. 디지털 트랜스포메이션 시대에 시시각각 요구되는 사안에 대해 모듈별로 대응할 수 있다는 점도 주목된다. 특히 클라우드 ERP에 대한 시장의 관심은 바로 ERP 업체들의 행보에서 드러난다.

ERP 시장의 글로벌 강자인 SAP는 'SAP HANA 엔터프라이즈 클라우드(SAP HANA Enterprise Cloud, 이하 SAP HEC)를 기반으로 시장을 공략하고 있으며 현재 현대기아차 그룹이 글로벌 ERP 사업을 이 솔루션을 통해 전개하고 있다.

오라클도 오라클 퓨전 클라우드 ERP(Enterprise Resource Planning) 및 오라클 퓨전 클라우드 EPM(Enterprise Performance Management) 등을 통해 오라클 클라우드로 ERP 고객을 이전시키려 하고 있다.

국내에선 영림원소프트랩이 클라우드 ERP를 미래 수익사업으로 보고 투자를 지속하고 있다. 영림원소프트랩은 "우리나라 ERP 시장 성장률은 7.2%로 글로벌 시장에 비해 낮다. 이는 ERP도 클라우드로 빨리 전환해야 한다는 의미다. 회사 차원에서도 클라우드 ERP가 이익률이 높기 때문에 사업을 확대해나갈 계획"이라고 밝혔다.

더존비즈온도 클라우드 ERP 플랫폼인 '위하고(WEHAGO)'를 중심으로 클라우드 사업을 전개하고 있다. 어기에 '위하고 T' 등 산업별 ERP 클라우드를 통해 시장 공략에 나서고 있다.

아이티센 그룹의 건설 ERP 전문 계열사 굿센은 경영관리 통합솔루션 기업 마이크로폴리스를 흡수 합병하고 독일 IAS사의 카니아스ERP(caniasERP)를 결합해 클라우드 ERP 사업 영역을 확대한다는 계획이다.

ERP 업체들은 최근 기업 애플리케이션이 클라우드와 결합되는 움직임에 따라 자사의 ERP를 클라우드에 올리고 이를 SaaS로 제공하는데 초점을 맞추고 있다. 이는 시장의 요구이기도 하지만 수익 면에서도 구축형보다 플러스라는 점도 간과할 수 없는 상황이다.

IDC는 2023년까지 제조업체의 70%가 클라우드 기반 혁신 플랫폼과 시장을 사용할 것으로 예상하고 있으며, 가트너는 SaaS 클라우드 애플리케이션 서비스 시장이 2021년 1130억 달러에 이를 것으로 예측하고 있다.

실제로 많은 기업에서 기존의 온프레미스 레거시 소프트웨어 사용을 재고하는 동시에 보다 유연한 클라우드 기반 SaaS 플랫폼으로의 전환을 시도하고 있다. 향후 더 많은 기업들이 ERP, CAD 등 전통적인 엔터프라이즈 소프트웨어를 SaaS로 전환함으로써 TCO를 줄이고, 빠른 소프트웨어 업데이트를 통해 가치 차별화의 장점을 도모할 것으로 전망되고 있는 상황이다.

즉 코어 시스템 중 하나인 ERP가 클라우드와 결합해 새로운 진화에 나서고 있는 셈이다. 이는 그동안 정체돼 있었던 ERP에 새로운 활력으로 작용하고 있기도 하다. 특히 최근 디지털 트랜스포메이션이 기업의 화두가 되면서 기업의 '연결성'이 중요한 경쟁력으로 자리매김 하고 있는데 이에 따라 폐쇄적이었던 ERP도 개방형, 정보 연동에 중점을 두고 발전하고 있는 셈이다. 특히 API를 통한 정보연계는 최근 ERP 개발의 중요한 트랜드 중 하나다. 따라서 업계에서는 구축형 ERP에서 클라우드 ERP로 넘어가는 와중에 API연계 등 대외 서비스와 어떻게 ERP를 융합시킬지에 많은 관심과 기술을 접목시키고 있는 상황이기도 하다.

최근 ERP 시장은 많은 변화와 도전 속에서, 빠르게 시장 구도가 바뀌어 가고 있다. IT 시장분석 및 컨설팅 기관인 한국IDC의 최근 보고서('한국 ERP 애플리케이션 시장 분석 및 전망보고서, 2012-2016: 2011년 리뷰')에 의하면, 지난해 국내 ERP 시장은 소프트웨어 라이선스 규모로 약 1,278억원 규모를 기록하며 전년(1,198억원) 대비 6.6% 성장한 것으로 나타났다. 올 시장은 6.0% 성장하며 1,355억원 규모를 형성할 것으로 전망된다.

지난해 국내 ERP시장은 전년도의 수요 회복과 솔루션 투자 증가 흐름이 지속되며 전반적으로 꾸준한 성장세를 이어갔다. 주요 산업에 걸쳐 신규 수요의 꾸준한 증가와 더불어 대형 및 중견 시장을 중심으로 솔루션 고도화 및 개선 수요가 지속적으로 확대 되었다. 주요 시장 트랜드로는 SaaS 및 클라우드 솔루션 전략 강화와 다양한 확장 솔루션에 대한 관심이 꾸준히 증가하였으며 중소 시장을 중심으로 한 벤더 경쟁 확대와 더불어 파트너 중심의 비즈니스 전략 강화가 지속적으로 전개되었다.

2011년 하반기를 중심으로 유럽 및 글로벌 경제 상황의 어려움과 시장 불확실성이 확산되면서 이러한 시장 외부 환경 요인들의 급격한 변화가 주요 잠재 고객들의 투자 심리에 부정적인 영향을 미칠 것으로 예측되고 특히 하반기 신규 시장 활성화 및 전체 시장 수요 확대에 걸림돌로 작용할 것으로 예상 되었으나, 꾸준한 기업 시장 수요를 기반으로 성장 흐름이 유지된 것으로 나타났다.

유럽 경제 부진 및 글로벌 경기 회복세의 약화 등 전반적인 시장 불확실성이 지속되고 있어 2012년 국내 ERP시장은 수요 증가폭 측면에서 이러한 불안 요인들에 의해 다소간의 영향을 받을 가능성이 크다.

하지만 향후 시장은 주요 산업별로 기업들의 꾸준한 신규 솔루션 도입 및 고도화 개선 수요와 함께 상대적으로 안정적인 성장을 지속할 것으로 예상되며, 연평균 6.2% 로 성장해 오는 2016년 약 1,725억원 규모에 이를 것으로 전망된다.

〈그림 15-2〉 국내 ERP 애플리케이션 시장 전망, 2012-2016 (단위: 백만원)

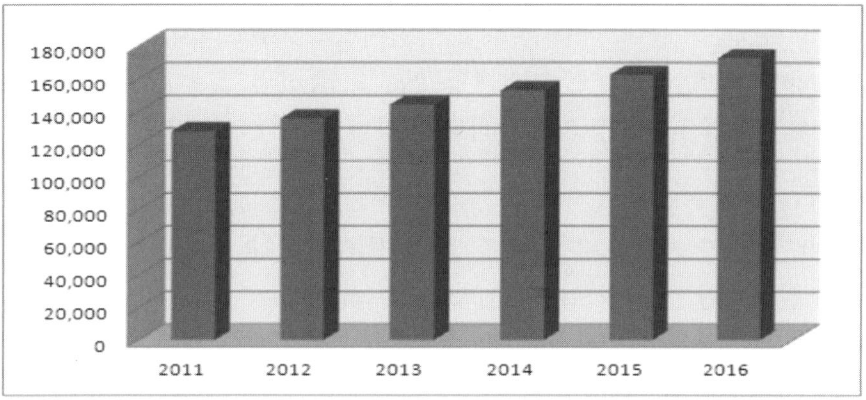

Source: IDC, 2012

15.2 ERP의 도입 및 활용실태

지식경제부는 「2012년 국내기업 e-비즈니스와 IT활용조사」(2012.9월 조사) 결과, 우리 기업들의 IT활용정도가 4년 연속 상승하였다고 발표했다.

ERP(전사적자원관리시스템, 34.1%), SCM(공급망관리시스템, 10.5%) 등 주요 정보시스템은 매년 꾸준히 증가하고 있으며, 특히 ERP는 전년대비 가장 큰 폭(6.0%)으로 증가하였다.

산업자원부와 한국전자거래진흥원이 발표한 「국내 기업의 e-비즈니스 활용 현황」(2006.12월 조사)에 의하면 대상 기업의 24.8%가 ERP를 도입해 e-비즈니스 시스템 중 가장 높은 도입률을 보이고 있다. 전자입찰 시스템(11.4%), SCM(3.6%), CRM(3.5%) 등이 그 뒤를 잇고 있어 여타 애플리케이션에 비해 최소 2배 이상의 도입률 수치를 기록하고 있다.

특히 1,000명 이상의 대기업의 경우 78.6%가 ERP를 도입한 것으로 나타나고 있으며, 종사자가 많을수록 ERP 도입률 역시 더 높게 나타나 대기업을 중심으로 투자가 진행됐으며, 점차 하향하는 추세가 나타나고 있음을 보여주고 있다.

업종별로 보면 ERP는 교육 서비스업에서 81.9%로 가장 많이 도입한 것으로 나타나고 있으며, 금융 및 보험업이 42.9%로 나타나고 있다. 이번 조사에서는 교육행정정보시스템(NEIS)을 ERP의 범주로 포함하여 교육 부분의 도입률이 높게 나타났으며, 최근 들어 금융 부분의 약진이 크게 두드러지고 있다.

이외에 제조업 31.0%, 도소매업 29.5%, 통신업 27.8%, 운수업 24.8%, 광업 13.9%, 건설업 10.9% 등으로 나타나 다양한 업종에서 ERP가 도입되고 있음을 알 수 있다.

2007년도 각 기업의 주요 애플리케이션(GW, ERP, CRM, KMS, EIP)의 도입 현황을 살펴보면, 전체 기업의 ERP 도입은 성장기를 넘어 성숙기로 접어들었으며, 대기업의 그룹웨어 역시 성숙기 로 진입하고 있음을 알 수 있다.

ERP의 경우 대기업의 47.8%, 중소기업의 32.1%가 도입하여 활용하고 있는 것으로 조사되었다.

다음의 <표 15-1>에서 보는 바와 같이, 2008년도에 ERP를 도입한 기업은 25.6%, SCM 4.8%, CRM 5.8%, KMS 4.1%로 소폭 상승하였다.

〈표 15-1〉 연도별 주요 애플리케이션 도입

구 분	2003년	2004년	2005년	2006년	2007년	2008년
ERP	14.7	14.8	23.0	24.8	25.3	25.6
SCM	4.5	2.2	2.9	3.6	4.2	4.8
CRM	1.4	3.6	4.4	3.5	4.8	5.8
KMS	2.9	2.2	3.1	2.2	3.6	4.1

한국전자거래진흥원에서 발표(2009.1월)한 「2008 국내기업 e-비즈니스와 IT활용조사 결과」에 의하면, ERP 도입 기업은 25.6%, SCM과 지식관리시스템(KMS) 도입 기업은 각각 1.4%로 모두 전년대비 1%p 미만의 증가율을 나타내 전년과 비슷한 수준을 나타냈다. 한편 전략적 기업경영시스템(SEM)은 1.8%의 기업이 도입

한 것으로 조사되었다.

ERP가 2년내 도입 예정인 기업이 1.8%로 상대적으로 가장 높았으며, 도입하지 않았으나 필요한 시스템은 SCM, ERP, KMS, 전략적 기업경영시스템 순으로 7~8% 대의 기업이 필요하다고 응답하였다.

ERP 도입은 금융·보험업(46.6%), 전기·가스업(44.7%)에서 높고, 건설업, 부동산·임대업, 전기·가스업 기업의 20% 이상이 도입하지 않았으나 필요하다고 응답하였다.

SCM은 전기·가스업(39.7%)외의 업종에서는 10% 이하의 도입률을 보였으며, 건설업, 금융·보험업 기업의 20% 이상이 필요하다고 응답하였다.

한편, KMS과 전략적 기업경영시스템은 전기·가스업과 금융·보험업에서 상대적으로 도입률이 높고, 금융·보험업과 건설업에서 도입하지 않았으나 필요한 기업의 비율이 높은 것으로 조사되었다.

50인 이상 기업의 50% 이상이 ERP를 도입하고 있는 것으로 나타났다. 특히, 1000인이상 기업의 경우 87.4%가 ERP를 도입하고 도입하지 않았으나 필요한 기업은 없는 것으로 조사되는 등 필요성을 인식한 대부분의 기업에서 도입했거나 도입 예정인 것으로 조사되었다. 그러나 10~49인 기업의 경우 ERP를 도입한 기업은 18.8%였으며, 71.8%의 기업은 필요하지 않다고 응답하여 50인 이상 기업과 큰 차이를 보였다.

SCM과 KMS, 전략적 기업경영시스템의 경우 2년내 도입 예정인 기업은 1000인 이상에서, 필요하다는 응답은 50~249인 기업에서 상대적으로 높게 나타났다.

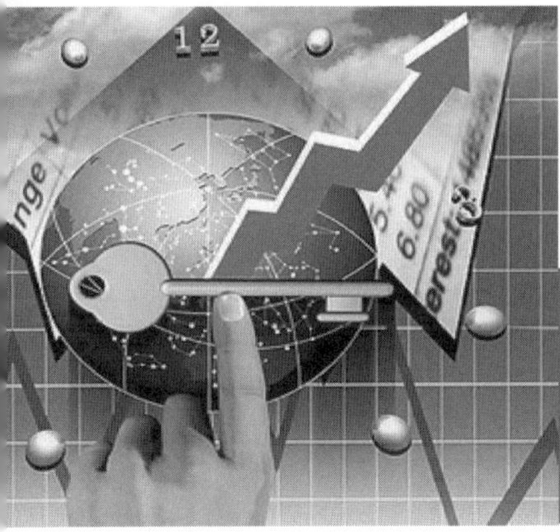

제 16 장 ERP의 추세 및 전망

16.1 ERP의 개발동향

ERP의 개발동향과 관련하여, 최근 ERP 제품을 개발해서 보급하는 회사들은 어떤 전략을 가지고 시장에 대응을 하며 또한 어떤 기능을 갖춘 제품들을 고객에게 제공할 것인지를 살펴봄으로써 미래의 ERP에 대한 개략적이고 포괄적인 이해를 할 수가 있다. 이를 위해서 세계적인 ERP 회사들이 추진하고 있는 큰 흐름에 대한 전략과 개발방향을 소개하고자 한다. 이와 관련하여 정보기술의 발전과 사용자 요구의 증대로 기존 ERP에 모바일, 클라우드, AI, IoT, 3D 프린팅 등 4차 산업혁명 핵심기술과 블록체인, 2계층(tier) ERP, 보안 및 규정 준수, 분석기능, 옴니채널, 금융기능 등이 접목 내지 강화되고 있는 추세이다.

1. 모바일 ERP(Mobile ERP)

이동성(mobility)은 ERP 영역에서 인기 있는 추세가 되었다. 기업은 물론 근로자와 개인에게 다양한 이점을 제공하기 때문이다. 모바일 ERP 애플리케이션을 통해 기업은 언제, 어디서나 중요한 데이터에 액세스할 수 있을 뿐만 이니라 향상된 서비스 품질, 심층적인 업무 관련 및 보다 정확한 데이터 수집의 이점을 얻을 수 있다.

예를 들어, 영업부서의 직원은 재고수준을 확인하거나 집에서 또는 이동 중에 판매를 마감할 수도 있다. 휴대전화, 노트북, 태블릿 등에서 ERP 데이터에 액세스하는 이 편리함은 직원 생산성을 높이는 동시에 업무 수행에 필요한 도구와 정보를 제공한다.

과거에 ERP 시스템은 일반적으로 하드웨어에 저장된 데이터를 사용하여 랩톱이나 데스크톱을 통해 원격으로 액세스할 수 있었다. 그러나 클라우드 컴퓨팅이 증가함에 따라 이제 모든 모바일 장치에서 사용할 수 있는 ERP 시스템과 데이터에 대한 수요가 엄청나게 증가하고 있다. 모바일 기능을 갖추면 생산성 향상, 고객 서비스 향상 및 데이터 수집 향상으로 이어질 수 있으므로 이러한 수요가 계속 증가하는 이유는 당연하다.

이제 그 어느 때보다 사람들은 모바일 기기를 이용하여 업무를 수행하고 웹 사이트를 방문하고 있다. 모바일로의 전환으로 인해 많은 사람들이 사무실에서 수행하던 업무를 커피 숍, 레스토랑, 호텔 및 집으로 가져가서 수행하고 있다. 모바일 기기는 정보에 대한 지속적인 액세스를 제공하고 회사로서의 범위를 확장시켜 주는 기회를 제공한다.

모바일 응용 프로그램은 임원, 관리자, 분석가 및 직원에게 관련 회사 정보를 실시간으로 볼 수 있는 기능을 제공하고 모든 위치에서 고객과 보다 쉽게 커뮤니케이션할 수 있도록 한다.

ERP 모바일 앱을 사용하면 푸시 알림 전송, 주문 및 비용 추적, 직원 시간 검토 및 승인, 캘린더에서 이벤트 생성과 같은 다양하고 유용한 기능을 얻을 수 있다.

소프트웨어 제품군에 모바일 앱을 포함하면 더 짧은 시간에 더 많은 작업을 수행할 수 있다. 더 빠른 응답 시간, 향상된 연결성 및 직원에게 정보를 제공한다는 것은 고객 만족도를 높이고 내부 조직을 개선한다는 것을 의미한다.

모바일 ERP 애플리케이션은 업무 프로세스의 효율성도 향상시킬 수 있다. 예를 들어, 제조업은 종종 배송문제로 인해 생산지연의 위험에 처할 수 있는데, 모바일 ERP는 배달문제에 대한 알림을 보내 이러한 위험을 크게 줄일 수 있다. 결과적으로 직원들은 시간과 비용의 손실을 방지할 수 있는 최상의 솔루션을 찾기 위해 신속하게 정보를 받게 된다.

이것은 또한 고객관계 전략을 향상시킬 수 있다. 직원은 언제, 어디서나 고객과 쉽게 소통할 수 있으므로 배송에 문제가 발생하면 직원이 고객에게 연락하여 작업 중임을 알리고 배송이 늦어 질 수 있음을 알릴 수 있다. ERP 시스템은 데이터 저장, 통신 및 워크플로(work flow) 관리 프로세스의 중심점이므로 실시간 접근성은 비즈니스 성공에 매우 중요하다. 이동성이 이를 제공한다. 모바일 ERP 시스템은 공급망 업데이트, 고객과의 의사소통, 재고 관리 제어 및 모든 팀원과 즉시 통신할 수 있는 효율적인 방법을 제공하여 회사에 더 높은 경쟁우위를 제공한다.

모바일 ERP를 사용하면 개인이 현장이나 작업 현장에 축적 된 중요한 데이터를 정확하게 입력할 수 있다. 현장에서 데이터를 캡처하고 사무실로 돌아 왔을 때 다시 입력하기 만하면 되는 반복적이고 지루한 프로세스를 제거하면 전체 데이터 입력 프로세스의 속도가 빨라질 뿐만 아니라 오류와 데이터 중복도 줄어든다. 결과적으로 막대한 시간을 절약하고 직원들이 우선 순위가 높은 작업에 집중할 수 있다.

요약하자면, 모바일 ERP는 사용자에게 다음과 같은 다양한 이점을 제공한다.

즉, 필요한 데이터에 대한 이동 중 액세스, 생산성 향상, 현장에서도 빠른 데이터 캡처, 보다 정확한 데이터 캡처, 직원의 불만 감소, 민첩성 향상, 경쟁우위 확보 등이다.

2. 클라우드 ERP(Cloud ERP)

클라우드 컴퓨팅의 출현은 아마도 지난 20년 동안 ERP에 영향을 준 가장 큰 기술 발전 중 하나 일 것이다. 이를 통해 기존의 온프레미스(On-premise) ERP 솔루션에 비해 많은 이점을 제공하는 클라우드 ERP 소프트웨어가 도입되었다. 클라우드 솔루션은 비즈니스 리더의 주목을 받고 있으며 기존의 온프레미스 솔루션을 빠르게 대체하고 있다.

ERP가 중소기업이 부담할 수 없는 값 비싼 비즈니스 소프트웨어 솔루션으로 오랫동안 주목을 끌었던 이유는 온프레미스 ERP 소프트웨어가 구축비용 및 하드웨어 투자와 관련된 높은 비용을 수반했기 때문이다.

또한 온프레미스 ERP는 비즈니스 성장에 따른 확장의 어려움과 최신 기술과의 통합 부족과 같은 현재 점점 더 분명 해지고 있는 한계에 도달해 있다.

그러나 클라우드 컴퓨팅과 그에 따른 클라우드 ERP 소프트웨어의 출현으로 이제 비즈니스는 ERP 도입에 뛰어들 이유가 많다.

첫째, 클라우드 ERP는 즉각적인 비즈니스 요구사항을 해결하는 모듈만 구축하도록 선택할 수 있기 때문에 중소기업(SME)에게 더 저렴할 수 있다.

또한 인터넷을 통해 쉽게 패치(patch)되기 때문에 값 비싼 하드웨어 유지 관리 및 업그레이드에 제한된 예산을 지출하지 않고도 최신 기능 및 보안 조치로 클라우드 ERP 소프트웨어를 최신 상태로 유지할 수 있다. 클라우드 호스팅 ERP는 회사가 모든 위치에서 데이터를 수집, 관리 및 분석하는 데 도움이 되는 솔루션이다.

클라우드 사용은 최고의 이익과 비즈니스 인텔리전스(BI)를 지원할 뿐만 아니라 더 많은 산업에서 도구를 구현함에 따라 계속 발전할 것이다. 인기가 높아지고 클라우드 서비스에 대한 비즈니스 수요가 높아지면 더 많은 기능과 맞춤설정 옵션이 개발될 것이다. 클라우드 ERP는 앞으로도 계속 다양화하고 더 많은 사용자 정의 옵션 및 기능을 제공할 것으로 예상된다.

클라우드 ERP가 채택되는 가장 큰 이유는 전 세계 어디에서나 글로벌 회사의 ERP에 액세스할 수 있다는 것과 비용이 저렴하다는 것이다. Cloud ERP는 더 나은 데이터 보안을 제공하므로 그렇게 위험하지 않다.

그러나 클라우드 ERP는 이전에 사용할 수 없었던 새로운 기능을 제공할 수도 있으므로 경제성이 비즈니스의 유일한 판매 포인트는 아니다. 여기에는 B2B e-invoicing 및 블록체인 기술과의 통합이 포함된다.

클라우드 ERP는 공급업체 또는 파트너의 서버에서 호스팅되기 때문에 기업이 인공지능(AI)을 사용하는 데 필요한 컴퓨팅 성능에 대한 액세스 권한을 부여할 수 있다.

이러한 장점은 Oracle NetSuite와 같은 클라우드 ERP 솔루션이 지난 몇 년 동안 온프레미스 솔루션을 기반으로 꾸준히 성장해 왔으며, 클라우드 ERP 시장 규모가 2024년까지 3,770만 달러로 성장할 것으로 예상되는 이유이다.

Microsoft는 Navision의 진정한 클라우드 버전으로 Business Central을 출시하고 SAP는 중소기업용 ERP 버전10의 출시 및 로드맵을 통해 Business One으로 동일한 작업을 수행할 수 있도록 한다. 이러한 것은 2020년부터 시작하여 향후 10년 동안 ERP 소프트웨어를 정의하는 것이 클라우드 컴퓨팅이라는 가리킨다.

클라우드를 호스팅 서비스로 사용하면 가격 조정, 적응성, 확장성, 전사적 업데이트의 용이성 외에 다음과 같은 많은 이점을 얻을 수 있다.

① 더 빠른 배포

이 아이디어가 현장기술에 기반을 두고 있지만 더 많은 조직을 만드는 데 사용되는 하드웨어의 대부분은 필요 없게 되었다. 서버를 올바르게 설정하려면 복잡한 계획이 많이 필요하므로 현장 ERP 플랫폼을 구현하고 배포하는 데 약 1년이 걸릴 수 있다. 장기적인 이점에도 불구하고 이 시간은 너무 긴 시간이다. 빠르게 변화하는 산업에서는 많은 작동 정지시간(down time)을 겪지 않고 필요한 것을 빠르게 확보하는 것이 중요하다. 설치할 현장 서버가 없기 때문에 클라우드 기반 시스템을 구현하는 데 3개월이 걸리지 않으므로 훨씬 더 빨리 정상 가동할 수 있다.

② 간소화된 업데이트

현장 시스템에서는 소프트웨어 업데이트가 번거롭다. 귀중한 시간이 걸리며 유지관리를 위해 회사 전체 업무가 중단되는 경우가 많다. 문제가 발생한 부분을 업그레이드 하거나 패치해야 할 때마다 이 작업을 수행하면 생산성이 크게 저하될 수 있다. 클라우드를 사용하면 자동 소프트웨어 업데이트의 이점을 가지고 있다. 생산성 저하 없이 팀은 항상 가장 유용한 최신 버전의 소프트웨어로 작업할 수 있다. 시스템이 자동으로 업데이트되는 것보다 업데이트 시기를 관리하려는 경우 언제든지 정기적으로 예약할 수 있다. 중단을 줄이면서 업데이트를 더 많이 제어할 수 있다.

③ 공동 작업

클라우드 호스팅 ERP 시스템의 가장 중요한 편의 중 하나는 공동 작업의 용이성이다. 단순화된 시스템과 중앙 데이터베이스를 통해 팀과 공급업체는 전 세계 어디에 있든 상관없이 동일한 데이터에 실시간으로 액세스할 수 있다. 실시간 공급망 데이터에 대한 액세스를 통해 고객사의 직원 및 파트너는 문제를 즉시 식별하고 해결할 수 있다.

④ 강화된 보안

클라우드 기반 솔루션이 처음 개발되었을 때 보안을 강화하기 위해 만들어졌다. 클라우드 호스팅 ERP에는 웹 서비스 호출을 위한 암호화된 통신 및 비정상적인 활동에 대한 모니터링을 포함하여 정보를 안전하게 유지하기 위한 다양한 보안기능이 있다. 클라우드 시스템을 사용하면 정전 및 자연 재해와 같은 우발적 손실로부터 데이터가 보호될 수 있다. 모든 데이터는 클라우드에 자동으로 백업되고 지리적 위치에서 멀리 떨어진 곳에 저장되므로 오프라인 작업에서 예기치 않은 오류가 발생하더라도 안전하게 유지된다.

추가적인 이점으로, 오프사이트(off site) 호스팅은 향후 성장과 전 세계 확장을 가능하게 한다. 어디에서나 데이터에 액세스할 수 있으므로 확장을 고려할 때 주저 할 필요가 없다. 팀은 동일한 소프트웨어를 사용하고 원활하게 공동 작업에 참여할 수 있다.

3. AI(인공지능) 통합(Integration of ERP with the AI)

ERP 업체들은 자발적으로 AI 기능을 ERP 제품에 통합하고 있다. 몇몇 얼리 어답터(early adopter)도 AI를 ERP에 접목 중이다. 보스턴 컨설팅 그룹은 1,000개의 데이터 포인트를 이용해 장비 고장 예측 확률을 높이는 정유 설비 머신러닝(machine learning) 모델을 발표했다. 시스템이 이러한 예측을 내놓으면 경영진은 필요한 조치를 할 수 있다.

과거에는 조직이 주로 온프레미스 ERP와 별도로 AI 기술을 구매해야 했다.

오늘날의 솔루션에는 AI 기능이 내장 된 ERP가 포함되어 있으며 빅데이터 를 사용하여 마케팅 및 소비자 동향, 물류 창고 관리, 물류 관리, 고객 서비스, 인적 자원, 재무 관리 및 판매 자동화 등을 포함한 비즈니스의 모든 측면을 미세 조정할 수 있는 기능을 제공한다.

AI 인프라는 지속적으로 발전하여 조직이 실시간 데이터 분석을 활용하여 효율성을 높일 수 있는 능력을 향상시킨다.

AI 기능을 비즈니스 시스템에 통합하도록 설계된 추가기능이 한동안 존재해 왔지만 주요 ERP 공급업체가 AI 기능이 내장된 최신 ERP 소프트웨어를 제공하는 것이 점점 보편화되고 있다. 이는 기업이 그 어느 때보다 운영 프로세스에서 더 많은 데이터를 생성하고 있으며 이러한 풍부한 데이터를 분석하여 비즈니스 의사결정에 유용한 정보를 제공할 수 있는 방법이 필요하기 때문이다. 머신러닝(ML) 및 자연어 처리(NLP)와 같은 AI의 실제 적용을 통해 AI 기반 ERP 소프트웨어는 비즈니스 및 자사에서 생성한 데이터의 패턴을 인식하여 비즈니스 프로세스에 대한 더 높은 수준의 통찰력을 제공한다.

또한 몇 시간 분량의 일상적인 프로세스를 자동화하고 효과적인 워크플로우를 생성 및 관리하며 인적오류를 최소화할 수 있다. 이는 직원들이 더 이상 자신에게 시간을 할애 할 필요가 없고 대신 비즈니스에 더 많은 가치를 제공하는 활동에 집중할 수 있음을 의미한다.

ERP(iERP) 시스템은 회사의 데이터가 상호 작용하고 실행 가능한 환경을 만들 수 있다. 뿐만 아니라 데이터 소스로 학습하고 워크플로를 만들고 데이터를 로드하는 데 걸리는 시간을 줄이고 추가된 데이터의 오류를 줄일 수 있다. AI 기술은 조직과 개별 사용자가 매일 ERP 소프트웨어와 상호 작용하는 다양한 방식을 학습하므로 AI 지원 ERP 시스템은 개별 사용자를 위해 시스템을 최적화하는 다양한 방법을 제시할 수 있다.

인공지능과 ERP의 조합은 비즈니스 프로세스도 개선할 수 있으며, 과거 데이터를 분석함으로써 시스템은 가장 효과적인 내부 작업 프로세스를 제안할 수 있다.

다음은 AI가 핵심 ERP 기능을 지속적으로 변경 및 보강하는 몇 가지 방법이다.

① 향상된 고객 서비스

AI는 이전에 묻는 질문의 방대한 데이터베이스를 수집하고 사용자 질문을 해석하며 실시간으로 효과적인 답변을 제공할 수 있다. 이러한 AI 생성 답변은 직원이 있는 고객 서비스 센터의 필요성을 줄이고 자주 묻는 질문에 대한 첫 번째 질문의 담당(line) 역할을 할 수 있다.

② 챗봇(chatbot)

향상된 고객 서비스의 대부분은 고객 상호작용을 촉진하고 고객문의를 지시하며 고객과 고객 서비스 담당자 모두에게 정보를 전달할 수 있는 챗봇을 통해 제공된다.

③ 동적 워크플로우

AI 도구는 사용자가 시스템 및 데이터에 액세스하고 사용하는 방법을 분석하여 프로세스 변경에 대한 권장사항을 제공할 수 있다. 사용자가 작업을 수행하는 방식을 감지하여 효율성을 크게 높일 수 있다.

④ 증강 현실

가상 현실 도구 및 ERP와 함께 작동하는 스마트 장치를 통해 현장 기술자는 문제를 더 잘 진단하고 고객에게 더 효과적으로 서비스를 제공할 수 있다. 인공지능은 필요한 유지 관리 및 수리를 조기에 예측하여 가동중지 시간과 운영 중단을 줄여준다.

⑤ 분석

ERP에 수집 및 저장되는 방대한 양의 데이터는 기업에게 매력적인 기회이다. 이러한 도구는 비즈니스 인텔리전스(BI) 목적으로 실시간 통찰력, 디스플레이 및 보고서를 제공한다. 그러나 이것은 많은 기업들이 수집한 데이터를 포장하여 고객이나 제 3자에게 판매할 잠재적인 상품이 될 수 있다.

4. IoT 통합(Integration of ERP with the Internet of Things)

사물 인터넷(IoT)은 ERP 산업에 큰 잠재력을 가지고 있다. 혁신은 더 나은 연결성 및 향상된 기계 성능을 포함하여 ERP 기술에 대한 무한한 기회를 열어준다. 가장 중요한 것은 방대한 양의 데이터를 수집, 관리 및 분석하는 데 도움이 되며, 이는 ERP 시스템의 핵심이다. 아직 시작 단계에 있지만 기술은 ERP를 새로운 차원으로 끌어 올릴 수 있는 힘이 될 것으로 예상된다.

IoT 기술은 정확성을 향상시키고 데이터 가용성을 확장하여 지능적이고 훨씬 더 유연한 ERP 시스템을 제공한다. 또한 IoT 데이터와 ERP 시스템을 결합하면 기업 내에서 더 큰 계획에 귀중한 정보를 추가할 수 있다. 예를 들어 IoT를 사용하면 제품배송에 운송시간과 현재 위치 정보를 보고하는 장치에 태그를 지정할 수 있다. 결과적으로 제조업체는 이 정보를 사용하여 생산일정과 공장위치를 더 잘 계획할 수 있다.

2017 년에 Gartner는 2020년까지 사물 인터넷(IoT) 기기가 200억 개 이상이 될 것으로 예상했다. IoT는 네트워크의 모든 센서 또는 물리적 기기를 연결함으로써 기업이 이전에는 불가능하다고 생각했던 제품과 서비스를 제공할 수 있는 기회를 제공했기 때문이다.

IoT와 ERP를 통합하는 개념은 한동안 알려져 왔지만 전통적 ERP 소프트웨어는 센서 네트워크의 데이터를 통합하도록 설계되지 않았기 때문에 두 비즈니스 기술을 일관된 전체로 통합하려는 노력이 지연되었다. 그러나 최신 ERP 소프트웨어는 IoT의 기능을 완전히 극대화하기 위해 센서 네트워크와 인터페이스할 수 있도록 설계되었다.

제조 산업의 경우 생산 공간에 설치된 IoT 장치와 최신 ERP 소프트웨어를 통합하면 전체 공급망을 완벽하게 파악할 수 있다.

이러한 수준의 가시성으로 인하여 다음의 몇 가지 사항들을 수행할 수 있다.

① 생산 프로세스의 실시간 데이터를 확인하여 추가 최적화 방법을 보여준다.
② 재고를 보다 정확하게 추적하고 계획한다.
③ 문제해결 및 유지관리를 보완하여 가동 중지시간(down time)을 줄인다.
④ 제품 품질향상을 위한 노력을 알릴 수 있는 통찰력을 확보한다.

최신 ERP 소프트웨어를 IoT 장치와 통합하는 것은 향후 10년 동안 모든 영역에서 비즈니스의 효율성과 생산성을 향상시키는 동시에 비용을 낮추는 가장 쉬운 방법 중 하나가 될 것이다.

5. 블록체인 기술과의 조합(Combination with Block Chain Technology)

블록체인 기술은 최근 기업의 가장 뜨거운 이슈이다. 그리고 머지않아 ERP 영역에서 무언가 역할을 하게 될 것이다. 구아이는 “블록체인을 ERP에 도입하려는 움직임이 있다. 지금은 과장된 주장만 일부 나오는 정도지만 몇몇 활용 사례는 매우 흥미롭다. 특히 공급망 관리 분야가 유망하다. 추적 기능이 중요한 ERP 시스템에서 의미있는 사례가 나오고 있다"라고 말했다. 예를 들어 올 4월 삼성전자는 공급체인 원가를 절감하기 위해 블록체인 기술에 주목하고 있다고 밝혔다. 이 기업은 블록체인이 출하비용을 20% 절감할 수 있을 것으로 추산했다. 과연 이런 기대가 현실화할 수 있을까? 아직은 확답하기 이르다. 그러나 블록체인으로 물류비용을 줄이려는 기업은 삼성만이 아니다. 머스크는 IBM과 제휴해 블록체인을 해운에서 이용하고 있다. 부실한 품질이 막대한 손실로 이어지는 업종에서 블록체인으로 추적 및 조작 방지를 개선할 수 있다면 매우 유의미할 것이다.

ERP 시스템을 블록체인에 통합하는 이유는 무엇일까?

블록체인 기술은 ERP 시스템과 조직의 전체 디지털 환경에 많은 것을 제공한다. 다음은 블록 체인이 ERP에 제공할 수 있는 몇 가지 속성이다.

① 조직의 기록에 투명성과 감사 가능성을 제공한다.

블록체인의 장점 중 하나는 스마트 계약을 생성할 수 있다는 것이다. 스마트 계약은 제3자의 필요 없이 디지털 코드를 사용하여 자동으로 계약을 확인하고 시행할 수 있는 컴퓨터 프로토콜(protocol)이다.

이러한 스마트 계약은 거래에 투명성과 불변성을 제공하여 프로세스 자동화를 촉진한다. 예를 들어, 회사 간 전송을 관리할 때. International Data Corporation에 따르면 “업계 리더의 45%가 블록체인을 주요 회사 간 거래 관리 기술로 사용할 것이다.” 내부 거래는 “모회사와 그 자회사 또는 기타 관련 법인 간에” 발생한다는 것이다.

또한 블록체인은 프로세스에 신뢰와 투명성을 추가하여 공급망 관리를 혁신할 수 있다. 공급망은 서로를 신뢰해야하는 사람들을 포함하며 블록체인 기술은 기업 간의 신뢰 문제를 해결할 수 있다.

② 데이터 기록의 보안을 강화한다.

블록체인은 트랜잭션의 유효성을 검사하고 다양한 노드 간에 공유되는 변경 불가능한 데이터 기록을 생성할 수 있다. 즉, 누군가 레지스트리 또는 계약의 내용을 변경하면 표시되고 추적 가능해진다. 기록이 손상되면 감사 또는 회계 문제가 발생할 수 있으므로 ERP 시스템을 관리할 때 특히 중요하다.

또한 블록체인은 신원확인 및 인증에 사용할 수 있다. 직원을 인증함으로써 회사는 민감한 정보에 액세스할 수 있는 사람을 관리하여 보안을 강화할 수 있다. 블록체인 기반 인증시스템은 공개키 암호화 및 올바른 개인키 자동 확인을 기반으로 하는 디지털 서명을 사용한다. 즉, 개인키에 액세스할 수 있는 사람이 소유자이다.

그리고 ERP 시스템을 블록체인과 통합하면 데이터 유출을 방지하고 의심스러운 무단 액세스 시도 및 기타 보안 위협을 실시간으로 감지할 수 있다. 이 기술은 암호화, 유효성 검사 및 탈 중앙화를 제공하기 때문에 블록체인에 의해 해결된다. 기록이 중앙 위치에 포함되어 있지 않아 실패 지점이 드러날 수 있기 때문에 블록체인은 해킹이 사실상 불가능하다.

③ 조직의 프로세스에 최적화 및 속도를 제공한다.

블록체인이 조직의 ERP 시스템에 통합되면 운영, 내부 데이터 제어 및 내부 거래와 같은 비즈니스 프로세스를 최적화할 수 있다. 예를 들어 스마트 계약은 계약 요구 사항을 준수할 때 회사 간의 거래를 자동으로 확인하는 데 도움이 될 수 있다.

블록체인을 조직의 ERP 시스템에 통합 할 때 이상적으로는 일반 비즈니스 프로세스에 대한 중단을 최소화하고 담당자에게 단계를 추가하지 않도록 해야 한다.

④ 블록체인은 시스템에 대한 가시성과 추적성을 향상시킨다.

블록체인은 회사가 동일한 체인 내에 다양한 유형의 정보를 보유할 수 있는 기능을 제공하며, 관련 이해 관계자가 매우 구체적인 정보에 쉽게 액세스할 수 있도록 한다. 예를 들어, 제조에는 공급망 프로세스에 관련된 많은 이해 관계자가 고객에게 배송될 때까지 제품의 여러 과정을 쉽게 모니터링 해야 한다. 블록체인 통합은 제품의 실시간 추적성을 제공한다.

6. 3D 프린팅(3D Printing)

회사에 가장 적합한 ERP 시스템을 찾으려면 현재 요구 사항과 미래의 위치를 고려해야 한다. 진지하게 발전하려는 경우 적층 가공을 위한 공간을 만드는 것이 좋다.

3D 프린팅은 특히 대규모, 대량 및 복잡한 제품이 관련된 경우 제조 산업을 개선하고 있다. 더 빠르고 적응력이 뛰어난 장비를 사용하면 비용을 절감하는 동시에 고품질 품목을 생산하고 팀의 효율성을 높일 수 있다. 그러나 이를 프로세스에 성공적으로 통합하려면 따라 잡을 수 있는 ERP 소프트웨어 시스템이 필요하다.

적층 가공 트렌드를 활용하기로 선택하면 프린터는 소프트웨어가 필드에 넣어야하는 데이터의 양을 크게 증가시킨다. 3D 프린팅 기술을 성공적으로 사용할 수 있는지 확인하려면 시스템의 기능과 용량을 검토해야 한다. 이렇게 하면 사전에 혜택을 받을 수 있는 방법과 더 적합한 ERP 소프트웨어로 업그레이드해야 하는지 여부를 알 수 있다.

적층 가공 및 하드웨어의 올바른 구성, 직접 기계 통합 및 소프트웨어를 통해 제조하는 모든 부품의 품질과 재료 사용량을 면밀히 추적할 수 있다. 부품 구매부터 배송까지 프로세스의 효율성을 실시간으로 모니터링할 수 있다. 제품의 기본 사항을 개선하는 방법을 찾기 위해 일련 코드로 3D 부품의 안전 기록을 추적할 수도 있다.

7. 2계층 ERP(2tier ERP)

기존의 전통적인(legacy) ERP 소프트웨어 시대에 많은 기업이 본사와 자회사의 백엔드 운영을 자동화하기 위한 주요 목적으로 단일 ERP 소프트웨어를 배포했다. 안타깝게도 이로 인해 많은 경우 구현 에 실패가 발생했다. 단일 크기 솔루션은 쉽게 사용자 정의할 수 없었기 때문이다. 따라서 회사 사무실과 비스니스 요구 사항이 다른 자회사에 적합하지 않은 경우가 많았다. 하지만 2020년부터 새로운 트렌드는 이러한 실패한 노력에서 얻은 교훈을 바탕으로 개발된 2계층 모델의 등장이다.

2계층 ERP 모델의 장점은 자회사가 계층 2 ERP 소프트웨어를 사용자 정의하여 회사 사무실에서 공유할 수 없는 고유한 비즈니스 요구사항을 처리하도록 최적화할 수 있다는 것이다.

2계층 ERP 모델은 회사 사무실과 자회사 모두에서 직원들의 노력이 중복될 수 있기 때문에 만병통치약이 아니다.

또한 자회사의 직원이 고객주문 및 재무 세부 정보와 같은 중요한 비즈니스 데이터를 생략하면 회사 사무실에서 생성된 기록의 정확성에 영향을 미칠 수 있으므로 사용자 오류에 취약하다.

그럼에도 불구하고 2계층 ERP 모델은 이러한 잠재적인 문제를 상쇄하기에 충분한 이점을 제공하므로 향후 ERP 구현 프로젝트의 옵션으로 점점 더 인기를 얻게 될 것이다.

회사가 기본적으로 백 오피스 기능만 처리하는 단일 ERP 시스템을 만들려고 할 때 ERP 초기에 비용이 많이 드는 문제가 발생했다.

현재 2계층 ERP 소프트웨어를 사용하는 회사는 여러 위치에 있거나 다른 자회사가 있는 대기업이다. 2계층 ERP는 회사 내 ERP의 이중 구현이다. 1단계는 기업 수준에서 사용되는 '기존의 전통적 응용 프로그램'이고 2단계는 자회사에서 관리한다.

자회사는 2단계로 지역 백 오피스를 최적화하여 회사의 1단계 시스템에 연결하면서 자신의 요구(지역 비즈니스 모델, 언어 등)에 가장 적합하다.

2계층 ERP는 문제가 있음에도 불구하고 다음과 같은 회사에서 2계층 ERP 시스템을 채택한다. 즉, 소규모 자회사가 ERP 소프트웨어를 필요로 할 만큼 충분히 커진 경우, ERP 시스템이 필요한 자회사가 있는 경우, 인수한 회사의 ERP 시스템이 오래되었거나 지원되지 않는 경우, 자회사의 산업은 회사 수준에서 강력하게 소개되지 않는 경우 등이다.

8. 보안 및 규정 준수(Security and Compliance)

더 많은 데이터가 클라우드에 저장되고 사용자, 연결된 장치 및 위협이 더욱 증가함에 따라 강력한 보안에 대한 필요성은 계속해서 중요해질 것이다. 이러한 문제는 ERP 소프트웨어 공간에만 국한된 것은 아니지만 구매자와 이사회 사이에서 계속 관심의 대상이 될 것이다.

사이버 공격이 증가하고 있으며 그 중 43%가 중소기업(SMB)을 표적으로 삼고 있다.

클라우드 솔루션이 지난 10년 동안 보안 이니셔티브를 대폭 향상시켰기 때문에 이러한 추세로 인해 더 많은 기업이 데이터를 클라우드로 옮겨가고 있다.

그러나 많은 기업이 클라우드 기반 환경으로 전환함에 따라 해커가 따라 올 것이며 클라우드 기반 ERP가 보안을 유지하도록 강요할 것이다. 실제로 전문가의 89%는 가까운 장래에 ERP 시스템에 대한 사이버 공격이 증가할 것으로 예상한다.

2020년에는 더 엄격한 인증 절차, 차세대 방화벽, 자동 경고 및 업데이트, 지속적인 모니터링 옵션과 같은 보안 기능에 더욱 집중하는 ERP 추세가 나타날 것으로 예상된다.

2018년에 유럽연합은 일반 데이터 보호 규정(GDPR)을 채택하여 유럽 시민과 거래하는 기업은 데이터 보호에 대한 엄격한 통제 및 지침을 갖추도록 하였다. 캘리포니아는 연말에 유사한 개인정보보호법을 통과시켰다.

점점 더 복잡해지는 규제 공간, 더 많은 관할 구역에서 더 많은 규제 문제로 인해 기업은 통합된 유연하고 확장 가능한 솔루션을 보유해야 한다.

9. 분석기능 강화(Strengthening of Analysis Functions)

분석기능(예측 및 규범 등)은 2020년에도 계속 성상할 것이다. 비즈니스 소유자는 사용자 지정 가능한 보고서 형식을 사용하여 데이터를 직접 조사할 수 있는 스토리 기반 데이터 시각화를 볼 수 있다.

머신러닝과 빅데이터가 결합되어 시각화를 통해 더 나은 비즈니스 결정을 내릴 수 있는 예측 분석을 제공하고 실행 가능한 정보를 대상으로 세분화 분석(drill down)을 한다.

규범적 분석은 특정 일이 왜 발생했는지에 대해 매우 필요한 답을 제공함으로써 분석 성공을 위한 공식을 완성하여 리더가 미래의 성공을 위한 단계를 설정하기 위한 최선의 조치를 찾을 수 있도록 한다.

ERP 시스템은 항상 데이터 수집 및 구성 측면에서 우수하였으나, 보고 및 분석과 관련해서는 미흡한 면이 있었다.

현재 대부분의 비즈니스는 통합 분석, 임시보고 및 데이터 시각화 기능을 갖춘 ERP 시스템을 사용하고 있다. 이를 통해 관련 정보에 실시간으로 액세스할 수 있고, 이를 사용하여 재무 또는 기타 비즈니스 측면과 관련하여 필수적인 비즈니스 결정을 내린다. 그 결과 이제 제조 부서에서 경영진에 이르기까지 모든 수준에서 의사 결정이 가능하다.

앞으로 ERP 사용자는 보다 강력한 분석 및 보고 기능에 관심을 가질 수 있다. ERP의 미래는 정형 및 비정형 데이터를 모두 처리할 수 있는 엔드투엔드(end-to-end) 툴에 관심을 가진다. ERP 관리자는 빅데이터 분석을 활용하는 방법을 배워야 할 것이다.

ERP 솔루션은 다양한 부서의 모든 데이터에 액세스할 수 있다. 따라서 미래 트렌드를 예측하는 데 필요한 모든 정보가 있고, 이는 예측 분석을 최신 ERP 플랫폼에 적합하게 만든다.

대부분의 최신 ERP 시스템에는 기본적으로 제공하는 분석기능이 있으므로 사용자는 타사 앱에 덜 의존할 수 있다. 분석 도구가 있는 ERP 시스템은 사용자가 보고서에 실시간으로 액세스할 수 있도록 도와준다. 애드 혹(Ad Hoc) 분석은 모든 비즈니스 수준에서 의사 결정을 가능하게 한다. ERP 시스템은 이제 데이터 시각화를 통해 통찰력을 나타낼 수 있다.

빅데이터 분석을 사용하여 회사에서 매일 수집하는 대량의 구조화 및 비구조화 데이터를 처리할 수 있다.

10. 개인화된 ERP 솔루션(Personalized ERP)

클라우드로 전환하는 것 외에도 모듈방식은 소규모 조직에 ERP 도입을 가져왔다. 그러나 2019년에는 비즈니스에 보다 개인화된 솔루션을 제공함으로써 트렌드가 한 단계 더 발전했다.

사용자가 비즈니스 운영방식을 지시하는 시스템이 아니라 자신의 요구에 가장 잘 맞도록 소프트웨어를 구성할 수 있고 시스템을 조정할 수 있는 기능이 제공될 것이다.

또한 사용자가 각자의 역할과 필요에 맞게 워크 스테이션을 개인화할 수 있어야 한다.

ERP는 조직 내 모든 사용자와 관련이 있으며 이에 적응하여 프로그래밍 기술 없이도 작업 공간을 개인화할 수 있는 유연성을 제공해야 할 것이다.

다양한 산업의 고유한 요구사항을 지원하도록 사용자 정의된 산업 준비 시스템이 제공 될 것이다. 또한 각 구성 요소는 표준화 과정을 거치므로 배포 프로세스의 속도가 유연성을 증가시킬 것이다.

앞으로 ERP 솔루션은 보다 광범위한 사용자 인터페이스를 제공할 것이다. 소비자 중심적이고 유연하며 접근성이 향상 될 것이다. 또한 이 도구는 프로그래머나 IT 전문가뿐만 아니라 모든 직원에게도 쉽게 작동할 수 있다.

또한 개인화로 인하여 IoT, AI 및 기타 기술의 폭발적인 성장을 위한 ERP 솔루션을 준비하게 될 것이다. 이는 ERP 구성 요소가 이러한 혁신과 완벽하게 통합되는 방식이므로 사용자 지정이 필요하기 때문이다. 이를 통해 새로운 모델과 프로세스를 만들어 ERP 환경을 재구성할 수 있다. AI, IoT, 분석 및 기타 혁신적인 기술의 사용을 강화하기 위해 새로운 ERP 시스템의 높은 사용자 지정 수준을 기대할 수 있다.

11. 옴니 채널 전략(Omni channel Strategies)

ERP의 디지털 마케팅 측면에서 또 다른 추세는 소셜 미디어 플랫폼의 사용이다 수십억의 소셜 미디어 사용자가 있다. 그 결과 소셜 미디어가 전문 시장이 아니라고 생각했던 기업들은 이제 그 잠재력을 인식하기 시작했다. 이를 위해 마케팅 기능을 다양한 소셜 미디어 플랫폼과 통합하기 위해 더 많은 ERP 솔루션을 기대할 수 있다. 여기에는 링크 수집, 게시물 게시, 소셜 미디어에서 분석 가져오기 등이 포함된다. 소셜 미디어는 ERP 솔루션의 디지털 마케팅 측면의 미래를 형성하는 데 도움이 된다. 많은 ERP 시스템은 이제 고객 데이터 및 회사 프로세스에 대한 실시간 정보가 필요한 마케팅 전문가를 위해 마케팅 모듈을 제공한다.

최신 ERP 시스템의 분석 도구를 사용하면 디지털 마케팅 캠페인의 모니터링을 보다 쉽게 통합할 수 있다. 그리고 소셜 미디어의 인기가 높아짐에 따라 모든 주요 소셜 미디어 플랫폼에서 이들을 연결하는 마케팅 기능을 통합하기 위해 더 많은 ERP 솔루션을 기대할 수 있다.

옴니채널(omni channel)은 소비자가 온라인, 오프라인, 모바일 등 다양한 경로를 넘나들며 상품을 검색하고 구매할 수 있도록 한 서비스를 말한다.

각각의 유통 채널의 특성을 모아 어떤 채널에서든지 같은 매장을 이용한다는 느낌을 주도록 조성되었다. 예를 들어, 애플리케이션(앱)을 다운받은 고객이 매장으로 들어오면 고주파 음역대 파장으로 앱이 자동 실행되어 스마트폰으로 상품을 소개하는 전단지/영수증/할인쿠폰 등을 전송받을 수 있는 위치기반 서비스, 쇼윈도에 NFC(near field communication) 칩을 부착하는 것, 스마트폰을 대면 해당 홈페이지도 자동 연동되는 서비스 등이 여기에 해당된다.

오늘날 소비자는 구매하기 전에 여러 채널을 사용한다. 그러나 그들은 단일 판매 방법으로 판단하지 않고 브랜드 전체를 보고 일관성을 기대한다. 모든 판매 채널을 별도로 유지하면 고객은 한 시스템에서 다른 시스템으로 이동하는 동안 불일치를 경험하고 무시되고 좌절감을 느끼게 된다.

가장 좋은 대안은 프런트 엔드 및 백 엔드 서비스를 통합하는 옴니 채널 경험을 만드는 것이다. 옴니 채널은 모든 판매 채널을 하나의 관리 시스템으로 통합하는 조직 전략이다. 고객이 온라인, 모바일, 매장 또는 이러한 채널의 조합을 사용하든 상관없이 고객에게 원활한 쇼핑 여정을 제공한다. 그들은 편리함, 쇼핑 만족도 및 더 높은 평생 가치의 혜택을 누릴 것이다. 이 솔루션은 모든 데이터를 효과적으로 수집, 중앙 집중화 및 간소화하여 워크플로(work flow)를 지원하고 모든 것에 쉽게 액세스할 수 있도록 한다. 인적 오류의 위험 없이 실시간으로 모든 데이터 변경 사항을 자동으로 동기화하고 업데이트하므로 모든 기록에 항상 최신 수치가 포함된다.

비즈니스의 모든 부분은 수집된 데이터에 상호 리소스로 액세스할 수 있어야 하며, 옴니 채널 솔루션이 이를 가능하게 한다.

옴니 채널을 이용하게 되면 다음과 같은 이점을 얻게 된다.

① 실시간 가시성

옴니 채널 솔루션을 사용하면 어디서든 모든 채널의 재고수준을 신속하게 확인할 수 있다. 재고문제나 비효율적인 제품추적 방법을 쉽게 해결할 수 있다. 이러한 이점은 판매 기회를 놓칠 위험을 줄이고 더 나은 고객 서비스를 제공하는 데 도움이 된다.

② 중앙 집중식 주문 관리

모든 판매 채널에 대해 별도의 시스템이 있는 경우 주문관리가 필요 이상으로 어렵게 된다. 옴니 채널을 이용하면 모든 주문을 쉽게 처리할 수 있으며 고객이 어디서나 항목을 구매하고 반품할 수 있다.

③ 통합 데이터 소스

옴니 채널 시스템은 단일 저장소에서 모든 고객 데이터를 컴파일(compile) 한다. 이렇게 하면 모든 직원과 팀원이 모든 채널에서 고객의 상호 작용을 전체적으로 볼 수 있다. 일관된 고객 서비스를 제공하고 개인화된 마케팅 및 상품화를 지원하며 타겟 판촉(promotion)을 할 수 있다.

전자 상거래는 빠르게 새로운 비즈니스 표준이 되고 있으므로 채널을 최적화하는 것이 만족스러운 고객을 유지하는 가장 좋은 방법이다. 옴니 채널 시스템을 사용하면 모든 문제를 처리하고 더 빠른 속도로 성장할 수 있다.

12. 금융기능 강화(Strengthening of Financial Functions)

재무모듈은 현대 ERP 시스템에서 가장 귀중한 측면 중 하나로 간주된다. 총계정 원장, 통화 관리, 급여, 고정자산 및 현금 관리 등과 같은 재무관련 기능을 제공한다. 또한 여러 부서의 재무 보고서를 작성하는 책임도 있다. 이는 ERP가 비즈니스 재무 및 회계 팀에 제공하는 필수 서비스일 뿐이다.

그러나 최근 몇 년 동안 재무모듈은 회사 내부 및 외부 프로세스에 더 많이 관여하고 있다. 예를 들어, 모든 거래를 기록하고 다른 모듈과 통합하여 특정 지출의 영향을 계산한다. 그럼에도 불구하고 재무에서 ERP의 역할이 발전하는 주요 이유 중 하나는 보다 강력한 분석에 대한 액세스 권한이다.

기본 제공 또는 추가 기능의 최신 ERP 솔루션 분석 기능은 신속한 의사결정 및 계획실행을 지원한다. ERP 시스템에 대한 분석 가용성이 증가함에 따라 재무, 회계 및 계획 팀은 운영 변경으로 인한 상황에 신속하게 대응하고 적응할 수 있다. 재무 전문가들은 특히 분석 분야에서 ERP 시스템이 제공하는 혁신에 깊은 관심을 보인다. 덕분에 ERP 솔루션은 데이터 분석을 지속적으로 개선하여 더 빠르고 강력한 서비스를 제공한다.

ERP 시스템을 위한 금융모듈이 더욱 정교해짐에 따라 모든 금융 거래를 기록하고 분석을 위해 다른 모듈과 데이터를 연관시키는 것이 더 쉽게 되었다.

16.2 ERP의 기술전망

1. ERP 확장전략

ERP 공급업체들은 확장형 ERP라는 개념의 ERP 제품들을 내놓아 기업의 일상적인 운영관리 차원으로부터 경영관리 및 전략경영 차원으로 확장되고 있는 추세이다. 따라서 이제는 기업 내 업무 프로세스의 범위를 넘어 대상 주체 및 업무 성격을 외부로 확장하고 있다. 즉 기업과 기업, 기업과 공급업체, 유통업체, 고객 등 이해관계자 간의 공급사슬과 업무 네트워크를 연결시키는 공급사슬관리(SCM), 고객관계관리(CRM), 공급자관계관리(Supplier Relationship Management, SRM), 영업력 극대화(SFA), ESS(Employee Self Services) 등의 기능과 개념을 추가하였다. 또한 경영관리 및 전략경영 차원의 업무수행과 의사결정을 지원하기 위한 BI(Business Intelligence), 지식경영(KM), CM(Contents Management) 등의 기능도 ERP에 추가되었다. ERP는 이러한 기능들이 기업 간 공급사슬 전반과 기업과 관련된 모든 구성에 이르기까지 앞으로 더욱 업그레이드될 것이며, 최근에는 4차 산업혁명의 핵심기술을 비롯한 여러 최신 기술들이 추가 및 보강되고 있다.

또한 ERP는 향후 고유기능 및 경영혁신 분야의 추가와 정보기술 지원분야의 확장에 따른 웹기반의 ERP 확산과 더불어 산업별로 특화된 전문기능이 추가되고, 인공지능분야 등의 발전으로 점차 인간판단의 역할을 대신할 수 있는 기능이 보완될 것으로 예상된다.

가상구현시스템(VIS : Virtual Implementation System)도 전문화 분야의 기능을 확장하는 개념이다. 특히 현재의 ERP가 제공하는 시행착오적 시뮬레이션보다는 가상현실 및 최적화 기법을 적용하여 시뮬레이션과 애니메이션을 수행함으로써, 최적화를 지향하는 방법의 적용이 미래의 ERP시스템을 한 단계 더 높일 수 있는 계기가 될 것이다.

〈그림 16-1〉 향후 ERP의 전략 방향

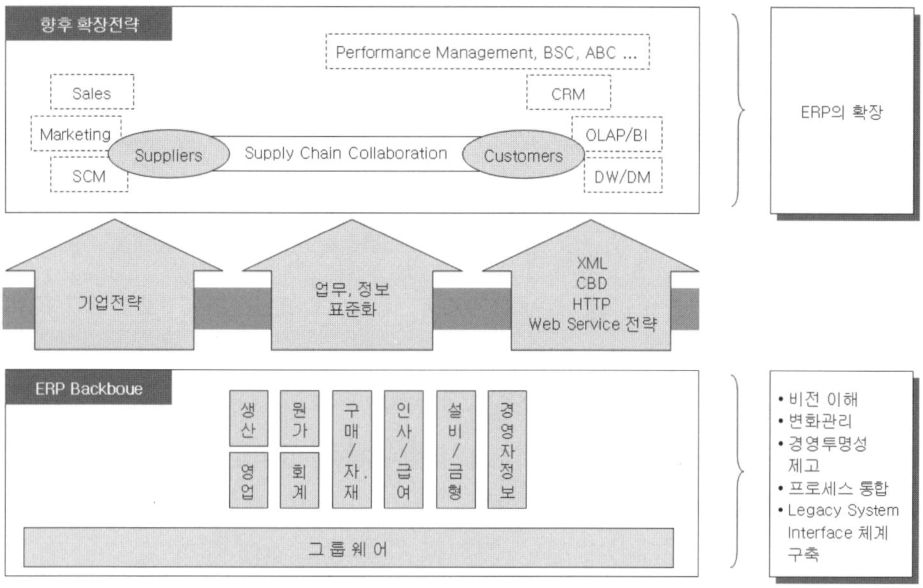

가상구현시스템을 만들기 위해서는 지원도구가 필요하며, 주요 소프트웨어로는 3차원 그래픽 기능을 이용하여 레이아웃상의 각종 설비를 시뮬레이션을 통하여 실제 데이터를 추출하고, 라인 운전 및 수행능력을 짧은 시간에 평가해 주는데 사용되는 IGRIP(Interactive Graphics Robot Instruction Program), 공장 전체의 시뮬레이션을 지원하는 QUEST(Qucucing Evcnt Simulation Tool)이외에 VREAM, Superscape, WDK, CDK, dVS, dVISE, Inventor 등이 사용된다.

그리고 가상구현시스템에 사용되는 주변 장치로는 입력 및 출력용 장치가 있으며, 입력용에는 트래커(Tracker)형, 핸드 트래킹(Hand Tracking) 등이 있고 출력용으로는 시각장치(LCD/CRT), 청각장치, 촉각장치 등이 있다.

현재 가상구현시스템은 여러 분야에서 활발히 적용되고 있으며 주로 제조(설계, 생산 및 마케팅), 의학 및 건강 분야, 원격 조정, 교육 및 훈련, 군사, 오락 산업분야 등에서 적용되고 있다.

가상생산(Virtual Manufacturing)은 가상구현시스템을 제조분야에 국한하여 적용할 경우 사용되는 시스템이다. 실세계의 생산을 가상공간 내에서 가상적으로 실현하는 일을 가상생산이라고 표현한다.

협의의 가상생산이란 컴퓨터로 제품의 생산과정을 특정 공정에서 시뮬레이션해 보는 것이며 광의의 가상생산이란 CAD/CAM시스템과 구조설계를 위한 CAE 시스템 등을 이용하여 조립 및 가공 등 제조활동 전반의 최적 설계와 제어를 위한 통합 컴퓨터 시뮬레이션 시스템을 구축하는 것으로 정의한다.

장기적인 관점에서 기업의 정보시스템은 가상현실기법, 감성공학기법, 최적화기법을 활용하게 되면 원격지의 통제 사무실에서 다수의 공장을 고화질의 3차원 그래픽을 지원하는 대형화면과 입체음향 시설속에서 데이터 장갑이나 작업복에 의한 작업지시 및 통제를 수행할 수 있는 환경이 된다.

미래의 가상구현시스템에서는 영업이나 판매 부분은 고객이 대형화면의 디스플레이나 스크린을 통하여 희망하는 제품의 상세한 조건을 각종 가상현실 장치를 이용하여 결정하면, 관련 정보가 즉시 컴퓨터로 입력되고 연구 개발 부서에서는 화면에 나타난 요구정보를 기초로 검토나 추가 및 보완설계를 진행시켜 고객이 만족하는 제품을 설계하게 된다. 그리고 주문의 조건에 대한 법적 규제, 제조가능여부 등의 점검을 거쳐 납기까지 각 공정의 생산 시뮬레이션을 수행하여 재료나 부품의 발주와 작업 순서의 확인이 이루어지게 된다.

한편 생산에서는 컴퓨터 내의 가상공장에서 가공생산이 진행되어 공정이나 스케줄 등이 구체적으로 결정되며 생산 시에는 상품의 3차원 이미지가 제시되고 생산과 관련한 구체적인 협의를 위하여 국내외 각지의 원거리 생산공장 간 현장기술자나 연구개발자와의 원격회의가 진행된다.

2. ERP 발전기술

ERP 시스템은 기업을 위한 전통적인 구축형(On-premise) 솔루션으로 시작되었다. 시간이 지남에 따라 새로운 기술 역량과 더 많은 이동성을 가져옴에 따라 물리적 요소는 배제되게 되었다. 여전히 구축형 솔루션을 많이 사용하지만 클라우드 옵션은 모든 영역에서 더 높은 품질의 서비스와 향상된 효율성을 가지게 되었다. 사용자의 요구가 변화함에 따라 이를 지원하는 소프트웨어도 진화해야 한다. 현재 대부분의 회사는 빠른 응답, 사용 용이성, 광범위한 액세스, 모바일 기능 및 효율성과 커뮤니케이션 등을 개선하는 요소를 찾고 있다. 새로운 기술이 등장하면 구식이 된 오래된 시스템을 대체한다. 현재 고정식 하드웨어는 모바일 솔루션과 소프트웨어가 지속적으로 성장함에 따라 구식이 되고 있다.

가장 중요한 비즈니스 이점을 얻기 위한 핵심은 이러한 기술 트렌드 변화에 앞서 나가는 것이다. 기업이 다양한 형태의 하드웨어를 단계적으로 폐기함에 따라 휴대폰, 태블릿 및 노트북에서 액세스할 수 있는 간단한 애플리케이션에 대한 수요가 증가 할 것이다. 사용 편의성은 엄청난 판매 포인트가 되고 있으며, 그 이유는 팀이 복잡한 데이터에 그 어느 때보다 빠르게 액세스하고 이해할 수 있어야 한다. 구성 가능한 분석용 화면(dashboard), 모든 관점에서 완전한 통합 및 분석을 포함하는 지능형 소프트웨어는 계속해서 인기를 높일 것이다. 단순성 외에도 미래의 또 다른 트렌드는 국제적인 규모로 확장할 수 있는 솔루션이다. 여러 통화, 법률, 언어 및 물리적 요구사항에 따라 작동할 수 있는 소프트웨어가 훨씬 더 바람직해지고 있다. 국가를 확장할 수 있는 능력을 통해 국제 자회사 및 파트너십을 포함한 잠재적인 확장에 대한 미래를 열 수 있다. 이러한 모든 기능은 클라우드 호스팅 ERP 소프트웨어로 가능하므로 현재까지 가장 발전된 시스템 중 하나이다. 기업의 비즈니스는 클라우드 시스템을 통합하고 하드웨어 및 고정 장치에서 지속적으로 전환함으로써 현재와 미래에 번창할 수 있다.

수십 년 동안 전통적인 ERP 기술이 사용되어 왔지만 IoT, AI 및 빅데이터 분석과 같은 고급 기술의 채택이 증가하면서 업계의 성장을 이끌었다. IoT 기반 장치와 ERP의 통합을 통해 조직은 불필요한 자산과 같은 문제를 식별하고 제거할 수 있다. 또한 IoT 기술로 프로세스를 자동화하면 사람의 개입 없이도 공장 운영을 세 시산에 유지할 수 있다. 마찬가지로, 실시긴 정보 전송, 오류 최소회, 실시간 데이터 액세스 및 빠른 의사결정과 같은 웨어러블 기술과 ERP 소프트웨어 통합의 여러 이점은 시장 성장을 위한 여러 기회를 창출한다.

소비자의 증가하는 요구에 부응하기 위해 모든 종류의 산업은 첨단 기술로 전환하고 있다. 최신 기술 트렌드를 파악하고 비즈니스에서 활용하는 것은 성장에 도움이 되는 현명한 조치이다. 자신에게 최고의 성공 기회를 주고 싶다면 하드웨어와 소프트웨어를 함께 사용하면 효율적이고 편리한 시스템이 만들어진다.

비즈니스 개선에 도움이 되는 세 가지 고급기술 개념은 사물 인터넷(IoT), 직접 기계 통합 및 분석이다. 이러한 기술은 함께 데이터 수집, 저장 및 이해의 강력한 시스템을 형성한다.

IoT는 물리적, 연결된 스마트 장치를 다양한 전자장치, 센서, 소프트웨어 및 전기적인 신호에 반응하는 모든 장치(actuator)와 통합하여 만든 네트워크의 이름이다. 이 상호 연결된 시스템을 통해 개별 기계와 기술은 데이터를 수집 및 교환하고 컴퓨터 기반 기록에 저장할 수 있다. 하드웨어와 소프트웨어 시스템 간에 이러한 링크를 만드는 것은 직접 기계 통합이다.

기기가 물리적 시스템과 ERP 소프트웨어 간의 통신 경로를 생성하기 때문에 IoT는 정확성과 효율성을 높이는 동시에 사람의 개입 필요성을 줄여준다. IoT가 전체 공급망 프로세스에 추가되면 전체 조직이 동일한 페이지에 정보를 제공할 수 있다.

개념을 더 잘 이해하기 위해 6가지 핵심 요소로 나누어 설명한다.

① 하드웨어

IoT는 네트워크 연결 및 데이터 수집이 가능한 센서 및 액추에이터를 포함하여 이 기술을 가능하게 하는 물리적 기기를 중심으로 한다. 기본 처리 및 저장을 위한 기능이 필요하므로 마이크로 컨트롤러 또는 집적회로도 필요하다. SoC(System-on-a-Chip) 또는 FPGA(Field-Programmable Gate Array)를 사용할 수 있다.

② 네트워킹 및 클라우드 통합

IoT가 작동하려면 유용한 네트워크 및 관리 시스템을 설계하는 것이 필수적이다. 여기에는 많은 양의 상호 연결된 장치가 포함되며 소규모 설계 결정은 해당 규모에 도달 할 때 상당한 영향을 미친다. 연결을 생성하면 장치가 클라우드 서비스 및 애플리케이션과 통신할 수 있다. 데이터 저장, 처리 및 분석은 클라우드 인프라의 중심이다.

③ 임베디드 프로그래밍

IoT는 프로토타이핑 및 프로그래밍이 필요한 내장형(embedded) 기기를 사용한다. 상용화된 마이크로 컨트롤러 플랫폼과 맞춤형 인쇄 회로 기판(PCB)의 조합을 사용할 수 있다. 그러나 프로토타입을 만들기 전에 마이크로 컨트롤러, 센서 및 액추에이터 간의 경로를 설정하는데 사용하는 하드웨어 통신 프로토콜에 대해 잘 이해해야 한다. C++, C, Python 및 Javascript는 모두 임베디드 프로그램 개발에 적합한 프로그래밍 언어이다.

④ 데이터 분석 및 예측

기기와 하드웨어가 데이터를 수집하는 동안 많은 양의 수신 정보를 수집, 저장 및 분석하기 위한 프로그램이 여전히 필요하다. 또한 수집된 데이터 중 일부는 잠재적이거나 시간에 민감하므로 관련 없는 정보를 필터링하거나 삭제해야 한다.

⑤ 보안

IoT를 둘러싼 가장 큰 관심사 중 하나인 보안은 시스템 설계의 모든 부분에 존재하고 내장되어야 한다. 보호해야 할 데이터와 정보가 너무 많기 때문에 개발자는 위험 평가 및 인텔리전스, 암호화, 윤리적 해킹, 이벤트 모니터링, 활동 로깅, 네트워크 아키텍처 및 애플리케이션 보안을 포함한 보안 설계에 능숙해야 한다.

⑥ 머신러닝 및 인공지능(AI)

기기는 많은 정보를 생성하므로 IoT 개발자는 원시 데이터에서 가치를 도출하기 위해 머신러닝과 AI기술이 필요하다. 인지 컴퓨팅 기술은 지능을 위해 필요하며 센서 데이터 스트림에 적용할 수 있으며 들어오는 정보에 대해 자율적인 결정을 내릴 수 있다. 기계학습은 기록 데이터를 사용하여 새 데이터의 패턴을 인식하거나 이상을 식별할 수도 있다.

2020년은 ERP 소프트웨어에 개선된 AI가 적용될 것이다. 전체적으로 IoT는 모든 산업에서 비즈니스의 효율성을 향상시키는 상호 연결된 장치, 소프트웨어 및 데이터 송신기의 에코 시스템을 구성한다. IoT 통합은 지난 몇 년 동안 상승세를 보였으며 현재 속도로 시장은 빠르면 2026년까지 연간 3조 달러 이상으로 성장할 것으로 예상된다. 사용하는 소프트웨어는 모든 분석을 수행한다. 센서와 하드웨어가 데이터를 소프트웨어로 보내면 프로그램은 정보를 집계하고 관련 섹션으로 분류하여 사용자와 팀이 액세스할 수 있도록 한다. 개인용 컴퓨터, 스마트 폰, 태블릿 및 유사한 장치의 데이터를 렌더링(rendering)하고 변환할 수 있을 뿐만 아니라 서버, 네트워크, 웹 사이트, 애플리케이션, 기타 프로그램, 보안 정보와 이벤트 관리(SIEM) 로그 및 기타 소스에서 가져올 수 있다.

분석은 엄청난 양의 정보를 소프트웨어로 전송하고 모든 정보를 유용한 통찰력으로 변환한다. 개별 데이터를 살펴보는 데 시간을 소비하는 대신 한 눈에 필요한 해답을 얻을 수 있다. 세분화되고 정렬된 정보를 통해 비즈니스 운영을 보다 효율적으로 모니터링, 개선 및 최적화할 수 있다.

3. ERP 솔루션의 유형

(1) 클라이언트/서버 ERP, 데스크톱 ERP

클라이언트/서버 ERP 기술은 로컬 또는 클라우드 서버와 네트워크로 연결된 컴퓨터의 허브에서 작동한다. 중앙 위치에서 데이터베이스를 호스팅하고 보고 서비스와 사용자 인터페이스를 다른 모든 위치에 배포할 수 있다. 클라이언트/서버 ERP 기술은 조직이 실시간으로 리소스를 모니터링하고 관리하는데 도움이 된다.

데스크톱 ERP에서 프런트엔드와 백엔드는 사용자의 컴퓨터에서 시작된 애플리케이션으로 실행된다. 데스크톱 ERP에 대한 데이터는 인트라넷(로컬 서버) 또는 엑스트라 넷(데이터베이스가 Azure와 같은 클라우드 어딘가에 위치)에 있는 데이터베이스를 통해 공유된다. 팀원이 다른 국가에 있더라도 빠른 공동 작업과 데이터베이스에 쉽게 액세스할 수 있다.

(2) 클라우드/웹 기반 ERP

클라우드/웹 기반 ERP에서 데이터베이스와 백엔드는 일반적으로 SaaS(Software as a Service) 제품인 클라우드에서 실행된다. 인터페이스는 웹 브라우저에서 이루어진다. 모든 장치에서 웹 브라우저에 액세스하기만 하면 된다.

서버에서 호스팅되는 디스크 스토리지, 메모리 및 처리능력을 포함한 애플리케이션에 쉽게 액세스할 수 있다. 웹 기반 ERP 기술의 초기 비용은 저렴하다. 일반적으로 긴 프로세스가 필요한 소프트웨어 및 하드웨어 설치가 필요하지 않으므로 클라우드 기반 ERP 기술의 전환이 빠르다.

(3) 하이브리드 ERP

하이브리드 ERP는 웹 기반 ERP와 데스크톱 기반 솔루션의 조합이다. 두 가지 버전이 있다. 하나는 데스크톱 앱으로 실행할 수 있고 다른 하나는 브라우저를 통해 액세스할 수 있다. 브라우저나 애플리케이션을 통해 사용자가 액세스하는 방법에 관계없이 동일한 데이터를 공유할 수 있는 통합 데이터베이스가 있다. 웹 앱용 백엔드는 서버에서 실행되고 데스크톱 앱용 백엔드는 사용자 컴퓨터에서 실행된다. 두 버전 모두 개인이 브라우저를 사용하는지 데스크톱 애플리케이션을 사용하는지에 관계없이 동일한 방식으로 클라우드에서 실행되는 데이터베이스를 요청한다.

조직은 빠른 구현, 짧은 유지 관리주기 및 공급업체 독립성으로 인해 클라우드 및 웹 ERP보다 하이브리드 ERP를 선호한다. 하이브리드 ERP의 단점은 일반적으로 막대한 투자가 필요한 최신 기술 인프라를 설치하는 것이다. 이러한 솔루션은 클라우드 기반 ERP에 비해 테스트를 거치거나 성숙하지 않았다.

4. ERP 기술

(1) 데이터베이스 시스템 및 DBMS

DBMS는 사용자가 조회한 데이터를 보유하는 프레임 워크의 중요한 부분인 사용자 및 데이터베이스와 상호 작용한다. 가장 권장되는 DBMS는 MS-SQL이다. 이것은 오픈 소스(open source)이고, 가장 확실한 일관성을 가지고 있다.

① PostgreSQL

매우 강력한 또 하나의 데이터베이스는 PostgreSQL로, 서버 관리 스튜디오 및 서버 프로파일러를 포함한 강력한 도구로 문제를 해결하는 데 유용하다. ERP 기술목록에 포함될 수 있는 가장 진보된 오픈 소스 데이터베이스 기술이다. 개발팀이 ERP 프로젝트를 위해 오픈 소스 기술을 선택하기로 결정한 경우 PostgreSQL은 나머지 에코 시스템과 동일한 철학을 공유하고 쉽게 통합할 수 있는 고급 연결 기능을 제공하므로 최상의 선택이다. 또한 PostgreSQL에는 ERP 시스템 사용자에게 매우 중요한 다양한 인덱싱 기술, 전체 텍스트 검색 및 Elastic 검색 기능이 포함되어 있다.

② MS-SQL

Microsoft의 SQL은 인기 있는 ERP 데이터베이스 중 하나이다. 주요 기능에는 응용 프로그램에서 요청할 때마다 데이터를 저장하고 검색하는 것이 포함된다. MS-SQL은 서버의 성능을 최적화하여 가용성과 복원성을 보장할 수 있다. 저렴한 설치비용, 향상된 성능 및 향상된 보안 기능은 개발자가 선호하는 선택이다.

③ **Oracle SQL**

Oracle SQL 의 주요 목표는 데이터를 업그레이드하고 저장하며 필요할 때 매우 빠른 속도로 검색하는 것이다. 복잡한 새로운 ERP 기술 중 하나인이 관계형 데이터베이스는 생산성을 향상시킨다. SQL의 자체 관리 특성으로 인해 시스템 오류를 배제할 수 있다. 관계형 클라우드 및 비관계형 데이터베이스 서비스 모두 Oracle SQL을 유지한다. SQL의 가장 좋은 점은 자동 백업을 통해 데이터에 쉽게 액세스할 수 있고 수동 작업을 제거할 수 있다는 것이다.

(2) 백엔드 프로그래밍 기술

백엔드 프로그래밍 언어와 관련하여 옵션이 부족하지 않으며 ERP 기술의 방대한 목록이 있다. 그러나 궁극적인 결정은 장기적인 목표에 달려 있다.

① **.NET(닷넷)**

.NET 및 ASP.NET은 개발자의 ERP 기술 목록에서 가장 인기 있는 제품이다. 이러한 프레임 워크에는 더 적은 코드와 향상된 코드 재사용이 포함되어 결과적으로 시간과 추가 비용이 줄어든다. .NET을 사용하면 인터넷을 통해 파트너와 응용프로그램을 쉽게 통합할 수 있다. 여기에는 가치사슬 관리, 제품 애플리케이션, 회계관리 및 서비스 애플리케이션이 포함된다. .NET은 표준 인터넷 프로토콜을 사용하여 정보를 전송하고 통신할 수 있기 때문에 웹 서비스에 주로 적용된다. 단기간에 우수한 인터페이스를 생성하기 위한 WPF(Windows Presentation Foundation) 및 Winforms(Windows Forms)와 같은 웹 및 데스크톱 개발을 위한 풍부한 도구 세트가 함께 제공된다.

② **Java(자바)**

.NET과 마찬가지로 Java 는 데스크톱 또는 웹 전용으로 또는 2가지 동시에 대해 계획된 ERP에 사용할 수 있다. 예를 들어 데스크톱용 프런트엔드는 SWING에 구축된다. 다른 브라우저와 플랫폼에서 일관된 경험을 제공하는 웹 개발 프레임 워크의 방대한 선택이 있기 때문에 동일한 Java 백엔드에 연결된 웹 버전을 사용하면 더욱 좋다.

Java는 클라우드 및 데스크탑 컴퓨팅이 모두 필요한 시스템에 사용할 수 있는 최상의 옵션 중 하나이다. ERP에서 Java를 사용하면, 다른 어떤 비즈니스에도 적용되는 코드를 사용하는 것이 된다. 코딩이 쉽고 네트워킹 기능이 뛰어나다. 이점에는 모바일 및 데스크톱 환경을 위한 높은 UI가 포함된다. Java는 적절한 데이터 보안을 보장한다. 사용자는 데이터 손상 없이 신뢰할 수없는 웹 사이트에서 데이터를 다운로드할 수 있다. 다양한 유연성을 제공한다. 따라서 항상 편리하다. Java는 구조적으로 효율적이고 동적이고 중립적이다.

③ Ruby(루비)

Ruby를 선택하게 된 두 가지 이유는 첫째, 자체 호스팅 기능으로 인해 모듈과 클래스를 확장할 수 있다는 것이다. 둘째, 빠른 데이터베이스는 CRM을 위한 최고의 프로그래밍 언어이다. Ruby는 데스크톱 버전 없이 모바일 앱으로 웹 기반 ERP를 만들 계획이라면 백엔드를 위한 좋은 선택이기도 하다. 그러나 Ruby 는 커뮤니티에서만 지원하기 때문에 유지관리가 약간 어렵고, Ruby 개발자가 구직 시장에 부족하고 수요가 높기 때문에 많은 Ruby 개발자를 찾기가 매우 어렵다.

④ Python(파이썬)

주요 아키텍처에서 핵심 스크립팅에 이르기까지 ERP는 간단한 언어가 필요하며 ERP에서 사용하기 쉬운 개방형 기술 중 하나이다. 목표 지향적 Python 은 사용하기 쉽고 읽기 쉬우므로 프로그래머가 쉽게 구현할 수 있다. 정교한 데이터를 제공하고 정기적인 체크인이 가능하다. 또한 자동 가비지 수집기(automatic garbage collector) 역할도 한다. 대규모 애플리케이션을 위한 바이트 코드를 생성하는데 사용되며 ERP 모델에서 고급 추상화를 허용한다.

⑤ PHP

ERP 기술 측면에서 언급할 가치가 있는 프로그래밍 언어이지만 약간 다른 각도에서 볼 수도 있다. 많은 엔터프라이즈 애플리케이션은 PHP를 사용하여 작성되었으며 여전히 콘텐츠관리 시스템에서 가장 일반적으로 사용되는 언어 중 하나이다. 최초의 서버 측 기술은 PHP의 출발점을 획기적으로 만들었지만 좋은 대안이 없기 때문에 사용되었다. 모든 비교에서 .NET, Java 및 Ruby가 PHP를 능가한다. 따라서 새로운 애플리케이션, 특히 ERP에시 사용되는 기술로 PHP를 사용하는 것은 권장하지 않는다.

(3) ERP를 위한 프론트엔드 기술

지난 몇 년 동안, 멋지고 빠르며 반응하는 인터페이스를 만들기 위해 많은 프런트엔드 ERP 기술을 사용할 수 있다.

사용 가능한 옵션은 데스크톱 인터페이스와 웹 기반 버전 모두에 따라 다를 수 있다.

이들 각각은 장단점이 있다.

① JavaScript(자바 스크립트)

JavaScript는 HTML5 및 CSS와 함께 최신 웹 애플리케이션의 기둥 중 하나이다. 대부분의 경우, 웹 브라우저 또는 모바일 앱을 통해 직원이 사용할 클라우드 기반 ERP 시스템을 구축하려는 경우 좋은 선택이다. 더 쉽게 접근할 수 있도록 Node.js와 함께 서버 측 기술로 사용하여 사용자 브라우저 외부에서 JavaScript 코드를 실행하여 힘들고 어려운 작업(heavy-lifting)을 클라우드에 위임할 수 있다.

② AngularJS(앵귤러제이에스)

AngularJS는 다양한 브라우저, 장치 등에서 작동하는 반응형 웹 애플리케이션을 만들기 위해 Java 또는 C#과 같은 백엔드가 있는 경우 훌륭한 프레임 워크이다. AngularJS는 프로그래머가 개발 프로세스를 향상시키는 데 도움이 될 수 있다. 쿼리가 제공되면 사전 정보 데이터가 쉽게 검색된다. 또한 동적 응용 프로그램의 형성을 허용하므로 항상 자신의 요구사항에 따라 작업을 수행할 수 있다.

③ React(리액트)

React는 폭넓은 기능으로 인해 ERP 개발에 대한 훌륭한 접근방식을 제공한다. 조직의 솔루션 중심 결과에 적합하다. 웹 사이트용 코드를 개발하면 모바일 앱 개발에도 사용할 수 있어 전체 비용을 줄일 수 있기 때문에 사용하기 쉽다.

④ Vue.JS(뷰제이에스)

이 점진적인 프레임 워크는 사용자 인터페이스 개발에 널리 사용된다. 데스크톱 버전과 똑같이 작동하는 강력한 단일 페이지 응용 프로그램을 만들 수 있다. 이미 프로젝트가 있는 경우 Vue.JS를 추가하는 것은 매우 간단하다. 코드 작성의 유연성은 개발자에게 완벽한 선택이다.

ERP의 데이터베이스, 언어 및 프레임워크 기술의 다양성은 뛰어난 유연성을 제공한다. 그러나 응용 프로그램을 클릭하도록 점을 연결하고 올바른 개발도구 세트를 선택하는 것이 매우 어렵기 때문에 대가가 따른다. 앱을 사용할 플랫폼, 사용자 수, 데이터베이스 구조, 확장성, 보안 등을 고려하기 전에 잘 정의해야 하는 몇 가지 기준이 있다. 반가운 것은 명확하게 정의되어 있다는 것이다.

클라우드 호스팅 ERP 및 AI 통합과 같은 트렌드는 지난 10여 년간의 기술의 발전으로 인해 발생했으며, 이는 기존 ERP 소프트웨어에 비해 최신 ERP 소프트웨어의 기능과 사용 사례를 크게 확장했다. 그런 다음 모바일 앱과 같은 ERP의 트렌드가 일하는 방식의 변화와 이로 인한 새로운 비즈니스 요구에 대한 대응으로 발생하였다.

이러한 추세로 인해 최신 ERP 소프트웨어는 모든 최신 기술과 교훈을 프로세스에 통합하도록 설계되었기 때문에 비즈니스의 디지털 전환을 위한 이상적인 기반이 되고 있다.

따라서 2020년대의 요구에 맞게 비즈니스를 준비하기 위해 디지털 혁신 이니셔티브를 진지하게 검토하고 있다면 ERP 구현 프로젝트를 무엇보다도 먼저 고려하는 것이 바람직할 것이다.

참고문헌

[1] 공명달, 시스템 분석 및 설계, 21세기사, 2007

[2] 김계수·김용철·함호종, 21C Web 기반의 ERP구축 이론과 실무, 우용출판사, 2006

[3] 김두경·국오선, ERP 시스템활용과 CRM의 이해, (주)사이버출판사, 2008

[4] 김우주·백동현·서우종·서창교 옮김, 경영정보시스템(제12판), 피어슨, 2012

[5] 김영렬·한대문, ERP 전략 & 회계정보시스템, 한올출판사, 2008

[6] 김영렬·한대문, e-비즈니스 시대의 ERP&CRM, 한올출판사, 2007

[7] 김영렬·이명섭, ERP 중심 경영 프로세스 통합, 도서출판 대경, 2005

[8] 김해식·오명진·장길상·천면중, 전사적 자원관리, 한경사, 2006

[9] 송계익·구동모, 경영학원론, 도서출판 두남, 2002

[10] 오세조·박충환·김동훈, 마케팅원론, 박영사, 2006

[11] 오재인·안상영·유석천, 경영과 정보시스템, 박영사, 2001

[12] 윤재봉·김명식·장신환 역, 경영시스템 혁신을 위한 SAP R/3, 대청미디어, 2001

[13] 이동길, ERP 전략과 실천, 대청미디어, 2000

[14] 이영환·박종순, 시스템 분석과 설계, 법영사, 1998

[15] 이재규·권순범·임규건, 경영정보시스템원론(제3판), 2011

[16] 이주헌, 실용프로젝트관리론, 법영사, 1991

[17] 장성기·공명달, 생산정보시스템의 이해, 대영사, 2001

[18] 장성기, 공급사슬관리의 실천적 이해, 21세기사, 2007

[19] 정덕훈, 박정훈, 백승익 공역, 정보기술의 이해, 교보문고, 2002

[20] 중소기업청, 중소기업을 위한 업종별 업무 프로세스 표준모델 교육교재, 2003

[21] 한재민, 경영정보시스템, 학현사, 2002

[22] 함용석, 무한세계 SAP ERP 여행, 도서출판 두남, 2008

[23] IDC Korea,한국 ERP 애플리케이션 시장 분석 및 전망보고서, 2012~2016, 2012

[24] KISTI, 글로벌동향브리핑(GTB), 2007·2008

[25] KISTI, 글로벌동향브리핑(GTB), 2012

[26] 공명달, 병원경영정보시스템(제2판), 2017

[27] 클라우스 슈밥, 제4차 산업혁명, 새로운현재, 2016

[28] 교육부, 4차 산업혁명의 핵심기술, 2020
[29] 김대호, 4차 산업혁명을 맞으며, 4차 산업혁명, 2016
[30] 한국의료정보교육협회, 보건의료정보학(제4판), 에듀팩토리, 2018
[31] 비젠트로, 블록체인 혁신 기술이 ERP에 미치는 영향, 2017
[32] 비젠트로, 업무의 변화를 이끄는 RPA, 2019
[33] 트레드깅스, 성공한 기업들은 RPA를 사용하고 있다, 2020
[34] IT조선, AI를 통한 자동화 혹은 협업은 2020년 트렌드 중 하나인 RPA, 2020
[35] 테크월드, 언택트 시대의 디지털 직원, 챗봇 + RPA, 2020
[36] 컴퓨터월드, [시장동향] ERP 시장, 클라우드 모바일로 무게중심 이동, 2019
[37] 공학저널, 스마트팩토리 구축의 전제조건, 'ERP', 2020
[38] IDC, "AI로부터 블록체인까지"… 최신 ERP 트렌드 6가지, 2018
[39] 디지털 데일리, 격전지로 부상하는 클라우드 ERP, 2020
[40] 기획재정부, 시사경제용어사전, 2017
[41] 박문각, 시사상식사전, 2018
[42] 두산백과, 2018
[43] 한국정보통신기술협회, IT 용어사전, 2018
[44] Bui,T.,Decision support systems for sustainable development. In G.E.Kersten, Z.mikolajuk, & A. Gar-on Yeh(Eds.), Decision support systems for sustainable development. A resource book of methods and applications, Kluwer Academic Publishing, 2000
[45] Celina M. Olszak and Ewa Ziemba,"Approach to Building and Implementing Business Intelligence Systems", Interdisciplinary Journal of Information, Knowledge, and Management, Volume 2, 2007
[46] Chaudhary, S.,Management factors for strategic BI, In Business Intelligence in digital economy. Opportunities, limitations and risks. IDEA Group Publishing, 2004
[47] Dresner, H.J., buytendijk, F., Linden, A., FriedmanT., Strange, K.H., Knox, M., & Camn, M. The business intelligence center: An essential business strategy, Gartner Research, 2002
[48] Gray, P., business intelligence: A new name or the future of DSS. in T. Bui, H. Sroha, S. Stanek, & J. Goluchowski(Eds.), DSS in the uncertainty of the Internet age, Katowice: University of Economics, 2003
[49] Moss, L. T., & Alert, S., Business intelligence roadmap-The complete project lifecycle for decision support applications, Addison-Wesley, 2003

[50] O'Brien & Marakas, Management Information Systems, McGraw-Hill, 2011

[51] Olszak, C. M., & Ziemba, E., Business intelligence as a key to management of an enterprise, Proceedings of Informing Science and IT Education Conference, 2003

[52] Olszak, C. M., & Ziemba, E., Business intelligence systems as a new generation of decision support systems, Proceedings PISTA 2004, International Conference on Politics and Information Systems, 2004

[53] Olszak, C. M., & Ziemba, Business intelligence systems in the holistic infrastructure development supporting decision-making in organizations, Interdisciplinary Journal of Information, Knowledge and Management, 2006

[54] Poul, S., Gautman, N., & Balint, R., Preparing and data mining with Microsoft SQL Server 2000 and analysis services, Addison- Wesley, 2003

[55] Power, D., Supporting decision makers: An expanded framework, Proceedings of the Informing Science and IT Education Conference, 2001

[56] Linchpin Seo, Trends Transforming Enterprise Resource planning, 2020

[57] FinacesOnline, What should you consider when choosing ERP Software?, 2020

[58] FinacesOnline, The Latest ERP Trend, 2020

[59] FinacesOnline, 10 New ERP Trends & Forecasts for 2020/2021 – A Look Into What's New, 2020

[60] Allied Market Research, ERP Software, 2019

[61] Global Industry Analysts Inc., Global ERP Market, 2020

[62] Starsian, ERP Market Size Status and Forecast 2020-2026, 2020

[63] Oracle, ERP Trends, 2018

[64] FinacesOnline, Top 10 ERP Software, 2020

[65] http://d.scribd.com/docs, 2008

[66] http://searchdatamanagement.techtarget.com

[67] http://www.ctxm.com.igaming/bi

[68] http://www.eti.hku.hk/eti/web/govern/bi

[69] http://www.wikipedia.org

[70] http://www.vanguardsw.com/solutions/application/business.intelligence

[71] http://www.ibs.net/au/solutions/business.intelligence

[72] http://www.mipro.hr

[73] http://www.wisegeek.com

국문 찾아보기

[ㅅ]

영문 찾아보기

[D]

[E]

[F]

[G]

[H]

[I]

[T]

[U]

[V]

[W]

[X]

[저자 약력]

공 명 달

공명달(孔明達)교수는 동아고를 나와 동아대학교 공업경영학과를 졸업하고, 동 대학에서 석·박사학위를 취득하였으며 현대중공업(주), 기아정보시스템(주) 등에서 정보시스템 개발분야에 약 10여년간의 실무경험을 가지고 있다. 기업체 근무시 기아자동차(주), 현대중공업(주) 등의 제조업체와 정보통신부, 국방부, 금융기관 및 언론기관 등의 정보시스템 개발 프로젝트를 다수 수행한 바 있으며, 기업체의 경영 및 기술자문과 정부기관의 정보통신 분야 평가위원으로도 활동 중이다. 현재 영산대학교 경영학과를 거쳐 의료경영학과 교수로 재직 중이며 경영정보전공 책임교수와 지역발전연구원부원장, 그리고 한국산업단지공단 자문위원(경영분야)도 역임하였다. 영국 서리대학교(University of Surrey) 의료경영학과에서 1년간 교환교수도 역임한 바 있다(2014. 8 ~ 2015. 7). 주요 관심분야는 경영정보시스템, 생산정보시스템, 병원경영정보시스템, 정보시스템 개발, 시스템분석 및 설계, CIM, ERP, e-Business 등이다. 주요 저서로는 병원경영정보시스템(2017, 제2판), 병원정보시스템 운영실무(2017, 제2판), 전사적 자원관리ERP(2013, 제3판), 시스템 분석 및 설계, 생산정보시스템의 이해(공저), 21세기 생산관리(공저) 등이 있다.

제 4 판
전사적 자원관리 ERP

초판발행 2009년 8월 14일
제2판발행 2011년 3월 2일
제3판발행 2013년 3월 5일
제4판인쇄 2020년 8월 25일
제4판발행 2020년 8월 31일

지은이 공명달
펴낸이 박노일

총괄기획 김중용·최준규
편 집 심성보·김인숙

펴낸곳 피앤씨미디어
경기도 고양시 일산동구 강송로 153 310-1501
등록 제396-2012-000203호
전 화 070)7550-3758 팩 스 02)718-8554
홈페이지 www.pncmedia.co.kr 이메일 pnc@pncmedia.co.kr
ISBN 979-11-5730-754-8 93320

정 가 25,000원